대한민국 검찰을 말하다

한국 검찰과 검찰청법

이준보 이완규

박영사

머리말

저자들은 2005. 4.경 대검찰청 기획조정부장(이준보)과 대검찰청 검찰연구관(이완규)으로 만나 당시에 진행 중이던 사법제도개혁추진위원회(이하 사개추위라 함)의 형사소송법 개정 논의에 관여하였다. 당시 저자는 위 위원회의 실무위원으로 참여하고 있었고 이완규 지청장은 대검찰청에서 이론적 검토와 실무적 논의 등에 참여하였다. 2007. 4. 30. 형사소송법 개정안이 국회를 통과할 무렵 저자는 대검찰청 공안부장이었고 이완규 지청장은 대검찰청 미래기획단 검찰연구관으로 근무하고 있었는데 법 통과 후 저자가 개정 형사소송법 시행준비단 단장을 맡아 개정법의 시행준비작업까지도 함께 하였다.

당시의 형사소송법 개정은 공판중심주의 강화라는 슬로건 하에 진행되었으나 주된 쟁점은 검사작성 조서의 증거능력 폐지나 형사소송 절차에서의 검사의 지위 약화에 집중되었다. 그 무렵 형사소송법 개정 작업과 별도로 공직비리수사처 설치, 검·경 수사권 조정 논의가 함께 진행되고 있었는데 이러한 세 가지의 논의들은 모두 검찰 개혁이라는 큰 파도 아래서 검찰에 세차게 다가왔었다.

사개추위에서 마련한 형사소송법 개정안은 검사작성 피의자신문조서의 증거능력을 매우 좁게 인정하고, 검사가 공판정에서 피고인신문을 하는 권한도 제한하는 등 여러 부분에서 검사의 권한을 약화시켜 검찰권을 형해화할 정도의 법안이었다. 이 법안이 정부안으로 제출되면서도 법무부에서는 일체 수정할 수 없었는데 국회가 과감하게 대폭 수정하여 검찰권이 합리적으로 운영될 수 있는 법률로 통과시켰다.

이에 대해 저자들은 국민의 대표기관인 국회가 검찰에 대해 그래도 사정의 중추기관으로서 믿을 만한 기관은 검찰이라는 신뢰를 다시 한번 더 보내준 것이라고 생각하였다. 그리고 그 신뢰는 당시에도 너무 어려운 상황에서 받은 것이어서 저자들은 검찰이 그러한 신뢰를 저버리지 않도록 뼈를 깎는 반성과 각

오를 하여 다시는 국민이 준 신뢰를 잃지 않도록 해야 한다고 생각하였다.

이러한 문제의식에서 검찰이 가져야 하는 본래의 기능과 역할을 재인식하고 그러한 정체성 하에서 어려운 상황이 발생할 때에도 꿋꿋하게 이론적 토대를 가지고 일관성 있는 검찰권행사를 할 수 있도록 검찰의 이론무장이 필요하다는데 뜻을 같이 하였다.

이에 따라 그간의 각국의 검찰제도에 대한 연구를 바탕으로 우리나라 검찰이 어떤 경위로 이러한 모습을 갖게 되었는지를 검찰사적 관점에서 살펴봄으로써 국민들이 검찰에 기대하는 것이 무엇인지 다시 한번 확인하고, 검사의 기능과 역할에 대한 조직법인 검찰청법에 대한 해석을 담은 책을 발간해보기로 하였고 본서는 이러한 저자들의 다짐의 결실이다.

본서는 크게 두 개의 부분으로 나뉘어져 있는데 첫 번째 부분은 한국 검찰의 성립사로서 서구에서의 검찰제도 성립사와 한국의 검찰제도 성립사를 다루었다. 특히 해방 직후의 미군정 시대의 논의와 입법경위를 상세하게 다루었는데 새로운 국가를 건설하면서 국민들이 왜 현재와 같은 검찰제도를 선택하였으며 검찰에 바라는 것이 무엇이었는지 확인해보고자 하였다.

그리고 두 번째 부분은 검찰청법의 해설이다. 검사의 지위, 지휘감독관계, 정치적 중립성 보장을 위한 제도 그리고 검찰수사관 등 검찰 조직의 운영에 대한 법규정의 의미에 대해 해석하고 이론적 근거를 마련해보고자 하였다. 검찰청법에 대한 이론을 세우는 것은 검찰의 정체성을 확립하기 위해서도 중요하지만 그러한 이론을 세움으로써 검찰권의 운영 방향에 대한 예측가능성과 일관성이 갖추어질 수 있으므로 매우 필요하다고 생각한다. 일관된 검찰권행사야말로 국민 신뢰의 기본이라 할 수 있기 때문이다.

저자들이 함께 관여하였던 형사소송법 개정작업이 마무리 된 후에도 검찰개혁의 논의는 마무리 되지 않고 또 다시 반복되고 있다. 그리고 본서의 원고를 탈고할 무렵 박근혜 대통령과 관련된 최순실 사건이 발생하였고 이후 검찰개혁 논의는 과거 어느 때보다 더 높은 수위로 주장되고 있는 상황이다. 2007년 당시 국회 논의과정에서 국민 신뢰의 중요성에 대해 절감하였고 이를 강조하고자 하였던 입장에서 볼 때 안타까울 뿐이다.

그러면 검찰이 국민의 신뢰를 회복하기 위해서는 어떤 모습이어야 할까. 우리나라 검찰제도가 기반으로 하고 있는 독일 검찰제도 도입 시의 지도이념이었던 객관적 관청의 이념을 실현할 수 있도록 체제를 갖추고 검사들도 그 초심으로 국가기관 중 가장 객관적 관청이 될 수 있도록 정신무장을 하여야 할 것이다.

독일에서 생각되었던 객관적 관청이나 검사의 객관의무는 피고인·피의자에게 불리한 증거를 수집할 뿐만 아니라 유리한 증거도 수집해서 진실을 객관적으로 추구한다는 것으로 표현되었는데 검사는 권력의 의지를 실현하는 기관이 아니라 법을 수호하고 실현하는 사법적 기관이라는 인식을 바탕으로 하고 있다. 한국적으로 표현한다면 해방 후 대한민국 검찰청에 대한 구상들에서 표현되었듯이 '불편부당', '공평무사', '엄정공명'한 검찰, '행정부의 감독 하에 있으면서도 두려움 없이 소추권을 행사하는 검찰'로 표현될 수 있을 것이다. 그리고 이는 범죄자라면 약한 사람이든 강한 사람이든 차별하지 않으며 특히 권력에 굴하지 않고 정치세력들 간의 이해대립 속에서도 오로지 객관적 사실과 법치주의에만 충실한 검찰의 모습일 것이다. 이러한 객관적 관청의 이념은 검찰제도 탄생의 역사적 근원에 비추어 볼 때 검찰의 존재이유라 할 것이며 검찰이 이러한 객관의무를 다 하지 않는다면 존재이유를 잃는다 할 것이다.

한편, 우리나라는 일제강점기의 경찰사법 시대에 겪은 불법구금과 고문 등의 인권침해 폐해에 대한 뼈저린 경험과 해방 후에도 계속되었던 인권침해 폐해 경험으로 국민의 인권을 보호해줄 기관이 절실히 요청되었다. 해방정국에서 검사들은 인권침해 방지나 인권침해 범죄처벌에 적극적으로 대응하였고 이에 국민들이 검사에게 인권의 수호자의 역할을 맡기게 되었다. 1962년 헌법 개정에서 헌법의 영장주의 조문에 검사의 영장청구절차도 규정하여 강제처분에 관하여는 법원의 심사뿐만 아니라 검사의 심사도 요구하는 2중 심사장치를 두어 국민의 기본권 보호를 강화하고자 하였다. 따라서 검찰은 인권의 수호자라는 헌법적 책무를 한시도 잊어서는 안 될 것이다.

그러므로 향후의 검찰 개혁의 방향은 검사가 이러한 객관의무를 충실히 이행할 수 있도록 제도적으로 뒷받침하는데 초점이 맞추어져야 하고 검찰의 구성원들도 이러한 객관적 관청과 인권의 수호자로서의 역할을 직무수행의 이념으로 내면화해야 할 것이다.

본서를 구상한 때로부터 상당한 기간이 지났지만 막상 출간을 하려니 부족한 점이 여전하여 두려움이 앞선다. 그렇지만 독자들의 비판과 질책을 받으면서 연구를 더하여 보완해나가는 것도 의미있을 것으로 생각하여 용기를 내어 출간하기로 하였다.

본서를 출간함에 있어 2008년도에 시행된 형사소송법 개정과 관련하여 2005년의 사개추위 논의과정에서부터 개정법률의 시행준비까지 법무부, 대검의 준비단에서 저자와 함께 열정적으로 일하였던 검사님들께 깊은 감사를 드리고자 한다. 그때 형사사법체계와 검찰제도의 합리적 운영 방향에 대해 함께 토론하며 나누었던 열정과 문제의식들이 본서를 집필하게 된 동기가 되었고 그 열정이 없었다면 본서를 마무리할 수 없었을 것이다. 이 자리를 빌어 그 검사님들의 노고와 저자에게 힘을 주었던 충정과 열정에 대해 다시 한번 고마움의 뜻을 전한다. 끝으로 본서를 출간해주신 박영사 안종만 회장님께 감사드리고 편집과 교정을 맡아 수고해주신 박영사 편집부의 김효선님께도 감사드린다.

2017. 2. 저자들을 대표하여

이 준 보

차　례

제 1 부　대한민국 검찰의 성립

제 2 부 검찰청법

제5장 검찰청 직원

제1부

대한민국 검찰의 성립

제 1 장

검찰제도의 성립과 전개

Ⅰ. 중세 유럽의 형사제도

1. 로마제국의 멸망과 중세유럽의 상황

426년 로마제국의 멸망으로 로마제국의 지배하에 있던 오늘날의 서유럽과 영국이 게르만족의 지배하에 놓이게 되었다. 제국의 멸망으로 지역 전체를 통할하는 정치권력이 없는 공백상태가 생겼고 지역 일부를 장악한 세력들이 각 지역을 지배하는 지역분할체제가 되었다. 이와 함께 소위 암흑의 시대(Dark Ages)라 불리우는 혼돈과 문맹의 시대로 들어가게 되었으며 로마 문명과도 단절되어 로마법의 계수는 13세기에 이르러 이탈리아에서 법학교육을 받은 사람들이 이를 전할 때까지 기다려야 하였다.

이러한 가운데 기독교(Christianity)가 그나마 서구 사회를 결합할 수 있는 요소 중 하나가 되었는데 로마에 교황청을 두고 있는 로마카톨릭이 로마의 제국적 권위의 유산 중 하나였다. 그러나 고대 로마가 구축한 교통망의 급격한 붕괴로 인한 교통, 통신의 단절로 로마와 그 이외의 지역간에 문화적 차이가 확대되었으며 이로 인해 교회도 점차로 지역의 유력한 추기경이나 대주교 등

의 행정적 통제 하에 놓이게 되었다.[1]

각 지역들에서는 그 지역의 통치나 범죄에 대한 대응을 함에 있어서 그 지역의 자원들에 의존하여 자체적으로 해결해야 하는 상황이 되었다. 경제적으로도 영세한 농민들이나 상인들이 지역의 힘 있는 지배자와 연결하여 그들에게 세금이나 용역을 제공하는 대신 보호를 받는 관계를 맺게 되어 점차로 영주를 중심으로 한 중세의 장원제도로 발전하여 갔다.

그러나 한편으로 로마제국의 멸망 이후 수백년 간의 암흑의 시대에 서유럽의 새로운 질서를 위한 변화의 흐름이 있었다. 첫째로는 근대적인 민족국가의 성립을 위한 흐름을 들 수 있다. 귀족들의 수중에 권력이 집중되고, 동맹과 연합이 역동적으로 이루어지며 유사한 언어와 문화, 전통을 지닌 사람들 사이에서 리더들이 나타남에 따라 지역적으로 인접한 국가나 국민들과는 구별되는 인적 결속력을 가진 민족국가를 형성하게 되었다.[2]

둘째, 통제력이 있는 중앙정부가 없고 지역적으로 형성되는 권력들에 의한 통치력이 약하고 불확실하였기 때문에 당시의 서구사회는 원시적이고 폭력적인 상황 하에 놓여지게 되었다. 그리고 이러한 상황에 따른 위험요소들로 인하여 개개인들 상호간의 권리와 의무들을 정하고 새로운 형태의 국가를 재구성하려는 흐름이 촉진되었다.[3]

2. 중세초기의 형벌관

서로마제국의 멸망 직후 서유럽을 지배한 게르만 사회는 혈연관계를 위주로 한 씨족 집단이 사회 구성의 기본집단이었고 범죄와 관련해서도 혈연관계를 기초로 한 복수(vengeance)가 기본 대응이었다. 예를 들어 남편이 살해를 당한 경우 미망인은 남편의 혈족, 즉 아들, 남편의 아버지 또는 남편의 형제들에게 그 죽음에 대한 복수를 요청할 수 있었고, 이를 기대할 수 없는 사정이 있는 경우는 자신의 혈족에 이를 요청할 수 있었다.[4]

---

1) Jhonson/Wolfe, *History of Criminal Justice*, Anderson Publishing, 2003, p.47.
2) Jhonson/Wolfe, op cit, p.50.
3) Jhonson/Wolfe, op cit, p.52.
4) Jhonson/Wolfe, op cit, pp.52-53.

씨족이나 혈연집단들은 폭력성을 제한하기 위해 유의하게 되었고, 살해자는 배상금(wergild)을 지불하여 복수를 피하기도 하였다. 복수의 야만성으로 인해 점차로 복수의 범위와 잔인성을 제한하려는 규율들이 생겨났다. 과잉된 복수는 이에 대한 재복수를 유발할 수 있었기 때문이다.[5)]

복수의 조건이나 대상자, 배상금을 누구에게 배상을 해야하는지 등 여러 가지 복잡한 사항들에도 불구하고 피의 복수(blood feud)와 복수제도는 스칸디나비아, 독일, 영국 등 지역의 형사법에 있어 가장 중요한 부분을 형성하였다. 그러나 이러한 피의 복수나 복수제도는 점차로 범죄행위에 대해 여러 가지 형태의 보상제도로 대체되어 갔고 이러한 보상방법에는 피해자의 혈족에 대해 돈을 지불하는 것도 포함되었다.[6)]

600년대에 영국에서는 여러 지역에서 포고(dooms)라고 불리우는 법률 기록이 나타나는데 켄트(Kent) 지역의 에델베르(Aethelbert)에 의한 포고(dooms)에는 절도행위에 대해 벌금을 부과하는 부분이 있고 그 벌금도 금액의 범위에 상당한 폭이 있었다. 교회의 재물을 훔친 경우는 장물 가액의 3배에서 12배까지의 벌금을 보상으로 부과하고, 왕의 재물을 훔친 경우는 가액의 9배에 해당하는 벌금을 부과하였는데 이는 성직자의 재물을 훔친 경우도 같았다.[7)]

688~695년에 웨스트색슨스(West-Saxons)의 인(Ine) 왕에 의한 포고에서는 폭력적 행위를 통제하려는 흐름이 반영되고 있는데 왕국에서 싸움을 하는 경우는 전 재산을 몰수하거나 왕의 재량에 따라 사형에 처할 수도 있었다. 그리고 싸움의 장소가 귀족의 집인가 교회인가 또는 일반인의 집인가에 따라 세부적인 벌금액이 규정되어 있었다. 절도의 경우도 7명에서 35명까지 집단적으로 절도행위를 하는 경우는 처벌을 가중하였다.[8)]

9세기 이후에는 범죄에 대한 대응에 있어 복수에 의하는 것보다는 왕의 관료나 법정에 형사 고소를 하는 방식으로 중점이 이전되었다. 에드가의 포고(946~963)와 카누트의 포고(1020~1034)에는 백인촌(百人村, hundreds), 주(shires), 자치도시(boroughs)들에 법집행의 임무를 담당하는 지역법원들의 설치와 운영

5) Jhonson/Wolfe, op cit, p.53.
6) Jhonson/Wolfe, op cit, p.53.
7) Jhonson/Wolfe, op cit, p.53.
8) Jhonson/Wolfe, op cit, p.54.

에 관한 구체적인 사항들이 규정되었다. 11세기가 되면 영국에서는 복수는 범죄 피해자가 왕의 법정에서 그 보상책을 받기 위한 모든 기회를 다 사용해 본 후에 마지막으로 선택하는 것으로 되었다.[9)]

3. 중세초기의 재판제도

1) 재판권의 세분화

통일적인 지배체제가 와해되고 지배권이 분화되면서 재판권도 세분화되었다. 지배관계가 재편되면서 각 지역의 우두머리로 등장하는 사람들은 재판을 하는 자가 되기를 희망하였다. 재판권만이 종속민들로 하여금 효과적으로 의무를 이행하게 할 수 있었으며 다른 지역의 우두머리가 자신의 지역 종속민들에 대해 재판권을 행사하지 못하게 함으로써 그들을 보호하는 동시에 그들을 지배할 수 있는 좋은 수단을 제공해주기 때문이었다.[10)]

이미 로마제국 말기부터 때로는 감옥까지 갖춘 유력자의 사적 재판소가 법의 테두리 밖에 나타나고 있었다. 국가가 형성되어 가는 중에도 국왕이 지역세력을 포섭하면서 기존의 재판권을 인정하여 주고 일정 범위의 사법권이 영주에게 위탁되는 식의 제도가 형성되었다. 국왕세력은 이들의 권한을 강화시켜 왕권 자체의 치안유지체제를 공고히 하려 생각하였다. 그리하여 실력행사에 의해 생겨난 사적 재판권은 오랜 기간 동안 점점 불어나게 되었는데 이를 합법화한다는 것은 동시에 이를 정당한 영역 안으로 끌어들일 수 있는 일이기도 하였다.[11)]

이러한 재판조직의 가장 하부에는 백인촌(百人村)이 있었고 10세기경 영국에서는 그 상위로 shire라고 불리우는 주(county)가 성립하기도 했다. 프랑스에서는 영주의 수중으로 재판권이 넘어가면서 백인촌의 재판권은 점차로 사라져 갔다.[12)] 한편, 왕의 법원에서 행사되는 상급재판권과 개별 지역의 영주나 수장에게 부여된 재판권인 하급재판권은 사건의 관할에 있어 차이가 있었으며 사

9) Jhonson/Wolfe, op cit, p.54.
10) Marc Bloch, 한정숙 역, 『봉건사회 Ⅱ』, 한길사, 2002, 186면.
11) 위의 책, 192-193면.
12) 위의 책, 206-209면.

형의 선고는 국왕재판 또는 국왕 순찰사가 소집하는 중대재판이나 백작재판에만 인정되기도 하였다.[13]

한편, 세속사회의 재판권자와 별개로 교회의 재판권도 인정되었다. 교회의 재판권은 첫째로 재속 성직자이건 수도사이건 성직에 몸담은 모든 사람을 관할권 아래 거느리려 하였고, 둘째로 그 자체로는 속인이 저질렀다고 하더라도 종교적인 성격을 띠고 있다고 여겨지는 행위들, 예컨대 이단의 문제를 비롯하여 서약이나 결혼에 이르는 사항들을 어느 정도 전적으로 관장하고 있었다.[14]

2) 재판절차

재판절차는 범죄로 인해 피해를 입은 피해자가 지역수장이나 백인촌장(百人村長) 등에게 제소함으로써 개시되었으며 그러면 지역수장이나 백인촌장이 재판장으로서 법정을 열고 재판을 개시하였다. 중대재판은 주민전원이 참석하는 전원참석법정에서 열렸으며 소(小)소송사건은 참석인원이 제한된 법정에서 다루어지기도 하였다.[15]

제소자가 주민들이 지켜보는 가운데 구두로 제소사실을 진술한 후에 피제소자가 이를 인정하거나 반박하는 진술을 하였다. 그 후 제소자와 피제소자가 증인이나 증거를 제출하고 이러한 절차가 종료되면 재판장은 판단을 하는 재판단(Dinggenossen, rachimburgi sedentes)에 판결안을 요청하였다. 재판단이 유·무죄의 판결안을 제출하면 참석한 주민회의의 승인을 받아 판결을 선고하였다.[16]

주민전원이 참석하는 재판은 점차로 소수의 사건으로 줄어들어 민중들의 재판참석 의무는 제한되게 되었고 점차로 재판권 보유자로부터 종신 임기로 임명되는 사람들이 재판에 참석하여 판결을 하는 참심원단제도가 형성되었다. 프랑스는 카롤링거 왕조시대 무렵부터, 독일은 카알 대제 시대에 이러한 모습을 보이게 되었다.[17]

---

13) 위의 책, 196-197면.

14) 위의 책, 189면.

15) 위의 책, 194면.

16) Alber, *Die Geschichte der Öffentlichkeit im deutschen Strafverfahren*, Dissertation Universität Freiburg, 1973, S. 12-13.

17) Alber, a.a.O., S. 13; Marc Bloch, 한정숙 역, 앞의 책, 203면.

이와 같은 중세초기의 재판절차는 현대 형사소송상의 용어로 표현하자면 탄핵주의, 사인소추주의, 당사자주의가 기본인 절차였다.

3) 신판(神判, Ordeal)제도와 결투재판

범죄자와 피해자간에 유혈적인 쟁투로 범죄 문제를 해결하는 대신에 범죄자를 가리고 형벌에 처하는 재판제도가 도입되게 되자 제소자와 피제소자간에 다툼이 있는 경우 진실이 무엇인가, 즉 사실관계를 확정하는 문제가 중요하게 되었다. 당사자들이 제출하는 증인이나 증거들에 의해 사실관계를 명확히 알 수 있는 경우는 문제가 없을 것이나 그렇지 않은 경우도 많이 발생하기 때문이다. 이러한 경우에 어떤 방식이든 사실관계를 확정해주지 않으면 재판제도 자체가 유지될 수 없기 때문이다.

초기에는 무죄보증선서(compurgatory oath, Reinigungseid)라는 제도가 사용되었다. 이는 피제소자가 자신이 무고하다는 것에 대한 선서를 하는 것이었는데 이 선서를 할 피제소자가 충분한 수의 친족이나 선서보조자(oathhelper, Eidhelfer)의 도움을 받아 그 무죄보증선서를 믿어줄 수 있으면 무죄판결을 받았다. 그런데 이 선서보조자는 사실인정과 관련하여 경험한 사실을 증언하는 증인이 아니라 피제소자가 믿을 만한 사람이라는 것을 진술하는 평판증인 또는 성격에 관한 증인이었다.[18]

양 당사자의 입증활동과 그 선서보조자들의 도움을 받은 무죄보증선서가 행해지고도 사실 문제를 가릴 수 없는 경우에는 재판장은 신판에 의해 사실 문제를 확정하였다. 신판은 일정한 의식을 통해 전지전능한 신이 범죄자의 유·무죄를 밝혀줄 수 있을 것이라는 믿음에 근거하였다.[19]

신판의 방법은 다양한 방법이 사용되었는데 그 중 물의 신판과 불의 신판이 대표적이었다. 물의 신판은 뜨거운 물의 신판과 차가운 물의 신판이 있었는데 뜨거운 물의 신판은 뜨거운 물에 손이나 팔을 집어넣었다가 뺀 후 3일 정도

---

18) Jhonson/Wolfe, op cit, p.55; Eb. Schmidt, *Einführung in die Geshichte der deutschen Strafrechtspflege* 3. Aufl, Vandenhoeck & Rupprecht, 1995, S. 40; Geppert, *Der Grundsatz der Unmittelbarkeit im deutschen Strafverfahren*, Walter de Gruyter, 1979, S. 8; Rüping/Jerouscheck, *Grundriß der Strafrechtsgeschichte* 4. Aufl, C. H. Beck, 2002, S. 10.

19) Rüping/Jerouscheck, a.a.O., S. 11.

붕대로 감아두었다가 풀어서 상처가 나아지고 있는 상태면 무죄, 곪거나 악화된 상태면 유죄로 판단하였다. 차가운 물의 신판은 강물 등에 피제소자를 일정 시간 빠뜨린 후 물 위로 떠오르면 유죄로 판단하였는데 악마의 영혼이 범죄자의 몸에 들어가 무게를 가볍게 하기 때문으로 여겨졌다.[20] 불의 신판은 뜨거운 쇠를 들고 일정 거리를 걸어간 후 상처부위를 붕대로 감아두었다가 치료되면 무죄, 곪거나 악화되면 유죄로 판단하였다.[21]

그런데 신판은 다른 절차로도 유·무죄를 판단하기 어려운 경우에 최종적인 수단으로서 예외적으로 행해졌는데 프랑크 시대에 행해진 600여건의 판결 중에 10건 만이 신판에 의하였다.[22]

한편, 영국에서는 노르만디의 윌리엄 공작의 정복 이후 결투에 의한 재판제도가 행해졌는데 당사자들이 선정한 결투자들의 싸움으로 법적 문제를 결정하는 것이었다. 초기에는 제소자 측과 피제소자가 직접 결투를 하였으나 점차로 대신 결투를 할 사람을 지명하여 행하기도 하였다.[23] 신앙적 측면에서 신이 거짓말하는 측을 이기게 할 리 없다고 믿어 이기는 자가 승소자가 되었는데 이것도 사실관계 확정을 신의 뜻에 맡긴다는 점에서 신판과 유사하였다.

Ⅱ. 신판 금지령과 대륙법계 및 영미법계 재판제도의 형성

1. 신판 금지령

중세초기에 행해지던 신판 절차는 당시 서유럽에서 지배적 종교이던 카톨릭의 사제들이 이에 관여하여 행해졌다. 그런데 12세기 초반에 이탈리아의 블로냐 대학을 중심으로 한 로마법 연구로 법률적 사고의 깊이가 더해지고, 인간의 가치를 중심으로 인간과 인간의 관계를 사고하려는 인문주의적 사고가 태동하면서 신에 의존하여 유·무죄를 결정하는 신판제도의 불합리성에 대한 인

20) 물론 익사하지 않도록 세부적인 조치도 하였다. Jhonson/Wolfe, op cit, p.55.

21) Jhonson/Wolfe, op cit, p.55; Hans/Vdmar, *Judging the Jury*, Plenum Press, 1986, p.24.

22) Rüping/Jerouscheck, a.a.O., S. 11.

23) Jhonson/Wolfe, op cit, p.59.

식이 퍼져갔다.

드디어 1215년 라테란에서 개최된 카톨릭의 4차 라테란 공의회에서 교황 이노센트 3세가 성직자들의 신판관여를 금지하는 결정을 하였는데 이 신판금지령이 서유럽의 재판제도에 큰 영향을 미치게 되었다.[24] 신판을 할 수 없게 되자 재판에서 유·무죄가 팽팽히 다투어지는 사건에서 유·무죄를 가리는 수단이 없어지게 되어 형사소송에 있어서의 공황상태가 초래되었다. 나아가 서유럽에서는 그 무렵 결투도 금지하게 되는데 이에 따라 유럽사회는 유·무죄를 가릴 수 있는 새로운 방법을 찾아야만 했다.[25] 이와 같이 신판금지령은 신에 의존하는 재판시스템에서 인간이 스스로 해결해야 하는 시스템으로 전환하는 계기가 되었다.

2. 대륙법계 직권주의 절차(inquisitorial system)[26]의 형성

1) 교회법상 직권주의 절차의 형성

직권주의 형사절차의 연원에 대해서는 교황 이노센트 3세가 1215년 제4차 라테란 공의회에서 발한 직권주의적 절차에 관한 칙령이 연원이 되고 1234년

---

24) 교황 이노센트 3세는 교황이 되기 전에 프랑스 파리에 있는 대학에서 신학자인 Peter the Chanter의 영향을 받았는데 Peter the Chanter는 신판에 의한 오판 사례를 들면서 신학적 관점과 법학적 관점에서 신판제도를 비판하는 글을 다수 썼다. Jhonson/Wolfe, op cit, pp.59-60.

25) Jhonson/Wolfe, op cit, p.61; Jerouschek, "Die Herausbildung des peinlichen Inquisitionsprozesses im Spätmittelalter und in der frühen Neuzeit", ZStW 104 (1992), S. 336; Oehler, "Zur Entstehung des strafrechtlichen Inquisitionsprozesses", Gedächtnisschrift für H.Kaufmann(1986), S. 848.

26) 영미법계의 형사절차를 adversarial system이라고 하며 이에 대응하여 대륙법계 형사절차를 inquisitorial system이라고 한다. 그런데 그 번역에 있어서 흔히 adversarial system은 당사자주의라고 하면서 inquisitorial system은 규문주의라고 번역하는 경우가 많다. 그러나 대륙법계의 형사절차는 사실인정의 권한을 갖는 법원이 직접 사건의 조사를 하는 것을 특징으로 하는데 중세초기에 형성되기 시작하여 중세중기와 절대왕정 시대 그리고 프랑스 혁명 후와 같이 역사적으로 그 모습을 달리하고 있다. 규문주의절차는 그 중 중세후기와 절대왕정 시대에 고문과 서면주의로 대표되는 절차로서 역사적으로 그 시대에 한정되며 그 후 프랑스 혁명 후 고문과 서면주의가 폐지되고 근대적인 형사절차로 변모하였다. 그러므로 대륙법계 형사절차 전체를 말하는 경우는 직권주의로 번역하는 것이 타당하고 규문주의는 역사적으로 한정된 시기의 절차로 번역하는 것이 적절하다고 본다.

교황 그레고리 9세가 편찬한 칙령집의 Liber Extra에 이노센트 3세의 칙령이 계승되어 교회법상으로 형성되었으며 그것이 게르만의 규범요소에 체화되는 과정에서 세속 절차로 전파된 것으로 보는 것이 일반적이다.[27)]

앞에서 본 바와 같이 중세초기까지의 형사절차는 제소자의 제소가 있어야 절차가 시작되고(탄핵주의), 증거의 수집, 제출은 제소자와 피제소자가 행하며 법원은 판단만 하는 당사자주의적 절차였다. 그런데 이노센트 3세는 칙령으로 교회법상의 절차에서 제3자의 고발만 있어도 법원이 직권으로 절차를 시작할 수 있을 뿐만 아니라 법원이 스스로 나쁜 평판 등을 검토하여 이를 근거로 절차를 개시할 수 있도록 하였다.[28)]

이와 같이 새로 도입된 절차는 종전의 절차와 비교하면 법원이 피해자의 제소를 기다리지 않고 스스로 절차를 시작하고, 사실관계 파악을 위한 증거의 수집을 법원이 직접 행하는 것을 특징으로 하였다.[29)]

이노센트 3세가 직권주의 절차를 도입하게 된 배경으로는 당시의 고위성직자들의 부패행위나 부도덕한 행위에 대한 대처와 이단적 분파에 대한 대응 필요성 등이 언급된다.[30)] 고위성직자들의 부패행위 등에 대해 교회법상의 징계절차나 형사절차가 개시되려면 피해자의 제소가 있어야 하는데 고위성직자들에 대하여는 이러한 제소가 행해지기 어려웠다. 먼저, 당시 절차에는 제소에 대한 위험이 있었는데 제소자가 피제소자에 대한 유죄입증을 하지 못하면 피제소자가 유죄인 경우 처벌받을 수 있는 벌을 제소자가 받을 수 있었다.[31)] 또한 고위성직자는 무죄보증선서를 통해 무죄로 판결받을 수 있는 가능성이 많았으므로 이러한 권력적 지위에 있는 사람에 대해 제소한다는 것은 쉽게 생각할 수 없었다.[32)] 그러므로 성직자들의 부패행위에 대한 소문이 공공연하게 있어도

27) Jerouschek, a.a.O., S. 334; 반면에 Eb Schmidt는 독일에서 교회법 및 이탈리아법이 계수되기 전에 고유한 규문절차가 발생하였다고 주장하고 있으나 비판론도 있다. Oehler, a.a.O., S. 847.

28) Rüping/Jerouscheck, a.a.O., S. 13.

29) Jhonson/Wolfe, op cit, p.71. 직권적 절차개시와 직권적 증거수집의 두 가지 요소 중에서 프랑스 혁명 후에 형사절차를 수사절차와 공판절차로 분리하고 법원의 공판절차는 검사의 공소제기가 있어야 진행되도록 함으로써 법원의 재판에 관하여는 탄핵주의가 다시 도입되었다.

30) Rüping/Jerouscheck, a.a.O., S. 16; Jhonson/Wolfe, op cit, p.76.

31) Jerouschek, ZStW 104(1992), S. 335.

32) 따라서 종래의 절차는 제소를 당할 가능성이 거의 없는 고위신분자들에게는 매우 유

그에 대해 절차를 개시할 수 없었기 때문에 이들을 통제할 필요성이 있던 교황청의 입장에서는 새로운 방식의 조사절차를 도입할 필요성이 있었던 것이다.

또한 이단적 종파에 대한 대응을 위해서도 제소를 기다리지 않고 직권으로 절차를 시작할 필요가 있었다. 예컨대 남부 프랑스에서는 성직자들의 부패와 부도덕한 행위들로 인해 일련의 이단적 종파가 발생하게 되었는데 그 중에서 카타리파(순결파, Cathari 또는 Albigensees)가 크게 성장하였다.[33] 카타리파 지역에 대한 군사적 토벌[34] 이후 1229년 개최된 뚤루즈(Toulouse) 공의회로부터 권한을 받은 도미니코 수도회 성직자들이 이단자들에 대한 조사를 진행하였는데 이 때 직권적 조사방식이 사용되었다.

2) 교회법상 직권주의 절차의 세속법원에의 전파

이노센트 3세에 의해 직권적 절차가 도입됨으로써 교회법상으로 절차가 진행되는 경로는 종래와 같이 피해자의 제소에 의한 절차, 고발에 의한 절차 그리고 법원 스스로 정보를 수집하여 개시하는 절차의 3가지 유형이 병존하게 되었다.[35] 한편, 법원 스스로 증거를 수집하여 사실확인을 하는 방식이 도입되면서 법원은 당사자가 제출하는 증거에 기속되지 않고 필요한 경우는 스스로 증거를 수집하였다. 따라서 종래와 같이 제소로 개시되는 절차에 있어서도 절차 개시만 제소에 의할 뿐 이후의 절차 진행은 당사자가 제출하는 증거와 상관없이 법원이 증거수집을 해나갈 수 있는 방식으로 변화하였다.[36]

이와 같은 교회의 절차는 처음에는 성직자나 종교범죄를 대상으로 적용되었으나 시간이 경과함에 따라 경합범죄, 명예나 윤리적 범죄의 영역에서 일반인들에게도 적용되게 되었다. 또한 당시에 활발히 전개되었던 이탈리아 법학을 매개로 13세기 이래로 점차로 세속의 법원에서도 인정되게 되었다.[37]

리한 것이었다. Oehler, Gedächtnisschrift für H.Kaufmann(1986), S. 860.

33) 카다리파는 인간의 영혼을 지배하는 선과 신체 및 물질을 지배하는 악으로 구분하는 이원론을 토대로 하고, 신에게는 2명의 아들이 있는데 선한 아들인 그리스도와 악한 아들인 사탄이 있다고 믿었다. 이러한 믿음을 토대로 독신주의와 육식금지의 생활을 하였다. Jhonson/Wolfe, op cit, pp.70-71.

34) Albigensian Crusade라고 불리우며 1209년부터 1229년까지 20년에 걸쳐 행해졌다.

35) Oehler, Gedächtnisschrift für H.Kaufmann(1986), S. 849, 860.

36) Jhonson/Wolfe, op cit, p.71.

37) Geppert, a.a.O., S. 13.

교회법 영역에서 단초가 마련된 직권주의적 절차가 중세 독일과 프랑스의 형사절차에서 지배적 지위를 차지하게 되는데 그 계기로는 다음과 같은 것들이 들어진다.

먼저, 1215년의 4차 라테란 공의회에서 재판방법으로서의 신판(神判, Gottesurteil)을 금지하고 성직자들의 신판 관여를 금지함으로 인하여 유·무죄를 가리는 입증방법이 사라지게 되었고 마찬가지로 그 무렵 문제되게 되는 결투의 금지와 함께 유죄입증을 위한 새로운 방법을 찾아야만 하였다는 것이다.[38)]

둘째로는 도시의 발달이다. 1200년경부터 이탈리아를 중심으로 시작된 상업혁명은 이탈리아와 서유럽 사회에 큰 영향을 끼쳤으며 이에 따른 사회경제적 변화는 범죄의 증가와 이에 대한 대응체제에도 변화를 가져왔다. 초기에는 상업적 교역이 육로보다는 강, 바다 등 해로를 통해 많이 행해졌고 이에 따라 지중해 주변지역이 조기에 상업적 발전을 이루게 되어 상업도시가 형성되었다. 이러한 발전은 이탈리아의 도시국가들을 번성하게 하였고 유럽에도 이들 이탈리아 도시들과의 교역이나 각 지역이 주변지역과의 교역을 위한 도시들이 형성되었다.

도시가 형성되면서 증가하는 도시 인구로 인하여 절도 등 재산과 관련된 범죄가 증가하였다. 재산과 관련된 범죄의 기회도 증가하였을 뿐만 아니라 부를 축적한 사람들과 도시의 빈민자들간의 생활수준의 격차도 증가하여 계급간의 반목도 재산범죄의 발생요인이 되었다. 나아가 훔친 물건들을 팔 수 있는 암시장도 발달하게 되었다.[39)]

도시는 봉건적 집단질서에 있어서는 이질적인 것이었고 종전의 혈연공동체에 상응하는 연대적 공동체를 인위적인 방법으로 만들어 내게 되었다.[40)] 이러한 도시적 공동체에 대해 위험을 제공하는 범죄인에 대하여도 종래와 같은 제소에 따른 탄핵적 절차나 기사에 의한 결투 등 보다는 도시 스스로 나서서 이를 해결하는 절차를 필요로 하였다. 이에 따라 범죄피해자의 제소 없이도 도시의 집행기관이 나서서 범죄혐의 있는 사람을 조사하고 소추를 행하는 식으

38) Jerouschek, ZStW 104(1992), S. 336; Oehler, a.a.O., S. 848.
39) Jhonson/Wolfe, op cit, pp.76-77.
40) Jerouschek, ZStW 104(1992), S. 331.

로 변화하게 되는 것이다.[41)]

셋째로, 사회발전에 따른 형벌관의 변화와 변화된 형벌관에 상응한 절차의 필요성이다. 즉 씨족 사회에서 영주, 왕 등이 나타나고 또한 도시 등이 형성되면서 개인에 대한 보복과 화해를 중심으로 하는 보상적 형벌관(Kompositionen-system)에서 공동체에 대한 위해를 가한 자에 대하여 그 신체에 고통을 가한다는 의미의 고통 형벌(peinliche Strafe)의 개념이 도입되었고 이러한 형벌관하에서는 범죄인을 조사하고 소추하는 것이 고권적으로 신성한 공무로 간주되게 되었다.[42)]

넷째로, 당시의 지역의 치안을 보장하는 고권적 권력에 주어진 권력 수단이 제한되어 있었고 그 권력의 영역도 소규모였던 상황하에서 범죄에 효율적으로 대처할 필요성을 들 수 있다. 탄핵적 절차는 제소가 있어야 진행될 수 있으므로 점증하는 범죄에 즉각적으로 대처하기 어려웠고, 당사자주의적 절차도 시간이 걸려 비효율적이었다. 법원이 직접 조사에 나서게 되자 신속한 진행을 위하여 법원이 직접 피고인의 진술을 들어볼 필요가 생겼으며 이에 따라 14세기에 피고인에 대해 질문을 하는 방식이 도입되었다.[43)]

직권주의절차의 세속법원으로의 확대는 프랑스 왕정의 강화도 배경이 되었다. 14세기 이전에는 범죄에 대한 소추는 소수의 예외적인 경우를 제외하고는 피해자의 일이었다. 그런데 14세기에 프랑스의 왕정은 영주들을 제압하고 국가의 유일한 담당자로서의 왕권을 강화, 확립하여 가게 되었다. 이 무렵에는 범죄에 대한 관념도 변하기 시작하였는데 범죄를 공동체의 질서에 대한 침해로 보기 시작하였다.[44)] 왕이 주권자로 등장하면서 범죄에 대한 대응에 대해서도 왕이 해결자로 등장하게 되었고 왕이 임명한 관료인 법관들이 왕의 법원에서 스스로 조사하여 사실관계를 확인하는 방식으로 자연스럽게 퍼졌다.

신판의 시대에 유·무죄를 신에게 묻던 방식에서 신판이 금지되자 서유럽 대륙에서는 먼저 교회에서 신의 대리인인 교황으로부터 권한을 받은 성직자가 스스로 유·무죄를 조사해서 판단하는 절차가 형성되었고, 세속에서는 지역 영

41) Eb. Schmidt, *Einführung in die Geschichte der deutschen Strafrechtspflege*, 3. Aufl., Vanenhoeck & Ruprecht, 1995, S. 89.
42) Jerousckek, ZStW 104(1992), S. 337.
43) Eb. Schmidt, a.a.O., S. 90.
44) Sättler, a.a.O., S. 60; Jerouschek, ZStW 104(1992), S. 337.

주들을 제압하고 주권자로 등장한 왕과 왕의 대리인인 관료법관들이 스스로 유·무죄를 조사하여 판단하는 절차가 형성되었다. 즉 신의 자리를 권력자가 대체하는 방식으로 해결책을 찾아갔다고 할 수 있다.

3. 영미법계 당사자주의와 배심제도의 형성

1) 당사자주의적 절차의 유지

프랑스를 중심으로 한 대륙과 달리 섬나라인 영국은 강력한 왕권국가를 형성하지 못하였다. 1066년 영국의 에드워드 왕이 후사 없이 사망하고 처남인 헤럴드가 왕으로 즉위하자 노르만디의 윌리엄이 왕위계승권을 주장하면서 전쟁을 일으켜 헤럴드에게 승리를 거두고 영국 왕이 되었다. 그런데 노르만 정복왕조는 프랑스 왕이 영주들을 제압하고 강력한 왕권을 확립한 것에 비하여 지방 귀족들을 완전히 제압하지 못하고 그들과 타협하는 권력구조를 형성하였다. 이에 따라 재판제도도 대륙과는 다른 형태로 형성되었다.

정복 초기에 노르만 왕조는 모든 땅을 왕의 소유로 하고 지역 영주의 점유권은 왕의 소유권으로부터 나오는 것으로 하였고 이에 따라 영주들은 왕에게 세금을 납부해야 하였다. 이 세금 부과를 위해 각 지역의 토지규모, 주민의 수, 영주의 재산 등을 조사하여 문서화하였다. 후에 Doomsday Book이라는 이름으로 유명해진 토지대장의 자료를 수집함에 있어 각 지역의 유력자 12명씩을 뽑아 그들에게 진실을 말할 것을 선서하게 한 후에 영주의 이름, 가축, 영토의 넓이, 주민 수 등을 물었다.[45)]

형사재판에 있어서는 신판이 행해지고 있음에도 이러한 조사방식은 재정이나 행정목적의 조사에서 사용되고 있었다. 자료를 적극적으로 수집해야 하는 영역에서는 신판이 기능할 수 없었기 때문이다.

한편, 영국에서도 대륙과 같이 무죄보증선서제도가 행해지고 있었는데 제소된 범죄가 폭력행위를 포함하지 않거나 직접 증인이 없는 경우에 재판장인 지역의 장이 피제소자의 친구들이나 친척들 중에서 무죄보증증인(compurgator)이 될 사람들을 선발하였고 피제소가가 그들 중에서 자신의 신뢰성을 위해 선

45) Hans/Vidmar, op cit, p.25; Gerding, *TRIAL BY JURY*, Jonscher Verlag, 2007, S. 6.

서하고 증언할 무죄보증증인을 선택하였다. 보통 무죄보증증인은 11~12명으로 구성하였는데 피제소자의 평이 안 좋은 경우는 36명이 요구되기도 하였다. 이와 같이 요구되는 수의 무죄보증증인이 피제소자가 신뢰할 수 있는 사람임을 증언하면 무죄로 방면되었고 요구되는 수의 무죄보증증인을 구하지 못하는 경우는 신판절차로 이행하였다.[46)]

또한 제소가 있어야 형사절차가 개시되었는데 피해자가 아니더라도 백인촌 단위지역에서 나온 12인이 법정에 나와 누가 어떤 범죄를 저질렀다는 것을 고발하여 형사절차를 개시할 수도 있었다. 1166년의 Clarendon 법원칙령(the Assize of Clarendon)[47)]에서는 각 백인촌(百人村)에서 12개의 가문대표들을 모아 놓고 선서하게 한 다음 왕의 법원에 대해 제소당하거나 강도, 살인, 절도범으로 알려져 있는 사람들 및 그런 범죄를 도와준 것으로 알려져 있는 사람들을 보고하게 하였다. 이렇게 범죄자의 제소를 위해 소환된 사람들이 오늘날의 대배심의 기원이 되었다.[48)]

그런데 영국에서도 신판의 금지로 인하여 형사재판의 유·무죄 판단을 위한 새로운 방식이 필요하였고 재판절차에 있어 종래와 같은 당사자주의적 방식을 유지하면서 유·무죄 판단을 위한 제도로 형성된 것이 배심제도이다.

2) 배심제도의 형성

(1) 당사자주의적 절차의 유지와 마그나카르타

위와 같이 토지대장 자료 수집 등 행정절차에서 왕이 지역 공동체를 이용하여 정보를 취득하던 제도나 형사재판에서 당사자들의 신뢰성에 대해 지역 공동체의 지식을 이용하던 제도 등은 지역 공동체 구성원을 증인, 즉 증거방법으로 이용하던 제도라 할 수 있는데 이러한 증거방법을 12세기 이후에 형성된 왕의 법원에서 받아들였다.

12세기경 왕의 법관(Justices In Eyre)이 왕의 이름으로 지역을 순회하면서 재판하는 제도가 도입되었는데 다툼이 있는 경우 그 법관은 그 지역의 치안담

---

46) Hans/Vidmar, op cit, p.25.

47) assize는 국왕에 의해 발해지는 칙령의 의미가 있는데 그 령에 의해 새로운 법원의 형사절차가 도입되었으며 이에 의해 도입되는 법원도 assize라고 불렀다. Jhonson/Wolfe, op cit, p.82.

48) Jhonson/Wolfe, op cit, p.73.

당자(Sheriff)에게 지역민 12명을 데려오라는 명령장[49]을 발하였다. 이들은 당사자들과 친인척관계에 있어서는 안 되었고 사건의 쟁점에 대해 말할 수 있는 사람들이어야 하였으며 그 지역 출신으로서 분쟁 상황에 관하여 신뢰할 수 있는 사람들로 평가되는 사람들이어야 하였다. 법관은 이들에 대해 차례로 물어 대답을 들은 후 이를 토대로 사실판단을 하였다. 당시에는 사실판단과 법률문제 및 양형판단이 모두 판사의 임무였으며 아직은 그 지역민들이 증인의 역할을 하였다.[50]

이들은 이러한 진술을 하기 전에 진실 선서를 하였으며 이에 따라 이들을 라틴어로 '선서한 자'라는 의미를 가지는 juratores라고 하였고 그들의 집단을 Jurata라고 하였다. 이들 선서한 사람들에게 점차로 다투어지는 사실문제에 대해 판단하는 답변을 하도록 하는 임무를 부여하게 되었다. 이에 따라 이들이 증거를 판단하는 판사적 기능을 담당하게 하여 13세기 후반에는 오늘 날의 배심재판의 기본적 틀이 형성되었다.[51]

그런데 영국에서 이와 같은 배심재판제도가 형성되는데는 영국 헌법제도 발전사의 큰 기둥이라 할 수 있는 1215년 마그타 카르타의 영향이 크다. 마그나 카르타는 동료에 의한 재판을 받을 권리에 관한 규정을 두고 있었는데 이는 왕이 백성들에 대해 자의적인 재판을 할 수 없도록 효과적인 법적 보호장치를 두고자 한 것이다. 이러한 생각은 사법권력을 1인 군주에게 집중하는 것에 반대하게 되었다.[52]

동료에 의한 재판과 관련하여 왕은 모든 재판기능을 동료에 의한 재판으로 하는 방식으로 받아들이지 않았고 당시 형성되던 배심재판의 방식에 따라 판결을 선고하는 기능과 사실문제를 판단하는 권한을 분리하는 방향으로 수용하였다. 13, 14세기에는 이 원칙에 따라 자유계급자들은 배심원을 자신과 같은 지위에 있는 사람들로 구성해줄 것을 요구하였는데 15세기를 지나면서 점차로 상대화되었고 자신이 속한 지위에 있는 사람들로 구성한다는 원칙은 형사재판에서만 적용되게 되었다. 또한 형사재판에서도 형사범죄(felony)와 경미범죄

49) Writ of Venire Facitas로 배심소환장이다.
50) Gerding, a.a.O., S. 7.
51) Gerding, a.a.O., S. 7-8.
52) Gerding, a.a.O., S. 9.

(misdemeanors)를 구분하고 경미범죄에 있어서는 동료에 의한 재판원칙을 적용하지 않게 되었다.[53]

(2) 배심제도의 정착

배심제도의 초기단계에는 신판은 금지되었지만 그렇다고 하여 배심재판이 강제되지도 않았기 때문에 피고인이 배심재판에 동의하지 않는 한 다른 방법이 없는 법원으로서는 유·무죄를 판단할 방법을 갖지 못하였다. 배심재판은 아주 새로운 방식이었기 때문에 기소배심에 의해 기소된 피고인은 이 방법으로 재판을 받을 것인지를 선택할 수 있어야 한다고 생각되었다.

그런데 당시에는 배심재판에 의해 유죄판결을 받으면 그 재산과 땅을 모두 몰수당하였으므로 차라리 배심재판을 받지 않고 추방형을 선택하는 것이 더 선호되었다.[54] 이에 따라 때로는 살인죄의 피고인을 단지 그 지방에서 추방하는 것에 그치는 경우도 생겨났다.[55]

많은 피고인들이 형사절차에 있어서의 이러한 제도적 허점을 이용하려 하였기 때문에 배심재판을 받도록 하기 위해 고문을 하는 실무가 허용되게 되었다.[56] 그런데도 당시 배심재판을 받느니 차라리 이 같은 고문을 받겠다고 하는 사람도 있었는데 그 이유는 당시는 유죄판결을 받은 피고인의 부동산은 1년 1일 동안 군주에게 속하였다가 영구히 그의 영주에게 귀속하게 되어 피고인의 가족을 알거지로 만들게 하는 것이 영국의 법이었고[57] 나아가 동산도 군주에게 귀속하게 되었으므로 배심재판 대신에 고문을 택함으로써 가족을 자기 범죄의 결과로부터 벗어나게 할 수 있었기 때문이었다.[58] 이와 같은 고통의 선택

53) Gerding, a.a.O., S. 10.
54) Johnson/Wolfe, op. cit, p.74.
55) Hans/Vidmar, op cit, 27.
56) 즉 이와 같은 어려움을 해결하기 위하여 1275년의 the Statute of Westminister는 피고인이 배심재판을 받기를 거부하면 '강하고 가혹한 옥(prison forte et dure)'에 수감할 것을 규정하였는데 이 '강하고 가혹한 옥'의 개념의 의미가 '강하고 가혹한 고통(peine forte et dure)'으로 변화하여 피고인을 땅에 누이고 배심재판을 받겠다고 하든지 아니면 숨을 거둘 때까지 그의 가슴에 점점 더 무거운 것을 쌓아 올리는 합법적 고문을 뜻하는 것으로 되었다. Hans/Vidmar, op cit, p.27.
57) 이것을 escheat라고 하였다.
58) Hans/Vidmar, op cit, pp.27-28; 이에 대해 영국의 형사절차에 있어 이러한 고문이 행해졌다는 사실은 고문과 야만성이 결코 프랑스나 대륙의 형사절차에서만의 문제가

은 1772년까지 계속되어 1772년에는 배심재판을 거부하는 것은 유죄답변으로 간주되게 되었고 1827년에 와서야 배심재판의 거부는 무죄답변으로 간주되게 되었다.[59)]

초기의 배심원은 자기가 알고 있는 바를 증언도 하고 평결도 하는 방식이었으며 이러한 방식은 1450년경까지 지속되었다. 이와 같은 방식은 잘못된 평결을 할 가능성이 많았으므로 잘못된 평결의 의심이 들면 판사가 배심원들의 위증 여부를 심판할 24인의 심사위원을 임명할 수 있었다. 이 절차에서 위증임이 밝혀지면 구금되며, 그들의 동산이 몰수되어 군주에 귀속되었다. 그러나 배심원들이 자신의 지식을 이야기 하지 않게 되면서 이 절차는 불필요하게 되었다.[60)]

법원이 볼 때 잘못된 평결을 하였다는 이유로 배심원을 처벌하던 것은 1670년 Penn 사건에서 잘못된 평결로 구금되었던 배심원 Buschell이 불복하여 이김으로써 이러한 제약이 없어지게 되었다.[61)]

공판배심은 형법상의 형식적이고 비대중적인 규율들을 변경하는 기능을 하였을 뿐 아니라 사실의 결정자로서 많은 경우에 신판에 의한 판결에 부여되었던 최종성도 가지고 있었다. 뇌물을 받았다든가 협박을 당하였다든가 하는 이유가 아닌 한 배심의 평결은 다투어질 수 없었으며 배심원들도 처벌될 수 없었다.[62)]

기소배심과 공판배심이 유지됨으로써 영국의 국왕과 그 판사들은 지역의 범죄에 대한 통제에 있어서 지역 주민들의 협조에 의존하였다. 이러한 상황은 1550년 이전의 영국 형사사법 절차에 있어 특징적이었으며, 배심제도는 일반적인 원칙으로 받아들여지게 되었다.[63)]

아니었다는 것을 보여준다는 평가를 하기도 한다. Johnson/Wolfe, op cit, p.75.

59) Hans/Vidmar, op cit, 28.

60) 최대권, 『영미법』, 박영사, 1997, 51면.

61) Hans/Vidmar, op cit, 22.

62) Hans/Vidmar, op cit, 22.

63) Johnson/Wolfe, op. cit. p.76.

Ⅲ. 대륙법계 직권주의의 규문주의로의 전개

1. 사회경제적 배경

앞에서 본 바와 같이 상업도시의 발달로 범죄가 증가하는 추세에 있었음에 반하여 이에 대응하기 위한 인력이나 자원, 그리고 기구들이 제한되어 있어 어려움이 있었다. 그러나 상업적인 성장을 위해서는 치안이 안정될 필요가 있었으므로 국가나 도시들은 상인들의 안전을 보장하기 위해 최선을 다하려 하였다.

예컨대 이탈리아의 도시들은 귀족들에 의해 만들어진 순찰원들에 기초한 경찰체제를 만들어 대응하기도 하였다. 이러한 순찰원들에 대한 공격에 대해서는 중한 처벌을 하였으며, 귀족을 공격하거나 살해한 경우는 매우 심한 형벌을 받았다. 치안관들은 형의 선고에 있어 큰 재량을 행사하였고 피고인이나 피해자의 사회적 지위, 범죄에 포함된 재산의 크기, 사회질서에 미친 해악의 정도 등에 따라 형벌의 폭이 크게 달랐다. 사형 등 중형은 사회가 갖는 복수감정을 무마하거나 장래의 범죄를 위하하기 위해 행해졌으며 피고인에 대한 형의 집행도 공개적 형집행이 행해지기도 하였다.[64]

이와 같이 사회의 안정을 중요시하는 사회상황에서 대륙법계의 직권주의는 고문, 서면주의, 밀행주의를 특징으로 하는 규문절차로 이행하게 되었다. 즉 취약한 권력수단에 의해 지역적 평화를 유지하기 위하여는 그 평화를 해치는 것으로 보이는 범죄자들에 대하여 위하적인 본보기를 보여야 하였고 이러한 목적에 적절한 것이라면 사용할 수 있는 모든 강제수단을 동원하려 하였는바 피의자에 대한 보호나 고려는 생각할 수 없었다.[65] 문제는 이러한 방법에 한번 익숙하여진 중세의 권력이 「한 사람의 무고한 죄인을 만드는 것 보다는 열 사람의 죄인을 벌 주는 것을 포기한다」는 방식의 이성과 정의를 통찰하는 길을 완전히 벗어나게 되었다는 점이다.[66]

---

64) Johnson/Wolfe, op cit, pp.78-79.
65) Eb. Schmidt, a.a.O., S. 99.
66) Eb. Schmift, a.a.O., S. 99.

2. 규문절차의 형성

1) 공판전 조사절차의 형성

앞에서 본 바와 같이 중세초기까지의 형사절차는 제소자와 피제소자가 주민들이 모인 법정에서 서로 주장과 입증을 하는 방식이었다. 그런데 직권주의 절차가 도입되면서 법원이 스스로 증거를 수집하고 조사를 하는 방식으로 변화하였는데 이러한 활동들을 모두 공개된 법정에서 행하는 것이 현실적으로 불가능하였다.

먼저, 사실판단을 하여야 하는 재판부의 구성원이 여러명인 합의체였기 때문에 예컨대 압수수색을 하려면 여러명이 함께 현장에 나가 행하여야 하므로 현실에서 이와 같이 진행되기는 어려웠다. 나아가 한정된 인력으로 인하여 모든 증거수집활동을 법원이 모두 할 수는 없었다. 이에 따라 합의체인 법관들이 모두 모여 재판을 하기 이전에 미리 피고인, 증인 등을 조사하고, 증거를 수집하는 등의 활동을 사실심 법원의 일부에 맡겨 하거나[67] 임시위원을 선정하여 그로 하여금 행하게 하는 것을 허용하게 되면서 공판전 조사절차가 발전하게 되었다.[68]

이와 같은 공판전 조사절차에 의해 증거가 수집되고 사실관계에 관한 조사가 어느 정도 행해져서 재판부가 모두 모여 결론을 내릴 만한 상황이 되면 비로소 공판에 해당하는 최종기일(endliche Rechtstag)을 열어 공판전 조사절차에서 행해진 조사결과를 확인하고 판결을 하는 방식으로 변화하였다.[69]

2) 조서, 기록의 발생과 기록관의 도입

한편, 사실확정과 판결선고가 공판정에서 일회적으로 행해지지 않고 공판전의 조사절차가 형성되면서 공판전 조사절차를 행하는 사람은 그 조사의 내용을 재판부에 알려줄 필요가 있었다. 나아가 재판부는 그 조사내용을 판결의 근거로 삼게 되므로 조사내용의 전달도 정확히 할 필요가 있었다.

---

67) 이러한 방식은 현행법상으로도 합의부의 일원인 판사에게 일정한 조사활동을 맡겨 할 수 있는 수명법관제도로 남아 있다.

68) Geppert, a.a.O., S. 17.

69) Geppert, a.a.O., S. 17.

이에 따라 공판전 조사절차의 내용을 일정한 형식과 절차에 따라 기록하는 조서라는 형태의 문서를 작성하게 되었고 그러한 조서를 모두 편철하여 사건기록(Akten)을 만들었다. 또한 이러한 기록의 중요성에 따라 이를 정확히 기록할 담당자로서 기록관이 법원에 도입되게 되었다.

3) 서면주의로의 변화

공판전 조사절차와 그 조사결과의 전달수단으로서의 조서 및 기록 제조가 행해지면서 재판부 전체가 모여 행하는 공판의 중요성이 점점 감퇴되었다. 특히 조서가 증거로서 재판의 근거로 사용되는데서 더 나아가 최종기일로서의 공판에서는 증인을 소환하여 신문하는 대신 공판전 조사절차에서 행해진 증인조사의 결과물인 증인신문조서를 그대로 증거로 사용함으로써 사실심법원이 증인을 소환하여 그 면전에서 진술하는 것을 보고 전체적인 인상을 통하여 심증을 형성하는 방식이 차단되게 되었다.[70)]

결국 판결의 근거는 조사내용이 간접적으로 전달되는 조서가 절대적인 영향력을 가지는 것이 되어 서면주의 절차로 변화되었고 공판은 사안에 대한 실질적인 변론이 이루어지는 장소가 아니라 공판전 조사절차의 결과를 확인하는 절차에 불과하게 되었다.

4) 고문의 사용

앞에서 본 바와 같이 제한된 수단과 자원으로 지역의 치안을 확보하기 위해 범죄에 효율적으로 대처할 필요성이 있었고 이에 따라 14세기에 법원이 직접 사안에 대해 피고인에게 질문을 하여 사안을 확인하는 방식이 도입되었다.[71)] 절차의 효율성의 측면에서 보면 피고인에게 질문을 하여 그 답변을 토대로 다시 추가 조사를 하는 방식은 매우 효율적이었다. 그리고 만일 피고인이 자백을 하는 경우는 그 자백을 토대로 증거를 확인하면 되므로 매우 간편한 방법이었다. 이러한 간편한 방법으로의 유혹과 당시의 제한된 자원으로 치안을 확보하기 위한 필요성이 결합하여 자백을 얻기 위한 고문을 허용하게 되었다.

---

70) Geppert, a.a.O., S. 17.

71) Eb. Schmidt, a.a.O., S. 90.

한편, 이와 같은 효율성과 취약한 지역권력이 치안을 유지해야 하는 필요성에 더하여 당시의 증거법도 고문을 사용하는 방향으로 이끈 원인 중의 하나로 지적된다. 규문절차가 형성되면서 유죄판결은 단순한 증빙만으로는 내려질 수 없고 신빙성이 있는 자백이 있거나 또는 최소한 2명의 증인에 의한 유죄입증이 있는 경우에만 가능하도록 하는 법정 증거주의가 도입되었다. 이러한 법정 증거주의는 법원의 자의적 재판을 방지하려는 취지에서 도입되었는데 이 중에서 2명 이상의 증인에 의한 유죄입증은 보충적이어서 피고인의 자백을 원칙으로 하여 우선하였다. 또한 증인 2명은 모두 단순한 전문증인이 아니고 실질적인 증인이어야 하였다.[72]

그런데 어떤 사건에서 실질적인 증인이 2명 이상 존재하는 경우는 많지 않으므로 결국 사건을 해결하려면 자백을 받는 방향으로 실무가 흘러갈 수밖에 없다. 인권개념이 발달하지 않고 치안과 범죄대응의 효율성이 강조되어야 하는 상황에서 이러한 증거법은 결국 자백을 받는 수단으로서 고문을 허용하는 방향으로 절차의 흐름을 만들었던 것이다.

5) 밀행주의

규문절차는 절차의 초기부터 종료시까지 밀행성이 유지되었다. 공판전 조사절차는 밀행적이고 최종기일은 공개된 장소에서 행하였으나 공판전 조사절차에서 사실확정을 위한 조사가 대부분 행해지고 최종기일에서는 공판전 조사절차에서 행해진 각종 신문결과와 조서를 검토함으로써 공판전 조사절차에서 만들어진 서면증거에 의존하여 판결을 하였으므로 최종기일의 절차가 역할을 하지 못하였다. 그리하여 밀행주의는 규문주의 소송절차의 기본원칙이었고 예외적으로 대중앞에서 실행되는 피고인에 대한 최종신문을 제외하고는 서면에 의하여 진행되었다.[73] 나아가 이와 같이 공개적으로 행하던 최종기일마저도

72) Geppert, a.a.O., S. 19.

73) 이러한 밀행적 서면주의의 규문절차에는 사실심 법원 앞에서 피규문자를 구두에 의해 신문하는 유일한 절차로 최종신문이 있었다. 소위 왕의 대관(Procureur du roi)이나 재정관(Fiskal)이 신체형(Peine afflictive)을 구하는 경우는 낮은 목재의자에 앉힌 채 실행되고, 명예형(Peine infamante)이나 벌금형(Peine pénicuiare)을 구하는 경우는 변호인석 뒤에 세운 채로 실행되었다. 명예형와 벌금형의 경우의 최종신문에 대하여는 법률에는 명문이 없었으나 1681. 12. 1.의 왕의 칙령에 의하여 그레노블 관할구역에 도입되었고, 1703. 4. 13. 칙령에 의하여 일반적으로 도입되었다. Günter Haber,

1539년 법률에 이르면 판사가 판결문을 법원서기에게 주면 법원서기가 피고인에게 판결내용을 적절하게 이를 알려주면 되는 것으로 하여 판결선고 마저도 피고인이 없는 상태에서 밀행적으로 이루어지게 되었다.[74)]

또한 절차의 진행과정을 피고인이 전혀 알 수 없다는 의미에서 내용상의 밀행성도 특징이었다. 피고인은 공판전 조사단계뿐 아니라 최종기일에서도 재판의 진행상황을 거의 알 수 없었다. 공판전 조사단계에서 규문관 또는 규문판사의 조사활동 종료 후에나 비로소 자신에 대한 신문결과를 알 수 있을 뿐이었고[75)] 증인에 대한 조사도 공중에 대하여 뿐만 아니라 피고인에 대하여도 비밀리에 행해졌으며 각종 소송서류에 대한 정보를 전하는 것이 금지되어 있었다.[76)]

3. 규문주의 절차의 개요

규문주의 형사소송절차의 개요를 프랑스의 1539년 법률[77)]과 1670년 법률[78)]을 통하여 살펴보면 다음과 같다.

1) 일반규문(informatio)[79)]

규문절차는 일반규문으로 시작되는데 이는 예비적인 조사절차라고 할 수 있으며 이러한 예비적 조사절차에 의해 수집된 증거자료들을 토대로 피고인에 대한 본격적인 형사절차를 계속할 것인지를 결정하였다. 즉 일정한 범죄가 발생하였는지 혐의자로 누구를 고려해야 하는지 등을 조사하는 단계이며 그 자체로는 피고인을 위한 보호장치로 생각되었다. 이 단계를 거쳐 피고인을 신문

Strafgerichtliche Öffentlichkeit und öffentlicher Ankläger in der frazözischen Aufklärung, Duncker & Humlot, Berlin, 1979, S. 22.

74) Sättler, *Die Entwicklung der französischen Staatsanwaltschaft*, Dissertation Universität Mainz, 1956, S. 114.

75) Günter Haber, a.a.O., S. 28.

76) Günter Haber, a.a.O., S. 29.

77) Ordonnance pour la Reformation et Abbrevation des Procès 1539.

78) Ordnnance de Louis XIV, Roy de France et de Navarre, donnée à Saint Germanin en Laye au mois d'aoust 1670, pour les matières criminelles.

79) 정보, 정보수집 등의 의미를 갖는 라틴어로서 동의의 프랑스어는 information.

하는 등 특정된 피고인을 상대로 본격적인 조사를 행하는 단계를 특별규문(inguesta)이라고 하였다.

일반규문은 피해자의 사인소추행위, 범죄행위의 고발을 받은 왕의 대관(procureur du Roi)의 제소 또는 판사의 직권에 의한 절차시작의 3가지 방법으로 시작되었다.[80] 고발인(dénonciateurs)은 그 고발을 서면으로 작성하여 왕의 대관에게 제출하거나 왕의 대관의 사무소에서 고발내용을 진술하여 조서로 작성하였다. 그러나 사적 고발(dénunciation par le particulier)에 의해 형사절차가 시작되는 것은 점차로 적어지게 되었다. 사적 고발의 경우는 왕의 대관이 고발자의 진술과 그 성명을 조서에 기재하도록 하였으므로 그 이름 등이 특정되는 것을 좋아하지 않았던 시민들이 적극적으로 고발을 잘 하지 않게 되었다. 그리하여 고발절차는 점차로 왕의 대관이 맡게 되고 17세기에는 이렇게 왕의 대관이 시작한 조사에서의 질문에 대해 답변을 하고 정보를 제공하는 식이 일반적 경향이 되었다. 왕의 대관은 이러한 조사 후에 판사에게 일반규문(informatio)을 청구하게 되었다. 반면에 시민이 고소인(plaintes)으로서 직접 제소를 하는 경우는 그 신청을 판사에게 제출하였다.[81]

일반규문은 17세기에는 매우 중요한 단계가 되었다. 1670년 법률은 1537년 법률에 비해 규문적 절차의 소송원칙을 완성하였다고 할 수 있으며 그것은 절차의 밀행주의가 철저화되었다는 것이었다.[82]

일반규문절차에서는 피해자의 제소나 왕의 대관의 제소가 있는 경우 이를 뒷받침할 증인들을 한 번에 소환하거나 따로 소환하여 진술을 듣는데 이 때 제소자나 피제소자의 참여없이 밀행적으로 행해졌다. 이 때 이 진술을 듣는 절차는 판사가 직접 하거나 그로부터 위임을 받은 조사자(enquêteur)가 행하였고 이러한 예비적 조사가 끝나면 최초의 증인의 진술이 담긴 그 기록을 형사판사에게 다시 보냈다.[83]

판사는 그 기록을 다시 왕의 대관에게 송부하여 왕의 대관이 필요하다고 판단하는 청구를 할 수 있도록 하였다. 사인이 제소한 경우는 이와 같이 왕의

80) Sättler, a.a.O., S. 106.
81) Sättler, a.a.O., S. 139.
82) Sättler, a.a.O., S. 140.
83) Sättler, a.a.O., S. 106-107.

대관에게 기록을 송부하지는 않고 판사가 스스로 이후의 절차에 대하여 결정하였다.[84)]

기록을 검토한 왕의 대관은 서면으로 이후의 절차에 대한 청구를 하고 이에 의하여 판사는 이후의 소추를 유예할 수도 있으며 또는 이제까지는 단순한 혐의자에 불과하였던 피제소자를 피고인으로서 법원의 기일에 소환하는 명령(décret)을 발할 수 있었다. 일반규문에서도 규문판사가 피제소자를 조사할 수는 있으나 이 단계에서는 피고인을 구금한다든가 고문을 한다든가하는 강제처분을 할 수는 없었다.

2) 특별규문(inquesta)

특별규문은 일반규문에 의하여 혐의자로 특정된 피고인을 상대로 한 본격적인 조사절차이다.

(1) 피고인신문(interrogatoire)

특별규문은 피고인신문으로부터 시작하였다. 여기서 신문은 강제적 조사방법이다. 일반규문 단계에서도 피제소자를 조사할 수 있으나 그 때의 조사는 임의적 조사이며 특별규문단계에서 행해지는 신문과는 구별되었다.

규문절차에서의 신문은 피신문자가 신문자의 소환에 응하여 출석할 의무가 있으며 나아가 출석한 피신문자는 진술할 의무와 진실을 말할 의무까지 부여되는 것이었다. 이에 따라 피고인 신문에서 피고인은 진실을 말할 것을 선서할 의무가 있었다. 이 진실선서의무는 법으로 규정되지는 않았으나 확고한 법원의 재판관행이었으며 이 신문의 결과는 서면으로 기재되었다.[85)]

피고인을 신문하기 위하여 판사는 피고인에게 일정한 기일에 출석시키기 위한 명령을 하였다. 1537년 법률에서는 판사가 발하는 명령이 구인명령(l'ajournement personnel)과 구금명령(la prise de corps)의 2가지가 있었으나 1670년 법률에서는 소환(pour être oui), 구인명령, 구금명령의 3가지가 규정되었다. 일반규문을 거치지 않고는 구금명령을 발할 수 없었는데 예외적으로 현행범(flagrant délit) 등의 경우는 이를 거치지 않고 구금명령을 할 수 있었

84) Sättler, a.a.O., S. 107.
85) Sättler, a.a.O., S. 108-109.

다.[86]

피고인이 소환에 응하여 법정에 출석하거나 구인, 구금된 경우 판사는 즉시 신문을 하였다. 최초의 신문에서 피고인이 자백하면 자백의 결과가 왕의 대관에게 송부되고 왕의 대관은 이를 검토한 후 유죄판결 선고를 청구하였다. 그런데 왕의 대관은 해당 사건이 중하지 않은 범죄인 경우는 신문의 결과를 사인제소자(partie civile)에게도 알려서 그가 적절한 신청을 할 수 있게 하였으며 이렇게 사인 제소자가 한 신청은 피고인에게 전달되었고 그리고 나서 판결이 행해졌다.[87]

(2) 일반절차와 특별절차의 구별

피고인이 부인한다든가 하여 최초의 피고인신문으로 종국적 결정을 할 수 없으면 이후의 절차에 대한 신청을 하였는데 이후의 절차는 특별절차(procès à l'extraordinaire)와 일반절차(en proès ordinaire)가 있었다.[88]

왕의 대관은 자백하지 않으면 특별절차(procès extraordinaire)에 따른 절차의 진행을 청구하였고 피고인은 왕의 대관의 이러한 청구에 대하여 일반절차(procès ordinaire)에 의해 계속 진행할 것을 요청할 수 있었다.

일반절차는 피고인 뿐 아니라 제소자측도 신문을 하는 방식으로 조사가 진행되는 것이며 경한 범죄에 있어서 판사는 이러한 일반절차에 의하여 절차를 계속 진행한다는 결정을 할 수 있었다. 그러나 16세기에 이르러서는 피고인의 일반절차 신청은 통상적으로 이미 진행된 신문에서 피고인이 죄가 없는 것으로 드러나고 단지 금전배상만을 부과할 수 있는 때에만 허용되었다. 그리하여 일반절차는 오히려 예외적인 것이 되었고 대부분은 특별절차에 의하여 재판이 진행되었으며 따라서 특별절차가 오히려 통상적인 절차였다.[89]

특별절차에 의한다는 결정과 함께 판사는 제소측과 피고인에게 증인진술의 재점검(pour procéder aux recolements)과 증인의 대질(et confrontation des temoins)을 위한 기일을 지정하였다. 이 재점검 기일에 증인은 다시 소환되었으

86) Sättler, a.a.O., S. 108.
87) Sättler, a.a.O., S. 109.
88) Sättler, a.a.O., S. 109.
89) Sättler, a.a.O., S. 110.

며 판사는 이전에 행하였던 증인의 진술조서상의 진술을 다시 신문하였고 그 진술이 이전의 일반규문 단계에서 행한 진술과 동일하면 이 조서를 낭독하게 하고 그에게 위증의 경고와 함께 그 진술 내용이 진실인지를 물었다. 또한 증인이 이전의 진술을 유지하는 것과 진술이 달라지는 것 등이 조서로 기재되었다.[90)]

이러한 재점검 절차가 끝나면 즉시 피고인과 증인의 대질이 진행되었다. 대질은 피고인에게 증인을 보여주고 자신에게 부과되는 혐의에 대하여 방어할 기회를 주었다. 이것은 프랑스의 규문절차에서 피고인에게 부여된 유일한 방어 기회였다. 그러나 이렇게 제공된 방어수단도 제한적일 수밖에 없었다. 왜나하면 피고인에게는 자신에게 유리한 증인을 신청하는 것이 허용되지 않았기 때문이다.[91)]

그리고 나서 피고인은 정당화사유(justification)에 관한 일정한 사실을 제시할 수 있었다. 이러한 사실을 faits justificatifs라고 하였는데 이에는 알리바이, 다른 사람이 같은 행위로 이미 유죄판결을 받은 사실 등과 같이 간접적으로 사실 자체를 다투어 피고인의 무고함을 입증하는 경우와 정당방위나 긴급피난과 같이 사실 자체는 다투지 않으나 가벌성을 다투는 경우가 있었다.[92)]

대질이 끝나면 이제까지의 기록 전체, 즉 일반규문, 특별규문에 있어서의 최초신문, 재점검 및 대질의 결과를 왕의 대관에게 보내고 왕의 대관은 기록을 검토한 후 이에 따른 청구를 하였다. 이 때 왕의 대관은 소송진행의 전체를 모두 고려하여 피고인에게 불리한 사실뿐 아니라 피고인에게 유리한 사실도 고려하였다. 따라서 예를 들면 피고인이 대질 과정에서 피고인에게 유리할 수 있는 의미있는 반대 주장을 한 경우에 왕의 대관은 법원에 피고인으로 하여금 적절한 정당화 사실을 법원에 제출할 수 있는 증인을 지명하게 하도록 요청하기도 하였다.[93)]

기록을 검토한 왕의 대관은 고문 또는 판결을 요청하는데 이러한 청구에 대해 판사는 기속되지는 않았으며 따라서 판사는 왕의 대관이 정당화사유를

---

90) Sättler, a.a.O., S. 111.
91) Sättler, a.a.O., S. 111.
92) Sättler, a.a.O., S. 111-112.
93) Sättler, a.a.O., S. 112.

조사할 것을 요청하여도 이를 거부할 수 있었다.[94)]

(3) 고문절차

피고인이 임의적으로 자백을 하지 않는 경우 또는 2명 이상의 충분한 증인도 없는 경우에 그럼에도 불구하고 일정한 혐의가 있다고 인정되면 판사는 고문에 의한 신문(question préparatoire)을 할 것을 결정하였다. 이 결정에는 불복할 수 없었고 고문의 종류나 유형 등에 대하여는 법률에 구체적인 규정이 없었으나 고통스럽고 비인간적인 방법이 사용되었다.[95)]

(4) 최종기일과 판결선고

조사가 끝나면 최종기일이 지정되었으며 최종기일에 피고인을 최후로 다시 한번 신문하였다. 판결선고는 15세기에는 공개된 법정에서 행해졌으나 이러한 공개법정 선고도 사라지게 되었다. 1498. 3.의 법률에는 피고인에 대하여 사형이나 체형을 선고하는 경우는 공중이 있는 법정(en plein auditoire) 또는 평의실(en la chambre du conseil)에서 피고인이 출석한 가운데 행해야 한다고 하고 있었으나 1539년은 이러한 형식을 없애고 판사가 판결문을 법원서기에게 주면 법원서기가 피고인에게 적절하게 이를 알려주면 되는 것으로 하여 판결선고 마저 피고인이 없는 상태에서 밀행적으로 이루어지게 되었다.[96)]

1670년 법률에 의하면 왕립법원의 결정에 대하여 왕의 대관은 상소권을 가지고 있었으며 인정된 범죄의 종류나 경중이 왕의 대관의 의견과 다르다거나 양형이 차이가 있는 경우는 상소할 수 있었다. 이러한 상소권의 행사를 위하여 판결이 선고되면 24시간 내에 왕의 대관에게 제시되어야 하였다.[97)] 상소는 집행정지효를 가지고 있었다.[98)]

94) Sättler, a.a.O., S. 113.
95) Sättler, a,a.O., S. 114.
96) Sättler, a.a.O., S. 114.
97) Sättler, a.a.O., S. 146.
98) Sättler, a.a.O., S. 147.

Ⅳ. 프랑스 혁명과 대륙법계 검찰제도의 형성

1. 프랑스 혁명 이전의 왕의 대관(procureur du Roi)제도

1) 왕의 대리인으로서의 출발

오늘날 프랑스 검찰의 기원이 되었다고 할 수 있는 왕의 대관제도는 처음에는 왕이 관련된 분쟁에서 왕을 대리하는 대리인으로서 출발하였다. 원래 프랑스의 게르만적 관습법하에서는 당사자가 직접 법정에 나와 소송행위를 하는 것을 원칙으로 하였으며 극히 예외적으로만 소송대리가 허용되었다.[99] 그런데 로마법에서는 일찍이 소송행위의 대리가 허용되었고 13세기경 로마법이 계수되면서 게르만 지역도 로마법의 영향을 받게 되었다. 이러한 경향에 따라 로마법상의 대리관련 법률이 성문법의 형식으로 게르만의 관습법에 영향을 주게 되었으며 왕도 왕의 대리인(procurators Regis)을 법정에 내세우게 되었다.[100]

그렇지만 아직은 범죄소추에 대한 관여 등 공적기능을 수행하는 오늘날의 검찰과 같은 기능을 수행하는 기관이라고 할 수는 없었고, 왕의 재정과 관련한 업무를 담당하는데 불과하였다. 왕의 대관을 재정대리인(Fiskalprokurator)이라고 하는 것도 이러한 연유이다.[101]

2) 범죄소추에 관한 권한 부여와 공적 기능의 담당자로서의 지위

14세기에 왕의 대관은 범죄소추 및 법률의 감시라는 공적 기능을 부여받게 되는데 이는 왕권의 강화와 밀접한 관련이 있었다. 1344, 1355, 1356년 법률에 의하여 왕의 대관은 피해자와 함께 형사절차를 시작하게 할 수 있는 권한을 부여받게 되었으며,[102] 1344, 1367, 1371년 법률에서는 범죄행위에 대한 고발을 받고 그에게 고발되는 모든 사건에 대하여 형사절차가 시작되도록 검토하고

99) Sättler, a.a.O., S. 9-10, 38-44.
100) Sättler, a.a.O., S. 10.
101) Sättler, a.a.O., S. 35-36.
102) Sättler, a.a.O., S. 34.

배려할 임무를 맡게 되었다.[103)]

3) 규문절차에서의 왕의 대관의 지위

(1) 공적 소추자로서의 지위

1670년 법률에 의하면 왕의 대관 명의에 의한 소추는 피해자의 제소가 없는 경우에만 할 수 있는 것으로 하여 피해자의 제소에 우선권을 두었다.[104)] 그러나 이러한 규정에도 불구하고 이미 피해자의 제소는 중요성을 상실하게 되었는데 그 이유는 직권주의적 형사절차의 형성에 따라 프랑스에서는 피해자의 제소가 없어도 법원이 스스로 절차를 개시할 수 있었기 때문이다. 일부 예외적인 경우를 제외하고는 이미 널리 사인 소추는 사라졌으며 유일한 실질적인 제소자는 이미 구체제에서도 왕의 대관으로 되어 있었다.[105)]

(2) 법원에 대한 부차적(副次的) 지위

그러나 법원이 형사절차의 전체를 주도하는 규문주의 절차에서는 왕의 대관은 형사절차에 있어서는 법원에 대하여 부차적 지위를 가지는데 불과하였다. 즉 형사절차는 법원이 주도하는 규문적 활동과 그 객체로서의 피고인과의 관계였고 이렇게 법원이 피고인에 대하여 우월적 지위를 가지는 관계하에서 왕의 대관은 부차적인 역할을 할 수밖에 없었다.[106)]

규문시대에서는 법원과 피고인의 관계는 규문자와 조사객체인 피규문자로서 나타났다. 왕의 대관의 제소는 법원이 절차를 시작하는 계기에 불과할 뿐이었다. 규문시대의 왕의 대관이 진정한 공소관이 아닌 점은 법원의 조사과정의 전체과정에 걸쳐서 왕의 대관이 출석하여 재정할 권한이 없었고 오히려 금지되어 있었다는 점에서도 나타난다. 따라서 왕의 대관은 판사의 조사과정에 있어서 각종 청구를 하고 증인을 거명하면서 증인에 대한 조사내용에 대한 의견

---

103) Sättler, a.a.O., S. 36.

104) 여기서의 제소는 형사절차의 개시를 구하는 것이며 제소에 의해 규문판사에 의한 공판전 조사와 공판개시 후의 공판이 이루어지므로 공판개시청구를 의미하는 오늘날의 공소와는 개념상 구별하여야 한다. 또한 소추는 형사절차의 개시 후에 공판전 절차 및 공판절차의 진행을 추구하는 것으로서 수사와 공소유지를 모두 포함하는 개념이다.

105) Günter Haber, a.a.O., 1979, S. 38.

106) Günter Haber, a.a.O., S. 42.

을 제출하는 정도에 그쳐야 하였으며 그러한 의견을 받아들일 것인지도 판사의 재량이었다.[107)]

2. 계몽사상하의 형사소송 개혁논의와 입법화

1) 프랑스 혁명과 형사소송 개혁의 이념으로서의 공개주의

절대주의 시대의 규문적 소송절차는 시민계급의 성장과 함께 그 폐해에 대한 비판과 개혁요구의 대상이 되었다. 계몽사상가들은 그들의 국가체제에 대한 견해로부터 법원의 조직과 소송절차에 대한 개혁안을 내놓았는데 그 주된 관심은 공개주의의 도입이었다. 형사소송에 있어서 공개주의에 대한 논의는 크게 세 가지 측면으로 나눌 수 있는데 ① 형사법정의 공중에 대한 공개, ② 피고인에 대한 소송자료의 공개, ③ 법원 조직에 대한 공중의 참여이다.

2) 형사법정의 공중에의 공개

(1) 계몽사상에서의 논의

일찍이 볼테르는 1762~1775년 당시 진행되었던 유명한 형사사건들[108)]에 대한 비판을 통하여 구체제(Ancien régime)의 형사사법을 비판하면서 형사소송에 공개성 도입을 요구하였다. 특히 당시의 영국의 재판제도에 있어서의 공개주의를 소개하고 이러한 공개주의를 통한 언론의 접근 가능성, 그리고 언론에의 사건공개를 통한 소위 간접적 공개주의에 관심을 보였다.

영국에서 법원의 잘못된 판결에 대한 보도를 통해 공중의 논의를 불러일으키고 이를 통하여 판사와 배심원들이 증거판단에 있어서 잘못한 것을 알게된 구체적인 사례를 소개하면서 당시 프랑스에서 유명하여졌던 Calas사건에 있어서도 이러한 공개성이 있었다면 사법의 오류를 피할 수 있었을 것이라고 하였다.[109)]

베카리아(Beccaria)는 사회계약론으로부터 개혁논의를 도출하였다. 이에 의

107) Haber, a.a.O., S. 55-56.

108) Calas사건(1762), Barre사건(1766), Sirven사건(1771), Montbailli사건(1775) 등, Günter, Haber, a.a.O., S. 86.

109) Günter Haber, a.a.O., S. 88.

하면 사회의 각 개인은 그의 자유 중에서 아주 작은 부분을 희생하면서 계약의 다른 구성원들로 하여금 자신의 나머지 자유의 향유를 보장하도록 하게 되는데 이렇게 각자가 희생한 작은 자유들이 모여 국가 주권을 형성한다.[110] 이렇게 모여 형성된 전체의사에 상응하게 입법을 할 권한은 소위 지배계약을 통하여 주권자에게 위임되는데 이는 곧 입법이 배타적으로 군주의 손에 놓일 수 있다는 것을 의미하였다. 그러나 이러한 주권자에게 사법권까지 위임할 수 있느냐하는 문제에 있어 베카리아는 이를 명확히 부인하였다.[111] 따라서 베카리아에 있어서의 공개주의는 법원을 향한 요구일 뿐 아니라 주권군주를 향한 요구이기도 하여 공중이 법원의 독립성을 감시하여야 한다고 하였다.

그리하여 구체적인 개혁으로 법원이 재판을 하는 장소의 공개뿐만 아니라 범죄행위의 입증을 위한 절차까지도 공개할 것을 요구하였고 따라서 종래의 형태에 있어 규문판사의 거의 모든 소송행위까지도 공개적으로 이루어져야 한다고 하였다.[112]

한편 브리소(Brissot)는 형사소송에 있어서의 공개주의는 개인의 자유보장을 위한 것이라고 하였다. "전체 소송과정이 밀행적이어야 하는가라고 물을 때 규문자는 그렇다고 하겠지만 자유는 아니라고 할 것이다."라고 하면서 피고인은 더 이상 어두운 성안에서 이루어지는 판사와 제소자간의 음모를 두려워하여서는 안 되며 문서작성관에 의한 증인진술의 날조와 왜곡을 두려워하여서는 안 된다고 주장하였다.[113] 나아가 피고인 혼자만이 아니고 사회, 즉 모든 시민이 법의 수호자가 올바른지의 여부를 보는데 이해관계를 가진다고 하였다.[114]

장폴 마라(Jean-Paul Marat)는 민중을 시민적 공중을 뒷받침하는 요소로서만이 아니라 판단능력 있는 정의사상의 보유자라고 주장하였다. 이러한 공중으로서의 민중이 정의에 관한 판단능력을 보유하고 있기 때문에 이러한 민중의 감시를 위하여 형식적인 형사법정의 공개주의, 특히 사실심법원의 공판절차의 공개를 요구하였다. 또 이러한 공개주의에 의한 감시기능을 더 구체화하여 만약 판사가 오류를 범하는 경우는 재정하고 있는 공중이 이에 대해 이의를 할

110) Günter Haber, a.a.O., S. 108.
111) 전게면.
112) Günter Haber, a.a.O., S. 109.
113) Günter Haber, a.a.O., S. 171.
114) Günter Haber, a.a.O., S. 172.

수 있어야 한다고까지 주장하였다.[115]

(2) 입 법 화

형사법정을 공중에 공개하는 형태의 공개주의는 1789년 10월 8, 9일에 공포된 형사소송에 대한 규정(Articles décrétes sur la procédure criminelle)에서 프랑스 최초로 성문화되었다.[116] 공개주의 도입에 대한 논의는 그 근거로서 공중에 의해 법원을 감시함으로써 법원을 통제하는 것이 정의실현에 적합하다는 구상으로부터 피고인의 권리보장을 위한 도구라는 생각으로까지 나아갔다. 또한 공개방법의 측면에서 판결 등 소송자료의 외부공개 및 그 자료의 언론보도를 통한 간접적 공개주의로부터 공중의 직접적인 법정출입을 통한 직접적 공개주의로까지 나아갔다.

1798년 10월 8/9 규정에 의하면 형사절차는 피고인 또는 피의자가 구속된 후 또는 법원의 소환명령에 따라 법정에 출석한 후에는 특별조사(Réglement à l'extraordinaire)가 명해지는 즉시 항상 공개법정에서 행해져야 하였는데 이렇게 새로 도입된 공개적 절차에는 누구나 제한없이 출입할 수 있었다. 그 이후의 절차는 판결을 위한 협의를 제외하고는 거의 전 절차가 공개적으로, 피고인의 출석하에 행해져야 하였다.[117] 이에 반해 위 특별조사절차 이전의 경한 단계의 조사절차, 즉 규문시대에서의 일반규문에 해당하는 정도의 조사(informatio, Information)는 공개주의가 적용되지 않는 전절차로서 원칙적으로 법원의 밀행성이 유지된 채로 도입되었다.[118]

3) 피고인에 대한 소송자료의 공개

규문절차에서는 피고인은 자신이 유죄판결을 받는 경우에도 그 근거된 증거에 대해 알 수 없었다. 이에 따라 피고인이 자신을 위한 방어를 할 수 없게 되므로 이러한 상황도 비판의 대상이 되었다.

---

115) Günter Haber, a.a.O., S. 179.

116) Günter Haber, a.a.O., S. 200-201.

117) 다만 제21조에 규정된 수사결과보고, 결심후 구형, 최후변론, 판결선고에는 피고인의 재정권이 인정되지 않았고 변호인만 재정할 수 있었다. Günter Haber, a.a.O., S. 201 각주 14 참조.

118) Günter Haber, a.a.O., S. 201-202.

말쉐르베(Malesherbes)는 피고인에 대하여 판결선고 후 전체 소송서류의 사본 교부 요구권을 인정하여야 한다고 하였고, 피고인은 자유의사에 따라 이 서류를 인쇄하여 공중에 배포할 수 있어야 한다고 하였다.[119)]

베카리아는 피고인의 방어권을 주장하면서 규문절차에서의 밀행적 기소를 비판하였고,[120)] 드라크르와(Delacroix)는 피고인 신문은 비공개로 하여야 하며 증인신문을 피고인의 면전에서 하는 것은 피고인이 증인을 오류에 빠지게 할 수 있다는 점에서 피고인이 재정하지 않은 상태에서 하여야 한다는 등 제한을 두기는 하였으나 심리종결로 재판의 밀행성은 끝나고 그 후에는 소송서류가 피고인과 변호인에게 무비용으로 교부되어야 한다고 하였다.[121)]

브리소는 "판결만이 피고인의 지위를 결정한다. 그 이전까지는 피고인도 판사와 동일한 시민일 뿐이다."라고 하면서 규문절차에 있어서의 피고인의 소송객체성을 비판하고 피고인도 소추자와 마찬가지로 들을 수 있어야 하였다. 특히 증인신문에 있어서 소추자와 동일한 권리를 가져야 한다고 하면서 기소자와 피고인 사이의 무기 평등 원칙을 주장하고 피고인의 변호인의 조력을 받을 권리를 논하였다.[122)]

4) 재판부 구성의 공개(재판부에의 시민참여)

(1) 계몽사상에서의 논의

형사소송에 있어 공개주의는 또한 법원 재판부 조직에 대한 공개의 요구, 즉 재판부의 구성에 시민이 참여할 것을 요구하는 형태로 나타났다. 규문주의 시대의 법관은 그 직을 매수할 수 있었고 상속성이 인정되어 이는 사법귀족(noblesse de robe) 형성의 원천이 되었는데 이러한 사법귀족에 의한 사법 독점도 절차적 측면과 함께 규문시대의 악폐로 비판되었다.

몽테스키외의 저서 '법의 정신(De l'esprit des lois)'은 국가체계와 사회질서에 관한 근본적 문제제기와 함께 법원조직과 소송절차에 관한 개별문제를 상론한 최초의 저작으로 평가된다.[123)] 먼저 몽테스키외는 재판부 구성에 있어서

119) Günter Haber, a.a.O., S. 101.
120) Günter Haber, a.a.O., S. 112.
121) Günter Haber, a.a.O., S. 164.
122) Günter Haber, a.a.O., S. 178.
123) Günter Haber, a.a.O., S. 72.

영구직인 법관이 아니고 일정한 임기가 있는 법관, 그리고 법으로 규정된 방식으로 민중 속에서 선출된 민중법관의 개념을 주장하고 이와 함께 피고인과 판사의 지위동등성을 요구하였다.[124] 한편 형사소추를 담당하는 군주의 대리인으로서의 관료를 둘 것을 주장하면서 군주의 권한을 형사소추에 한정하고 국왕은 재판과 관련된 권한을 행사해서는 안 된다고 하였다.[125]

볼테르는 당대의 사법귀족을 신랄하게 비판하면서 종래의 판사들이 그 지위의 안정성으로 인하여 공중의 의사를 들으려 하지 않으며 오류에 빠지기 쉽다고 하였다. 판사들이 이러한 부적절한 상황에 빠지게 되는 가장 중요한 이유로 그 직의 매수성을 들면서 관직의 매수성을 폐지하고 능력주의에 의해 임명할 것을 주장하였다.[126]

베카리아는 군주의 사법권을 부인하고 형사법원의 공개주의는 민중의 몫이라고 하면서 계몽된 시민에 의한 소송감시와 함께 재판부의 구성면에 있어서도 배심제의 도입을 주장하였다.[127] 그러나 당시 그가 주장한 배심의 구성은 당대의 계급적 현실을 반영한 한계를 보였다. 즉 그는 배심 구성에 있어서도 계급에 평등한 법원을 주장하면서 귀족의 피고인에 대하여는 귀족의 민간판사가 재판을 하여야 한다고 하였다. 법원 구성도 피고인이나 피해자의 계급에 맞게 구성되어야 평등한 것이 된다고 하고 그렇게 해야 상층계급에 속한 자들이 우월감을 가지고 하층계급을 심판하지 않게 되며, 반대로 상층계급에 속한 자들을 하층계급의 격분으로부터 보호할 수 있다고 하였다.[128]

장폴마라도 배심제의 도입에 있어 부유계층의 빈민계층에 대한 경멸과 빈민계층의 부유계층에 대한 시기를 막기 위하여 계급에 평등한 배심을 인정하여 같은 내용의 주장을 하였다.[129] 브리소도 영국적 공개주의를 소개하면서 배심제의 도입을 주장하고 법관직의 매수성과 상속성을 비판하였다.[130]

124) Günter Haber, a.a.O., S. 72-73.
125) Günter Haber, a.a.O., S. 80-81.
126) Günter Haber, a.a.O., S. 94.
127) Günter Haber, a.a.O., S. 111.
128) Günter Haber, a.a.O., S. 112.
129) Günter Haber, a.a.O., S. 180.
130) Günter Haber, a.a.O., S. 172-175.

(2) 법관직의 매수성 폐지와 법관의 선출제 문제

1798. 8. 11. 규정에 의하여 관직을 매수하는 제도를 폐지하기 시작하였고 사법직에 대하여는 1790. 8. 16~24.의 법원조직법에 의하여 수행되었다.[131] 나아가 새로운 법관을 어떻게 임명할 것인가에 대하여 국민회의에서는 소위 관할지역민에 의한 법관선출에 의하는 것으로 하였다. 그 임기에 대하여는 종신직론, 1년재심론, 3년론 등이 주장되기도 하였으나 6년으로 하였다.[132]

이렇게 대중이 법관을 선출하는 것이 법원으로 하여금 행정권 내지 군주로부터 독립성을 유지하는데 적절할 것으로 보았으며 따라서 이러한 선출과정에서 군주의 관여권을 철저히 부인하여 군주는 선출된 자에 대하여 임명장만을 수여하는 정도의 권한만 주었다.[133]

(3) 배심제의 도입

배심제는 1791. 9. 16~29의 법(Décret condernanat la police de sûreté, la justice criminelle et l'institution des Jurés v. 16~29 9. 1791)에 의해 형사소송절차에 도입되었는데 기소배심 및 사실심배심의 2종류로 도입되었다.[134]

법 제정과정에서 처음에는 신중론의 입장에서 연기하자는 주장도 제기되었으나 1790. 4. 30. 국민의회의 법원조직에 대한 토론에서 일단 형사소송절차에서 즉각 도입할 것을 결정하였다. 이후 그 개별문제에 대한 논쟁을 거쳐 민사소송에서는 도입하지 않고 형사소송에만 도입하는 것으로 되었다.[135] 사실심 배심원의 판단권한은 사실판단에 한정되었다. 형사절차가 개인의 자유를 위협하는 분야라고 생각되었고, 자유를 침해하는 자의성은 사실의 확정에서 나오므로 법률의 기계적인 적용은 판사에게 맡겨도 좋다는 것을 근거로 하였다.[136]

---

131) Decrèt sur l'organisation judiciare v. 16, 8, 1790, Günter Haber, a.a.O., S. 203 참조.

132) Günter Haber, a.a.O., S. 206-208.

133) 군주의 관여권에 대하여 일정한 수의 후보자를 선출한 후 그 중에서 군주가 낙점하는 식으로 하자는 의견과 거부권을 인정하는 식으로 관여권을 인정하자는 등의 의견도 제시되었으나 군주의 임명관여권은 법관의 부패와 왜곡을 초래할 수 있다는 점에서 부정되었다. Günter Haber, a.a.O., S. 208-210 참조.

134) Günter Haber, a.a.O., S. 232.

135) Günter Haber, a.a.O., S. 224-225.

136) Günter Haber, a.a.O., S. 223.

이러한 배심의 사실판단에 대하여는 절대성이 인정되었다. 배심원들은 사실문제에 대하여는 그 내적확신(Conviction intime)에 따라 판단하여야 하며 사실판단에 있어서 일반 시민에 의한 배심이 직업법관을 능가한다는 논리에 따라 이러한 배심원들의 내적확신에 대하여는 무오류성이 주장되었다. 따라서 사실문제에 대한 배심원의 판단은 이후에 항소 등의 방법을 통하여 직업법관의 사후심사의 대상이 되지 않는 것으로 하였다.[137]

나아가 배심제도의 도입과 함께 공판정에서의 구두주의가 주장되었다. 이는 현실적으로 서면증거에 접근하기 어려운 배심원들의 능력을 고려하고 배심재판의 실질적 가능성을 위하여, 그리고 직업법관들에 의한 배심재판의 사후심사가능성을 배제하기 위한 근거가 되었으며 이에 따라 공판정에서의 구두주의가 도입되었다.[138]

3. 프랑스 혁명과 근대적 검찰제도의 성립

1) 검찰제도 도입의 배경

프랑스의 근대적 검찰제도는 규문시대의 폐해를 시정하기 위하여 규문절차를 개혁하는 과정에서 형성되었다. 국민주권주의, 천부인권 등 계몽주의 사상의 배경하에서 계몽주의 사상가들은 형사절차에서 규문절차가 가지고 있는 밀행주의, 서면주의 그리고 고문으로 대표되는 피고인의 소송객체성, 고문을 유발하였던 증거법정주의, 사법관료의 매관매직, 세습성 등에 대한 전반적인 개혁을 생각하였다.

특히 형사사법에 있어 밀행주의, 서면주의의 문제점을 해소하기 위한 공개주의가 개혁의 지도이념으로 주장되었으며 소송절차상 증인소환권 등 피고인의 권리가 인정되어 피고인의 소송주체성이 생기게 됨에 따라 이에 대응하여 활동하는 공소활동자, 즉 공소관이 필요하게 되었다.

한편, 사법권력이 법원에 집중되어 있음으로 인하여 발생하는 폐해를 극복하기 위해 종전의 규문절차에서 공판전 조사를 담당하는 규문판사와 공판법원의 연결을 차단하였다. 그리하여 공판전 조사절차로서의 예심은 유지하되 공판

137) Günter Haber, a.a.O., S. 226-227.
138) Günter Haber, a.a.O., S. 228-229.

법원과 공판전 조사를 담당하는 예심판사를 단절시켰다. 나아가 구체적 수사활동자로서의 사법경찰관들을 검사의 보조자로 위치지움으로써 공판전 단계 절차진행의 주도권을 검찰에 맡기고 법원을 재판기능에 충실하게 하였다.

결국 근대적 검찰제도는 왕의 법률 대리인으로서의 왕의 대관에 형사소추에 관한 임무를 맡기게 된 것이라 할 수 있다.

2) 혁명 이전의 논의 상황

베카리아는 공판절차에서 방어권을 가진 피고인의 지위에서 출발하여 공소담당자를 논하면서 공중소추(公衆訴追)와 공소를 비교하여 공중소추는 아직 시민의식이 성숙되지 않은 상태에서 적절하지 않다고 하였다. 따라서 공공의 이름으로 공직자가 기소하는 것, 즉 공소개념에 따라 공소관을 둘 것을 제안하였다.[139)]

세르뱅(Servin)은 독점적이면서도 기소법정주의에 따라 형사소추를 담당할 공소관을 둘 것을 제안하면서 그 공소관을 Accusateur public으로 칭하였다. 세르뱅은 공중소추는 형사소추가 사적인 원한이나 피해보상 청구 등을 위해 남용될 위험이 있다고 하였다. 그렇다고 하여 이전의 왕의 대관제도를 그대로 승계하는 것은 아니고 법적으로 기소독점주의와 기소법정주의를 부가하였다.[140)]

한편 드라크르와는 규문시대의 왕의 대관이 형사절차에서 법원에 대응해서는 부차적인 역할을 하는 정도에 불과한 기관이었음을 비판하면서 단지 법원에 형의 부과를 신청할 뿐인 역할에서 벗어나 공소를 담당할 기관을 둘 것을 제안하였다. 이러한 공소관과 변호인의 조력을 받고 소송법적인 권리를 가지는 피고인 사이의 절차진행을 공중이 모인 자리에서의 결투로 묘사하였다.[141)] 다만 세르뱅과는 달리 공소관에게 모든 사건의 기소권한을 인정하지 않고 사적 법익에 관한 범죄(Délits privés)는 오로지 피해자를 사적 소추자(Accusateur privé)로 하여 그에게 맡겨야 한다고 하였다. 이렇게 함으로써 국가의 보호기능과 사적 자치와 조화시키려 하였다. 그리고 공공에 대한 범죄(Délits public)에

139) Günter Haber, a.a.O., S. 113.
140) Günter Haber, a.a.O., S. 161-162.
141) Günter Haber, a.a.O., S. 162.

대하여는 공적 소추관이 소추를 독점하되 기소법정주의에 따라야 한다고 하였다.[142)]

브리소는 범죄를 공중의 법익에 대한 범죄(Crimes publics)와 사적 이익에 대한 범죄(Crime particuliers, Délits privés)로 구별하고 사적 법익에 대한 범죄는 사인을 제소자로 하고 공익에 대한 범죄만 검찰(Ministère public)에게 맡겨져야 한다고 하였다. 이 때 공소관으로서의 검찰은 규문시대의 왕의 대관과는 구별되는 것으로서 진정한 의미의 공소관이었다.[143)]

3) 프랑스 혁명 후의 입법과정

(1) 과도기의 왕의 대리인과 공소관의 병행

① 왕의 대리인(Commissaires du roi)**제도의 도입**

1790. 8. 4. 뚜루에(Throuret)가 법원조직법 위원회에 제출한 제안서에서 왕의 대리인라고 칭하는 공직자를 두어 법이 정한 형식의 감시와 형법 적용의 청구를 하게 함과 동시에 소추되는 모든 사건에 대하여 공소관의 임무를 하게 하자고 제안하였다. 이 기관은 각 법원에 1년 임기로 임명되는데 다만 국왕이 임명하여서는 안 되며 임시로 법관이 담당하게 하자고 한 후 이에 대하여 논쟁이 있었다.[144)]

뚜루에는 소추권한은 국민의 것이라는 전제하에서 출발하였다. 다만 공중소추는 당사자적 이해관계나 개인적인 복수심 이외에도 일반 대중이 예단을 갖는 경우 공공의 안녕을 지킨다는 구실하에 소추권이 부적절하게 행사되어 오히려 그 안녕을 저해할 우려가 있다는 점에서 고려되지 않았다. 이와 같이 소추권한이 국민적 권리이지만 대중에 의해 행사되기 어려운 것으로 되었던 반면 다른 한편으로는 국왕에 의해 승인되는 행정부에 속하여서는 안 되는 것으로 보았다. 이에 따라 공소관의 임무는 그 때 그 때 판사에게 맡겨 하도록 해야 한다고 하였는데 이는 판사를 선거로 뽑자는 뚜루에의 제안이 뒤에 깔려 있었던 것이다.[145)]

---

142) Günter Haber, a.a.O., S. 162-163.
143) Günter Haber, a.a.O., S. 176-177.
144) Günter Haber, a.a.O., S. 252.
145) Günter Haber, a.a.O., S. 253.

그런데 이와 같이 공소기능을 판사적인 것에 가깝게 구성한 것으로 인해 소추기능이 국왕의 집행권에 속하는 것인지에 관한 논쟁을 불러 일으켰고 르플레티에(Lepelletier)도 공소관은 국민에 의해 선출된 대표가 맡아야 한다고 하였다.[146)]

이와 같이 소추기능을 선출된 공직자에게 맡겨야 하며 왕에 의해 임명되는 사람에게 맡기면 안 된다는 주장은 제헌의회에서는 중요한 이해관계를 가지고 있었다. 뚜루에와 제헌의회는 왕이 임명하는 공소관 제도가 개혁의 움직임에 위험을 가져오고 반개혁론자들에게 도움이 될 것이라는 견해를 가지고 있었고 로베스피에르도 이러한 견해에 동조하였다.[147)]

이에 반하여 왕이 임명한 검찰(ministère public)의 공무원에게 공소기능을 부여하여야 한다고 주장하는 측은 공소기능이 집행권에 속하므로 왕에 의해 임명된 공직자에게 맡겨져야 한다고 주장하였다. 이들은 판사를 일정기간 공소관으로 일하게 함으로써 선출된 공소관의 돌파구를 마련하고자 하였던 뚜루에의 제안에 대하여 판사적 기능과 공소는 혼합될 수 없는 것이라고 비판하였다.[148)]

이러한 논쟁과 서로 다른 제안이 제출되는 과정에서 뚜루에가 공소관 기능을 국왕으로부터 권한을 위임받고 국왕에 의해 임명되는 공직자가 행사하게 할 것인가로 논점을 제한하여 논하기로 제안하여 결국 이에 관한 규정을 마련하게 되었다. 다만 이 규정은 검찰의 직무를 행할 자에 한정하였고 검찰의 직무를 행할 자는 각 법원에 대응하는 행정권의 일부이며(Agens du pouvoir exécutif) 직명은 왕의 대리인(Commissaire du Roi)으로 칭하기로 하였다. 그런데 여기서 중요한 것은 그에게 부여된 권한이 절차가 개시되고 추행(追行)되는 모든 소에 있어 심문에 재정하고 여러 청구를 통하여 법에 정한 형식과 적정한 의율이 지켜지도록 하는 것으로 제한되게 된 것이었다. 즉 적법절차 이행의 감시자의 역할이 주된 역할이므로 결과적으로 이 왕의 대리인은 공소관은 아니게 되었던 것이다.[149)]

---

146) Günter Haber, a.a.O., S. 253-254
147) Günter Haber, a.a.O., S. 254-255.
148) Günter Haber, a.a.O., S. 255.
149) Günter Haber, a.a.O., S. 256.

한편, 이 때 사용된 왕의 대리인이라는 명칭은 규문시대의 왕의 대관과 유사하였으나 그와는 전혀 다른 새로운 기구였다. 먼저 왕의 대리인의 직을 담당한 공무원들은 통일적으로 구성되게 되었다. 이는 이전의 구시대에 여러 지역별로 나뉘었던 법원들의 조직이 해제되고 통일적으로 됨에 따른 것이었다.150)

② **공소관**(Accusateur public)**제도의 도입**

왕의 대리인제도와는 별도로 1791. 9. 16.~19. 법률(Décret concernant la police de sûreté, la justice criminelle et l'institution des Jurés)에서 배심법원에 대하여 공소관제도가 도입되었다. 이는 법관은 아니었으나 형사법원에 속하는 관직이었고 관할주민에 의하여 선출되는 4년 임기의 선출직으로 규정되었다. 선출직으로 한 동기는 형사소송에 대한 군주의 영향력을 배제하고 시민계급의 주도권을 확립하고자 하는 것이었다.151)

이러한 제도 도입에 이르는 논의과정에서 당시 제헌의회 다수 의원들의 주된 관심사는 첫째, 형사소송절차에 있어 국왕의 영향력을 차단하는 것, 둘째, 공소관과 관련하여서도 형사사법에 있어 시민의 지배적 지위를 확립하는 것이었다. 민중을 위한 제소권한론이 필연적으로 선출직 공소관에게 제소권한을 위임해야 한다는 이론으로 이어지게 되었다.

한편, 규문절차에서는 피고인이 방어권을 인정받지 못하는 조사객체에 불과하였지만 프랑스 혁명에 따른 시민국가의 형성과 기본권개념의 전개로 인하여 형사절차에서 피고인이 고유한 방어권을 가진 소송주체로 인정을 받게 되었다. 이에 따라 새로운 방식의 절차에 있어서의 공소관은 규문시대의 왕의 대관과는 전혀 다른 형태로 될 수밖에 없었다.

이러한 변화 중 가장 중요한 것은 공판절차와 공판전 절차의 구분이 명확해지고 공판의 개시가 공소의 제기 및 기소배심에 의한 공소의 결정 등에 의해 시작되게 되었다는 점에서 탄핵주의 절차로 되었다는 것이다. 이와 같이 절차를 구분하는 데에는 배심제의 도입이 큰 원인이 되었다.

1791. 9. 16.~19. 칙령에 의해 새로 도입한 공소관은 현재의 검찰이 맡고 있는 임무의 일부를 담당하게 되었다. 즉 기소가 허용된 후에 이어지는 공판절

150) Günter Haber, a.a.O., S. 257.

151) Günter Haber, a.a.O., S. 257-258, 260. 다만 이 때의 선거권자는 모든 국민이 아니고 판사에 대한 선거권자와 마찬가지로 일정한 자격이 주어진 시민들이었다.

차는 오로지 공적소추절차로 구성하여 예외없이 모든 절차에서 공소관이 소의 담당자로서 필요적 참석자로 되어 공소관의 재정이 공판개정의 요건이 되었다. 피해자가 사소를 제기한 경우 그 사인은 소송상 제한된 권리를 가지고 이 공소관과 함께 소송에 관여할 수 있었다. 사인에게 공소관과 함께 소송에 관여할 수 있는 권리를 부여한 것은 형사절차에서 선고되는 손해배상판결에 대해 의견을 진술하고 영향을 미치게 할 수 있는 기회를 부여하려는 것이었다.[152]

공소관은 지방형사법원에서 열리는 공판전 준비절차에서도 직접 참여하였는데 특히 형사법원의 재판장 또는 수명법관에 의해 열리는 최초의 신문절차에도 재정하였다. 또한 재판장과 함께 예비심리에서 이루어진 조서에 대하여 보고를 받았고, 배심절차에서의 공개적, 구두주의적 절차에도 재정하고 증거조사 등에도 함께 관여하였으며 증인의 신문을 신청할 수 있었다. 피고인이 신청한 증인에 대하여는 재판장을 통하여 질문을 할 수 있었으며 그 증인에 대하여 새로 증인신청을 할 수도 있었다. 재판장이 배심원단에게 요약을 하여 주고 배심원단에게 제시할 질문을 작성하기 전에 공소관에게 증거조사결과에 대하여 알려주어야 하였다.[153]

한편 왕의 대리인도 공소관과 함께 공판절차에서 재정하면서 감독기능을 수행하였는데 법의 적정한 적용을 위해 필요한 신청들을 하였고 배심의 유죄평결이 있은 후에 형벌의 청구를 하였다.[154] 이와 같이 구성한 것은 당시의 이 법을 구상한 사람들이 형벌청구는 유죄판단 후에 이루어지는 기계적인 법적용으로서 이는 판단의 재량범위가 인정되지 않는 것이라는 식의 이해를 가지고 있었고 이에 따라 형벌청구를 공소관이 아니고 법률의 감시자로서 왕의 대관에게 부여한 것으로 보인다.[155]

③ 왕의 대리인 및 공소관 시대의 평가

이 시기에는 법의 감시자로서의 왕의 대리인과 공판정에서 공소유지활동을 담당하는 공소관이라는 2개의 기관이 있었던 것인데 이 두 기관은 규문시대의 왕의 대관과 비교하면 많은 차이가 있었다.

---

152) Günter Haber, a.a.O., S. 261.
153) Günter Haber, a.a.O., S. 261.
154) Günter Haber, a.a.O., S. 261.
155) Günter Haber, a.a.O., S. 261-262.

먼저, 공소사실의 특정으로 심판대상이 한정된다는 점을 들 수 있다. 즉 이 시대의 기소개념은 형사법원의 절차적 권한을 피고인을 위해 한정하는 의미를 가지고 있었으며 법원은 기소된 사실에 기속되었다. 공판과정에서 기소된 사실과 다른 사실이 드러나도 그 절차에서 판결의 대상으로 고려될 수 없었으며 단지 다른 형사절차를 개시하도록 할 수 있을 뿐이었다. 이러한 기소사실에의 기속력으로 기판력의 개념이 도입되었다. 이러한 기소사실에 의한 심판대상 한정으로 공소관과 왕의 대리인은 이전의 왕의 대관과 달리 더 이상 법원의 하위에 있는 기관이 아니게 되었다. 또 한편으로는 피고인이 소송법적으로 가지는 여러 가지 권한으로 인하여 공소관의 권한도 제한되었고 공소관은 피고인에 대하여도 우월적 지위에 있는 것이 아니게 되었다.[156)]

한편, 피고인이 공판정에서 가지는 여러 가지 권한, 즉 변호인의 조력을 받을 권리, 증인신청권 및 기소측 증인에 대한 반대신문권 등으로 인하여 공소관의 재정과 공판활동도 불가결한 것이 되었다. 서면주의의 탈피로 왕의 대리인의 각종 신청도 구두로 진술되게 되었다.[157)]

그러나, 그렇다고 하여 프랑스의 형사절차를 순수한 당사자주의적이라고는 할 수 없었다. 공소관은 공적인 기관으로서 피고인과 당사자로서 대립하는 관계는 아니었고 따라서 재판장과 함께 예비심리의 결과를 보고받았다. 왕의 대리인은 법의 수호자로서의 기능을 가졌고 피고인의 이익을 위하여도 활동하였다.[158)]

또한 공소관이 이 시기에 공판전 조사절차를 진행하는 치안판사와 헌병관에 대한 감독권을 가지게 되는 것도 특징적이다.[159)] 1791. 9. 16~26. 칙령은 공판전 조사절차를 밀행적이고 서면주의적인 것으로 유지하였는데 이 절차를 수사경찰(police de la sûrete)적 절차로 명명하였었다. 이 때 수사경찰기관으로는 치안판사가 있었고 치안판사가 1인 이상이 있는 지역을 제외하고는 그 치안판사와 경합적으로 국가헌병관(Capitans et Lieutenants der Gendemerie nationale)이 규정되어 있었다.

156) Günter Haber, a.a.O., S. 263-264.
157) Günter Haber, a.a.O., S. 264.
158) Günter Haber, a.a.O., S. 264-265.
159) Günter Haber, a.a.O., S. 265.

이러한 수사경찰적 기관이 수사절차를 종료한 후에는 사건을 기소배심장(directeur du juré)에게 회부하게 되는데 이 때야 비로소 사건이 형사사법사건(justice criminelle)이 되는 것이다. 이와 같이 치안판사를 공소관의 감독하에 두게 되는 것은 치안판사의 조사활동을 경찰적인 특별한 성격을 가지는 것으로 이해하였기 때문이다. 즉 치안판사의 이러한 조사활동을 경찰관(officier de police)의 형사소송법적 기능과 유사한 것으로 보고 공적 소추관의 감독하에 두었던 것이다.[160)]

(2) 근대적 형사소송절차로서의 치죄법(Code d'instuction criminelle, CIC) 성립

① 치죄법의 성립과정

프랑스 혁명 초기에 1791. 9. 16. 법에 의해 치안판사와 기소배심, 공판배심 등의 도입으로 영미법계 형사절차로 전환하였는데 이 제도가 프랑스에서의 범죄대응에 실패하는 현실에 부딪치자 1801년 검찰제도를 부활하고, 1808년 치죄법에서 치안판사와 기소배심의 연결을 폐지하고 수사기관으로서의 예심판사를 부활시키게 되었다.[161)]

1801년부터 통일적인 법전의 제정 준비가 시작되었는데 1801. 3. 28. 형사법전의 준비를 위하여 5명으로 구성된 위원회가 구성되었다. 이 위원회의 초안이 나온 이후 여론조사 등 광범위한 조사가 행해졌고 그 중 기소배심 문제가 중요한 논쟁점 중 하나였다. 기소배심의 폐지여부에 대한 논의과정에서 결국 배심제 중에서 공판배심은 유지하고 기소배심을 폐지하는 것으로 결론을 내었다. 이렇게 하여 제정된 것이 치죄법으로 현재의 프랑스 형사소송법의 근간이 되었다.[162)]

② 예심절차

먼저 치죄법의 공판전 조사절차의 특징으로 혁명초기의 영미법계 형사절

---

160) Günter Haber, a.a.O., S. 268.

161) 이 과정의 구체적 내용과 관련하여 Sättler, a.a.O., 151–178; Haber, a.a.O., 252–268; Grebing, *Die Untersuchungshaft in Frankreich*, Ludwig Röhrscheid, 1974, S. 57–59; Schönknecht, *Das Opportunitätsprinzip im französischen Strafverfahren*, Centaurus, 1999, a.a.O., S. 6–8 참조.

162) Sättler, a.a.O., S. 176–178. 치죄법은 1808년 제정되어 형법, 법원조직법 등과 함께 1811. 1. 1.자로 시행되었으며 1958년 프랑스의 현재의 형사소송법(Code de Procédure Pénale, CPP)이 제정될 때까지 시행되었다.

차에 의한 치안판사와 기소배심의 연결을 폐지하고 공판전 조사기관으로서의 예심판사(juge d'instruction)가 부활된 것을 들 수 있다. 예심판사는 법원에서의 조사임무를 맡았는데 범죄에 대한 고발을 접수하면 공화국 검사(procureur de la Républic)[163]에게 전달하였고 사인소추의 경우는 사소장을 직접 접수하였다. 현행범인 경우는 직권으로 조사절차를 진행할 수 있었다. 한편 검사가 조사하여 혐의를 확인하고 기록과 증거를 예심판사에 송부하면 예심판사가 이후의 조사를 진행하였다.[164]

예심판사는 사법경찰관으로 개념되었으나 공화국 검사의 보조공무원은 아니었고 검사와는 독립적이었는데 다만 항소법원에 대응하는 검찰의 검사장의 감독을 받았다. 예심판사는 사법경찰관이기도 하지만[165] 또 한편으로는 판사였으므로 판사의 자격으로서는 명령(ordonance)의 형식으로 법원의 결정을 할 수 있었다.[166]

공소는 검사가 예심판사에게 예심을 청구하거나 피고인을 공판법원에 직접 소환함으로써 행할 수 있었는데 중죄사건의 경우는 언제나 예심이 행해져야 하였고 경죄사건의 경우는 검사가 예심을 청구하면 행해질 수 있었다.

예심청구의 방식으로 공소가 제기되면 사건은 예심판사의 주재하에 들어오게 되며 검사는 예심판사로부터 사건을 회수한다든가 공소를 취소할 수 없었다. 예심은 예심판사의 권한에 속하며 검사는 현행범과 같은 예외적인 경우를 제외하고는 판사적인 기능은 갖지 못하였다. 다만 검사에게는 예심판사에 대한 견제권을 부여하여 각종 신청권, 기록 송부요청권, 예심판사의 결정에 대한 상소권 등을 가지고 있었다.[167]

예심의 개시에 대한 검사의 청구는 예심판사를 기속하는 효력은 없었으며 예심판사가 그 필요성을 검토하여 판단하였다. 예심판사가 범죄를 구성하지 아

163) 각 지역에 1인의 공화국 검사를 두고 그를 보조하는 검사들을 두는 방식이었으므로 공화국 검사는 한국의 경우와 비교하면 일선 검찰청의 장, 즉 검사장에 해당한다고 할 수 있다.

164) Sättler, a.a.O., S. 192.

165) 예심판사의 사법경찰관으로서의 지위는 1958년 현행 형사소송법(Code de procédure pénale)에서 폐지되었고 이에 따라 예심판사의 감독기관은 법원의 중죄소추부(Chambre d'accusation)로 되었다.

166) Sättler, a.a.O., S. 192.

167) Sättler, a.a.O., S. 207.

니하거나 소추가 허용되지 않는다고 판단하면 기록을 검사에게 송부하는 결정(ordonannce de soit-communiqué)과 함께 이유불비(ordonanance de non lieu) 결정을 하고 피고인이 구속 중인 경우는 석방을 명하였다. 사안이 위경죄에 해당한다고 판단하면 사건을 위경법원으로 송부하였다.168)

예심이 진행되는 동안 검사는 언제라도 기록을 가져다 볼 수 있으며 검사의 기록 송부요청에 대해 예심판사는 따라야 하였다. 다만, 검사는 24시간 이내에 다시 기록을 예심판사에 보내야 하였다. 예심판사는 검사의 청구에 대해 답을 하여야 하였으나 청구에 기속되지는 않았다. 따라서 수사와 관련된 행위를 선택함에 있어서는 검사로부터 완전히 독립되어 있었다.169)

예심판사가 예비심리를 종결하면 기록을 검찰에 송부하고 검사는 3일 이내에 이에 대한 청구를 하는데, 그 종류는 공판법원에의 회부, 소추의 유예, 보완수사 필요의 세 가지였다. 물론 예심판사는 검사의 의견에 기속되지는 않고 자유재량으로 판단하였다.170)

③ 공소부(chambre des mises en accusation)의 절차

중죄에 해당하는 범죄의 혐의가 있다고 판단하는 때에는 항소법원에 설치된 검찰의 장에게 기록과 증거물을 보내며 항소법원의 검찰은 이를 다시 항소법원의 공소부에 송부하였다. 일반적으로는 송부결정서와 함께 다시 이 기록을 공소부의 장에게 보내는데 이 때 기록검토에 관한 보고서와 청구를 냈다. 공소부는 공판을 개시할 것인지를 결정하는데 서면주의와 밀행주의의 방식에 의하였다.171)

(3) 프랑스의 근대적 검찰제도의 성립

① 왕의 대리인과 공소관의 통합

치죄법 이전에 영미법을 모델로 하여 범죄소추와 공소기관을 여러개로 나누었던 입법은 발효 즉시 현실에서 그 허약성을 드러냈고 현실에서 벌어지는 범죄의 다발성과 이에 대한 효율적인 대처의 필요성으로 좀 더 효율적인 범죄

168) Sättler, a.a.O., S. 208.
169) Sättler, a.a.O., S. 209.
170) Sättler, a.a.O., S. 213.
171) Sättler, a.a.O., S. 213.

소추기관의 필요성이 절감되었다. 이러한 요구에 따라 1799. 12. 13. 헌법과 1801. 1. 17. 법률이 연이어 제정되게 되었는데 이 법률들의 특징은 법정형의 강화, 수사절차의 서면주의로의 복귀 및 범죄소추와 공소기관으로서의 검찰기구의 재건에 있었다.[172)]

특히 1799. 12. 13. 헌법에서는 기존의 공소관(accusateur public)과 집행부의 대리인(commissaire du pouvoir exécutif)[173)]의 기능을 통합하여 새로 정부의 대리인(commissaire du gouvernement)을 설치하였고 이에 따라 형사법원에 설치된 검찰기구가 하나로 재통합되었다.[174)]

1801. 1. 17. 법률에서는 공화국 검사제도를 도입하고 수사절차를 크게 개편하여 구 단위(arrondissement)로 공화국 검사(procureurs de la République)[175)]를 설치하였으며 이 공화국 검사는 정부의 대리인에 속한 기관으로서 범죄의 탐지(recherches)뿐만 아니라 당시 경죄법원(tribunaux de police correctionelle)이나 형사법원(tribunaux criminels)에 대한 모든 범죄의 소추(poursuites) 기능도 맡았다. 이제까지의 검찰기구는 단지 범죄의 소추(poursuite) 기능만 담당하였고 수사(instuction)의 기능은 부여받지 못하였었는데 이 법률에서는 최초로 검사에게 소추뿐 아니라 단기간에 한정하기는 하지만 수사에 관련된 기능도 부여하였다.[176)]

이와 같이 수사절차, 즉 예비심리(instruction préparatoire)절차의 개선을 주된 대상으로 하였던 이 법률의 제정과정에서 이전과 같이 절차의 감시, 소추권과 공소유지활동을 담당하는 공소관의 권한을 함께 행사할 검찰기구 부활의 타당성에 대하여 논쟁이 있었다. 반대론자는 혁명기 이전의 왕의 대관제도를 폐지할 당시에 논해진 주장, 즉 공소권을 정부의 손에 넘겨줄 경우의 위험성을 주장하였고, 특히 혁명 후 공포정치 시대에 자코뱅당 정권시절의 공포적 형사소추 경험을 주장하였으나 검찰기구를 재도입하는 것이 다수의 의견이었다. 검

172) Sättler, a.a.O., S. 170.

173) 왕의 대리인이 집행부의 대리인으로 명칭이 변경되었다.

174) Sättler, a.a.O., S. 171.

175) 왕정, 제정, 공화정의 변화에 따라 procureur imperial, procureur du Roi, procureur de la Républic으로 변화하고 현재에도 공화국 검사(procureur de la Républic)이라는 용어가 사용되고 있다.

176) Sättler, a.a.O., S. 174-175.

찰기구를 폐지하였던 이전의 법률들을 시행한 결과 현실에서 발생하는 문제점으로 인해 엄격히 조직화된 형사소추기관이 없이는 국민들이 바라는 안정과 질서를 다시 회복할 수 없다는 것을 명백히 알게 되었기 때문이었다.[177]

이후 1804년 나폴레옹에 의해 제정이 성립되자 이 검찰기구는 그대로 승계되었는데 정부의 대리인(commissaire du gouverment)은 검사총장(procureurs généraux impériaux) 또는 검사장(procureurs impériaux)으로 칭하게 되었다.[178]

위와 같이 혁명 직후에 도입되었던 법의 감시자로서의 왕의 대리인제도와 공소담당자로서의 공소관제도는 나폴레옹 시대에 검찰(Ministère public)로 통합되었는데 이에 더하여 나폴레옹 시대에 현행범에 대하여 제한적으로 검찰에 수사권이 부여되어 수사와 공소를 담당하는 근대적 검찰제도가 형성되었다.[179]

② 공화국 검사와 사법경찰관

치죄법은 수사활동을 하는 기관으로 사법경찰(police judiciaire)을 두었는데 사법경찰은 고등사법경찰관(officers supérieurs de police judiciaire), 공화국 검사의 보조자로서의 사법경찰관(officers de police judiciaire auxiliaire des procureurs de la Republic), 사법경찰리(officers inférieurs de police judiciaire)로 위계를 두었다.[180]

---

177) Sättler, a.a.O., S. 175.

178) Sättler, a.a.O., S. 175.

179) Haber, a.a.O., S. 265.

180) 치죄법은 형사절차에서의 기능을 소추(poursuite), 수사(instruction), 재판(jugement)으로 구분하고, 이를 각각 다른 사법관, 즉 소추는 검사, 수사는 예심판사, 재판은 법원이 담당하도록 하는 구도를 가지고 있다. 그러면서 소추와 수사의 분리를 엄격히 하려고 하여 소추기관인 검사가 수사활동에 나가게 되는 것을 억제하고, 원칙적으로 수사활동은 예심판사가 하는 것으로 하였으며 구체적 수사활동자로서 사법경찰이라는 개념을 두었다. 그런데 유의할 것은 치죄법상의 사법경찰은 현재 한국에서 개념하고 있는 사법경찰과는 다르다. 즉 치죄법상의 사법경찰은 그야말로 수사를 담당하는 기관을 말하며 따라서 여기에는 예심판사, 검사, 치안판사, 지방자치단체 장 등이 망라되어 있는 것인데 원칙적 수사활동자로서의 예심판사나 예심판사와 상호작용하는 검사 모두 사법관인 것이다.(김경호 외 7인, 프랑스의 형사소송구조, 바람직한 형사사법시스템의 모색 자료집(Ⅱ), 대법원, 2004, 366면) 즉 수사를 엄격히 사법관의 업무영역으로 하고 있다는 점이다. 그러므로 프랑스 형사절차에서의 소추, 수사, 재판 기능의 분리를 언급하면서 이를 예심판사제도가 없는 한국에 대비시키고 검사는 소추를 맡고 경찰이 수사를 맡아야 한다는 식으로 연결시키는 것은 수사를 광의의 사법(Justiz)의 영역으로 파악하고 있는 프랑스의 제도를 적절히 이해한 것이 아니라 할 수 있다.

그리고 이러한 사법경찰의 직무를 행하는 자로서는 공화국 검사와 보조자, 예심판사, 치안판사, 헌병사법경찰관, 시장 및 그 보좌관, 경찰서장, 경찰서기(Polizeisekretäre)와 경찰관 중 내무장관과 법무부장관이 사법경찰관의 직무를 행할 자로 지명한 자, 농산림보호관, 지역경찰청장 및 파리경찰청장 등이 있었다.[181)]

사법경찰관은 공화국 검사와 예심판사의 지휘를 받았다. 공화국 검사는 스스로도 사법경찰관으로서 범죄에 대한 고소, 고발을 접수하고 직권으로 범죄혐의가 있는 경우 수사절차를 개시할 수 있었다. 경찰은 초동수사를 한 후 즉시 공화국 검사에게 그 결과를 송치하여 공화국 검사가 이후의 절차를 진행할 수 있게 하였다. 현행범인 경우는 검사가 수사를 할 수 있었고, 그 외에는 범죄의 규명을 위하여 보조공무원에게 위임하여 수사를 하거나 스스로 직접 수사를 진행할 수 있었다. 그러나 어떤 경우든 수사결과에 상당한 혐의가 있는지 여부는 검사만이 결정을 하였다.[182)]

예심판사를 제외한 나머지 사법경찰관들은 검사의 보조공무원이었다. 사법경찰관으로서의 예심판사는 공화국 검사의 보조공무원은 아니었고 검사와는 독립적이었는데 다만 항소법원에 대응하는 검찰의 검사장의 감독을 받았다.[183)]

③ 사소제도의 병행

근대적 검찰제도가 도입되어 공소관 체제가 성립하였지만 사인이 직접 제소할 수 있던 종래의 제도도 유지되어 공소제도와 사소제도가 병행하게 되었다. 범죄피해자는 사소당사자(partie civile)로서 예심법원에 예심을 개시하는 소를 제기할 수도 있고 공판단계에서 검사의 공소나 다른 사람의 사소에 부대하여 사소를 제기할 수도 있었다. 이러한 제도는 현재에도 유지되고 있다.[184)]

---

181) Sättler, a.a.O., S. 189-190.

182) Sättler, a.a.O., S. 190-191.

183) Sättler, a.a.O., S. 192. 예심판사의 사법경찰관으로서의 성격은 현행 프랑스 형사소송법에서는 삭제되었다.

184) 김종구 등 8인, 『검찰제도론』, 법문사, 2011, 21-23면.

V. 독일 검찰제도의 성립

1. 독일 근대적 검찰제도의 성립

1) 1848년 혁명 이전

(1) 개혁의 논의상황

1820～40년대에 독일에서는 규문절차의 폐해를 제거하고 새로운 형사절차를 확립하고자 하는 논의가 활발히 전개되었다. 규문주의의 극복은 규문판사의 권한을 쪼개어 여러 기관으로 분산시키는데 있는 것으로 생각되었다. 특히 재판절차를 시작하게 하는 제소(Anklage)와 공판의 구분 필요성이 논해지고 이에 따라 특히 소송원칙에 관하여 규문주의와 탄핵주의(Anklageprinzip) 구별론이 제시되었다(Zachairae, Mittermeier). 또한 실질적인 측면에서 소제기를 사인이 하느냐 국가가 소추와 형벌부과를 모두 담당하느냐에 따라 사인소추주의와 국가소추주의(Untersuchungsprinzip)로 구분하면서 국가소추주의도 탄핵주의의 형태에 따라 조직하면서 소 제기를 국가의 제소기관으로 하여금 담당하게 하면 실체적 진실발견을 달성할 수 있다는 주장(Köstlin) 등이 제기되었다.[185)]

소송원칙에 대해 다양한 의견제시가 있었지만 실질적으로 판결을 하는 권한을 법원에 유지시키고 재판절차를 시작하게 하는 청구로서의 제소를 담당할 기관을 분리하되 이를 사인에 맡기지 않고 공공의 이익을 대변하는 공소관(öffentlicher Ankläger)에 맡기자는데는 지배적인 의견일치가 있었다. 다만 수사기능과 공판절차에서의 증거신청 등의 권능에 대하여는 논쟁이 대립하였다.[186)]

공소관으로서의 검찰에 어떠한 권능을 줄 것인가에 대하여 초기논의로서 ① 공소권 및 법원의 조사 및 공판 주도의 적법성에 대한 통제를 위한 이의권을 가지되 수사활동 및 증거신청 등 공판활동을 하지는 못하는 기관으로 구성하여 법원에 대한 통제기관으로 기능하도록 하자는 견해(Biener, Zachariae), ② 수사활동은 부인하나 공판절차에서 증거신청, 증인신문 등 공판활동을 하는

185) Wohlers, *Entstehung und Funktion der Staatsanwaltschaft*, Duncker & Humbolt, Berlin, 1994, S. 57-58.

186) Wohlers, a.a.O., S. 59.

공소관청으로서 기능하도록 하자는 견해(Mitermeier, Köstlin), ③ 공판활동뿐 아니라 수사에도 관여하여 증거수집의 임무를 가지고 수사절차를 주도하는 기능까지 부여해야 한다는 견해(Keller, Sundelin) 등이 전개되었다.[187)]

(2) 입법에 관한 모델로서의 프랑스 검찰제도

독일의 형사소송 개혁 논의에 있어 비교법적으로 주로 고려되었던 것은 프랑스 형사소송제도와 영미식 형사소송제도인데 형사사법을 사인의 자의적 의사에 맡기지 않고 국가기관에 의하게 하는 것을 선호하였던 개혁논의와 입법의 방향은 프랑스 형사소송제도의 방향을 선택하게 하였다. 나아가 프랑스제도가 성문화되어 이해하기 쉬웠다는 점도 그러한 경향의 한 원인이 되었다.[188)]

또한 독일의 검찰제도 도입 논의에 있어 나폴레옹 시대에 프랑스에 점령되었던 라인란트지방(Rheinpreussen, Rheinhessen, Rheinpfalz)에서 1810년 이래로 이미 프랑스식 검찰제도를 시행해 본 경험이 있었다는 것이 중요한 요소가 되었다. 점령시기에 시행되었던 프랑스 형사소송제도에서의 공개주의 및 구두주의에 의한 탄핵적 절차는 종전의 규문절차보다 우수한 것으로 받아들여졌다.[189)]

독일이 경험한 프랑스의 검찰은 관료적으로 조직되고 행정부에 속한 기관으로서 법원의 사무감독 등을 하고 법의 감시자로서 법의 실현을 위하여 법원에 대한 관여권을 가지는 이외에 형사소송에 있어서 수사절차, 공판절차, 집행에까지 광범위한 권한을 가지고 있었다. 수사절차에서는 현행범(dèlit flagrant)의 경우 직접 수사를 할 수도 있고 그외에는 원칙적으로 예심판사에게 수사를 하도록 하게 하며 예심판사의 수사활동을 감독하고 예심판사가 수사상 여러 조치들을 하도록 하게 하며 부적절한 활동에 이의를 제기하는 등으로 수사절차를 주도하였다. 수사가 종료되면 불기소, 기소를 결정하여 공소제기를 하고, 공판절차에서 공소유지활동을 하되 피고인에게 불리한 활동뿐 아니라 유리한 활동도 하여 실제적 진실발견을 위한 객관적 기관으로서 활동하고, 형 선고에 따른 집행을 담당하였다.[190)]

---

187) Wohlers, a.a.O., S. 60-62.
188) Wohler, a.a.O., S. 172-175.
189) Wohlers, a.a.O., S. 63.
190) Wohlers, a.a.O., S. 64.

(3) 영방(領邦)의 소극적 태도

이와 같이 독일에서도 형사소송개혁에 대한 활발한 논의가 있었으나 독일이 통일되기 전의 영방국가 상황에서는 힘있게 추진되지 않았다. 19세기 초반 독일 각 영방의 정부들은 아직 형사소송 전반에 대한 개혁에는 소극적이었고 규문절차의 근본을 그대로 유지하면서 체계내적 개혁을 도모하려 하였다.[191]

검찰제도는 그 자체가 하나의 개혁목표로 논하여지지는 않았고 공개주의와 구두주의절차 및 탄핵주의(Anklageprinzip)의 필수적 결과물로 논하여졌다.[192] 검찰제도 도입에 대한 입장도 각 주마다 상이하게 전개되었다. 도입불요론에서는 검찰제도를 경찰과 비슷한 것으로 생각하여 범죄수사는 경찰이 할 수 있으므로 이를 위하여 검찰을 도입하는 것은 불필요하다고 하였다. 또한 행정권력이 사법에 대해 영향력을 미칠 가능성이 있다는 점, 피고인에게 불리한 또 하나의 국가기관을 추가로 도입할 필요가 없다는 점, 검찰제도는 프랑스제도로서 독일에 맞지 않는다는 점 등이 주장되었다.[193]

도입론 중에서도 법원 판결에 대한 상소권만을 인정하자는 안,[194] 공판절차를 개시하게 하는 권한과 상소권을 인정하는 안,[195] 공소권, 공소유지권, 상소권 및 수사에 있어 수사판사의 권한 발동을 개시하게 하고 그 활동을 감시하는 권한을 가지되 직접 수사하는 권한은 인정하지 않는 안,[196] 직접 수사권까지를 포함하는 포괄적 권한을 가져야 한다는 안[197] 등이 제시되었다.

독일에서 검찰제도가 최초로 입법화된 것은 1831. 12. 28.의 바덴(Baden)주(당시 바덴대공작령)였고 당시 국가공무원의 모욕사건, 출판물에 관한 범죄에서 법원의 활동을 개시하게 하고 상소를 제기하는 권한을 가지는 검찰제도가 도입되었다.[198]

---

191) Wohlers, a.a.O., S. 68.

192) Wohlers, a.a.O., S. 88.

193) 1840년대 초까지의 프로이센 신분제의회, 작센(Sachsen)의 신분제의회의 개혁안 1차 심의회 의견이었다고 한다. Wohlers, a.a.O., S. 86-87.

194) 1828년의 뷔르템베르그(Würtemberg) 왕국의 개혁안, 1843년의 프로이센의 정부개혁안에 대한 신분제의회의견, Wohlers, a.a.O., S. 78, 102.

195) 1831. 12. 28.자 Baden주의 법률, Wohlers, a.a.O., S. 69.

196) 1836. 2. 18.자 Baden주의 임시법률, 1845. 3. 6.자 바덴주 형사소송법, Wohlers, a.a.O., S. 69, 81.

197) 프로이센 개혁 논의 중 사비니(Savigny)의 안이다. Wohlers, a.a.O., S. 102-104.

198) Wohlers, a.a.O., S. 69.

특히 1846. 7. 16. 프로이센에서 임시법률인 '베를린 항소법원 및 형사법원 관내에서 진행되는 조사절차에 관한 법률'에서 최초로 수사권을 가지는 검찰제도가 도입된 것을 주목할 필요가 있는데[199] 이 제도는 그 후 프로이센 전역에 확대되었고 프로이센의 주도에 의하여 독일제국이 성립되면서 독일제국 형사소송법의 기본이 되었다.[200]

2) 1848년 혁명과 검찰제도

1840년대 후반에 들어서도 독일에서의 형사소송법 개혁은 부진하여 대부분의 영방 정부들이 신분제의회의 개혁주장을 거부하였고, 작센(Sachsen)이나 바덴에서의 전반적인 개혁안도 의견 대립으로 인하여 이루어지지 못하였다. 프로이센에서도 정부 내의 개혁논의가 미루어지는 등 소강상태에 들어갔다.[201]

그러나 이러한 소강상태는 1848년 3월 혁명 운동으로 인하여 시민계급의 저항을 체험한 영방 정부들이 형사소송의 전반적인 개혁을 약속하게 됨으로써 전환의 계기를 맞게 되었다. 1848. 4. 20. 브라운슈바이그(Braunschweig) 대공작령 법률, 1848. 5. 9. 하노버(Hannover) 왕국 법률, 1848. 11. 23. 작센 법률, 1848. 12. 5. 바이에른(Bayern) 법률 등이 3월 혁명의 결과로 공개주의와 구두주의를 도입하였다. 프로이센 왕국에서도 1848. 5. 12. 헌법문서를 통하여 공개주의와 배심법원 그리고 검찰제도 등에 대해 규정하였으며, 올덴부르그(Oldenburg) 대공작령에서도 1849. 2. 18. 법률에서 공개주의, 구두주의 및 탄핵주의 등을 규정하는 등 3월 혁명은 독일 전역에서 형사소송법의 개혁 및 검찰제도 입법화의 계기가 되었다.[202]

---

199) Wohlers, a.a.O., S. 107; 이 법률의 정식 명칭은 'Gesetz betrffend das Verfahren in den bei dem Kammergericht und dem Kriminalgericht zu Berlin zu führenden Untersuchungen'이다. 법률원문은 Gesetzsammlung für die Königlichen Preussischen Staaten 21호(1846. 7. 25.)에 게재되어 있으며 이하 법률원문 소개는 이에 의하였다.

200) Roxin, "Zur Rechtsstellung der Staatsanwaltschaft damals und heute", DRiZ 1997, 113.

201) Wohlers, a.a.O., S. 108.

202) Wohlers, a.a.O., S. 100.

3) 베를린 특별법

(1) 베를린 특별법과 프로이센에서의 경과

현재의 독일 형사소송법 및 검찰제도의 기본은 프로이센 형사소송법 및 검찰제도에 연원하고 있다. 프로이센이 독일을 통일하고 제국을 성립하게 하였기 때문이다. 프로이센에서 검찰제도가 처음 도입된 것은 1846. 7. 17.에 특별법으로(이하 베를린 특별법이라 함) 베를린 주에서 시행된 것이었다. 당시는 임시로 도입되었던 것인데 이후 긍정적인 반향을 일으켰다.

비록 검찰이 법무부장관의 지휘하에 있고 그 지시구속성이 인정되는 점에 대하여 문제를 제기하는 논의가 있기는 하였으나[203)]대세는 이에 대해 큰 의문을 두지 않았고 형사소송에 있어서의 공개주의, 구두주의 및 이에 따르는 검찰제도 도입은 이의를 제기할 수 없게 되었다.

1848년의 3월 혁명 후, 1848. 12. 5. 헌법에서 프로이센 전역에 공개주의와 구두주의를 도입한다고 규정하였고, 이에 따른 형사소송법이 준비되었는데 이미 그 효용성이 입증된 베를린 특별법이 기본적인 준거로 사용되었다.[204)] 그리하여 1849. 1. 3. 프로이센 전역에 공개주의와 구두주의를 도입하고, 검찰제도를 실시하는 형사소송법이 국왕에 의하여 발하여졌다. 그 법의 의회 승인과정에서 일부 변경이 이루어진 후 1852. 5. 3. 법으로 공포되게 되었는데[205)] 검찰제도의 기본적인 틀은 베를린에서 형성된 제도가 큰 변화없이 유지되었다.

---

203) Volkmann, Scheller, Temme, Abegg 등이 법무부장관의 지시에 기속되는 것은 검찰의 독립성을 해칠 우려가 있고, 법의 수호자로서의 지위와 맞지 않으며, 법원에 대하여 간접적으로 이러한 행정부에의 의존성이라는 영향을 미칠 수 있다는 점을 지적하였다. Collin, *"Wächter des Gesetzes" oder "Organ der Regierung?,"* Vittorio Klostermann, 2000, S. 91-93.

204) Collin, a.a.O., S. 96-97.

205) Gesetz, betreffend die Zusätze zu der Verordnung vom 3. Januar 1849. über die Einführung des mündlichen und öffentlichen Verfahrens mit Geschworenen in Untersuchungssachen, vom 3. Mai 1852; Gesetzsammlung für die Königlichen Preussischen Staaten, 1852, Nr. 14, 209-244 참조.

(2) 베를린 특별법의 주요 내용과 제국 형사소송법에의 반영

① 법의 수호자로서의 지위

베를린 특별법은 검사의 지위를 법의 수호자로 규정한데 특징이 있었다. 동법 제6조는 '검사는 형사절차에 있어 법규정이 전체적으로 충족되도록 감시할 의무를 진다. 따라서 어떠한 범죄자도 형벌을 피하지 못하도록 주의할 뿐 아니라 누구도 죄없이 소추되지 않도록 유의하여야 한다'고 규정하고 있는데 이 규정이 법의 수호자로서의 검사의 직무를 규정한 것으로 보고 있다.[206]

법의 수호자로서의 검사 개념은 검찰제도의 도입에 있어 상소권능만 가지는 기관으로 할 것인지, 상소기관 및 공소기관으로서 폭넓은 권한을 가지는 기관으로 할 것인지에 관한 논쟁에서 법무부장관이던 뮐러(Mühler)에 의해 주장되기 시작하였다. 뮐러는 1843. 9. 1. 제출한 초안 및 1843. 12. 2. 집필한 의견서에서 법의 수호자로서의 검사는 법무부장관의 기관으로서 일반적인 법무감독의 과제뿐 아니라 형사소추를 담당하여야 한다고 하였다. 그리하여 형사소송에 있어 검사는 법원에 범죄행위를 알리고 법원의 공판활동 개시를 신청하며 상소권을 행사하여야 한다고 하였으며 나아가 새로 도입되는 검사제도는 상소권에 제한되어서는 안 되며 그 임무는 오히려 수사와 공소에 있다고 하였다.[207]

뮐러의 법의 수호자 개념이 '범죄자의 소추'에 무게를 둔 반면 이를 '객관적 관청으로서의 법의 수호자 개념'으로 발전시킨 것이 하인리히 프리드베르그(Heinrich Friedberg)였다. 당시 검사의 수사관여권에 대하여 그 필요성을 인정하면서도 정치적 사건에만 한정하려는 논의[208]와 검사제도의 도입이 피의자의 지위를 악화시킨다는 반론이 있었는데 프리드베르그는 이에 대하여 반박하면서 검사의 법의 수호자로서의 지위를 강조하고 이 지위는 피고인에 불리하게도 나타나지만 피고인에 유리하게도 나타나는 것이라고 하였다. 따라서 검사는 정치적 사건뿐 아니라 모든 범죄사건을 소추할 의무를 가지는 것이라고 주장

206) Collin, a.a.O., S. 107.

207) Collin, a.a.O., S. 64-65.

208) 1843. 12. 12. 및 12. 27.의 수상실(Staatsministerium) 법안 심의에서 당시 검사의 수사 및 공소권에 대하여 특히 정치적인 사건에 있어서는 법원이 직권으로 조사를 개시하려 하지 않아 이를 법원에게만 맡길 수 없고 경찰은 정부와 동일시되어 당사자로 간주되므로 경찰에 수사를 맡기는 것도 적당하지 않으므로 경찰과 법원의 중간에 있는 기관을 설치하여 이 기관에 정치적 사건의 수사와 공소를 맡기는 것이 좋다는 의견이 개진되었고 다수의견이 이에 동조하였다. Collin, a.a.O., S. 66.

하였다.[209)]

프리드베르그는 나아가 검사의 경찰에 대한 지위에 대하여도 언급하면서 이러한 법의 수호자의 지위로부터 검사는 수사절차에 있어서도 법준수를 감시할 권한을 가지며 따라서 경찰에 대하여 실질적인 지휘권(materielle Imperium)을 가져야 한다고 하였다. 즉 경찰의 수사단계에 있어서도 경찰을 통제하고, 예컨대 긴급체포의 경우처럼 경찰이 피의자의 권리영역 안으로 들어오는 행위를 할 때는 즉시 경찰에 적정한 지시를 할 권한을 가져야 한다고 하였다. 이 경우는 피의자에 대한 법익침해의 우려가 있고 이는 사법사안(Justizsache)이며 따라서 사법기관(Justizbehörde)에 유보되어야 한다고 하였다. 당시 내무부측에서는 경찰을 검사의 지휘를 받는 하위기관으로 하면 검사가 법률가적 관점에서 관여하게 되어 경찰의 범죄수사를 방해하고 수사에 있어 효율적이고 합목적적인 관점에서 규정되는 형사소추활동에 장애가 될 것이라고 주장하였으나 이에 대해 그는 오히려 검사의 활동이 경찰의 수사를 보충하고 도와주게 될 것이라고 반박하였다.[210)]

당시 법무부장관이던 사비니도 피고인에 유리하게도 활동하는 객관적 관청으로서의 법의 수호자 개념을 강조하면서 수사영역에서의 검찰의 활동을 강조하였다.[211)] 사비니는 경찰국가시대의 경험에 근거하여 "공판 이전의 활동에 있어서도 법침해의 위험이 있다는 것은 자명하고 이미 경험으로부터 하부 경찰요원들이 관계자에 불이익하게 그러한 법침해를 행하는 예가 적지 않다는 것을 알고 있다. 이러한 폐해를 시정하고 경찰단계의 수사에서도 법률가적인 기반을 부여하는 것이 검찰의 고유한 임무가 되어야 할 것이다. 그것은 검찰제도의 기반을 이루는 원칙으로부터 유래하는 것이다."라고 하였다. 그리하여 검찰의 활동기준은 경찰과는 구분되는 것이어야 한다면서 "경찰은 항상 신속하고 순간적인 개입을 할 수밖에 없고 그 때문에 많은 점에서 오류를 범하고 오해를 하게 된다... 검사는 그러나 법을 지향하며 피고인을 위해서도 활동한다.", "검사는 경찰의 활동을 통제할 수 있어야 하며 이를 통하여 동시에 경찰에 대

209) Collin, a.a.O., S. 75.
210) Collin, a.a.O., S. 77-78.
211) Collin, a.a.O., S. 67; Eb. Schmidt, "Die Rechtsstellung der Staatsanwälte im Rahmen der rechtsprechenden Gewalt und ihre Einbeziehung in das Richtergesetz", DRiZ, 1957, 276-277.

한 증오를 감소시키고 국민의 불신과 반발을 신뢰로 전환시키는 길을 마련할 수 있을 것"이라고 하였다.[212)]

이러한 법의 수호자로서 객관적 관청의 지위는 현재에도 유지되고 있고 또한 앞으로도 검찰이 나아가야 할 방향으로 제시된다.[213)]

② 수사권 문제

(가) 검사의 수사권 도입

베를린 특별법 제2조는 경죄를 제외한 모든 범죄에 있어 검사는 범죄자를 수사하고 법원에 그를 소추할 임무를 가진다고 하여 검사의 수사권이 인정되었다. 그러나 아직은 수사판사에 의한 수사활동과 경찰의 수사활동 사이에서 그 활동 영역을 확보하는 노력을 하여야만 하는 불완전한 것이었다.

나아가 법 제7조는 체포, 구속, 압수, 수색 등의 행위를 검사가 직접 행하지 않고 경찰이나 법원에 요청하여 하도록 하고 있는데 이에 의해 수사에 있어 법원이나 경찰에 의존할 수밖에 없었다. 물론 법 제4조는 경찰에 대하여 검사의 요청에 응할 의무를 규정하고, 법 제5조는 법원에 대하여 검사의 수사를 위한 요청을 충족해주어야 한다고 하여 법원의 협조의무를 규정하고 있었으나 그 현실화는 각 기관이 가지는 권력관계나 현실적인 힘의 역학관계에서 해결되어야 하였다.

한편 독일제국형사소송법에서는 베를린 특별법과 달리 검찰이 직접 수사할 수 있는 권한을 부여하여 선서하에서의 신문을 제외하고는 모든 수사활동을 직접하거나 경찰에 하게 할 수 있다고 규정하였으나[214)] 아직 중죄사건에 대한 예심이 유지되고 있었으므로 검사가 직접 수사활동을 할 영역이 좁아 그 여지는 많지 않았다.

(나) 예심판사에 의한 예심(Voruntersuchung)**과의 관계**

베를린 특별법은 공판전에 판사에 의한 수사가 행해지는 예심제도를 두고 있었다. 검사의 공소여부 결정을 위한 자료 수집에 있어 징역 3년 이상에 해당하는 범죄와 공무원범죄의 경우와 같이 특히 중한 경우는 예심판사에 의한 예

212) Eb. Schmidt, DRiZ, 1957, 277.

213) Roxin, DRiZ, 1997, 121; Rüping, "Die Geburt der Staatsanwaltschaft in Deutschland", GA, 1992, 157–158.

214) 독일제국형사소송법 제159조.

심을 반드시 거치도록 하고, 나머지 사건은 검사가 필요하다고 판단하는 경우 예심을 신청할 수 있도록 하여 예심을 거치는 경우와 예심 없이 하는 두 가지의 수사절차를 규정하고 있었다.[215)]

예심이 시작되면 수사의 주도권은 예심판사의 수중에 들어가게 되었다. 비록 검사가 특정한 수사활동을 해줄 것을 예심판사에 신청하는 등의 권한은 있었으나 그 결정은 예심판사의 재량에 맡겨져 있었다.[216)]

③ **경찰과의 관계**

검사에게 경찰에 대한 지시권을 부여하여 경찰을 통제하고 수사절차의 실질적인 지휘자로 만들려던 프리드베르그의 안은 국무회의 심의과정에서 반대에 부딪쳐 약화되었으나 그럼에도 불구하고 경찰의 수사활동에 대하여 검사의 통제권을 확보하려고 한 시도가 여러 곳에서 보이고 있다.

먼저 경찰에 대하여는 법 제4조에서 초동수사권을 인정하고 있는데 법문에 '이전과 같이(wie bisher)'라고 표현되고 있는 것을 보면 이미 당시 경찰이 현실적으로 수사권을 행사하고 있었던 것으로 보인다.[217)] 그렇지만 경찰의 수사권을 초동수사권에 한정하고, 초동수사 후에는 검사에게 수사결과를 송부하게 하였으며 나아가 인신 구속의 경우 24시간 내에 보고하게 하여 검사가 이를 통제할 수 있게 한 점 등은 검사의 통제권을 확보하기 위한 규정들이었다.

검찰제도를 도입하는 새로운 소송법이 발효되자마자 경찰에서는 검찰에 대하여 경찰권을 강화하기 위한 노력을 하였다. 당시 내무부장관의 정치적 영향력이 법무부장관의 지위를 능가하였는데 조직과 자원면에서 우월한 경찰이

---

215) 베를린 특별법에 의하면 먼저 경죄(50Taler 미만의 벌금 또는 6주 미만의 자유형 또는 체형(körperliche Züchtigung)에 해당하는 죄)사건은 위경사건검사(Polizeianwalt, 현재의 독일의 부검사(Amtsanwalt)의 초기형태임)가 취급하고, 검사는 그 이외의 사건을 처리하였는데 법 제65조는 필요적 예심을, 제43조는 재량적 예심신청권을 규정하였다.

216) Collin, a.a.O., S. 199.

217) 법 제4조: 경찰관청 및 그 소속 공무원은 이전과 같이 모든 종류의 범죄를 수사하고 사안의 규명과 행위자의 체포을 위하여 지체할 수 없는 예비적 조치들을 할 의무가 있다. 그러나 행해진 조치들을 관할 검사에게 송부하여 검사가 이후의 조치를 할 수 있도록 해야 하며, 이러한 경찰의 수사활동 개시나 그 완수를 위하거나, 또는 혐의자의 소추 또는 구속으로 인한 검사의 요청에 응해야 한다.
범죄를 원인으로 행해진 구금에 대하여는 어떤 경우라도 관할 검사에게 24시간 내에 보고할 의무가 있다.

검찰의 지휘에 반발함으로써 경찰에 대한 통제권은 현실적으로 확보되지 못하였다.

결국 독일제국형사소송법에서는 경찰의 초동수사권을 그대로 인정하되 즉시 수사결과를 검찰에 보내도록 하여 경찰의 독자적 초동수사로 인한 권한남용을 막도록 하였다.[218] 또한 검사가 수사와 관련하여 경찰에 의뢰나 요청을 하면 경찰이 이에 응할 의무를 부여하여[219] 검사의 수사활동의 원활을 도모하였다.

나아가 경찰(및 기타 행정관청 공무원)의 일부를 검찰의 보조공무원(Hilfsbeamte)으로 하여 형사소송법상의 초동수사를 넘는 수사활동을 할 수 있게 하였는데[220] 이들 보조공무원에 대한 검사의 지시는 그 성질이 따라야 할 의무가 있는 명령(Anordnung)임을 명확히 하였다.[221] 결국 경찰 조직 내의 일부가 검사의 지시에 복종하면서 검사의 지휘계통하에서 수사하는 방식으로 검사와 사법경찰관의 관계가 정립되는 것으로 해결되게 되었고 이러한 체제는 현재에도 계속 유지되고 있다.[222]

④ 공소권 및 상소권

베를린 특별법 제40조는 법원의 공판 개시에 검사의 공소장 제출 및 이에

---

218) 독일제국형사소송법 제161조, 현행 독일형사소송법 제163조.

219) 독일제국형사소송법 제159조: 검찰은 전 장에 규정된 목적을 위하여 모든 공적 관청에 사실관계를 알려줄 것을 요구할 수 있으며 선서하의 신문을 제외하고는 모든 종류의 수사활동을 직접하거나 경찰관청 또는 경찰공무원에게 하도록 할 수 있다. 경찰관청이나 경찰공무원은 검찰의 이러한 요청이나 의뢰에 응할 의무가 있다.

220) 예컨대 긴급압수수색 등은 경찰의 초동수사권의 범위를 벗어나며 이는 검찰의 보조자로서 사법경찰만이 할 수 있다. 예로 독일제국형사소송법 제105조 제1문: 수색의 명령은 판사가 하며 지체의 위험이 있는 때에는 검찰 및 검찰의 보조공무원으로서 검찰의 지시에 따라야 하는 경찰공무원도 명할 수 있다. 한편 현행 독일형사소송법은 검찰의 보조공무원이라는 용어를 검찰의 수사요원(Ermittlungsperson der Staatsanwaltschaft)이라고 바꾸었다.

221) 독일제국법원조직법 제153조: 경찰 및 질서유지업무에 종사하는 공무원들은 검사의 보조공무원이며 그러한 직무적 성격하에서는 관할지역의 지방법원에 대응하여 있는 검사들과 그 상관인 공무원들의 명령(Anordnung)에 따라야 할 의무가 있다.

222) 현행 독일법원조직법 제152조 제1항(검찰의 보조공무원): 검찰의 수사요원들은 그 직무적 성격하에서 관할지역의 검찰 및 그 상관인 공무원들의 명령에 따라야 할 의무가 있다. 그리고 제2항은 이러한 검찰의 보조공무원으로서의 수사요원들을 지방정부가 정할 수 있도록 하고 있는데 이에 따라 각 주에서는 경찰관 및 기타 관련 행정관청의 공무원들 중 검찰의 수사요원, 즉 사법경찰관으로서 직무를 행할 자를 정하는 규정들을 제정하여 두고 있는 것이다.

근거한 법원의 공판개시결정이 있어야 한다고 규정하고 있고[223] 항소권(제72조) 및 상고권(제87조)도 인정되었다.

4) 독일제국 법제와 이후의 변화

프로이센이 독일을 통일하여 독일제국이 성립하자 독일제국의 법전들을 제정하였는데 사법조직의 근간인 법원조직법과 형사소송법도 기존의 프로이센의 법률들이 기본이 되었으며 따라서 검찰제도도 프로이센 검찰제도가 독일 전역으로 확대되게 되었다.

독일제국의 검찰제도는 그 권한이나 조직 등에 있어 큰 변화없이 유지되다가 나치시대에 인권보장기관으로서의 역할을 하지 못한 암흑기를 거쳤다. 제2차 대전 후에 독일 연방공화국 시대에 들어서서는 바이마르 시대 법제로의 복귀한다는 방침에 따라 제국 형사소송법 체제로 복귀하였다. 그 후 1974년 큰 변화가 있었는데 형사소송법 개정으로 예심제도가 폐지되었고 예심제도하에서 예심판사에 의해 행해지던 조사활동의 권한과 임무를 대부분 검사가 맡게 되었다. 이에 따라 검사의 조사시 조서작성규정, 검사의 피의자 및 참고인 구인권 등을 새로 규정하였다.[224]

Ⅵ. 영미법계 검찰제도의 성립과 전개

1. 영국의 검찰제도

1) 사적 소추의 전통과 공적 소추의 발생

(1) 사적 소추의 전통

18세기까지의 영국 형사사법체계에서 형사법원의 절차를 개시하게 하고 부과될 형벌을 결정하게 하는 것은 개인적인 권리의 중요한 부분이었다. 국가는 법적, 행정적 기구를 제공하기는 하지만 소를 제기하고 절차를 추행(追行)하

223) 법 제26조에 의하면 경죄사건에 있어서는 공소를 서면 또는 구두로 할 수 있다고 규정하고 있다.

224) Beck-Texte, StPO, 38Aufl, 2004, Einführung(Roxin), S. XVII.

는(prosecute) 권한은 사적인 개인들의 수중에 있었으며 특히 주로 유산계급 구성원들이 장악하였다고 할 수 있다.[225)]

(2) 공적 소추의 발생

그러나 형사법은 계급적 성격만을 가지고 있는 것은 아니며 정의와 법이라는 이념이 중요한 역할을 한다. 또한 중립성, 보편성, 형평성 등의 가치에 중점이 두어져야 하며 이와 같은 관념이 형성되면 사적 소추가 영향력을 잃고 공적 소추가 발생하게 된다.[226)]

영국에서도 19세기에 들면서 이러한 움직임이 나타나게 되는데 이에 대한 각종 보고서와 의회의 연구들이 나타나고 이에 따라 1879년 범죄자 소추에 관한 법(Prosecution of Offenders Act)이 제정되어 공소국장(Director of Public Prosecutor)이 설치되었다. 그러나 당시에는 큰 효과를 보지 못하고 5년 후에는 사실상 재무국 송무관(Treasury Soilicitor)에 병합되어 1908년까지 다시 나타나지 않게 되었다.

1908년 다시 설치된 때에도 공소국장은 그 기능과 그가 지휘하여야 할 공적 소추에 대한 법률규정 조차 없는 상태였고 상시적으로 근무하는 소추관의 활동이라고는 중앙형사법원(Central Criminal Court)과 미들섹스(Middlesex) 및 서레이(Surrey) 순회법원 등에서 행해지는 사건의 소추를 위해 공소국이 보유하고 있는 재무국 변호사(Treasury Counsel)들의 활동에 불과하였다. 그러나 이들 변호사들은 송무국장의 요구하는 그 때 그 때의 업무를 맡는 법정변호사(barrister)들에 불과하였다.[227)]

영국에서 이와 같이 공적 소추기관이 발달하지 못한 것은 국가와 행정부는 항상 그 권력이 묶여 있어야 한다는 헌법적 입장 때문이었던 것으로 이해된다. 이러한 입장 때문에 경찰제도가 도입됨에 있어서도 그 도입에 매우 소극적이었고 나아가 경찰이 하는 업무도 제한하였던 것이다. 따라서 경찰제도가 도입되어도 사적 소추의 원칙은 그대로 유지되었던 것이다.

---

225) Uglow, *Criminal Justice*, Sweet&Maxwell, 1995, p.112.
226) Ibid, p.113.
227) Ibid, p.113.

2) 경찰제도 발전 및 문제점과 검찰제도의 도입

한편, 사적 소추의 쇄락과 공적 소추로 발전하는 방향에 대하여는 새로운 경찰제도의 도입과 발전이 많은 영향을 미쳤다. 즉 영국의 형사사법체계가 사적 소추(private prosecution)의 원칙하에 있지만 경찰제도의 출현으로 이러한 원칙의 실질에 있어 변화가 생기게 되었다.

법리적 관점에서는 경찰에 의해 절차가 개시되는 것도 경찰이 사인으로서 소추하는 것과 마찬가지로 취급되었으나 경찰이 그들을 위하여 소추의 업무를 맡을 사람들을 고용하여 소추하는 체제가 되면서 경찰은 수사뿐 아니라 소추까지도 맡게 되었다. 공적 기관인 경찰이 이와 같은 역할을 맡게 되면서 사인들에 의한 사적 소추는 감소하게 되었다.

1887년부터 런던경시청은 자신들을 위한 소추를 위해 사설 법률회사를 지정하여 맡기기도 하였고 대부분의 경찰관서들은 소추변호인 담당과(prosecuting solicitors' department)를 설치하였다. 한편 많은 치안판사법원에서는 경찰관(police inspector)이 스스로 소추관이 되는 경우도 있었다.[228]

이와 같이 경찰이 수사와 소추의 업무를 함께 맡게 됨으로써 여러 가지 문제점, 즉 소추를 할 것인지 아니면 훈방을 할 것인지와 같은 문제에 대하여 전국적으로 적용되는 절차와 기준들이 달라서 통일성이 결여된다든가, 이와 같은 체제가 공판을 위한 증거수집과 사건에 대한 판단 등의 준비 부실을 초래하여 아예 평결에도 가지 못한 채로 무죄로 석방되는 사례가 많다는 점 등이 제기되었다. 이러한 문제점을 해결하기 위하여 왕립 형사소송위원회가 구성되어 그 위원회에서 경찰에서 수사를 개시한 사건의 소추를 담당할 기관으로 검찰(Crown Prosecution Service)의 설치를 제안하였다.

왕립위원회는 검찰제도도 경찰조직의 모델에 따라 분권적으로 구성하려 하였다. 각 경찰관할지역에 독립적인 검찰을 두고 그 검사장이 지역적으로는 감독관청의 감독을 받고 국가적 차원에서는 검찰총장(Director of Public Prosecutions)에게 책임지는 체계를 권고하였다. 그러나 이러한 지역적·분권적 성격은 정부에 의해 거절되었고 1985년의 범죄소추법(the Prosecution of Offences

228) Ibid, pp.114-115.

Act)에 의해 국가적 차원의 검찰제도가 생겨났다. 영국에서의 검찰제도 도입은 경찰의 수사에 대한 통제법규로서 제정된 1984년의 경찰 및 형사증거법(PACE, Police and Criminal Evidence Act)과 함께 영국 형사사법체제의 큰 변화를 가져왔다.[229)]

3) 소추다원주의

검찰제도가 도입된 후에도 영국의 형사절차에 있어서 소추기관의 다원화는 그대로 유지되고 있다. 사소제도가 그대로 유지되고 있고 공적 소추기관도 영국 검찰(Crown Prosecution Office)은 경찰에서 수사가 개시된 사건에 대한 공소업무를 담당하며 그 이외에도 ① 경찰 및 경찰에 의해 소추를 개시할 수 있는 권한이 부여된 자, ② 중사기(重詐欺)사범수사국의 국장(the Director of the Serious Fraud Office) 및 해당국에서 소추개시권한이 부여된 자, ③ 법무부장관(Attorney General) 및 그에 의해 소추개시권한이 부여된 자, ④ 국무부장관(Secretary of State) 및 그에 의해 소추개시권한이 부여된 자, ⑤ 내부재정위원회 위원(Commissioners of Inland Revenue) 및 그들에 의해 소추개시권한이 부여된 자, ⑥ 관세 및 국세위원회 위원(the Commissioners of Customs and Excise) 및 그들에 의해 소추개시권한이 부여된 자, ⑦ 국무부장관의 명령에 의한 자 및 명령을 받은 자로부터 소추개시권한이 부여된 자 등이 있는 바 수사와 소추권한이 매우 분산되어 있는 것이 특징이다.[230)]

2. 미국의 검찰제도

1) 공적 소추제도의 확립

미국의 형사사법체계는 영국의 형사사법체계를 모델로 하여 발전하였지만 미국의 사회, 경제적 발전과정에서 독특한 형태로 발전하였고 검찰제도도 그러하였다. 사적 소추의 원칙을 유지하였던 영국과 달리 미국은 일찍이 검사에 의한 공적 소추제도를 확립하였다.

---

229) PACE 제정에 따른 영국 형사절차 변화의 의의에 대하여 조국, "영국 코몬로 형사절차의 전면적 혁신과 그 함의", 형사정책 제10호(1998), 337-351면 참조.

230) Criminal Justice Act 2003, 제29조 제5항 참조.

2) 분권화와 선출직 제도

미국의 검사는 대륙법적 제도하의 검사와 달리 지방정부의 공무원으로서 정부의 다른 단계의 기관으로부터 감독을 받지 않으며 관할 내의 최고의 법집행공무원으로서 거의 심사받지 않는 재량을 행사한다. 대신에 대륙의 예와 달리 임명직이 아니고 선거직인 것이 특징이다.[231]

미국의 공소제도의 단초로서 네덜란드인들의 정착지였던 뉴암스테르담에서 시행된 네덜란드식의 샤우트(shout)의 시행경험을 들기도 하나 미국의 여러 지역에서 다양한 형태의 형사사법제도가 발전하였기 때문에 어느 하나를 연원으로 하기 어렵다. 어떻든 17세기 후반부터 18세기 중반까지 각 지역에 검찰총장(Attorney General)이 설치되었고 검찰총장이 county 법원에서 그 권한을 행사할 대리인들을 임명하는 체제가 성립하였는데 county의 대리인들이 county에 상주하게 되면서 점차로 지방정부의 직원으로 변화하였다.[232]

미국에서 검찰에 의한 공소제도가 발생하고 정착한 이유에 관하여는 county 단위의 법률전문가의 부족, 사인소추의 남용, 기소배심의 폐해 시정의 필요성 등이 들어지고 있다. 어떻든 미국의 독립 무렵에는 식민지 미국에서 사인소추는 거의 사라지고 형사사건 처리를 업무로 하는 일련의 공무원들, 즉 검사가 등장하였으며 이들의 모습은 영국이나 유럽의 예와도 달랐다.[233]

독립 후 미국은 건국의회에서 법무부장관 겸 검찰총장인 Attorney General과 연방검사(United States Attorneys)를 설치하였다. 1789년 법원조직법(the Judiciary Act of 1789)에 의해 지방의 연방검사(U.S. District Attorneys)가 신설되었는데 상하관계하의 중앙집권적 구조를 가지고 있는 프랑스 검사와 달리 미국 연방검사는 거의 제한없는 독립성을 가지고 있었다.[234] 초기에 주헌법에 검사를 규정한 사례들에서는 검사를 사법부 편에 규정하고 있었으나 검사가 점차로 선거직이 되면서 그 성격에 대한 인식이 변화하게 되어 행정부에 속하며 그 임무와 권한이 법원과 명백히 구분되어야 한다는 인식을 갖기 시작하였다. 그리고 지

231) Jacoby, 신배식/소병철 역, 『미국검찰－연원과 발전』, 서울지방검찰청, 1995, 9면.
232) 위의 책, 25면.
233) 위의 책, 30-31면.
234) 위의 책, 32-33면.

방정부의 권한 강화와 분권화에 따라 검사도 지방검사를 기본단위로 하게 되었다.[235]

235) 위의 책, 36-45면.

제 2 장

한국 검찰제도의 성립과 발전

Ⅰ. 일본 검찰제도의 성립과 한국에의 계수

1. 사법직무정제(司法職務定制)[1]와 검사제도의 도입

1) 사법직무정제 제정과정

일본이 봉건사회에서 근대사회로 전환하는 시기에 근대적 사법제도의 초석을 마련한 법률로서 사법직무정제가 들어진다. 사법직무정제는 1872. 8. 제정되어 1875. 5.까지 약 3년간 시행되었는데 당시 법률고문이었던 프랑스 법학자 부스케(Georges Hilaire Bousquet)의 영향으로 프랑스 제도의 영향을 받았다.[2]

1868. 1. 막부를 타도하고 왕정복고를 하면서 신정부가 수립되었는데 국가기관으로서 3직 7과의 관제를 두었고 형법사무과(刑法事務科)에서 사법제도를 관장하였다. 형법사무과는 '監察彈糺捕亡斷獄諸刑律の事を督'한다고 하여 사법

1) 司法職務定制는 약칭으로 본래의 법률명은 司法省職制章程並に事務章程이다.
2) 左藤義人, "司法職務定制の制定過程とその擔い手の問題に關する小考察", 2008. 11, (homepage3.nifty.com/nihon_toukikikou/sihoshokumuteisei/sihoshokumuteisei 2016. 4. 25. 방문), まえおき 부분 1面.

행정, 형사재판, 사법경찰, 행정감찰, 법률기초, 법률해석 등의 광범위한 권한을 가졌다. 형법사무과는 1868. 2.에 정부기구가 3직 8국제로 변경되면서 형법사무국(刑法事務局)으로 변경되었다.[3)]

1868. 3. 4. 신정부에서 정체서(政体書)를 공포하고 종래의 3직 8국을 폐지하면서 새로운 국가기구로서 태정관(太政官)제를 신설하였다. 정체서는 국가권력의 전체가 태정관에 있다고 하여 권력을 집중시킨 후에 그 집중된 권력을 입법, 행정, 사법으로 분리하여 3권분립을 규정하였다. 태정관에 의정관(議政官), 행정관(行政官), 신지관(神祇官), 회계관(會計官), 군무관(軍務官), 외국관(外國官), 형법관(刑法官)의 7관을 두었는데[4)] 입법권은 의정관이, 사법권은 형법관이 담당하였다. 형법관은 사법권을 담당하는 국가기관으로서 사법행정, 형사재판, 사법경찰, 행정감찰, 행형, 법률기초, 법률해석 등을 담당하였는데 다만 민사재판권은 형법관의 권한이 아니었다.[5)]

1869. 6.(明治 2년) 신정부의 직원령을 제정하여 중앙, 지방의 관제를 개혁하였다. 중앙통치기구로서 신지관, 태정관의 2관을 두고, 민부성(民部省), 대장성(大藏省), 병부성(兵部省), 형부성(刑部省), 궁내성(宮內省), 외부성(外部省)의 6성을 설치하였다. 종전의 태정관은 중앙정부의 총칭이었으나 이제는 하나의 관청으로 등장하여 정체서에서 나타났던 3권분립제도가 소멸하고 입법, 행정, 사법의 3권이 태정관 아래에서 일권적으로 통할되었다.[6)]

1869. 5. 형법관의 감찰사(監察司)에 대신하여 탄정대(彈正臺)가 설치되었는데 1869. 7. 탄정대는 태정관 아래 두는 것으로 하였다. 탄정대의 설치목적은 중앙정부의 지령을 각 부번현(府藩縣)에 강행적으로 전파하여 급속한 중앙집권화를 도모하기 위한 것이었다. 탄정대는 행정감찰권, 순찰권, 소추권, 형부성의 대옥(大獄)사건 조사에의 감임(監臨), 형부성의 판결안의 심사 등의 권한을 가졌다. 형부성의 권한과 탄정대의 권한이 저촉되는 면이 있어 탄정대와 형부성은 자주 대립하고 마찰을 일으켰다.[7)]

1871. 7. 형부성과 탄정대를 폐지하고 사법성(司法省)을 설치하면서 종래 형

3) 左藤義人, 前揭論文, 明治初年の官制改革と司法改革 부분 2面.
4) 후에 민부관(民部官)이 추가된다.
5) 左藤義人, 前揭論文, 明治初年の司法改革――――刑法官 부분 1-2面.
6) 左藤義人, 前揭論文, 明治初年の司法改革――――刑部省 부분 1-2面.
7) 左藤義人, 前揭論文, 明治初年の司法改革――――彈正臺 부분 1-2面.

부성과 탄정대가 행하였던 사무를 사법성이 맡게 되었다. 사법성은 사법행정, 법률해석, 형사재판, 민사재판, 사법경찰의 권한을 장악하고 형사재판권과 민사재판권을 통일적으로 장악한 중앙행정기관이었다. 다만, 아직 지방인 부현의 사법권은 부현이 장악하고 있었다.[8)]

사법성은 서구각국의 사법제도를 연구하여 서구식 사법제도를 도입하기 시작하였는데 1872년 사법행정과 재판재도에 관한 체계적인 규범으로서 사법직무정제(司法職務定制)를 통해 새로운 사법기관과 재판준칙을 마련하였다.

2) 검사(檢事)제도의 도입

사법직무정제는 프랑스 제도를 본받은 것으로서 사법성하에 재판소와 검사국, 명법료(明法僚)를 설치하여 재판사무, 검찰사무, 법전편찬과 법학교육을 담당하게 하였다. 재판소는 사법성임시재판소, 사법성재판소, 출장재판소, 부현재판소, 구재판소의 5종으로 구성되고, 재판을 담당하는 판사와 함께 검사제도가 창설되었다. 검사는 프랑스 검찰인 ministére public을 번역한 것으로 부스케는 목대관원(目代官員)으로 번역하기도 하였으나 법률화한 것은 검사라는 용어이다.[9)]

사법직무정제 제7장의 검사장정에서는 검사의 종류로 대검사(大檢事), 권대검사(權大檢事), 중검사(中檢事), 권중검사(權中檢事), 소검사(少檢事), 권소검사(權少檢事)로 분류하고(제22조) 검사의 기본임무를 법헌과 인민의 권리를 보호하고, 양(良)을 복돋우고 악을 제거하며 재판의 당부를 감(監)하는 것으로 규정하였다. 각 재판소에 출장하여 재판의 당부를 감시하는 직무가 있었고(제22조 제1호), 재판에는 검사가 반드시 재석하여야 하며 검사가 출석하지 않으면 판사 혼자 재판을 할 수 없었다(제24조). 공중을 위하여 악을 제거하는 것을 임무로 하는데 죄증이 명백한 자와 현행범인은 검사에 의해 검부에 명해져 체포하고 명백하지 않은 경우와 범죄의 소가 있는 경우에는 검부에 명하여 탐색(探索)을 시키도록 하였다(제25조). 검사는 재판을 구할 권한은 있으나 재판을 할 권한은 없다고 하여 재판은 판사의 권한임을 명확히 하였다(제31조).

사법직무정제는 초대 사법성 장관이던 에토신페이(江藤新平)가 주도하였고

---

8) 左藤義人, 前揭論文, 司法省の創設 부분 1-2面.

9) 左藤義人, 前揭論文, 檢事制度の創設 부분 1面.

에토의 인민의 권리보호에 관한 이념 실현을 위한 의도가 많이 반영되었다고 평가된다. 예컨대 제24조에 고아, 약자, 부녀자의 소송에 있어서는 특히 보호에 주의하고, 빈부귀천에 의해 재판에 차별이 생기지 않도록 해야 한다는 규정을 두고 있다. 또한 검사에 의한 재판의 감시에 관한 규정들과 검사의 판결에의 불간섭을 규정한 제31조 등은 당시의 압제적인 재판으로부터 인민의 권리를 보호하기 위해 재판의 적정을 도모하고자 한 것으로 평가된다.[10)]

2. 치죄법(治罪法)

1) 치죄법의 제정

일본은 1870년대 말부터 법전편찬을 진행하였는데 프랑스 법률가인 브아소나드(Gustav Emile Boissonade de Fontarabie)를 초빙하여 형법과 치죄법을 기초하게 하였다. 1880년(明治 13년) 형사소송법에 해당하는 치죄법이 제정되었고 이는 프랑스법의 영향을 받았다.

2) 법원의 종류와 예심

(1) 법원의 종류

실체법상 범죄를 위경죄(違警罪), 경죄(輕罪), 중죄(重罪)로 나누고 1심 법원을 위경죄재판소, 경죄재판소, 중죄재판소로 구분하였는데 이러한 구분방식은 프랑스 치죄법과 같다. 치안재판소가 위경죄재판소로서 재판을 하고(제49조), 시심재판소(始審裁判所)가 경죄재판소로서 재판을 하는데(제54조) 다만 시심재판소는 위경죄재판소 판결사건의 항소심 재판도 하였다(제54조 제3항). 또한 황족이나 칙임관의 범죄 등 특별한 범죄에 대한 1심 법원으로 고등법원(高等法院)을 두었다(제83조). 중죄재판소는 3개월마다 개정을 하는데 항소재판소나 시심재판소에서 개정하였다(제71조, 제72조).[11)] 2심 법원으로 공소재판소(控訴裁判所)를 두었는데 공소재판소는 경죄재판소의 1심 판결에 대한 항소를 재판하였다(제63). 3심 법원으로 대심원을 두어 상고심 재판을 담당하였다(제77조).

---

10) 左藤義人, 前掲論文, 檢事制度の創設 부분 2-3面.

11) 중죄재판소의 재판부 구성은 재판장 1인과 4명의 배석판사로 하였다(제73조).

(2) 예　　심

프랑스 치죄법과 같이 공판 전에 판사에 의한 예심조사를 두었다(제3편 제3장). 검사는 중죄사건은 예심을 청구하여야 하며, 경죄사건은 경중과 난이도를 고려하여 예심을 청구하거나 직접 경죄재판소에 기소할 수 있고, 위경죄사건은 증거서류에 의견서를 첨부하여 위경죄재판소 검찰관에게 송치하고 위경죄재판소 검찰관이 처리하도록 하였다(제107조 제1항). 위경죄재판소 검찰관은 매월 미결사건과 기결사건의 사건표를 작성하여 경죄재판소 검사에게 제출하였다(제52조).

예심판사는 영장을 발하여 구속, 압수수색 등 강제처분을 할 수 있고 피고인신문, 증인신문 및 대질신문 등을 하고 조사를 다하였다고 인정하면 검사에게 소송기록을 송부하여 의견을 구하였다(제220조 제1항). 검사는 소송기록에 의견을 첨부하여 3일 이내에 환부하여야 하였다(제220조 제2항). 한편 검사는 예심조사가 충분히 행해지지 않았다고 사료되는 경우 더 조사할 것을 구하고 만약 예심판사가 그 청구를 긍정하는 때에는 24시간 내에 서류를 예심판사에게 송부하도록 하였다(제221조).

예심판사는 범죄의 증거가 충분하지 않거나 죄가 되지 아니하는 때, 공소시효가 완성된 때, 확정판결이 있는 때 등은 면소를 언도하고 예심을 종결하며 범죄의 증거가 충분하다고 인정하는 때에는 각 죄의 종류에 따라 중죄재판소, 경죄재판소, 위경죄재판소로 이송한다(제224조~227조).

3) 검찰제도

(1) 검찰 조직

재판소에 검찰관을 1명 또는 수명을 두도록 하였는데(제33조), 검찰관의 직을 행하는 사람으로 대심원, 항소재판소에 각 검사장과 검사를 두고(제66조, 제79조) 경죄재판소에는 검사와 검사보를 두었으며(제58조), 공소재판소의 검사장은 관할구역 내의 검찰관 및 사법경찰을 관리감독하였다(제67조 제3항). 위경죄재판소의 검찰관의 직무는 재판소 소재지의 경부(警部)가 이를 행하도록 하였다(제51조).

(2) 형사절차에서의 검찰관의 직무

형사절차에서 검찰관은 범죄를 수사하고, 범죄에 대해 취조의 처분을 하며 법률의 적용을 재판관에게 청구하고, 재판소의 명령 및 판결의 집행을 지휘하며, 재판소에 있어 공익을 보호하는 것을 직무로 하였다(제34조).

검찰관은 고소, 고발, 현행범 기타의 사유로 범죄가 있는 것을 인지하거나 범죄가 있다고 사료하는 때에는 증빙 및 범인을 수사하고 기소의 절차를 행하여야 한다고 하여 수사와 공소의 권한을 가진다(제92조). 기소는 예심청구와 직접 기소의 방식으로 행하였다.

예심제도를 두고 있어서 수사절차에서 검찰관의 강제처분권한은 제한적이었으며 구인,[12] 구류(拘留),[13] 수감(收監),[14] 압수수색, 검증 등 강제처분은 원칙적으로 예심판사의 권한이었다. 예심판사는 구인, 구류, 수감의 경우는 영장을 발부하였으며 그 집행은 순사로 하여금 집행하게 하였다(제130조 제3항). 다만, 현행범의 경우 예외가 있었다.

먼저, 사법경찰관과 순사는 중죄경죄의 현행범을 알게 된 때에는 영장이나 명령을 기다리지 않고 피고인을 체포할 수 있었다. 위경죄 현행범인 경우는 인적사항을 확인하고 위경죄재판소 검찰관에게 피고인을 고발할 수 있고 도망할 우려가 있는 때에는 위경죄재판소에 인치할 수 있었다(제102조). 사법경찰관은 체포한 피고인을 임시로(仮に) 신문하고 검증처분을 할 수 있었다(제104조).

또한 예심 단계의 행위를 할 수 있는가에 대해 현행범인 경우 검찰관은 예심판사를 기다리지 않고 그 뜻을 통지하고 현장에 임검하고 예심판사의 권한에 속하는 처분을 할 수 있었는데(제203조 제1항), 그러한 처분을 한 후 증거서류에 의견을 첨부하여 신속히 예심판사에게 보내야 하였다(제204조).

사법경찰관도 현행범에 있어서 예심판사를 기다리지 않고 그 뜻을 통지하고 현장에 임검하고 예심판사의 권한에 속하는 처분을 할 수 있었는데 다만 영장을 발할 수는 없었다(제205조 제1항). 따라서 사법경찰관은 그러한 처분을 한 후 증거서류에 의견을 첨부하여 피고인과[15] 함께 신속히 검찰관에게 송치하여

---

12) 신문하기 위한 구인으로 48시간까지 구금이 가능하였다(치죄법 제122조 제2항).

13) 10일까지 구금이 가능하였다(제127조 제1항).

14) 구류장 집행 후 10일이 경과하면 예심판사는 이를 수감장으로 변환하였다(제127조 제1항).

15) 치죄법에서는 피고인과 피의자의 구별을 하지 않았고 고소나 고발을 당하거나 수사가 개시되면 피고인으로 칭하였다. 다이쇼(大正) 형사소송법에서 비로소 검사의 기소(직접 법원에 소제기를 하는 것과 예심청구)를 기준으로 기소 전은 피의자, 기소 후는 피고인으로 구분하였다.

야 하였다(제205조 제2항).

검사는 사법경찰관으로부터 피고인을 받은 때에는 24시간 이내에 피고인을 신문하고 조서를 작성하며 구류장을 발하였는지 아닌지를 묻지 않고 일체의 서류에 청구서를 첨부하여 예심판사에게 송치하여야 하는데(제206조 제1항) 만약 기소할 수 없는 자로 인정되는 때에는 즉시 피고인을 석방할 수 있었다(제260조 제2항). 예심판사는 검찰관으로부터 청구서와 함께 일체 서류를 송치받으면 24시간 내에 피고인을 신문하고 검찰관이 발한 구류장을 해(解)하거나 존속하게 할 수 있었다. 검찰관은 경죄의 현행범인 경우에는 예심을 청구할 정도가 아닌 것으로 사료되는 때에는 직접 경죄재판소에 호출(呼出)할 수 있었다(제209조).

검찰관은 공판정에 재석할 수 있으며(제35조), 증인을 신청할 수 있고(제288조), 재판장에게 고(告)하고 피고인 및 증인을 신문할 수 있었다(제291조 제2항). 공소취소는 허용되지 않아서 검찰관이 공소를 포기하는 때에도 법원은 본안에 대해 재판을 할 수 있었다(제301조). 증거조사가 끝나면 검찰관, 피고인, 변호인 순으로 의견을 진술하였다(제300조). 또한 형의 집행은 검찰관이 집행을 지휘하였다(제462조).

4) 사소(私訴)제도

치죄법은 프랑스의 치죄법과 같이 공소와 함께 범죄피해자의 사소도 인정하고 있다. 중죄나 경죄의 범죄피해자는 공소에 부대하여 사소를 행하고자 할 때에는 고소와 함께 이를 신청하거나 고소를 한 후 그 취지로 예심판사에게 신청할 수 있다(제110조). 예심판사는 직접 피해자로부터 민사원고인(民事原告人)으로 행위할 것을 신청받은 때에는 검찰관의 기소가 없는 경우에도 이에 불구하고 공소사소를 병행한 것으로서 수리할 수 있으며 이 때는 검사에게 이를 통지하여야 한다(제110조 제3항). 또한 범죄피해자는 고소를 직접 예심판사에게 할 수도 있으며 직접 고소를 받은 예심판사는 소환장으로 피고인을 호출하여 신문하고 계속하여 조사할 필요가 있다고 사료되는 때에는 사건을 검사에게 송치할 수 있다(제114조).

3. 메이지 형사소송법(明治 刑事訴訟法) 시대

1) 메이지 형사소송법과 재판소구성법 제정

일본은 1870년대말부터 열강과의 조약개정을 염두에 두고 불평등조약의 중요요소 중 하나인 영사재판권을 폐지하기 위해 사법제도 근대화작업을 추진하였는데 치죄법의 제정도 그 일환이었다. 이후 1889년(명치 22년) 대일본제국헌법이 공포되었는데(1890. 11. 29. 시행) 그 헌법에 부합하는 법원, 검찰의 조직과 형사절차의 정비가 필요하였고 헌법제정준비와 함께 형사소송법, 재판소구성법 제정을 준비하여 1890년(명치 23년) 재판소구성법과 형사소송법을 제정하였다.

사법권력을 행사할 법원, 검찰 등에 대해 형사소송법이 권한규범이라고 하면 이들을 어떻게 조직하고 누가 그 권한을 행사할 것인가를 정하는 조직규범인 재판소구성법은 형사사법 운영에 있어 양대 기본법이라 할 수 있다.

치죄법의 제정과정에서는 프랑스 법학자 브와소나드가 이를 기초하여 프랑스법의 영향을 주로 받았으나 메이지 형사소송법 및 재판소구성법 제정과정에서는 사법성의 고문으로 독일 법학자 오토 루도르프(Otto Rudorff)를 초빙하여 법률안을 기초하게 하여 독일법의 영향을 많이 받고 있다.

2) 법원조직법과 검찰조직

(1) 법원의 종류

통상의 법원으로서는 구재판소(區裁判所), 지방재판소, 공소원(控訴院) 및 대심원을 설치하였는데(제1조) 이러한 구성도 독일제국 법원조직법체제와 유사하다.[16] 지방재판소, 공소원 및 대심원은 합의재판소로서 수인의 판사로 구성된 부에서 재판을 하며(제3조) 구재판소 재판권은 단독판사가 행한다(제11조).[17]

지방재판소는 구재판소의 권한에 속하지 않고 대심원의 특별권한에 속하

---

16) 독일제국 법원조직법은 구법원(Amtsgericht), 지방법원(Landesgericht), 주최고법원(Oberlandesgericht), 제국법원(Reichgericht)의 체계였다.

17) 독일제국 법원조직법에서는 지방법원의 재판에 있어 구법원에는 참심법원(schöffengericht, 독일제국법원조직법 제4장), 지방법원에는 배심법원(Schwurgericht, 독일제국법원조직법 제7장)의 형태로 시민이 재판부에 참여하는 제도를 두었으나 일본에서는 이를 받아들이지 않았다.

지 않는 사항에 대하여 1심으로 재판하고, 구재판소의 판결에 대한 항소와 결정, 명령에 대한 항고에 대해 2심으로 재판하였다(제27조).

공소원은 지방재판소의 1심 판결에 대한 항소, 구재판소의 판결에 대한 항소심으로 행해진 지방재판소의 판결에 대한 상고, 지방재판소의 결정, 명령에 대한 항고를 담당하였다(제37조).

대심원은 종심으로서 제37조에 규정한 공소원의 2심 판결에 대한 상고, 공소원의 결정, 명령에 대한 항고와 황족의 범죄 중 일정한 범죄 및 형법 제2편 제1장, 제2장에 정한 중죄사건을 종심으로 재판하였다(제50조).

(2) 검사국의 설치

독일제국법원조직법의 예에 따라 검찰에 관한 사항도 법원조직법에서 규정하고 있다. 먼저 민사지방재판소를 제외한 각 법원에 부치(附置)하여 검사국(檢事局)을 둔다고 하여(제6조) 검사들의 조직체로서의 검사국 개념이 등장하는데 이는 독일제국법원조직법에서 검사들의 총체로서의 개념으로서 검찰(Staatsanwaltschaft)과 같다.

치죄법에서는 검사의 직을 검찰관이라 칭하고 그 직을 행하는 사람으로 검사총장, 검사장, 검사, 검사보 등을 규정하고 있는데 메이지 법원조직법에서는 관서의 개념인 검사국을 사용하고 있다.

한편, 독일제국법원조직법은 각 법원에 대응하여(bei jedem Gerichts) 하나의 검찰을 둔다고 하고 있는데 여기서 독일어 bei를 부치(附置)라는 용어로 번역한 것으로 보인다.[18] 또한 여기서 검사국은 재판소 내부의 기구로서 하나의 국(局)이 아니라 사법성 소속으로서 재판을 담당하는 재판소와 검찰업무를 담당하는 검찰국을 두는 것으로 재판소와는 독립된 사법성 소속의 기관이다. 독일에서는 검찰이라는 용어를 사용하고 있어 이 부분에 있어 오해를 일으키지 않

18) 독일제국 법원조직법 제142조(Bei jedem Gerichte soll eine Staatsanwaltschaft bestehen). 독일어 전치사 bei는 공간적으로 '곁에, 근방에, 함께' 등의 의미가 있다. 법원의 기능을 일부 검찰이 담당하고 있고 업무가 밀접하므로 검찰제도 도입시부터 연혁적으로 법원의 건물 안에 함께 또는 법원의 건물 곁에 검찰의 건물을 두었던 것도 이러한 용어를 사용하게 된 연혁적 배경 중 하나의 이유로 생각된다. 그러나 실질적인 의미는 그러한 공간적 의미보다는 각 법원에 '대응하여(für jedem Gerichts)' 하나의 검찰을 설치한다는 의미를 가진다. Meyer-Goßner, StPO 44Aufl., C.H.Beck, 2004, GVG § 141 Rdnr.2.

으나 일본에서 사용한 국이라는 용어가 현재의 우리나라의 정부조직법상의 각 부의 내부기구 단위로서의 국과 동일하여 마치 검사국이 재판소의 한 국으로 오해될 소지가 있어 주의를 요한다.

따라서 지휘체계상 검사국이 재판소장의 지휘·감독을 받는 것이 아니고 검사국은 별도로 사법성의 지휘체계하에 있는 것이다. 다만, 문서의 발송접수, 회계 등 행정사무를 위해 각 재판소에 서기과를 두고 있는데 검사국 관련 업무도 재판소 서기과에서 담당하고 검사국 서기과는 합의재판소 검사국에 한하여 필요하다고 인정하는 경우에 둘 수 있다고 하고 있어(제8조) 재판소와 검사국이 조직상 완전히 별도로 구분되지는 않았다. 그러나 이는 재판소와 검사국의 사법행정을 모두 사법성에서 관장하는 체제를 생각하면 이해할 수 있을 것이다.

독일에서는 검찰이 규문시대에 법원의 권한이던 수사와 공소의 부분을 분리하여 담당하는 기관으로 도입되었으므로 검찰의 활동이 법원에 종속될 것을 우려하였고 이에 따라 법원조직법에 검찰은 그 업무수행에 있어 법원으로부터 독립적이다[19]라는 조문을 두었는데 일본 메이지(明治) 재판소구성법도 검사는 재판소에 대하여 독립하여 그 사무를 행한다라고 규정하고 있다(제6조).

검사의 직무로서는 형사사건에서 공소를 제기하고 그 취급상 필요한 절차를 행하며 법률상 정당한 적용을 청구하고 판결이 적절히 집행되도록 감시하며 민사에 있어서도 필요한 때에는 통지를 구하고 이에 의견을 진술할 수 있으며 사법 및 행정사건에서 공익의 대표자로서 법률상 그 직권에 속한 감독사무를 행한다고 규정하였다(제6조).

(3) 검찰의 지휘·감독관계

대심원 검사국에 검사총장을 두고(제56조), 공소원 검사국에는 검사장을 두며(제42조), 지방재판소 검사국에는 검사장을 둔다(제33조). 구재판소 검사국에는 검사를 두는데 구재판소 검사국 검사의 사무는 그 관할지 경찰관, 헌병장교, 하사 또는 임무관(林務官)으로 하여금 취급하게 할 수 있고 사법대신은 적당한 경우에는 구재판소 판사시보 또는 군시정촌(郡市町村)의 장으로 하여금 검사를 대리하게 할 수 있다고 규정하였다(제18조).[20] 독일제국 법원조직법에서

19) 독일제국법원조직법 제151조.

20) 구재판소의 재판관할은 위경죄와 일정한 경미범죄이다(제16조).

직제화한 구검사(Amtsanwalt)의 업무와 관련하여 직제화 이전에 경찰관이나 특별사법경찰업무를 하는 행정공무원에게 구재판소의 경미사건에서 검찰의 업무를 행하도록 한 사례와 유사하다.[21]

사법대신은 각 재판소와 각 검사국을 감독한다(제135조 제1항). 다만 판사의 재판권행사에 영향을 미치거나 이를 제한할 수는 없으므로(제143조) 재판소에 관한 감독권한은 사법행정에 관한 감독에만 미치고 판사의 재판권행사는 독립적이다.

검사총장은 그 검사국 및 하급검사국을 감독하고, 검사장은 그 검사국 및 그 국이 부치되어 있는 공소원 관할구역 내의 검사국을 감독하며, 검사정은 그 검사국 및 그 국이 부치된 지방재판소 관할구역 내의 검사국을 감독한다(제135조 제6~8항)고 하여 사법대신, 검사총장, 검사장, 검사정을 거치는 감독체계를 규정하고 있다.

또한 검사는 그 상관의 명령에 따라야 한다고 하여(제82조) 상급자의 지시에 대한 구속성을 규정하고, 검사총장, 검사장 및 검사정은 그 각 관할구역 내 재판소의 검사의 직무범위 내에 있는 사무를 스스로 취급할 권한을 가지며, 그 관할구역 내에 있어 어떤 검사가 취급하는 사무를 다른 검사에게 이전하여 하게 할 권한을 가진다고 하여(제83조) 직무승계권과 직무이전권을 규정하고 있다. 이 규정들은 독일제국법원조직법 제146조(직무승계권, 직무이전권), 제147조(지시구속성)에도 규정되어 있다.

(4) 검사와 사법경찰관의 관계

독일제국법원조직법은 검사와 사법경찰관의 관계에 대하여 사법경찰관은

---

21) 독일 프로이센에서 1846년 베를린에 한정하여 검사제도를 도입한 베를린 특별법에서도 이미 일정한 경미한 행정법규 위반사건이나 위경사건들에 대해 검찰의 업무를 일정한 경찰공무원에게 담당하게 하였고 이를 경찰검사(Polizeianwalt)라고 하였는데 1849년 검사제도가 프로이센 전역에 확대되면서도 이 제도가 유지되었다. 그 후 1877년 독일제국법원조직법에서 구검사(Amtsanwalt)로 명칭이 변경되었고 일정한 경찰공무원이나 특별사법경찰업무를 하는 행정기관 공무원들을 구검사로 임명하여 운영하였다가 이후 제도가 정비되어 현재에는 법무부 소속의 일정 공무원들을 선발하여 교육과정을 거친 후에 구검사로 임명하고 있다.
Rüping, "Polizeianwalt-Amtsanwalt-Staatsanwalt－Zur Geschichte der Amtsanwaltschaft in Deutschland", Der Amtsanwalt 1998. 9. S. 5 이하 참조.

관할구역 내의 검사 및 그 상급자의 직무상 명령에 따라야 한다는 규정을 두어(제153조) 지시복종관계를 명확히 하고 있는데 일본의 메이지 재판소구성법에서도 사법경찰관은 검사가 직무상 그 검사국 관할구역 내에서 발한 명령 및 그 검사의 상관이 발한 명령에 따라야 한다(従フ)고 규정하고 있다(제84조).

또한 사법성 또는 검사국과 내무성 또는 지방관청은 협의하여 경찰관 중에서 각 재판소 관할구역 내에서 사법경찰관으로서 근무하고 전항의 명령을 받아 이를 집행할 자를 정한다고 하여(제84조) 일정한 경찰관을 사법경찰관으로 하여 검사의 지휘체계하에 두는 것으로 하고 있다.

3) 메이지 형사소송법상 검찰 관련 규정

(1) 수사권, 공소권

메이지 형사소송법 제1조는 공소는 범죄를 증명하고 형을 적용하는 것을 목적으로 하는 것으로서 법률에 정한 바에 따라 검사가 이를 행한다고 하여 검사의 공소권을 규정하고 있다. 또한 제46조에 검사는 고소, 고발, 현행범 기타의 사유로 범죄가 있는 것을 인지하거나 범죄가 있다고 사료하는 때에는 증빙 및 범인을 수사하여야 한다고 하여 검사의 수사권을 규정하고 있다.

(2) 사법경찰관의 수사와 수사지휘권

사법경찰관은 두 가지 부류로 정하고 있는데, 먼저 경시총감 및 지방장관은 각 그 관할구역 내에서 사법경찰관으로서 범죄를 수사함에 있어 지방재판소 검사와 동일한 직권을 가진다(제47조).

둘째로, 경시청부장(警視廳部長), 경부(警部), 경부보(警部補), 헌병장교, 헌병하사, 도사(島司),[22] 군장(郡長), 임무관(林務官), 시정촌장(市町村長)은 검사를 보좌하여 그 지휘를 받아(指揮ヲ受ケ) 사법경찰관으로서 범죄를 수사하여야 한다(제47조 제2항)고 하여 검사의 지휘체계하에서 수사하는 사법경찰관을 규정하고 있다. 여기서 검사의 '지휘를 받아 수사를 한다'는 문구는 지휘계통을 말하는 것이다. 즉 사법경찰관이 수사를 함에 있어서 사사건건 검사의 지휘를 받아야만 수사를 할 수 있다는 것이 아니라 사법경찰관이 수사에 관하여는 검사의 지

22) 도지사(道知事)의 감독 밑에서 섬의 행정사무를 맡아보던 지방관. 군수와 같은 벼슬로, 흔히 경찰서장을 겸임하였다.

휘계통하에서 직무를 수행한다는 것을 의미한다.

(3) 예심과의 관계

예심제도는 프랑스 치죄법뿐만 아니라 독일제국형사소송법에도 도입되어 있고 독일의 영향을 받은 메이지 형사소송법에서도 그대로 유지되고 있다. 이에 따라 검사의 기소는 예심의 청구와 직접 기소로 나뉘는데 지방재판소 검사는 중죄사건은 예심을 청구하여야 하며, 경죄사건은 경중과 난이도를 고려하여 예심을 청구하거거나 직접 재판소에 기소할 수 있고 구재판소관할에 속한 범죄로 사료되는 때에는 증거서류에 의견서를 첨부하여 구재판소 검사에게 송치하였다(제62조).

예심판사는 영장을 발하여 피고인을 구인, 구류할 수 있으며(제73조, 제75조) 증인을 구인할 수 있고(제118조 제3항), 임검하여 검증, 수색, 차압 등 강제처분을 할 수 있다(제102조~제107조). 피고인신문, 증인신문 및 대질신문 등을 하고 조사를 다하였다고 인정하면 검사에게 소송기록을 송부하여 의견을 구하였다(제161조 제1항). 검사는 소송기록에 의견을 첨부하여 3일 이내에 환부하여야 하였다(제161조 제2항). 그런데 검사는 예심조사가 충분히 행해지지 않았다고 사료되는 경우 더 조사할 것을 구하고 만약 예심판사가 그 청구를 긍정하는 때에는 24시간 내에 서류를 예심판사에게 송부하도록 하였다(제162조).

검사와 사법경찰관의 수사는 고소, 고발의 접수와 조사 및 임의적 방법의 조사는 가능하나 강제수사는 예심판사의 권한이었고 예외적으로 현행범의 경우 체포하고 신문하는 등 강제수사를 할 수 있었다. 즉 사법경찰관과 순사(巡査), 헌병졸(憲兵卒)은 그 직무를 행함에 있어 중죄 또는 금고의 형에 해당하는 경죄의 현행범이 있다고 알게 된 때에는 영장을 기다리지 않고 피고인을[23] 체포할 수 있었다(제58조 제1항). 벌금에 해당하는 경죄나 위경죄의 현행범은 인적사항을 확인하고 경죄는 검사에게, 위경죄에 해당하는 경우는 즉결을 할 수 있는 관서에 고발을 하고 인적사항이 불명하거나 도망할 우려가 있는 때에는 검사 또는 관서에 인치할 수 있었다(제58조 제2항). 순사나 헌병졸은 피고인을 체포한 때에는 신속히 사법경찰관에게 인치하여야 하였다(제59조 제1항).

23) 메이지 형사소송법에서도 피의자와 피고인의 구별을 하지 않았다.

지방재판소 검사와 구재판소 검사는 예심판사보다 먼저 중죄 또는 지방재판소의 관하에 속하는 경죄의 현행범이 있는 것을 알게 된 경우에 있어 그 사건이 급속을 요하는 때에는 예심판사를 기다리지 아니하고 그 취지를 통지하고 범죄장소에 임검하고 예심판사에 속하는 처분을 할 수 있었다(제144조 제1항). 그러한 처분 후에는 지방재판소 검사는 의견을 첨부하여 예심판사에게 송치하고 구재판소 검사는 지방재판소 검사에게 송치하여야 하였다(제145조). 또한 이와 같은 규정에 있어서의 검사의 직무는 사법경찰관도 임시로 이를 행할 수 있었는데 다만 구류장을 발할 수는 없었다(제147조 제1항). 사법경찰관은 증빙서류에 의견을 첨부하여 신속히 관할재판소의 검사에게 송치하여야 하였는데 피고인을 체포한 때에는 피고인도 함께 송치하여야 하였다(제147조 제2항).

(4) 사소제도

메이지 형사소송법에서도 사소제도가 인정되고 있는데 치죄법과 달리 공소에 부대하여 행하는 부대사소만 허용하는 것으로 변경되었다. 사소는 범죄로 인해 발생한 손해의 배상, 장물의 반환을 목적으로 하는 것으로 하여 민법에 따른 피해자에게 사소의 권리가 속한다고 하면서(제2조) 피해자의 사소권을 인정하되, 사소는 그 금액의 다과에 불구하고 공소에 대한 제2심 판결이 선고되기까지 언제라도 그 공소에 부대하여 행할 수 있다(제4조 제1항)고 규정하였다. 한편 제3자는 민사소송법에 따라 공소부대 사소에 참가할 수 있다고 하여(제4조 제2항) 참가제도도 인정하였다.

4. 일제강점기를 통한 대륙법계 제도의 계수

1910년 한일합병에 의해 우리나라는 일본에 강점되어 지배를 받았고 일본의 형사소송법이 적용되었다. 조선형사령에 의해 식민지 조선에 대한 특칙이 있었으나 기본적으로는 일본법이 적용되어 일본의 제도를 경험하면서 일본을 통하여 대륙법계 사법제도 및 검찰제도가 계수되었다. 일제강점기 초기에는 메이지 형사소송법이 적용되었고, 이후에는 1922년 개정된 다이쇼 형사소송법(大正 刑事訴訟法)이 적용되었는데 검사를 검찰관이라는 용어로 변경하고, 검찰관의 요급처분이라는 조문으로 검사의 수사권한이 다소 확대되는 등의 변화가 있지만 예심절차가 유지되는 등에 있어서 기본 골격은 크게 변화하지 않았다.

Ⅱ. 대한제국 시대의 검찰제도 도입

1. 갑오개혁 이전의 조선시대

1) 개 관

조선시대에는 왕은 모든 권력의 근원으로서 입법, 행정, 사법의 전권을 행사하였다. 따라서 행정과 사법이 분립되지 않았으며 범죄자의 소추 및 재판도 종국적으로는 왕의 권한에 귀일되었다. 이에 따라 왕에 의해 임명된 관료가 행정, 사법의 권능까지 겸유하였다.

2) 사법관련 중앙기관

사법관련 중앙기관으로는 사헌부, 형조, 한성부, 의금부, 장예원, 직수아문 등이 있었다.

(1) 사 헌 부

관헌의 기강감찰을 주임무로 하고, 그 외에 사법적 성격을 띤 직무도 일부 행하였다.

(2) 형 조

중죄에 대한 복심을 담당하는 상복사(詳覆司), 법령의 조사를 담당하는 고율사(考律司), 감옥과 범죄수사를 담당하는 장금사(掌禁司), 노비와 포로에 관한 사무를 담당하는 장예사(掌隸司) 등 4사로 분장되었다.

(3) 한 성 부

수도의 일반행정 외에 경찰사무와 사법사무를 관장하였다. 중요한 인명피해 사건의 검시(시상검열)는 한성부의 관헌이 출장조사하였으며 관하에 5부를 두어 경미한 민·형사사건 재판을 하였다.

(4) 의 금 부

왕의 특명에 의해 특수범죄를 재판하였다. 왕족의 범죄, 관헌으로서 관기를 문란하게 한 자, 국사범, 역모죄 및 반역죄, 상인(常人)의 왕실·왕족에 대한 범죄, 사헌부가 탄핵한 사건, 삼강오륜에 관한 범죄사건 등을 관장하였다.

(5) 장예원(掌隷院)

노비의 부적과 소송을 담당하였으며, 영조 40년에 형조에 병합되어 장예사가 되었다.

(6) 직수아문(直囚衙門)

구금의 권한이 부여된 관헌으로 병조, 승정원, 종부사(宗簿寺), 비변사, 포도청, 사간원 등이 있었으며 경미한 사건에 있어서는 처벌권한도 보유하였다.

3) 사법관련 지방기관

(1) 관 찰 사

전국을 8도로 나누고 각 도에 관찰사를 두었다. 관찰사는 각 도의 행정, 사법을 총괄하고 유형(流刑) 이하의 형사사건은 1심으로 직접 재판하고 민사사건에 있어서는 관하 수령의 재판에 대한 복심(覆審)을 행하였다.

(2) 수 령

관찰사 관하의 행정기관으로 부윤(府尹), 대도호부사(大都護府使), 목사(牧使), 도호부사, 유수(留守), 군수, 현령(縣令), 현감(縣監) 등이 있었다. 일반 행정 이외에 태형(笞刑) 이하의 형사사건과 일반 민사사건의 1심을 행하였다.

2. 갑오개혁과 근대적 사법제도의 도입

1) 갑오개혁의 경과

대원군의 쇄국정책과 개화파의 갈등, 그리고 열강의 문호개방 압력 등으로 혼란을 겪던 조선은 1876년 일본과의 수호조약을 시작으로 서구열강과 문호를 개방하는 조약을 체결하게 되었다. 그 후 열강에 의한 불평등조약과 이권침탈에 대한 외세배척의 흐름과 근대화를 추진하고자 하는 세력의 충돌, 그리고 조선에 대한 지배력을 확보하려는 열강들의 충돌로 혼란이 계속되었다.

특히 조선을 둘러싼 중국과 일본간의 세력 다툼이 컸는데 일본이 메이지 유신 직후 청국의 간섭을 배제한 채 조선과 수호조약을 강제로 체결하고 부산·인천·원산을 개항시키자 청은 일본의 조선 진출을 견제하기 위해 조선으로 하여금 서양 각국과도 조약을 맺도록 조언하였다.

청은 조선에서 1882년 임오군란이 일어나자, 출병하여 적극적인 개입으로 조선에서 주도권을 잡았고, 1884년에도 조선에서 일본의 지원을 받은 개화파가 갑신정변(甲申政變)을 일으키자, 청의 군사들이 이를 3일만에 진압하였다. 두 사건에서 청나라가 우세하고 일본이 약세를 보이자, 일본은 이를 만회하기 위한 전략을 추진하였다.

다음 해 청·일 양국은 텐진조약(天津條約)을 체결하여, 양국 군대의 철수를 약속하고 이후 한국에 출병할 때는 상호 통고하기로 약속하였다. 이리하여 청국과 일본의 군대는 조선으로부터 철수하였으나, 청은 위안스카이(袁世凱)를 조선에 상주시키고 조선의 내치·외교에 대한 간섭을 강화하였다.

1894년 조선에서 동학농민운동(東學農民運動)이 발생하였다. 반봉건·외세배척운동으로서의 동학농민운동이 실현되지 못한 가운데 이를 진압할 목적으로 정부는 청나라에 원병을 요청하였고 일본도 텐진조약(天津條約)을 구실로 군대를 파견하였다. 그러나 동학농민군은 청나라와 일본의 출병할 구실을 주지 않기 위하여 폐정개혁안을 제시하였고, 정부가 이에 동의함에 따라 양국은 더 이상 조선에 주둔할 필요가 없게 되었다. 이에 청나라는 일본에 대해 공동 철병할 것을 제안하였으나, 일본은 오히려 양국이 공동으로 조선의 내정을 개혁하자고 제안하였으며, 청나라가 이를 거절하여 회담이 결렬됨으로써 청일전쟁이 발발하게 되었다.

청일전쟁은 1894. 6.부터 1895. 4.까지 진행되어 일본이 승리하였는데 1894. 7.의 풍도해전, 성환전투, 1894. 9. 평양전투 등에서 일본이 압승을 하여 승기를 잡았다. 이러한 상황에서 일본은 단독으로 조선에 대한 내정개혁을 요구하였다. 일본 군대가 왕궁을 포위하고 대원군을 앞세워 민씨 일파를 축출하였으며, 김홍집(金弘集)을 중심으로 하는 온건개화파의 친일정부를 수립하여 국정개혁을 단행하였는데 이것이 갑오개혁이다.

갑오개혁은 1894년(고종 31년) 7월 초부터 1896년 2월 초까지 약 19개월간 3차에 걸쳐 추진된 일련의 개혁운동을 말하는데 을미사변을 계기로 추진된(1895년 8월~1896년 2월) 제3차 개혁을 따로 분리하여 을미개혁이라고 부른다.

1894년 7월부터 대원군의 섭정이 다시 시작되어 제1차 김홍집내각이 성립되었으며 군국기무처(軍國機務處)라는 임시 합의기관이 설치되었다. 군국기무처는 중앙과 지방의 제도·행정·사법·교육·사회 등 제반문제에 걸친 사항을 심의 의결하는 개혁의 주체세력이 되었다.

개국기원(開國紀元)을 사용하여 청나라와 대등한 관계를 나타냈고, 중앙관제를 의정부와 궁내부(宮內府)로 구별하고 종래의 6조(六曹)를 8아문(八衙門)으로 개편하여 이를 의정부 직속으로 하였다. 서울에 경무청(警務廳)을 새로 설치하여 수도의 치안을 담당하게 하였고 더불어 지방에는 각 도 관찰사 아래 경무관을 배치하여 치안을 맡게 함으로써 행정과 경찰권을 구분하도록 하였다.

재정에 관한 일체의 사무를 탁지아문(度支衙門)에서 관장하여 재정의 일원화를 꾀하였고 신식화폐장정(新式貨幣章程)에 따른 은본위제도를 채택하고 조세의 금납화(金納化)를 실시하였으며, 도량형(度量衡)을 개편하여 일본식으로 통일하였다. 이밖에 문벌·반상제도, 문무존비(文武尊卑) 구별의 폐지, 노비의 매매금지, 연좌율 폐지, 조혼금지, 과부 재가 허용 등 조선사회의 폐단으로 지목된 여러 제도와 관습에 대해서도 개혁하였다.

2차 개혁 때는 의정부를 내각이라 고치고 7부를 두었다. 지방행정구역은 8도(道)를 23부(府) 337군으로 개편하였으며 지방관으로부터 사법권과 군사권을 박탈함으로써 횡포와 부패를 막아 지방행정체제를 중앙에 예속시키는 근대 관료체제를 이룩하였다. 근대적 사법제도를 도입하여 재판소구성법을 제정하였다.

갑오개혁 중 사법제도와 관련된 중요내용으로는 ① 형조의 폐지와 법무아문의 신설, ② 의금부를 의금사로 개편, ③ 연좌율 폐지, ④ 고형(拷刑)금지, ⑤ 관민의 재판권을 법무아문에 귀속하는 것 등이다.

1894. 6. 28. 형조를 법무아문으로 개칭하고, 1895. 3. 25. 법무아문을 법부로 개칭하였다.

2) 1895. 3. 25. 재판소구성법[24]의 내용

(1) 재판소의 구성

법부산하에 재판소를 설치하였다. 재판소는 왕족의 범죄에 관한 형사재판을 담당하는 특별법원[25](제1조 제5호), 상소심으로서의 고등재판소(법부에 임시로 개정하며 한성재판소, 인천재판소 판결에 대한 상소를 담당하였다[26])와 순회재판소(부산, 원산 및 지방재판소 판결에 대한 상소),[27] 1심법원으로서의 지방재판소와 한성 및 인천 등 개항장 재판소를 두었다.[28] 특별법원의 재판장은 법부대신, 고등재판소의 재판장은 법부대신 또는 법부협판(法部協辦)으로 하였다.[29]

지방재판소, 개항장재판소, 순회재판소의 재판권은 단독판사가 행하는 것을 원칙으로 하되 지방재판소에 2인 이상의 판사가 있는 때에는 단독 또는 합의체(單席 或 合席)로 재판사무를 심리할 수 있었다(제6조, 제12조, 제17조). 고등재판소, 특별법원은 합의재판을 하여 고등재판소에는 재판장 1인과 판사 2인을 두도록 하였고(제23조, 제24조). 특별법원은 재판장 1인과 판사 4인으로 재판부를 구성하도록 하였는데(제27조) 재판장은 법부대신으로 하고, 판사 중 1인은 중추원의관으로 하며 3인은 고등법원판사, 한성재판소 판사 또는 법부 칙주임관 중에서 법부대신의 추천에 의해 황제가 임시로 임명하도록 하였다(제27조).

1985. 4. 16.자 법부령 제1호로 한성재판소 설치에 관한 건[30]이 발령되었고, 1985. 5. 12. 칙령 제114호로 개항장재판소·지방재판소 설치에 관한 건[31]이 발령되었으나[32] 당시 실제 설치된 것은 고등재판소와 한성재판소이고 각

---

24) 송병기 외 3인 편, 『한말 근대법령자료집 Ⅰ』, 대한민국 국회도서관, 1971, 190면 이하 참조.

25) 1985. 3. 25. 재판소구성법 제25조.

26) 1985. 3. 25. 재판소구성법 제22조, 제23조.

27) 매년 3~9월에 개정하였으며 개정 장소는 법부대신이 정하였다. 1985. 3. 25. 재판소구성법 제15조.

28) 지방재판소의 재판권은 단독판사가 행사하였는데 판사가 2인 이상이 있는 경우는 합의부로 심리할 수도 있었다. 1985. 3. 25. 재판소구성법 제6조.

29) 1985. 3. 25. 재판소구성법 제24조, 제27조.

30) 송병기 외 3인 편, 『한말 근대법령자료집 Ⅰ』, 대한민국 국회도서관, 1971, 345면.

31) 송병기 외 3인 편, 『한말 근대법령자료집 Ⅰ』, 대한민국 국회도서관, 1971, 438면.

32) 동 칙령 제1호는 인천재판소, 부산재판소, 원산재판소, 충주재판소, 홍주재판소, 공주

지방재판소는 감리서에 설치되어 관찰사 등이 판사를 겸임하고 전임재판관이나 검사를 두지 않았다.

(2) 검찰제도

① 검사

검사는 재판소의 직원으로 규정하였는데 동법에 의하면 재판소의 직원으로는 판사, 검사, 서기, 정리를 두었다(제8조, 제13조, 제20조). 한성재판소 및 개항장재판소의 검사는 사법관시험에 합격한 자 중에서 내각총리대신을 경유하여 법부대신의 주천(奏薦)으로 임명하고(제14조), 순회재판소 검사는 한성재판소 검사 및 법부의 칙주임관(勅奏任官)[33] 중에서 사법관시험규칙에 의하여 검사로 임명한 자 중에서 법부대신이 임시로 임명하였다(제21조). 고등재판소 검사는 법부의 검사국장 또는 법부검사국 소속 검사 중에서 법부대신이 임명하였으며(제24조), 특별법원의 검사의 직무는 고등재판소 검사 중에서 법무대신이 지명하는 검사가 이를 행하였다(제28조).

② 검사의 권한

재판소구성법 제38조는 검사의 직무에 대하여 "검사는 영장의 발송, 증거의 수집 및 재판의 집행 기타 검찰의 사무를 행하고, 감옥에 임검하여 무고하게 체포 또는 구류하는 일이 있는지를 살피고 규류인에 대해 심문을 속행함을 임무로 한다."고 규정하였다. 또한 검사는 그 직무수행을 위하여 사법경찰관에게 명령을 할 수 있었다(동법 제39조).

한편, 1895. 4. 법부령인 검사직제[34]에서는 검사의 직무를 다음과 같이 정

재판소, 전주재판소, 남원재판소, 나주재판소, 제주재판소, 진주재판소, 대구재판소, 안동재판소, 강릉재판소, 춘천재판소, 개성재판소, 해주재판소, 평양재판소, 의주재판소, 강계재판소, 갑산재판소, 경성재판소 등을 점차로 개설한다고 하였다.

33) 1894년(고종 31) 7월 갑오개혁으로 관료제도가 대폭 개편되었다. 관료의 등급이 1품에서 9품까지 정·종(正從)을 합하여 18품급(品級)이던 것을 1·2품에는 정·종을 두되, 3품에서 9품까지는 이를 없애 모두 11개의 품급으로 축소하였다. 아울러 1품에서 9품까지를 당상(堂上)·당하(堂下)·참상(參上)의 세 직계로 나누던 것을 없애고, 칙임(勅任)·주임(奏任)·판임(判任)으로 3대별하였다. 이 때 정1품에서 종2품까지를 칙임관이라 하였다. 1895년 3월 관료제도가 다시 대폭 개편되어, 11품급으로 나누던 관료의 등급을 칙임관 1~4등, 주임관 1~6등, 판임관 1~8등으로 모두 18등급으로 개정하였다.

34) 송병기 외 3인 편, 『한말 근대법령자료집 I』, 대한민국 국회도서관, 1971, 346면 이하.

하여 수사, 공소, 형집행 및 관리에 대한 감찰과 국민의 보호 등의 임무를 부여하였다.

제1조 검사는 범죄를 수색(搜索)하고 이를 추소(追訴)하는 임무를 담당한다.

제2조 검사는 형사상 법률의 정당한 적용을 감시한다.

제3조 검사는 형벌과 부가형의 집행을 청구하고, 그 집행의 임검, 감시한다.

제4조 검사는 사형판결이 확정될 때에는 속히 소송기록을 법부대신에게 제출하여 그 지휘를 받아 이를 집행한다.

제5조 검사는 민사상 유아 혹은 부녀에 관한 소송과 실적자(失跡者)[35]와 대를 이을(嗣續) 사람이 없는 유산에 관한 소송, 증서위조에 관한 소송 등에 입회한다.

제6조 검사는 범죄의 고소, 고발을 수리한다.

제7조 검사는 관리의 부정부당한 행위를 발견한 때에는 증거를 수집하여 관리징계처분을 구하고 또 공소를 제기한다.

제8조 검사는 사람이 제 마음대로 행하는(擅行) 체포나 구류를 당함이 없도록 주의하고 피고인이 오래 구금되지 않도록 주의해야 한다.

제9조 검사는 판사에 대하여 피고사건의 선사(先査)[36]를 청구할 수 있다.

제10조 검사는 피고사건의 취초(取招)를 위하여 피고인을 인치 및 구류할 수 있다.

제11조 검사는 범죄에 관한 증거를 수집하여 증인신문을 할 수 있다.

제12조 검사는 사람을 죽인(行兇) 현장에 임하여 관계인 및 현장에 있는 자를 신문할 수 있다

제13조 검사는 범죄성질과 사람을 죽인(行兇) 정황을 알기 위한 때에 특별기술자를 입회하게 할 수 있다.

제14조 검사는 범죄를 발견하기 위하여 필요한 때에는 피고인 및 관계인의 가택을 수색하여 증거물건을 압수할 수 있다.

제15조 검사는 사법경찰관에게 명령하여 범죄의 수색을 보조하게 하고 또한 영장을 집행하게 하고 피고인을 인치하게 할 수 있다.

제16조 검사는 그 집무집행을 위하여 협조할 것(分力)을 요구할 수 있다.

---

35) 행방불명자.

36) 예심청구를 말한다.

제17조 검사는 피고사건이 유죄일 것으로 사료하는 때에는 공소의 수속을 하고, 그 피고사건이 무죄이거나 죄가 안되거나 또는 고소·고발을 수리함이 가하지 아니한 줄로 사료하는 때에는 공소수속을 하지 아니한다.

제18조 검사는 재판소에 대하여 독립하여 그 사무를 행한다.

한편, 1895. 5. 2.자 법부령 제3호로 발령된 민·형사소송규정[37]에서는 검사는 고소, 고발을 수리하여 범죄 조사상 유죄로 사료하는 때에는 공소장을 작성하고 증거물을 첨부하여 해당 재판소에 대해 심판을 청구하여야 한다(동령 제29조). 검사는 공판정에서 피고사건을 진술하여 증거를 제출하고 법률의 적용을 하여 의견을 진술한다(동령 제32조). 검사는 사형을 제외하고 상소기간이 경과한 후에 즉시 형벌의 집행을 명하여 이에 입회하여야 한다(동령 제38조)고 하여 검사의 수사권, 공소권, 형집행권 등을 규정하였다.

③ **검사에 대한 감독관계**

검사는 재판소의 직원 중 하나이지만 재판소장 또는 판사의 감독을 받는 것이 아니었다. 검사의 재판소로부터의 직무상 독립은 앞의 검사직제 제18조에서도 잘 나타나 있다. 검사에 대한 지휘, 감독은 법부대신의 감독을 받았다. 특히 순회재판소 검사는 부산재판소, 원산재판소 및 지방재판소의 검찰사무를 감독하며 검사 기타 관리의 직무상 부당한 행실이 있는 때에는 실상을 조사하여 법부대신에게 보고하도록 하였다(제18조).

3. 갑오개혁 이후의 경과

1) 1899. 5. 30. 재판소구성법 개정[38]

1899년의 재판소구성법 개정에서는 고등재판소를 평리원으로 개칭하였고, 당분간 지방재판소는 각도의 관찰부에 권설하도록 하였으며, 순회재판소는 설치하지 않았다.

37) 송병기 외 3인 편, 『한말 근대법령자료집 Ⅰ』, 대한민국 국회도서관, 1971, 367면 이하.
38) 송병기 외 3인 편, 『한말 근대법령자료집 Ⅲ』, 대한민국 국회도서관, 1971, 487면 이하.

2) 정미조약과 1908. 1. 1. 재판소구성법[39)]

(1) 정미조약과 새로운 재판소구성법 제정

일본은 1894년 발발한 청일전쟁, 1904년 러시아와의 전쟁에서 승리하자 1905년 2차 한일협약(을사조약)을 체결하고 대한제국의 외교권을 일본이 행사하도록 하였다. 1906. 2. 1. 통감부가 서울에 설치되고 통감에 의해 대한제국의 외교사무가 행해졌다. 대한제국의 외교사무를 담당하였던 외부(外部)는 1906. 1. 17.자로 폐지되고 의정부 외사국으로 격하되었다.

이후 통감부는 대한제국의 국정 전반을 지휘, 감독하면서 대한제국의 통치조직을 체계적으로 해체시켜갔다. 일본은 1907년의 헤이그 특사사건을 계기로 1907. 7. 18. 고종에 압력을 가하여 양위시킨 후에 1907. 7. 24. 대한제국에서 통감의 절대권을 인정하는 한일신협약(정미조약)을 체결하였고 일본인을 국가기구의 관리로 임명하면서 조선의 통치권이 사실상 통감의 수중에 들어가게 되었다.

특히 신협약 제3조는 대한제국의 사법사무는 보통 행정사무와 구별한다고 하였는데 이와 관련하여 조약 체결당시 이토히로부미와 이완용 사이에 교환된 이면각서가 중요하였다. 이 각서에는 한일 양국인으로 구성된 재판소를 신설하고(제1조), 간수장 이하 반수를 일본인으로 하는 감옥을 설치하며(제2조), 황궁수비를 위한 육군 1대대 외의 모든 군대를 해산할 것 등이 약속되었다. 이에 따라 재판소와 감옥 등 기본적인 국가기구가 일본의 장악하에 들어가게 되었는데 새로운 재판소 구성을 위해 1907. 12. 23. 법률 제8호 재판소구성법이 새로 제정되어 1908. 1. 1.자로 시행되었다. 이로써 1895년의 재판소구성법이 대폭 변경되었는데 일본의 메이지 재판소구성법과 여러 점에서 유사하다.[40)]

(2) 법원의 조직

법원의 조직에 있어 평리원을 공소원(控訴院)으로 개칭하고 특별법원을 폐지하였으며, 구재판소, 지방재판소, 공소원, 대심원 등 4종류의 재판소를 두고

39) 송병기 외 3인 편, 『한말 근대법령자료집 VI』, 대한민국 국회도서관, 1971, 160면 이하.
40) 정미조약체결 당시 한국의 법률고문이던 우메겐지로(일본 전 법제국장)가 이토히로부미의 명을 받아 만든 안을 일부 수정하여 법률로 제정, 공포하였다고 한다. 문준영, 『법원과 검찰의 탄생』, 역사비평사, 2010, 389면.

(제1조) 3심제를 채택하였다. 이러한 단계구조는 일본의 메이지 재판소구성법상의 구조와 유사하다.

구재판소는 판사가 단독으로 재판하고 지방재판소, 공소원, 대심원은 부에서 합의제로 재판하였는데(제2조), 지방재판소, 공소원의 부는 3인의 판사로 하고 그 중 1인을 재판장을 하였으며(제17조, 제26조) 대심원의 부는 5인의 판사로 조직하고 그 중 1인을 재판장으로 하였다(제32조).

구재판소는 형사사건으로는 금옥(禁獄), 태형(笞刑)이나 벌금(罰金)에 해당하는 범죄에 대해 재판권을 행사하고(제9조), 황족의 범죄에 대하여는 대심원이 1심 겸 종심으로 재판권을 행사하였다(제31조). 지방재판소는 구재판소와 대심원의 관할에 속하지 않는 범죄에 대해 1심으로 재판권을 행사하고, 구재판소의 재판에 대하여는 항소와 항고심으로 재판하였다(제16조). 대심원은 종심으로 지방재판소나 공소원의 2심 판결에 대한 상고 및 공소원의 재판에 대한 항고에 대해 재판권을 행사하였다(제30조). 일본의 메이지 재판소구성법에서는 공소원이 구재판소 판결에 대한 상고심도 관할하였으나 대한제국에서는 구재판소 판결에 대한 상고도 대심원에서 관할하게 한 점에도 차이가 있다.

재판소의 행정사무는 법부대신이 감독하고(제6조), 재판소의 사무처리에 관한 규정은 법부대신이 정하였다(제7조). 지방재판소, 공소원에 소장 또는 원장을 두어 그 재판소의 행정사무를 관장하고 관할구역 내 하급재판소 행정사무를 감독하게 하였고(제18조, 26조), 대심원의 원장은 대심원의 행정사무를 관장하였다(제35조).

재판소구성법에 따른 재판소설치법(법률 제10호)에 의하면 대심원은 한성부에 설치하고, 공소원은 한성부의 경성공소원과 평양, 대구의 공소원을 설치하며 지방재판소는 한성부의 경성지방재판소와 공주, 함흥, 평양, 해주, 대구, 진주, 광주에 설치하였다.[41] 구재판소는 113개소가 예정되어 있었는데 1908. 8. 1.자로 인천, 원주, 공주, 충주, 함흥, 원산, 경성(鏡城), 평양, 해주, 대구, 진주, 부산, 광주, 제주, 전주 구재판소의 16개 재판소가 설치되었다.[42] 이후 1908. 11. 2.자로 법부령 제18호 지방재판소지부 설치에 따라 경성지방재판소 인천지

41) 이들 각 재판소는 1908. 8. 1.자로 설치되었다. 1908. 7. 20.자 법부령 제11호 각재판소 개청기일 참조.

42) 1908. 7. 20.자 법부령 제11호 각재판소 개청기일 참조.

부,[43] 경성지방재판소 춘천지부,[44] 공주지방재판소 청주지부,[45] 함흥지방재판소 원산지부,[46] 함흥지방재판소 경성(鏡城)지부, 평양지방재판소 의주지부,[47] 진주지방재판소 부산지부,[48] 광주지방재판소 전주지부[49] 등 8개 지방재판소 지부를 설치하기로 하였고 이후 1909. 1. 25.경부터 1909. 3. 20.경까지 사이에 각 개청되었다.

미개청 구재판소의 사무는 이미 개청한 구재판소가 전부 또는 일부를 처리하도록 하였는데[50] 이에 따라 이후 구재판소 개청시마다 법부령(미개청 구재판소 사무처리에 관한 건)으로 관할 구재판소를 정하여 주었다.

(3) 검찰제도

① 검사국의 설치

1895년 재판소구성법에서는 재판소의 직원으로서 검사를 둘 뿐 검사들 전체의 조직으로서의 구성체가 없었으나 1908년 재판소구성법에서는 검사들의 조직으로서 검사국이 도입되었다. 제2조는 각 재판소에 대하여 검사국을 둔다고 하고 있는데 메이지 법원조직법에서는 부치(附置)라는 용어를 사용한데 반하여 1908년 재판소구성법에서는 '대(對)하여'라는 용어를 사용하고 있다. 이는 법원에 대응하여 검찰을 둔다는 의미로서 독일 법원조직법상의 'bei'의 실질적 의미를 더 잘 이해한 번역으로 보인다.[51]

---

43) 1909. 1. 25.자로 개청(1909. 1. 20.자 법부고시 제2호 경성지방재판소 인천지부를 개정하는 건).

44) 1909. 2. 1.자 개청(1909. 1. 23.자 법부고시 제4호 경성지방재판소 춘천지부, 춘천 구재판소, 경주 구재판소를 개청하는 건).

45) 1909. 3. 10.자 개청(1909. 3. 6.자 법부고시 제18호 청구 구재판소, 공주지방재판소 청주지부를 개청하는 건).

46) 1909. 2. 20.자 개청(1909. 2. 18.자 법무고시 제9호 함홍재판소 원산지부, 함홍재판소 경성지부, 함홍 구재판소를 개청하는 건).

47) 1909. 2. 1.자 개청(1909. 1. 18.자 법부고시 제1호 평양지방재판소 의주지부, 진남포 구재판소, 영변 구재판소, 의주 구재판소, 용천 구재판소를 개청하는 건).

48) 1909. 2. 1.자 개청(1909. 1. 28.자 법부고시 제5호 진주지방재판소 부산지부, 울산 구재판소, 수원 구재판소를 개청하는 건)

49) 1909. 2. 1.자 개청(1909. 1. 12.자 법부고시 제3호 광주지방재판소 전주지부, 상주구재판소, 안동구재판소를 개청하는 건).

50) 1908. 7. 23.자 법률 제18호 미개청 구재판소 사무처리에 관한 건.

51) 독일에서도 공간적 의미보다는 각 법원에 '대응하여(für jedem Gerichts)' 하나의 검찰을 설치한다는 의미로 해석한다. Meyer-Goßner, StPO 44Aufl., C.H.Beck, 2004,

1908. 8. 1.에 재판소 및 검사국의 1차 개청이 있었는데 당시 대심원장 및 대심원 검사국의 검사총장이 일본인이었고, 일본인 판사 74명, 일본인 검사가 32명인데 반하여 한국인은 판사 36명, 검사 9명에 불과하였다.[52)]

② **지휘·감독관계**

검사국의 검찰사무는 법부대신의 감독에 속하며(제6조) 검사국의 사무처리에 관한 규정은 법부대신이 정한다(제7조). 재판소에 대해서는 법부대신의 감독이 행정사무에만 미치지만 검사국은 검찰사무에 대해 감독하므로 검사의 사건처리에 관한 직무수행이 포함된다.

구재판소에 검사가 2인 이상인 경우는 상석검사가 검사국 사무를 장리(掌理)하며(제11조), 지방재판소 검사국에 검사장을 두고 검사장은 그 검사국 및 관할구역 내의 하급 검사국을 지휘·감독하였다(제21조). 공소원 검사국에 검사장을 두며 공소원 검사장은 공소원 검사국 및 관할구역 내의 하급 검사국을 지휘감독하며(제27조), 대심원 검사국에 검사총장을 두는데 검사총장은 대심원 검사국 및 하급 검사국을 지휘·감독하였다(제37조).

③ **재판소와 검사국의 관계**

검사국은 재판소 소속의 한 국이 아니고 재판소에 대응하여 검사국을 설치한다는 것으로 법부 소속의 별도의 기관이다. 대륙법계에서 법원과 검찰을 법무부 소속의 2개 기관으로 한 것과 같이 재판소와 검사국은 법부 소속의 2개의 사법기관이다.

앞에서 본 바와 같이 검사국 검사들에 대한 지휘·감독관계는 재판소장의 지휘감독하에 있는 것이 아니라 법부대신으로부터 검사총장을 거쳐 공소원 검사국 검사장, 지방재판소 검사국 검사장, 구재판소 상석검사 등으로 이어지는 계통이다.

재판소에 서기과를 두는데 서기과는 재판소 및 검사국에 부속한다(제4조)고 하여 서기과를 하나 두는 경우에도 그 서기과는 재판소의 서기과이기도 하지만 검사국의 서기과이기도 하여 양 기관과 관련된 업무를 하는 것으로 되어 있다. 이때 서기과에 대한 지휘관계에 있어서도 서기는 판사 또는 검사의 명령에 따라 왕복(往復), 회계, 소송기록의 조제, 문서의 송달과 기타 서무를 행한다

GVG § 141 Rdnr.2.

52) 문준영, 앞의 책, 391면.

(제4조)고 하여 검사국의 업무에 관하여는 검사의 지휘계통하에 있는 것을 명확히 하고 있다. 물론 필요한 때에는 각각 별도로 서기과를 설치할 수도 있다(제4조).

④ **검사의 권한**

재판소구성법은 검사의 직무에 대해 검사는 공익을 대표하여 형사에 있어서는 공소를 제기하고 판결의 집행을 감시하며 민사에 있어서는 필요하다고 인정하는 경우에 통지를 구하여 그 의견을 진술할 수 있다고 규정하였다(제3조).

한편, 1908. 7. 13. 법률 제13호로 공포된 민형사소송규칙[53]에서는 "檢事는 犯罪가 有홈으로 思量흔 時는 捜査를 行홈이 可홈(제149조)"이라고 규정하고, "警視, 警部[54]는 司法警察官으로 ᄒᆞ야 檢事의 指揮를 受ᄒᆞ야 犯罪를 捜査홈이 可홈(제150조)"이라고 규정하여 수사주재자로서의 검사와 검사의 사법경찰관에 대한 수사지휘권을 규정하였다.

수사에 있어서는 피고(被告)의 신문, 체포, 나인(拿引),[55] 구류와 증인의 신문, 나인(拿引), 감정, 검증, 가택 수색과 물건의 압수를 행할 수 있는데 다만 사법경찰관은 검사의 허가가 없으면 10일 이상 피고를 구류할 수 없다(제153조). 당시에 일본에서 시행되던 메이지 형사소송법은 예심제도를 두고 강제처분은 예심판사의 권한으로 하였으며 검사와 사법경찰관의 강제처분권은 현행범의 경우 이외에는 인정하지 않았는데 대한제국의 형사절차에서는 예심제도를 규정하지 않고 검사와 사법경찰관에게 강제처분권을 부여하였다.

특히 당시까지의 한국법령은 예심제도를 두고 있지 않고 검사에게만 강제수사권한을 부여하였는데 1908년의 민형사소송규칙에서는 사법경찰관에게도

---

53) 명칭은 규칙이나 법률이다. 송병기 외 3인 편, 『한말 근대법령자료집 Ⅶ』, 대한민국 국회도서관, 1971, 25면 이하.

54) 당시의 경시청관제에 의하면 한성과 경기지역의 경찰업무를 수행하던 경시청에는 경시총감 1인, 경시부감 1인, 경시 12인, 경부 58인으로 구성하였다. 송병기 외 3인 편, 『한말 근대법령자료집 Ⅵ』, 대한민국 국회도서관, 1971, 117면 이하.
한편, 지방관제에 의하면 각 도에 관찰사가 경찰업무를 비롯한 관내 행정사무를 담당하며, 각 도에 관찰사 지휘하에 경시는 각도를 합하여 27인, 경부는 각도를 합하여 147인으로 하였다. 각 도에 경찰서를 두고 경찰서장은 경시 또는 경부로 하였고(지방관제 제12조), 경찰서장은 관찰사를 보좌하여 경찰, 위생, 민적, 이민에 관한 사무를 담당하였다(지방관제 제13조). 송병기 외 3인 편, 『한말 근대법령자료집 Ⅵ』, 대한민국 국회도서관, 1971, 119면 이하.

55) 죄인을 잡아 끌고오는 것으로 구인에 해당한다.

강제처분의 권한을 부여하고 있는 것이 특징적인데 이는 당시 일본인이 장악한 재판소와 경찰을 감안하여 만든 것이었다.[56] 경찰에게 강대한 강제처분권을 부여한 것은 한국인 관찰사와 군수의 수사권을 박탈하고 한국 경찰에 배속된 일본인 경찰관을 통해 범죄를 진압하고자 한 것이다. 이미 이토 히로부미 통감은 1907. 6. 제18회 시정개선협의회에서 관찰사와 군수의 수사권을 박탈하고 일본인 경찰관이 검사직무를 집행하는 방침을 제시한 바 있었고 같은 날 법무보좌관과의 회동에서 경찰에게 수사를 일임하는 방안을 승인하였다. 이 시기 경찰은 다른 지방행정기관이나 사법기관에 비하여 인원과 조직면에서 가장 완비되어 있는 조직이었는데 반면에 검사의 수는 지방재판소 단위당 2~3명에 불과하였다. 그리하여 민형사소송규칙은 일본인 경시, 경부로 하여금 사실상 검사의 권한을 행사하며 범죄를 진압할 수 있도록 한 것이었다.[57]

한편, 사법경찰관은 수사를 마친 때에는 사건을 관할재판소의 검사에게 송치하여야 한다(제154조)고 하여 공소권자인 검사가 사건의 결정을 하도록 하였다.

재판소나 검사는 범죄사실을 발견하기 위하여 부득이한 경우에 한하여 사체의 해부나 분묘의 발굴을 명할 수 있다고 하여(제156조) 사체의 해부나 분묘의 발굴은 법원 또는 검사의 권한으로 규정하였다.

또한 판결의 집행은 그 판결을 선고한 재판소 검사의 지휘로 이를 행한다(제165조)고 하여 검사의 재판 집행지휘권을 규정하였는데 다만 사형은 법무대신의 명령이 없으면 집행할 수 없다고 하였다(제164조).

검사의 비상상고권도 규정하였는데 법령에서 벌하지 아니하는 행위에 대하여 형을 선고하거나 상당한 형보다 중한 형을 선고한 경우에 상고하는 자가 없고 그 판결이 확정된 때는 상고재판소의 검사는 언제라도 그 재판소로 비상상고를 할 수 있다(제167조)고 하였다.

⑤ 검사와 사법경찰관의 관계

재판소구성법은 검사가 직무를 수행함에 있어서 경찰관과 행정관리는 검사의 요구에 응하여 그 직무를 방조(幇助)함을 요한다(제3조)고 규정하고 있다. 1895년의 재판소구성법에서는 검사는 그 직무수행을 위하여 사법경찰관에게 명령을 할 수 있다(동법 제39조)고 하여 명령이라는 용어를 사용하였는데 1908

56) 문준영, 앞의 책, 555면.

57) 위의 책, 555면.

년 재판소구성법에서는 명령이라는 용어를 사용하지 않고 요구라는 용어와 방조라는 용어를 사용하고 있다. 이는 1908년 재판소구성법에서는 대상이 경찰관과 행정관리로 규정되어 있어서 1895년 규정상의 사법경찰관과 다른 이유 때문으로 보인다.[58)]

검사와 사법경찰관의 관계에 대해서는 민형사소송규칙에서 명확히 규정되는데, "警視, 警部'ㄴ 司法警察官으로 ᄒᆞ야 檢事의 指揮ᄅᆞᆯ 受ᄒᆞ야 犯罪ᄅᆞᆯ 搜査홈이 可홈"이라고 하고(제150조), "司法警察官은 司法警察事務에 關ᄒᆞ야 檢事의 命令을 從홈이 可홈"(제151조)이라고 규정하였다.

여기서 '검사의 지휘를 받아 수사를 한다'는 문구는 지휘계통을 말하는 것으로 사법경찰관이 수사에 관하여는 검사의 지휘계통하에서 직무를 수행한다는 것을 의미한다. 즉 사법경찰관이 수사를 함에 있어서 사사건건 검사의 지휘를 받아야만 수사를 할 수 있다는 것이 아니라 지휘계통을 설정하는 문구인 것이다. 또한 "지휘를 받아"라는 문구는 지휘계통을 설정함과 함께 권한의 위임을 내용으로 하는 문구로서 사법경찰관이 수사를 하되, 그 수사권은 검사의 수사권으로부터 파생된 위임받은 수사권[59)]이라는 관계를 설정한다.[60)]

이러한 의미는 1909. 4. 17. 법부령 제2호로 발령된 사법경찰관집무규정에도 잘 나타나 있다. 규정 제1조에는 "司法警察官은 檢事의 指揮ᄅᆞᆯ 承ᄒᆞ야 犯罪ᄅᆞᆯ 搜査홈이 可홈, 但 自己로붓터 犯罪가 有홈을 認知ᄒᆞ거ᄂᆞ 又ᄂᆞᆫ 犯罪가 有ᄒᆞ다고 思料ᄒᆞᆫ 時ᄂᆞᆫ 檢事의 指揮ᄅᆞᆯ 不待ᄒᆞ고 直時 其 搜査ᄅᆞᆯ 行홈이 可홈"이라고 규정하고 있다.

---

58) 독일의 형사소송법에도 검사가 경찰업무를 하는 관청과 공무원(여기에는 경찰관과 특별사법경찰업무를 하는 행정관서가 포함된다)들을 통해 수사를 할 수 있고 경찰적 업무를 하는 관청과 공무원들은 검사의 요구(Ersuchen)와 의뢰(Auftrag)를 충족하도록 해야할 의무가 있다고 하고 있고 사법경찰관에 대한 명령(Anordnung)과 이행의무에 대하여는 법원조직법에서 규정하고 있는데 이러한 체제를 참고한 것으로 보인다. 다만, 대한제국의 1908년 체제에서는 독일과는 반대로 법원조직법에서는 경찰관과 행정관리와의 관계규정을 두고 민형사소송규칙에서 사법경찰관과의 관계를 규정한 것이 차이가 있다.

59) 제149조에서 검사는 범죄가 있는 것으로 사료하는 때에는 그 수사를 하여야 한다고 규정하여 검사를 본원적 수사권자로 하고, 제150조에서 사법경찰관은 검사의 지휘를 받아 수사를 하는 파생적 관계로 설정하고 있다.

60) '지휘를 받아'라는 문구의 법률적 의미에 대하여는 이완규, 『형사소송법 연구 Ⅱ』, 법문사. 2011, 7-11면 참조.

3) 통감부재판소령

(1) 통감부 설치와 재판소령 발령

1909(명치 42년). 7. 12. 대한제국의 사법, 감옥사무를 일본에 위임하는 협약(韓國司法及監獄事務委託에 관한 覺書)이 체결되었고 이에 의해 한국에서의 재판은 한국인과 일본인을 동일한 기관에서 취급하게 되었다. 1909. 11. 1. 한국의 법부와 통감부의 법무원이 폐지되고 한국에서 재판소와 감옥사무를 총괄하는 기관으로서 통감부 사법청이 설치되었고, 통감부 재판소령이 시행되었다. 이에 따라 통감에 직속하여 한국에서의 민사, 형사의 재판과 비송사건에 관한 사무를 행하는 재판소로서 통감부재판소가 설치되었다.

(2) 법원의 조직과 감독

대한제국에 설치되는 재판소를 통감부재판소라고 하고 통감부재판소는 통감의 직속으로 한국에 있어서 민사, 형사에 관한 사무를 행한다(제1조)고 하여 이제 대한제국의 재판소가 아니라 일본의 통치기구인 통감부의 재판소가 되었다. 특이한 사항으로는 형사사건에서 한국인이 판사, 검사인 경우는 피고인이 한국인인 경우에 한하여 직무를 행한다고 하여(제25조) 피고인이 일본인인 경우는 한국인 판사, 검사가 직무를 할 수 없었다.

통감부재판소는 구재판소, 지방재판소, 공소원(控訴院), 고등법원으로 구분되어 종전의 대심원이 고등법원으로 변경되었다(제2조). 구재판소는 판사 단독으로 재판하고, 지방재판소와 공소원은 3인의 판사로 구성된 부에서, 고등법원은 5인의 판사로 구성된 부에서 합의제도 재판한다(제7조).

고등법원에 고등법원장을 두며 고등법원장은 통감의 지휘·감독을 받아(承け) 그 법원의 행정사무를 장리하고(제12조), 공소원에 공소원장을 두며 공소원장은 통감의 지휘·감독을 받아 그 법원의 행정사무를 장리하고, 관할구역 내 하급재판소의 행정사무를 지휘·감독하였다(제13조). 지방재판소에 지방재판소장을 두며 지방재판소장은 그 재판소의 행정사무를 장리하고 관할구역 내 구재판소의 행정사무를 지휘·감독한다(제14조). 구재판소의 판사는 그 재판소의 행정사무를 장리하고, 판사가 2인 이상인 때에는 상석판사가 그 직무를 행한다(제15조). 이에 따라 고등법원장은 공소원 이하의 재판소의 행정사무 지휘감독

권이 없으며 통감이 공소원장을 통하여 공소원 이하의 재판소의 행정사무에 대해 지휘감독하게 되었다.

(3) 검찰 관련 규정

① 검찰의 조직 및 지휘·감독체계

통감부재판소에 검사국을 병치(並置)한다고 하여 규정하고 있는데(제9조 제1항) 메이지 재판소구성법상의 부치라는 용어보다는 재판소에 대응하여 검사국을 설치한다는 의미가 잘 나타나고 있다.

검사국은 통감의 관리에 속하고 한국에 있어 검찰사무를 행한다고 하여(제9조 제2항) 검사국 전체가 통감의 관리하에 있음을 명확히 하고 있다. 또한 검사국에 통감부검사를 둔다고 하여(제9조 제4항) 검사가 통감부의 검사가 되었다.[61]

고등법원 검사국에 고등법원검사장을 두고 고등법원검사장은 통감의 지휘감독을 받아 그 국의 사무를 장리하고 하급 검사국을 지휘·감독하며(제17조), 공소원검사국에 공소원검사장을 두고 공소원검사장은 그 국의 사무를 장리하고 관할구역 내 하급검사국을 지휘·감독한다(제18조). 지방재판소검사국에 지방재판소검사정(檢事正)을 두고 지방재판소검사정은 그 국의 사무를 장리하고 관할구역 내 구재판소검사국을 지휘·감독한다(제19조). 구재판소의 검사는 그 재판소검사국의 사무를 장리하고 검사가 2인 이상이 있는 때에는 상석검사가 그 직무를 행한다(제20조).

또한 검사는 검찰사무에 있어 상관의 명령에 따라야(從) 한다(제9조 제5항)고 하여 통감－고등법원검사장－공소원검사장－지방재판소검사장으로 이어지는 지휘계통이 세워졌다. 재판소와 달리 고등법원검사장이 고등법원뿐만 아니라 공소원 이하의 검사국에 대해서도 지휘감독권을 행사한다.

② 검사의 요급처분권

통감부재판소령과 함께 같은 날인 1909. 11. 1. 시행된 통감부재판소 사법사무취급령에는 형사소송과 관련하여 검사의 요급처분권을 규정하고 있다.

검사는 급속한 처분을 요한다고 사료하는 때에는 공소제기 전에 한하여 검

---

61) 이 령에는 검사의 정원을 85명으로 하고 있다(제24조).

증, 수색, 물건의 차압(差押)을 할 수 있고 피고인, 증인을 신문하고 또는 감정을 명하는 등 예심판사에 속하는 처분을 행할 수 있다. 다만 구류장을 발하고 벌금, 과료 및 비용배상의 언도(言渡)을 행하는 것과 선서를 행하게 하는 것은 할 수 없다(제25조 제1항)고 하고, 검사는 사법경찰관으로 하여금 전항의 처분을 하도록 할 수 있다(제25조 제2항)고 하였다.

1908년의 민형사소송규칙에 비하면 검사의 강제처분권은 급속한 처분을 요한다고 사료하는 때라는 제한요건이 부가되어 있고, 구류장을 발하여 구류하는 것, 그리고 증인이나 감정을 명함에 있어 선서를 하게 하는 등의 권한은 제한하고 있다. 이는 통감부재판소가 일본인과 한국인을 모두 재판하는 것으로 되어 있어 일본인의 경우 일본에서 시행되는 메이지 형사소송법에 의하면 검사의 강제처분권은 인정되지 않는 점을 감안하여 조선에서의 특칙을 정하면서 일부 제한을 한 것으로 보인다.

③ 통감부 사법경찰관의 설치와 사법경찰권 장악

한편, 1909. 11. 1.의 통감부사법경찰관관제는 사법경찰관을 통감부 소속으로 하여 경찰 중 먼저 사법경찰을 장악하였다.

통감부에 경시(警視)와 경부(警部)를 두고 사법경찰관으로 하며(제1조 제1항), 통감부에 순사(巡査)를 두고(제2조 제1항) 순사는 사법경찰관의 지휘를 받아 그 직무를 보조한다(제3조 제2항).

그런데 통감부의 사법경찰관리인 경시, 경부와 순사는 한국의 경시, 경부 또는 순사인 일본인 중에서 이를 임명한다고 하여(제1조 제2항, 제2조 제2항) 먼저 일본인 사법경찰관을 통해 한국의 사법경찰권을 장악하고자 하였다. 이후 경찰기구 전체를 통감부에서 점차로 장악하여 1910. 7. 1.자로 통감부경찰관서직제가 시행됨으로써 경찰권 전체가 장악되었다. 통감부 경찰관서는 통감의 관리에 속하며 한국에서의 경찰사무를 담당한다(제1조)고 하고, 통감부 경찰관서를 경무총감부, 경무부 및 경찰서로 하되 경무총감부는 경성에, 경무부는 각도에 두며 경찰서는 필요한 곳에 두어 경찰조직을 구성하였다.[62] 이 통감부경찰관서직제에 의해 통감부사법경찰관관제는 폐지되었다.

62) 경무총감부에 경무총장을 두고 한국주재 헌병장인 육군장관으로 이를 보하며(제6조 제1항), 경무부장은 각 도의 헌병장인 헌병좌관(左官)으로 보하며(제8조), 경찰서장은 경시 또는 경부로 보하였다(제10조).

Ⅲ. 일제강점기의 검찰제도

1. 조선총독부의 설치와 사법체제 정비

1) 조선총독부의 설치와 법령체제

(1) 조선총독부의 기구

1910. 8. 29. 한일합병조약에 의해 일본이 한국을 병합하였다. 일본은 한국을 병합한 뒤 한국을 통치하기 위한 기구로서 조선총독부를 설치하였다.[63] 조선총독부의 최고책임자인 조선총독은 일본 관제에서 가장 높은 친임관(親任官, 천황이 직접 임명하는 관리)으로 임명되었다. 총독은 천황에게 직속하고 본국의 내각총리대신, 각부대신 및 대심원 원장과 동격의 위치에 있었다. 따라서 총독은 일본 정부의 통제를 받지 않고 오직 천황에게만 책임을 지는 지위였고, 입법·사법·행정 및 군사에 관한 모든 권한을 갖고 있었으며 조선에서 시행할 법령, 즉 '제령(制令)'의 제정권을 가졌다.

1910. 8. 29. 식민통치의 기관으로서 「조선총독부 설치에 관한 건」(칙령 318호)이 공포되었다. 그러나 당분간은 종전의 통감부와 소속관서를 존속시켜 통감에게 조선총독의 직무를 맡겼다. 또한 내각과 표훈원을 제외한 대한제국 소속의 기관을 총독부의 소속관서로 간주하여 정무의 집행을 담당하게 하였다.

1910. 9. 30. '통치기관의 통합, 지방기관의 충실, 인원의 선택배치, 경비절감' 등을 제시하면서 새로운 관제 시행을 위해 조선총독부와 소속관서관제(칙령 354호)를 공포하고, 1910. 10. 1.부터 시행하였는데 시행과 동시에 육군 대신 데라우치 마사다케(寺內正毅)가 조선총독의 임무를 겸임하도록 명령받았다.

조선총독부의 조직은 총독을 보좌하며 업무를 통리하고 각 부국(部局)의 사무를 감독하는 정무총감(政務總監) 아래 1관방 5부제로 구성되었다. 부는 내무부, 탁지부, 농상공부는 대한제국의 정부기구를 축소해서 그대로 존치시켰으나 학부는 내무부의 1국인 학무국으로 축소시켰다. 그리고 통감부 사법청을 사법

63) 이미 일본은 1894년 청일전쟁의 대가로 대만을 획득한 뒤 대만에 대만총독부를 설치한 경험이 있었다.

부로 개조하고, 총무부를 신설하였다. 각 부의 장을 장관이라 부르고, 국의 장에는 칙임인 국장을 두었다.

총무부에는 인사국·외사국·회계국, 내무부에는 지방국·학무국, 탁지부에는 사재국(司財局)·사계국(司計局), 농상공부에는 식산국·상공국을 두었다. 그 밖에 총독부 소속 관서로는 정무총감부, 각 도청, 재판소, 감옥, 전매소, 철도국, 통신국, 세관, 인쇄국, 영림창, 취조국, 임시토지조사국, 중추원 등이 있었다.

식민통치의 핵심인 경찰기구의 경우, 중앙에 경무총감부, 각 도에 경무부를 설치하고, 도경무부는 관하경찰서를 지휘하는 체계로 구성하였다. 이와 같은 체계로 헌병대사령부-각도 헌병대-헌병분대가 연립하여 경찰 업무를 관장하면서 헌병이 최고 치안책임자로서 두 조직의 장을 겸하는 헌병경찰체제가 수립된 것이다. 헌병경찰제 아래에서 헌병은 육군대신의 관할하에 있지만 치안유지에 관한 경찰사무의 집행은 조선총독의 지휘 아래 있었다.

(2) 법령체제

1910. 8. 29. 조선총독부 체제하에서의 법령에 관하여 조선총독부 제령 제1호로 조선에서의 법령의 효력에 관한 건이 공포되었는데 '조선총독부 설치당시 조선에서 그 효력을 잃게 될 제국법령 및 한국법령은 당분간 조선총독이 공포한 명령으로써 그 효력을 가진다'고 하여 일단 종전 법령을 유지하였다.

이후 1910. 10. 1. 조선총독부를 설치하면서 '1910년 제령 제1호에 의한 명령의 구분에 관한 건'이 시행되었는데 '1910년 제령 제1호에 의하여 현재 효력을 지닌 명령으로 제령으로 정해야 할 사항을 규정한 것은 제령으로, 조선총독부령으로 정해야 할 사항을 규정한 것은 조선총독부령으로, 경무총감부령으로 정해야 할 사항을 규정한 것은 경무총감부령으로, 도령으로 정해야 할 사항을 규정한 것은 도령으로, 경무부령으로 정해야 할 사항을 규정한 것은 경무부령으로 정하기로 한다'고 하여 단계를 구분하였다.

1911. 3. 24. 조선총독부법률 제30호로 조선에서 시행할 법령에 관한 건이 제정되어 총독의 제령의 제정절차와 범위 등을 명확히 하였다. 조선에서는 법률을 요하는 사항은 조선총독의 명령으로 규정할 수 있다고 하고(제1조), 전조의 명령은 내각총리대신을 거쳐 칙재를 청하여야 한다고 하였다(제2조). 그리고

그 명령을 제령이라고 한다(제6조). 다만 임시 긴급을 요하는 경우에 조선총독은 즉시 제1조의 명령을 발할 수 있으나(제3조 제1항), 전항의 명령은 발포 후 즉시 칙재를 청하여야 하며 만일, 칙재를 얻을 수 없는 때에는 조선총독은 즉시 그 명령이 장래에 효력이 없다는 것을 공포하여야 한다(제3조 제2항). 법률의 전부 또는 일부를 조선에 시행함을 요하는 것은 칙령으로 정하며(제4조) 제1조의 명령은 제4조에 의하여 조선에 시행된 법률 및 특히 조선에 시행할 목적으로 제정된 법률 및 칙령에 위배할 수 없다(제5조).

조선총독부가 설치된 지 1년여가 지난 후 1912. 초경 대대적인 법령정비 작업을 하였다. 특히 1912. 3. 18. 사법 분야의 여러 법령이 정비되었는데 조선형사령, 조선민사령, 조선총독부재판소령, 조선태형령, 조선감옥령, 민사쟁송조정에 관한 건, 조선부동산등기령, 변호사규칙 등이 공포되었다. 이들에 따르면 원칙적으로 일본의 법률들을 의용하고 조선의 특별한 상황에 대처하기 위하여 특칙들을 두는 방식으로 법령체계를 갖춘 것으로서 특히 이들 특칙들이 조선에서 어떤 역할을 하는지가 일제강점기의 특성을 파악하는데 중요하다.

형사분야에서는 범죄즉결례 등을 발포하여 먼저 시급한 경찰 사법체계를 확립한 조선총독부는 1년여의 준비를 거쳐 1912. 3. 18. 조선형사령(제령 제12호), 조선태형령(제령 제13호), 조선감옥령(제령 제14호) 등을 한꺼번에 발포하여 식민지 형사 사법체계를 확립했다. 병합 후 이 법령들이 발포될 때까지의 기간은 조선총독부의 각종 사법 정책 구상이 일본 정부에 의해 일정하게 수정되면서 새롭게 형성된 시기였다. 그리고 이 법령들의 발포는 이제 조선총독부와 일본 정부 사이에 식민지 형사 사법의 기본 원칙에 대한 '합의'가 일단 끝났음을 의미하는 것이었다. 이 중 가장 기본이 되는 조선형사령은 이후 몇 차례 개정되었지만 큰 틀은 일제 말기까지 유지되어 식민지 형사 사법의 기본 원리로 기능했다.

조선형사령은 부칙을 포함하여 모두 47개조로 구성되어 있는데 그 내용은 대부분 다양한 식민지 특유의 절차 규정이며 실체법 사항은 "본령, 기타 법령에 특별한 규정이 있는 경우를 제외"하고는 일본 형법, 형법시행법, 형사소송법 등에 의하도록 했다. 전형적인 '의용 형법'이었던 것이다. 조선형사령이 제정되기 전까지 형사에 관해서는 일본인에 대해서는 일본 형법 등을 적용하고 조선인에 대해서는 형법대전이 적용되었다. 조선형사령을 발포함으로써 비로소 원론적으로는 일본인과 조선인을 구분하지 않는 동일한 형사 실체법체계가 성립되었던 것이다.

조선형사령 발포를 계기로 조선에 적용되는 형사 법령은 첫째, 조선형사령에서 의용을 명시한 일본 형법 및 형사소송법 등 일본 법령, 둘째, 조선형사령에서 폐지를 명시하지 않아서 효력을 유지하게 된 대한제국의 각종 형사 법령, 셋째, 조선형사령과 별개로 조선총독의 위임 명령(제령 및 부령 등)으로 발포한 각종의 형사법령 등 세 가지로 나뉘어졌다.

2) 법원의 조직과 체제

(1) 조선총독부 재판소

법원과 검찰의 조직에 대하여는 일본의 재판소구성법을 그대로 적용하지 않고 대신에 조선총독부재판소령을 제정하여 시행하였다. 이러한 총독부재판소의 헌법상 지위에 관하여는 특별재판소에 해당한다는 견해와 통상재판소라는 견해가 있었다. 특별재판소라는 견해는 총독부재판소가 법률이 아닌 제령에 의해 설치되었고 판사의 신분보장도 미흡하며 입법, 행정, 사법의 분립도 없기 때문에 특별재판소에 해당한다는 것이었다. 이에 반해 통상재판소라는 견해는 제령은 법률과 같고 총독부 판사도 일정한 신문보장을 받는다는 것을 논거로 하였다.[64]

(2) 1910. 10. 1. 통감부재판소령의 개정에 의한 조선총독부재판소

1910. 10. 1. 조선총독부 설치와 함께 재판소에 관하여는 종래의 통감부재판소령을 개정하여 통감부재판소를 총독부재판소로 변경하였다.[65] "통감"을 "조선총독"으로, "한국"을 "조선"으로, "한국법규"를 "구 한국법규"로, "한국형법대전"을 "형법대전"으로 하였고, 통감부재판소령 제24조에 있는 정원규정을 삭제하였다. 이에 따라 종래의 통감부재판소령 시대의 법원 조직이 이름만 바꾸어 그대로 계속되었다.

---

64) 문준영, 앞의 책. 475면.

65) 1910. 10. 1. 제령 제5호 통감부재판소령 중 개정.

(3) 1912. 3. 18. 조선총독부재판소령 중 개정[66]

① **법원의 조직**

조선총독부재판소로서 지방법원, 복심(覆審)법원, 고등법원을 두어(제2조 제1항) 종래의 구재판소, 지방재판소, 공소원, 고등법원의 4단계 3심체제를 3단계 3심체제로 변경하였고 구재판소는 지방법원지청으로 개칭하였다. 지방법원은 민사와 형사에 관하여 1심법원으로 재판하고, 복심법원은 지방법원의 재판에 대하여는 항소와 항고를, 고등법원은 복심법원의 재판에 대하여 상고와 항고의 재판을 하며, 고등법원은 이외에 재판소구성법에 정한 대심원의 특별권한에 속하는 직무를 행한다(제3조). 조선총독은 지방법원의 사무의 일부를 취급하기 위하여 지방법원의 지청을 둘 수 있도록 하였다(제5조).

지방법원은 단독재판부와 합의재판부를 두되, 단독판사가 재판하는 것을 원칙으로 하고 소송물 가액 1천원을 초과하는 민사사건, 사형, 무기 또는 단기 1년 이상의 징역 또는 금고에 해당하는 범죄사건 등 제4조에 열거한 사건의 경우에 합의부로 재판한다(제4조). 복심법원은 3인의 판사, 고등법원은 5인의 판사로 조직한 부에서 합의로 재판하는데 고등법원의 한 부에서 상고를 심문한 후에 종래의 판결례와 다른 의견이 있는 때에는 그 부는 이를 고등법원장에게 보고하고 고등법원장은 각 부를 연합하여 다시 이를 심문하고 그 재판을 하게 하며 이 때 판사 3분의 2 이상이 열석하여야 한다(제4조).

초대 총독 데라우치 마사다케는 만주진출을 위한 거점에 불과한 식민지 조선에는 그 정도 위상에 합당한 제도를 시행하는 것으로 족하다고 보았고 식민지통치를 군벌의 장악하에 두기 위해서는 재정적인 독립이 필요하였다. 이에 따라 경비절약을 위한 기구와 제도정리작업이 진행되었다.[67]

병합시점부터 구재판소의 추가설치를 미루고 1910. 10. 1.자 조선총독부령 제9호로 조선총독부재판소 설치를 위하여 그 명칭, 위치와 관할구역을 정하였는데 이 때 고등법원 1개, 공소원 3개(경성, 평양, 대구), 지방재판소 8개로 하였으며, 103개의 구재판소를 67개로 통폐합하였다. 1912년 사법제도 개편에서도 사법기구의 축소, 절차의 간소화화 통일적 법규정비가 도모되었는데 이에 따라 고등법원 1개, 복심법원 3개, 지방법원 8개, 지방법원지청 59개로 되었

66) 1912. 3. 19. 제령 제4호.

67) 문준영, 앞의 책, 438-439면.

다.[68]

이에 따라 1910년 254명이던 판사(조선인 71명)가 1912년 199명, 1913년 190명(조선인 25명)으로 줄어들었다.

② **감독체계**

총독부재판소는 총독에 직속하고(제1조), 고등법원장은 총독의 지휘·감독을 승(承)하여 해당원의 행정사무를 장리(掌理)하고(제12조), 복심법원장은 조선총독의 지휘·감독을 승하여 그 원의 행정사무를 장리하고, 관할구역 내 지방법원의 행정사무를 지휘·감독한다(제13조). 지방법원의 장은 그 원의 행정사무를 장리한다(제14조). 지방법원 지청의 판사는 지방법원장의 명을 승하여 그 지청의 행정사무를 장(掌)하는데(제15조 제1항), 판사가 2인 이상 있을 때에는 상석의 판사가 그 직무를 행한다.

③ **예심제도의 시행**

조선형사령에 의해 일본의 형사소송법이 의용되게 됨에 따라(조선형사령 제1호) 메이지 형사소송법에 규정된 예심제도가 시행되게 되었다. 이에 따라 법원의 절차는 예심과 공판으로 이원화되었다. 조선총독부재판소령 제6조는 조선총독은 지방법원 판사 1인 또는 수인에게 형사의 예심을 하기를 명한다고 규정하였다. 한편, 고등법원이 대심원의 특별권한에 속하는 직무를 하여 1심법원으로 재판하는 때에는 고등법원장은 각 사건에 대하여 그 원의 판사 또는 하급재판소의 판사에게 예심을 하기를 명한다(제7조).

3) 검찰의 조직과 체제

(1) 1910. 10. 1. 통감부재판소령의 개정에 의한 조선총독부재판소 검사국

앞에서 본 바와 같이 1910. 10. 1. 조선총독부 설치와 함께 재판소에 관하 통감부재판소령 시대의 법원 조직이 총독부재판소로 이름만 바꾸어 그대로 계속되었고 이에 따라 구재판소검사국, 지방재판소검사국, 공소원검사국, 고등법원검사국의 체제를 유지하였다.

(2) 1912. 3. 18. 조선총독부재판소령 중 개정에 의한 검사국 조직

조선총독부재판소에 검사국을 병치하고, 지방법원지청을 설치한 때에는 그

68) 1912. 3. 19. 조선총독부령 제26호.

지청에 검사분국을 병치한다. 고등법원 검사국에 고등법원 검사장을 두고 고등법원 검사장은 총독의 지휘·감독을 승하여 해당 국의 사무를 장리하고 하급검사국을 지휘·감독한다(제17조). 복심법원 검사국에 복심법원 검사장을 두고 복심법원 검사장은 그 국의 사무를 장리하여 관할구역 내 지방법원 검사국을 지휘감독한다(제18조). 지방법원 검사국에 지방법원 검사정을 두고 지방법원 검사정은 그 국의 사무를 장리하고(제19조), 지방법원 지청의 검사는 지방법원 검사정의 명을 승하여 그 지청 검사분국의 사무를 장리하며(제20조 제1항) 그 지청에 검사가 2인 이상인 때에는 상석검사가 그 직무를 행한다(제20조 제2항).

검사는 검찰사무에 대하여 상관의 명령에 따라야(從) 하므로, 조선총독, 고등법원 검사국 검사장, 복심법원 검사국 검사장, 지방법원 검사국 검사정, 지방법원지청 검사분국 검사로 이어지는 지휘체계가 구성되었다.

(3) 조선형사령과 검사의 강제처분권

일본에서 시행되던 메이지 형사소송법에 의하면 강제처분의 권한은 예심판사의 권한이었고 검사나 사법경찰관은 현행범의 경우에만 강제처분을 할 수 있었다. 그런데 한일합병 전의 대한제국에서는 예심제도를 도입하지 않았고 일본 형사소송법상 예심판사의 권한에 속하는 강제처분을 검사가 할 수 있었다. 검사의 강제처분권은 1895. 4. 법부령인 검사직제에서부터 인정되었고 1908년의 민형사소송규칙, 1909. 11. 1. 시행된 통감부재판소사법사무취급령 등에서도 인정되었다.

조선형사령은 메이지 형사소송법 적용에 의한 예심제도의 시행에도 불구하고 식민지 조선에서는 종래와 같이 검사의 강제처분권을 인정하였다. 검사는 현행범이 아닌 사건이라 하더라도 수사 결과 급속한 처분을 요하는 것으로 인정되는 때에는 공소제기 전에 한하여 영장을 발부하고[69] 검증·수색·물건을 차압하거나 피고인·증인을 신문하거나 감정을 명할 수 있다. 다만, 벌금·과료 또는 비용배상의 언도를 하거나 선서를 하게 할 수 없다(조선형사령 제12조 제1항).

1895년의 검사직제, 1908년 민형사소송규칙에서는 강제처분권 발동 요건을 규정하지 않았으나 1909년의 통감부재판소사법사무취급령에서 ‘급속한 처

69) 구인장과 구류장을 말한다.

분을 요하는 때'를 요건으로 하였는데 조선형사령 규정은 통감부재판소사법사무취급령의 규정과 거의 같다.

한편, 검사의 구류권한에 변화가 있는데 1908년의 민형사소송규칙에서는 검사의 구류권한이 인정되었지만 1909년의 사법사무취급령에서는 검사의 구류권한이 인정되지 않았다. 그런데 조선형사령에서는 기간에 제한을 두어 검사는 피고인을 구류한 경우에 20일 내에 기소 수속을 하지 아니한 때에는 석방하여야 한다고 하여(제15조) 20일간의 구류권한을 부여하였다.

한편, 메이지 형사소송법은 중죄의 경우 필요적 예심, 경죄의 경우는 임의적 예심으로 하였으나 조선형사령은 모두 임의적 예심으로 하였다. 즉 검사는 범죄 수사를 종료하여 유죄로 인정되는 때에는 공판을 청구하여야 한다. 다만, 구류 또는 과료에 해당하는 사건을 제외하고 사건이 번난(繁難)한 때에는 예심을 청구할 수 있었다(제16조).

(4) 검사와 사법경찰관의 관계

조선형사령은 메이지 형사소송법과 같이 2종류의 사법경찰관을 규정하고 있다. 조선에서는 조선총독부 경무총장은 사법경찰관으로서 범죄 수사를 함에 있어 지방법원 검사와 동일한 직권을 가진다(제4조). 또한 조선총독부 경무부장, 조선총독부 경시·경부, 헌병장교·준사관·하사는 검사의 보좌로 그 지휘를 받아 사법경찰관으로서 범죄를 수사하여야 하며(제5조 제1항), 전항의 사법경찰관은 검사가 직무상 발하는 명령에 따라야(從) 한다(제5조 제2항).

조선총독부 경무총장은 독자적인 사법경찰관으로 규정되어 있고 조선총독부 경무부장 이하의 사법경찰관과 헌병장교, 준사관, 하사인 사법경찰관은 검사의 지휘체계하에서 범죄를 수사하도록 하여 검사의 수사지휘권을 규정하고 있다.

한편, 조선형사령은 사법경찰관에게도 수사상 강제처분을 할 수 있는 권한을 부여하였다. 조선형사령 제12조 제2항은 '전항의 규정에 의하여 검사에게 허용한 직무는 사법경찰관 역시 임시로 이를 할 수 있다'고 하여 사법경찰관은 검사의 지시를 기다리지 않고도 스스로의 판단하에서 강제처분을 할 수 있었다.

다음으로 사법경찰관은 구류장을 발할 수는 없다고 하여 사법경찰관의 구류권한은 인정하지 않았으나 사법경찰관이 피고인을 신문한 뒤에 금고 이상의 형에 해당한다고 사료하는 때에는 14일을 초과하지 않은 기간 동안 유치할 수 있다고 하여 14일간의 유치권한을 부여하였다. 유치도 구금을 하는 것이므로 이는 실질상으로 14일간의 구류권을 인정하는 것이었다. 사법경찰관은 전항의 유치기간 내에 증빙서류 및 의견서와 함께 피고인을 관할하는 재판소의 검사에게 송치하여야 하였다.

2. 1920년대 이후의 변화

1) 문화정책과 사법제도 변화

(1) 문화정책과 조선태형령 폐지

3. 1. 독립운동 이후 조선총독으로 부임한 사이토 마코토는 '문화의 발달과 민력(民力)의 충실'이라는 구호를 내걸고 이른바 문화정책을 실시하였다. 그 내용은 종전의 헌병경찰제도를 보통경찰로 바꾸고, 총독의 문관 임명 제한을 철폐하며 언론·집회·출판의 자유를 어느 정도 인정한다는 것이었다. 그 밖에 조선인의 관리 임용과 그 처우의 개선, 교육·산업·교통·위생·사회행정의 개선을 통한 국민생활의 안정과 복리의 도모, 지방자치 시행을 위한 조사 연구 착수 및 평의원회의 창립, 조선의 문화·관습 존중 등을 기본정책으로 내세웠다.

앞에서 본 바와 같이 헌병경찰제도가 보통경찰제도로 변경되었고 조선태형령이 폐지되었는데 이를 제외하면 문화정치에도 불구하고 사법제도의 영역에서는 큰 변화 없이 종전의 제도의 틀이 유지되었다.

(2) 사법경찰규정의 개정

헌병경찰제도가 보통경찰제도로 변경되면서 먼저 1920. 3. 17. 조선형사령의 사법경찰관 규정이 개정되었다. 종전에 수사에 있어 검사와 동일한 직권을 갖는 것으로 규정되었던 조선총독부 경무총장 대신에 조선총독부 도지사가 각 그 관할지 안에서 사법경찰관으로서 범죄 수사를 함에 있어 지방법원 검사와 동일한 직권을 가지는 것으로 되었다(제4조).

다이쇼(大正) 형사소송법 제147조에서는 내무부장관, 지방장관 및 헌병사령관은 각 그 관할구역 내에서 사법경찰관으로서 범죄를 수사함에 있어서 지방재판소 검사와 동일한 권한이 있는 것으로 하였는데(다만 동경부 지사는 제외) 조선형사령에서는 도지사만 이러한 권한을 갖는 것으로 특칙규정을 하였다. 이는 조선의 당시 상태에서는 지방장관 이하의 자에게 범죄수사에 관하여 검사와 동일한 권한을 부여할 필요가 없었기 때문이다.[70] 이들은 지방법원 검사의 지휘·명령은 받지 아니하나 지방법원 검사의 상관, 즉 고등법원이나 복심법원의 검사장 및 검사정의 지휘·명령에는 복종하여야 한다. 또한 검사와 동일한 권한을 갖는 것은 수사에 관해서 뿐이며 기소, 불기소의 처분 또는 재판집행 등을 할 권한은 없다.[71]

도지사의 사법경찰관으로서의 범죄수사권 범위에 관하여는 아무런 제한을 가하고 있지 않으나 도지사를 사법경찰관으로 하여 스스로 그 임무에 임하도록 한 것은 주로 국사범 또는 지방 일반의 공익과 관련되는 것과 같은 중대한 범죄에 대하여 그 필요가 있기 때문이었다. 따라서 이러한 비정상적인 경우에만 수사권을 행사하는 것을 통례로 하고 이 경우에도 어느 정도 그 처분을 검사에게 맡기는 것이 상당한 것으로 하였다.[72]

다음으로 검사의 보좌로서 검사의 지휘를 받아 수사를 하는 사법경찰관으로서 경찰부장인 조선총독부 사무관, 조선총독부 도경시(道警視), 도경부(道警部), 도경부보, 헌병장교, 준사관, 하사를 규정하였다(제5조 제1항).

한편, 메이지 형사소송법 및 다이쇼 형사소송법은 순사(巡査)와 헌병졸(憲兵卒)을 검사나 사법경찰관의 수사를 보조하는 사법경찰리로 규정하고 있는데(제249조) 조선에서는 1912. 7. 11. 제령 제26호 사법경찰사무와 영장집행에 관한 건에서 순사와 헌병상등병이 부득이한 경우는 사법경찰관의 직무를 행할 수 있도록 하였다.

또한 일본 형사소송법은 앞에서 정한 사법경찰관리 이외에 칙령에 의해 사법경찰관리를 정할 수 있다고 하고(제250조), 삼림, 철도 기타 특별한 사항에 관하여 사법경찰관리의 직무를 행하는 자 및 직무의 범위를 칙령으로 정할 수 있다고 하였다. 이에 따라 1924. 5. 31. 조선총독부 부령 제33호 '사법경찰관의 직무를 행할 자 및 그 직무의 범위'에서 지방법원 검사국 또는 그 관내 지방법원

70) 玉名友言, 법원도서관역, 『국역 朝鮮刑事令釋義』, 2005, 6면.

71) 위의 책, 7면.

72) 위의 책, 6면.

지청 검사분국에서 근무하는 서기 또는 고원(雇員)으로 검사정이 지명한 자는 그 국에서 수리한 사건에 대하여 서기는 형사소송법 제248조에서 규정하는 사법경찰관의 직무를, 고원은 사법경찰리의 직무를 행한다고 하였다(제1조). 그리고 그 외 감옥, 삼림, 임업 등 공무원의 일부를 사법경찰관리의 직무를 행할 자로 규정하였다(제2조~제5조).

(3) 다이쇼(大正) 형사소송법과 수사기관 강제처분 규정의 개정

① 일본의 형사소송법 개정

1922(大正 11년). 5. 5. 일본 형사소송법이 개정되었는데 그 개정에 맞추어 1922. 12. 7. 조선형사령이 개정되었다(1924. 1. 1. 시행). 다이쇼(大正) 형사소송법은 독일 형사소송법의 영향을 더 받았는데 검찰제도와 관련하여서는 강제처분에 관한 검사 및 사법경찰관의 권한 강화, 검사의 기소유예제도 명문화, 직접주의 강화에 따른 서면증거의 증거능력 규정 정비 등을 특징으로 한다.

검사와 사법경찰관의 강제처분 관련 권한 강화는 검사의 요급처분권과 강제처분 청구권 제도로 이루어졌다. 메이지 형사소송법하에서는 강제처분은 예심판사의 권한이었고 검사나 사법경찰관은 현행범체포시에만 예심판사의 권한을 행사할 수 있었다. 그런데 다이쇼 개정에서 검사가 예심판사에게 강제처분을 청구할 수 있는 제도가 도입되었다. 즉 검사는 수사를 함에 있어서 강제처분을 필요로 하는 때에는 공소의 제기 전이라도 압수, 수색, 검증 및 피의자의 구류, 피의자 혹은 증인의 신문 또는 감정의 처분을 그 소속지방재판소 판사에게 청구할 수 있고(제255조) 그 청구를 받은 판사는 그 처분에 관하여 예심판사와 동일한 권한이 있으며(제255조 제2항), 판사가 이러한 처분을 한 때에는 속히 이에 관한 서류 및 증거물을 검사에게 송부하도록 하였다(제256조). 검사의 청구로 판사가 피의자를 구류한 사건에서 10일 이내에 공소를 제기하지 아니하는 때에는 검사는 속히 피의자를 석방하여야 하였다(제257조).

이 조문은 검사가 판사를 통하여 강제수사를 행하는 것인데 독일제국 형사소송법상 검찰(Staatsanwaltschaft)이 판사의 조사행위(richterlichen Untersuchungshandlung)가 필요하다고 사료하는 때에는 그 행위가 행해질 관할 구법원 판사에게 이를 신청한다고 한 조문(제160조)과 유사하다. 검사의 공소제기는 예심 또는 공판청구로 나뉘므로(제288조) 공소제기 이전에 이러한 강제처분을 할 수 있다는 것은 이제 검사가 예심이 아닌 검사의 수사절차에서 임의수사뿐만 아니라 판사를 통해서 강제수사도 행할 수 있게 되었다는 것을 의미한다.

나아가 검사의 요급처분권이 도입되었는데 검사는 피의자가 일정한 주거가 없을 때, 현행범인이 그 장소에 없을 때, 현행범의 취조(取調)에 의하여 그 사건의 공범을 발견한 때, 즉결수인(卽決囚人) 또는 본범에 의하여 구금된 자가 도망한 때, 사체의 검증에 의하여 범인을 발견한 때, 피의자가 상습으로서 강도 또는 절도죄를 범한 때에 급속을 요하여 판사의 구인장을 청구할 수 없는 때에는 직접 구인장을 발하거나 이를 다른 검사 또는 사법경찰관에게 명령하거나 촉탁할 수 있다(제123조).

또한 이와 같은 요급처분시에 검사는 구인장 집행을 받은 피의자를 수취한 때에는 24시간 내에 신문하도록 하여 강제처분으로서의 피의자신문[73]을 할 수 있었고 압수·수색(제170조), 검증(제180조), 증인신문(제214조) 등을 할 수 있고, 사법경찰관은 검사의 명령이 있는 때에 이러한 처분을 할 수 있었다.

한편, 검사는 범인의 성명, 연령 및 환경과 범죄의 정상 및 범죄 후의 정황에 의하여 소추를 필요로 하지 않을 때에는 공소를 제기하지 않을 수 있다(제279조)고 하여 검사의 기소유예 권한을 명시하였다. 메이지 형사소송법에는 검사의 기소유예에 관한 규정이 없어 검사에게 기소유예가 허용되는지에 대한 논란이 있었다. 실무에서는 경미한 사범에 대해 불기소처분하는 관행이 존재하였고 사법성 훈령과 통첩을 통해서도 관행이 정착되었는데 다이쇼 형사소송법에서 이를 명문화하였다. 또한 공소는 예심종결결정 또는 제1심 판결이 있을 때까지 취소할 수 있다고 하여 검사의 공소취소권도 인정하였다(제292조).

한편, 메이지 형사소송법에 의하면 예심판사의 신문조서는 문답의 형식을 취하고, 기록관인 서기를 입회하게 하며 신문종료 후 피신문자에게 조서를 낭독해주고 틀림이 없는 지 확인하는 등의 절차를 두었다. 이러한 절차를 거친 조서는 증거능력이 인정되고[74] 유·무죄의 유력한 자료로 활용되었는데 검사

---

73) 일본의 메이지 형사소송법과 다이쇼 형사소송법에서 피의자신문(訊問)은 신문자가 신문을 하기 위한 소환에 응할 출석의무가 부과되고 나아가 신문을 하는 동안 신문장소에 있어야할 체류의무가 부과된다는 의미에서 강제처분이었는데 특히 구금상태에서의 조사에서 의미를 가졌다. 이완규, "피의자신문의 성질과 수인의무", 『형사판례연구 22』, 박영사, 2014, 354-358면 참조.

74) 메이지 형사소송법 제189조: ① 예심에 있어 신문한 증인 또는 감정을 한 감정인은

나 사법경찰관은 비현행범의 경우는 이러한 신문조서를 작성할 수 없었다.[75] 이에 따라 청취서라는 형식의 서면을 만들게 되었는데 이에 대해 증거능력을 인정할 것인가에 대해 대심원은 청취서도 증거능력을 인정하였다. 이에 대해 청취서가 명칭은 달라도 신문조서와 다를 것이 없으며 청취서 작성을 용인하는 것은 검찰과 경찰에 인권유린의 기회를 주는 것이라면서 청취서 작성금지와 증거사용금지를 주장하는 논란이 있었다.[76]

그런데 1924년의 다이쇼(大正) 형사소송법 개정시에 이러한 논란을 반영하여 직접주의를 강화한다는 취지에서 지방재판소의 공판에서는 법령에 의해 작성된 조서에 대해서만 증거능력을 인정하게 되어 수사기관의 청취서는 원칙적으로 증거로 사용할 수 없게 되는 구별이 생겼다.[77]

② 수사기관 강제처분권 관련 조선형사령 개정

앞에서 본 바와 같이 다이쇼 형사소송법에서 검사의 강제처분청구권과 검사의 요급처분권, 그리고 검사의 요급처분에 관하여 검사의 명령을 받은 사법경찰관의 요급처분권 등의 규정이 도입되었다.

그런데 조선에서는 요급처분권은 이미 조선형사령에서 도입되어 있었으므로 새로 도입되는 것은 아니었다. 다만 다이쇼 형사소송법 개정에 맞추어 조문의 정리가 있었다. 먼저, 요급처분의 요건으로서 종전 규정은 검사는 '현행범이 아닌 사건이라 하더라도 수사 결과 급속한 처분을 요하는 것으로 인정되는 때'가 요건이었는데 개정 규정에서는 '형사소송법에 규정한 경우 이외에 사건이 금고 이상의 형에 해당하고 급속한 처분을 요하는 것으로 인정되는 때'로 변경

다시 이를 호출할 수 있다. ② 예심에 있어 증인의 공술서 또는 감정인의 감정서는 다시 그 증인, 감정인을 호출할 수 없는 때, 증인, 감정인이 호출을 받고 출두하지 않는 때 또는 예심 및 공판에 있어서의 공술, 감정을 비교하여야 할 때에는 검사 또는 소송관계인의 청구에 의하여 또는 재판장의 직권으로 이를 낭독하게 할 수 있다.

75) 검사나 사법경찰관이 임의수사를 한 후에 신문조서라는 형식의 서면을 제출한 것에 대해 대심원은 수사기관이 신문조서라는 명칭의 서면을 작성할 수 없다고 하였다. 문준영, 앞의 책, 495면.

76) 문준영, 앞의 책, 496면.

77) 다이쇼 형사소송법 제343조: ① 피고인 그 밖의 자의 공술을 녹취한 서류에 있어서 법령에 의해 작성된 신문조서가 아닌 경우에는 다음의 경우에 한하여 이를 증거로 할 수 있다. 1. 공술자가 사망한 때, 2. 질병, 기타의 사유로 인하여 공술자를 신문할 수 없을 때, 3. 소송관계인의 이의가 없는 때, ② 구재판소의 사건에 대하여는 전항에 규정한 제한에 의할 것을 요하지 아니한다.

되었다. 즉 일본에서 적용되는 형사소송법상으로는 요급처분을 할 수 있는 경우가 나열되어 있는데 조선에서는 이러한 경우 이외에 이에 더하여 금고 이상의 형에 해당하기만 하면 요급처분의 대상이 되었다. 종전에 비하여 금고 이상의 형에 해당한다는 요건이 더 들어간 정도이다.

검사는 요급처분을 직접 할 수도 있고 사법경찰관에 명령하여 할 수도 있는데(제14조 제1항) 형사소송법 제90조 제1항에 규정된 구류사유가 있는 때에는 피의자를 신문한 후 구금할 수도 있으며(제15조 제1호) 피의자를 구금한 경우는 10일 이내에 공소를 제기하지 아니하면 구금을 취소하여야 한다(제15조 제2항). 종전의 검사 구류기간 20일이 10일로 줄어들었다.

다음으로 사법경찰관의 피의자 유치에 관하여 종전 규정은 요급처분에 의해 피고인[78]을 신문한 후에 금고 이상의 형에 해당하는 자라고 사료되는 때에 14일을 초과하지 않는 기간을 유치할 수 있다고 하였는데 개정령에서는 피의자를 요급처분에 의해 신문한 경우는 형사소송법 제87조 제1항 각호[79]에 규정한 사유가 있는 때에 한하여 10일을 초과하지 않는 기간 동안 유치할 수 있는 것으로 제한하였다(제13조 제1항). 나아가 이에 더하여 현행범의 경우는 현행범 체포시의 피의자신문 규정(형사소송법 제127조)에 따라 신문한 후 금고 이상의 형에 해당하는 것으로 사료되는 때에 마찬가지로 10일을 초과하지 않는 기간 동안 유치할 수 있는 것으로 하였다(제13조 제3항).

2) 전시체제

(1) 병참기지화 정책과 전시총동원령

일본은 1931. 9. 18. 대륙 침략을 위한 교두보를 마련할 목적으로 만주사변을 일으켜 이듬해 초 만주 전역을 점령하였다. 이를 전후해 일본은 한반도를 침략전쟁을 수행하기 위한 병참기지로 만들기 위해 한반도의 북쪽에 전쟁물자를 공급할 수 있는 군수공장을 건설하고, 전시 식량 부족을 해결하기 위해 산미증식계획, 농산물강제수매와 강제공출 등을 시행하였다. 병참기지화정책은 전쟁 수행을 위한 군수물자뿐 아니라, 인력의 강제 동원, 대륙 침략을 위한 식

78) 메이지 형사소송법에서는 피고인과 피의자를 구분하지 않았다.

79) 구인의 사유로서 1. 피고인이 일정한 주거를 가지지 않는 때, 2. 피고인이 죄증을 인멸할 우려가 있는 때, 3. 피고인이 도망한 때 또는 도망할 우려가 있는 때이다.

량 증산정책, 황국신민화 등 한반도에서 취한 각종 정책이 포함된다.

1936년에는 내선일체(內鮮一體), 선만일여(鮮滿一如) 등의 통치방침을 세우고 민족말살과 황국신민화정책을 강행하였고 중일전쟁이 일어난 1937년에는 신사참배와 모든 행사에 앞서 '황국신민의 서사(誓詞)'를 제창할 것을 강요하였다. 1938. 4. 일본은 인적, 물적 자원의 총동원을 위하여 국가총동원법을 제정, 공포하여 전시 통제의 기본법으로 삼았는데 일본에서는 5월 5일부터 시행되었으며 조선에서는 '국가총동원법을 조선, 타이완 및 사할린에 시행하는 건'에 의하여 같은 날 이 법이 의용(依用)되었다.

1942년부터는 수많은 한국인을 일본 각지의 탄광, 광산, 군수공장, 군사기지 등의 공사에 강제로 연행하고, 1943년에는 의무병역제인 징병제, 1944년에는 학병제, 여자정신대근로령을 공포하였다.

(2) 독립운동의 탄압과 전시체제의 형사법

① 치안유지법과 사상범 탄압

3.1. 독립운동 직후 1919. 4. 15. '정치에 관한 범죄 처벌의 건'을 공포하였다. 제1조에서 정치의 변혁을 목적으로 다수 공동하여 안녕 질서를 방해하거나 또는 방해하려는 자에 대해 최고 10년 이하의 징역 또는 금고에 처할 수 있다고 규정하였는데 종전에 적용되었던 보안법의 최고 형량인 징역 2년의 한계를 넘어서는 조항이었다. 또 제3조에서 본령은 제국 밖에서 제1조의 범죄를 범한 제국신민에게도 이를 적용한다고 하여 국외에서 활발하게 전개되던 각종 독립운동을 탄압하려 하였다.

사회주의 운동의 확산 등으로 일본은 1925. 4. 21. 치안유지법을 제정하였는데 국체를 변혁하거나 사유재산제도를 부인하려고 결사를 조직하거나 사정을 알고 이에 가입한 자를 핵심적인 처벌 대상으로 하였다. 치안유지법은 제정과 동시에 식민지에도 적용되었는데 독립운동에 대한 주된 탄압 법령이 되었다.

1936. 5. 일본은 사상범보호관찰법을 제정하였는데 이 법은 같은 해 12. 12. 조선사상범보호관찰령으로 조선에서도 실시되었다. 조선사상범보호관찰령의 요지는 치안유지법 위반자 중 기소유예, 집행유예, 가출옥, 만기출옥한 자를 대상으로 2년 기한의 보호관찰을 실시하는 것이었다. 그러나 그 기간은 필요에 따라 연장할 수 있었다.

1941. 2. 12. 보호관찰보다 더 강력한 사상범 통제 대책으로 조선사상범예방구금령이 공포되었는데 이는 일본에 앞서 조선에서 먼저 제정되었다. 이는 치안유지법을 위반한 자로서 형기를 마친 사람, 혹은 불기소 집행유예 및 기소유예가 된 사람으로서 의연히 그릇된 사상을 청산하지 않고 전향하기를 표명치 아니하였다거나 또는 사상국방전(思想國防戰)에서 위험하다고 인정되는 사람을 대상으로 예방구금하는 것이었다. 그 후 1941. 3. 8. 일본에서 예방구금을 포함한 치안유지법의 개정이 이루어졌기 때문에 조선사상범예방구금령은 단기간만 시행되었다.

개정된 치안유지법의 또 하나의 특징은 검사의 권한을 강화한 것이었다. 검사는 피의자를 소환할 수 있고 그 소환을 사법경찰관에게 명할 수 있다(제18조 제1항). 검사 명에 의해 사법경찰관이 발한 소환장에는 명령을 한 검사의 직과 인적사항을 기재하여야 한다(제18조 제2항). 소환에 응하지 않거나 형사소송법 제87조 제1항의 구인사유[80]가 있는 때에는 구인한다(제19조). 검사 또는 사법경찰관은 구인한 피의자를 48시간 내에 신문한다. 검사는 피의자를 신문한 후 구류사유가 있는 때에는 피의자를 구류하거나 사법경찰관에게 구류를 명할 수 있다(제20조). 구류는 경찰서·헌병대 유치장에서 감옥을 대신하여 집행할 수 있으며(제22조), 구류기간은 2개월로 하되 필요하다고 인정하는 때에는 검사장의 허가를 받아 1개월씩 구류기간을 갱신할 수 있는데 통산하여 1년을 초과할 수는 없다(제23조).

검사는 피의자·증인을 신문할 수 있고(제26조) 압수·수색·검증(제27조 제1항), 감정·통역·번역(제27조 제2항) 등을 할 수 있으며 이를 사법경찰관에게 명할 수 있었다.

② **국방보안법**

일본에서의 치안유지법 개정과 함께 1941. 3. 6. 조선총독부법률 제49호로 제정된 국방보안법은 기존 치안 관계 법령으로 충분한 처벌이 어려운 '국가기밀의 누설 혹은 발포'에 관한 범죄를 처벌할 목적으로 제정되었다.

국방보안법은 국가기밀을 업무에 의해 지득한 자가 이를 외국에 누설하거나 공표한 경우에는 사형, 무기 또는 3년 이상의 징역에 처할 수 있도록 하였

---

80) 피고인이 일정한 주거를 가지지 않은 때, 피고인이 죄증을 인멸할 우려가 있는 때, 피고인이 도망한 때 또는 도망할 우려가 있는 때.

고(제3조), 외국에 누설할 목적으로 국가기밀을 탐지하거나 수집한 자도 징역 1년 이상, 이를 외국에 누설하거나 공개한 자는 사형, 무기 또는 3년 이상의 징역에 처할 수 있었다(제4조). 나아가 제3조와 제4조의 이유와 다른 이유로 국가기밀을 지득하거나 영유한 자가 이를 외국에 누설하거나 공개한 때에는 무기 또는 1년 이상, 업무로 인하여 국가기밀을 지득하거나 영유한 자가 타인에게 누설한 때에는 5년 이하의 징역 또는 5,000원 이하의 벌금에 처하였다(제5조, 제6조). 특히 업무로 인하여 국가기밀을 지득하거나 영유한 자가 과실로 인하여 이를 외국에 누설하거나 공개한 때에도 처벌되었다(제7조).

나아가 국방상 이익을 해할 용도로 사용할 목적이거나 그 용도로 사용될 우려가 있음을 알고 외국에 통보할 목적으로 외교, 재정, 경제 기타에 관한 정보를 탐지하거나 수집한 자(10년 이하, 제8조), 외국과 통모하거나 외국에 이익을 줄 목적으로 치안을 해하는 사항을 유포한 자(무기 또는 1년 이상, 제9조), 외국과 통모하거나 외국에 이익을 줄 목적으로 금융계의 교란, 중요물자의 생산 또는 배급의 저해 기타의 방법에 의하여 국민경제의 운행을 현저하게 저해할 우려가 있는 행위를 한 자(무기 또는 1년 이상의 징역, 제10조) 등에 대한 처벌규정도 두었다. 이러한 모략 행위의 실행뿐 아니라 미수, 교사, 예비, 선동, 유혹 등에 대해서도 이러한 행위를 사전에 제지할 목적으로 엄벌할 수 있도록 했다(제11조~제13조).

한편 국방보안법은 형사절차에 관한 특례규정들을 두었다. 그 특례는 국방보안법상의 처벌규정뿐만 아니라 제16조에 열거된 국방과 관련된 여러 범죄에 대하여 국방보안법의 형사절차를 따르도록 했는데(제16조) 그 내용은 치안유지법상의 특례와 유사하여 결국 치안유지법상의 특례의 적용범위를 확장하는 것이었다.

먼저, 검사는 피의자를 소환할 수 있고 그 소환을 사법경찰관에게 명할 수 있다(제17조 제1항). 검사의 명에 의해 사법경찰관이 발한 소환장에는 명령을 한 검사의 직과 인적사항을 기재하여야 한다(제17조 제2항). 소환에 응하지 않거나 형사소송법 제87조 제1항의 구인사유가 있는 때에는 검사는 피의자를 구인하거나 사법경찰관에게 피의자의 구인을 명할 수 있다(제18조). 검사 또는 사법경찰관은 구인한 피의자를 48시간 내에 신문한다(제19조). 검사는 구류사유가 있는 때에는 피의자를 구류하거나 사법경찰관에게 구류를 명할 수 있다(제20조 제

1항). 구류는 경찰서·헌병대 유치장에서 감옥을 대신하여 집행할 수 있으며(제21조), 구류기간은 2개월로 하되 특별히 계속의 필요가 있는 때에는 구재판소 검사는 검사정에게, 지방재판소 검사는 검사장에게 허가를 받아 1개월씩 구류기간을 갱신할 수 있는데 통산하여 4개월을 초과할 수는 없다(제22조 제1항). 치안유지법의 죄에 대하여는 검사장의 허가를 받아 1개월씩 갱신할 수 있고 1년을 초과할 수 없다(제22조 제2항).

검사는 피의자·증인을 신문할 수 있고(제25조) 압수·수색·검증(제26조 제1항), 감정·통역·번역(제26조 제2항) 등을 할 수 있으며 이를 사법경찰관에게 명할 수 있었다.

한편 국방보안법은 이른바 사상적으로 불온한 변호인을 배척하기 위해 변호인은 사법대신이 미리 지정한 변호사 중에서만 선임하도록 하여 관선 변호인 중에서만 변호인을 선임할 수 있도록 했으며(제29조), 변호인의 수는 피고인 1인에 대해 2인을 초과할 수 없었다(제30조).

나아가 재판의 간이화를 위해 1심 판결에 대해서는 항소를 허용하지 않고 대심원에 상고하는 것만을 허용하여 2심제를 채택했다. '국방보안'이라는 명분하에서 피의자, 피고인에 대한 인권 침해의 폐해가 극심하였다.

③ 조선전시형사특별령

또한 1944. 2. 15. 제령 제4호로 조선전시형사특별령을 발포하여 전시 형사절차를 대폭 '간소화'했다(1944. 3. 15. 시행).

전쟁으로 인하여 피할 수 없는 장애가 있는 때에는 그 장애가 해소될 때까지 구인, 구류, 현행범체포시의 제한기간, 공소시효기간, 상소 등 기간의 제한이 적용되지 않으며(제22조), 변호인의 소송기록 열람, 등사는 재판장 또는 예심판사의 허가를 받아야 하였다(제21조). 구재판소 사건에 있어서 약식명령으로 1년 이하의 징역, 금고에 처할 수 있었고, 절도 등 제29조의2에 열거된 사건에 있어서는 3년 이하의 징역까지 약식명령으로 처벌할 수 있었다(제29조의2).

3. 경찰사법의 시대

1) 경찰권 강화를 통한 식민지 통치

한일합병 이후 조선에 대한 군사주의적 지배가 강화되었고 통치 경비의 절감을 위해 사법기구의 조직과 인원이 대폭 축소되었다. 공식적인 사법기구를 축소시켰음에도 효율적인 통치를 하기 위해서는 다른 기관에게 일부 그 역할을 맡길 수밖에 없는데 일제는 이를 전국 각지에 배치된 헌병경찰과 일본인 경찰에 의해 해결하려 하였다. 사건의 신속한 처리라는 명목하에 사법의 이념 중 하나인 인권의 보장은 후퇴하고 특례적 형사절차가 대폭 도입되었다. 특히 경찰의 권한 강화와 경찰의 사법개입 범위의 확대로 이어져 일제강점기를 경찰사법의 시대라고 하기도 한다.

2) 경찰의 즉결권

(1) 범죄즉결례(犯罪卽決例)

1909. 10. 통감부 체제하에서 '한국에서의 범죄즉결령'을 시행하였는데 한일합병 후 1910. 12. 제령 제10호 '범죄즉결례'를 통해 범죄즉결사건을 행정법규위반사항까지 확대하였고 1912. 3. 18. 제령 제11호로 범죄즉결례를 개정하였다. 범죄즉결례의 연원은 1885년 제정된 일본의 위경죄즉결례(違警罪卽決例)에서 찾을 수 있다. 이 법령은 식민지의 확장에 따라 1904년 3월 제정된 대만의 범죄즉결례, 1907년 4월 제정된 관동주(關東州)의 구류과료처분규칙(拘留科料處分規則)으로 이어졌다. 조선에서도 1909년 10월 사법권 위탁과 더불어 범죄즉결령(犯罪卽決令)이 제정되었다. 병합 후의 범죄즉결례는 이를 거의 그대로 계승한 것이었다.

그런데 조선의 범죄즉결례는 다른 식민지, 특히 대만의 범죄즉결례와 비교해 보면 중요한 차이가 있었다. 원론적으로 범죄즉결례는 사법권의 일부를 행정청에 위임한 행정 법규로서 대만의 경우 즉결권자는 기본적으로 문민 행정관이며 경찰은 다만 상위 행정관의 직무대리자일 뿐이었다. 그러나 병합 후 조선에서는 처음부터 즉결권자를 경찰로 규정했다. 뿐만 아니라 오히려 대만과는 반대로 총독－총독부 경무총장(조선헌병대 사령관)－도 경무부장(헌병대장)으로 이어지는 경찰 행정에 대해 다른 분야 행정관의 관여를 배제했다. 이에 따라 제정 당시 즉결권자는 구체적으로는 경찰서장 및 헌병분대장, 분견소장으로 규정되었다.

경찰서장 또는 그 직무를 취급하는 자는 그 관할구역 안의 다음 각호의 범죄를 즉결할 수 있는데(제1조) ① 구류 또는 과료형에 해당하는 죄, ② 3월 이하의 징역 또는 100원 이하의 벌금이나 과료형에 처하여야 하는 도박죄 및 구류 또는 과료형에 처하여야 하는 형법 제208조의 죄,[81] ③ 3월 이하의 징역·금고, 구류 또는 100원 이하의 벌금 또는 과료형에 처하여야 하는 행정법규 위반의 죄이다.

즉결은 재판절차에 의하지 않고 경찰서장 등이 피고인의 진술을 듣고 증빙을 취조하여 즉시 언도하며(제2조 제1항), 피고인을 호출할 필요가 없는 때 또는 호출하더라도 출두할 수 없는 때에는 즉시 언도서 등본을 본인 또는 그 주소로 송달할 수 있어 불출석 선고가 가능하였다(제2조 제2항).

즉결의 언도를 받은 자가 이에 복종할 수 없을 때에는 관할지방법원에 정식재판을 청구할 수 있다(제3조). 정식재판을 청구하는 자는 즉결의 언도를 한 관서에 신청서를 제출하여야 하고, 그 기간은 제2조 제1항의 경우에는 언도일부터 3일, 동조 제2항의 경우에는 언도서 등본의 송달이 있은 날부터 5일로 하여(제5조 제1항) 불복기간이 매우 단기간이었다. 그 기간 내에 정식재판을 청구하지 아니한 때에는 즉결의 언도는 확정된 것으로 한다(제5조 제2항).

징역 또는 금고의 언도를 받은 피고인에 대하여 경찰서장 또는 그 직무를 취급하는 자는 구류장을 발행할 수 있으며(제7조), 구류의 언도를 한 경우에 필요한 때에는 제5조에 정한 기간 내에 피고인을 유치할 수 있어(다만, 언도한 형기에 상당하는 일수를 초과할 수 없다. 제8조 제1항), 형의 선고와 집행을 경찰서장 등이 일사천리로 행할 수 있었다.

(2) 경찰범처벌규칙(警察犯處罰規則)

한편, 범죄즉결례를 모법으로 하여 1912. 3. 25. 조선총독부 부령 제40호로 경찰범처벌규칙이 공포되었는데 매우 다양하고 광범위한 사항들을 구류와 과료에 처하는 대상으로 하였고 이에 따라 이들 처벌대상 행위들을 모두 범죄즉결례에 따른 즉결의 대상으로 하였다. 즉

1. 이유 없이 사람의 주거 또는 간수하지 아니하는 저택, 건조물 및 선박 안에 잠복(潛伏)한 자
2. 일정한 주거 또는 생업 없이 사방을 배회(諸方に徘徊)하는 자

81) 단순폭행죄이다.

3. 몰래 매음(密淫賣)을 하거나 이를 중개하거나(媒合) 또는 그러한 거동(容止)을 한 자
4. 이유 없이 면회를 강청(强請) 또는 강담(强談), 위박(威迫)의 행위를 한 자
5. 합력(合力)·기부(寄附)를 강청하여 강제로 물품의 구매를 요구하거나 기예(技藝)의 공연 또는 노동력(勞力)을 공급하고 보수를 요구한 자
6. 이익을 얻을(收利) 목적으로 강제로 물품, 입장권 등을 배부(配付)한 자
7. 구걸을 하거나 하게 한 자
8. 단체가입을 강청한 자
9. 함부로 시장 기타 유사한 장소에 영업자의 출품(出品) 또는 입장을 강청하거나 물품매매의 위탁을 강청한 자
10. 입찰을 방해한 자, 공동입찰을 강청한 자, 낙찰인에게 그 사업, 이익의 분배 또는 금품을 강청하거나 낙찰인으로부터 이유 없이 이를 받은 자
11. 입찰자와 통모하여 경쟁 입찰의 취지에 반하는 행위를 한 자
12. 재물을 매매하거나 노동력(勞力)을 수급함에 있어 부당한 대상(代償)을 청구하거나 상당한 대상을 지불하지 아니하고 부정한 이득을 꾀한 자
13. 타인의 사업 또는 사사(私事)에 관하여 신문지·잡지 기타 출판물에 게재하지 아니할 것을 약속하거나 신문지·잡지 기타 출판물에 허위의 사실을 게재하거나 게재할 것을 약속하고 금품을 받거나 기타 부정한 이득을 꾀한 자
14. 신청하지 아니한 신문지·잡지 기타 출판물을 배부하고 그 대료를 청구하거나 강제로 구독신청을 요구한 자
15. 신청하지 아니한 광고를 하고 그 대료(代料)를 청구하거나 강제로 광고의 신청을 요구한 자
16. 과대 또는 허위의 광고를 하여 부정한 이득을 꾀한 자
17. 타인의 업무 또는 기타 행위에 대하여 못된 장난(惡戲) 또는 방해를 한 자
18. 이유 없이 타인의 금전에 관한 의논이나 거래(金談取引) 등에 관여(關涉)하거나 함부로 소송·쟁의를 권유·교사하여 기타 분요(紛擾)[82]를 야기하는 행위를 한 자

82) 어수선하고 소란스러움.

19. 함부로 대중을 모아(多衆聚合) 관공서에 청원 또는 진정을 한 자
20. 불온한 연설을 하거나 불온한 문서·도서·시가(詩歌)의 게시·반포·낭독 또는 방음(放吟)을 한 자
21. 사람을 광혹(誑惑)하게 하는 유언(流言)·부설(浮說)[83] 또는 허위의 보도를 한 자
22. 무분별하게(妄に) 길흉화복을 말하거나 기도·주술행위(符呪) 등을 하거나 부적(守札)류를 수여하여 사람을 미혹시키는 행위를 한 자
23. 병자에 금염(禁厭),[84] 기도, 주술행위(符呪) 또는 정신요법 등을 행하거나 부적(神符), 신수(神水) 등을 주어 의료를 방해한 자
24. 함부로 최면술을 행한 자
25. 고의로 허위 통역을 한 자
26. 자기 또는 타인의 업무에 관하여 관허(官許)가 있다고 사칭한 자
27. 관공직(官公職), 위기(位記),[85] 훈작(勳爵), 학위, 칭호를 속이거나 법령이 정한 복식·휘장을 참용(僭用)하거나 이와 유사한 것을 사용한 자
28. 관공서에 대하여 부실한 진술(申述)을 하거나 그 의무가 있는 자가 이유 없이 진술에 응하지 아니하거나 부실한 대서(代書)를 한 자
29. 본적, 주소, 성명, 연령, 신분, 직업 등을 사칭하여 투숙 또는 승선한 자
30. 이유 없이 관공서의 소환에 응하지 아니한 자
31. 관공서의 방시(榜示)[86] 또는 관공서의 지휘에 의하여 방시한 금지 조항을 범하거나 그의 설치에 관계된 방표(榜標)를 오독(汚瀆) 또는 철거한 자
32. 경찰관서에서 특별히 지시 또는 명령한 사항에 위반한 자
33. 부정한 목적으로 사람을 은닉한 자
34. 도제(徒弟), 직공, 비복(婢僕)[87] 기타 노역자 또는 피고용자 등에 대하여 이유 없이 자유를 방해하거나 가혹한 취급을 한 자
35. 함부로 타인의 신변(身邊)에 막아서거나(立塞) 뒤쫓아가는 행위(追隨)를 한 자

---

83) 뜬 소문.
84) 술법으로 액운이나 재난을 막는 일, 주술.
85) 서위(敍位)의 뜻을 기록하여 그 사람에게 교부하는 문서.
86) 게시.
87) 여자 종과 남자 종.

36. 제사, 장의, 축의 또는 그 행렬에 대하여 방해한 자
37. 밤 1시 후, 일출 전에 함부로 가무음곡(歌舞音曲) 기타 훤조(喧噪)[88]의 행위를 하여 타인의 안면(安眠)을 방해한 자
38. 극장, 기석(寄席)[89] 기타 공중이 회동하는 장소에서 회중(會衆)의 방해를 한 자
39. 공중이 자유롭게 교통할 수 있는 장소에서 훤조(喧噪), 횡와(橫臥)[90] 또는 만취(泥醉)하여 배회한 자
40. 공중이 자유롭게 교통할 수 있는 장소에 함부로 차마(車馬)·주벌(舟筏)[91] 기타 물건을 두거나 교통에 방해가 되는 행위를 한 자
41. 공중이 자유롭게 교통할 수 있는 장소에서 위험의 우려가 있을 때 점등(點燈) 기타 예방 장치를 하는 것을 소홀히 한 자
42. 관서의 독촉을 받고도 붕괴의 우려가 있는 건조물의 수선 또는 전도(顚倒)의 우려가 있는 물건의 적환(積換)[92] 등을 게을리 한 자
43. 잡답(雜沓)한[93] 장소에서 제지에 응하지 아니하고 혼잡을 더하는 행위를 한 자
44. 출입을 금지한 장소에 함부로 출입한 자
45. 수·화재 기타 사변(事變)이 있을 때 제지에 응하지 아니하고 그 현장에 출입하거나 그 장소에서 퇴거하지 아니하거나 관리의 원조 요구를 받았음에도 불구하고 고의로 이에 응하지 아니한 자
46. 가로에서 야간등화 없이 차량 또는 우마(牛馬)를 사용한 자
47. 허가를 받지 아니하고 노방(路傍)[94] 또는 하안(河岸)[95]에 노점 등을 연 자
48. 제지에 응하지 아니하고 노방 또는 하안에 음식물 기타 상품을 진열한 자
49. 전선에 근접하여 연(紙鳶)을 날리거나 기타 전선에 장해가 되는 행위를 한 자

88) 시끄럽게 하다. 소란을 피우다.
89) 사람을 모아 돈을 받고 재담·만담·야담 등을 들려주는 대중적 연예장.
90) 가로 또는 모로 누움.
91) 배와 뗏목.
92) 짐을 옮겨서 다시 싣거나 쌓음.
93) 정신을 못 차리게 북적북적하고 복잡(複雜)함.
94) 길 옆.
95) 강이나 내의 양쪽 언덕.

50. 석전(石戰) 기타 위험한 놀이를 하거나 하게 한 자 또는 가로에서 공기총, 취시(吹矢)[96]류를 가지고 놀거나 놀게 한 자
51. 함부로 개 기타 짐승류를 부추기거나(嗾) 놀라 도망가게(驚逸) 한 자
52. 맹수, 광견 또는 사람을 교상(咬傷)하는 버릇이 있는 짐승·가축 등의 계쇄(繫鎖)[97]를 소홀히 한 자
53. 투견 또는 투계를 하게 한 자
54. 공중이 볼 수 있는 장소에서 우마 기타의 동물을 학대한 자
55. 위험의 우려가 있는 정신병자의 감호를 태만히 하여 옥외에 배회하도록 한 자
56. 공중이 볼 수 있는 장소에서 단석(袒裼),[98] 나정(裸裎)[99]하거나 또는 둔부(臀部),[100] 고부(股部)[101]를 노출하거나 기타 추태를 부린 자
57. 노상방뇨를 하거나 하게 한 자
58. 타인의 신체·물건 또는 이에 해가 되는 장소에 대하여 물건을 포요(抛澆)[102]하거나 방사(放射)한 자
59. 함부로 금수(禽獸)의 사체 또는 오예물(汚穢物)[103]을 기척(棄擲)[104]하거나 취제(取除)[105]를 소홀히 한 자
60. 사람이 음용(飮用)하는 정수(淨水)를 오예(汚穢)하거나 사용을 방해하거나 또는 그 수로에 장애를 행한 자
61. 하천·구거 또는 하수로의 소통을 방해하는 행위를 한 자
62. 구거·하수로를 훼손하거나 관서의 독촉을 받고도 수선 또는 준설(浚渫)을 소홀히 한 자
63. 관서의 독촉을 받고도 도로의 소제(掃除) 또는 살수(撒水)[106]를 하지 아

96) 짤막한 화살을 대통에 넣고 입으로 불어 쏘는 무기.
97) 쇄사슬로 매어둠.
98) 옷을 벗음.
99) 벌거숭이 맨몸.
100) 엉덩이.
101) 넓적다리, 대퇴부.
102) 버려두다.
103) 지저분하고 더러운 물건.
104) 던져 버림.
105) 제거.

니하거나 제지에 응하지 아니하고 결빙기에 도로에 살수를 한 자

64. 관서의 독촉을 받고도 굴뚝의 개조·수선 또는 소제를 소홀히 한 자
65. 함부로 타인의 표등(標燈)[107] 또는 사사(社寺)[108]·도로·공원 기타 공중용 상등(常燈)을 소등한 자
66. 신사(神祠), 불당, 예배당, 묘소, 비표(碑表), 형상 기타 이와 유사한 것을 오예(汚穢)한 자
67. 함부로 타인의 가옥 기타 공작물을 오독(汚瀆)하거나 첩지(貼紙)[109]·벽보 등을 붙이거나 타인의 표찰, 초비(招碑), 매대가찰(賣貸家札) 기타 방표(榜標)의 류(類)를 오독(汚瀆) 또는 철거한 자
68. 함부로 타인의 전야(田野)·원유(園囿)[110]에서 과일을 따거나 화훼를 꺾은 자
69. 타인이 소유 또는 점유한 토지를 침범하여 공작물을 설치하고 처마·기둥을 내어 목축을 하거나 경작 기타 현상에 변경을 초래하는 행위를 한 자
70. 전주(電柱), 교량, 게시장 기타 건조물에 함부로 우마를 매어둔 자
71. 교량 또는 제방을 손상할 우려가 있는 장소에 주벌(舟筏)을 매어둔 자
72. 함부로 타인이 매어둔 우마 기타 짐승류 또는 주벌(舟筏)을 풀어준 자
73. 함부로 타인의 전포(田圃)[111]를 통행하거나 우마·차량을 침입하게 한 자
74. ① 자기가 점유한 장소 안에 노유·불구 또는 질병으로 구조를 요하는 자 또는 사람의 사시(死屍), 사태(死胎)가 있음을 알고도 신속하게 경찰관리 또는 그 직무를 행하는 자에게 신고하지 아니한 자

    ② 전항의 사시·사태에 대하여 경찰관리 또는 그 직무를 행하는 자의 지휘 없이 그 현장을 변경한 자
75. 사람의 사시 또는 사태를 은닉하거나 다른 물건으로 혼동하도록 의장(擬裝)한 자
76. 허가를 받지 아니하고 사람의 사시 또는 사태를 해부하거나 보존한 자

106) 물뿌리기.
107) 무엇을 표하는 등불.
108) 신사와 절.
109) 붙인 종이.
110) 식물원과 동물원.
111) 채소밭.

77. 일정의 음식물에 다른 물질을 혼합하여 부정한 이득을 꾀한 자
78. 병폐(病斃)[112]한 금수의 육류 또는 설익은 과일(不熟の果物), 부패한 음식물 기타 건강에 해로운 물건을 음식물로서 영리용으로 이용한 자
79. 매기(埋棄)한 소·말·양·돼지·개 등의 사체를 발굴한 자
80. 포자(炮煮),[113] 세척(洗滌), 박피(剝皮) 등을 요하지 아니하고 그대로 식용하는 것에 복개(覆蓋)[114]를 하지 아니하고 점두(店頭)에 진열하거나 행상을 한 자
81. 자기 또는 타인의 신체에 자문(刺文)[115]을 한 자
82. 가옥 기타 건조물 또는 인화하기 쉬운 물건의 근방 또는 산야에서 함부로 불을 피운 자
83. 석탄 기타 자연 발화의 우려가 있는 물건의 취급을 소홀히 한 자
84. 함부로 총포를 발사하거나 화약 기타 극발(劇發)[116]하는 물건을 가지고 논 자
85. 허가를 받지 아니하고 연화(煙火)[117]를 제조 또는 판매한 자
86. 허가를 받지 아니하고 극장 기타 흥행장을 개설한 자
87. 도선(渡船), 교량 기타의 장소에서 정액 이상의 통행료를 청구하거나 정액의 통행료를 지불하지 아니하고 통행하거나 이유 없이 통행을 방해 또는 통선의 요구에 응하지 아니한 자 등이다.

1912년 제정된 경찰범처벌규칙은 일본의 경찰범처벌령을 모법으로 이를 더욱 강화한 법령이었는데, 양자를 비교해보면 경찰범처벌규칙의 '식민지적 특징'을 뚜렷하게 알 수 있다.

경찰범처벌규칙에서 처벌대상으로 열거한 87가지의 범죄 중 제19호 청원·진정 남용, 제20호 불온 연설 및 불온 도서 반포·낭독, 제29호 사칭 투숙, 제32호 경찰 지시 불이행 등은 일본의 경찰범처벌령에는 없는 경찰범처벌규칙

112) 병사(病死).
113) 굽고 끓이는 일.
114) 덮개.
115) 문신.
116) 몹시 심하게 무엇을 일으킴.
117) 불꽃.

만의 독자적인 범죄 행위였다. 이 호들은 제4호 면회 강요, 제8호 단체 가입 강요, 제21호 유언비어 유포, 제30호 관공서 소환 불응 등과 더불어 의병 활동이 의심스럽거나 어떠한 '정치적 언동'을 한 사람에게 적용할 법령이 마땅치 않을 때 이들을 '별건 처벌'하는 역할을 했다.

(3) 조선태형령(朝鮮笞刑令)

한편, 1912. 3. 18.자로 공포된 조선태형령은 조선인에게만 적용되는 것으로서(제13조) 3월 이하의 징역 또는 구류, 100원 이하의 벌금과 과료에 처할 자들에 대해 그 처벌 대신에 태형을 가할 수 있도록 하였다. 태형은 나무로 만든 매인 태(笞)로 엉덩이부분을 때려 집행을 하였다(제6조).

먼저, 3개월 이하의 징역 또는 구류에 처할 자는 그 정상에 의해 태형으로 처하는 것으로 할 수 있고(제1조), 100원 이하의 벌금 또는 과료에 처할 자는 조선 내에 일정한 주거를 가지지 아니한 때, 자산이 없는 것으로 인정되는 때에는 정상에 의해 태형에 처할 수 있었다(제2조).

또한 100원 이하의 벌금 또는 과료의 언도를 받은 자가 그 언도 확정 후 5일 이내에 이를 완납하지 않는 때에는 검사 또는 즉결관서의 장은 그 정상에 의해 태형으로 환형할 수 있었는데 태형집행 중에 집행하지 않은 태형수에 상당하는 벌금 또는 과료를 납부하는 때에는 태형을 면한다(제3조). 태형에 처하거나 벌금 등을 태형으로 환형하는 경우 태 1회는 징역 또는 규류의 1일, 벌금 1원으로 환산하였다(제4조).

경찰범처벌규칙에 의해 경찰서장 등의 즉결처분으로 구류 혹은 과료에 처해진 많은 경우 그것은 태형으로 환형되었는데 범죄즉결례, 경찰범처벌규칙, 조선태형령은 삼위일체로 식민지 조선인의 일상을 감시하고 규제하는 그물망으로 기능했다.

태형은 헌병 경찰이 조선인에게 합법적으로 매질을 가할 수 있는 수단이었다. 따라서 조선인들의 불만은 클 수밖에 없었는데 3·1운동 이후 일제가 이른바 문화통치를 선언하면서 1920. 3. 21. 조선태형령을 폐지하였다.

(4) 경찰사법의 현황

이와 같이 3개월의 징역, 금고까지 즉결처분할 수 있는 강대한 권한, 그리고 경찰범처벌규칙상의 광대한 처벌대상 규정과 즉결권으로 경찰서장 등은 이러한 사건들에 있어서는 혼자 검사와 판사의 역할을 모두 행할 수 있었으므로 그러한 범위에서 식민지 조선에서는 경찰이 직접 사법권을 행사하는 상황이었다.

이러한 즉결권에 의해 처단되는 사건은 1912년 이후 급격히 증가하여 즉결인원은 제1심 판결인원의 약 2배 가량이 되었다.[118] 또한 검찰송치와 범죄즉결인원을 대비하면 1922년에 경찰에서 처리한 인원이 171, 325명인데 그 중 89,426명(52.2%)이 검찰에 송치되고 77,499명(45.2%)이 즉결처분되었으며 경찰의 훈계방면이 2,161명(1.3%)이었다. 1936년에는 처리인원 312,777명 중 검찰송치 133,704명(42.7%), 범죄즉결 128,770명(41.2%), 훈계방면 44,301명(14.2%)이었다. 범죄사건의 절반 이상이 경찰사법에 의해 처리되는 상황이었다.

3) 조선형사령과 사법경찰관의 권한 강화

(1) 강제처분권

앞에서 본 바와 같이 한일합병을 전후하여 일본에서 시행되던 메이지 형사소송법에 의하면 강제처분의 권한은 예심판사의 권한이었고 검사나 사법경찰관은 현행범의 경우에만 강제처분을 할 수 있었다. 그런데 한일합병 전의 대한제국에서는 예심제도를 도입하지 않았고 일본 형사소송법상 예심판사의 권한에 속하는 강제처분을 검사가 할 수 있었다.

사법경찰관의 경우는 1908년의 민형사소송규칙에서 제150조에서 검사의 지휘계통하에 있는 사법경찰관의 수사권을 인정하였다. 제153조에서 수사에 있어서는 피고(被告)의 신문, 체포, 나인(拿引),[119] 구류와 증인의 신문, 감정, 검증, 가택 수색과 물건의 압수를 행할 수 있는데 다만 사법경찰관은 검사의 허가가 없으면 10일 이상 피고를 구류할 수 없다(제153조)고 하여 사법경찰관의 강제처분권을 인정하고 있었다. 다만 사법경찰관의 구류권은 10일의 한도 내에서만 인정하고 그 이상은 검사의 허가를 받도록 하였다.

한편, 1909년의 통감부재판소사법사무취급령에서는 검사는 급속한 처분을 요한다고 사료하는 때에는 공소제기 전에 한하여 검증, 수색, 물건의 차압(差押)을 할 수 있고 피고인, 증인을 신문하고 또는 감정을 명하는 등 예심판사에

118) 문준영, 앞의 책, 457면. 범죄즉결과 제1심 형사판결인원(1911~1940) 비교 그래프 참조.
119) 죄인을 잡아 끌고오는 것으로 구인에 해당한다.

속하는 처분을 행할 수 있었다. 다만 구류장을 발하고 벌금, 과료 및 비용배상의 언도(言渡)을 행하는 것과 선서를 행하게 하는 것은 할 수 없다(제25조 제1항)고 하고, 검사는 사법경찰관으로 하여금 전항의 처분을 하도록 할 수 있다(제25조 제2항)고 하여 사법경찰관은 검사의 지시에 의하여 검사의 요급처분 권한 범위내의 처분을 할 수 있었다.

그런데 조선형사령은 조선에서 예심제도가 있는 메이지 형사소송법을 적용함에도 불구하고 종래와 같이 검사의 강제처분권뿐만 아니라 사법경찰관의 강제처분권까지도 그대로 인정하였는데 특히 사법경찰관의 강제처분권을 1909년의 통감부재판소사법사무취급령보다 더욱 강화하였다.

먼저 1909년의 통감부재판소사법사무취급령에서는 '검사는 사법경찰관으로 하여금 전항의 처분을 하도록 할 수 있다'고 규정하여 사법경찰관은 검사가 강제처분을 하도록 지시하여야 할 수 있었다. 그런데 조선형사령 제12조 제2항은 '전항의 규정에 의하여 검사에게 허용한 직무는 사법경찰관 역시 임시로 이를 할 수 있다'고 하여 사법경찰관은 검사의 지시를 기다리지 않고도 스스로의 판단하에서 강제처분을 할 수 있는 것으로 강화되었다.

다음으로 조선형사령에서도 사법경찰관은 구류장을 발할 수는 없다고 하여 사법경찰관의 구류권한은 인정하지 않았으나 사법경찰관이 피고인을 신문한 뒤에 금고 이상의 형에 해당한다고 사료하는 때에는 14일을 초과하지 않은 기간을 유치할 수 있다고 하여 14일간의 유치권한을 부여하였다. 유치도 구금을 하는 것이므로 이는 실질상으로 14일간의 구류권을 인정하는 것이었다.

(2) 조서의 작성권한과 사법경찰관 조서의 증거능력

한편, 조선형사령 제14조는 검사와 사법경찰관의 강제처분권을 규정한 제12조, 제13조의 경우에는 제1조의 법률 중 예심에 관한 규정을 준용한다고 하여 예심에서 예심판사가 행하는 절차규정이 적용되었다. 이에 따라 검사와 사법경찰관은 피고인을 신문하거나 증인을 신문하는 경우에 조서를 작성할 수 있었다.

앞의 1. 2) (3) ①에서 살펴본 바와 같이 일본에서는 다이쇼(大正) 형사소송법 개정시에 직접주의를 강화하여 지방재판소의 공판에서는 원칙적으로 법령에 의해 작성된 조서만 증거능력을 인정하였고 이러한 조서는 예심판사만

작성할 수 있었다. 그러나 조선에서는 조선형사령에 의해 검사뿐만 아니라 사법경찰관도 예심판사와 같이 피고인과 증인을 신문하고 조서를 작성할 수 있었으며 그 조서가 법정에서 판사의 조서와 같이 증거능력이 인정되었던 것이다.

이와 관련하여 특히 해방 후 우리 형사소송법을 제정하는 과정에서 일제강점기에 사법경찰관에 의해 행해진 소위 백지조서의 실무를 비판하는 언급이 있는데 조서의 말미에 피고인이나 증인의 무인만 찍은 후에 나머지 내용은 사법경찰관이 자의로 적은 조서를 말한다. 그렇게 작성된 조서도 법령에 의해 작성된 조서로서 법정에서 걸러지지 않고 증거능력을 인정받아 유죄의 증거로 사용되었던 폐해를 시정하기 위해서 해방 후 형사소송법 제정시에 조서의 작성절차를 법정화하고 사법경찰관의 피의자신문조서의 증거능력 제한규정이 도입되었던 것이다.

4) 경찰서장의 민사쟁송조정

나아가 1910. 10. 제령 제11호 '민사쟁송조정에 관한 건'을 통해 경찰서장에 의한 민사쟁송조정제도가 도입되어 구재판소가 설치되지 않은 지역의 경찰서장이 당사자의 신청에 의해 구재판소 관할에 속하는 민사사건쟁송의 조정을 할 수 있게 하였다.

이후 1912. 3. 18. 조선총독부제령 제10호로 개정되어 지방법원 및 그 지청소재지를 제외한 지역에서 경찰서장이 조정을 할 수 있게 하였는데 조정사항들도 특정하여 열거하였다.

경찰서장 또는 그 직무를 취급하는 자는 당사자의 신청으로 인하여 그 관할구역 안에서 민사쟁송에 대하여 조정을 할 수 있는데 다만, 지방법원 또는 그 지청소재지의 경찰서장 또는 그 직무를 취급하는 자는 그러하지 아니하다고 하였다(제1조). 제1호에 나열된 조정사항은 ① 200원을 초과하지 아니하는 금액 또는 가액 200원을 초과하지 아니하는 물건에 관한 쟁송, ② 가액에 불구하고 (가) 임대인과 임차인 사이에 주가(住家) 기타 건물 또는 그 어떤 부분의 수취·명도·사용·점거 또는 수선에 관하거나 임차인의 가구 또는 소지품을 임대인이 차압한 것에 관하여 발생한 쟁송, (나) 부동산의 강계(疆界)에만 관한 쟁송, (다) 점유에만 관한 쟁송, (라) 고용주와 고용인 사이에 고용기한 1년 이하의 계약에 관하여 발생한 쟁송, (마) 회료(賄料),[120] 숙박료 또는 여행자 또는 수하물 운송료, 여행자가 여관 또는 음식점 주인 또는 운송인에게 보호를 위하여 맡긴 수화물·금전 또는 유가물에 대하여 여행자와 여관 또는 음식점 주인 사이에 또는 여행자와 수륙운송인 사이에 발생한 쟁송 등이다(제1조).

민사쟁송의 조정이 성립한 때에는 경찰서장 또는 그 직무를 취급하는 자는 조서로써 쟁송의 사실 및 조정의 시말을 명확하게 하여야 하며(제2조 제1항), 조정이 성립한 쟁송과 동일한 사건에 대하여는 소송을 제기할 수 없다(제2조 제2항).

조선 전체에 재판소가 있는 곳은 55개 군에 지나지 않기 때문에 나머지 161개 군에서는 경찰의 민사조정이 실시되고 있었다.

5) 경찰의 조직상황

조선총독부의 경찰제도의 변화는 헌병경찰제도(1910년대), 보통경찰제도(1920~30년대), 전시체제기(1930년대 후반~)로 나누어 볼 수 있다.

무단통치기 경찰기구의 가장 큰 특징은 경찰이 행정기구에서 독립한 총독의 직속기구로 존재한 점이다. 경무총감부와 도 경무부 밑에는 고등경찰과·서무과·경무과·보안과·위생과를 두었는데 여기에서 치안의 중추를 담당하는 부서로는 고등경찰과와 보안과를 들 수 있다. 고등경찰과는 국내 사찰과 정보 수집은 물론이고 만주 등 해외 각지에서까지 활동했다. 고등경찰과의 고등경찰계는 사찰 외에 집회·대중운동·결사·외국인·종교단체 등을 담당했고, 도서계는 신문·잡지·출판물·저작물에 관한 사항을 취급하여 각종 '불온한' 사상을 규제했다.

각도 경무부장에는 도의 헌병대장이 취임하고 도내의 경찰을 관할했다. 또 요소에는 경찰서를 설치하고 경찰서가 없는 지방에는 헌병분대와 분견소를 두어 관할했다. 이처럼 헌병과 경찰의 두 조직체계가 연립하고 헌병이 최고 치안 책임자로서 두 조직의 장을 겸하여 일원적인 명령계통을 유지했다.

1919년 3·1운동을 무력으로 탄압한 조선총독부는 기존의 헌병경찰에 의한 무단통치에서 문화통치로 전환했다. 내무관료를 중심으로 조선총독부의 관료 진영을 정비하는 한편, 총독 무관제의 폐지, 총독의 군통수권 삭제, 헌병경찰의

120) 숙박시 식사료.

보통경찰로의 전환 등을 내용으로 하는 관제개혁을 단행하였다. 도지사의 권한을 강화하고 지방자치제를 실시한다는 명목으로 도회(道會) 등 지방의결기관 등을 설치하였으나[121] 실질에 있어서는 지방자치의 실시보다는 친일 지식인을 회유하는 정책의 일환이었다.[122]

보통경찰체제의 수립을 위해 조선총독부는 본부의 관제 개정과 더불어 지방관관제도 개정했다. 그 가운데 경찰 관련부분만 보면, 종래의 도장관을 도지사로 고치고 경무총감부와 각 도 경무부를 폐지했다. 대신에 각 도지사로 하여금 경찰권을 대행하게 하고 그 아래 제3부를 두어 도사무관을 제3부장으로 삼아 지방 경찰·위생 사무 등에 관해 지사의 명을 받아 부하를 지휘·감독하게 했다.

1921. 2.에는 지방관 관제 중 제1부를 내무부로, 제2부를 재무부로, 제3부를 경찰부로 개정했다. 지방에 경찰서를 두고 과거 헌병분대 또는 헌병분견소를 두어 경찰서를 두지 않은 지방에도 이를 보급하게 했다.

도지사에게 경찰권이 부여됨에 따라 도지사는 일반 행정과 경찰 행정을 통일적으로 운영할 수 있게 되었다. 그리고 1부·군 1경찰서, 1면 1주재소를 원칙으로 전국에 경찰기관을 확장하는 한편, 경찰서장은 경시 또는 경부가 맡고 경부 밑에 경부보와 순사를 두었다. 특히 종래 조선인에 한해 임명했던 순사보를 폐지하는 대신 조선인 순사보를 모두 순사로 진급시켰다.

일제하 전 시기를 통해 조선총독부 경찰은 군사분야(의병 토벌, 첩보 수집), 정치사찰(신문지와 출판물 단속, 집회와 결사 단속, 종교 단속, 기부금 단속), 사법경

121) 도·부·읍·면에는 법인격이 부여되었으며, 법령의 범위 내에서 그 공공사무 및 법률, 칙령 또는 제령에 의하여 도에 속하는 사무를 처리하는 권한을 가지게 되었다. 도·부·읍의 조직은 의결기관과 집행기관으로 구분하였으며, 의결기관으로는 도회(道會)·부회(府會)·읍회를 두었는데 그 의장은 각각 도지사·부윤·읍장이 맡았다. 의결기관이라고는 하나 자문기관의 지위를 겨우 면한 정도였다. 권한은 도정 전반에 관한 것이 아니고 법령에 열거된 사항에 한정되었다. 집행기관인 도지사·부윤·읍장은 국가가 임명한 관리였다. 도의회 의원의 정수는 조선총독이 도에 따라 20~50인으로 정하였는데, 그 정수의 3분의 2는 각 선거구에서의 부회·읍회의 의원과 면협의회 의원이 선거하는 간접선거제였고 3분의 1은 도지사가 임명하였다.

122) 일제는 3·1운동 이후 민족분열정책으로 자산계급, 지식인, 종교인 등 일부를 친일세력으로 포섭하고자 하였는데 지방자치제를 실시한다는 명목으로 설치한 면부협의회, 도평의회에도 각 지방의 자산계급과 지식인 등이 이에 응함으로써 친일세력으로 바뀌어갔다.

찰, 경제분야(납세 독촉, 국경 세관 업무, 밀수입 단속, 국고금과 공금 경호, 부업·농사·산림·광업 등의 단속), 학사분야(학교 시찰, 일어 보급), 외사분야(여권 교부, 도항 단속, 체류 금지자 단속, 국내외 거주이전 통제), 조장행정(법령 보급, 농사식목개량, 부업 장려), 위생분야(종두 보급, 전염병 예방, 도살단속) 등 광범위한 직무를 수행했다.[123] 이러한 다양한 직무는 곧 경찰이 막강한 권력을 행사함을 의미했는데, 경찰의 권력은 특히 경찰의 즉결 처분 권한을 보장한 범죄즉결례, 경찰범처벌규칙, 조선태형령 등의 법령으로 보장되었다.

Ⅳ. 대한민국 검찰의 성립과 발전

1. 해방과 미군정 초기

1) 해방 공간의 상황과 과제

(1) 규범과 국가기구의 공백

1945. 8. 15. 일본의 항복으로 해방을 맞았으나 우리의 힘으로 일본을 물리친 것이 아니었으므로 우리가 일본으로부터 통치권의 인수를 받을 수 없는 상황이었다. 나아가 독립운동 세력도 하나로 결집되지 않은 상황이었고 임시정부가 있기는 하였으나 유일한 정통정부로서 국민적으로 인정받지 못하고 있었으며 승전국으로부터도 대한민국의 정통정부로서 통치권을 인수받을 자격을 인정받지 못하였다.

일본의 식민지 통치기구로서 총독부 기구들이 폐지되고 일본인 관료들이 모두 본국으로 돌아갈 것이 예정된 상황에서 국내적으로도 이를 대체할 국가기구가 없었다. 총독부가 시행하였던 규범들도 새로운 규범들로 대체될 운명에 있었고 새로운 국가를 규율할 규범들에 대해서도 어떤 식의 규범들이 정해질지는 향후의 국가건설과정에서 결정될 것이었기 때문에 혼란과 함께 모든 가

123) 일제강점기에 경찰은 조선총독부의 식민지 통치의 핵심 수단이었다. 경찰이 이와 같이 행정영역의 광범위한 영역을 모두 담당하고 있어 일제강점기의 식민지 조선은 일종의 경찰행정국가라 할 수 있었다. 정근식/이병천 역음, 『식민지 유산, 국가형성, 한국민주주의』, 책세상, 2012, 62면.

능성이 열려있는 상황이었다. 이러한 상황에서 새로운 국가기구를 만들어 국가를 건설하는 임무를 누가 어떤 식으로 담당할 것인지에 대해 여러 세력들간에 다툼과 혼란이 있을 수밖에 없었다.

(2) 식민지 유산의 청산과 새로운 국가의 건설

이러한 해방 공간에서 한국 사회는 새로운 국가 건설과 일제의 식민지배가 남긴 유산을 청산해야 하는 과제를 수행해야 하였는데 식민지배가 남긴 유산의 청산은 새로운 국가의 모습을 정하기 위한 선결과제라 할 수 있었다.

식민지 유산의 청산은 내부적으로는 세 가지 영역으로 나눌 수 있는데 인적 청산, 물적 청산, 제도적 청산을 들 수 있다. 인적 청산은 일제의 식민지배와 침략전쟁에 협력했던 친일 반민족 행위자를 숙정하는 일이다. 물적 청산은 귀속재산의 올바른 처리와 경제의 민주화를 들 수 있으며, 제도적 청산은 일제가 식민지배를 유지하기 위해 만든 각종 악법과 통제기구를 해체하는 과제였다.

특히 검찰제도와 관련해서는 사법제도와 관련된 법원, 검찰, 경찰의 재편이 필요하였다. 경찰의 경우 일제강점기에 경찰을 통한 통치를 가능하게 한 경찰의 방대한 조직과 권한범위의 재편, 경찰사법을 가능하게 했던 경찰의 사법권행사와 조선형사령 체제의 재편이 필요하였다. 검찰은 프랑스 혁명 후에 인권의 보장과 적법절차의 감시기구로 탄생한 검찰의 본연의 역할을 수행할 수 있도록 하기 위한 제도적 재편이 필요하였고, 법원도 사법권의 독립을 위한 재편이 필요하였다.

2) 군정 초기의 치안문제와 경찰기구의 형성

(1) 8. 15. 해방 이후 미군 진주 이전 치안상황

1945. 8. 15. 일본이 항복을 하였고 그 해 9. 8.에 하지 중장이 이끄는 미군이 인천에 상륙하였으며 9. 9.에 조선총독부에서 아베 총독으로부터 항복 문서를 받고 통치권을 이양받았다. 그 사이의 기간 동안은 일본이 항복을 하였지만 아직은 사실상 일본의 기구가 통치권을 행사하고 있는 상황이어서 일본의 통치권을 인정하지 않는 한국인들과의 사이에 혼란이 있을 수밖에 없었고 일본인들은 한국인들이 자신들에 대해 행할 보복을 방지하고자 하였다.

1945. 8. 14. 조선총독부와 면담을 한 여운형은 정치범석방, 3개월분 식량

확보, 치안불간섭, 학생·청년단 조직불간섭 등의 조건을 수락받은 후 통치권 인수를 위하여 건국준비위원회 조직에 착수하였고 1945. 8. 16. 건국치안대를 조직하였다. 건국치안대는 지역별, 직장별 치안대를 조직하고 주요 자재, 기관, 수원지보고, 교통원활화에 힘썼으며 1945. 9. 2. 건국준비위원회에 편입되었다.[124]

또한 각지에서 건준과는 별도로 학생, 청년들이 자체적으로 치안대를 조직하여 경찰서를 접수하려 하였고 일본인의 상점, 공장, 기타 재산을 강제로 접수함으로 인해 사회적 혼란이 되기도 하였다.[125]

한편, 일제 경찰이던 조선인 일부가 서울 시내에서 일본으로부터 경찰서를 접수하려는 시도를 하였는데 1945. 8. 16. 종로경찰서에서 근무하던 윤병운 경부 등이 모여 한국경위대를 조직하고 서울시내에서 경찰서를 접수하려 하기도 하였다.[126]

본정(本町)경찰서에서는 8. 26. 일본인 경찰서장이 조선인 경찰관들에게 무장을 허가하지 않자 조선인 경찰관들이 서장 이하 일본인 경찰관 250명을 추방하였는데 일본인 서장이 헌병대, 특경대, 기마대 등 수백명의 병력으로 경찰서를 포위하자 경찰서를 넘겨주었다.[127]

(2) 일제경찰과 조선인 경찰관에 대한 보복

8. 15. 해방당시 조선에는 일제 경찰이 26,671명이 있었는데 그 중 조선인이 10,619명이었다. 간부로서는 황해도 경찰부장인 윤중화 이외에 경시 21명(일본인 48명), 경부 105명(일본인 433명), 경부보 220명(일보인 790명) 등이 있었다.[128]

8. 15. 직후 일제 경찰이던 조선인 경찰관들은 국내 각처에서 집단 폭행, 구타, 심지어 살해까지 당하는 등 일제강점기시의 악행에 대한 보복을 당하였으며 대부분 도망하거나 은신하고 있었다.[129] 경기도에서 발생한 사례로, 용인

124) 이윤정, 『한국 경찰사』, 소명출판, 2015, 149면.
125) 위의 책, 149면.
126) 경향신문 1977. 2. 16., 비화 한세대(71), 군정경찰(2) 한국경위대.
127) 이윤정, 앞의 책, 150면.
128) 경향신문, 1977. 2. 14., 비화 한세대(72), 군정경찰(3) 8. 15해방과 왜경.
129) 정근식/이병천, 앞의 책, 242면.

경찰서 송전지서에 근무하던 순사가 우마차 조합원 50여명에게 폭행을 당하였고, 가평경찰서 북면 주재소 수석이 치안대원과 주민에게 인치되어 구금되고, 청평 주재소 순사가 친일파라는 이유로 청년들에게 폭행당하여 도주하였으며, 옹진경찰서 경제계에 근무하는 순사부장이 사상범으로 검거되었던 수명에게 폭행을 당하는 등 8. 16.부터 8. 25.까지 집계된 조선인 경찰관에 대한 폭행, 협박이 111건(일본인 경찰관에 대한 폭행, 협박 66건)나 되었다.[130)]

(3) 미군의 진주와 경찰기구의 재건

1945. 9. 9. 서울에 진주한 미군은 9. 12.부터 9. 25.까지 제7사단에 의해 서울, 경기지역을 점령하였고 10. 10.까지 강원도지역까지 점령하였다. 9. 22.부터 10. 15.까지 제40사단에 의해 경남, 경북지역의 점령을 완료하였으며 10. 25.까지는 제6사단이 전라도 지역을 점령하고 11. 10. 제6사단 20보병연대가 제주를 점령함으로써 남한 전체에 대한 미군의 군사점령이 완료되었다.

먼저 1945. 8. 29.자 태평양미국육군사령부 야전명령 부속서 제6항에는 한국에 대한 군사점령의 당면목표를 제시하고 있는데, ① 군국주의 폐지, 처벌할 만한 전쟁범죄자의 즉각적인 체포, 일본의 무장해제와 군국주의 폐지, ② 인종, 국적, 신념, 정치적 견해를 이유로 한 차별 폐지, ③ 민주주의적 경향과 절차의 강화, ④ 자유주의적인 정치, 경제, 사회제도의 강화, ⑤ 한국에서 국내문제를 잘 처리할 수 있고, 다른 나라들이나 유엔과 평화적인 관계를 유지할 수 있는 책임있는 정부의 출현을 촉진할 조건의 창출 등이었다.[131)]

1945. 9. 7. 태평양 미육군총사령부 사령관 맥아더 장군이 사령부 포고 제1호 '조선 국민에게 고함'을 발하여 미군정 실시를 선언하고[132)] 국가기관들은

---

130) 이윤정, 앞의 책, 151면.

131) 심희기, "미군정기 남한의 사법제도개편", 법제연구 8호, 한국법제연구원, 1995, 82면.

132) 이에는 일본의 항복문서의 내용에 따라 미군이 북위 38도 이남의 조선영토를 점령하며 점령목적이 항복문서를 이행하고 조선인들의 인권 및 종교상의 권리를 보호함에 있다고 하면서 다음과 같은 점령조항이 포함되어 있다.
"제1조 조선 북위 38도 이남의 지역과 동 주민에 대한 정부의 모든 권한은 당분간 본관의 권한하에서 시행함(All Powers of Government over the territory of Korea south of 38 degrees north latitude and the people thereof will be for the present exercised under my authority).
제2조 정부, 공공단체 또는 기타 명예직 직원과 고용인, 공익사업과 공중위생을 포함한 공공사업에 종사하는 직원과 고용인은 유급·무급을 불문하고, 기타 제반 중요한

일단 그대로의 기능을 수행하도록 하였다. 또한 군정수행을 저해하는 범죄로서 항복문서의 조항 또는 태평양 미국육군최고지휘관의 권한하에 발한 포고, 명령, 지시를 범한 자, 미국인과 기타 연합국인의 인명 또는 소유물 또는 보안을 해한 자, 공중치안, 질서를 요란한 자, 정당한 행정을 방해하는 자 또는 연합군에 대하여 고의로 적대행위를 하는 자는 점령군 군율회의에서 유죄로 결정한 후 동 회의의 결정하는 대로 사형 또는 타 형벌에 처한다고 하였다.[133)]

한국을 점령한 하지 중장은 재조선미육군사령부군정청을 조직하였고 1945. 9. 12. 아놀드 소장을 미군정장관으로 임명하였다. 아놀드 소장은 1945. 9. 14. 일본인 경무국장을 해임하고 경찰기구에 대한 성명서를 발표하였다. 그 내용은 '1. 연합국 최고사령부 포고 제1호 제38조에 의하여 현재 한국(북위 38도 이남)의 경찰기구는 그 기능을 계속한다. 2. 정치단체, 귀환병단(歸還兵團) 또는 타의 일반 시민대가 경찰력 또는 그 기능을 행사하거나 행사하려는 것을 금한다. 3.

직업에 종사하는 자는 별명이 있을 때까지 종래의 직무에 종사하고 모든 기록과 재산의 보관에 임할 사(Until further orders, all governmental, public and honorary functionaries and employees, as well as all officials and employees, paid or voluntary, of all public utilities and services, including public welfare and public health, and all other persons engaged in essential services, shall continue to perform their usual functions and duties, and shall preserve and safeguard all records and property).

제3조 주민은 본관과 본관의 권한하에서 발포한 명령에 즉속(卽速)히 복종할 사. 점령군에 대하야 반항행동을 하거나 또는 질서보안을 교란하는 행위를 하는 자는 용서없이 엄벌에 처함(All persons will obey promptly all my orders and orders issued under my authority. Acts of resistance to the occupying forces or any acts which may disturb public peace and safety will be punished severely).

제4조 주민의 소유권은 차를 존중함. 주민은 본관의 별명이 있을 때까지 일상의 업무에 종사할 사(Your property rights will be respected. You will pursue your normal occupations, except as I shall otherwise order).

제5조 군정기간 중 영어를 가지고 모든 목적에 사용하는 공용어로 함. 영어와 조선어 또는 일본어간에 해석 또는 정의에 불명 또는 부동이 생한 때에는 영어를 기본으로 함(For all purposes during the military control, English will be the official language. In event of any ambiguity or diversity of interpretation or definition between any English and Korean or Japanese text, the English text shall prevail).

제6조 이후 공포하게 되는 포고, 법령, 규약, 고시, 지시 급(及) 조례는 본관 또는 본관의 권한하에서 발포하야 주민이 이행해야 될 사항을 명기함(Further proclamations, ordinances, regulations, notices, directives and enactments will be issued by me or under my authority, and will specify what is requried of you).

133) 1945. 9. 7. 군정법률 제2호 범죄 또는 법규위반.

현재의 경찰기구는 종전의 일본 정부와 전연 관계없고 군정장관인 나의 밑에 운영되며 그 조직의 실권은 내가 이것을 부여한다. 또 그 조직은 헌병사령관 시크 준장에 직속한다. 4. 경찰관은 나로부터 다음과 같은 권한을 보유한다. ① 무기의 휴대, ② 체포, ③ 분쟁의 진압, ④ 법규 및 질서의 유지. 5. 한국인 및 일본인으로 되어 있는 현재의 경찰관은 종국에 있어서 전부 한국인으로 조직하기로 한다. 유능한 한국인의 채용 및 훈련을 속히 실시할 것이다'라는 것이었다. 이 성명에 의해 군정경찰이 탄생되었다.

1945. 9. 20. 미군정청의 조직 편제가 구성되었다. 그 편제는 군정장관과 민정장관, 서기관 외에 관방총무과(官房總務課), 외사과(外事課), 지방과, 경무국, 재무국, 광공국, 농상국, 학무국, 법무국, 체신국, 교통국의 3과 8국으로 구성하는 것으로 하였다.[134)]

군정청의 경찰 총수는 헌병대장이던 쉬크가 맡았고 경기도경찰부장은 스털링 대위였으며 10월 초경까지 서울시내 경찰서장을 발령하였다. 당시 서울시내 10개서에 발령된 경찰서장은 모두 일제 때 경찰관이거나 군수를 지낸 사람들이었다. 서울시내 경찰서장 발령은 스털링이 경기도경찰부장에서 해임된 후에도 한동안 함께 근무하였던 일본인 岡久雄과, 해방당시 조선인 최고참 경시였던 최연(崔燕, 본명은 崔鈴이었는데 개명)[135)]의 조언을 받아 행한 것이었다.[136)]

서울 이외의 지방에서는 군정관들이 투표와 추천을 통해 서장을 뽑기도 하였는데 그 과정에서 혼란이 있어 일부에서만 이루어졌고 나머지는 군정관이 임명하는 방식으로 행해졌다. 경기도 경찰부의 서울 이외 21개 경찰서 중에서 일제 때 조선인이 경찰서장이던 양평경찰서장은 유임되고 인천경찰서장은 군정관이 임명하였으며 8명은 치안대장이나 보안대장을 하다가 민선으로 선출되

134) 군정청기구는 1946년에는 13부 6처(농무부, 상무부, 체신부, 문교부, 재무부, 사법부, 국방부, 경무부, 보건후생부, 공보부, 운수부, 노동부, 토목부, 회계처, 외무처, 총무처, 인사행정처, 지방행정처, 기획처, 관재처)로 기구가 개편되면서 군정장관을 제외한 모든 장이 한국인으로 임명되었다. 1947년 6월에는 미군정청 한국인기관을 남조선과도정부라고 하고, 기구도 13부 2처 1특별국으로 개혁하면서 인사위원회와 경제위원회를 두었다.

135) 1918년 함흥경찰서 순사로 경찰생활을 시작하였고, 1942년 경시(警視)에 올랐으며 이후 황해도 보안과장을 거쳐 경기도 경찰부 형사과장을 지내던 중 광복을 맞았다. 위키백과(인터넷자료), 최연(1997).

136) 경향신문, 1977. 2. 28. 비화한세대(80), 군정경찰(11) 민주적 서장선출.

었다. 6명은 일제 때 고급간부로 있던 자가 승진발령되었으며 6명은 경기도 경찰부장인 스털링이 임명하는 등으로 조직을 갖추었다.

1945. 9. 7. 자 포고 제1호는 공무원들에 대한 원대복귀명령이기도 하였다. 초기에는 일본인 경찰관들은 90% 정도 복귀하였으나 조선인 경찰관들은 20% 정도만 복귀하는 상황이었다.[137] 경찰력의 60%에 해당하는 일본인 경찰관들이 귀국할 예정이어서 경찰력이 부족한 상황이었으므로 경찰관들을 대거 신규채용하였는데 법령지식 부족이나 자질 저하로 비난의 소리가 커지자 10. 1.을 전후하여 일부 교양과 자질이 부족한 경찰관을 퇴출시키고 교육을 강화하는 등의 조치가 행해졌다.[138] 10월 말경에 이르면 조선인 경찰관들이 대부분 복귀하는 상황이 되었다.[139]

1945. 10. 21. 군정청에 중앙경찰기관으로 경무국(警務局)을 창설하였다. 경무국에는 관방, 총무과, 공안과, 수사과, 통신과를 두고 지방에는 도지사 밑에 경무부를 두어 경무과, 보안과, 형사과, 경제과, 소방과, 위생과를 설치하였다.

군정당국은 1945. 10. 29. 참패니 육군대령을 경찰감찰관으로 임명하여 조선 경찰의 조직 기타 활동에 관한 사항을 파악하게 하여 1945. 12. 27. 국립경찰의 조직에 관한 건을 발표하였다. 이 안은 경무국장이 전국경찰을 지휘·감독하고 기존의 도지사의 권한에 있던 경찰행정권을 분리시켜 예산과 인사 등 중요한 권한을 경무국장에게 부여하는 내용으로서 중앙집권적인 국립경찰을 만드는 것이었다.

이에 따라 1946. 1. 16. 군정청에서 '경무국 경무부에 관한 건'에 의해 경무국이 경무부로 승격되었고 경무부 산하에 국립경찰학교, 경무과, 공안과가 설치되는 등 국립경찰의 직제가 크게 변경되었다. 각 도에 경찰부가 설치되어 그 장을 경찰부장으로 하였으며 그 예하에 총무, 문서, 공안, 형사, 교통, 통신, 소방과를 두었다. 당시 각 도별 정원은 경기도 6,300명, 강원도 1,700명, 충청북도 1,800명, 전라북도 2,800명, 경상북도 3,300명, 충청남도 2,600명, 전라남도 3,100명, 경상북도 3,300명으로 총 24,900명이었다.[140]

137) 경향신문, 1977. 2. 25. 비화한세대(79), 군정경찰(10) 미군의 진주.
138) 이윤정, 앞의 책, 154-155면.
139) 경향신문, 1977. 2. 25. 비화한세대(79), 군정경찰(10) 미군의 진주.
140) 이윤정, 앞의 책, 161면.

1946. 4. 11. '국립경찰에 관한 건'에 의해 기존의 각 도 경찰부가 관구경찰청으로 변경되었고 계급도 중앙의 경무부장을 제외하고는 경찰청장, 경찰부청장, 총경, 감찰관, 경감, 경위, 경사, 순경으로 변경되었다. 이에 따라 8개의 관구경찰청이 생겼고 1946. 9. 18. 서울특별시가 설치되어 서울이 제1관구경찰청에서 분리되어 수도관구경찰청이 창설되었다.

1946. 9. 17. 각 관구경찰서의 활동을 조직적으로 감독하기 위해 3개의 경무총감부를 신설하였는데 경무총감은 경무부장이 임명하고 경찰부장을 대리하여 예하 관구청의 경찰활동을 감독하였다. 그러나 경무총감은 경찰부장의 명령이 없는 한 일반 경찰사무에 관하여 명령할 권한은 없었다.

이러한 조직 개편은 경찰행정권을 도지사의 권한으로부터 분리하여 독립된 경찰부를 설치하는 결과를 가져오게 되어 일반행정과 경찰행정의 조정을 위해 1947. 9. 11. 경무부장이 경찰행정운영 개선에 관한 건을 지시하였다. 그 제1호에서는 '1945. 12. 27.부 국립경찰조직에 관한 건에 의하면 도지사는 각 관구경찰청장에 대하여 경찰의 조직, 운영, 훈련, 재정, 인사관계로 명령할 권한이 없고, 각 관구경찰청장은 관할구역 내에 법령, 질서의 유지와 경찰에 부과된 모든 직무를 수행함에 있어 도지사에 대하여 책임을 지고 도내에서 발생한 중요사건을 도지사 또는 시장에게 통보할 책임이 있을 뿐이다'라고 하였다.

그리하여 해방 후의 한국 경찰은 미군정하에서 자치경찰제도를 확립한 일본과는 달리 자치경찰을 일체 인정하지 않는 중앙집권적 국립경찰체제로 방향을 잡게 되었다.

(4) 일제경찰의 인적 청산의 문제

미군정은 당시 한국에 통치권을 이양할 만한 국가적 조직이 형성되지 않은 상태에서 1945. 9. 6. 박헌영이 선포한 조선인민공화국 세력을 비롯한 좌익세력에 대응하여 남한에서 공산주의를 봉쇄하고자 정책 수행과 신속한 치안의 장악을 위해 급히 효과적인 강제기구가 필요하였다.[141] 이에 따라 일제에 경찰로 근무하던 한국인들을 대거 군정경찰로 받아들여 근무하게 하였다.

---

141) 박지향 등, 『해방 전후사의 재인식 (2)』, 책세상, 2006, 82-83면.

하위직 경찰들은 새로 충원된 수가 많았지만 고위직으로 올라갈수록 대부분이 일제경찰 출신자들로서 이들이 핵심적 지위를 차지하였다. 해방 직후에는 도피하거나 복귀하지 않았던 일제 경찰출신자들이 경찰기구가 재건되고 그 고위직에 일제 경찰출신자들이 임명되면서 경찰을 점차로 장악하게 되자 대부분 다시 복귀하였다.

또한 당시 북한에서는 일제치하에서의 경찰관 출신자들은 친일파로 갖은 학대를 받았다. 이에 따라 북한에 있던 일제 경찰출신자들이 이를 피해 월남하여 대거 미군정 경찰에 합류하게 되었다. 이들은 특히 북한 지역에서 많이 근무하여 친한 안면이 있는 최연, 최경진(경무부 차장)[142] 등을 통해 쉽게 경찰에 투신할 수 있었다. 월남한 경찰관 중에는 노덕술 등 주요 간부급만도 수십명에 달하여 군정경찰의 주요 인맥을 형성하게 되었다.[143] 그리하여 예컨대 수도관구경찰청 관내의 일제 경찰출신자들의 재등장 비율을 각 계급별로 보면 총경, 감찰관, 경감급이 100%, 경위급이 75%, 경사급이 약 60%, 순경급이 약 2%였다.[144]

앞에서 본 바와 같이 해방 후의 군정경찰은 중앙집권적 통제체제를 완비하고 미군으로부터 지급받은 다양한 장비로 무장함으로써 물리적으로 강력한 강제력을 갖춘 기구로 성장하였다. 이러한 경찰을 일제 경찰출신들이 다시 장악함으로써 경찰에 있어서 일제 유산의 인적 청산이라는 측면은 이루어지기 어렵게 되었다. 뿐만 아니라 오히려 경찰이 일제 유산의 인적 청산을 방해하는 강력한 세력이 되었고 이는 특히 1949년의 반민족행위자특별조사위원회(약칭 반민특위) 활동시에 일제 경찰출신들이 반민특위 활동을 무력에 의해 방해함으로써 극명히 나타났다.

1948. 9. 22. 반민족행위자처벌법이 통과되고 1948. 10. 12. 반민족행위특별조사위원회가 구성되었다. 반민특위는 1948. 10.경부터 예비조사를 거쳐 1949.

142) 함경남도 경부, 평안남도 강동군수, 평안남도 경시(경찰부 보안과장)를 하였고, 해방 당시 조선총독부 경무국 사무관이었다. 위키백과(인터넷자료), 최경진, 국사편찬위원회, 한국사데이터베이스, 한국근대인물자료, 최경진.

143) 예컨대 북한에서는 1945. 9.말 1차로 경시급 이상은 평양의 추을에 있던 일본군 사단에 집합하게 한 후 모두 구금하였는데 해방 후 잠시 평양경찰서장을 맡았던 노덕술도 구금되었다가 연말에 풀려나 월남하였다. 경향신문, 1977. 3. 28., 1977. 2. 25. 비화한 세대(97), 군정경찰(28) 월남행 대열.

144) 이윤정, 앞의 책, 156면.

1. 5.부터 본격적인 활동에 들어갔다. 그런데 1948. 10.경부터 일제 경찰출신인 노덕술, 최난수(서울시 경찰국 수사과장), 홍택희(서울시 경찰국 사찰과 차석) 등이 반민족행위특별조사위원회를 와해시키기 위해 백민태라는 인물에게 청부하여 정부 요인들(반민특위 위원장 김상덕, 부위원장 김상돈, 특별재판부 재판장 김병로, 특별검찰부 검찰관장 권승렬 등 15인)을 암살하려고 시도하였으나 백민태가 1949. 1. 경 자수해 미수로 그친 사건이 발생하였다.[145)]

이 사건 1심 재판에서 1949. 6. 26. 최난수, 홍택희는 유죄판결을 받았으나 노덕술은 무죄판결을 받았고 항소심도 같았다. 당시까지의 교사범 처벌에 관한 이론은 정범이 실행에 착수하지 않으면 처벌할 수 없다고 해석하였기 때문에 교사자인 노덕술을 처벌할 수 없다는 것이었다. 그런데 그 판결이 1950. 5. 대법원에서 파기환송되었는데 피교사자가 실행에 착수하지 않았더라도 교사자를 처벌할 수 있다는 취지였다. 그 후 6.25.전쟁시에 702건의 소송기록이 유실되었는데 노덕술의 기록도 포함되어 있었고 이에 따라 특별법에 의해 공소기각 결정이 되었다.[146)]

또한 반민족행위특별조사위원회에서 1949. 1. 25. 노덕술을 반민족행위자로 체포하였는데 이승만 대통령이 반민특위에 그 석방을 요구하였으나 특위위원들이 이를 거부하였다. 노덕술 체포를 비롯하여 1949. 1. 26. 최연 체포, 그리고 이어서 전·현직 간부와 고등계 출신 형사 등 친일경찰이 속속 검거되고, 이들의 반민족적 행위가 연일 신문 지상에 보도되었다. 그 후 1949. 6. 3. 반민특위 앞에서의 시위사건에 대한 배후로 서울시 경찰국 사찰과장 최운하(해방당시 종로경찰서 고등계 주임)를 반민특위에서 체포하자 내무차관 장경근, 치안국장 이호, 시경국장 김태선의 주도로 6월 6일 중부경찰서장 윤기병(해방 당시 경기도 경찰부 경부)의 지휘 하에 반민특위 사무실을 습격하였다. 이날 현장에 있던 특별검찰관 곽상훈은 몸수색을 당하고 권승렬 특별검찰부장은 경찰에게 권총을 압수당하였으며 반민특위 사무실의 서류와 집기도 탈취 당하였다. 이날 강원도 조사부에서도 특경대원이 춘천경찰서에 의해 무장해제 당했다. 1949. 6. 6. 오

145) 경향신문, 1977. 7. 18.~7. 20., 7. 22., 7. 25., 8. 29.~9. 1. 반민특위 관련 기획기사.
146) 1950. 3. 법률 제113호 법원재난에 기인한 민형사사건 임시조치법에 의하면 법원의 기록분실공고 이후 검찰이 6개월 이내에 공소유지를 위한 자료를 제출하지 않으면 검찰이 공소를 취소한 것으로 간주하였는데 1950. 12. 5.부로 702건, 1,805명에 대해 공소기각 결정이 있었다. 문준영, 앞의 책, 839면.

후에는 서울시경 사찰과 소속 경찰 440명이 반민특위의 간부 교체, 특경대 해산, 그리고 경찰의 신분보장을 요구하며 집단 사표를 제출하고 6월 7일에는 경찰 9,000명이 6월 6일자 결의문이 지켜지지 않을 경우는 총사퇴하겠다고 정부를 압박하였다. 이에 이승만은 6월 9일에 경찰에 대한 선처를 약속하고 업무복귀를 요청하였다. 6. 6사건은 반민특위 특경대에 대한 습격으로 시작되었지만 특경대뿐만 아니라 특별조사위원과 검찰관의 가택을 수색하고 특별조사위원회의 사무국과 재판부의 특위관련 서류를 압수하는 등 사전 계획에 의해 진행된 것으로 이후 반민특위 활동은 급속도로 위축되었다.[147)]

건국과정에서의 치안유지, 좌익에 대한 대응에서의 공에도 불구하고 일제 유산의 청산과 관련된 경찰의 문제는 어두운 면으로 남게 되었다.

(5) 경찰권한, 조직면에 있어서의 일제 유산 청산 문제

일제는 경찰을 식민지 통치의 중요수단으로 사용하였으므로 경찰에 광범위한 권한을 부여하고 총독부 경무국을 중심으로 하는 중앙집권적 경찰조직을 운영하였다. 도지사에게 경찰권한을 부여하여 지방경찰이 도지사 예하에 있었으나 도지사가 선출직이 아니고 임명하는 것이었으므로 자치경찰제라고 할 수 없었다.

민주공화국으로서의 새로운 국가건설을 위해서는 일제 유산으로서의 경찰의 중앙집권적 조직을 분권화하고, 공공의 안녕질서에 대한 위험예방을 위한 집행기구라는 경찰 본연의 모습과는 상관없이 광범위하게 부여된 경찰의 권한을 축소하는 과제가 있었다. 제2차 대전에서 패전한 서독에서도 독일 경찰을 민주화하고 탈군사화, 분권화한다는 목표하에 여러 조치들이 취해졌는데[148)] 집중화된 경찰조직(zentralistischen Polizeiorganisation)은 경찰 부패의 중요한 위험이라는 관점에서 질서유지의 영역에서 권력을 분할함으로써 자유로운 질서수립을 원활히 하고 경찰권력의 남용을 방지하기 위해 국가의 경찰권력을 조직적으로 독립된 여러 관청에 나누는 것을 목적으로 하였다.[149)]

---

147) 경향신문, 1977. 7. 18.~7. 20., 7. 22., 7. 25., 8. 29.~9. 1. 반민특위 관련 기획기사. 한승헌, 『재판으로 본 한국 현대사』, 창비, 2016, 59-65면 등 참조.

148) Knemeyer, *Polizei- und Ordnungsrecht* 8. Aufl., C.H.Beck, 2000, S. 6.

149) Würtemberger/Heckmann/Riggert, *Polizeirecht in Baden-Würtemberg* 4. Aufl., C.F.Müller, 1999, S. 7.

먼저, 조직의 면에 있어서는 미군정이 경찰기구의 재건과 치안유지, 좌우익간의 이념대결과 좌익에 대한 대응 등의 필요에 따라 중앙집권적인 군정경찰을 구성하였다. 이에 따라 자치경찰에 의한 분권화나 분야별로 다양한 수사경찰기구를 창설하는 등의 분권화는 추진되지 못하였으며 이 부분도 후대로 넘겨지게 되었다.

다음으로 직무권한의 범위와 관련하여 앞에서 본 바와 같이 일제강점기에 경찰은 군사분야(의병 토벌, 첩보 수집), 정치사찰(신문지와 출판물 단속, 집회와 결사 단속, 종교 단속, 기부금 단속), 사법경찰, 경제분야(납세 독촉, 국경 세관 업무, 밀수입 단속, 국고금과 공금 경호, 부업·농사·산림·광업 등의 단속), 학사분야(학교 시찰, 일어 보급), 외사분야(여권 교부, 도항 단속, 체류 금지자 단속, 국내외 거주이전 통제), 조장행정(법령 보급, 농사식목개량, 부업 장려), 위생분야(종두 보급, 전염병 예방, 도살단속) 등 광범위한 직무를 수행했다.

이러한 광범위한 직무권한 중에서 경찰 본연의 영역이 아닌 부분은 탈경찰화할 필요가 있었다. 먼저 1945. 10. 27. 군정청 위생국을 보건위생국으로 변경하고 경무국 방호과 전재민계의 업무도 함께 이관하였다. 각 도에 보건후생부가 설치되면서 위생과의 경찰업무가 보건후생부로 이관되었다. 위생관련 분야는 1947. 5. 13. '공설욕장 및 음식점 면허에 관한 건'에 의해 목욕탕과 음식점 허가권도 각도 보건후생부로 이관되었다. 또한 1945. 10. 24. 경무국 경제경찰과를 폐지하였다. 그 후 경제질서의 혼란과 폭리행위 등 단속을 위해 1946. 5. 28. 경제경찰사무를 일부 부활시켰는데[150] 그 업무 수행을 위한 별도의 기구는 설치하지 않고 다만 관계기관인 물가행정청의 관장하에 두었다.[151]

1946. 4. 12. 활동사진의 검열 및 취체업무가 공보부로 이관되었으며[152] 1946. 5. 29. 출판관련 업무가 상무부로 이관되었다가 공보부로 이관되었다.[153] 1946. 4. 10. 소방부가 창설되어 종래 경찰이 취급하던 소방업무가 이관되었으며[154] 1947. 12. 30. 총포, 화약, 저장(低張), 흥신업, 도선 및 도선업, 전당포업, 고물영업, 인쇄업, 자동차 또는 운전사에 대한 경무부의 허가 또는 면허사항을

150) 법령 제90호 경제통제에 관한 건.

151) 이윤정, 앞의 책, 159면.

152) 법령 제68호 활동사진의 취체에 관한 건.

153) 법령 제88호 신문 또는 기타 정기간행물 허가에 관한 건.

154) 법령 제66호 소방부 또는 소방위원회의 창설에 관한 건.

제외한 그 밖의 허가권을 도지사 또는 서울시장에 이관하였다.[155] 이와 함께 용달업, 하차(荷車), 마차, 제조장, 운동기, 노점 등에 관한 경무부의 허가권을 폐지하였다.

1945. 10. 9. 군정청 법령 제11호로 정치범처벌법등폐지및형벌제한에서 일제강점기의 대표적 악법인 정치범처벌법, 예비검속법, 치안유지법, 출판법, 정치범보호관찰령, 경찰의사법권[156] 등이 폐지되었다.

(6) 경찰의 수사권 문제

1945. 11. 2. 군정청 법령 제21호 이전법령등의효력에 관한 건에서는 '모든 법률 또한 조선구정부가 발포(發布)하고 법률적 효력을 유(有)한 규칙, 명령 고시 기타 문서로서 1945년 8월 9일 실행 중인 것은 기간(其間) 폐지된 것을 제(除)하고 조선군정부의 특수명령으로 폐지할 때까지 전(全) 효력으로 차(此)를 존속함. 지방의 제반 법규와 관례는 당해 관청에서 폐지할 때까지 기(其) 효력을 계속함. 법률의 규정으로서 조선총독부, 도청, 부, 면, 촌의 조직과 국장, 과장, 부윤, 군수, 경찰서장, 세무서장, 면장, 촌장 기타 하급 직원에 관한 것은 군정장관의 명령으로 개정 또는 폐지된 것을 제(除)하고 당해 관청에서 폐지할 때까지 차(此)를 존속함'이라 하여 일단 종래의 국기기구와 법령을 유지하는 것을 원칙으로 하였다.

이에 따라 일본 다이쇼(大正) 형사소송법 및 조선형사령 체제의 경찰수사권은 그대로 유지되었다. 전시체제에서 적용되던 치안유지법과 국방보안법 등에 있어서의 특례규정은 폐지되었으나 조선형사령 체제가 유지되었으므로 사법경찰관은 일제강점기와 마찬가지로 피의자 구인, 참고인 구인, 압수수색, 검증 등의 강제처분을 법관의 영장을 받지 않고 스스로의 권한으로 행할 수 있었고 피의자를 10일간 유치하여 구금할 수 있었다. 나아가 피의자나 참고인을 신문하여 작성된 조서는 법령에 의해 작성된 조서로서 증거능력이 인정되었다.

사법경찰관은 검사의 지휘를 받아 수사를 하도록 하였는데(일본 다이쇼(大正) 형사소송법 제248조) 지휘를 받아 수사한다는 문구는 사사건건 지휘를 받는다는 것이 아니라 자율적으로 수사를 하되 지휘계통하에 있다는 규정이었다.

---

155) 법령 제158호 허가권의 이관 및 폐지에 관한 건.

156) 범죄즉결제도.

그런데 강제처분과 관련하여서는 大正 형사소송법에서는 사법경찰관의 강제처분권은 현행범체포의 경우만 인정하고 요급처분에 한해 인정되는 검사의 강제처분권 행사는 검사가 명하여 사법경찰관이 하도록 하는 경우만 할 수 있는 것이었으므로 적어도 강제처분에 있어서는 개별적으로 검사의 명을 받아야 하였다. 이에 반하여 조선형사령에서는 검사에게 허용된 강제처분권은 사법경찰관 또한 이를 행할 수 있다고 하여(조선형사령 제12조 제2항) 강제처분도 사법경찰관이 스스로 할 수 있었다. 물론 사법경찰관은 검사의 직무상 발한 명령에 따라야 하므로(조선형사령 제5조) 지휘계통하에서 필요한 경우 검사가 통제할 수는 있지만 일반적인 상황에서는 스스로의 판단하에 자율적으로 강제처분까지 할 수 있었던 것이다.

그러므로 해방 직후의 공간에서 한국의 경찰은 예심제도를 두고 법관의 강제처분권만 인정하는 프랑스와 독일, 그리고 요급처분과 관련하여 검사의 강제처분권을 인정하는 일본의 大正 형사소송법에 비하여 광범위한 강제처분권을 가지는 강력한 수사권을 가지고 있었다. 이러한 경찰의 수사권을 민주적 법치국가에 적합하게 축소하고 제한하는 과제가 또한 일제 유산의 청산 문제로 중요한 과제였다.

1945. 10. 9.에 행해진 경찰 즉결재판권 폐지 이후 1945. 10. 18. 군정법령 제1호 검사에 대한 법무국 훈령에서는 '경찰이 범인을 체포하였을 때에는 조속차(此)를 검사에게 인도하고(평범한 사건은 1일 이상의 지체를 하지 아니할 사) 차(此)에 대한 보고에는 좌(左)의 사항을 구할 사(事)'라고 하여 경찰의 장기간 유치를 허용하지 않는 취지의 규정을 두었으나 당시의 혼란 상황에서 경찰의 강제수사권 남용은 개선되지 않았다.[157)]

3) 군정초기의 검찰기구 형성

(1) 해방 직후의 검찰 상황

연합군 총사령부는 1945. 8. 28. 미육군 제24군단에 야전명령 제55호를 시달하고 8. 29. 그 명령의 부속문서 제7호가 시달되었다. 부속문서 제7호는 점령의 즉각적 목적을 군국주의의 철폐, 전범의 즉각적 체포, 일본군의 무장해제와

157) 문준영, 앞의 책, 654면.

탈군사화, 인종·국적·신조·정치적 견해에 근거한 차별의 철폐, 민주주의적 경향과 과정의 강화, 자유로운 정치·경제·사회제도의 장려, 그리고 내정을 수행하고 타국과 평화적 관계를 유지할 수 있으며 국제연합과 관계하는 책임있는 한국 정부의 창출을 추진하는 것으로 정의하였다.

나아가 점령지 사법운영방침에 대해서는 첫째, 군정의 법령과 감독하에서 통상의 민형사법원이 직무를 수행하지만 연합국의 이익을 해치는 사건의 기소와 재판은 지시가 있을 때까지 정지되고, 기타 사건들도 군정의 명령으로 정지될 수 있으며, 군정은 법원의 판결을 재심사하고 거부할 수 있다. 둘째, 일본의 국가주의에 협력한 현저한 소행이 있거나 점령목적에 반하는 행동을 지속적으로 행한 판사와 직원을 가능한 한 신속하게 즉시 파면하고 후임자를 임명한다. 셋째, 점령목적에 적극적으로 반대하거나 법조자격이 없는 변호사의 자격을 박탈하고 군정청의 요건과 목표에 부합하지 않는 변호사단체를 해산한다. 넷째, 연합국 최고사령관의 지시에 따라 남한에 점령재판소를 설치한다고 하였다.

1945. 8. 15. 당시 총독부 검사국의 검사는 139명이었으며 그 중 조선인은 10여명에 불과하였다.[158] 해방에 따라 일본인 검사가 귀국하게 되어 있었으므로 일본인 검사들의 귀국에 따른 공백을 해결하려면 시급히 한국인 검사를 임명할 필요가 있었다.

1945. 9. 29. 군정청 관방총무과장 에머리 우돌 소령이 법무국장을 겸임하였다. 1945. 10. 9. 군정장관은 임명사령 제9호로 법무국장 보좌관, 민사과장, 형사과장, 형무과장 등을 임명하고 법무국장에게 법무국과 법무국 소관기관의 업무수행에 필요한 유자격 한국인 직원을 특별채용하고 일본인 직원으로서 불필요한 자를 면직할 것을 명하였다. 이 지시에 따라 1945. 10. 11. 38도선 이남의 전 일본인 판사 및 검사에 대한 면직 발령이 있었다.[159]

이후 1945. 10. 11.부터 1945. 12. 20.까지 5회에 걸쳐 각급 법원 검사국의 검사 92명을 신규로 임명 또는 전보발령하였는데 시급한 충원의 필요로 서기 특별채용의 방법도 사용되었다. 당시 '전문학교 이상 졸업자로서 해방당시 7년 이상 법원 또는 검사국의 서기로 근무한 자' 중에서 소속장인 법원장 또는 검사장이 추천한 자를 법무국에서 서류심사를 거쳐 판검사로 임명하는 제도였다.

158) 문준영, 앞의 책, 451면.
159) 대검찰청, 『한국 검찰사』, 1976, 215면.

이 제도는 1946년까지 시행되었고, 이와 별도로 사법요원양성시험(1946. 3), 변호사회 추천을 통한 특별임용(1946. 6.), 판검사 특별임용고시(1946. 9.) 등도 시행되었다.

(2) 검사국의 체제

이와 같이 검사국의 검사와 직원들을 시급히 충원하면서 검찰기구를 재건하던 중에 1945. 11. 2. 군정법률 제21호 '이전 법령 등의 효력에 관한 건'이 공포되었다. 이 법률에서는 그동안 폐지된 것 이외에는 종전 법률의 효력을 유지한다고 하면서 종래 조선총독이 행사한 모든 권한행사는 군정장관이 행사하며(제1조), 남한 내 모든 재판소는 육군점령재판소를 구성한다고 하여(제2조) 조선총독부재판소는 육군점령재판소가 되었다.

그런데 1945. 10. 1.경부터는 법원의 명칭에 대해 최고법원인 조선고등법원을 영문 임명사령에서 Supreme Court로, 복심법원을 Court of Review로 표시한 것을 번역문에서 대법원, 공소원으로 호칭하기 시작하여 법원의 명칭이 일제시대의 고등법원, 복심법원, 지방법원에서 대법원, 공소원(控訴院), 지방법원으로 변경되었다. 이에 따라 검사국도 대법원 검사국, 공소원 검사국, 지방법원 검사국으로 변경되었으며 대법원 검사국의 장은 대법원 검사국 검사장이라고 하다가 검사총장으로 변경되었다.[160] 조선전시형사특별령, 조선총독부재판소령전시특별례 등이 효력을 유지하고 있었으므로[161] 지방법원이 1심, 공소원, 대법원이 2심을 담당하는 2심제가 유지되었다.

군정하의 육군점령재판소는 한국재판소와 주둔군인 미군에 속한 군사위원회(military commission)와 군정재판소(provost court)가 있었는데 둘 중에서는 군정재판소가 하급심이라 할 수 있다. 미군이 증인이거나 미국 재판에 관련된 사건, 미국의 위엄이나 안전에 관한 사건 등은 군정재판소의 관할에 속하였으며 미군, 미군속, 연합국민이나 연합국의 보호를 받는 자, 주축국(일본, 독일, 이탈리아) 국민의 형사사건이 발생할 경우 검사는 법무국장 또는 군정재판소에 이를 보고하여야 하며 관할이 불분명할 때에는 군정재판소와 상의하여야 하였

160) 대검찰청, 『한국 검찰사』, 1976, 216면.

161) 조선전시형사특별령은 1948. 4. 1. 폐지, 조선총독부재판소령전시특별례는 1948. 5. 법원조직법 제정, 공포로 효력을 상실하였다.

다.[162]

검찰의 지휘관계도 조선총독부재판소령이 유지되므로 검사총장을 정점으로 하여 검사총장, 공소원 검사국 검사장, 지방법원 검사정 등으로 이어지는 지휘체계가 유지되었다. 그런데 새로이 재건되는 상황인데다가 구성원들도 새로 임명되는 사람들이 많아 혼란이 있을 수밖에 없었다.

군정당국은 1945. 12. 10. 김영의를 법무국장 대리로 발령하고 12. 17. 법무국령 제7호를 발하고 법무국장 지휘·감독하에 있는 국기기관의 업무를 한국인에게 일임한다고 발표하였다. 이 때부터 법원, 검찰의 운영이 사실상 한국인에게 이양되었으며 위 령의 제6항에는 '법무국장 대리가 발령한 명령은 법무국장의 명령을 구성함. 법무국의 조선인관리, 직원은 법무국장대리의 명령에 속히 복종할 사(事)'라고 하였다.

그런데 당시의 법무국장 대리 김영의와 대법원 검사장인 김찬영[163] 등이 검찰업무에 생소한 사람들이었고 특히 김영의 법무국장대리의 임명에 대하여는 재조재야를 막론하고 전 법조인의 반대가 심하였다 1945. 12. 19. 재경지역의 2개법원, 3개 검사국을 위시하여 법무국 각과, 변호사회 등 관계 법조인 70여명이 법무국장대리의 임명을 취소하라는 건의문을 군정장관에게 제출하기도 하였다.[164]

이러한 혼란 상황에서 당시의 검찰에 있어서는 지휘·감독체계를 확립하는 것이 급선무였다고 할 수 있는데 1945. 11. 29.자 법무국장의 검사에 대한 훈령 제2호 제5항에서 '모든 검사장은 계속하여 당해 법원검사를 감독하고 법무국 형사과장에 대하여 모든 검사의 능률적 직무수행의 책임이 유함. 대법원 검사장에게 소정의 보고를 할 사'라고 하여 검찰의 감독기능을 확립하고자 한 것도 이러한 상황을 보여준다.

한편, 검사국과는 별도로 법무국의 기구로 1945. 10. 11. 일본인 고위관리

162) 문준영, 앞의 책, 635-636면.

163) 1907년 법관양성소를 졸업한 후 1910년 영동구재판소 판사, 1911년 영흥구재판소 판사를 지냈다. 1912년 변호사 개업을 하였으며 1920년에는 경성조선인변호사회의 상임위원이 되었다. 해방 직후 대법원 검사장(검찰총장)을 거쳐 1946년 대법관이 되면서 법전편찬위원·중앙경찰위원·헌법심사위원 등에 위촉되었다. 1954년 정년으로 대법관직에서 물러났다. 한국학중앙연구원, 한국민족문화대백과사전(인터넷자료), 김찬영.

164) 대검찰청, 『한국 검찰사』, 1976, 222면.

들의 독직 등의 범죄행위를 조사처리하기 위해 특별검찰청(Special Criminal Investigation Committee)이 설치되었는데 이 기구는 1946. 2. 17. 폐지되었다.

4) 군정청 법무국(사법부)과 법원, 검찰의 관계

군정청 법무국은 일제강점기 시대와 마찬가지로 여전히 사법행정상의 감독기능을 행사하였다. 패전 전 일본의 사법행정체제는 사법행정은 법원의 행정사무뿐만 아니라 검찰의 행정사무도 모두 법무부에서 관장하는 대륙법계 체제였고[165] 이러한 체제는 식민지 조선에서도 마찬가지였다.

군정청은 새로운 국가기구를 구상하고 준비할 수 있는 상황이 될 때까지는 일단 기존체제를 유지하면서 치안과 질서를 확립하고자 하였으므로 법무국의 사법행정 감독기능을 그대로 행사하였다. 특히 초기단계에서는 검사와 판사를 임명하고 법원과 검사국의 직원을 임명하는 등 법원과 검사국의 기구를 재건하는 일을 하였으므로 그 권한이 강력하였다.

1945. 11. 19. 법무국장의 판사에 대한 훈령1호는 법무국장이 대법원장을 경유하여 통상의 직무 이외에 점령재판에 관한 특별한 직무를 부과할 수 있으며, 모든 판사를 지휘·감독하는 대법원장으로부터 필요한 경우 보고를 받을 수 있다고 하여 법무국이 검사국뿐만 아니라 법원에 대하여도 행정감독기구임을 명확히 하였다.

1946. 3. 군정청 조직이 국(局)제 조직에서 부(部)제 조직으로 개편됨에 따라 법무국이 사법부(司法部, Department of Justice)로 변경되었고 군정청 내 다른 부서가 담당하던 법제사무가 사법부로 통합되었다. 사법부는 사법부장 밑에 행정차장, 법무차장, 법제차장 등을 두었으며 법무차장 밑에 법원국, 검찰국, 변호사국, 소년국 등을 두었다.

1946. 12. 16.자 사법부 명령으로 1947. 1. 1.부터 사법부 소관 법원과 검찰의 명칭이 변경되었다. 종래의 공소원은 고등심리원, 지방법원은 지방심리원으로, 대법원 검사국은 대검찰청, 공소원 검사국은 고등검찰청, 지방법원 검사국은 지방검찰청으로 변경되었다. 검사를 검찰관으로, 판사를 심판관으로 변경하였고, 대법원 검사국의 검사총장은 검찰총장으로, 공소원 검사장은 고등검찰청

165) 이러한 체제는 대륙법계의 프랑스와 독일은 현재에도 그러하다.

장, 지방법원 검사장은 지방검찰청장으로 변경되었다. 이 조치는 아직 법원과 검찰이 조직상으로 분리된 것은 아니고 명칭만 변경한 것이었다.

5) 특별심판원 제도

1946. 1. 10. 군정법령 제41호 '특별심판원'에 의하여 특별심판원제도가 창설되었다. 특별심판원은 1945. 10. 9. 폐지된 경찰의 즉결심판권에 대응하여 경미사건에 있어 판사의 권한을 행사할 기관이었다.

특별심판원은 과형이 형무소에 구류 30일 또는 벌금 300원[166]을 초과하지 않거나 혹은 양자를 병과하는 사건의 제1심 관할권을 갖는다(제2조). 특별심판원은 지방법원 수석 판사의 추천에 의하여 법무국장이 제2조에 규정한 사건에 관하여 판사의 직무를 행사한다(제3조). 특별심판원 앞에서의 절차는 즉결의 성질의 것으로 하고(제6조), 피고인이 특별심판원의 판결에 불복할 때는 지방법원 또는 그 지청의 재판을 요구할 수 있다(제7조). 특별심판원이 정식의 재판 청구를 접하였을 때에는 당해 사건의 기록과 기타 관계 서류를 지방법원 또는 그 지청 검사에게 신속히 송부하여야 하였다(제10조).

이러한 특별심판원이 치안관이라는 명칭으로 임명되었는데 1946. 4. 24. 4명의 치안관이 임명되었고 그 후 법원서기 중에서 많은 치안관이 임명되어 각 경찰서에 나가서 특별심판을 담당하였다.[167]

2. 대한민국의 수립과 대한민국 검찰의 성립

1) 대한민국 사법제도의 준비작업

해방 직후의 사법기구의 재건상황을 보면, 1946. 3. 사법부체제로의 개편, 1946. 3. 9. 시행된 '조선변호사회 창설에 관한 건' 등으로 법원, 검찰, 변호사회 등의 기구가 일단 모습을 갖추게 되었다. 새로운 국가의 수립을 위한 준비, 그리고 그 과정에서의 좌우대립의 혼란 속에서 급조하여 재건한 사법기구를 적절

---

166) 1946. 11. 3. 시행된 개정법에서는 벌금 10,000원으로 개정. 또한 단서로 '물가, 양곡 통제법규 위반 사건에 대하여는 초범으로 3개월 이하의 징역, 금고와 2만 원 이하의 벌금, 3개월 이하의 징역 또는 금고와 2만 원 이하의 벌금을 병과할 경우에 한하여 관할권이 유함'이라는 규정이 추가되었다.

167) 대검찰청, 『한국검찰사』, 1976, 230-231면.

히 운영하는 것도 큰 과제이었고 동시에 향후 수립될 대한민국에서 사법제도는 어떠한 모습을 갖추어야 할 것인지 등을 구상하는 것이 중요한 과제가 되었다.

1946. 3. 군정청 기구의 국(局)을 부(部)로 개칭하면서 군정청 기구가 대체로 확립되고, 이를 전후하여 각 부처장에는 한국인이 채용되어 한미 양부처장제를 실시하였다. 또한 1946. 9. 미군정 당국은 부장회의 석상에서 군정장관 러치(Lerche, A.L.)의 특별발표를 통해 군정하의 행정권을 한국인에게 이양하겠다는 의사를 표시하였다.

이 발표에서 미국인은 고문으로 남아 부결권만 행사하며, 종래 한미 양국어로 사용하던 문서는 한국어만을 사용하도록 하는 조치가 단행되었으며 이에 따라 1947. 2. 한국인 부처장을 통괄하는 민정장관에 안재홍을 임명하였다. 또한 1946. 12. 남조선과도입법의원을 창설하여 당면한 제반 법령을 한국인들의 손으로 제정하도록 하였다.

1947. 5. 17. 군정법령 제141호에 의해 38선 이남 지역의 입법·행정·사법 각 부문의 재조선미군정청한국인기관을 남조선과도정부라고 부르기로 함으로써 형식적으로는 미군정이 점차로 이양되는 절차를 밟았다. 다만, 실권은 거부권을 가진 미국인 고문에게 여전히 남아 있었다. 이후 과도정부는 기구개혁위원회를 설치하여, 현실적인 기구개혁안을 작성하고 이를 실시하였다.

미군정이 가지고 있는 사법제도 개편의 큰 방향은 사법부를 다른 두 기구인 행정부·입법부와 동등한 권위를 가진 독립된 기구로 설립하려는 것이었다. 이러한 구상을 대전제로 하여 구체적인 사항에 대하여는 한국인 사법담당자들이 작성한 초안을 기초로 최종적으로 미군정이 확정하는 절차로 진행되었다. 이에 따라 당시의 법조인들이 사법조직에 관한 구상을 군정법률에 반영할 수 있는 여지가 많았다.[168]

사법제도와 관련하여 1947. 1.부터 대법원을 비롯한 각급 법원이 삼심제의 부활, 사법부로부터 법원의 분리 등을 요구하는 건의서를 군정 당국에 제출하였다. 미군정은 이러한 건의를 받아들여 1947. 2. 법안기초를 위해 법률가들로 구성되는 사법제도에 관한 법규편제위원회를 구성하였다.[169] 이와 별도로 김용무 대법원장의 지시에 의하여 1947. 2.부터 대법원에 대법관 및 서울고등심

168) 심희기, 앞의 논문, 92면.

169) 문준영, 앞의 책, 724면.

리원 원장 및 판사, 서울지방심리원장 등으로 '법원조직법 기초위원회'가 구성되어 법원조직법 초안을 기초하였다.[170]

검찰은 1946. 5. 대법원 검사국 검사총장에 취임한 이인이 검찰 분리화를 언급하였고 법원에서 법원조직법 기초위원회를 구성하여 법원조직법 초안을 기초하는 움직임에 대응하여 검찰도 검찰기구에 관한 준비를 하였고 1947. 6. 20. 서울지역 검찰청이 연명으로 군정당국에 '수립될 신정부의 사법·검찰 등 기구에 관한 건'을 제출하였다.

1947. 6. 30. 남조선과도정부 행정명령 제3호에 의하여 법전기초위원회(세칭 법전편찬위원회)가 구성되었고 위원장에 대법원장 김용무, 위원에 사법부장 김병로,[171] 검찰총장 이인[172]이 임명되었다(제5조). 법전기초위원회는 민권(民權), 재산권, 친족관계, 상업관계, 범죄의 처벌법률의 시행 및 사법행정의 제 수속에 관한 현행법에 대체하여 채용될 기초법전의 완전한 초안을 작성할 것을 사명으로 하였다(제1조). 법전기초위원회는 먼저 헌법분과위원회를 구성하여 헌법 초안작성을 준비하였다.

한편, 미국에 사법제도시찰단을 보내 사법제도 관련 구상을 하게 하였는데 1947. 7. 미국사법제도시찰단이 보고서를 제출하였다.

2) 민주공화국의 검찰상 확립과 일제 유산의 청산의 과제

프랑스 혁명을 계기로 프랑스와 독일에 도입된 대륙법계의 검찰제도는 규문시대의 폐해를 타파하면서, 공개주의의 공판절차에서 공소관의 임무를 담당

---

170) 법원행정처, 『사법부의 어제와 오늘 그리고 내일 (上)』, 사법발전재단, 2008, 109면.

171) 1919. 4. 부산지방법원 밀양지원(당시 부산지방재판소 밀양구재판소) 판사가 되었다. 1920. 4. 변호사로 개업한 뒤에는 변호사와 사회운동가로 활동하였다. 백정들의 신분해방운동인 형평사 운동을 비롯해 소작쟁의, 노동쟁의, 동맹휴학 등 각종 사건들을 변호하였으며 안창호, 여운형 등 민족지도자에 대한 치안유지법 위반 사건, 김상옥 의사 사건, 광주학생운동, 6·10 만세운동, 홍사단 사건, 조선공산당과 간도공산당 사건 등 무려 100여 건에 달하는 사건을 맡아 변호하였다. 한국학중앙연구원, 한국민족문화대백과사전(인터넷자료), 김병로.

172) 1922년 일본변호사시험에 합격하고 서울에서 변호사업을 개업한 뒤 의열단사건을 허헌, 김병로 등과 함께 변론하였고 이를 계기로 광주학생사건·안창호사건·수양동우회사건, 각종 필화 및 설화사건, 수원고농사건, 6·10 만세사건·경성제대학생사건·만보산사건(萬寶山事件) 등 항일독립투쟁사에 남을 만한 큰 사건에는 거의 빠짐없이 관여하였다. 조선어학회사건 때에는 투옥되어 4년 가까이 옥고를 치르기까지 하였다. 한국학중앙연구원, 한국민족문화대백과사전(인터넷자료), 이인.

함과 동시에 형사절차에서의 적법절차의 준수를 감시하여 경찰의 수사에 있어 인권침해를 방지, 통제하고 사법적 적합성을 갖추게 하며, 법원의 재판절차 진행에 있어서도 정당한 법이 적용되도록 법원과 협력하면서도 견제하는 장치로 도입되었다. 즉 자유주의적 민주국가의 탄생과 함께 그 이념을 실현하고 시민의 기본권을 지키는 도구였다.

그럼에도 불구하고 일제강점기에 조선에서 시행된 검찰제도는 인권을 수호하는 도구라기보다는 식민지 통치기구로서 운영되었고 일제하에서 막강한 권력을 행사하는 경찰에 대해 인권침해를 방지하고 사법적 적합성을 갖추기 위해 경찰 수사를 통제하는 기구로서 역할을 하지 못하였다. 그러므로 해방 후 새로운 국가로서 민주공화국을 건설함에 있어 새로운 검찰상은 단순한 통치기구로서의 검찰이 아니라 법과 인권의 수호자로서 본연의 모습으로 돌아갈 수 있도록 하는 것이었다고 할 수 있다.

사법제도와 관련하여 1947. 4.경 미군정에서 발표한 개요를 보면 법원과 관련하여서는 사법기구가 행정부의 간섭으로부터 독립하여 운영되고 법원이 법 집행에 대하여 책임을 질 줄 알도록 할 것이라 하여 법원을 사법행정까지 독립시켜 행정부로부터 완전히 분리하는 것을 구상하였다. 한편 검찰제도와 관련하여서는 '행정부의 감독하에 있으면서도 두려움 없이 소추권을 행사하는 검찰조직을 창출할 것'이라 하여 행정부 산하에 있기는 하지만 정치적으로 중립성을 확보한 검찰상을 제시하고 있었다.[173)]

이와 관련한 당시의 한국인 실무가들의 생각으로 몇 가지 참고할 만한 언급들이 있다. 먼저, 1946. 1. 19. 법무국장 대리인 김영의가 발표한 사법행정의 목표와 진로라는 제목의 법무국 방침이 있다. 그 중 검사와 관련하여서는 '공평무사하고 불편부당하되 최후까지 치밀무루(緻密無漏)하고 용기불굴한 검사도를 확립'할 것을 요구하였다. 또한 1946. 5. 취임한 이인 검찰총장은 '불편부당의 태도로 엄정공명을 기하여 오직 신국가건설과 민중의 권익을 보호할 것'을 천명하였다.[174)]

한편, 1947. 8.에 '법정' 지에 발표된 엄상섭 검사의 '검찰제도에 대한 신구상(1)'은 새로운 국가의 국가관과 검찰의 기능에 대한 견해가 있어 참고가 된

173) 심희기, 앞의 논문, 92면.

174) 대검찰청, 『한국검찰사』, 1976, 229-230면.

다. 먼저 그는 '불원한 장래에 있어서 삼천리 근역에 인권을 지존으로 삼는 독립국가를 건설하게 될 것을 확신한다'고 하고, '자본주의의 폐단을 극력수정하여 인류역사를 순조롭게 진전시키는데 공헌할 수 있는 국가', 즉 고도의 문화국가를 건설하여야 한다고 하였다.[175]

이러한 국가관하에 자주적인 입장에서 각국 검찰제도를 전망하여 우리 현실에 맞고 우리 민족들이 이해하기 쉽고 따라서 우리 사회에 양호한 결실을 할 수 있는 검찰제도를 세워야 하며, 인권옹호와 범죄진압과의 적절한 조화점 발견에 고심하여야 한다고 하였다. 또한 검찰부문 담당자가 독선에 빠지는 것을 극력 저지하여야 하는바 이것은 각종 제도의 민주주의화의 이념에서 당연히 요구되어야 한다고 하였다.[176]

이러한 미래의 방향을 위해서는 또한 일제강점기에 이와 같은 기능에 장애가 되었던 제도적 장치들의 철폐나 개선 등의 제도적 청산작업이 필요하였고 나아가 일제강점기에 총독부 검사로서 폐해를 보였던 사람들에 대한 인적 청산도 포함하여 일제 유산을 청산하는 일도 필요하였다.

다만, 인적 청산에 관하여 보면, 해방 당시 총독부 검사로서 재직하고 있던 검사 139명 중 조선인 검사가 10명 정도에 불과하였는데 해방 직후 검찰기구 재건을 위해 업무 경험이 있는 사람이 필요하였던 점에서 그들이 미군정하에서 계속 검사로 근무하게 된 사정이 있다. 그런데 1948. 8. 15. 대한민국 정부 수립 후에 1948. 8. 23. 대검찰청 검사인 엄상섭[177] 검사 등 일제하에 판사 또는 검사를 하였던 검사 8명이[178] 이인 법무부장관에게 사표를 제출하면서 성명서를 발표하였다. '우리들은 일제 아래 검사로서 협력하였으나 오늘날 독립정부가 수립되고 검찰진영에도 유위한 인재가 배출된 이 마당에 있어서 그 자리에 눌러 있음은 민족 정기 앙양에 떳떳치 못할뿐더러 인심을 쇄신할 필요가 있다는 것을 알고 사의를 표명하는 바이다'라는 것이었다. 이에 대해 언론에서

175) 신동운 편, 『효당 엄상섭 형사소송법논집』, 서울대학교출판부, 2005, 4면.

176) 신동운 편, 앞의 책, 5-7면.

177) 1938년 일본 고등문관시험 사법과에 합격하고, 1941년 광주지방법원검사국 검사에 임명되었으며 1942년부터 함흥지방법원검사국 검사를 지냈다. 한국학중앙연구원, 한국민족문화대백과사전(인터넷자료), 엄상섭.

178) 대검찰청 검사 엄상섭, 이호, 김달호, 고등검찰청 검사 이병용, 박종근, 지방검찰청 차석검사 김윤수, 부장검사 김영재, 신언한.

는 당시 친일파 부일협력자 숙청문제에 대해 국회에서 논의되고 있고 일반인의 큰 관심사가 되어 있는데 일제시 고등관으로서 검사를 지냈고 해방 후에도 현직에서 중요한 지위를 차지하고 있는 검사 8명이 사표를 제출하여 일반인에게 커다란 경종을 울려주고 있다고 평가하였다.[179]

일제 유산의 제도적 청산은 형사소송법 등 형사절차에 관한 법령 등에서 민주주의를 실현하고 있는 선진국들의 제도들에 비추어 일제가 식민지 통치를 위해 왜곡시켰던 제도들을 폐지하거나 우리의 현실에 맞도록 적정하게 수정하는 방식으로 행해져야 할 것이었다.

3) 사법행정상 법원의 분리 문제

(1) 논의 및 입법경과

일제강점기의 사법제도는 법원과 검찰의 조직에 있어 대륙법계의 국가들의 예에 따라 행정부인 법무부(사법성, 법무성 등 명칭은 시대에 따라 다양)가 검찰과 법원의 인사, 예산 등 행정업무를 담당하는 체제였다. 즉 법원의 인사, 예산 등 사법행정은 행정부인 법무부에서 행하되 재판권의 독립은 재판부, 즉 판사의 독립으로서 판사의 신분에 관한 인적 보장(인적 독립)과 재판업무에 관한 일체의 지시권을 부인하는 것으로 보장(물적 독립)하였던 것이다. 이러한 체제는 프랑스나 독일에서는 지금도 유지되고 있다.

그런데 미군정은 사법제도 개편의 큰 방향으로서 사법부를 미국의 예와 같이 행정부·입법부와 동등한 권위를 가진 독립된 기구로 설립하려는 의도를 가지고 있었다. 이러한 의도에 대해서는 당시 법원, 검찰 등 관계기관들이나 여론이 별 다른 이견이 없었다.

인사, 예산 등 행정권한을 행정부로부터 분리하여 대법원장이 관장하게 하는 것은 법원으로서는 정부로부터의 재판권의 완전한 독립이라는 의미에서 극히 바라던 일이었다. 행정부가 법원의 행정업무를 담당한다는 것은 인사에 미치는 영향력에 따라서는 판사의 재판업무에 행정부가 영향을 미칠 수 있기 때문에 이러한 행정부에의 종속성 우려를 불식시키고 재판권의 독립을 위하여 법원의 분리가 바람직하게 생각되었을 것이다.

---

179) 경향신문, 1948. 8. 24.자. 당시 이인 법무부장관이 사표 철회를 권고하였으며 엄상섭, 김영재, 김달호, 박종근 검사는 그 다음해인 1949년 사표가 수리되어 사직하였다.

한편 이러한 분리에 대하여는 당시 검찰에서도 적극적이었다. 종래에 검찰을 법원에 부치 또는 병치한다는 식으로 규율하여 명칭도 재판소나 법원의 명칭 다음에 사용하고, 지휘·감독의 체제는 재판소와 검사국이 분리되어 있지만 서기 등 직원을 함께 사용하는 등으로 인하여 검찰이 마치 법원에 부속된 기관인 것처럼 인식되는데 대하여 부정적인 생각을 하였던 것으로 보인다. 이에 따라 법원과 검찰을 분리 규정함으로써 검찰과 법원이 대등한 별개의 기관으로서의 인상을 가지게 할 수 있다고 생각하였던 것으로 보인다.

1946. 5. 취임한 이인 검찰총장도 검찰과 법원의 분리를 강조하였고,[180] 엄상섭 검사도 검찰개혁의 구상에서 종래에는 검찰기관이 재판소의 부속기관인 것처럼 인식되어 왔다고 하면서 검찰조직의 분리를 주장하였다.[181]

또한 1947. 7.에 미국사법제도 시찰단이 보고한 보고서에서도 권력분립과 사법권의 독립이라는 항에서 사법기관을 행정기관의 예속으로부터 벗어나게 하여 사법권 독립을 철저히 하고 사법기관과 사법관리의 지위를 다른 입법·행정과 균등하게 할 것을 건의하였다.[182]

1947. 1월과 2월에 각급 법원에서 '3심 제도의 즉시부활, 재판관의 대우향상, 재판기관의 완전독립'이라는 명칭의 건의서를 하지 사령관과 러치 군정장관에게 제출하였고 1947. 2. 10. 사법무 고문 코넬리가 삼심제를 부활시키며 법원행정의 분리를 원칙적으로 승인하고 법원행정의 분리문제를 과도정부 정부조직재편위원회 등에 회부할 것을 군정장관에게 건의하였다. 1947. 2. 대법원에 서울지역 법관 16명으로 구성된 '사법제도에 관한 법률제도위원회'가 설치되어 연구에 착수하였다.[183]

위 위원회에서는 1947. 상반기 동안 각국의 입법례를 참조하여 안을 만들었으며 위원 중 5명이 미국 사법제도시찰단 구성원으로 시찰을 다녀온 후 위원회안을 완성하였다. 1947. 10. 위원회안을 심의하여 법원의 법원조직법안이 만들어졌다. 법원안의 심의회의에는 대법원장 등 법관들과 조선변호사회 대표자, 사법부 미국인 고문 등 35명이 참석하였는데 법원의 분리 관련 안 이외에

180) 대검찰청, 『한국검찰사』, 1976, 230면.
181) 신동운 편, 앞의 책, 8-9면.
182) 문준영, 앞의 책, 683면.
183) 문준영, 앞의 책, 727-729면.

법원조직법 시행과 동시에 당시의 대법원장, 대법관, 고등·지방심리원장이 전원 사퇴하고 법조인이 참여하는 선거로 선출하는 방안,[184] 검찰관이 법정에서 부당한 언어를 사용하면 계속 변론을 금지하고 재판장이 직권으로 다른 검찰관이 입회하도록 하는 안 등이 들어 있었다.

법관 선거, 검찰관 변론금지와 교체 등의 안 등으로 인해 이 법원안에 대해 대법원, 사법부, 검찰이 반대하였고 김병로 사법부장이 대법원장·대법관 임명에 관하여 별도의 추천위원회의 추천을 거치는 것을 내용으로 하는 별도의 사법부장안을 내었다. 이후 미군정 고문인 길리암이 법조인 전체의 비밀투표에 의한 후보자 추천방식을 내용으로 하는 조정안을 제시하였다. 이 안들에 대한 심의와 조정을 거쳐 추천위원회에 고등검찰청장과 지방검찰청장을 포함시켜 위원수를 늘리는 식으로 조정한 추천위원회안을 최종안으로 하여 과도법원조직법안이 마련되었고[185] 그 안이 1948. 5. 4. 법령 제192호 법원조직법으로 공포되었다.

(2) 법원과 검찰 분리 입법의 의의

이와 같이 법원과 검찰이 조직법적으로도 분리되고 특히 법원이 인사, 예산 등 행정기능까지 독자적으로 행사하는 완전히 독립된 기관으로 된 것에 대하여 어떻게 평가할 수 있을까. 그 의미를 이해하려면 대륙식의 사법개념의 의미와 기능에 대한 검토가 필요한데 특히 그러한 해체가 가져올 수 있는 그 이후의 사법체계상의 문제점을 지적하고 싶다.

먼저 대륙식 사법체계는 형사사법절차에서 수사, 공소, 재판 등 기능을 모두 사법(Justiz)의 영역으로 파악하고 다른 행정부분과 다른 사법의 이념과 특징에 따라 규율을 하여 왔다. 그런데 수사, 공소, 재판 등의 절차와 이를 수행하는 기관의 조직 등은 대륙법계의 체계의 근간을 유지하면서 오로지 재판 기능을 수행하는 법원만을 분리하여 별개의 관청으로 만들고 이에 대해서만 사법부라는 명칭을 사용하면서 종래에 사법으로 이해되던 영역 중 수사와 공소 영

184) 미군정측에서는 초기에 한국의 사정을 이해하지 못해서 통역인의 진언에 따라 당시의 각 법원수뇌부를 조직했으므로 전부가 적임자라고 인정하기 어려워 금후 선거에 의하여 각 법원수뇌부를 재조직하자는 생각을 하고 있었고, 이 문제의 논의결과 회의에 참석한 한국인 참석자 33명 중 28명이 찬성하였다. 문준영, 앞의 책, 734-735면.

185) 문준영, 앞의 책, 744-753면.

역에 대해 더 이상 '사법'의 영역으로 이해하지 않게 되는 개념상의 변화를 초래하였다는 것이다.

이에 따라 수사와 공소의 사법영역으로서의 성격을 점차로 이해하지 못하고 단순한 행정영역으로 생각하게 만들게 되었다는 것이다. 따라서 검사도 다른 행정기관과 같은 하나의 행정관청에 불과하다는 식으로 이해하여 검사의 지휘·감독관계 등에 있어서도 일반 행정기관의 지휘·감독체계를 그대로 적용하려 하고, 수사도 행정영역이므로 다른 행정관청인 경찰이 다 맡아 해도 되는 것이라고 주장하고, 나아가 같은 행정관청인 검사가 왜 경찰의 수사를 지휘하느냐는 식의 주장으로까지 이어지게 되는 개념상의 혼돈이 일어나게 되는 것이다. 현실적으로 1949년에 있었던 국가공무원법 제정당시의 검사의 별정직화 논란, 이후에 끊임없이 이어지는 경찰의 수사권 독립 주장에서의 수사의 행정권력론 등 열거하기 어려울 정도이다.

만약 이러한 분리가 형사사법체계 전체를 미국과 같은 체계, 즉 당사자주의적 체계로 하여 법원의 절차도 판사의 직권주의적 조사권한이 박탈된 채 배심원이 사실판단을 하고 판사는 단순한 절차의 감시자에 불과한 것으로 되고, 검사도 단순한 소추관이 되며, 경찰도 당사자주의적 체계에 따라 당사자에 대한 강제적 신문권한이 원칙적으로 인정되지 않으며, 경찰 조직을 지방자치경찰로 분산시키고 수사권자도 각 영역의 특성에 따라 여러개의 수사기구로 분산시키는 등의 조치를 하였다면 문제가 없었을 것이다.

특히 형사사법체계의 수사, 공소, 재판의 직권주의적 구조를 그대로 두고[186] 수사를 담당하는 검찰, 사법경찰의 조직도 직권주의적 체제를 유지하고

186) 직권주의하에서의 수사는 수사기관이 피의자를 소환하여 신문하고 구금 상태에서도 피의자를 신문할 수 있는 등 피의자에 대한 조사권을 갖는다. 그리하여 수사기관은 범죄 피해자나 신고자 뿐만 아니라 피의자도 소환하여 조사를 한다. 이러한 조사의 모습은 직권주의 체계에서 수사절차가 따로 분리되기 전에는 법원이 행하던 절차이다. 직권주의에서 수사절차는 공판정에서의 법원의 권한에 유사하게 피해자나 고소인과 피의자, 즉 이해관계의 양쪽 당사자를 모두 조사를 하는 절차로 되어 있다. 이것은 당자자주의적 절차와 매우 다른 것이다. 그렇기 때문에 이러한 수사절차에서의 수사업무도 또한 양쪽 이해관계자의 어느 편으로도 치우치지 않도록 객관성과 중립성을 유지할 수 있어야 하고 법원과 마찬가지의 정의와 공정의 이념에 따라 업무를 하여야 하는 것이다. 이것이 수사의 사법적 성격이고 대륙법계에서 수사를 사법의 영역이라고 하는 이유이다. 그러므로 이러한 수사의 사법적 성격으로 인하여 수사절차를 담당하는 사람을 판사에 준하게 객관성과 중립성을 유지할 수 있는 기관으로 하는 것이고

있으며 그들 기관이 행사하는 권한의 범위도 그대로 둔 채 재판권의 담당자만 분리하고 그 재판권만을 사법으로 개념하게 함으로써 사법(Justiz)의 영역으로 확보하여 사법의 이념하에 통제되어야 할 수사 부분에 대한 규율의 혼란을 겪게 될 위험을 초래하였다는 점을 지적하고 싶다.

4) 검사와 사법경찰관의 지휘관계 문제

(1) 미군정 초기의 혼란 상황

앞에서 본 바와 같이 1945. 9. 9. 미군이 총독부로부터 통치권을 이양받을 당시에는 한국의 검찰기구나 경찰기구는 큰 혼란 상황이었다. 미군정은 일단 한국 정부의 수립 등 준비를 위해 현상을 유지하며 질서를 확립하려 하였으나 일본으로부터 해방된 국민들에게는 일본인들은 보복대상이거나 귀국하여 없어질 사람들이므로 그들에 의한 국정운영이나 질서유지는 불가능한 상황이었다. 따라서 시급한 것은 국정운영 기구들에 일본인 관료들을 대체하여 일을 할 한국인들을 임명하여 국가기구를 재건하는 것이었다.

검찰도 해방직후 총독부 검사 139명 중 한국인 검사는 10명 정도여서 시급히 한국인 검사를 임명하여 검찰기구를 재건하여야 하였다. 이에 특임제도 등 여러 방법을 동원하여 1945. 10.경부터 1945. 12.경까지 92명이 신규 임용되는 등 1945. 12.경에 겨우 인력을 갖추게 되었다. 경찰도 마찬가지로 앞에서 본 바와 같이 해방 당시 일제 경찰 인력 26,671명 중 조선인이 10,619명이었는데 그나마 조선인 경찰관들이 대부분 도피하여 어려운 상황에서 신속히 일본인을 대체할 경찰관을 충원해야 하였다. 이에 경찰관들을 대거 신규채용하는 등의 조치를 하고 10월 말경에 이르러 조선인 경찰관들이 대부분 복귀하는 상황이 되는 등으로 기구를 갖추어 갔다. 1945. 10. 21. 군정청에 중앙경찰기관으로 경무국(警務局)을 창설하였고 1946. 1. 16. 경무국이 경무부로 되는 등으로 인력과 기구를 갖추게 되었다.

당시의 적용법령으로는 일제시대에 적용되던 다이쇼 형사소송법과 조선형사령 등에 따라 사법경찰관은 검사의 보좌로서 검사의 지휘를 받아 수사를 하

임명자격, 신분보장 등을 판사에 준하여 부여하는 것이며 그 기관이 검사이다. 이와 같이 수사의 책임자를 검사로 하고 그의 지휘체계하에서 사법경찰관이 수사활동을 하게 함으로써 전체의 수사기관들의 사법적 성격을 관철하는 것이다.

여야 하였으며, 검사의 직무상 명령에 따라야 한다는 규정이 계속 적용되고 있어 수사와 관련하여 사법경찰관은 검사의 지휘관계하에 있었다. 그러나 양 기구가 각각 인력을 충원하고 기구를 구성하는 등으로 혼란된 상황이어서 사실상 이러한 지휘관계도 혼란스러운 상황이 되었다.

앞에서 본 바와 같이 조선형사령 체제에서는 사법경찰관이 강제처분까지 스스로의 판단하에 행할 수 있었으므로 특별히 검사가 개별적인 사건에서 개별적인 지시를 하지 않는 이상 사법경찰관은 사실상 강제처분에 이르는 수사까지 독자적으로 할 수 있는 권한이 있었다.

이러한 권한을 가진 사법경찰관이 혼란 속에서 검사의 지휘를 받지 않으려는 태도를 가질 가능성이 있음은 충분히 예상할 수 있다. 나아가 군정하에서는 한국인재판소와 미군정의 군사재판소가 있어 군사재판소 관할 사건은 미군 검찰관에 의해 미국식 절차에 의해 행해져 조선형사령 체제의 검사의 지휘관계가 적용되지 않으므로 혼란은 더욱 가중될 수 있었다.

(2) 법무국장 훈령 제3호 '검사의 선결직무'를 둘러싼 혼란

이러한 상황에서 1945. 12.경 검찰기구가 모습을 갖춰진 후, 1945. 12. 29.자(1946. 1. 8. 시행) 법무국장의 검사에 대한 훈령 제3호가 검사의 선결직무라는 제목으로 발령되었다.

① 훈령의 주요 내용

훈령의 주요 내용은 다음과 같다.

제1조 검사의 선결직무는 관할법원에 사건을 공소함에 있음. 세밀(細密)한 조사는 검사의 책무가 아님(The primary function of all prosecutors is the sucessful prosecution of case before a Court of competent jurisdiction. The details of investigations are a burden, which Prosecutors should not be required to assume.).

제2조 재판소의 검사는 수사의 시간의 절용과 일층 좋은 효과를 득하기 위하여 좌기 훈령을 준수할 것

(가) 생략

(나) 검사는 경무국이 행할 조사사항을 경무국에 의뢰할 사. 이는 경찰관의 직무요 검사의 직무가 아님(Request routine investigations be conducted by the Police Bureau. This is a function of the Police, not the

Prosecutor's.).

(다) 검사는 법정 구비조건에 만전을 기하기 위하여 경찰관의 보고서를 검토할 것(Analyse the Police Reports for legal sufficiency.).

(라) 검사는 증거의 불비를 경찰관에게 지적하고 될 수 있으면 증거의 정정을 의뢰할 사(Point out to the Police any deficiencies of evidence and request they be corrected, if possible.).

(마) 검사는 실제로 법적 검토를 요하는 조사에 관하여 필요하다면 관여할 사(Engage, if necessary, only in that part of an investigation that actually requires legal analysis.).

제3조 상기훈령은 검사의 법정권한, 특권, 위신 혹은 지위를 개정, 변경 혹은 축소치 못함. 상기령은 검사, 경찰관이 각자 책무를 명확히 함. 법무국의 방침사항에 관하여 절대적 복종을 자에 지령함(These instructions are not intended to modify, change or reduce the lawful authority, prerogatives, prestige or status of any prosecutors. They are intended to clarify the respective responsibilities of the Prosecutors and the Police. as a matter of policy of the Bureau of Justice, full compliance is hereby directed.).

② 훈령의 의미에 관한 견해

(가) 독자적 수사권 부여설

이 훈령의 해석과 관련하여 이것이 경찰에 1차적인 독자적 수사권을 부여하고 검사는 원칙적으로 소추업무만을 담당하게 하려한 것이라고 해석하는 견해가 있다.[187)]

신동운 교수는 2001년 발표한 논문에서 이 법무국 훈령 제3호에 대하여 경찰에게 수사권을, 검사에게 공소의 제기 및 유지의 권한을 각각 분배한 것이라고 해석하면서 이 훈령이 조선형사령 제5조 제2항을 통하여 유지되어 왔던 검사의 사법경찰관에 대한 수사지휘권을 배제한 법령이라고 하였다. 그리하여 제2조 (나)에서 검사로 하여금 통상적인 수사, 즉 routine investigation는 경무국에 의뢰하여 행하도록 한 것을 일반적으로 경찰이 수사권을 보유하는 것으로 해석하고, 제2조 (마)에서 법적 검토를 요하는 사안에 대하여 필요하다면

187) 신동운, "수사지휘권의 귀속에 관한 연혁적 고찰(Ⅰ)", 법학 제42권 제1호, 서울대학교 법학연구소, 2001, 210면; 이윤정, 앞의 책, 182면.

관여하도록 한 것을 검사의 예외적 수사권으로 해석하였다.[188]

신동운 교수는 또한 이 훈령과 그 이전에 있었던 1945. 10. 30. 미군정법령 제20호 '관장직제'에서 경무국에 형사조사과 설치를 규정하면서 그 임무로 '군정청에서 교부한 형사 사건의 조사를 행할 사(conducting investigation of criminal matters which are referred to it by Military Government)(제1조 (가))'라고 규정한 것도 경찰에 검사의 지휘를 받지 않는 독자적인 수사권을 부여한 것으로 해석하였다.[189]

그리하여 이러한 것들이 일본의 미군정이 취한 바와 같이 검찰과 경찰이 상명하복관계로 결합하여 거대 권력기구를 구성했던 종래의 대륙식 수사기구를 해체하기 위한 일관된 정책의 표현이었고 검찰과 경찰을 미국식 모델에 따라 분리하여 검찰권의 견제를 달성한다는 구상을 담고 있었다고 하였다.[190]

(나) 검사 업무 효율화를 위한 업무방식 지시설

이 견해는 훈령 제3호가 검사의 수사지휘권을 전제로 하여 검사는 통상적인 경우는 직접 수사에 나서지 말고 경찰에 이를 맡기고 특별한 경우에만 수사에 나서는 식으로 업무를 하라는 업무처리 방식을 지시한 것에 불과하다고 해석하는 견해이다.[191] 문준영 교수는 이 훈령이 발해진 시기는 미국인 관리들이 각 부서의 책임자로서 이제 막 한국인들로 충원된 기구를 가동시키기 시작한 때이므로 이 시기에 벌써 검경관계의 재조정 같은 것은 고려대상이 될 수 없었다고 한다.[192]

③ **검토**

(가) **미군정의 의도 문제**

먼저 신동운 교수의 해석은 패전 후 일본이 미군정하에서 검·경관계를 규정함에 있어 미군정의 영향으로 경찰에 1차적인 독자적 수사권을, 검찰에 2차적 수사권을 부여한 예를 그대로 적용한 해석론으로 보인다. 즉 미군정이 일본

188) 신동운, 앞의 논문, 210면.
189) 신동운, 앞의 논문, 197면.
190) 신동운, 앞의 논문, 211면.
191) 문준영, 『한국검찰제도의 역사적 형성에 관한 연구』, 서울대학원 박사학위논문, 2004, 189면.
192) 문준영, 『법원과 검찰의 탄생』, 역사비평사, 2010, 666면.

에서 한 방식을 그대로 한국에서도 적용하려 하였을 것이라는 추측을 전제로 한다.

이는 일본의 미군정이 일본에 대해 가지고 있었던 방향성과 한국의 미군정이 가지고 있었던 방향성의 차이를 간과한 것으로 보인다. 미군정은 전쟁을 일으켰던 대국 일본에 대하여는 그 군국주의적 기반을 철저히 파괴하여 다시는 미국을 위협하거나 그 지역의 안정을 해치지 못하게 만들되 경제적으로는 자급을 유지하고 그 지역의 부흥에 어느 정도 기여할 수 있게 만든다는 기본적 구상하에 철저한 대비를 하여 정책을 펴나갔다.[193] 특히 미국식의 철저한 분권화정책 특히 지방자치정부를 위주로 하는 지방분권화를 도모하여 국가권력의 탈중앙집권화를 추진하고 있었다. 이에 따라 점령 초기부터 검찰개혁뿐만 아니라 경찰에 대하여도 경찰의 지방분권화를 추진하여 자치경찰제로 경찰을 개혁하려 하였고 일본의 끈질긴 반발에도 불구하고 이를 관철시켰다.[194]

그러나 한국의 군정통치에 관하여는 미국은 이와 같은 철저한 준비를 하지 못한 상황이었다. 지정학적 위치가 전략적으로 중요하고 주변국간의 이해관계가 복잡하게 얽혀있어 어느 한 강대국의 독주를 막고 미국 주도하의 지역안보체제를 마련한다는 기본구상을 가지고 있었으며[195] 소련군의 참전으로 소련의 남진이 급박하여지자 일본의 항복이후 일단 신속히 일본군의 무장을 해제하고 소련이 한반도 전역을 점령하는 것을 막기 위해 남한을 그 보루로 만드는 것이 급한 현안이었던 것이다.[196]

그리하여 1945. 10. 중순 맥아더와 하지 중장에게 전달된 삼부조정위원회(SWNCC)[197]의 지령에서는 일본으로부터 한국의 완전한 정치적, 행정적 분리, 일본의 사회적, 경제적, 재정적 통제로부터 한국의 완전한 자유 획득을 민정의 목표로 제시하면서 '이 목표의 실현을 위하여 기존의 행정기구와 실정법을 활용할 것'을 지시하였다.[198] 그리고 이에 따라 1945. 11. 2. 군정청 법령 제21호

193) 정용욱, 『해방전후 미국의 대한정책』, 서울대학교 출판부, 2003, 31면.
194) 문준영, 『법원과 검찰의 탄생』, 역사비평사, 2010, 664면.
195) 정용욱, 앞의 책, 33면.
196) 정용욱, 앞의 책, 129면.
197) 미국 국무부, 육군부, 해군부의 합동위원회.
198) SNWCC 176/8: 한국의 미군점령지역 내 민간행정에 관해 미육군 태평양지구 사령관에게 주는 초기 기본지령. 정용욱, 앞의 책, 121면에서 재인용.

이전법령 등의 효력에 관한 건에서는 이미 폐지된 것을 제외하고는 종전 법령의 효력이 유지된다고 하여 일단 기존의 법령을 유지하면서 질서를 확립하고자 하였던 것이다. 그러므로 이러한 기조를 가진 한국의 미군정이 1945. 11. 2.자 법령을 발한 지 2개월 정도만에 검경의 지휘관계를 변경하는 훈령을 냈다고 생각할 수는 없는 것이다.

한국에서의 미군정이 일본에서의 미군정의 상황과 전혀 다르다는 점은 특히 한국에서의 경찰기구 조직에 있어서도 나타난다. 한국에 진주하기 전에 이미 한국에서의 변혁세력과 좌익 혁명세력에 대한 정보를 수집하고 있던 하지 중장은 어느 정치세력에 대해서도 대표성을 인정하지 않는 미국의 정책에 따라 한국에 진주하였을 당시 일단 이미 구성되어 있던 건국준비위원회, 인민공화국 및 각지의 인민위원회 등을 해체하고 점령체제를 구축하고자 하였다. 그리하여 점령 직후에 각지에 전술군(戰術軍)을 파견하여 직접적 통치체제를 구축하고 그 과정에서 자생적인 정부조직을 해체하면서 그 대신에 이전의 식민지 통치기구와 경찰을 부활시켰다.[199] 한국에서의 미군정은 통치기구의 재건과 법과 질서의 회복이 급선무였으며[200] 이를 위해 경찰의 조직은 일제시대 때보다 더 중앙집권적인 국가경찰체제로 구성되었다. 이 점을 보아도 한국에서의 미군정은 일본에서의 미군정과는 전혀 다른 접근을 하였던 것을 알 수 있다.

(나) 시기의 문제

또한 당시의 상황에서는 법무국장 훈령 제3호가 발령된 1945. 12. 29.경은 검경의 수사지휘체제의 변경을 논의할 수 있는 시기가 아니었다. 문준영 교수가 지적하듯이 훈령이 발해진 시기는 미군정의 각 부서들의 인력이 충원되고 겨우 막 기구가 가동하기 시작할 무렵이었으므로 이러한 상황에서 수사지휘체계의 변화를 지시한다는 것은 고려대상이 될 수 없었다.[201]

또한 검찰이나 경찰에 있어서도 그 무렵 일본인을 대체할 인력을 겨우 충원하여 기구의 모습을 갖추고 이를 운영하기 시작할 때였으므로 이 상황에서 갑자기 수사지휘권 문제를 논의할 상황이 아니었다. 검사의 수사지휘권 문제는 사법제도 전체의 구조 문제와 연결되는 것이어서 사법제도 전체의 구조와 함

199) 정용욱, 앞의 책, 120-133면.
200) 문준영, 『법원과 검찰의 탄생』, 역사비평사, 2010, 665면.
201) 문준영, 앞의 책, 666면.

께 논의되어야 하는데 미군정과 한국인 과도정부 사이에 사법제도에 관한 법률의 제정문제에 대해 논의가 시작된 것이 1947. 2.경 이후이므로 군정 초기인 1945. 12.에 검사의 수사지휘권 폐지와 경찰의 독자적 수사권 부여가 논의될 수는 없는 것이다.

한편 일본의 미군정하에서 제시된 경찰의 1차적 수사권, 검찰의 2차적 수사권 구도는 1946년 주일 총사령부측에서 검사의 수사지휘권을 폐지할 것을 요구한 후에 사법성과 협의 끝에 경찰이 범죄수사에 1차적 책임을 지고 검찰은 수사에 관하여 일반적 지휘권과 검사가 행하는 구체적 사건 수사에 대한 지휘권을 가지며 검사가 필요한 경우 수사할 수 있는 2차적 수사권을 가지는 것으로 하면서 사법경찰관에게 수사의 보조를 명할 수 있게 하였고, 검사의 직접수사를 위하여 검사 직속의 수사관을 설치할 수 있게 하는 식으로 타협된 것이다. 그런데 이러한 구상이 1945. 12. 29.에 한국의 미군정에서 발상될 수는 없는 것이다.

(다) 수사지휘 실무에 대한 이해 문제

또한 신동운 교수의 해석에는 검사가 사법경찰에 대한 수사지휘권을 가진다고 할 때 그 수사지휘가 실무에서 어떻게 행사되는지에 대한 이해가 불충분한 점도 있다. 검사가 사법경찰관에 대하여 수사지휘권을 가진다고 할 때 사법경찰은 모든 수사에 있어 일일이 검사에게 지휘를 받아야만 수사를 할 수 있고 스스로의 판단으로는 수사를 할 수 없는 것이 아니다. 검사와 사법경찰관의 관계가 지휘관계라는 것일 뿐 그 지휘관계하에서는 검사가 특별히 지시하지 않는 한 사법경찰관은 스스로의 판단에 따라 자율적으로 수사를 하는 것이다. 다만 그 수사권을 행사함에 있어 검사가 일정한 경우 발하는 지시에 따라야 한다는 것이므로 이와 같이 지시에 따라야 하는 관계 때문에 독자적 수사권 또는 독립적 수사권이 아니라는 것일 뿐이다.

현실에 있어서 사건검토와 판단을 주 업무로 하는 소수의 검사와 일선 현장에서 수사활동을 하는 다수의 인력을 가진 경찰의 관계에서 통상적인 경우는 대부분의 수사활동을 경찰이 스스로의 판단에 의하도록 일임하고, 강제처분 등 인권침해 소지가 있는 경우이거나 법률적으로 복잡한 경우 등 필요한 경우에만 개별적 지시를 하는 것이며 특히 중요한 사건의 경우 검사가 직접 수사를 하는 등으로 검사의 수사지휘권이 행사된다. 이는 현실적으로도 그럴 수밖에 없고 검사의 업무수행상 효율성이나 경제성의 측면에서도 바람직한 것이다. 그리고 이러한 실무운영은 현재에도 그러하다.

이러한 검사의 업무수행의 효율성의 측면에서 현실에서 행해지는 수사지휘의 실무를 생각한다면 훈령 제3조는 검사의 직무수행 방식에 대해 당연한 지시를 하는 것으로 훈령의 국문번역문과 함께 영어 원문을 함께 검토하면 쉽게 이해할 수 있다.

먼저 훈령 제3호 제1조의 한글 번역문은 원문의 의미와 다른 면이 있다. 원문의 function을 직무라고 번역하고 있는 것도 오해의 소지가 있으며, 이를 권한으로 번역하는 것도 적절하지 않다고 본다. 그것은 글자 그대로 기능이며 역할의 의미로서 검사는 사건의 소추(prosecute)에 주된 역할이 있으니 검사가 일상적인 조사활동에 일일이 나서는 것은 검사의 역할에 비추어 적절하지 않으므로 경찰에 지시하여 하게 하라는 것에 불과한 것이다.

이것은 제1조의 두 번째 문장 영문의 의미, 즉 세세한 수사활동은 일종의 '짐'으로 검사가 이를 맡도록 해서는 안 된다(The details of investigations are a burden, which Prosecutors should not be required to assume)는 것을 보더라도 명백한 것이다. 즉 세세한 수사활동은 검사의 기본 기능에 비추어 '짐', 즉 불필요한 업무부담만 될 뿐이니 가능하면 이에 나서지 말라는 것이다.[202] 이러한 방식의 수사지휘권 행사는 검사가 사법경찰관에 대하여 수사지휘권을 가지는 모든 나라에서 행해지고 있는 것이다. 즉 예컨대 독일에서도 검사는 일상적인 수사활동에 나서지 않고 사법경찰관에게 이를 하게 하며 특별한 경우만 지시를 하면서 개입하는 것이고 검사가 수리한 사건의 경우도 가능하면 사법경찰관에게 지시하여 수사활동을 하게 하고 검사는 필요한 경우 보고를 받거나 수사기록을 가져오게 하여 검토하고 지시하는 식으로 지휘가 이루어지는 것이다.[203]

또한 훈령 제3호 제2조를 보면 제1조에서 지시한 바를 구체적으로 설명하면서 검사의 업무방식을 지시하고 있는데, (나)항과 같이 통상적인 수사활동은 사법경찰이 하도록 하고(routine investigation be conducted by the Police), (다)항

202) 같은 취지, 문준영, 앞의 논문, 189면.

203) 독일 형사소송 및 과태료절차 규칙(Richtlinien für das Strafverfahren und das Bußgeldverfahren, 약칭 RiStBV) 제3조에서도 검사는 중요하거나 법적 또는 사실적으로 어려운 경우에 사건을 처음부터 직접 수사하여야 한다고 규정하고 있다.

과 같이 검사는 사법경찰의 보고서(그것이 송치 전이든 송치 후든 상관없이)를 분석하여 증거관계 등이 법률적으로 충분한지 검토하며, (라)항과 같이 증거가 불충분하면 그 보완을 지시하여 보완하게 하며, (마)항과 같이 법적 검토를 요하는 필요한 경우만 검사가 직접 수사에 나서라는 것이다. 이 형태는 현재에도 한국의 검사들이 일반적인 사건에 있어 수사지휘권을 행사하는 전형적인 모습이다.

(라) 훈령을 전후한 다른 명령과의 맥락

신동운 교수는 1945. 10. 30. 미군정법령 제20호 '관장직제'에서 경무국에 형사조사과 설치를 규정하면서 그 임무로 '군정청에서 교부한 형사 사건의 조사를 행할 사'라고 규정한 것도 경찰에 검사의 지휘를 받지 않는 독자적인 수사권을 부여한 것으로 해석하고 있다.[204)]

그러나 이 규정은 관방직제라는 제목에서도 보듯이 중앙경찰기관인 경무국에 과를 하나 더 설치한다는 의미의 조직에 관한 규정에 불과한 것이다. 1945. 10. 21. 군정청에 중앙경찰기관으로 경무국이 창설되었는데 처음에는 관방, 총무과, 공안과, 수사과, 통신과를 두었으며 지방경찰기관으로는 도지사 밑에 경무부를 두었다. 그 후 1945. 10. 30.에 경무국 내에 다시 형사조사과라는 과를 설치한다는 것인데 이 형사조사과의 업무로 군정청에서 교부한 형사사건의 조사를 규정한 것일 뿐이다. 이를 두고 독자적 수사권을 부여한 것으로 볼 수는 없는 것이다.

한편, 1945. 12. 18. 미군정 경무국장 아더 챔퍼니(Arthur S. Champeny) 명의의 검사와의 관계라는 통첩[205)]이 있는데, 제1항에서 경찰의 주요 임무는 체포된 사람에 대한 범죄혐의를 뒷받침하기 위하여 필요한 증거를 검사에게 제공하기 위하여 수집하는데 있다고 하였다. 그리고 그 임무를 수행하기 위해 '(가) 관할지역의 검사와 밀접한 연락을 보지(保持)할 것,[206)] (나) 여러 가지 기소를 도옵는데 필요한 증거의 확정을 기해서 수시로 검사에 자문 협조할 것,[207)] (다) 검사로부터 지적된 증거에 불비한 것이 있으면 신속히 정정할 것,[208)] (라)

204) 신동운, 앞의 논문, 197면.

205) Instruction Memoradum No.1 Subject: Relations with the Prosecutor.

206) (a) maintain close liason with the prosecutors in their area of jurisdiction.

207) (b) cosult frequently with the prosecutor to detemine the evidence pointed out by the prosecutor.

208) (c) correct promtly any deficiencies of evidence pointed out by the prosecutor.

사건을 검사에게 송치한 후라도 검사가 요구하는 당해 사건의 추가증거를 수집할 것,[209] (마) 특별한 법적 분석 탐구를 요하는 사건에 있어서 검사의 요구로 선발되여 경찰취조인의 자격으로 검사의 일시적 직무를 대행함으로써 검사를 보좌할 것,[210] (바) 검사가 경찰에게 의뢰하는 조사는 상규관례에 의하야 취급할 것[211]' 등을 규정하고 있다.

이 통첩을 보면 수사가 이루어지는 경우로 세 가지를 상정하고 있다. 즉 첫째로 경찰에서 수사가 시작되는 경우로 이 경우 경찰관은 검사와 긴밀한 연락을 유지하면서 수시로 검사에게 여러 가지 형태의 혐의사실을 뒷받침하는데 필요한 증거를 결정하기 위해 자문을 구하고, 검사로부터 지적된 불비사항에 대하여 그 요구에 따라 즉시 이를 정정하며, 송치 후라도 검사의 요구가 있으면 이에 응하여야 한다는 것이다. 한마디로 표현하면 수사에 있어 공소제기여부를 결정하기 위한 검사의 요구에 송치 전이나 송치 후를 불문하고 따라야 한다는 것이다(가~라).

둘째로, 검사가 사건을 수리한 경우 검사가 직접 수사하지 않고 사건을 경찰에 보내서 수사하게 하는 경우가 있는데 이 경우는 첫 번째와 같은 방식으로 진행된다(바). 그리고 셋째로, 검사가 직접 조사활동을 하는 경우인데 이 때에도 검사의 요구가 있으면 경찰의 책임자는 검사의 요구에 따라 검사를 보조할 경찰관을 검사에게 파견하여 도와주게 하는 것이다(마). 이 세 가지의 진행 상황은 현재 검사들이 사법경찰관에 대하여 수사지휘권을 행사하는 방식 그대로이다.

또한 경무국장 통첩 제1호의 후속조치로 1946. 4. 8.자 군정청의 경찰부장 지령[212]까지 보면 훈령 제3조의 의미가 더 명확해진다. 지령 제2조는 '경찰부

---

209) (d) after a case is in the hands of the prosecutor, obtain such additional evidence he may request.

210) (e) assist the prosecutor in those casses which required special legal analysis, by detailing on temporary duty with prosecutor, at his request, qualified police investigators.

211) (f) conduct routine investigation referred to the police by the prosecutor.

212) 1946. 1. 16.자 경무국 경무부에 관한 건에 의하면 당시 군정청의 경찰조직은 중앙의 경무부와 각도에 도경찰부를 두었으며 도경찰부에 도경찰부장을 두고 보좌기관으로 경찰부차장을 두었다. 경찰의 관등은 경무부장, 도경찰부장, 도경찰부차장, 총경, 감찰관, 경감, 경위, 경사, 순경으로 하였다.

장, 수사과장은 사법부의 대표자, 검사와 직시 타합하야 범죄사건의 수사상 필요한 직무를 이행하는데 필요한 형사의 인원수를 상호간에 결정할 것. 그 후에 이 일에 대하여 적합한 유자격자인 형사가 검사에 할당될 것임'이라고 하고, 제3조는 '그렇게 할당된 형사는 그 직무의 수행상 다음의 지령에 의하여 행동함을 요함'이라고 하고 그 행동수칙으로 '(가) 소정의 경찰행정을 제외코는 자기가 소속한 검사의 지휘하에 잇고 검사에 대하여 책임을 져야 함'이라고 규정하며 또한 제4조는 '이 지령으로써 형사는 검사에 대한 임무에 의하야 경찰부와 분리된다는 해석은 성립하지 않음...'이라고 규정하고 있다.

이 지시는 도경찰부와 각 경찰서에 검사의 지휘를 받아 범죄수사에 종사할 형사들을 배정할 것을 지시한 것인데 그 형사들은 검사의 지휘하에 수사를 하나 조직상 경찰부에서 분리되는 것은 아니라고 하고 있어 조직상으로는 경찰에 속하지만 범죄수사와 관련해서는 검사의 지휘계통하에 있음을 명확히 하고 있다. 1945. 12. 29.자 법무국 훈령이 경찰에 독자적 수사권을 부여하는 것이라면 그로부터 3개월여 후에 발령된 지시에서 다시 사법경찰관들을 배정하여 검사의 지휘계통하에 수사하게 한다는 것은 상호 모순된다.

1945. 12. 29.자 법무국장 훈령 제3호와 1945. 12. 18.자 경무국장 통첩 제1호, 그리고 통첩 제1호의 후속조치로 1946. 4. 8. 지시된 군정청 경찰부장 지령 등을 종합하여 보면, 이들은 수사와 관련한 검사와 경찰의 효율적인 업무방식에 대해서 지시하고 있다. 양쪽을 결합하여 보면, 검사는 통상적인 조사활동은 직접 하지 말고 경찰을 통해서 하고, 경찰의 수사내용을 검토하여 증거 등이 부족한 부분이 있으면 보완할 것을 지시하는 방식으로 하며, 특별한 경우에만 검사가 직접 수사에 나선다. 이에 대해 경찰은 검사와 긴밀한 연락을 유지하면서 검사로부터 지적된 불비사항에 대해 그 요구에 따라 즉시 정정하거나 추가 증거를 수집하고, 송치 후라도 이러한 요구가 있으면 이에 응하며, 검사가 직접 수사를 하는 사건에 있어서도 검사의 요구가 있으면 검사에게 경찰관을 파견하여 도와주라는 것이다. 검사의 수사지휘가 행해지는 실무의 방식은 이런 방식으로 행해지는 것이 일반적이고 효율적이며 이러한 방식은 현재 우리나라의 수사지휘 실무와도 다름이 없다.[213)]

---

213) 같은 취지 문준영, 앞의 책, 663면.

(마) 사법제도와 관련된 논의 상대방으로서의 한국인 대표의 존재 문제

다음으로, 1945. 12.경이면 미군정은 겨우 검찰조직과 경찰조직을 재건한 정도의 시기였고 한국인으로 한국인의 문제를 결정할 만한 정부조직도 존재하지 않았다. 형사사법제도에서 검찰과 경찰의 관계는 매우 중요한 문제이고 경찰에 독자적 수사권을 부여한 것인지는 전체 정부조직에서 경찰의 위치나 경찰이 속한 부의 장관이 어떠한 직무와 권한을 가질 것인지 등이 함께 정해져야 하므로 먼저 정부조직에 관한 구상과 법원 및 검찰조직에 관한 구상 등도 병행해서 논해져야 한다.

일본은 제2차 대전에서 패전하였지만 미군정에 대응하여 일본인의 문제를 말할 수 있는 정부조직이 존재하였으나 1945. 12. 당시 한국의 실정은 일본과 달리 한국인을 대표하여 미군정에 대응하여 논의할 조직이 아직 존재하지 않은 상황이었다. 그러므로 시기상으로도 1945. 12.에 미군정이 종래에 유지되던 검찰과 사법경찰관의 관계를 변화시키는 구상을 하고 이를 훈령으로 실현할 수는 없는 것이다.

미군정이 한국인에게 행정권을 넘겨주고 남조선과도정부가 운영된 것이 1947. 5.경부터이고 1947. 6. 13.자 행정명령 3호로 법전기초위원회가 구성되어 기본적인 법전의 기초사업을 하게 되므로 이 무렵이 되어야 미군정이 한국의 법제도와 관련하여 논의할 상대방으로서의 한국인 대표들이 존재하게 되는 것이다. 그리고 바로 이 무렵인 1947. 6.경에 사법부의 미군정 고문인 코네리가 러취 미군정청 장관에게 사법경찰청 설치안을 제안하는데 그 주요 내용은 경무부의 수사국을 사법부 또는 검찰청으로 이관하고, 각 도별 또는 특별시별로 사법경찰청을 설치하며, 당시의 경찰기관에서 사법사무를 제외하고 행정경찰사무만으로 하고, 일반 행정경찰관리에 대해서는 당시의 삼림주사에 대한 것과 같은 방법으로 사법경찰관리직무취급 권한을 부여하며, 모든 사법경찰관의 임명은 사법부 장관 또는 검찰총장이 이를 보유한다는 것으로 행정경찰과 사법경찰의 분리와 사법경찰을 사법부나 검찰청 소속으로 한다는 것이었다.[214]

이와 같이 미군정이 1946년을 거쳐 한국의 치안질서와 국가기관들을 재건한 후에 비로소 1947년부터 한국의 제도에 관한 구상을 하고 또한 한국인 대

214) 동아일보, 1947. 6. 8.자.

표들로 하여금 스스로의 구상도 하게 하는 등의 의사소통을 하게 되었던 것이므로 아직 국가기구도 제대로 재건하지 못한 상태인 1945. 12.에 발해진 훈령을 가지고 미군정이 경찰에 독자적 수사권을 부여하려 하였다고 주장하는 것은 역사적 상황에 대한 인식이 부족한 것으로 보인다.

(바) 소결

이 훈령은 그것이 발해진 1945. 12.경 상황과 문언의 의미, 이를 전후한 다른 통첩 등을 감안하면 당시에 겨우 재건된 기구들의 범죄수사체계가 혼란스러운 상황에서 업무의 효율성을 기하기 위해 각 기구가 담당한 일의 업무방식을 지시한 것에 불과한 것이었고 검경의 지휘관계 변경이라는 큰 의미를 가지는 것은 아니었다.[215] 또한 훈령 제3조는 '상기훈령은 검사의 법정권한, 특권, 위신 혹은 지위를 개정, 변경 혹은 축소치 못함'이라고 하여 당시 효력이 유지되던 다이쇼 형사소송법과 조선형사령 체제하에서의 검사의 사법경찰관에 대한 지위에 변경이 있는 것이 아니라는 것을 명백히 하고 있으므로 이렇게 해석하여야 훈령 제3조와도 모순되지 않는다.

(3) 경찰의 항명과 실무상의 혼란

그런데 이와 같은 훈령의 의미에도 불구하고 경찰의 항명이 이어지고, 검사의 수사지휘에 대한 경찰의 불복상황이 있어 당시 검찰실무에서는 훈령 제3호가 수사지휘권을 제약하는 것으로 생각되게 되었고 1948. 8. 2. 공포된 과도정부 검찰청법에서 부칙으로 이 훈령을 폐지하게 되었다. 그런데 이러한 불복상황이 발생한 이유는 무엇일까.

문준영 교수는 훈령 자체보다도 경찰의 비협조적 태도에서 찾아야 한다고 지적한다.[216] 이는 당시의 혼란상황에 비추어 타당하다고 본다. 일제강점기에 시행되었던 검사의 사법경찰관에 대한 수사지휘체제는 규범상으로는 남아 있었다고 하여도 해방으로 인해 사실상으로는 붕괴되었다고 할 수 있다. 왜냐하면 그러한 검경체제를 유지하던 일본인 검사의 대부분이 일본으로 귀국하여

215) 문준영, 앞의 책, 662-663면. 문준영 교수는 『주한미군정사』에서 법무국 훈령 제3호는 슬쩍 스치고 지나가는 정도의 위치밖에 갖지 못하였다고 평가한다. 문준영, 앞의 책, 665면.

216) 문준영, 앞의 책, 668면.

없어질 상황이고, 경찰 수뇌부나 고위직인 일본인 경찰들도 모두 없어졌기 때문이다.

현실에 있어서 검찰은 검사가 모자라 특별 임용 등 비상수단을 써서 겨우 사람을 채워 기구의 모습을 갖추어갈 때였으므로 경찰을 장악할 힘이 없었다. 이에 반해 경찰은 해방 당시 조선인 경찰이 10,619명이나 있었고, 새로 경찰을 모집하여 해방당시 경찰력에 가까운 경찰을 보유하게 되었으며 중앙집권화한 국립경찰로서 국립경찰부대라고 표현될 정도로 군대에 유사한 조직이었다. 특히 무기를 가지고 있어 정규군이 편성되기 전에 군대로서도 기능하여 미군정 당시 가장 강력한 권력기관이었다. 대한민국 정부가 수립되기 전으로서 정부기관들의 명령체계가 아직 갖추어지지 않은 상황에서 현실의 검경관계는 힘의 관계로 나타날 수밖에 없고 강력한 힘을 가진 경찰이 규범력을 상실해가고 있는 조선형사령 체제하에서 검사의 수사지휘를 받지 않거나 그 지시를 무시하고 따르지 않는 실무상황이 벌어졌다고 할 수 있다.

또한 이러한 힘의 역학관계와 함께 미군정 법무국 훈령과 경무국 통첩에서 사용된 용어상 표현의 애매함이 이러한 혼란을 부추겼다고 할 수 있다. 훈령과 통첩에서는 검사가 경무국에 수사를 '의뢰(request)'한다는 표현을 사용하고 있는데 이는 미군정 당국이 미국식 사고에 따라 그런 용어를 사용한 것으로 보인다. 즉 수사지휘체계의 변화를 의도한 것은 아니었음에도 수사지휘관계가 아닌 미국의 검경관계에서 검사가 경찰에 일정한 사항을 요청할 때 사용하는 request라는 용어에 익숙한 미군정 당국이 당시 검사의 업무방식을 지시하면서 검사가 경찰에 일정한 사항을 지시하는 것에 대해 이에 해당하는 유사한 용어로서 미국식 용어인 request를 사용한 것으로 보인다. 그런데 수사지휘체계를 가지고 있는 나라에서는 수사지휘와 관련하여 사용하는 용어가 그 규범력에 있어 중요한 의미를 가지는데 미군정당국은 거기까지는 생각을 하지 못한 것으로 보인다. 그리고 특히 request를 번역함에 있어 '의뢰'라고 번역한 것도 문제이다.

강력한 힘을 근거로 검찰에 비협조적 태도를 보이던 경찰에 '의뢰'라는 용어는 그러한 비협조를 정당화할 수 있는 해석가능성이 있었고 실제로 그러한 해석을 빌미로 검사의 지시에 따르지 않는 일이 발생하였다. 즉 '의뢰'는 요청에 불과하기 때문에 '의뢰를 받고 안 받는 것도 자유요 의뢰를 받고도 그 취지대로 하지 않는 것도 임의'라는 것이다. 문준영 교수는 당시 경찰이 훈령의 의미를 이렇게 주장한 것이 훈령의 취지에 완전히 어긋나는 아전인수격 해석이라고 평가하는데[217] 그럼에도 불구하고 당시 경찰들은 그와 같이 주장하며 검사의 지시에 따르지 않는 사례가 빈발하였다.[218]

앞에서 본 바와 같이 1946. 4. 8. 군정청의 경찰부장 지령에서 경찰부장, 수사과장에게 각 경찰서에서 검사의 지휘하에서 수사를 할 형사들을 배치하여 편제할 것이 지시되었으나 그러한 지시도 제대로 이행되지 않았다.[219]

이와 같이 경찰이 검사의 지시에 따르지 않고 검경이 충돌하는 상황을 해결하기 위해 1947. 1. 14. 사법부장과 경무부장이 협정을 하는데 그 내용 중에 '검찰관은 경찰관의 지위 급(及) 직능에 관한 제도의 변화를 이해하여 현시국하의 경찰관의 특수사명을 인식하고 기(其)에 적응한 대우를 할 것(제2호)', '경찰관은 검찰관의 범죄수사에 관한 직무수행상 필요한 요청과 위촉과 지휘를 존중하며 경찰관의 범죄수사사무에 대한 검찰관의 지도와 주의와 지휘를 준수할 것(제3호)'이라는 내용이 있다.[220] 검사의 '지휘'라는 용어와 이에 '준수하여야 한다'는 의무를 명확히 하였으나 그럼에도 불구하고 실무 현장에서는 제대로 이행되지 않았다.

이와 같이 경찰이 검사의 지시에 따르지 않는 상황이 계속되자 1947. 6. 대

217) 문준영, 앞의 책, 668면.

218) 비교법적으로 독일에서 프로이센에 검찰제도가 도입되었던 초기에도 미군정시대와 같은 현상이 있었다. 프로이센에서 검찰제도를 도입하는 새로운 소송법이 발효되자마자 경찰측에서는 검찰에 대하여 경찰권을 강화하기 위한 노력을 하였다. 당시 내무부장관의 정치적 영향력이 법무부장관의 지위를 능가하였고 조직 및 자원 면에서 우월한 경찰이 검찰의 지휘에 반발함으로써 경찰에 대한 통제권은 현실적으로 확보되지 못하는 실정이었다. 이러한 상황에서 프로이센의 법률에 의하면 경찰은 검사의 요청(Requisition)에 응해야 한다고 규정하고 있는데 이 요청이 기속력이 있는 명령(Befehl)인지 아니면 이에 응하는 것이 경찰의 재량에 속하는 청원(Gesuch)정도의 의미를 가진 것인지가 논해졌다. 경찰은 이를 청원의 의미로 보고 이에 응하는 것을 '호의(Gefälligkeit)'를 베푸는 것으로 표현하였고 따라서 종종 수사에 있어 협조를 거부하는 사태가 벌어졌다(Collin, "Wächter des Gesetzes" oder "Organ der Regierung?", Vittorio Klostermann, 2000, S. 209.) 결국 이러한 상황은 법규를 명확히 함으로써 해결될 수밖에 없는데 독일제국 성립 후에 법원조직법에서 '명령(Anordnung)에 따라야 한다(verpflichtet, Folge zu leisten)'고 명확히 함으로써 해결되었다.

219) 문준영, 앞의 책, 802면.

220) 사법기관과 경찰기관의 협조에 관한 건. 대검찰청, 『검찰제요』, 1948, 226면 이하. 신동운, 앞의 논문, 218면에서 재인용.

검찰청, 서울고등검찰청, 서울지방검찰청이 합동명의로 군정장관에게 사법경찰을 행정경찰과 분리하여 검찰에 직속할 것을 건의하였고 1947. 7. 이인 검찰총장이 같은 취지의 건의를 하였다.[221] 당시 이인 검찰총장은 사법경찰관을 지방검찰청에 배치하고 인사와 상벌에 대하여 지방검찰청장의 승인을 얻을 것을 요하는 안을 제출하였으나 경찰측의 반대로 보류되었다.[222] 이후 1947. 10. 경무국, 사법부, 검찰청의 수뇌회의를 거쳐 1947. 10. 22.에 각 경찰청과 경찰서에 검사의 지휘사건을 담당할 사법경찰관 상당수를 지명배치하는 것을 경무국장 조병옥과 사법부장 김병로가 협정하게 되었다. 이 항의 내용이 군정장관에 보고가 된 후 1947. 11. 10. 검찰총장에 대한 사법부장 통첩으로 수사사무담당경찰관에 관한 건[223]으로 시달되었음에도 제대로 시행에 옮겨지지 않았다.[224] 그런데 이 내용은 1946. 4. 8.자 군정청 경찰부장 지령과 같은 내용이어서 결국 1946. 4. 8.자 지령이 이때까지도 제대로 이행되지 않고 있었음을 보여준다.

이에 1948. 2. 20. 이인 검찰총장이 직접 군정장관에게 경찰이 지시불복의 명분으로 내세우고 있어 혼란의 원인이 되고 있는 법무국장 훈령 제3호와 경무국장 지령통첩 제1호를 폐지해 줄 것을 건의하였다. 해당 주요 부분은 다음과 같다.

> "존경하는 군정장관에게 이 글을 올님을 영광으로 생각하며 일면 정무다단하신대 번다한 말을 드리게 됨은 죄송하오나 치안과 행정의 완벽을 기하기 위하야 직책상 이 글을 올니게 됨을 주저할 수 없음을 깊이 용서하심을 바라나이다.
>
> 1. 경찰이 범인을 체포하거나 범죄를 수사하면 곳 지체없이 검찰관에게 인도하고 사건을 송치하여야 될 것이고 검찰관은 경찰이 조사한 범죄사실과 증거를 재음미 검토하여 사실과 증거가 분명하고 정확하면 다시 법리적으로 검토하야 법률상 유죄가 되면 재판소에 기소를 할 것이고 만일 사실이나 증거가 명확치 못하면 검찰관은 언제든지 경찰에 그 불비와 결점을

221) 신동운, 앞의 논문, 219-221면.
222) 신동운, 앞의 논문, 221면.
223) 대검찰청, 『검찰제요』, 1948, 부록 74면. 신동운, 앞의 논문, 223면에서 재인용.
224) 문준영, 앞의 책, 803-804면.

지적하야 다시 조사하도록 명령할 수 있고 또는 검찰관이 직접 다시 조사할 수 있으며 재조사의 명령을 받은 경찰관은 신속 성실히 조사할 것이고 또 경찰관이 조사하여 검찰에 송치한 사건이 사실과 증거가 명확하드라도 법률상 범죄가 구성되지 아니하거나 그 이상 조사하여도 사실과 증거가 불분명하거나 범정이나 범인의 장래나 기타 여러 가지를 참작하여 범인이 장래에 또다시 죄를 범할 때에는 이전 범죄까지 한거번에 처벌하는 기소를 유예하는 처분을 하게 됩니다.

2. 그러함으로 경찰관이 아모리 노력하여 범죄를 수사하였드라도 사건의 송치를 받은 검찰관은 다시 검토하여 불비결점이 있고 또는 법률상 범죄가 아니되는 경우에는 경찰관의 노력은 결국 수포로 도라가고 말 것이니 경찰이나 검찰이 재조사를 하게 될 때에는 벌서 시간적 기의(機宜)[225]를 일실하여 증거인멸되였고 사실이 희박하게 되어 결국 장사(長蛇)를 일(逸)케 하매[226] 국가의 치안에 지중한 악영향을 파급하게 됩니다. 그러함으로 경찰은 범죄를 수사하거나 범인을 체포할 사전사후에 검찰관과 긴밀한 연락을 할 것이고 검찰관의 지시에 충실하고 명령을 준행하여야 될 것입니다. 그러함으로 미국 같은 국가의 경찰은 비록 성문법상 규정이 없고 또 검찰관의 지휘나 명령은 그만두고라도 검찰관이 의뢰나 요청만 한다 하드라도 지휘명령 이상 신속 충실히 준수이행한다는 말도 드렀고 일제시대에도 형사소송법 제248조, 동 제249조에 경찰관이나 헌병은 검찰관의 보좌로서 검찰관의 지휘와 명령을 받아 사법경찰관으로서 범죄를 수사하여야 한다고 규정되였음니다. 그러함으로 일제의 경찰국가시대에도 검찰관이 범죄수사상 지휘나 명령을 하면 사법경찰관은 우선적으로 신속 충실하게 이행하고 지휘와 명령을 어긴 일이 없고 현재 법규상 역시 그렇게 되어 있음니다. 이렇게 하야 범죄수사가 통일적이고 일원화되여 있었음니다.

3. 서기 1945년 8월 15일 해방 이후 현 조선과도정부가 수립되자 서기 1945년 12월 29일 당시의 법무국장은 조선의 특수사정과 법률은 참작치 않고 소위 법무국 검사에 대한 훈령 제3호로써 검찰관은 경무국이 수행할 조사사항을 경무국에 의뢰할 것이라고 규정 발포하였고, 당시의 경무국장은

225) 시기와 형편에 맞음.

226) (적의 장수나 큰 짐승 등) 거물을 잡을 뻔했다가 놓치다, 매우 아까운 기회를 놓치다.

경무국 통첩 제1호로써 역(亦) 동 취지의 통첩을 모든 경찰에게 보냇음으로 일반사법경찰관은 이제부터는 검찰관의 지휘명령에 복종할 필요가 없고 의뢰라고 규정되었으니 의뢰하는 것은 요청하는 것이니 의뢰를 받고 않받는 것도 자유요 의뢰를 받고도 그 취지대로 하고 아니함도 임의라고 속단하야 경찰은 다만 그 조사한 사건을 검찰에 송치하면 완료된 줄만 알고 있는 태도임으로 송치된 사건의 불비결점을 지적하고 이에 대한 재조사를 지시하거나 또는 검찰관이 직접 고소나 고발을 접수한 사건이나 검찰관 자신이 범죄있음을 인지한 사건을 경찰관에게 조사하도록 지시하거나 또는 범인의 체포장집행을 명령하여도 오날 이 때까지 하등 실효를 거두지 못하고 있고 인권유린까지도 하게 됨은 현저한 사실인 바 이에 반대된 입장에 있는자에게 무러 보면 그런 일이 없고 검찰과 경찰이 잘 협조하고 검찰의 지휘명령에 복종하는 듯이 대답할 줄 암니다. 그러나 사실은 반대입니다.

4. 이러한 현상이므로 경찰에서 검찰관에 송치된 사건조사서류의 불비, 두찬(杜撰)[227] 또는 지시명령대로 준행치 아니함으로 말미아마 상당수의 사건이 불기소로 도라가고 따라서 장사(長蛇)를 일(逸)케 되어 형정 운용상 지대한 폐해가 되오니 귀관은 단속한 시일 내에

(가) 사법부 검찰관에 대한 훈령 제3호 급(及) 경무국 통첩 제1호를 폐지하시고

(나) 경찰관은 검찰관의 보의(補依)로서 검찰관의 지휘와 명령을 받아 사법경찰관으로서 범죄를 수사할 것이고

(다) 검찰관은 경찰관의 범죄수사에 칭탁(稱託)한 인신의 부당구속이 있다고 인정하는 때에는 경찰관에게 그 석방을 명령할 수 있을 것이고

(라) 검찰관은 경찰관의 수사 중의 범죄사건을 필요에 의하야 검찰관에게로 그 사건을 인도할 것을 명할 수 있고

(마) 검찰관으로부터 범죄수사상 지휘명령을 받은 경찰관은 타 사건에 우선하야 신속 성실하게 수사하여 곳 검찰관에게 보고함을 요함

227) 저술에 전거(典據)나 출처가 확실하지 않은 문자를 쓰거나 오류가 많음.

> (바) 검찰관으로부터 우(右) 명령을 받은 경찰관은 반드시 그 수명사항을 준수하여야 함
> (사) 이상 각항에 위반하는 경찰관은 경무부장으로부터 상당(相當) 행정이나 징계처분을 수함
>
> 이라는 규정을 지급히 제정 발령하시와 범죄수사가 통일적이고 일원적으로 되어 형정과 치안의 완하심을 경망하나이다."[228]

이 서신에서도 보듯이 법무국 훈령 제3호와 경무국 통첩 제1호에 사용된 의뢰라는 용어로 인해 그 취지와 달리 경찰관들이 다른 해석으로 속단하여 검사의 지시에 불복하는 핑계로 삼고 있고, 그간 군정청에 이러한 상황을 전달하고 의논하여 사법부와 경무국 사이에 이를 시정하기 위한 여러 조치가 있었음에도 불구하고 이러한 불복 상황은 나아지지 않고 있는데 반면에 경찰에서는 군정청에다가는 지휘명령에 잘 복종하고 있고 검찰과 경찰간에 잘 협조되고 있는 듯이 보고하고 있었으나 사실은 그렇지 않았다는 상황이 잘 나타나고 있다.

이러한 혼란 상황은 결국 법률로써 해결될 수밖에 없었는데 이에 따라 1948. 8. 2. 공포된 남조선과도정부법령 제213호 검찰청법 부칙의 제32조에서 '가. 1945년 12월 29일부 법무국검사에대한훈령제3호를 폐지함'이라고 규정하여 해결되었다.

(4) 검경 관계 설정과 관련한 역사적 상황들

① 경기도 경찰부 형사과장 사건

법무국장 훈령 제3호가 시달되기 전인 1945. 11. 말경 경기도 경찰부 형사과장이 검사의 지휘를 받아 피의자를 검거하고 구속하였는데 경기도 경찰부장이 그 구속을 취소하고 오히려 그 형사과장을 군정재판에 회부하는 사건이 발생하였다. 당시에는 법무국장 훈령 제3호가 시달되기 전이었음에도 불구하고 당시 상황은 검찰기구 자체도 아직 제대로 재건되지 않은 상황이었고 경찰은 조선형사령 체제에서 스스로 구속 등 강제처분을 할 수 있어 강력한 권한을 가지고 있었으므로 이미 검사의 지시를 무시하는 상황이었음을 보여준다. 1945.

---

228) 신동운, 앞의 논문, 227-228면에서 재인용.

12. 13. 경성변호사회는 이 사건을 프랑스혁명 이후 처음 일어난 인권유린이라고 비난하면서 군정청에 검찰기관과 그 명령계통을 통일한 것을 건의하였다.[229]

② 1946~1947년간의 경찰 불법구금과 고문 사건 빈발

일제강점기에 조선형사령에 따라 조선의 일제 경찰이 가지고 있던 영장없는 10일간의 구금권한과 이를 이용한 고문의 악습이 해방 후의 경찰에서도 이어져 쉽게 근절되지 않았다. 그리하여 경찰의 불법구금과 고문 사례가 지속적으로 문제되고 경찰 수사과정의 인권보장 문제가 중요한 문제였다.

1946. 8. 초경 경찰관이 범인에게 물을 먹여 고문한 사건이 있었는데 당시 조병옥 경무부장은 국립경찰이 아니고 특별경찰기관인 철도경찰 경찰관이라고 해명을 하였다.[230] 1946. 9. 9.에는 본정서 경찰관이 모 처에서 검거해온 조선공산당원이 현관입구에서 도망하자 권총으로 발사하여 등을 관통시켜 즉사하게 한 사건이 있었는데 당시 장택상 경기도 경찰부장은 '정지를 명하였을 때 불복종하고 도망을 할 때에는 발포한다. 발포를 하드라도 생명에는 관계 없도록 발사하는 것이 잘못하여 명중하는 수도 있다. 이번 본정서 사건은 경찰에 책임이 없다'고 언급하였다.[231]

1946. 10.의 대구사건, 철도파업 등의 혼란을 겪으면서는 인권 문제가 크게 이슈화되지 못하였으나 질서가 안정되면서 다시 언론에 보도되는데 1947. 2. 3. 삐라를 붙였다는 혐의로 포천경찰서에 검거된 19명에 대해 4명의 경찰관이 고문을 한 결과 1명이 사망하고 나머지 피의자들도 전부 상해를 입은 사건이 있었다.[232]

1947. 2. 초경 영남에서 있었던 소요사건 당시에 대구지방심리원 성주출장소 등기소장을 폭동선동자로 고문하였다는 혐의로 수도경찰청 특경대의 경위가 서울지방심리원에서 재판을 받고 징역 8월, 집행유예 3년을 선고받았는데 이에 대해 수도경찰청 부청장과 서울 시내 각 경찰서장이 1947. 2. 11. 김용무 대법원장을 방문하여 1심 판결이 가혹하다고 항의를 한 일이 있

229) 문준영, 앞의 책, 666면. 동아일보 1945. 12. 15.자, "경성변호사회 군정청에 건의", 2면.
230) 동아일보 1946. 8. 4.자, "고문하면 엄중처벌", 2면.
231) 동아일보 1946. 9. 12.자, "도망하는 공산당원 경찰의 발포로 즉사", 2면.
232) 동아일보 1947. 2. 9.자, "고문치사 시킨 경관, 검찰관 유치 문초 중", 2면.

었다.[233] 이 일에 대해 경찰은 판결에 대한 항의가 아니고 김 대법원장이 재판에 간섭하였다는 것이 이유인데 세간에는 경찰이 마치 판결 자체에 항의한 것처럼 유포되고 있다고 설명하였다.[234]

이에 대해 재판을 한 심동구 판사가 대법원장이 간섭하였다는 것은 오해라고 하고, 이상기 대법관이 법원측으로서는 경찰의 항의를 어린애 칼장난으로밖에 보지 않으므로 별도의 설명할 필요를 느끼지 않는다고 기자단에 말을 하였다. 그러자 장택상 수도경찰청장이 성명서를 발표하여 '이 대법관의 경찰에 대한 모욕적 언사는 대법관의 언사로 볼 수 없고 젓내나는 언사로밖에 볼 수 없다. 미군정이 설립하여 조선 독립 전초전으로 건투하는 국립경찰을 어린아이 장난이라고 한 것은 몰상식한 언동'이라고 하였다.[235]

1947. 5. 7. 서울의 경찰서장이 여성 피의자의 옷을 벗기고 고문을 하였다는 이유로 인권모욕독직 등으로 파면을 당한 일이 있었고,[236] 1947. 5. 6. 부산발 열차에서 철도경찰이 부녀자를 심문한 후 식당차 주방으로 강제인치한 후에 총, 칼로 위협하고 능욕을 행한 사건이 있었다.[237]

1947. 6. 초에는 온양경찰서장이 사건 은폐 관련 보도를 한 동방신문 온양지국장을 10일간 불법구금한 사건이 있었는데 그 보도 내용은 청년단원들이 경찰서 직원들과의 사이에 충돌한 사건으로 관계자들을 구금하고 무수히 난타하여 고문하였다는 것이었다.[238]

이와 같은 불법구금과 고문 관련 사건들이 빈발하자 1947. 6. 조병옥 경무부장이 각 관구 경찰청 부청장 회의에서 피의자를 상사의 명령도 없이 무단 구속 또는 고문을 하며 불친절한 언사행동이 경찰관 중에 적지 않으므로 금후에는 절대 인권을 존중하라는 지시를 하였다.[239]

---

233) 동아일보 1947. 2. 13.자, "고문경관 판결에 항의", 2면.
234) 동아일보 1947. 2. 18.자, "경찰의 법원에 대한 항의는 판결에 대한 불만이 아니다", 2면.
235) 동아일보 1947. 2. 23.자, "경찰은 작란(作亂)감 아니다", 2면; 경향신문 1947. 2. 23.자, "경찰항의는 희사(戱事)", 3면.
236) 동아일보 1947. 5. 9.자. "옷벅기고 고문한 여경찰서장", 2면.
237) 동아일보 1947. 5. 10.자. "이번엔 운경이 만행, 열차내에서 부녀능욕", 2면.
238) 동아일보 1947. 6. 8.자. "불법기자구금", 2면.
239) 동아일보 1947. 6. 14.자. "경찰의 민주화", 2면.

③ **검사의 유치장 검증[240] 거부사건**

경찰의 불법구금과 고문 사건이 빈발하자 1948. 3. 11. 김병로 사법부장이 각 법원 및 검찰에 '최근 관하 각 지청의 보고에 의하면 사법경찰관이 사건취조에 있어 과도히 폭력을 행사하여 치사의 불상사를 야기하는 예가 불소하다 하니 이러한 행동은 인도상 관용할 수 없을 뿐 아니라 방금 열국 대표 감시아래 총선거를 실시하게 되었고 인권보장과 명랑한 분위기 양성이 고려되고 있는 정세에 비추어 그의 근절이 필요하다고 생각하는바 금후 여사한 사건에 대하여서는 더한층 준엄한 처단을 하는 동시에 관계 경찰관에게도 특히 주의를 환기하기를 요망한다'는 통첩을 하였다.[241]

이미 1946. 9. 검찰의 차석·상석 검사회동에서 경찰의 불법구금을 감시하기 위해 검사가 수시로 유치장을 검증할 것을 장려하는 방침을 결정한 바 있었는데[242] 1948. 3.경 검사의 유치장 검증을 경찰이 거부하는 사건이 발생하였다.

1948. 3. 17. 사법부의 미국인 고문관실 전속 자동차 운전기사가 절도 혐의로 서대문경찰서에 구금되어 있는데 고문을 당하여 빈사상태에 있다는 제보가 있어 서울지방검찰청 검사가 경찰서 유치장에 가서 진상을 조사하려 하였으나 경찰에서 이를 거부한 것이다. 이에 대해 서울지방검찰청 검사 일동이 1948. 3. 18. 오제도 검사 등 5명을 대표로 하여 군정장관, 사법부장, 검찰총장에게 진정서를 제출하였는데[243] 그 주요 내용은 다음과 같다.

> "금월 17일 상오 11시경 절도 혐의로 서울시 서대문경찰서에 구금되어 있는 사법부 내 미인 고문관실 전속 자동차 운전수 윤종인(23)이 심한 고문을 당하여 빈사 상태에 있다는 정보를 접하고 인권 옹호에 만전을 기할 것을 지상 명령으로 하고 있는 우리 검찰관으로서는 그대로 방치할 수 없으므로 서울지방검찰청 조동진 검찰관을 동 경찰서에 출장케 하여 그 진상 여하를 조사하려 하였으나 동서 수사주임 김원기가 수도관구경찰청장의 명

240) 현재는 유치장 감찰이라는 용어를 사용한다.

241) 동아일보 1948. 3. 21.자. "사법경찰관의 과도한 고문, 인권보장상불가", 2면; 경향신문 1948. 3. 21.자. "경찰폭력취조엔 가일층준열처단", 2면.

242) 문준영, 앞의 책, 805면.

243) 동아일보 1945. 3. 19.자. "검찰관의 검증을 경관거부는 위법", 2면; 경향신문 1945. 3. 19.자. "또 법원과 경찰간에 대립, 분개한 검찰측은 상부에 진정", 4면.

령 없이는 유치장을 검찰관이라도 보여줄 수 없다고 완강히 거절하므로 조 검찰관은 부득이 일단 귀청하여 차석검찰관 엄상섭 씨에 보고하자 엄 씨는 곧 동서 수사주임 김 씨의 부당함을 질책하는 동시에 동 서장으로 하여금 등청케 하여 이에 대한 사유를 설명하도록 요구하였으나 아무런 소식도 없어 재삼 동서에 갔던바 장기상 서장 역시 수도관구청장의 명령 없이는 검찰관의 요구에 응할 수 없다고 하여 끝끝내 유치장 조사를 거부하였고 다시 다음 18일 상오 10시경 본 청장으로부터 수도관구청장에게 전화로 조회하였던바 법률에 근거 없는 명령을 발하고 있다고 수도청장은 말하였는데 사법경찰관이 유치장 검열을 거부한다는 것은 남조선의 현행 법규로 보아서 도저히 있을 수 없는 일이며 그 부당성은 삼척동자라 할지라도 이해할 수 없는 일이다. 만일 경찰관의 이러한 태도가 용인된다면 남조선에 있어서의 인권 옹호는 불가능할 것이다. 더구나 자유로운 분위기 속에서 총선거가 긴급 문제로 되어 있는 오늘 경찰관의 이 같은 비민주주의적 불법 태도를 방임하여서는 안 된다. 원컨대 현명하신 각하께서 선처하시와 경찰관 측의 이 같은 독재적 경향을 급속히 시정하여 주시기를 절망하오며 우리들의 이 지당한 요청을 각하께서 청납하지 않으면 하는 수 없이 유엔 조위에 호소할 것이고 여하한 방법에 의하여서라도 이 부당성을 시정하여야 할 것입니다."[244]

서울지방검찰청 검사들이 진정서를 제출함과 함께 경무부장 조병옥을 면담하여 경찰이 검사의 유치장 검증을 거부하는 것과 검사가 수사사무상 필요하여 경찰관을 호출함에 대해 청장의 승낙이 있어야 출두한다는 식은 위법한 행동이 아닌지를 질문하였는데 이에 대해 조병옥 경무부장은 경찰이 유치장 검증을 거절한 것은 잘못된 것이며 검사가 수사사무상 경찰관을 호출하는 때에는 언제든지 즉시 호출에 응하여야 한다는 지령을 전국 경찰에 내릴 것이라고 답변하였다.[245]

그런데 수도관구경찰청장 장택상은 1948. 3. 19. "검찰청이 경찰을 비민주주의적이라고 하지 중장에게 진정하였다 함은 일제잔재인 형사소송법을 근거삼아 권리다툼으로 경찰을 억압하랴는 건투정신만은 치하할 정도이나 유엔까

244) 동아일보 1948. 3. 19.자. "검찰관의 검증을 경관거부는 위법", 2면.
245) 동아일보 1948. 3. 20.자. "검증에 응하도록 명령", 2면.

지 문제를 호소하겠다는 혼담에는 놀라지 않을 수 없다. 우리 경찰은 민주주의식으로, 경무부장도 경찰청장을 경유치 않고는 일선 서장에게 직접 명령하는 제도가 없다. 그리고 이번 사건을 조사한 수사국 쇼패니 고문의 보고는 다음과 같다. 윤종인은 18일 하오 서대문서에 가서 차자보았다. 고문을 한 증거는 보이지 않았다."[246]라는 발표문을 발표하였다.

이에 대해 1948. 3. 20. 서울지방검찰청 차석검사 엄상섭은 다시 반박 발표를 하였는데 주요 내용은 다음과 같다.

> "우리 재경 검찰관 일동은 작일 발표된 수도청장 발표에 대해 대답하겠습니다. 작일 수도경찰청장은 어디까지라도 자기부하의 취한 태도가 정당하다는 성명서 발표에 대해서 우리 재경 검찰관 전부를 야유하였습니다. 현명하신 동포여러분, 민주주의가 고조되고 있는 금일에 있어서 경찰관이 고문하였다는 정보를 듯고도 경찰관을 그대로 방치하여 되겠습니까. 일반인으로서는 한거름 들어가지 못하는 경찰서 유치장 그 속에서 신음하는 약자를 구하러간 검찰관까지 경찰청장의 허가없이는 못들어간다면 일반동포여러분은 어떻게 하여서 법적인 안정감을 가지게 되겠습니까. 민주주의란 권력의 분산에 있습니다. 경찰독재가 현행법규가 일제시의 유물이니 준수할 필요가 없다는 수도청장의 견해인 듯 하오며 우리 역시 일제시대 법률이 그대로 적용되고 있는데 대하여 극심한 불쾌감을 가지고 있기는 하나 악법이라도 무법보다 좋다는 것은 법치국가의 원측입니다. 그러기 때문에 미군정 법령 제21호는 일제시대 법률 중에서 치안을 확보하기에 필요한 법률만을 당분간 존속시킨 것이고 장 청장 자신도 그 법률에 의하여 직무를 수행하고 있는 것입니다. 그러므로 경찰청장도 법률을 개념이나마 연구하는 것이 필요할 것입니다. 일제시대 잔재라고 해서 일개 수도청장명령만으로 공문화시켜서 되겠습니까. 경찰관의 명령으로 법률을 무력화시킨다는 것은 결국 법치국가를 매장하고 경찰국가를 실현시키는 것입니다. 우리는 법질서의 유지를 위하여 일보도 퇴각 못하겠습니다. 그리고 한 가지 명백히 해둘 것은 일제의 유해일망정 유용성 있는 법률을 비난하면서 일

246) 동아일보 1948. 3. 20.자. "명령계통을 밟아주시요, 장총감 반박", 2면.

제가 우리민족을 억압하던 방법이며 그들이 남겨둔 해독 중에도 최고급의 해독이던 고문 진상을 조사하는데 대해서는 그다지 말성이 만습니까."[247]

한편, 서울변호사회 회원 130명이 변호사회에서 유치장 검증 거부에 대한 대책을 논의함과 동시에 개성대동청년단 단장 민씨 피살현장을 조사하기 위해 갔던 서울변호사회의 변호사 2명을 개성경찰서에서 불법구금시킨 문제를 토의하였다.[248] 이후 조병옥 경무부장은 1948. 3. 22. 담화문을 발표하였는데[249] 주요 내용은 다음과 같으며 이 담화로 유치장 검증문제는 일단락 되었다.

"검찰과 사법경찰은 형사 수사에 있어서 이신동체(異身同體)이다. 기실 현행 형사소송법의 규정에 의하면 수사상 법리적 권한으로서는 검찰이 주(主)요 경찰은 종(從)이란 관계에 있음이 분명하다. 그리고 수사에 현실적 임무 수행에 있어서는 체포 피의 사건의 기본적 조사의 광범 잡다한 활동이 사법경찰에게 부과되고 검찰은 주로 기소 기관으로 화함이 역시 명백한 사실이다.

이는 수사에 현실상 필요가 이런 분야를 조성한 것이매 검찰과 경찰은 혼연 일치의 실을 거두지 못하면 수사의 완벽을 이루지 못할 것이다. 그러므로 국립경찰은 남조선 특수 사정에 의하여 중앙집권제의 독립적 체계를 고지하고 있으나 명령 계통을 확보하는 이외에는 사법경찰에 복무하는 경찰관은 자기의 직속상관이 아닐지라도 검찰관을 도의상 실질적 상관으로 인정하고 그 지시에 응하여서 전적 협력을 하여야 할 것이다.

그리고 검찰 당국에서는 국립경찰의 특수 성격을 인식하여 그 명령 계통의 유지에 필요한 모든 절차를 답습하기를 요청하는 바이다. 소위 서대문경찰서 유치 피의자 고문 검증 거부 문제에 대하여 검찰과 경찰간의 대외적 발표가 왕래함으로써 검찰·경찰간의 마찰에 대한 우려가 정도 이상으로 세간에 유포됨에 대하여 유감으로 생각한다.

검찰 문제에 대하여 기실 경찰로서는 거부한 사실이 없다. 다만 국립경

---

247) 동아일보, 1948. 3. 21.자. "장청장 성명에 검찰진 반박성명", 4면.

248) 동아일보, 1948. 3. 21.자. "검찰관 검증문제 변호사회 대책토의", 4면.

249) 동아일보, 1948. 3. 23.자; "검증문제 일단락", 2면; 경향신문, 1948. 3. 23.자. "경찰은 검찰청 지시대로 유치장, 수용인 검증에 응하라", 2면.

찰과 외부기관간 수립한 교섭 절차의 준수 및 시행이 도를 넘고 묘(妙)를 얻지 못한 까닭에 이 차질이 생긴 것이다. 경찰이 교섭 절차에 있어 타 외부기관과 동일하게 검찰을 율(律)한 취지와 그 반면에 검찰이 국립경찰의 특수성을 망각하고 형사소송법에 규정한 검찰과 사법경찰의 관계를 문자 그대로 적용하려는 사실에서 무용의 오해 충절이 생겼다고 나는 본다. 그러므로 검찰관의 수사 행사에 대한 장해를 예방하고 검찰과 경찰간 관계를 원활히 하여서 수사상 협력 일치를 기하고자 한다. 본관은 경찰에 다음과 같은 사항을 지시하였다.

1. 사법경찰은 검찰관의 일반 수사상 지시를 복종할 것은 물론 검찰관이 경찰관의 장(長)에게 통고하고 그 장의 입회하에는 검찰관은 하시(何時)든지 유치장 급(及) 그 수용인의 검증을 실시할 수 있음.
2. 검찰관이 범죄 수사상 필요하여 경찰관에 대하여 법률에 의한 출두 명령을 발할 때에는 명령을 받은 경찰관은 소속 장관에 보고하고 그 소속 장관이 관의 필요상 출두를 금하지 않는 이상 출두 명령을 거부할 수 없음.'[250]

④ **영장제도의 도입**

일제강점기의 경찰의 불법구금과 고문의 폐해가 해방 후 경찰에서도 계속되자 그 폐해의 방지를 위해 영장제도를 도입하여야 한다는 논의가 높아졌다.

(가) 1947년의 논의

먼저 1947. 3.경 대법원에서 형사소송법 응급조치에 관한 요강을 마련하였는데 신체구속을 당한 피의자의 변호인 선임권의 인정(제1항), 변호인의 구속된 피의자와 접견교통권 보장(제2항), 변호인의 피의자를 위한 증거제출권(제3항), 간이재판소의 설치와 특별심판원제도의 폐지(제4항), 검찰관 또는 사법경찰관의 체포 또는 구류장 발부 금지(제5항), 체포장과 구류장의 발부절차(제6항), 압수·수색·검증의 사전영장원칙과 예외(제7항), 피의자가 구속되어 있는 경우 검찰의 공소제기기간 도과 및 경찰의 송치기간 도과에도 불구하고 석방되지 않은 경우 피의자에 대한 석방명령 등 8개항에 걸친 것이었다.[251]

250) 동아일보, 1948. 3. 23.자. "검증문제 일단락", 2면.

251) 문성도, 『영장주의의 도입과 형성에 관한 연구』, 서울대학교 대학원 박사학위논문, 2000, 110면.

그 중 영장주의에 관한 부분을 보면,

'五. 검찰관 또는 사법경찰관은 체포 또는 구류의 영장을 발부하지 못함(구인장을 체포장이라 함)

六. 逮捕狀 及 拘留狀의 발부, 공소의 제기에 대하여는 左의 규정에 의함

가. 검찰관 又는 사법경찰관이 피의자에게 범죄혐의가 有하다고 사료할 만한 상당한 이유가 있을 시는 재판소로부터 체포장의 발부를 득하야 此를 체포함. 단 급속을 요하는 사건으로서 체포장발부를 청구할 여가가 無한 시는 피의자에게 그 이유를 고한 후 此를 체포함. 右 단서의 경우에는 체포관헌은 재판소에 대하야 지체없이 체포장의 발부를 청구함을 요함. 피의자의 체포시로부터 48시간이 경과하도록 체포장의 발부가 無한 시는 피의자를 즉시 석방함.

나. 현행범인 又는 가號의 규정에 의하야 피의자가 체포된 경우에는 체포관헌은 그 체포된 시로부터 48시간 이내에 재판소에 대하야 구류장의 발부를 청구함을 요함. 이 제한된 시간이 경과하도록 구류장의 발부가 無한 시는 즉시 석방함을 요함. 재판소는 가號 단서의 규정에 의하야 피의자가 체포된 경우에는 체포장과 동시에 구류장을 발부함을 得함.

다. 前 各號의 경우 又는 기타 피의자가 체포된 경우에는 사법경찰관은 구류장 집행일로부터 10일 이내에 일건 서류 及 증거물과 共히 피의자를 관할 검찰청에 송치함을 요함. 단 5인 이상 다중범죄, 연속범 又는 병합죄로서 右 기간 내에 송치하기 불능한 사건에 대하야는 재판소의 허가를 득하야 그 유치기간을 연장함을 得함. 右 유치기간 연장허가는 2회를 하도록 하고 매회의 기간은 10일을 초과하지 못함.

라. 전호의 규정은 검찰관의 공소제기기간에 관하야 此를 준용함.

마. 前2號에 규정한 기간이 경과하도록 사건의 송치 又는 공소의 제기가 無한 시는 피의자는 直時 석방함을 요함.

七. 검찰관 又는 사법경찰관은 재판소의 영장발부가 無히 압수, 수색 又는 검증을 함을 不得함. 단, 현행범인을 체포할 경우 체포장 又는 구류장을 집행할 경우에는 此限에 不在함. 급속을 요하는 사건으로서 재판소

에 대하야 영장발부를 청구할 여가가 無한 時는 此를 집행하고 그 사유를 具하야 지체없이 재판소의 승인을 求함을 요함.'[252] 등이 있었다.

이러한 대법원안에 대하여 검찰에서도 대안을 작성하였는데 검찰대안은 대법원에서 검사의 영장발부권을 없앤 것에 대하여 우리나라의 검사는 정당에 소속되어 있지 않고 법관과 동일한 임용자격을 갖추고 있는 점, 우리나라에서 검사가 인권유린을 한 실례가 없는 점, 영장발부권을 법관에게 독점시키면 과학적 설비가 부족한 우리 실정상 범죄수사의 기회를 상실할 우려가 있다는 점, 종래 예심제도의 경험으로 보아 신체구속의 장기화를 초래할 우려가 있다는 점, 우리 사회질서는 미국과는 달리 혼란하다는 점 등을 이유로 하여 검사의 독자적인 구인, 구류권을 인정할 것을 내용으로 담고 있었다. 그런데 이 검찰대안이 실제로 발표되었는지 아니면 검찰 내부문서로서만 작성되었었는지는 확인되지 않고 있다.[253] 다만 검찰에서 생각하였던 검사의 구인, 구류권 구상은 당시의 논의과정에서 이를 인정하지 않는 것으로 곧 정리되었던 것으로 보인다.

1947. 5. 하순경에 경성 법조회에서는 경찰의 불법구금이나 고문으로 인한 인권침해상황을 해결하기 위한 인권옹호대책안을 발표하였다. 그 중 7호로 구인, 구류, 압수, 수색, 검증, 사체해부 등에 영장주의를 도입할 것, 8호 사법경찰관은 검찰관을 통하여 심판관으로부터 영장을 얻어 검찰관의 지휘하에 범죄수사를 할 것, 9호 현행범 체포시 24시간 이내에 심판관에게 영장을 청구할 것, 10호 구인, 구류장을 받지 못할 때에는 체포한 자를 즉시 석방할 것 등이 있었다.[254] 변호사단체에서도 검사의 구인, 구류장 발부권한은 인정하지 않는 의견이었으며 사법경찰관은 검사를 경유하여 영장을 받도록 하고 있다.

한편 1947. 6. 26. 서울지검, 서울고검, 대검찰청 등 3개청 공동 연명으로 1947. 6. 23. 인권유린폐지와 사법제민주화 건의라는 건의서를 러취 미군정장관

252) 문성도, 앞의 논문, 110-111면에서 재인용.

253) 문성도, 앞의 논문, 114면. 이 검찰대안은 양창수 교수가 소장하던 『檢察提要』라는 책에 부록으로 게재되어 있던 것으로 이 책은 1945. 8.부터 1948. 3.까지 대검찰청에서 검찰총장의 훈시, 예규, 관계법령 및 질의회시, 검찰청 및 법원조직법 초안 등이 편집되어 발간된 것이었다.

254) 동아일보 1947. 5. 27.자. "전시특별령 폐지, 경찰범구류는 3일내로", 2면.

을 통해 미소 공동위원회에 제출하도록 조치하였다고 발표하였는데 그 안에는 검사의 영장발부 권한에 대하여는 아무런 언급이 없고 3항에 '종래의 무제한이던 판사의 구류갱신은 인민의 고통이 심하였다는 것에 감안하여 적당한 제한을 가할 것이라 하여 재판의 구속기간도 제한할 것을 건의하였다.[255]

1947. 6. 미국사법제도시찰단이 미국으로 가서 미국의 제도를 시찰한 후 1947. 9. 1. 귀국하였는데[256] 그 시찰단의 보고서에도 검찰제도와 경찰제도의 민주화와 인권보호라는 항목에서 사법경찰관은 48시간, 검찰관은 10일간 이상 피의자를 구속하지 못하게 할 것, 검찰관이 10일을 초과하여 피의자를 구속할 필요가 있을 경우 재판관에게 구류장 발부를 요청하게 할 것을 제안하였다.[257]

(나) 사법부의 형사소송에 관한 임시조치령안

이후 1948년 초경에 사법부의 안으로서 형사소송에 관한 임시조치령안이 작성되었는데 그 중 영장주의와 관련된 부분은 다음과 같다.

'제7조 검찰관 又는 사법경찰관은 구인장 及 구류장을 발부하지 못함.

제8조 何人을 불문하고 재판소의 체포영장없이 수사기관에 의한 신체의 구속을 받지 않이함. 단, 좌기 각호의 일에 해당한 경우에는 급속을 요하는 시는 此限에 있지 않이함.

1. 피의자의 일정한 주거가 無한 시
2. 현행범인 시
3. 현행범인의 취조에 의하야 그 사건의 공범을 발견한 시
4. 재감 수형자 又는 미결구금자 도망한 시
5. 사체검증에 의하야 범인을 발견한 시
6. 피의자 죄증인멸의 우려가 有한 시
7. 피의자 도피하였던 시 又는 도피할 우려가 有한 시

전항 각호의 규정은 금고이상의 처할 피의사건에 한함.

제9조 검찰관 又는 사법경찰관은 재판소에 수사영장없이 압수, 수색 又는 검증을 하지 못함. 단, 전조 단서의 경우 구인장, 구류장 又는 체포영장을 집행

255) 동아일보 1947. 6. 27.자. "인권유린폐지와 사법제 민주화", 2면.
256) 이상기 대법관, 이호 고등검찰청장, 강병순 법원국장, 전규홍 입법의회 사무총장, 장경근 서울지방심리원장 등이 구성원이었다. 동아일보 1947. 9. 3.자.
257) 문준영, 앞의 책, 684면.

하는 경우에는 此限에 있지 않이함.

제10조 검찰관 又는 사법경찰관이 제8조 단서에 의하야 피의자의 신체를 구속한 경우 재판소 소재의 市, 府, 郡(濟州道에 在하야 濟州道 일원)에서는 48시간 이내에, 재판소가 소재하지 않은 府, 郡, 島에서는 5일 이내에 체포영장의 발부를 受함을 요함. 此의 발부를 得하지 못한 時는 피의자를 즉시 석방함을 요함.

전항의 경우에 수색영장없이 압수한 물건은 그 점유자에게 환부함.

제1항에 의하여 석방된 자에 대하야는 체포영장없이 당해 피의사건으로 更히 신체의 구속을 하지 못함.

제11조 체포영장은 형사소송법상 구인장에 관한 규정을, 체포영장에 의한 구인은 형사소송법상 구인에 관한 규정을 준용함.

수색영장은 형사소송법상 압수 又는 수색의 명령장에 관한 규정을, 수색영장에 의한 압수, 수색 又는 검증은 형사소송법상 압수, 수색 又는 검증에 관한 규정을 준용함.

제12조 검찰관은 형사소송법에 규정한 경우 이외에 사건이 금고 이상의 형에 해당한다 사료하는 時는 재판소로부터 체포영장 又는 수색영장의 발부를 受하야 공소제기 전에 한하야 압수, 수색, 검증 及 피의자 구인, 피의자 又는 증인의 신문, 감정, 통역 又는 번역의 처분을 함을 득함.

사법경찰관이 체포영장 又는 수색영장의 발부를 청구하는 時는 검찰관을 경유함을 요함.

제13조 사법경찰관이 前條 제2항에 의하야 피의자를 신문한 후 左記 各號의 一 에 해당한다 사료하는 경우에는 10일을 초과하지 않는 기간 此를 유치함을 得함.

1. 피의자 일정한 주거가 無한 시
2. 피의자 죄증인멸 우려가 有한 시
3. 피의자 도피하였던 시 又는 도피할 우려가 有한 시

사법경찰관은 전항에 규정한 유치기간 내에 일건 서류 及 증거물을 收合하야 피의자를 관할 검찰청 又는 相當 官署에 송치함을 요함.

제14조 검찰관은 제12조에 규정한 처분을 다른 검찰관 又는 사법경찰관에게 명령하며 又는 촉탁함을 得함.

사법경찰관은 전항의 처분을 다른 사법경찰관에게 명령하며 又는 촉탁함

을 得함.

사법경찰관이 검찰관 又는 다른 사법경찰관의 명령 又는 촉탁에 의하야 체포영장을 집행할 경우에는 속히 그 명령 又는 촉탁한 검찰관 又는 사법경찰관에게 송치함을 요함.

제15조 검찰관은 제12조의 규정에 의하야 피의자를 신문한 후 제13조 제1항 각 호에 규정한 原由가 有하다고 사료하는 시는 此를 유치함을 得함.

검찰관이 전항의 규정에 의하야 피의자를 유치할 경우에 10일 이내에 공소를 제기하지 않을 시는 유치를 취소함을 요함.

제16조 피의자 又는 피고인을 인치한 시는 지체없이 그 범죄사실의 요지와 변호인 선임을 得하는 旨를 고지함을 요함.

제17조 검찰관 又는 사법경찰관이 범죄수사에 당하야 특히 10일 이상 계속 취조할 필요가 生한 時는 재판소로부터 유치기간 갱신의 허가결정을 受함을 요함.

갱신하는 유치기간은 10일을 초과하지 못하며 그 갱신은 2회 이상 허용하지 못함.'[258)]

이러한 사법부안에 대해 다시 검찰에서는 사법부안에 대한 수정이유라는 제목으로 수정안을 제시하였는데,

'**제7조** 검찰관 又는 사법경찰관은 구인장 及 구류장을 발부하지 못함. 단, 특별히 급속을 요하는 때에 한하여 조선형사령 제12조 내지 제15조 소정의 처분을 할 때에는 此限에 있지 아니함.

전항 단서에 의하여 사법경찰관이 피의자를 유치한 후 10일 이내에 수사를 완료하지 못할 현저한 사유가 있을 때에 한하여 사법경찰관은 관할 지방검찰청 검찰관의 허가를 얻어서 10日間式 2회 이내의 유치갱신을 할 수 있음. 단 검찰관은 사법경찰관의 피의자유치가 부당하다고 사료할 때에는 何時던지 피의자의 석방을 명할 수 있고 이 명령을 받은 사법경찰관은 그 피의자를 즉시 석방함으로 요함.

제11조 행정집행령 제1조 제2항의 검속기간은 어떠한 경우라도 갱신하지

---

258) 문성도, 앞의 논문, 116-118면에서 재인용.

못함.

제15조 검찰관 又는 사법경찰관은 범죄수사에 당하여 피의자를 10일 이상 구속치 못함. 단 제7조 제1항 단서 及 제4조 제1항에 의하여 사법경찰관이 검찰관의 허가를 얻어서 유치갱신을 한 경우에는 此限에 있지 아니함.

제16조 예심은 此를 시행하지 아니함.

형사소송법 예심심판관의 직권은 재판장 又는 단독심판관이 此를 행함.

제19조 제1심 재판소는 공소가 제기된 후, 제2심 재판소는 소송기록이 수령된 후 각 1개월이 경과할 때마다 직상급재판소의 허가를 얻어서 구류갱신을 할 수 있음.

단, 구류갱신은 2회 이상 할 수 없음.

종심재판소는 上告趣意書가 수령된 후 1개월이 경과할 때마다 구류갱신을 할 수 있으되 2회 이상 갱신치 못함.'[259] 등을 내용으로 하였다.

사법부안에 대비하면 사법경찰관이 유치갱신을 하는 경우 검사의 허가를 받도록 한 점과 법원의 재판상 구속기간 갱신을 제한하는 조문을 둔 것이 특징적이다.

(다) 미군정 고문 길리암의 형사소송법개정초안

한편, 그 무렵 미군정 고문인 길리암이 작성한 형사소송법개정초안도 있었는데 그 내용은 다음과 같다.

'제1. 심판관 又는 특별심판원이 배치된 地에서는 심판관 又는 특별심판원의 체포영장 없이는 何人이라도 구인, 구류되지 않음. 단 (1) 현행범, (2) 도망을 방지함에 급속을 요하는 경우에는 此限에 不在함.

제2. 심판관 又는 특별심판원이 배치된 地에서 前條 단서의 규정에 의하야 체포영장없이 구인 又는 구류한 경우에는 爾後 심판관 又는 특별심판원으로부터 체포영장의 발부를 得하지 않은 한 그 拘引 又는 拘留時부터 48시간 이내에 석방함을 요함.

제3. 심판관 又는 특별심판원이 배치되지 않은 地에서는 그 체포영장없이 피의자를 구인 又는 구류할 수 있음. 단 그 경우에는 爾後 심판관 又는 특별심

259) 문성도, 앞의 논문, 127-128면에서 재인용.

판원으로부터 체포영장의 발부를 得하지 않은 한 그 拘引 又는 拘留時부터 7일 이내에 석방함을 요함.

제4. 체포영장없이 구인 又는 구류를 한 경우에는 심판관 又는 특별심판원으로부터 수색영장을 得하지 않은 한 압수, 수색 又는 검증을 하지 못함. 단 급속을 요하는 경우에는 此限에 不在함. 만약 피의자가 구인 又는 구류를 당한 후 심판관 又는 특별심판원으로부터 체포영장의 발부를 得하지 못하여 석방된 경우에는 수색영장없이 압수된 물건을 즉시 반환함을 요함.

제5. 체포영장 又는 수색영장에는 피의자의 성명, 검증 又는 수색의 장소 及 압수할 물건을 기재함. 그 성명 及 장소는 구체적으로 지정할 것이나 압수할 물건은 그 성질을 개괄적으로 표시하면 可함.

제6. 체포영장 又는 수색영장의 발부를 요구하는 경우 及 체포영장 又는 수색영장발부하는 경우에는 피의사건명을 명기함을 요함.

제7. 경찰관은 심판관으로부터 구류기간갱신결정을 得하지 않은 한 구인 又는 구류한 日로부터 10일 이내에 취조를 완료하여 검찰관에게 사건을 송치함을 요함.

전항의 기간을 준수치 않은 경우에는 피의자를 즉시 석방함을 요함.

제8. 검찰관은 경찰관으로부터 사건의 송치를 受한 경우에는 그 日로부터 10일 이내에, 검찰관이 체포영장의 발부를 得하야 피의자를 구인 又는 구류한 경우에는 그 집행일로부터 10일 이내에 사건의 취조를 완료함. 검찰관은 취조를 완료한 경우에는 피의자를 기소하지 않은 경우에는 즉시 석방함을 요함.

제9. 검찰관 又는 경찰관은 사건의 취조에 10일 이상을 요할 시는 심판관에게 그 구류기간갱신결정을 得할 수 있음. 단 그 기간은 10일을 초과치 못함. 검찰관 又는 경찰관은 필요한 경우에는 재차 10일을 초과하지 않는 한도에서 구류기간의 갱신을 요구할 수 있음.

여하한 경우라도 재판소는 3차 이상의 구류기간의 갱신을 허용치 못함.

제10. 前 各條의 규정에 의하여 위반하야 검찰관 又는 경찰관에게 구인, 구류 又는 검속당한 자는 불법체포감금에 책임있는 자 전부를 상대로 민사소송을 제기하야 실제에 당한 손해와 불법체포감금기간 1일 금 1,000원으로 계산한 벌금을 청구할 수 있음.

전항의 손해배상액과 벌금의 지불을 명하는 판결을 受한 자는 그 판결의 금액을 지불할 때까지 당연이 정직으로 됨.

제11. 불법체포감금에 책임있는 자는 前條에 규정한 이외에 반듯이 기소하여 2년 이하의 징역에 처함.

각 경찰서장은 그 소관 경찰서에서 범한 불법체포감금에 대하야 민사 형사상 책임을 負함.

제12. 피의자가 구인 구류된 경우에는 그 변호사는 그 구인 구류와 적법여부를 조사할 권한을 有함.

제13. 피의자와 변호사의 접견은 此를 금지하지 못함. 단 검찰관 又는 경찰관이 피의자가 변호사와 공모하여 죄증을 인멸하며 又는 피의자를 도망시킬 염려가 있다고 사료하는 경우에는 此限에 不在함.

그 경우에는 검찰관 又는 경찰관은 그 사실을 재판소에 보고하며 변호사는 재판소에 대하야 피의자와의 접견의 허가를 신청할 수 있음.

제14. 단기 1년 이상의 징역에 처할 사건에 관하야 피의자가 빈곤으로 인하야 변호인을 선임치 못할 경우에는 정부변호인을 선임함.

제15. 피의자가 법률상의 이유없이 구인 又는 구류된 경우에는 피의자 그 변호인 기타 그 대리인은 그 사실을 재판소에 보고할 수 있음. 그 경우에는 재판소는 불법구인 又는 구류에 책임있는 자 기타 증인의 진술을 청취한 후 그 처분의 적법여부를 조사함.

재판소에서 그 구인 又는 구류가 위법이라고 결정한 경우에는 피의자의 석방을 명함.

제16. 재판소는 체포장의 집행을 당한 피고인에 대하야 공소의 제기 후 30일간 공판을 개정치 않을 경우에는 상당한 담보를 제공시켜 구류를 취소함을 요함. 단 검찰관이 구류의 계속을 필요로 할 이유를 재판소에 제시할 경우에는 此限에 不在함.

재판소는 체포장의 집행을 당한 피고인에 대하야 공소의 제기 후 60일간 공판을 개정하지 않은 경우에는 상당한 담보를 제공시킨 후 구류를 취소함을 요함.

본 조의 규정은 사형에 처할 피고사건에는 此를 적용하지 않음.

제17. 본 제1내지 3조의 심판관이 배치된 地라 함은 재판소가 소재하는 府郡을 의미함.'

(라) 형사소송법 개정: 영장제도 도입

이와 같이 영장제도 도입을 위한 법안 개정이 논의되고 있는 상황에서 1948. 3. 17. 남한에서 예정된 단독 총선거 상황을 조사하기 위해 온 U.N. 조사위원단에서 미군정당국에 선거의 자유분위기 조성을 위한 안을 보냈는데 A항의 법률문제 부분에서 영장제도의 도입을 권유하고 있었다. 즉 '1. 조선 인사와 사(斯)계의 전문가들 견해를 참작하면 본 위원단은 선거에 필요한 자유분위기가 현존 법규에 의하여 어느 정도 보장될지 결정하기 곤란하다는 결론에 도달하였다. 2. 그러나 본 위원단은 남조선 인민의 시민 자유를 증진하기 위하여 "형사수속의 변경"을 가능하게 하는 법령 초안이 준비되었다는 말을 군정장관으로부터 들었다. 신법령에 의하면 영장없이 체포할 수 없으며 영장없이 체포하는 특별한 경우에 있어서도 구인장 없이는 40시간 이상 유치할 수 없으며, 보석인, 변호인에 대한 조항과 권력남용에 대한 징벌책이 보장되어야 한다. 본 위원단은 이 법령이 시민자유를 보장하는 방향으로 발전하는 중대한 단계라고 생각한다'고 하였다.[260)]

이와 같은 논의와 U.N. 조사위원단의 권고, 그리고 1948. 5. 10.로 예정된 총선거의 자유분위기 조성을 위해 1948. 3. 30. 법령 제176호로 영장주의를 도입하는 형사소송법 개정이 행해졌다. 매우 중요한 법률이므로 전문을 살펴볼 필요가 있다.

'제1조 본 영은 불법구속에 대한 인민의 자유권을 충분히 보장하기 위하여 형사소송법을 개정함을 목적으로 한다.

제2조 (본영 중)

가. 구속이라고 하는 것은 구인, 구류, 유치, 체포 또는 검속 등 엇더한 명칭이든지 신체를 구속하는 모든 경우를 말한다.

나. 제17조에 규정한 신청을 심사하는 '관할 재판소'라고 하는 것은 피구속자가 실제상 구속되고 있는 지(地)를 관할하는 지방심리원 또는 그 지원을 말한다.

그 법원 소속 심판관은 단독으로 그 신청을 수리하여 그에 대한 결정을 한다.

특별심판원은 그 신청을 수리하며 또는 그에 대하여 결정할 권한이 없다.

260) 동아일보 1948. 3. 21.자, "자유선거 보장책", 1면.

다. 구속 영장을 발부하는 '관할 재판소'라고 하는 것은 관할 지방심리원 또는 그 지원을 말한다.

특별심판원은 구속 영장을 발부할 권한이 없다.

라. 본 영 중 '상당한 우려' '상당한 이유'의 유무 또는 '필요한 조치'의 적부가 법률상 문제가 되는 경우에는 재판소가 제반 증거에 의하여 결정한다.

제3조 누구든지 구속당할 자의 성명 및 피의사건을 기재한 재판소가 발한 구속 영장 없이는 신체의 구속을 받지 아니한다.

그러나 다음 사항의 1에 해당하며 또한 긴급을 요하는 경우에는 그렇치 아니하다.

1. 피의자가 일정한 주거를 갖지 않는 경우
2. 그 장소에 있고 없음을 불문하고 형사소송법 제130조에 규정한 현행범인 경우 그러나 범행 종료 후 48시간 이내에 신체를 구속하는 경우에 한한다.
3. 현행범의 취조에 의하여 공범을 발견한 경우. 그러나 범행 종료 후 48시간 이내에 신체를 구속하는 경우에 한한다.
4. 기결의 수인 또는 법령에 의하여 구속된 자가 도망한 경우
5. 사체의 검증에 의하여 범인을 발견한 경우
6. 피의자가 죄증을 인멸할 상당한 우려가 있는 경우
7. 피의자가 도망할 상당한 우려가 있는 경우
8. 피의자가 사형, 무기 또는 장기 1년 이상의 유기의 징역, 금고에 처할 수 있는 죄를 범하였다고 믿을 만한 상당한 이유가 있는 경우

제4조 검찰관 또는 경찰관은 법령에 규정한 이외에 사형, 무기 또는 장기 1년 이상의 유기의 징역, 금고에 처할 수 있는 범죄가 현행 중 또는 착수될려는 상태에 있다고 믿을 만한 상당한 이유가 있는 경우에 한하여는 그 범죄의 방지 또는 수사에 필요한 조치를 취하기 위하여 주간 또는 야간을 불문하고 어느 때든지 영장 없이 타인의 주거 또는 건조물에 드러가 피의자를 즉시 구속하여 장품 또는 그 범죄행위에 공용되였다고 믿을 만한 상당한 이유가 있는 물건을 압수할 수 있다.

제5조 검찰관, 사법경찰관 기타 어떠한 관헌이라도 제4조에 규정한 이외에는 재판소가 발한 수사 영장 없이는 압수 또는 수색을 하지 못한다.

그러나 본 영 제3조의 규정에 의하여 구속 영장 없이 구속할 수 있는 자의 소유, 소지 또는 보관한 물건에 대하여서는 본 영 제6조에 규정한 기간 내에 한하여 압수 또는 수색할 수 있다.

본조의 수색 영장에는 형사소송법의 규정에 의하여 수색할 장소와 압수할 물건을 기재하여야 한다.

제6조 검찰관, 사법경찰관 또는 기타 관헌이 제3조 및 제4조의 규정에 의하여 구속 영장 없이 신체를 구속한 경우에는 서울시와 재판소가 있는 부, 군, 도에 있어서는 그 구속한 때부터 48시간 이내에, 재판소가 없는 부, 군, 도에 있어서는 5일 이내에 재판소로부터 구속 영장의 발부를 얻어야 한다.

전항에 규정한 기간 내에 구속 영장의 발부를 얻지 못한 경우에는 구속당한 자를 즉시 석방하여야 한다.

그 경우에는 수색 영장 없이 압수한 물건은 압수당한 본인에게 환부하여야 한다.

제2항의 규정에 의하여 석방된 자는 재판소가 발부한 구속 영장 없이는 동일 범죄 사실에 의하여 재차 구속되지 아니한다.

제7조 형사소송법 중 구인장, 구류장에 관한 규정은 본 영 중 구속 영장에, 구인, 구류에 관한 규정은 본 영 중 구속 영장에 의한 구속에 이를 준용한다.

형사소송법 중 압수, 수색의 명령장에 관한 규정은 본 영 중 수색 영장에 압수, 수색에 관한 규정은 본 영 중 수색 영장에 의한 압수, 수색에 이를 준용한다.

제8조 사법경찰관이 피의자를 구속한 경우에는 실제로 구속한 날로부터 10일 이내에 취조를 완료하여 피의자를 검찰관에게 송치하지 않는 한 석방하여야 한다.

그러나 그 10일의 기간 만료 전 관할 재판소로부터 구속기간 연장 결정을 얻은 경우에는 그렇치 아니하다.

취조의 완료에 10일을 초과하는 일수를 요할 때는 사법경찰관은 검찰관을 경유하여 이유를 갖추어 관할 재판소에 구속기간 연장 결정을 신청할 수 있다.

재판소가 필요하다고 인정하는 경우에는 10일을 초과하지 않는 한도로 구속기간 연장을 허가할 수 있다.

구속기간 연장은 1회에 한하여 허여한다.

사법경찰관은 재판소에서 결정한 구속기간 만료 전에 피의자를 검찰관에게 송치하지 않는 한 석방하여야 한다.

제9조 검찰관은 피의자를 실제로 구속 또는 사법경찰관으로부터 송치를 받은 날로부터 10일 이내에 기소하지 않은 한 석방하여야 한다.

그러나 그 기간 만료 전에 관할 재판소로부터 구속기간 연장 결정을 얻은 경우에는 그렇치 아니하다.

검찰관이 이유를 갖추어 구속기간 연장 신청을 한 때에 재판소가 필요하다고 인정하는 때는 결정으로써 10일을 초과하지 않는 기간 구속기간 연장을 허가할 수 있다.

구속기간 연장은 1회에 한하여 허여한다.

검찰관은 구속기간 만료 전에 기소하지 않는 한 피의자를 석방하여야 한다.

제10조 제8조의 구속기간 연장 허가는 그 연장기간을 명시하여야 하며 심판관이 서명한 즉시로 효력이 발생한다.

제11조 피의자 또는 피고인을 구속한 경우에는 즉시로 그 구체적 범죄 사실과 제14조의 규정에 의한 변호인을 선임할 수 있는 취지를 알여야 한다.

가족의 면전에서 피의자를 구속하는 경우 또는 피의자의 가족이 구속의 이유를 뭇는 경우에는 그 가족에게도 구체적 범죄 사실과 변호인을 선임할 수 있다는 취지를 알려야 한다.

제12조 신체의 구속을 당한 경우에는 그 본인, 법정 대리인, 보좌인, 직계존속, 직계 비속, 배우자 및 호주는 각각 변호인을 선임할 수 있다.

그 선임은 선임한 날로부터 제1심 공판때까지 효력이 있다.

제13조 피의자 또는 피고인의 변호인이 그 구속의 이유를 뭇는 경우에는 구체적 범죄 사실을 알려야 한다.

변호인은 재판소, 검찰관, 사법경찰관에게 피고인 또는 피의자를 위하여 증거를 제출할 권리가 있다.

제14조 피의자와 변호인의 접견 및 신서의 왕복은 금지하지 못한다.

그러나 죄증을 인멸, 위조 또는 피의자를 도피케 할 상당한 우려가 있는 경우에는 그렇치 아니하다.

전항에 규정한 예외에 의하여 접견 또는 신서의 왕복을 금지한 경우에는 그 사유를 갖추어 관할 재판소에 보고하여야 한다.

변호인이 제1항에 예외로 규정한 금지 처분에 불복이 있는 경우에는 재판소에 대하여 그 해제명령을 신청할 수 있다.

재판소가 그 신청을 수리한 경우에는 2일 이내에 그 허부를 결정하여야 한다.

제15조 피고사건이 공판에 회부된 이후에는 변호인과 구속된 피고인과의 접견 및 신서의 왕복은 금지하지 못한다.

제16조 다음 사항의 1에 해당하는 경우에 변호인이 출두하지 않는 때 또는 변호인이 선임되지 아니한 때는 재판소는 검찰관의 의견을 들은 후 변호인을 선임할 수 있다.

1. 피고인이 20세 미만 또는 70세 이상인 경우
2. 피고인이 부녀인 경우
3. 피고인이 농자(聾者)[261] 또는 아자(啞者)[262]인 경우
4. 피고인이 심신상실자 또는 심신모약자(心神耗弱者)인 의심이 있는 경우
5. 기타 필요하다고 인정되는 경우

제17조 관헌 기타 타인에게 신체의 구속을 당한 자 그 변호인 또는 제12조에 규정된 자는 관할 재판소에 대하여 그 신체 구속의 적법 여부의 심사를 신청할 수 있다.

신청서에는 당해 사실과 다음 사항을 기재하여야 한다.

(1) 구속이 법률상 부당하다는 이유
(2) 종전에 그 사건에 대하야 석방 신청을 한 사실의 유무
(3) 종전에 신청한 사실이 있는 경우에는 그 신청한 재판소 명과 재판의 결과
(4) 신청서의 제출이 재차인 때는 그 이유
(5) 피구속자가 구속 영장에 의하여 구속된 유무
(6) 구속영장에 의하여 구속된 경우에는 그 영장을 발부한 재판소 명과 영장의 하자

신청서를 수리한 재판소는 즉시 심사에 착수하여야 한다.

신청서 자체로서 그 구속이 적법하다고 인정하는 경우에는 그 신청서를 각하한다.

신청서에 의하여 그 구속이 일응 불법하다고 인정하는 경우에는 재판소는

261) 귀머거리, 듣지 못하는 사람.

262) 벙어리, 말하지 못하는 사람.

신청서 수리일로부터 7일 이내의 심문기일을 지정하여 구속자에게 피구속자를 재판소에 동행 출두하여 그 구속을 계속할 이유를 설명할 것을 명하여야 한다.

전항 심문기일 이전에 구속자가 제8조 및 제9조의 규정에 의한 효력이 있는 구속 영장을 재판소에 제출한 경우에는 구두 심문을 하지 않고 그 신청을 각하할 수 있다.

재판소는 구속의 이유 피구속자의 주장 및 구속의 적법 여부에 관하여 필요한 증거를 조사한 후 그 구속이 불법하다고 인정되는 때는 피구속자의 석방을 명한다.

전항의 규정에 의하여 석방된 자는 재판소의 발부한 영장 없이는 동일 범죄 사실에 의하여 재차 구속되지 아니한다.

第18조 전조의 규정에 의한 결정에 불복이 있는 자는 3일 이내에 직근 상급 재판소에 항고할 수 있다.

항고재판소는 전조의 규정에 의하여 그 사건을 처리한다.

그러나 원심재판소가 석방을 명한 경우에는 항고에 불구하고 피구속자를 즉시 석방하여야 한다.

第19조 재판소는

가. 공소 제기의 전후를 불문하고 자유로 구속 영장의 집행을 받은 자에 대하여 상당한 조건으로 보석을 허여할 수 있다.

보석금의 액은 제반 사정을 고려하여 피의자 또는 피고인이 도망을 기도하지 않음을 충분히 보장할 만한 금액이여야 한다.

나. 피의 사건 또는 피고 사건이 벌금, 6월 이하의 징역 또는 금고에만 처할 수 있는 사건인 경우에는 상당한 조건으로 보석을 허여하여야 한다.

다. 구속된 피고인이 공판에 회부된 후 30일 이상 공판이 개정되지 않는 경우에는 재판소는 검찰관이 그를 거부할 충분한 이유를 제시하지 않는 한 피고인 본인 또는 피고인을 위하여 신청하는 자의 신청에 의하여 상당한 조건으로 보석을 허여하여야 한다.

구속된 피고인이 공판에 회부된 후 60일 이상 공판이 개정되지 않는 경우에는 피고인 본인 또는 피고인을 위하여 신청하는 자의 신청에 의하여 상당한 조건으로 보석을 허여하여야 한다.

라. (다)항의 규정은 사형, 무기 또는 15년 이상의 유기의 징역, 금고에 처

할 사건에는 이를 적용하지 않는다.

마. 본 영에 규정한 보석에 관하여는 본 조에 규정한 사항 이외는 형사소송법 중 보석에 관한 규정을 준용한다.

바. 피고인이 원심에서 무죄, 면소 또는 공소 기각의 판결 또는 결정을 받어 검찰관이 상소한 경우에는 원심에서 허여한 보석의 결정은 형사소송법에 규정한 사유가 있지 아니하면 취소하지 못한다.

그러나 원심에서 보석을 허여하지 않은 경우에는 상당한 조건으로 보석을 허여하여야 한다.

사. 피고인이 상소한 경우에 보석의 허여 또는 원심에서 허여한 보석의 취소는 다음 각 호에 의한다.

(1) 원심에서 과료, 구류 벌금 또는 6월 이하의 징역 또는 금고의 언도를 받은 경우에는 원심이 허여한 보석의 결정은 형사소송법에 규정한 사유가 있지 아니하면 취소할 수 없다.

그러나 원심에서 보석을 허여하지 않은 경우에는 상당한 조건으로 보석을 허여하여야 한다.

(2) 원심에서 6월을 초과하여 15년 미만의 징역 또는 금고의 언도를 받은 경우에는 보석의 허여 또는 원심에서 허여한 보석의 취소는 상소재판소의 자유이다.

(3) 원심에서 사형, 무기 또는 15년 이상의 유기의 징역 또는 금고의 언도를 받은 경우에는 보석을 즉시 취소하며 상소심에서 원판결을 변경하지 않는 한 보석을 허여할 수 없다.

(4) 보석에 관한 결정에 불복이 있는 검찰관, 피고인 또는 피의자는 3일 이내에 상소재판소에 항고할 수 있다.

제20조 형사소송법 제471조 제2항을 다음과 같이 개정한다.

사법경찰관이 한 구속, 압수 또는 압수물의 환부에 관한 처분에 불복이 있는 자는 사법경찰관의 직무 집행지를 관할하는 재판소에 그 처분의 취소 또는 변경을 청구할 수 있다.

제21조 지방검찰청장은 불법구속의 유무를 조사하기 위하여 소속 검찰관 1인 이상을 지명하여 관하 경찰서, 동 지서 및 유치장을 감찰케 하여야 한다.

지방검찰청장은 적어도 매월 1회 이상 관하 경찰서, 동 지서 및 유치장을 감찰케 하는 책임이 있다.

감찰하는 검찰관은 피구속자를 심신(審訊)하며 구속에 관한 서류를 조사하여야 한다.

검찰관이 피구속자가 불법으로 구속되였다고 인정하는 경우에는 경찰관서에서 송치하는 보통 사건의 예에 의하여 즉시 경찰관서로부터 검찰청에 사건을 송치케 하여야 한다.

구속 또는 피의자에 대한 처우에 있어 불법이 있다고 인정하는 경우에는 검찰관은 이를 조사하여 법률에 의하여 소추하여야 한다.

본 조에 규정한 검찰관의 직무 집행을 방해한 자는 6월 이상 7년 이하의 징역에 처한다.

제22조

가. 타인의 신체를 불법으로 구속한 자는 피구속자에 대하여 불법구속의 기간 중 그 1일에 대하여 금 천 원으로 계산한 민사상 손해를 배상하여야 한다.

본 영에 의한 재판소의 명령 또는 제3조, 제5조, 제6조, 제8조 및 제9조의 규정을 준수하지 않는 자는 6월 이상 7년 이하의 징역에 처한다.

나. 지방검찰청장, 지청상석검찰관, 관구경찰청장 및 경찰서장이 그 직속 부하 직원으로서 본 영의 규정에 위반함을 간과하고 적절한 조치를 취하지 아니한 경우에는 즉시 파면되며 그 후 2년간 사법부 또는 경무부의 관직에 취임하지 못한다.

제23조 형사소송법 제113조에 규정한 구속기간은 본 영에 규정한 구속 영장의 발부일부터 기산한다.

그러나 형사소송법 제113조의 규정은 기소되지 않는 한 피구속자를 제8조 및 제9조에 규정한 기간을 초과하여 구속할 수 있게 하는 취지는 아니다.

제24조 다음의 법령은 이를 폐지한다.

(1) 1914년 7월 제령 제23호 행정집행령

(2) 1912년 3월 18일 제령 제11호 조선형사령 제1조제1항제10호의2, 제3조, 제12조 내지 제16조, 제27조, 제38조의2

(3) 본 영과 저촉되는 법령 규정

부 칙 <군정법령 제176호, 1948.3.20.>

제25조 본 영은 1948년 4월 1일부터 효력을 발생한다.'이다.

이 법령 제176호는 시행일이 1948. 4. 1.이었는데 법문상의 절차규정이나 보충할 부분이 있어 시행일 전날인 1948. 3. 31.자로 법령 제180호 '형사소송법의 보충규정'이 발령되었다. 그 내용은,

'제1조 본 영은 종전의 형사소송에 관한 규정과 1948년 3월 20일부 법령 제176호(형사소송법의개정)와의 경과 규정을 규정함을 목적으로 한다.

제2조 본 영 시행 당시 1912년 3월 18일 제령 제11호 조선형사령 또는 형사소송법에 의하여 심판관, 검찰관 또는 사법경찰관이 발한 각 영장은 조선형사령 또는 형사소송법에 의한 기간이 만료될 때까지 종전의 효력이 있다.

제3조 법령 제176호 시행 당시 재판소에 계속된 사건에 대하여는 법령 제176호제19조다항의 '30일', '60일'의 기간은 법령 제176호의 시행기일부터 기산한다.

제4조 법령 제176호로써 폐지된 법령에 의하여 작성된 각 조서는 그 법령에서 인정된 한도로 법률상 증거력이 있다.

제5조 구속 영장 또는 수색 영장의 신청 수속은 다음과 같다.

가. 검찰관은 그 소속 재판소에 신청한다.

나. 사법경찰관 및 기타 관헌은 소관 검찰관에게 청구하며 그 검찰관은 이를 재판소에 신청한다.

제6조 지방심리원장은 재판소가 없는 부, 군, 또는 도의 재직특별심판원에게 심판관의 대리로서 법령 제176호에 의한 구속 영장 또는 수색 영장을 발부할 권한을 부여할 수 있다.

그 경우에는 당해 관서에 대하여 그 특별심판원의 임지와 성명을 통지하여야 하며 사법경찰관 및 기타 관헌은 검찰관에게 청구할 필요없이 특별심판원에게 직접 각 영장의 발부를 신청할 수 있다.

그 경우에 법령 제176호제6조에 규정한 영장을 얻어야 할 기간은 48시간이다.

부 칙 <군정법령 제180호, 1948. 3. 31.>

제7조 본 영은 1948년 4월 1일부터 효력이 있다.'이다.

이와 같이 1948. 4. 1.자로 시행된 형사소송법개정에 따라 당시까지 적용되던 조선형사령에 따른 검사와 사법경찰관의 독자적인 강제처분권은 폐지되고

우리나라에 형사소송절차에 영장주의가 도입되었다.[263)]

강제처분에 필요한 영장을 발부받는 절차에 있어서 사법경찰관이 직접 법원에 청구할 수 있게 할 것인지, 검사를 경유하여 청구하게 할 것인지에 대해서는 1947. 5.에 발표된 경성법조회의 인권옹호대책안에도 사법경찰관은 검사를 경유하여 영장을 청구할 수 있도록 해야 한다는 내용이 있었던 것으로 보아 당시의 경찰의 인권침해 상황에서 검사에 의한 통제가 필요하다는 것이 여론이었던 것으로 보인다. 그러한 여론이 이후의 사법부안을 거쳐 최종적인 형사소송법개정으로 확정된 것이라 하겠다.[264)]

법령 제176조에서는 영장을 받아 강제처분을 한다는 규정은 있으나 영장을 받는 절차에 대한 세부규정이 없었는데 다만 제8조에서 유치기간 연장과 관련하여 사법경찰관은 검찰관을 경유하여 이유를 갖추어 관할 재판소에 구속기간 연장 결정을 신청할 수 있다는 규정을 두고 있었다. 이에 따라 연장시에 검사를 경유하는 규정에 비추어 영장 신청시에도 검사를 경유하여야 한다는 해석과 연장시에만 검사를 경유하고 신청시에는 검사를 경유할 필요가 없다는 해석가능성이 있었고 앞에서 본 바와 같이 당시의 경찰이 검사의 지휘와 관련하여 항명하는 상황이 있었으므로 이를 명확히 하기 위해 법률로 추가 규정을 둔 것이다.

법령 제180호 제6조에서 재판소가 없는 지역에서 특별심판원이 영장을 발부할 수 있게 하면서 그 경우 사법경찰관 및 기타 관헌이 검사를 경유하지 않고 직접 특별심판원에게 영장발부를 신청할 수 있도록 한 것은 경무부의 요청으로 추가된 것으로서[265)] 검사가 없는 지역에서의 영장발부절차의 편의를 위한 것으로 생각된다.

영장을 받는 절차에 있어서 사법경찰관의 영장은 검사를 경유하도록 한 것에 대해 경찰의 영장청구에 있어 법률전문가인 검사의 심사를 거치게 함으로

---

263) 영장제도 도입에 대해 당시의 상황에서 한협(한국독립정부수립대책협의회), 한민당(韓民黨), 단민당(檀民黨) 등에서 치안확보가 미흡하고 공산세력에 의한 테러와 소요 등에 대처할 필요가 있어 시기 상조라며 반대 성명을 발표하기도 하였다. 동아일보 1948. 3. 26.자. "형사소송법 개정 현정세하엔 부적당", 1면; 1948. 4. 15.자. "조위에 보내는 한민당 멧세지", 1면.

264) 문준영 교수도 법령 제180호 제5조가 당시의 검찰의 희망이 일방적으로 관철된 것으로만 볼 수 없다고 하고, 무엇보다 당시의 수사민주화론 역시 그것을 강하게 요청하고 있었기 때문이라고 하고 있다. 문준영, 앞의 책, 708면.

265) 문준영, 앞의 책, 703면.

써 법관의 심사와 함께 2중의 심사장치를 두어 인권침해에 대한 방지장치를 강화한 취지와 경찰에 대한 수사지휘권을 확보하려한 취지가 들어진다.[266] 몰론 양자의 의미가 있을 수 있으나 사견으로는 당시의 경찰 수사의 인권침해상황으로 보면 국민의 인권보장을 강화하기 위해 이중적 인권침해 방지장치를 둔 전자의 취지가 더 강한 것으로 보아야 할 것이다.

검찰과 경찰의 관계에 있어 경찰이 검사의 수사지휘를 받는 관계로 하는 경우 그 수사지휘권의 행사방식에 있어 어느 범위의 사건을 사전적 수사지휘의 대상으로 하고, 나머지는 경찰의 자율적 수사범위로 할 것인지는 실무적으로 정해질 수 있다. 일반적으로 강제처분은 국민의 인권침해에 있어 중요한 부분이므로 원칙적으로 사전에 지휘를 받도록 하는 것이 적정할 것이고 그러한 방식으로 지휘가 행해질 수도 있을 것이다. 또는 강제처분뿐만 아니라 사안의 내용상 중요하다고 판단되는 영역을 정해서 그러한 영역의 수사는 사전에 지휘를 받도록 할 수도 있을 것이다.

그럼에도 불구하고 강제처분의 영역을 법률로써 검사의 사전지휘 영역으로 한 것은 일제강점기의 경찰의 영장없는 독자적인 강제처분권 행사로 인해 발생한 심대한 인권침해 폐해를 경험한 국민들이 해방 후에도 경찰 실무에서 그러한 폐해가 청산되지 못하고 이어지는 유사한 상황하에서 국민의 인권보장을 위한 강력한 장치를 두고자 한 것이라고 할 것이다. 이를 통해 강제처분 영역이 모두 검사의 사전지휘대상이 됨으로써 수사지휘권이 강화되는 측면은 부수적인 효과라 할 것이다.

(5) 수사기관 일원화와 수사지휘체계의 확립

① 정부수립 전후의 상황

1948. 5. 4. 법원조직법이 제정되고, 이에 대응하는 검찰청법이 1948. 8. 2. 공포되어 새로 발족할 대한민국 정부의 검찰조직의 틀이 구성되었다. 영장제도의 도입과 검찰청법 부칙으로 법무국 훈령 제3호의 폐지를 명문화함으로써 검사의 수사지휘체계가 법령상으로 확립되었으나 현실에서는 아직 혼란이 있었다.

1948. 4.경부터 제주도에서 발생한 제주 4.3사건으로 인한 혼란, 그리고

266) 문성도, 앞의 논문, 247-248면.

1948. 10.경의 여순사건 등의 혼란 속에서 수사기관간의 지휘체계도 혼란스러웠고 지휘체계를 확립하여야 할 필요성에 대한 여론의 인식이 강화되었다.

② **계속되는 불법구금과 고문**

1948. 6. 수도경찰청 사찰과장 최운하와 동대문경찰서장이 업자와 결탁하고 상대방 2명을 30일간 종로서에 유치한 사건,[267] 1948. 1. 28.경 수도경찰청 사찰과장 노덕술, 전 사찰과장 최운하, 수사과 김재곤, 박사일 등이 장택상 수도경찰청장 저격범 피의자로 검속된 사람을 중부경찰서에서 문초하면서 물을 먹이는 고문을 하여 사망하게 한 후 사체를 한강 인도교와 철교의 중간부분에 버린 사건으로 1948. 7.경 경무부 수사국에서 수사를 하게 된 사건,[268] 1948. 7. 18.경 개성경찰서 임한 지서의 순경 2명이 동 지서 주임의 자택을 습격한 혐의로 조사하던 피의자를 구타하여 즉사하게 한 사건,[269] 1948. 7. 20.경 완도경찰서 형사가 목포경찰서에 구금되어 있는 피의자 2명을 밤새도록 고문하여 1명이 사망하고, 1명이 정신이상이 된 사건[270] 등이 이어졌다.

③ **박찬길 검사 즉결처형 사건**

1948. 10. 19. 발생한 여수, 순천 사건에서 반군이 점령하고 있던 순천이 진압된 다음 1948. 10. 24.경 진압 경찰이 순천지청 차석검사이던 박찬길 검사(당시 38세)를 즉결처분으로 총살한 사건이 발생하였다. 당시 21명을 처형하였는데 그 가운에 박찬길 검사가 있었다. 반군이 순천을 점령하였을 때 인민재판의 재판장을 하였다는 죄목이었다.[271] 박찬길 검사의 처형을 주도한 사람은 당시 제8관구경찰청(현 전남경찰청) 부청장 최천이었다.

1948. 10. 27. 제89차 국회 임시회의에서 당시 내무부장관 윤치영은, “반도는 승천의 여세로 순천 우익요원, 경찰관 가족을 살해하고 순천시, 군청, 읍사

---

267) 동아일보 1948. 6. 24.자. “수도청사찰과장등 독직사건으로 23일 송청”, 2면.

268) 동아일보 1948. 7. 27. “장청장이 수상까지 수도청고문치사사건 송청”, 2면, 7. 28., 7. 29.자; 경향신문 1948. 7. 27.자. “들어난 수도청고문치사사건 전모”, 2면.

269) 동아일보 1948. 7. 30.자. “고문치사한 순경 송청”, 2면.

270) 동아일보 1948. 8. 18.자. “목포에 고문치사사건 1명 사망 11명 실신”, 2면.

271) 동아일보 1948. 10. 30.자에는 ‘포연속에 복구되는 순천 일대’라는 제목하에 기사가 있는데 순천읍장의 목격담에 의하면이라고 하면서 ‘당시 인민재판소 검사는 순천검찰청 검사였던 박찬길로 그는 원래 우익탄압에 맹활동을 하여 순천에 적색분자를 침투시킨 장본인이었다. 수백명의 학생들이 포착하여 오는 양민들에게 일일이 사형을 선고하여 생사여탈을 마음대로 하다가 23일 국군에 포박되어 총살을 당하고 말았다’고 기사가 났다.

무소, 전기회사, 은행 등을 완전히 접수한 후 인민공화국 국기 급(及) 간판 등을 게양하고 자칭 계엄령을 발포하여 당지 재판소를 인민재판소로 개칭하여 순천 검사국 국장 박창길[272] 검사를 재판관으로 하여 학살, 약탈 등을 감행하였다."고 국회에 보고하였다.

유족들이 억울함을 호소하며 책임자를 처벌해달라고 진정을 하고, 대검찰청 차원에서도 조사를 진행해오던 중 박찬길 검사가 좌익이 아니었다는 어느 정도의 조사결과가 나오자 정부에서는 1949. 6. 15. 군·검·경 합동수사본부를 설치하고 대검찰청 정창운 검사, 법무부 검찰과장 선우종원, 국방부 정훈감 김종문 중령, 내무부 치안국 수사지도과 김남영 총경 등이 현지에 가서 진상조사에 나섰다.[273]

군·검·경 합동수사본부와는 별도로 광주지방검찰청에서도 조사를 하였는데 광주지방검찰청 기세훈 차장검사는 조사결과 10. 24. 11 : 00경 순천 북초등학교 교정에서 인민재판장을 하였다는 이유로 박찬길 검사를 총살하는 동시에 광주지방법원 순천지원 방기환 서기도 총살하였으며, 총살집행에 대해 계엄사령관에게는 하등의 연락이 없었고, 당시 제5여단장인 김백일 대령이 만류하였음에도 불구하고 집행하였는데 총살을 주도한 사람은 제8관구경찰청 부청장 최천이라고 하였다.

진상조사가 진행되면서 사찰과장 등 4명이 구금되자 전남경찰은 총기와 각종 장비를 경찰청 마당에 버려놓고 일체의 훈련과 직무를 중지하겠다고 시위하였다. 검경의 대립이 심각해지자 이범석 국무총리와 각부 장관이 중재에 나서 4명의 경찰관은 하루만에 석방되었다.

1949. 9. 20. 김익진 검찰총장은 기자들과의 문답에서 박찬길 검사 사건의 총책인 최천에 대해 구속을 보류하고 있는 이유를 묻자 여러 가지 이유가 있는데 도피할 우려가 없고, 경북경찰청장이 신분을 보장하기 때문에 불구속으로 문초하고 있다고 답변하였다.[274]

1949. 10. 5. 국회 질의답변에서 권승렬 법무부장관은 경찰의 즉결처분과 관련된 조영규 의원의 질문에 대해 "즉결처분이라는 것은 잘못된 것이므로 방

272) 후에 이름이 박찬길로 확인되었다.

273) 경향신문, 1949. 6. 17.자. "사살당한 박검사 대검서 현지조사", 2면.

274) 경향신문 1949. 9. 21.자. "임영신여사사건 사회여론이 궁금, 김 검사총장과 문답", 2면.

금 조사 중에 있다. 박찬길 검사는 조사결과에 의하면 조만식 선생의 제자로써 기독교 신자이며 좌익혐의를 받을 근거는 없으며 인민재판장을 한 일도 없다. 다만 경찰관이 무도한 양민을 총살한 것을 살인범으로 취급하였다고 해서 그 때부터 적구검사(赤狗檢事)라는 칭호를 받아왔다고 한다."[275] "조만식 선생의 제자라 하여 해방 전에는 경관들에게 박해를 받어왔었고 해방 후에 이르러서는 좌익분자들을 불기소 등으로 석방하여 왔다는 등으로 경찰측과의 알력이 있었다. 한가지 예로서 경관이 폭도를 추격할 때 부근에 있던 부락민이 공포로 말미암아 폭도와 같이 도망가던 것을 경관이 발포하여 쓰러졌는데 경관이 달려드러 신문 조사없이 또 한 번 발사하여 즉사케 하였다. 이 사실을 박 검사는 가해 경관에게 살인죄로 몰아 징역 10년의 구형 논고까지 한 일이 있었다 한다. 이러한 것으로서 박 검사는 좌익검사라고까지 주목을 받게 되었던 것이다. 그리고 그 후 조사한 결과 당시 배석판사 운운하는 것은 전혀 사실 무근이라는 것이 판명되었다."[276]하고, "좌우간 박찬길 검사 이하 수십명이 재판을 받지 않고 총살집행을 받았다는 것은 법의 위신상 큰 문제이다."라고[277] 답변하였다.

④ **수사기관 일원화와 수사지휘체계 확립 여론**

계속되는 불법구금과 고문, 1949. 6. 6.의 경찰의 반민특위 습격사건, 그리고 박찬길 검사 사건에 더하여 1949. 9. 29. 육군 정보국에서 동대문 민보단장 고희두가 사망한 사건이 있었다. 그 사건을 서울지검에서 조사하여 부검 등을 한 결과 고문치사로 드러났고 이에 가해자가 군인이므로 서울지검에서 서류 등을 국방부로 이송하였다.[278] 또한 1949. 10. 23. 대학교수인 장형두가 인천경찰서에 구금되어 경기도경찰국에 의해 조사받던 중 고문치사로 사망한 사건이 있었다.[279]

그리하여 이 무렵 경찰, 군수사기관 등에 의한 인권침해 문제에 대한 여론과[280] 이를 방지하기 위한 검사의 명령이나 지시가 경찰 등에 관철되지 않고

275) 동아일보 1949. 10. 6.자. "수사기관 일원화 긴급", 1면.
276) 경향신문 1949. 10. 8.자. "문제의 여순인재배석판사 박찬길검사설은 사실무근", 2면.
277) 동아일보 1949. 10. 6.자. "수사기관 일원화 긴급", 1면.
278) 동아일보 1949. 10. 15.자. "고문치사로 판명", 2면, 1949. 10. 21.자. "외상치사를 확인", 2면.
279) 동아일보 1949. 10. 28.자. "장씨변사사건 규명", 2면. 1949. 11. 11.자. "고문치사를 확인", 2면.
280) 1949. 10. 29. 김익진 검찰총장과 기자회견에서도 '경남 진북지서에서 삼진학교의 선생 도원태(27)씨와 당교의 3년생 김동성(19)을 문초하다가 도는 사망하고 김은 부상

혼란스러운 것에 대해 검사의 명령 계통을 새우고 검사를 중심으로 수사기관을 일원화하여야 한다는 여론이 높았다. 1949. 10. 5.의 국회 질의답변에서 김광준 의원이 당시에 군인과 경찰의 인권침해 문제가 심각한데 검사의 명령계통이 서지 않는 것에 대해 "일선 군경의 불법행동은 경향을 막론하고 일반 민중의 원적(怨敵)이 되었는데 장관들은 그 실정을 파악하고 있는가. 그리고 수사기관은 법치국가의 체면으로서도 하루빨리 일원화(一元化)할 것이 요청되는데 실시용의가 있는가."라고 질의하였다.

이에 대해 권승렬 법무부장관은 "수사기관 일원화는 어떤 국가에서도 필요한 것으로 이의 실시는 각 부에서도 노력하고 있는데 입법부에서 일원화에 관한 법률을 제정해주기 바란다."고 답변하고, 내무부장관은 "일원화는 입법부나 행정부나 같은 의견을 가지고 있으며 일일을 지연치 않고 곧 시정에 노력하겠다."고 답변하였다.

이후 김상돈 의원이 "치안확보에는 관민일체가 절실히 요청되는데 간혹 말단 군경의 불법행동으로 민관이탈을 초래하는 것은 유감이 아닐 수 없다. 헌법에 인권이 옹호되고 있음에도 불구하고 각지에 유린을 당하고 삼부장관은 책임을 느끼고 이를 조속히 시정하여 주기 바라며 수사기관의 일원화에 관하여는 국회로서 수일 내로 법안을 작성하여 치안대책의 근본을 세워야 할 것이다."라고 발언하였다.[281)]

수사기관 일원화에 대해서는 1949. 10. 7. 이승만 대통령이 기자들과 회견석상에서도 수사기관 일원화에 대한 각계 여론이 많은데 어떻게 생각하는가라는 질문에 대해 "나두 찬성이다. 고(高)씨가 전에 잘했던 잘못했던 간에 이를 취조하는 사람이 피의자를 구타하여 더욱이 치사까지 한다는 것은 누구를 막론하고 용서할 수 없다. 그래서야 백성이 마음을 놓구 살 수 없을 것이다."라고 답변하였다.[282)]

그리하여 먼저 민간인에 대한 검찰과 경찰 등의 수사와 군 수사기관의 수

을 당하였다는데'라는 질문이 있자 '아직 보고를 받지 못하였는데 조속히 조사해보겠다'고 답하고, '요지음 고문치사 사건이 빈번이 있는 듯한데 어떻게 생각하는가'라는 질문에 '물어볼 필요도 없다. 사람의 목숨이 얼마나 귀중하다는 것을 새삼스러히 말할 필요가 없다'고 답변하였다. 경향신문 1949. 10. 30.자. "김 검찰총장 답", 2면.

281) 동아일보 1949. 10. 6.자. "수사기관 일원화 긴급. 인권옹호에 매진", 2면.

282) 경향신문 1949. 10. 8.자. "수사기관 일원화엔 찬성", 2면.

사의 중복으로 인한 혼란을 해결하기 위해 군 수사기관의 수사한계를 설정하고자 국방부, 법무부, 검찰 등이 협의하여 1949. 12. 21. 헌병 및 국군정보기관의 수사한계에 관한 법률을 제정하였다. 이에 의하면 헌병은 군사, 군인, 군속의 범죄에 관련이 있는 일반인의 범죄를 형사소송법 규정에 의해 수사할 수 있지만 긴급구속을 할 수 없고 수사상 검사가 발한 지휘·명령에 복종하도록 하였고, 군정보기관과 방첩대는 군인, 군속의 범죄만 수사할 수 있는 것으로 하였다. 일반인에 대한 군 수사기관의 수사도 검사의 수사지휘를 받게 하여 검찰을 중심으로 수사기관의 지휘체계가 일원화되었다.

⑤ **제정 검찰청법상 수사지휘규정**

나아가 1949. 12. 20. 제정된 제정 검찰청법에서는 검사의 직무상 명령에 대한 사법경찰관리의 복종의무 규정(제35조)과 직무집행에 관하여 부당한 행위를 하는 사법경찰관리에 대한 지방검찰청검사장의 체임요구권 규정(제36조)이 추가되었다.

먼저 1948. 8. 제정된 과도정부 검찰청법 제6조에서 검사가 범죄수사에 관하여 사법경찰관을 지휘·감독한다고 명시적으로 규정하여 검사와 경찰의 관계에 있어 검사의 사법경찰관에 대한 수사지휘관계가 다시 한번 법률로서 확립되었다. 또한 앞에서 본 바와 같이 부칙으로 당시 해석상 논란이 많았던 법무국 훈령 제3호를 폐지함으로써 훈령 제3호가 가지고 있는 문언상의 애매함으로 인한 혼란의 소지를 없애버렸다. 그럼에도 불구하고 아직도 실무에서는 수사지휘와 관련하여 실무상 혼란이 지속되었다. 이에 따라 수사기관 일원화와 지휘체계 확립을 위해 1949. 12. 20. 제정된 검찰청법 제35조에서 위와 같이 명령복종의무규정과 체임요구권 규정을 명문화하였다.

검찰청법 제35조는 '사법경찰관리는 범죄수사에 있어서 소관 검사의 직무상 명령에 복종하여야 한다'고 지휘관계의 용어를 '명령'과 '복종'으로 규정하여 또 다시 논란이 일 수 있는 여지를 없애버렸다.[283] 법무국 훈령 제3호에서 의뢰로 번역한 request라는 용어를 사용하고 그 효력에 대한 약간의 애매한 용어를 사용하였던 것 때문에 경찰에서 보여주었던 이행거부 사태를 경험한 결과 다시 이를 명확히 하고자 사용하게 된 용어인 것이다.

283) 이러한 명령, 복종이라는 용어는 조선형사령 및 구일본 재판소구성법(제84조)에서 이미 사용된 바 있다.

그러면 검사의 명령에 대한 사법경찰관의 복종의무 규정을 왜 검찰청법에 규정하게 되었을까. 그 이유는 법체계와 조문의 연혁에서 찾을 수 있다. 검찰청법 제35조에 규정된 검사의 직무상 명령에 대한 사법경찰관리의 복종의무는 당시에도 적용되던 법령에 의하면 조선형사령 제6조에 따라 인정되던 것이었다. 앞에서 본 바와 같이 패전 전 일본의 법률은 형사소송법에는 검사와 사법경찰관의 관계에 대해 수사지휘권 규정을 두고, 검사의 직무상 명령에 대한 복종의무 규정은 재판소구성법에 두고 있었다. 이는 독일법 체계에 따른 것으로 독일도 수사지휘권 규정은 형사소송법에 규정하고, 검사의 직무상 명령에 대한 복종의무 규정은 법원조직법에 두고 있다.

독일에서 검사의 직무상 명령에 대한 사법경찰관의 복종의무 규정을 법원조직법에 둔 이유는 형사절차상의 권한과 절차규정은 형사소송법에 규율하고, 사법(Justiz)의 조직상 내부관계는 법원조직법에서 규율하는 체제에서 법원과 검찰의 조직과 내부관계에 대한 규율을 모두 법원조직법에서 규율하고 있었기 때문이다. 사법경찰관은 검사의 지휘라는 매개를 통해 사법(Justiz)의 한 부분으로 포섭되는 것이기 때문에 검사의 명령에 대한 사법경찰관의 복종의무도 사법의 내부관계 규정으로서 법원조직법상 검찰관련 규정에 들어가게 된 것이다.

일본법도 독일법의 이러한 법체계상의 구조를 받아들여 형사소송법에는 수사권을 행사함에 있어서의 수사지휘관계만 규정하고 검사의 명령에 대한 사법경찰관의 복종의무는 재판소구성법에 규정하였던 것이다. 그런데 식민지 조선에서는 조선형사령에 따라 일본의 형사소송법이 적용되므로 검사의 사법경찰관에 대한 수사지휘관계는 형사소송법이 적용되었으나 일본의 재판소구성법은 적용되지 않고 별도로 조선총독부재판소령이 제정되어 적용되었다. 이 때 조선총독부재판소령에는 검사의 명령에 대한 사법경찰관의 복종의무를 규정하지 않았고 그 규정은 별도로 조선형사령 제6조로 규정하고 있었다.

해방 후 우리나라는 법원과 검찰이 함께 법무부 소속의 기관으로 있는 대륙법계 체제를 벗어나 법원이 조직상으로 정부와 별도로 분리되어 자체적인 행정기관으로서 법원행정처를 가지고 있는 별도 관청으로 되었고 이에 따라 행정부에 남게 되는 검찰에 관한 규정은 법원조직법에서 분리하여 별도로 검찰청법으로 규율하게 되었다. 또한 대한민국 정부 수립 후 대한민국의 법전들이 준비되는 과정에서 조선형사령 체제를 하루속히 폐기하고 대한민국의 법령체제로 변경하여야 하였다. 이에 따라 조선형사령 제6조에 규정되어 있던 검사의 직무상 명령에 대한 사법경찰관의 복종의무를 검찰청법에서 규정하게 된 것이다.

그런데 형사소송법상의 검사의 수사지휘관계규정은 검사와 사법경찰관의 관계를 설정하는 규정이고, 검사의 직무상 명령에 대한 사법경찰관의 복종의무규정은 수사지휘관계에서 발동되는 직무상 명령의 효력규정이므로 양자는 수사지휘관계를 지탱하는 불가분의 두 개의 기둥이라 할 수 있다. 이 규정들을 형사소송법에 함께 규정할 수도 있겠으나 지휘권자의 명령에 대해 지휘를 받는 자의 복종의무는 지휘권자와 지휘를 받는 자간의 내부관계라 할 수 있고 따라서 권한부여규정인 형사소송법보다는 내부관계에 대한 조직규정에서 규정하는 것이 위치상 적절하다. 그렇기 때문에 법원조직법과 분리된 검찰청법에 규정을 두게 된 것인데 이는 사법경찰관은 검사의 수사지휘라는 매개를 통해서 수사에 관한 주무부서인 법무부의 기관으로 포섭됨을 의미한다.[284] 즉 수사의 업무를 함에 있어서 사법경찰관은 검찰과 내부관계로 이어지는 기관임을 의미한다.[285]

다음으로 검찰청법 제36조로 사법경찰관리로서 서장 아닌 경감 이하가 직무집행에 관하여 부당한 행위가 있을 때에는 지방검찰청검사장이 그 교체, 임용을 요구할 수 있도록 함으로써 검사의 지휘에 따르지 않는 경우의 조치를 할 수 있도록 하여 지휘권의 규범력을 강화하였다.

(6) 해방공간에서의 검사의 사법경찰에 대한 수사지휘관계 확립의 의의

해방공간에서 최종적으로 검사를 수사의 주재자로 하고 경찰 중 일부를 사법경찰관으로 하여 검사의 수사지휘권하에서 수사권을 가지고 수사활동을 하게 한 이 체제를 선택한 역사를 어떻게 평가할 수 있을까.

경찰의 독자적 수사권이 인정되지 않고 검사의 수사지휘관계가 확립된 것

284) 독일에서는 사법경찰을 검사의 늘어난 팔(verlängerter Arm der Staatsanwaltschaft)이라고 한다.

285) 그런데 경찰에서는 사법경찰관의 의무규정이 검찰의 조직규정인 검찰청법에 들어있는 것에 대해 그 개정을 주장하였고 2012. 1. 1.시행된 형사소송법개정에서 검찰청법에 규정되어 있던 검사의 직무상 명령에 대한 사법경찰관의 복종의무규정이 형사소송법으로 이전되었고 문구를 '검사의 지휘에 따라야 한다'로 변경하였다.

은 역사적 상황으로는 미군정기와 정부수립 전후 상황에서 경찰이 보여준 일제잔재의 미청산이나 불법구금과 고문 등 인권침해의 지속적 발생 등으로 인한 경찰 통제 필요성에 대한 여론이 드높았던 점이 매우 큰 원인이었다고 할 수 있다. 그런데 그것과 함께 사견으로는 당시의 한국의 권력구조 및 경찰조직으로 볼 때 당연한 귀결이며 그렇게 가지 않으면 안 되는 것이었다고 본다.

즉 이미 보아왔지만 경찰의 독자적 수사권이 인정되고 있는 영미법계의 국가들은 지방자치를 중심으로 하는 분권형 권력구조와 이에 대응하여 철저한 자치경찰을 중심으로 하고 있으며 수사활동을 하는 기관도 경찰뿐만이 아니고 다른 기관들이 다양하게 있어 분권화되어 있는 것이다. 이러한 구조에서는 경찰에 대한 통제는 다양한 분권화에 의해 경찰이 거대권력기관화하는 것을 막고, 주민자치를 통해 통제하는 방법으로 이루어지고 있다. 경찰의 수사권 독립은 이와 같은 경찰의 분권화가 전제되어야 하는 것이다. 또 한편으로 영미법계의 경찰의 수사의 범위는 대륙법계의 경찰과 다르다. 그러므로 수사권 독립을 논하려면 경찰의 수사권의 범위의 축소도 함께 논하여져야 하는 것이다.

그러나 앞에서 이미 논하였듯이 한국에서는 미군정 초기에 일제시대보다 더 강력한 중앙집권적 국립경찰체제를 이루었다.[286] 그것도 거의 군대식 조직으로 자리잡았으며 일제시대의 군부가 '통수권의 독립'이라는 논리하에 의회나 내각의 통제를 거부한 것처럼 한국의 국립경찰 역시 외부의 개입을 거부하는 군대조직 원리를 고수하려고 하였던 점[287]이 고려되어야 한다.

따라서 한국에서는 경찰의 수사에 대한 통제는 대륙법계에서 취하고 있는 바와 같이 사법적 성격을 가진 기관인 검찰에 의해 통제하는 방식을 취하는 것이 가장 적절한 방법인 것이며 경찰이 중앙집권적인 국립경찰체제를 조직하는 순간 경찰의 수사권 독립은 생각하기 어려운 것이 되었다고 본다.

5) 검찰청법의 제정

(1) 1948. 8. 2. 과도정부 검찰청법

① 검찰청의 조직

검찰청은 검찰관의 사무를 통할하는 기관으로서(제2조 가항), 대검찰청, 고

286) 이 점은 신동운, 앞의 논문, 서울대 법학 제42권 제2호, 279면도 지적하고 있다.
287) 문준영, 앞의 논문, 193면.

등검찰청 및 지방검찰청으로 하였으며 지방검찰청에 부를 둘 수 있다(제2조 나항). 지방법원지원에 대응하여 지방검찰청지청을, 간이법원에 대응하여 간이검찰청을 둘 수 있도록 하였는데, 간이검찰청은 사법부장이 정한 바에 의하여 소관지방검찰청의 감독을 받는다(제2조 다항). 각 검찰청 및 지청의 관할구역은 각 법원 및 지원의 관할구역에 의하되, 각 검찰청 및 지청의 명칭 및 위치는 사법부장이 정한다(제3조).

대검찰청에 검찰총장을 두며, 검찰총장은 대검찰청의 사무를 장리하고 국내검찰사무를 통할하며 이를 지휘·감독한다(제7조). 고등검찰청 및 지방검찰청에 검사장을 두며, 검사장은 소속청의 사무를 장리하고 소관검찰청의 사무를 지휘·감독한다(제8조). 지방검찰청지청에 지청장을, 간이검찰청에 청장을 두며 지청장 및 간이검찰청장은 지방검찰청검사장의 명을 받아 소속사무를 장리하고 소속직원을 지휘·감독한다(제11조).

② **검사의 직무**

검찰관은 검사 및 검사보로 한다. 검찰총장, 검사장, 차장검사, 부장검사, 지청장은 검사로서 임용하고 간이검찰청장은 검사 또는 검사보로서 임용한다(제4조). 검찰관은 법령에 특별한 규정이 있는 경우를 제외하고는, 소속 검찰청의 관할구역 내에서 그 직무를 행한다. 다만, 수사상 필요한 때는 관할구역 외에서 직무를 행할 수 있다(제5조).

검찰관은 공익의 대표자로서 형사에 관하여, 범죄를 수사하고, 공소를 제기하며 그 유지에 필요한 행위를 하고, 범죄수사에 관하여 사법경찰관을 지휘·감독하며, 법원에 대하여 법령의 정당한 적용을 청구하고, 재판의 집행을 지휘·감독하며 그 외 다른 법령에 의하여 검찰관의 권한에 속하는 사무를 행한다(제6조).

③ **검사의 복무관계**

검찰관은 상사의 명령에 복종하며, 검찰총장 및 검사장은 소속검찰관으로 하여금 그 권한에 관하는 직무의 일부를 처리케 할 수 있고, 검찰총장 및 검사장은 소관검찰관의 사무를 자신이 처리하거나 또는 다른 검찰관으로 하여금 처리케 할 수 있다. 그리고 이 규정은 지방검찰청지청장 및 간이검찰청장에게 준용한다(제12조).

지방검찰검사장은 필요로 인한 때는 수습 검찰관 또는 지방검찰청 및 동지청의 검찰청서기관으로 지방검찰청지청 및 간이검찰청의 검사직무를 대리하게 할 수 있으나 수습 검찰관은 법원조직법 제30조 단서에 규정한 사건의 직무대리를 할 수 없다(제13조).

사법부장은 검찰사무의 최고감독기관으로서 일반적으로 검찰관을 지휘·감독하며 개별적 사건에 대하여는 검찰총장에게 그 조사와 처분을 지휘한다(제14조).

④ **검찰청 직원**

대검찰청에 서기국을 두고 서기국에 서기과 및 정보과를 두며, 고등검찰청에 서기과 및 회계과를 두고, 지방검찰청에 서기과, 회계과 및 수사과를 두는데, 그러나 고등검찰청소재지의 지방검찰청에는 회계과를 두지 아니한다. 지방검찰청지청 및 간이검찰청에 서기과를 두며, 서기국에 국장, 각과에 과장을 둔다. 서기국장, 각 과장은 소속장관의 명을 받아 소관국 또는 과의 사무를 장리하며 소속직원을 지휘·감독한다(제25조).

이와 같은 각 국과에 근무할 직원으로서 각 검찰청에 서기관 및 서기를 두고, 서기관은 검찰관의 명을 받아 수사에 관한 사무에 종사하며 서무회계사무를 처리한다. 한편, 대검찰청 정보과 및 지방검찰청 수사과 서기관은 범죄수사에 관하여 사법경찰관의 직무를 행한다. 또한 서기는 서기관을 보좌하며 대검찰청 정보과 및 지방검찰청 수사과 서기는 사법경찰리의 직무를 행한다. 서기관은 수사상의 조서의 작성에 관하여 검찰관의 명령이 자기의 의견과 상위되는 때는 그 말미에 자기의 의견을 첨서할 수 있다(제26조).

과도정부 검찰청법에서 검찰청 직원과 관련하여 특징적인 것은 검찰청 직원이 수사를 하는 부서로서 정보과와 수사과를 설치하고 그 정보과와 수사과의 서기관, 서기가 사법경찰관 및 사법경찰리의 직무를 행하도록 한 것이다.

해방 후 검찰과 경찰의 관계에 있어서 검사의 수사지휘에 대해 경찰이 이를 잘 이행하지 않고 불복하는 사례가 발생하는 상황 속에서 검찰은 두 가지의 방향을 모색하려 하였다. 먼저, 그 첫째는 사법경찰을 아예 경찰조직에서 떼어내서 검찰 직속으로 하려는 방안이다. 1947. 6. 경에 사법부의 미군정 고문 코네리가 러취 군정장관에게 사법경찰청 설치안을 제안하는데 그 안에서 경무부 수사국을 사법부 또는 검찰청으로 이관하고 각 도별 및 특별시별로 사법경찰청을 설치하되 모든 사법경찰관의 임명을 사법부 장관 또는 검찰청장이 하는 것으로 하는 방안이었다.[288]

288) 동아일보 1947. 6. 8.자. “사법경찰청 설치코 각서 수사과 분리하라”, 2면. 내용은 다

이어서 1947. 6. 23. 대검찰청, 서울고등검찰청, 서울지방검찰청의 공동명의로 러취 군정장관에게 제출한 인권유린폐지와 사법제민주화 건의에서[289] 사법경찰관을 검찰 직속으로 하는 방안을 건의하였다. 그런데 이러한 방안은 경찰측 반대에 의해 실현되지 않았으며 사법부, 검찰청, 경무부가 협의하여 1947. 10. 22. 사법부장과 경무부장이 각 경찰청과 경찰서에 검사의 지휘사건을 담당할 사법경찰관 상당수를 지명배치하기로 합의하였다. 그러나 이러한 합의도 실제로는 잘 이행되지 않았다.[290]

한편, 두 번째의 방법은 경찰과는 별도로 검찰청 내에 직속으로 사법경찰기구를 두는 방안이다. 이러한 방안에 대해서는 1947. 9.의 미국사법제도시찰단 보고서에서도 그 필요성을 인정하여 검찰관 직속의 사법경찰관제도라는 제목하에 검찰관의 검찰권행사에는 보조기관인 경찰이 필요하지만, 현재 같은 제

음과 같다.

1. 경무부 수사국을 사법부 또는 검찰청에 이관
2. 각 경찰관구에 있는 수사과 및 사찰과를 분리시키고 각 도별 및 특별시별로 사법경찰청 설치
3. 각 경찰서에 있는 수사계와 사찰계를 분리하여 사법경찰서를 설치
4. 각 면에 약간의 사법경찰관을 둠
5. 현재의 경찰기관에서 사법사무를 제외하면 행정경찰사무만으로 할 것이나 일반행정경찰관리에 대하여 현재의 삼림주사에 대한 것과 같은 방법으로 사법경찰관리직무취급권한을 부여하여 행정경찰사무에 있어 발각되는 범죄를 검거하게 할 것
6. 모든 사법경찰관의 임명은 사법부장관 또는 검찰청 장이 이를 보유

289) 그 내용은 다음과 같다. 동아일보 1947. 6. 27.자. "인권유린폐지와 사법제 민주화", 2면.

1. 사법 또는 검찰조직의 모든 것을 민주주의적 기본정신과 이념에 부합시켜 조속히 실천하게 할 것
2. 인민의 권리와 자유를 적극적으로 옹호할 것
3. 종래의 무제한이던 판사의 구류갱신은 인민의 고통이 심하였다는 것에 감안하여 적당한 제한을 가할 것
4. 판검사 및 부속기관에 속한 직원에 대하여 엄정한 징계처분제도를 설치하고 사법제도의 민주화를 촉진시킬 것
5. 재판상에 배심제도를 채용하여 민간측의 의사를 사법운영에 반영할 것
6. 보통 민, 형사사건을 처리하는 재판 및 검찰기관 이외에 각 경찰서 단위로 한 재판소 또는 간이재판제도를 실시하여 인민의 권리신장을 위해서 처단을 도모할 것
7. 검찰기구를 완전한 독립기관으로 하고 기소와 수사권행사와 재판운영의 엄정성에 상응하게 할 묘미를 발휘하게 할 것
8. 사법경찰관을 검사에게 직속하게 하여 범죄수사를 통일하고, 사법경찰로 하여금 인권유린의 폐해를 방지할 것
9. 검찰관은 학문연찬과 인격적 수양을 위하여 사법시험합격자 또는 검찰시보를 수용할 수 있는 수련소를 설치할 것

290) 문준영, 앞의 책, 803-804면.

도 아래서는 인사권 등이 없는 관계로 명령계통이 확립되지 않아 검찰권운영에 지장이 다대하므로 일반경찰 외의 검찰관 직속의 사법경찰제도를 신설할 것을 제안하였다.[291)]

경찰에서 사법경찰을 분리하여 검찰청 직속으로 하는 방안에 대해서는 경찰의 반대가 심하였으나 경찰 내의 사법경찰은 그대로 경찰에 두면서 별도로 검찰청 직속의 별도의 사법경찰기구를 설치하는 방안에 대해서는 긍정적인 여론이 형성되었고 이에 따라 과도정부 검찰청법에서 그 방안이 현실화되었다.

과도정부 검찰청법 이전에는 검찰청 서기가 사법경찰관의 직무를 수행하면서 검사의 수사를 보조하는 역할을 할 수 있었으나 이는 검사의 수사에 대한 보조일 뿐 서기가 스스로 사법경찰관으로서 자신의 수사를 할 수 있는 것이 아니었다. 그런데 과도정부 검찰청법에서는 대검찰청에 정보과와 수사과, 그리고 지방검찰청에 수사과라는 기구를 둠으로써 사법경찰기구로서 스스로 사법경찰의 수사를 할 수 있는 기구를 창설한 것이었다.[292)]

⑤ **간이법원, 간이검찰청 논의**

1948. 5. 4. 제정된 법원조직법에는 각 지방경찰서 소재지 단위로 간이법원을 설치하여 과료, 벌금, 구류 또는 3개월 미만의 구금에 처할 즉결사건, 장기 1년 이하의 징역 또는 금고에 해당하는 범죄사건, 주거침입, 상습도박, 절도 등 비교적 경미한 사건을 처리하게 할 예정이었다. 그런데 예산상 이유로 설치하지 못하고 1949. 9. 20. 법원조직법 개정으로 간이법원제도를 폐지하였다. 1948. 8. 2. 검찰청법 제2조에서도 간이법원에 대응하여 간이검찰청을 둘 수 있다고 하였으나 1949. 12. 20. 검찰청법 제정시 삭제되었다.

(2) 1949. 12. 20.자 대한민국 검찰청법 제정

1948. 8. 15. 대한민국 정부 수립 후에 대한민국의 검찰청법의 제정 준비를 하여 1949. 12. 20.자로 제정되었다. 과도정부 검찰청법의 틀을 대체로 유지하고 있으면서 세부적인 면에서 달라진 점이 있다.

① **검찰조직**

대검찰청, 고등검찰청, 지방검찰청을 각급 법원에 대치하도록 하고, 지방법

291) 문준영, 앞의 책, 695면.
292) 문준영, 앞의 책, 810-811면.

원지원 설치지역에는 이에 대응하여 지방검찰청지청을 둘 수 있도록 하였으며 구법의 검찰관이라는 용어를 검사로 개칭하였다(제2조).

② **검사의 직무**

검사는 다른 법령에 의하여 그 권한에 속하는 사항 이외에 형사에 관하여 공익의 대표자로서 범죄수사, 공소제기와 그 유지에 필요한 행위, 범죄수사에 관한 사법경찰관리의 지휘·감독, 법원에 대한 법령의 정당한 적용의 청구, 재판집행의 지휘·감독 등의 직무와 권한이 있다(제5조). 검사는 법령에 특별한 규정이 있는 경우를 제외하고는 소속검찰청의 관할구역 내에서 그 직무를 행하는데 단, 수사상 필요할 때에는 관할구역 이외에서 직무를 행할 수 있다(제4조).

③ **검사의 복무관계**

검사는 검찰사무에 관하여 상사의 명령에 복종한다. 검찰총장과 검사장은 소속 검사로 하여금 그 권한에 속하는 직무의 일부를 처리케 할 수 있다. 검찰총장과 검사장은 소속 검사의 직무를 자신이 처리하거나 다른 검사로 하여금 처리케 할 수 있다. 전2항의 규정은 지청장에게 준용한다(제11조). 법무부장관은 검찰사무의 최고감독자로서 일반적으로 검사를 지휘·감독한다. 구체적 사건에 대하여는 검찰총장만을 지휘·감독한다(제18조).

④ **고소사건의 항고절차**

검사의 불기소처분에 불복이 있는 고소인은 그 검사가 속하는 검찰청을 경유하여 서면으로써 직근상급검찰청의 장에게 항고할 수 있다. 단, 지방검찰청지청검사의 불기소처분에 대한 항고는 지방검찰청검사장에게 한다. 항고를 기각하는 처분에 대하여는 그 직근상급검찰청의 장에게 재항고를 할 수 있다(제12조).

⑤ **검찰청 직원 및 사법경찰기구**

대검찰청에 서기국과 중앙수사국을 둔다. 서기국은 기록의 작성, 보존, 서무에 관한 사무를 장리하며 서기국에는 서무과와 사건과를 둔다. 중앙수사국은 범죄수사의 지도연구와 검찰총장이 중요하다고 인정하는 범죄의 수사를 장리한다. 중앙수사국에는 수사과, 사찰과와 특무과를 둔다. 고등검찰청에 서기과와 회계과를 두며, 지방검찰청에 서기과, 회계과와 수사과를 둔다. 단, 고등검찰청소재지의 지방검찰청에는 회계과를 두지 아니한다(제29조).

각 검찰청에 서기관, 수사관, 서기와 서기보를 둔다. 서기관은 3급, 서기는

4급으로 하고 검사의 명을 받어 수사에 관한 사무에 종사하며 기록의 작성, 보존과 서무, 회계에 관한 사무를 처리한다. 수사관은 3급으로 하고 검사를 보좌하며 그 지휘를 받어 범죄수사를 행한다. 서기보는 5급으로 하고 서기관 또는 서기를 보좌하며 특명에 의하여 사법경찰관리의 직무를 행한다(제30조).

제정 검찰청법에서는 제30조에 검찰청 직속 사법경찰기구에서 사법경찰관으로서 스스로의 수사를 할 수 있는 직으로서 수사관이라는 직을 신설한 것이 특징이다. 이 수사관은 1954년 형사소송법 제정시에 형사소송법 제196조 제1항에도 사법경찰관으로서 수사관으로 규정되게 되었다.

3. 대한민국 수립 이후의 변화

1) 형사소송법의 제정과 검찰제도

대한민국 수립 후 대한민국의 기본법률들을 제정하기 위해 법전편찬위원회가 구성되었다. 형사소송법 분야에서도 당시 적용되던 일본의 大正 형사소송법 체제를 벗어나 대한민국의 형사소송법을 제정하기 위한 준비를 하여 1954년에 형사소송법이 제정되었다. 그 제정 논의과정 중에 검찰제도와 관련된 중요한 논의들을 살펴볼 필요가 있다.

(1) 검사와 사법경찰관의 관계 문제

① 법전편찬위원회 초안

법전편찬위원회 초안은 검사를 본원적 수사권자로 하여 검사는 범죄의 혐의가 있음을 알은 때에는 범인, 범죄사실 및 증거를 수사하여야 한다고 하였다(초안 제187조). 수사관, 경무관, 총경, 경감, 경위, 헌병장교, 하사관을 사법경찰관으로 하여 이들은 검사의 지휘를 받아 수사를 하여야 한다고 하여(초안 제188조) 검사의 본원적 수사권으로부터 수사권을 위임받은 파생적 수사권자로서 스스로의 수사를 하는 것으로 규정하고 있다.[293]

여기서 지휘를 받아 수사를 한다는 법률용어의 의미는 사건마다 건건이 지휘를 받아야 수사를 할 수 있다는 것이 아니며, 그 지휘권의 의미도 지휘가 있

293) 이완규, 『형사소송법 연구 Ⅱ』, 법문사. 2011, 14면.

으면 이에 따른다는 의미 아니다. '지휘를 받아'라는 법률용어는 지휘를 받는 자의 직무상 권한이 그의 고유의 권한이 아니라 그에 대해 지휘를 하는 상사의 권한으로부터 유래되는 것이고 그 상사의 보조기관적 지위에서 직무를 행하는 것이라는 관계를 설정하는 용어이다.[294] 그런데 지휘를 하는 자와 지휘를 받아 그 직무를 행하는 자가 같은 기관 내부에 있는 경우는 처분권한이 있는 관청과 그 보조기관으로 구분될 것이나 기관 외부에 있으면서 둘 다 관청으로서 직무 수행을 하는 경우는 관청과 관청 사이에 상부기관과 하부기관의 지휘계통을 설정하는 것이다. 하부기관의 권한은 본원적인 권한자로부터 위임된 파생적 권한으로서 결국 이 지휘계통 설정에 따라 두 개의 관청이 하나로 연결되는 지체(肢體)가 되는 관계를 의미한다.[295]

이와 같이 검사를 본원적 수사권자로 하고 사법경찰관은 검사의 지휘를 받아 수사하는 수사권자로 하여 검사와 사법경찰관의 관계를 지휘관계로 설정하는 문제에 대하여 형사소송법 제정 논의시에 다시 한번 논의가 되었다.

② 법전편찬위원회 초안에 대한 공청회 논의

법전편찬위원회 초안이 정부안으로 국회에 제출되고 법제사법위원회에서 일부 수정을 하였는데 그 수정안에도 검사와 사법경찰관리에 관한 내용은 초안과 같았다. 이 안을 토대로 1954. 1. 9. 개최된 공청회에서 검사와 사법경찰관의 관계 부분에 대하여 먼저 논의되었는데 서일교 전문위원이 범죄수사에 있어 사법경찰관에게 주도권을 주어 검사와 사법경찰관의 관계를 상호협력적 관계로 할 것인지, 사법경찰관리를 검사의 지휘하에 두어 상명하복관계에 둘 것인지의 문제라는 주제설명을 한 후 엄상섭 위원이 초안에 대한 설명을 하였다.

엄 위원은 "우리는 대륙법계통인 독일법계의 형사소송법을 연구했습니다. 우리의 생각은 검찰관이 수사의 주도체가 되는 것입니다. 그러나 영미식의 형사소송법이라는 것은 그렇게 되어 있지 않습니다. 미국의 예를 들면 미국은 수사는 경찰관, 기소는 검찰관, 재판은 법관... 이렇게 논아져 있습니다. 그리고 일본도 지금은 형소법에 이 점이 명확하게 나와 있습니다. 그러나 우리는 여러가지 우리나라 실정에 비추어 역시 검찰관이 수사의 주도적 입장에 있어야 되겠다.... 이렇게 생각해 왔습니다. 그런데 미국에 있어서 왜 수사는 경찰관, 기

294) 伊藤榮樹, 『檢察廳法 逐條解說』, 良書普及會, 1986, 171面.
295) 이완규, 『형사소송법 연구 Ⅱ』, 법문사. 2011, 14면.

소는 검사, 이렇게 노났느냐 하면 이것은 역시 미국 사람들 생각에는 권력이 한군데에 집중되면 남용되기 쉬우므로 권력은 분산이 되어야 개인에게 이익이 된다, 이렇게 생각했든 것입니다. 그런데 우리나라 실정으로 보면 검찰기관이 범죄수사의 주도체가 된다면 기소권만 가지고도 강력한 기관이거늘 또 수사의 권한까지 「프라스」 하게 되니 이것은 결국 검찰 「팟쇼」를 가지고 온다는 것입니다. 그런데 지금 일본이나 미국같은 데 있어서는 경찰기관이라는 것은 자치단체에 드러가 있어요.

혹은 영국같은 데서도 그렇습니다. 이런 나라에서도 「수사는 경찰관이 해라, 기소여부는 검찰관이 해라...」 또 「증거가 모자라면 경찰에다 의뢰해라...」 이렇게 되어 있는데, 우리나라는 경찰이 중앙집권제로 되어 있는데, 경찰에다가 수사권을 전적으로 마끼면 경찰 「파쇼」라는 것이 나오지 않나, 검찰 「파쇼」보다 경찰 「파쇼」의 경향이 더 시지 안을까? 이런 점을 보아가지고 소위원회나 법제사법위원회에서는 오직 우리나라에 있어서 범죄수사의 주도권은 검찰이 가지는 것이 좋다는 정도로 생각을 했든 것입니다. 그러나 장래에 있어서는 우리나라도 조만간 수사권하고, 기소권하고는 분리시키는 이러한 방향으로 나가는 것이 좋겠다는 생각을 가지고 있습니다."라고 초안의 취지에 대해 설명하였다.[296)]

엄상섭 위원은 경찰에 수사권을 부여하는 법제를 취하는 나라들에서 자치경찰제가 행해지고 있는 점과 당시 우리나라에서는 중앙집권적 경찰제도를 가지고 있는 점을 차이로 들고 있는데 이 점은 국가권력의 배분과 민주적 정당성의 확보방식, 그리고 권력의 분산이라는 관점에서 보면 매우 중요하고도 핵심적인 것이었다.[297)]

이후 한격만 검찰총장이 "이 문제는 대단이 중요한 문제라고 생각합니다. 해방 전에도 사법경찰관리가 검사의 보조로서 검사의 지휘명령을 받어 왔었는데 그 때에도 인사권까지 검찰에 주도록 해야 명령이 잘 이행된다. 이 인사권은 다른 데에서 하게 되면 잘 복종하지 않으니까 인사권까지 검사에게 주어야

296) 대검찰청, 『형사소송법 제정 · 개정자료집』, 1997, 329-330면.

297) 헌법원리로서의 민주주의와 수사권과 관련된 민주적 정당성의 확보방법, 그리고 중앙집권적 체제에서 검사와 사법경찰관의 관계에 대해 수사지휘관계로 설정하는 것이 사법경찰관의 수사권에 대한 민주적 정당성의 확보방법이라는 점에 대해서는 이완규, "민주적 정당성의 관점에서 본 현행법상 수사권구조와 지휘체계", 법조 제64권 제2호 (2014. 4.), 57면 이하 참조.

된다는 의론이 있었습니다. 그것은 대단히 실행되기 어려운 문제이고 이제 여러분이 말씀한 바와 마찬가지로 각국의 입법례가 경찰관과 검사와 대등한 입장으로 수사권을 가지는 그런 예도 있고 또한 대륙법계에서는 검사의 지휘를 받아가지고 경찰관이 수사를 하는 예도 있을 줄로 압니다. 또한 경찰에게는 수사를 맡기고 기소는 검사가 한다, 이런 데도 있을 줄로 압니다. 그러나 이제 엄의원과 서 전문위원께서 여러 가지 설명한 바와 마찬가지로 우리나라의 실정은 해방이후 오늘날까지 여러 가지 실정은 제가 말씀하지 않드라도 여러분이 잘 아실줄로 압니다만, 수사의 일원화 또 검사의 지휘권을 강화해야 된다는 것은 여러분이 다 추측하실 줄로 압니다. 그래서 지금까지 시행해온 형사소송법에는 사법경찰관은 검사의 한 보조역으로서 수사를 한다고 이렇게 되어 있는데 이 문제에 대해서는 법전편찬위원회에서도 여러 가지 논의가 많이 있었습니다. 그래서 여러 가지 절충해 가지고 이 원안이 나왔는데 저는 원안을 찬성합니다. 지금 우리나라에 있어서 이 정도로 하는 것이 대단히 타당하다고 생각합니다. 그러나 이론적으로 말하면 아까 엄 의원이 말씀하신 바와 마찬가지로 수사는 경찰에 맡기고 검사에게는 기소권만 주자는 것은 법리상으로서는 타당합니다만 앞으로 백년 후면 모르지만 검사에게 수사권을 주는 것이 타당하다고 생각합니다."라고 언급하였다.[298] 한격만 검찰총장이 수사를 경찰에 맡기고 검사에게는 기소권만 주게 하려면 앞으로 백년 후면 모르지만 당시로서는 타당하지 않다고 말한 것은 경찰에 수사권을 맡기려면 그 전제로서 다른 여건이 갖추어져야 하고 그러한 여건 중에 중요한 것이 자치경찰제 등 권력의 분산구조인데 당시의 대한민국의 정부구조상 자치경찰제가 시행될 정도로 권력 분산구조가 되는 것은 백년 후에나 가능할 것이라는 취지로 이해된다.

이후 검사의 수사지휘 논의는 다른 이견없이 합의되어 다른 주제로 넘어갔다.

③ 이후의 국회 논의

이후의 국회논의 과정에서도 검사의 사법경찰관에 대한 수사지휘관계는 다시 쟁점이 되지는 않았고, 1954. 2. 15.의 국회 본회의의 제1독회에서 초안 제188조 제3호로 사법경찰관의 한 종류로 규정되었던 헌병장교 및 헌병하사,

298) 대검찰청, 『형사소송법 제정·개정자료집』, 1997, 331면

제189조 제2호로 사법경찰리의 한 종류로 규정되었던 헌병졸을 삭제하는 것으로 하고, 제191조의 특별사법경찰관의 열거 부분에서 세무(稅務) 문구의 다음으로 군사법기관을 삽입하는 것으로 수정하였다.[299] 이 수정안에 대하여 1954. 2. 19. 국회 본회의 제2독회에서 의결을 하였다. 이후 정부에서 재의를 요구하여 1954. 3. 19. 다시 국회에서 재의결하였다.

(2) 영장 청구절차

① 법전편찬위원회 초안

앞에서 본 바와 같이 1948. 4. 1.자로 시행된 형사소송법 개정에 의해 영장제도가 도입될 당시 영장을 발부받는 절차는 검사는 지방법원 판사에 영장을 신청하고, 사법경찰관 기타 관헌은 검사에서 청구하고 검사는 이를 법원에 신청하는 것으로 하고 있었다. 이러한 법률에 따른 실무가 수년간 행해졌고 형사소송법 제정을 위한 법전편찬위원회 초안도 이러한 절차를 규정하였다. 즉 초안 제195조는 '피의자가 죄를 범하였다고 의심할 만한 상당한 이유가 있고 제70조 각호에 해당하는 사유가 있을 때에는 검사 또는 사법경찰관은 관할지방법원 판사의 구속영장을 받어 피의자를 구속할 수 있다. 3만원 이하의 벌금, 구류, 과료에 해당하는 범죄에 관하여는 피의자가 일정한 주거가 없는 경우에 한한다. 법원판사는 검사의 신청에 의하여 정당하다고 인정한 때에는 구속영장을 발부한다'고 하였다.[300]

② 공청회 논의

1954. 1. 9. 개최된 공청회에서는 영장 신청의 절차가 논의되지는 않았으나 영장의 발부와 법원의 심사권과 관련한 논의가 있어 이에 따라 법률안을 수정하게 되었다. 먼저 서일교 전문위원은 "여기 초안에는 심사권문제에 관해서 아무런 규정이 없습니다. 그래서 수정안에서 가급적이면 구속영장을 신청할 때에는 판사가 구속영장의 발부를 상당한 것으로 인정할 수 있는 자료를 내도록 하고 또 연장신청을 할 때에는 기간연장에 대하여 어느 정도 그 필요성을 인정할 수 있는 그러한 자료를 내도록 하는 것이 어떻겠느냐 이것이 수정안입니

299) 제18회 국회정기회의속기록 제18호, 대검찰청, 『형사소송법 제정·개정자료집』, 1997, 365면.

300) 대검찰청, 『형사소송법 제정·개정자료집』, 1997, 288-289면.

다.”라고 설명한다.

이에 김일두 대법관이 “이 영장은 인권옹호에 중대한 문제가 있는 동시에 사건에 중대한 관계를 가지고 있다고 생각합니다. 그런데 아까 엄 의원이 말씀하신 바와 같이 형식주의를 취하겠느냐? 그렇지 않으면 좀 실질주의를 취해가지고 영장의 적부심사로서 조절을 하겠느냐? 하는데 있다고 봅니다. 내가 지금 경험한 바를 볼 것 같으면 이 형식주의라는 것은 아무 효과가 없는 것입니다. 지금 긴급구속을 하는 것을 보드라도 법원소재지에서는 한 번 청취라도 하고 심문을 한 뒤에 영장을 청구하느냐 하면 그렇지 않습니다. 구속을 한 후에 있어서 법원소재지에 있어서는 48시간이고 그 외의 도시에서는 5일간의 여유가 있으면서도 불구하고 한 번 청취하든지 무슨 심문이라든지 하지 않고 부당하게 영장을 청구하는 사건이 많이 있습니다. 즉 말하면 이것은 인권을 유린하는 중대한 일이라고 생각합니다. 그러기 때문에 나는 이 법관이라는 것이 단지 기계적으로 서명하는데 그칠 것이 아니라 여기에 대해서는, 즉 말하면 범죄수사의 기밀을 보지할 수 없고 또한 사건운영에 지장이 있다고 말씀할는지 모르겠지만 저는 그것에는 중대한 영향이 없다고 보아요. 법관에게 어느 정도 이만하면 이것은 혐의가 있다 이렇게 적부심사를 하라는 법률제도가 있습니다. 그 이익을 보는 사람이 몇 명이냐, 도회지에서 변호사를 대는 사람은 그 혜택을 받겠지만 그렇지 않은 피구속자가 얼마나 많으냐 말이에요. 그러므로 영장발부에 대해서는 어느 정도 실질주의를 취해 가지고, 즉 말하면 고소장을 받어가지고 긴급구속을 한다든지 이렇게 하지 말고 피고소자에 대해서 어느 정도의 범죄를 범했는냐 또는 혐의가 있다면 그 사실들을 드러서 영장을 청구하는 것이 좋다고 봅니다.”라고 하였다.[301)]

이에 신태익 법제처장이 “김 대법관님의 말씀에 깜짝 놀랐습니다. 지금까지 실질적 심사권을 행사하는 줄 알았는데 이제 보니까 형식적 심사를 하신 모양인데 저도 심사권의 소재를 명백히 하는 규정을 넣는데 찬성합니다. 여기보면 재판관으로 하여금 어느 정도 신용할 만한 자료를 제공하지 아니하면 영장발부를 거부한다는 이러한 것은 대단히 좋습니다.”라고 언급하였다.[302)]

그 후 한격만 검찰총장이 “영장발부에 대해서 법원에 실질적 심사권을 주

301) 대검찰청, 『형사소송법 제정 · 개정자료집』, 1997, 345면.

302) 대검찰청, 『형사소송법 제정 · 개정자료집』, 1997, 345면.

느냐, 다만 형식적 심사권만 주느냐 이것은 중대한 문제입니다. 이것은 우리가 경솔하게 생각해서는 안 됩니다. 이 실질적 심사권까지를 주면 수사를 진행 못 합니다. 왜 그러냐 하면 증거서류를 전부 갖다가 보여야 되고 하면 지금 수사에 있어서 제일 중요하다고 할 수 있는 증거인멸의 우려가 대단히 많습니다. 구속영장이 나가면 검사나 판사보다 가족이 먼저 알고 있어요. 또한 형무소 같은 데에도 편지를 드러 보내가지고 전부 연락이 통합니다. 이것이 현장이에요. 이 점에 대해서는 그냥 덮어놓고 인권유린이라는 것만 생각하지 마시고 이 현실을 생각해가지고 여러분이 잘 처리해주시기를 바랍니다."라고 신중론을 제시하였다.[303)]

그 후 허진 고등법원장이 "구속영장에 있어서 법원이 심사권이 있느냐, 없느냐 하는 문제인데 지금 영장이 법원의 명령으로 형식적인 영장이 나갑니다. 심사권이 없다는 것은 도모지 언어도단입니다. 그러나 심사권을 행사하는데 재판관은 적당한 고려를 요하는 것입니다. 절대로 수사에 지장이 있도록 해서는 안 될 것입니다. 그러나 심사의 대상으로서 어떠한 자료를 제공하도록 법적으로 이것을 정한다는 것은 수사에 막대한 지장을 초래하게 될 것입니다. 그러기 때문에 나는 이것을 절충해서 재판관이 어떠한 자료의 요구가 있을 때에는 그 자료를 제공하도록 하는 그러한 규정이 필요하다고 생각합니다. 왜그러냐 하면 지금 국회에서 우리의 의견을 듣고저 이러한 기회를 열어주셨으니 이 기회에 말씀드리는 것입니다. 이 인권옹호라는 것이 한 사람의 인권을 옹호하는 것이 인권옹호인가 그 외에 전국민의 인권을 옹호하는 것이 인권옹호인가 어느 것이 참된 인권옹호인가 이것을 잘 판단해야 될 것입니다."라고 하면서 법원의 심사권이 있는 것은 당연한 것이니 그 심사권이 적정히 행사될 수 있도록 법규정이 보완될 필요가 있다는 취지의 의견을 제시하였다.[304)]

이어 김준태 의원이 "총장에게 물어보겠습니다. 지금 영장발부에 있어서 경찰에서 검찰청으로 영장을 청구해 오면 검찰관은 그것을 접수심사합니까? 그렇지 않으면 전달식으로 검사의 도장을 찍어서 심판관에게 전달하는데 지나지 않습니까?"라고 검찰에서의 영장심사 실태를 물었는데 이에 대해 한격만 검찰총장이 "그것은 김 의원께서 아직 모르시는 말씀입니까? 검사가 경찰에서 영장

303) 대검찰청, 『형사소송법 제정 · 개정자료집』, 1997, 346면.
304) 대검찰청, 『형사소송법 제정 · 개정자료집』, 1997, 346면.

을 청구해온 것을 거부하는 것이 많았습니다. 필요가 없다고 인정하는 것에 대해서는 판사한테 보내지 않습니다."라고 답변하여 검사도 심사를 하고 있다고 말하였다. 그러자 김준태 의원이 "그러면 판사에게 심사권이 있다는 그러한 결과에 도달하지 않습니까?"라고 하자 한격만 검찰총장이 "판사에게 심사권이 없다는 것이 아닙니다. 심사권이 있습니다. 그러나 쓸데없는 때에 거부해버리고 만단 말이예요."라고 하여 심사권은 있으나 적정하게 행사하는 것이 필요하다는 취지의 답변을 하였다.[305)]

③ **법사위 수정과 본회의 통과**

법전편찬위원회 초안에 대하여 법사위에서는 제7항으로 '구속영장의 신청에는 구속의 필요를 인정할 수 있는 자료를 제출하여야 한다'는 조문과 제8항으로 '제1항의 신청을 받은 판사는 상당하다고 인정할 때에는 구속영장을 발부한다. 그 신청을 기각할 때에는 신청서에 그 취지를 기재하여 신청한 검사에게 교부한다'는 조문을 추가하였다.[306)] 즉 법원의 심사를 위해 필요한 자료를 제출하여야 함을 명문화하고, 법원이 기각할 수 있음과 기각할 때의 절차를 규정하였다.

이 안에 대하여 1954. 2. 15.의 국회 정기회 제1회 독회에서 김병로 대법원장이 설명을 하였는데 "이 안이 지금 전체적으로 되기를 물론 영장은 법관이 그것을 발행하고 경찰을 경유해서 검찰이 청구해서만 영장을 교부하게 되었습니다. 최근 현행하는 것은 이렇게 되어 있습니다. 영장청구를 하는 데에는, 즉 말하면 형식심사입니다. 그 어떠한 간단한 형식만 인가되면 급한데 영장청구하는데 재판소에서는 언제 불러다가 조사할 수도 없고 사람이 나가서 조사할 수도 없으니까 형식만 되면 영장을 교부했다 말이에요. 그래서 영장을 교부하면 영장으로 해서 구속당한 피의자가 절대 나는 이렇게 구속당할 범행이 없소 해서 그 구속이 적당한가 아닌가 하는 심사신청을 재판소에 곧 제출하면 그 때에는 비로서 장본인 구속신청한 사람이나 또는 구속을 당한 사람이나를 다 불러서 심사해가지고 기록이고 무엇이고 다 심사해서 적당한가 아닌가 하는 결정을 해서 내놉니다. 그런데 지금 편찬위원회에서도 그 점도 많은 고려를 했는데 법제사법위원회에서는 거기에 일층 더 영장을 청구할 때에는 재료를 법관에

305) 대검찰청, 『형사소송법 제정·개정자료집』, 1997, 347면.
306) 대검찰청, 『형사소송법 제정·개정자료집』, 1997, 365면.

제공하라는데까지 한거름 더 나가서 상세히 규정되었습니다. 그것이 없는 재료를 제출하라는 말은 아니겠지요. 가급적 무엇이든지 있으면 법관이 영장을 교부하는데 재료될 만한 참고할 만한 것이 있는대로 재료를 제공하라는 거기까지 주의를 가했습니다. 그래서 그 점에 있어서는 아마 결국은 사람이 잘해야 되겠지요마는 법으로서는 영장신청하는데 있어서도 아마 상당한 주의를 가하게 된 것으로 생각합니다."라고 설명하였다.[307)]

이후 1954. 2. 19. 본회의에서 법안이 통과되는데 당시 법사위원장은 다음과 같이 원문을 읽는다. "원문을 한 번 읽겠습니다. 「제195조 피의자가 죄를 범하였다고 의심할 만한 상당한 이유가 있고 제70조 각 호에 해당하는 사유가 있을 때에는 검사 또는 사법경찰관은 관할지방법원 판사의 구속영장을 받어 피의자를 구속할 수 있다.」 2항에 「만오천환 이하의 벌금, 구류, 과료에 해당하는 범죄에 관하여는 피의자가 일정한 주거가 없는 경우에 한한다.」 그 다음에 3항으로 「법원판사는 검사의 신청에 의하여 정당하다고 인정한 때에는 구속영장을 발부한다.」 그 다음에 제4항으로 「전3항의 규정에 의하여 구속을 받는 자나 변호인, 법정대리인, 배우자, 직계존속, 직계비속 또는 가족은 관할 법원에 구속의 적부여부의 심사를 청구할 수 있다.」 「제5항 전항의 청구를 받은 법원은 지체없이 구속한 자와 구속을 받은 자를 신문하여 그 청구가 이유없다고 인정한 때에는 결정으로 이를 기각하고 이유가 있다고 인정한 때에는 결정으로 구속받은 자의 석방을 명하여야 한다.」 「제6항 전항의 결정에 대하여는 즉시항고를 할 수 있다.」 여기에 대해서 4항으로 배우자에다가 형제자매를 삽입합니다. 그 다음에 6항에 「전항의 청구를 기각하는 결정에 한하여 항고할 수 있다.」 이것을 삽입합니다. 그 다음에 제7항으로 「구속영장의 신청에는 구속의 필요를 인정할 수 있는 자료를 제출하여야 한다.」 이것은 이전에 수정한 제안설명에도 말씀드리고 대법원장의 설명에도 말씀드렸든 것입니다. 「제8항 제1항의 신청을 받은 판사는 상당하다고 인정할 때에는 구속영장을 발부한다. 그 신청을 기각할 때에는 신청에서 그 취지를 기재하여 신청한 검사에게 교부한다.」"라고 읽었다.[308)]

---

307) 대검찰청, 『형사소송법 제정 · 개정자료집』, 1997, 384-385면.
308) 대검찰청, 「형사소송법 제정·개정자료집」, 1997, 430-431면.

④ **검사 경유 문구의 누락과 해석문제**

영장 신청절차에 있어서 정부안 제195조 제3항에는 법원판사는 검사의 신청에 의하여 정당하다고 인정한 때에는 영장을 발부한다고 하여 사법경찰관의 경우 검사를 경유하여야 하는 것으로 명문화되어 있었다. 그리고 법사위 수정안 뿐만 아니라 1954. 2. 19. 본회의 통과시 법사위원장의 법안 낭독시에도 제3항으로 「법원판사는 검사의 신청에 의하여 정당하다고 인정한 때에는 구속영장을 발부한다.」는 문구가 낭독되었고 그것이 통과되었음에도 그 후 공포된 법률에는 이 문구가 빠져 있었다. 즉 공포된 법률은

'제201조(구속) ① 피의자가 죄를 범하였다 의심할 만한 상당한 이유가 있고 제70조 제1항 각호의 1에 해당하는 사유가 있을 때에는 검사 또는 사법경찰관은 관할지방법원판사의 구속영장을 받어 피의자를 구속할 수 있다. 단, 1만 5천환 이하의 벌금, 구류 또는 과료에 해당하는 범죄에 관하여는 피의자가 일정한 주거가 없는 경우에 한한다.

② 구속영장의 신청에는 구속의 필요를 인정할 수 있는 자료를 제출하여야 한다.

③ 제1항의 신청을 받은 지방법원판사는 상당하다고 인정할 때에는 구속영장을 발부한다. 그 신청을 기각할 때에는 신청서에 그 취지를 기재하여 신청한 검사에게 교부한다.

④ 전3항의 규정에 의하여 구속을 받은 자 또는 그 변호인, 법정대리인, 배우자, 직계친족, 형제자매, 호주나 가족은 관할법원에 구속의 적법여부의 심사를 청구할 수 있다.

⑤ 전항의 청구를 받은 법원은 지체없이 구속한 자와 구속받은 자를 심문하여 그 청구가 이유 없다고 인정한 때에는 결정으로 이를 기각하고, 이유 있다고 인정한 때에는 결정으로 구속받은 자의 석방을 명하여야 한다.

⑥ 전항의 청구를 기각하는 결정에 한하여 항고를 할 수 있다.'로 되었다.

이에 대해 문성도 교수는 본회의 통과 후 법사위에서의 자구정리 과정에서 누락된 것으로 보인다는 견해를 제시한다.[309] 법사위원장이 낭독한 조문 원문

309) 문성도, 앞의 논문, 248면.

에서 제2항을 제1항의 단서로 정리하고, 제7항과 제8항이 자료제출과 영장발부, 기각 절차이므로 이를 제1항에 이어서 제2항, 제3항으로 정리하면서 원문 제3항으로 들어 있던 문구가 누락된 것으로 보인다.

어떤 경위로 제1항에서 사법경찰관의 경우 검사를 경유하여 영장을 신청하도록 하는 문구가 빠지게 되었는지 명확하지 않으나 법 시행 후 해석론으로는 제3항에서 신청을 기각할 때에는 그 취지를 기재하여 검사에게 교부한다는 조문과 입법경위로 볼 때 검사를 경유하여야 한다고 해석되었다.[310] 그리고 이는 또한 사법경찰관이 범죄의 수사에 있어 검사의 지휘를 받는 체제에서는 당연한 절차로 보인다. 강제처분이야말로 인권침해에 중대한 영향을 주는 처분이므로 통상적인 업무에 있어 강제처분 여부에 대해서는 사전적으로 검사의 지휘를 받는 것이 적절할 것이기 때문이다.[311]

한편 1948. 4. 1.자 개정법에 의하면 재판소가 없는 부, 군, 또는 도의 재직 특별심판원에게 심판관의 대리로서 법령 제176호에 의한 구속 영장 또는 수색 영장을 발부할 권한을 부여할 수 있고 그 경우에 사법경찰관 및 기타 관헌은 검찰관에게 청구할 필요없이 특별심판원에게 직접 각 영장의 발부를 신청할 수 있도록 하였으므로 검찰청이 설치되지 않은 원격지 지역에서는 사법경찰관이 직접 특별심판원에게 영장을 신청하는 실무가 병행되었다.

특별심판원은 치안관이라는 명칭으로 임명되었는데 1949. 8. 15. 제정 법원조직법에서는 지방법원 판사를 일정한 지역에 주재하게 하는 주재판사제도가 시행되고 치안관은 폐지되었다. 그럼에도 불구하고 경과규정으로 "본법 시행당시 재직하고 있는 치안관은 그 관할지역 내에 주재판사가 임명될 때까지 본법에 의한 주재판사의 직무를 행한다(제76조)."는 규정을 두어 치안관의 근무가 실무에서 유지되었다.

1954년 형사소송법 제정 후에도 검찰청이 설치되지 않은 격지지역에서 종래와 같이 사법경찰관이 주재판사에게 영장을 직접 청구하는 실무가 행해졌고

310) 권오병, 『형사소송법요론』, 미국의 소리사, 1959, 222면; 김기두, 『형사소송법』, 법문사, 1959, 223면; 서일교, 『신형사소송법학』, 일한도서출판사, 1954, 200면; 서일교, 『형사소송법강의』, 제일문화사, 1955, 216면; 최대교, 『신형사소송법강의』, 대한행정신문사인쇄국, 1955, 143면.

311) 검찰에서도 1954. 9. 25. 신 형사소송법 시행에 따른 회의를 통해 피의자에 대한 구속영장신청은 검사의 손을 통해야 한다고 지침을 마련하였다. 경향신문 1954. 9. 27.자. "인권옹호신조치", 2면.

원격지 지역의 현실상 그대로 인정되었다. 1957. 1. 1.자 법원조직법 개정으로 주재판사제도가 폐지되고 즉결심판 등을 위해 지방법원 판사를 일정한 지역에 순회하게 하는 순회판사제도가 도입되어 일부 유지되던 치안관제도가 실무상 완전히 폐지되게 되었다. 그럼에도 불구하고 원격지 지역에서 종전과 같이 사법경찰관이 순회판사에게 직접 영장을 신청하는 실무가 행해져서 이를 계속 인정할 것인지에 대한 논란이 있었다.[312]

(3) 재정신청제도 도입

① **법전편찬위원회 초안**

검사의 고소, 고발에 대한 불기소처분과 관련하여 법전편찬위원회 초안은 그 처분한 검사의 소속검찰청의 직근상급검찰청에 항소하며(제249조), 항소가 기각되는 경우 그 상급검찰청에 재항소할 수 있다(제252조)는 규정을 두어 검찰 내부적 불복방법을 두려 하였다.[313]

② **공청회 논의**

공청회에서 서일교 전문위원이 법제사법위원회에서 재판상 준기소절차(재정신청제도)를 도입하려는 방안을 설명을 하였는데, “대륙법계 각국의 입법례를 보면 독일 형소법에 있어서는 법원에 기소강제권이 있습니다. 일본형소법에도 기소명령권이 있고 이것이 재판상 준기소절차로 되어 있습니다. 불란서는 민사상의 청구권이 공소권의 발동을 촉진하도록 되어 있고 중화민국은 직접 사소를 인정하고 있습니다. 거의 태반의 대륙법계의 입법례는 검사의 기소독점에 대한 예외규정을 맨들고 있습니다. 이러한 모든 입법례를 참고하여 법제사법위원회에서는 고등법원에 검사의 불기소처분에 대한 항소를 제기할 수 있도록 이렇게 수정하면 어떨까 하는 것입니다. 즉 고등법원에 항소할 절차에 있어서 해당 지청장 또는 검사장을 경유시켜서 거기에서 다시 검찰청 내에서 재조사해서 재고려할 기회를 주는 동시에 만일 지방검사장 또는 지청장을 거기에 대해서 불기소처분에 대해서 이의가 없을 때에는 그 서류를 고등검찰청검사장에게 보내서 거기에서 다시 고려할 기회를 주어서 검사의 기소독점주의를 가급적으로 유지시키려는 취지입니다. 고등검찰청검사장이 불기소처분을 타당하다

312) 법률신문 1957. 3. 4.자.

313) 대검찰청, 『형사소송법 제정 · 개정자료집』, 1997, 295면.

고 할 때에는 그 서류를 고등법원에 이송하여 고등법원으로 하여금 처분의 당부를 심사케한다. 그래서 고등법원에서 기소함이 상당하다고 판단될 때에는 그 사건을 고등법원의 결정으로 준기소의 효력을 내도록 해서 기록을 직접 지방법원에 보낸다. 이 경우에 검사의 직무는 법원이 지명한 변호사에게 행하게 한다, 이런 것입니다."라고 설명하였다.[314]

이에 엄상섭 의원이 "종래의 예를 보면 증거가 역연(歷然)함에도 불구하고 기소 안하는 수가 있는데 이것이 정치적으로 이용될 때에는 중대한 문제입니다. 그래서 여기에서는 다른나라의 입법례 같은 것을 여러 가지로 참작해서 기소편의주의와 검사공소권에 대해서 검찰기관과는 별개의 사법기관으로 하여금 관여를 시켜서 통제를 하자, 그런 것을 여기에 생각한 것입니다.

그런데 여기에서 전혀 검찰기관에 대해서 그 항소권을 없애 버리고 나가는 이런 방향도 하나 생각할 수 있고 또 검찰기관에 대해서 길도 열어 놓으면서 고발된 고소인이 기소되기를 지극히 원하는 사건도 기소 안 하고 암암리에 매장이 되어 버리는 것은 될 수 있는 대로 재판기관을 관여케 하여서 그 공정을 기해보자고 하는 것입니다. 여기에는 피고소인 또는 피고발인에만 이런 방법이 공무원인 경우가 많어요. 그래서 공무원인 경우로 하는 것이 좋지 않을까 하는 것까지 생각하였는데 이 점을 또다시 생각해보면 그 검사가 소속되어 있는 지방검찰청에서 한 번 고려할 수 있는 기회를 줬고 그 다음에 그 검사가 소속되어 있는 고등검찰청 책임자로 하여금 고려할 기회를 줬고 그렇게 했으니 만일 이런 사건에 있어서 피고인이나 고소인이 기소되기를 지극히 원하는 사건은 억울한 점이 있을 것이니 대개 고등법원까지 나가지 않게 하고 검찰청 내부에서 이것을 처리할 수 있어야만 될 것이다라고 해서 지방법원에다가 직접 이런 항소권을 주지 않고 고등법원에 하게 한 것은 우리나라 실정으로 보아서 지방법원지원이라든지 검찰청에 대립해가지고 있는 곳에서 이런 것을 해나가면 인간은 감정적 동물이 되어서 미소한 공기를 나타낼 것입니다.

그래서 차라리 그러는 것보다는 한층 더 높혀서 고등법원쯤 하면 어떨까 하는 생각을 가지게 된 것입니다. 그런데 여기에서 조곰 걱정이 되는 것은 고발인이나 고소인이 신속하게 이 항소권을 행사하는데 조곰 지장이 있을 것입

---

314) 위의 책, 348-349면.

니다. 그러나 그 폐단보다도 고등검찰청, 지방검찰청 책임자들로 하여금 한 번 더 고려할 기회를 주자고 해 역시 최후 재정권은 고등법원에 주고 그 동안에서 법제사법위원회로서는 이렇게 수정을 한 것입니다."라고 보충설명을 한다.[315)]

이후 정재환 법무부차관이 "불기소에 대한 항소권문제에 대해서는 어데까지나 지휘·감독하는 행정기관에 일임시키지 않으면 안 될 것으로 봅니다."라고 하면서 수정하고자 하는 의견에는 반대의견을 내었다.[316)] 또한 신태익 법제처장도 정부에서 제출한 원안대로 해주시기를 바란다고 하면서 감독규정은 검찰청법이라든지에서 규정하면 좋을 줄로 안다며 반대의견을 내었다.[317)]

한격만 검찰총장은 "항소권에 대해서 외국의 입법례에 비추어 개정 초안을 보니까 일본의 것을 기준으로 해가지고 맨든 것 같습니다. 그런데 외국의 입법례도 있으니까 이야기하려면 할 수도 있습니다만 대체로 차관이 말씀하신 바와 같이 기소권제는 검사에 맡기고 있고, 법원에서는 기소한 것을 재판하는 것이 원칙입니다. 법제사법위원회의 여러분은 우리나라의 실정을 보아서 혹은 고위층의 부탁에 의해서 기소 못하는 그런 것도 있을는지 모르니까 이... 조문이 필요하다 그렇게 생각하신 것 같습니다. 그런데 나는 여기에 대해서 별로 찬성한다든가, 안한다든가, 하는 것을 표시하지 않습니다."라고 하였다.[318)]

다시 서일교 전문위원이 "그러면 검사의 불기소처분에 대한 항소권을 법원에 넘긴다면 항소대상을 제한할 것인가, 일본에 있어서는 공무원의 독직죄에 국한해서 인정하고 있으나 독일, 불란서, 중화민국에는 전연 제한이 없습니다. 그래서 소위원회에서는 여러 가지 진지한 토의를 한 결과 제한하지 않는 것이 좋지 않을까 이렇게 생각하고 있습니다."라고 설명을 하였다.[319)]

이에 한격만 검찰총장은 "제한하지 않으면 공무원과 개인의 분쟁에 대해서 이 조문이 적용됩니다. 그러면 지금 일본형사소송법보다도 범위가 넓게 됩니다. 그러니까 이런 법을 맨들 때에 우리가 부탁할 것은 우리나라 현실에 정치적인 것을 생각해가지고 법을 제정해서는 안 될 것입니다."라고 의견을 내었다.[320)]

315) 위의 책, 349-350면.
316) 위의 책, 350면.
317) 위의 책, 351면.
318) 위의 책, 351면.
319) 위의 책, 351-352면.
320) 위의 책, 352면.

그러자 김두일 대법관이 "여기에 대해서는 장황하게 편의주의에 대해서는 말씀 안 드리겠습니다만은 우리가 사무를 검열하고 통계를 내고 이렇게 조사해 왔는데 집행유예가 많았습니다. 그러면 기소된 것이 집행유예로 되는 원인이 무엇이냐 하면 사건을 취급할 때에 조곰한 것만 가지고 기소를 하는데 그러면 그것을 어떻게 정의감으로 처벌을 하겠는가, 이것을 볼 때에 물론 검찰관은 구체적 타당성을 파악한다, 정의를 위해서 하기는 하겠지만 의견이 다른 점이 있습니다 하니까 그것을 볼 때에는 어느 정도의 외국의 입법례를 보드라도, 즉 말하자면 판사가 사건을 심리해서 검사의 기소를 청구할 수가 있고 어느 법규에 있어서는 직권으로 공판을 개시할 수도 있는 것이니까 어느 정도 제한이 있는 것이 오늘날 현실에서 타당치 않을까 생각합니다."라고 제한의견을 표시하였다.[321]

이어 엄상섭 의원은 "민주주의를 지향하고 나가는 이 때에 있어서 가령 어느 사건을 그대로 두어서는 안 되겠다는 흥분에서라면 목숨을 바처 가지고라고 고발할 줄 압니다. 검찰청측에서 그 사건을 재판소에다 내놓는다면 그 요구를 들어주자는 것입니다. 주로 행정부에 계시는 분들이 반대를 하시는데 우리나라의 장래를 생각해서 잘 처리해주시기를 바랍니다."하고 언급하였다.[322]

이정우 대검찰청 검사는 "여러분이 말씀하시는 그것을 철두철미하게 나타낼려고 하면 고등법원에서 심사하는 것이 좋아요. 차라리 일본의 예이나 검찰위원회 같은 것을 구성해서 그 위원회의 재정으로서 기소권을 행사한다든지 해서 나오는 것이 좋지 않을까, 물론 의론이 있겠습니다마는 검찰청은 검찰청으로서 국가기관으로 존재합니다. 어데까지든지 항소권이라는 것은 행정적 조치라고 볼 수 있습니다. 역시 검사에 대한 행정적 감독권은 법무부에 있습니다. 외국의 심사위원회 같은 것으로 제정해서 여기서 심사를 받는다면 좋지만 또 너머 법원의 심사를 받게 된다면 조곰 어떨까 생각합니다."라고 하면서 심사는 고등법원에서 하는 의견을 제시하였다.[323]

③ 법사위 수정과 본회의 통과

법사위에서는 준기소절차를 추가하는 수정안을 마련하였는데 주요 내용은

---

321) 위의 책, 352면.
322) 위의 책, 352면.
323) 위의 책, 352-353면.

다음과 같다. 고소인 또는 고발인은 검사로부터 공소를 제기하지 아니한다는 통지를 받은 때에는 그 검사소속의 고등검찰청에 대응하는 고등법원에 그 처분의 당부에 관한 재정을 신청할 수 있도록 하되, 재정신청은 그 검사소속의 검찰청검사장 또는 지청장을 경유하여 제출하도록 하였다(제248조의2 제1항, 제2항). 검사장 또는 지청장은 신청이 이유없다고 인정할 때에는 7일 이내에 그 기록에 의견서를 첨부하여 고등검찰청 검사장에게 송치하고, 고등검찰청 검사장은 신청이 이유없다고 인정할 때에는 7일 이내에 그 기록을 소할 고등법원에 송치한다(제248조의2 제3항, 제4항). 고등법원은 재정신청이 이유있는 때에는 관할지방법원의 심판에 부하며, 공소제기가 상당하다는 취지의 재정결정이 있는 때에는 그 사건에 대하여 공소제기가 있는 것으로 간주한다(제248조의2 제5항, 제248조의3 제1항). 법원에 의해 사건이 심판에 부하여진 때에는 그 사건에 대하여 공소의 유지를 담당할 자를 변호사 중에서 지정한다(제248조의4 제1항).

이와 관련하여 1954. 2. 16.의 정기국회에서 엄상섭 의원은 “대개 현대 형사소송법에 있어서는 고하는 기관이 대개 검찰기관, 즉 국가의 한 기관으로서 검사를 공익의 대표기관으로서, 즉 국가를 대표하는 원고관으로 해서 검사가 범죄를 적발해 가지고서 혹은 검사 자신이 다 조사못하면 사법경찰관을 지휘해가지고서 적발해 가지고서 그것이 범죄의 혐의가 상당히 있다고 하면 재판소에 대해서 기소를 하게 됩니다. 공소를 제기하게 되어야만 비로서 재판소가 여기에 손을 댈 수 있게 하는 것이 보통 원칙인데 이것을, 즉 공기소라고 합니다. 그런데 여기서 문제되는 것은 그러면 어떤 사람이 사기를 당했든지 혹은 어떤 사람이 살인을 당했다든지 이런 때에는 물론 원고소의 국가를 대표하는 원고관으로서의 검사가 이것을 적발해 가지고서 재판소에 기소해야 되겠지만 때로는 사기죄라든지 절도죄라든지 이런 정도는 검찰기관에서는 그대로 내버려두는 예가 있습니다. 이런 정도는 그리 큰 일이 아니다. 그렇지만 사실에 있어서는 그 개인이 대단한 침해를 받고도 민사소송으로만 하려면 상당한 지연성을 가지고 그 권리의 확보도 안 되고 그런데 검사는 기소를 하되 그대로 방치를 해버린다 다시 말하면 사기를 당했다든지 절도를 당했다든지 자기 친척이 살해를 당했다든지 이런 피해자의 입장에 있는 그 사람은 대단한 곤란을 보게 되는 것입니다. 여기다가 아울러서 정치적인 문제까지 관련이 되어 가지고 어떤 범죄가 있다고 하드라도 자기 당파에 소속되는 것은 도라보지 않습니다.

예를 들면은 선거사범이 있음에도 불구하고 그 때의 검찰기관은 법무부장관에게 인사권이 달려 있음으로 해서 여당측인 선거사범은 전연 불문에 부쳐버리고 야당측인 선거사범만 전부 적발을 해가지고 기소를 한다든지 이러한 폐단이 나오는 것입니다. 이것을 막어야 되겠다 이러한 생각으로서 이번에 형사소송법을 수정할 적에 법제사법위원회에서 상당히 고려된 바가 있었든 것입니다. 즉 그러면 선거사범이 그대로 있음에도 불구하고 검사나 그 때의 검찰관이 전연 그것은 적발않하고 버려둔다 이것은 좋은 방면으로 보며는 그저 언제든지 형사소송법에 있어서는 개인의 유익된 방면으로 방치해두는 것은 좋지만 개인을 너무나 가혹하니 처벌하는 방면으로 갈 적에는 나쁘다 이런 원칙에만 비추어 보면 대단히 좋을는지 모르지만 지금 말씀드린 바와 같이 똑같은 선거사범이 있는데 한쪽은 검거하고 한쪽은 내버려둔다 이러면 이것은 공평성의 원칙에 위반되고 정치적으로 형사소송법이 이용되는 결과를 갖어오게 되는 것입니다. 여기서 우리 국회의사당에서도 일찍이 나온 말이 있었지만 어떤 사람을 보석을 했다는 것을 보고할 적에 어떤 의원동지로부터서 법무부장관에게 질문하니 그것은 인권옹호상 그렇게 했다고 말했습니다. 이것은 아까 제가 말씀드린 바와 같이 개인에게 유리한 방향으로 가는 것은 얼마든지 좋다 이 원칙에는 맞지마는 그와 반대로 인권옹호가 어떤 사람에게는 그렇게 철저히 적용되고 그 어떤 사람에게는 하나도 적용이 안 되지 않느냐 그러한 면에 대해서는 일반국민은 물론이고 그 말을 듣는 우리 의원동지들도 대단한 의아심을 가지고 있었든 것은 사실입니다. 이것은 무엇을 말하느냐하면 형사소송법이 정치적으로 이용되거나 기타 세력관계로 해서 불공평하게 적용되는 이러한 폐단이 나오는 적절한 실례의 하나라고 생각합니다. 이런 것을 막기 위해서 경찰관이나 검사가 그대로 버려두드라도 혹은 선거사범이나 저런 것은 고발해도 오히려 그대로 방치해두는 이것을 막기 위해서 만일 고소 고발하게 되는 사건에 관해서는 적어도 3개월 이내에 이 사건을 반드시 종결을 지어야 하고 검찰기관으로서는 기소 또는 불기소를 결정해야 하고 이 3개월 이내에 만일 기소가 되게 되면 재판기관을 우리가 공정하다고 보아야만 되는 것임으로 하는 수 없이 그것은 재판소에다 넘기지만 만일 불기소처분을 할 적에는 이 항고를 다시 종래와 같이 검찰기관의 고위층에다가 항고를 해보았자 검사동일의 원칙에 의해서 역시 불기소처분을 받기가 쉬웠든 것입니다. 이런 폐단을 막기 위해서는 그런 때는 그 검찰청을 관할하고 있는 고등법원에다가 항소를 하게 했습니다. 그 고등법원에서 기소를 해야 옳은가 기소를 않해야 옳은가 이런 판단을 받게 해 가지고 그 고등법원에서 기소를 해야 된다고 그렇게 판단이 될 적에는 그것은 기소되는 것으로 간주해서, 즉 다시 말하면 불고불리의 원칙의 예외의 경과를 하나 정해가지고 지금 제가 누누이 말씀드린 바와 같은 기소권행사에 있어서 불공평성을 제거하자 이런 것이 여기 들어 있는 것입니다."라고 설명하였다.[324)]

이러한 안이 1954. 2. 19. 국회본회의에서 통과되었는데 고소, 고발인은 검찰청법에 따른 항고, 재항고를 할 수도 있었으므로 항고절차로 불복을 할 것인지, 준기소절차로 불복을 할 것인지는 고소, 고발인이 선택할 수 있었다.

2) 1962년 헌법개정과 검사의 인권보호관으로서의 헌법적 지위

(1) 검사의 영장심사 강화와 유치장 감찰의 강화

1948. 4. 1.자로 영장제도가 시행되고 사법경찰관은 검사를 경유하여 영장을 신청하도록 하였는데 앞에서 본 바와 같이 검찰청이 설치되어 있지 않고 특별심판원이 있는 곳에서는 사법경찰관이 특별심판원에게 직접 영장을 청구하여 검사를 경유하여 영장을 청구하는 실무와 사법경찰관이 직접 청구하는 실무가 병행되었다. 영장제도가 도입되었으나 영장은 형식적으로 심사되고 구속의 상당성과 필요성에 대한 실질적 심사는 아직 잘 행해지지 못하였다. 이러한 실정은 1954. 9. 제정 형사소송법 시행 당시에도 마찬가지였다.

그러다 보니 종전과 같이 일단 구속해놓고 수사를 행하는 식의 실무가 영장제도 도입 후에도 계속되었고 부적절한 구속사례가 매우 많이 발생하였다. 1954. 1월부터 11월까지 서울지방법원에서 구속영장이 발부되고 구속된 사람이 10,940명인데 그 중 검사가 기소한 사람이 1,621명으로 결과적으로 구속자의 85%가 불기소되었다.[325)]

이러한 상황에 대하여 이미 1954. 9. 25. 개최된 전국 검사장회의에서 법무부차관 지시사항으로 1954. 1월부터 7월까지의 사법경찰관 구속영장청구상황을 보면 전체 22,745건 중 긴급구속 후 신청한 사례가 9,650건(42%)에 달하므로 만부득이한 경우 이외에는 긴급구속을 피하도록 하고, 사법경찰관으로부터

324) 위의 책, 396-397면.
325) 법정신문 1954. 12. 1.자.

영장발부신청이 있을 때에는 형식적 심사에 흐르지 말고 엄격히 심사 후 영장신청절차를 받도록 하며, 매월 최소한 1회 이상 유치장을 감찰하여 비합법적 처사를 방지하라고 지시하였다.[326)]

나아가 1955. 10. 29. 민복기 검찰총장도 인신구속에 신중을 기할 것을 지시하면서 검사는 경찰의 영장신청에만 의존하지 말고 철저히 그 내용을 검토한 후 검사의 책임하에 영장을 법원에 신청하도록 하겠다고 하였다.[327)]

그럼에도 불구하고 1955. 10월부터 1956. 9월까지 전국 법원에서 구속영장신청 35,985건에 기각 31건으로 35,644건이 발부되었는데 그 중 기소된 것은 12,724건뿐이어서 구속자 중 3분의 2가 불기소되는 상황이었고 형사사법권에 의한 인권침해로까지 지적되었다.[328)]

검찰에서는 지속적으로 심사강화 노력을 하였으며 1959. 3. 24.자 동아일보 쑥덕공론란에 서울지검의 차장검사가 구속영장에 신중을 기하여 경찰의 영장신청을 이따끔씩 기각하자 경찰이 그 차장검사가 영장결재를 하지 않는 공휴일에 신청하는 수가 증가하였다는 기사가 나기도 하였다.[329)] 그럼에도 1959~1960년 사이 1년간에도 전국 법원이 발부한 구속영장 건수 62,000건 중 기소는 약 3분의 1에 불과하여 인권보호의 노력이 필요하다고 지적되었다.[330)]

이와 같이 형사소송법 제정 이후에도 인신구속에 있어서의 인권보호 필요성과 영장발부절차의 엄격성 강화 필요성이 지속적으로 제기되었으며 검찰에서도 실질적인 심사 강화를 지속적으로 강조하였다. 이와 같은 상황 하에서 1961. 9. 1.자로 형사소송법을 개정하면서 영장의 발부절차에 있어 종래의 법규정상 모호하였던 조문을 형사소송법 제정시의 국회의결 취지와 학설, 실무에 따라 '사법경찰관은 검사에게 청구하여 지방법원판사에게 구속영장을 받아'로 명확히 하였다. 앞에서 본 바와 같이 1954년 형사소송법 제정시 국회 의결에서는 사법경찰관은 검사를 경유하여 영장을 신청하는 것으로 의결되었는데 공포법률에서 해당 조항이 누락되었다. 그렇지만 법원이 영장을 기각할 때에는 신

326) 대검찰청, 『훈시집』, 1977, 68면.

327) 경향신문 1955. 10. 30.자. "영장발부에 새조처 범죄구성 안 되면 검사에 책임추궁", 3면; 동아일보 1955. 11. 4.자. "검사의 책임하 신청, 민총장 구속영장에 언명", 3면.

328) 동아일보 1956. 12. 14.자. "형사사법권에 의한 인권침해", 1면.

329) 동아일보 1959. 3. 24.자. "쑥덕공론", 3면.

330) 경향신문 1960. 10. 27.자. "여적", 1면.

청서를 검사에게 교부한다는 조항이 있었기 때문에 법 해석에 있어 학설을 국회 의결취지와 교부조항에 따라 검사를 경유하여야 한다는 것이 통설이었고 검찰도 그러한 실무를 지시하였다. 다만 실무에서는 제정 형사소송법 시행 후에도 사법경찰관이 검사를 경유하는 경우와 직접 영장을 신청하는 경우가 병행되었는데 이는 이전부터 시행되던 치안관제도 때문이었다. 형사소송법 제정 이전인 1948. 4. 1.부터 시행된 법에 따라 검찰청이 설치되어 있는 지역에서는 검사를 경유하되 검찰청이 설치되어 있지 않은 지역에서는 사법경찰관이 특별심판원인 치안관에게 직접 영장을 신청하도록 하는 두 가지 방식이 병행되었고 1949. 8. 15. 법원조직법 제정시에 특별심판원제도를 폐지하고 주재판사제도를 도입하였으나(제30조, 제31조) 주재판사가 임명될 때까지 치안관이 주재판사의 직을 행하도록 경과규정을 두었기 때문에(부칙 제76조) 이러한 경과규정에 따라 1964년 형사소송법이 제정된 후에도 치안관이 근무하는 곳이 있었고 그 지역에서는 사법경찰관이 직접 치안관에게 영장을 신청하는 실무가 계속되었다. 1957년 법원조직법이 개정되어 주재판사제도가 폐지되고 순회판사제도가 도입되면서 치안관은 실무상으로도 없어지게 되었는데 그럼에도 불구하고 사법경찰관이 검찰청이 설치되지 않은 지역에서 종전 실무에 따라 순회판사에게 직접 영장을 신청하는 실무가 유지되어 논란이 있었다. 그러나 이와 같은 병행체제는 점차로 검찰청의 조직이 정비되어 가면서 대체로 검사를 경유하는 것으로 정리되었던 것으로 보이고 이에 따라 1961년 검사 경유 조문을 명확히 하는 것으로 형사소송법이 개정됨에 있어서도 이에 대한 논란이나 대립은 없었다.

나아가 불법구금의 통제를 위해서 형사소송법 제198조의2에 검사의 구속장소 감찰 조문을 다시 명문화하였다. 앞에서 본 바와 같이 1948. 2.경 검사의 수사지휘권으로 유치장 감찰이 가능한가와 관련하여 검·경 대립이 있었으나 경무부장의 지시로 유치장 감찰을 받도록 경찰에 지시하여 정리되었고 영장제도를 도입한 1948. 4. 1.자 형사소송법 개정에서 유치장 감찰이 명문화되었다. 그런데 1954년의 제정형사소송법에서는 유치장 감찰조문이 명문화되지 않았는데 이는 수사지휘권으로 가능한 것으로 정리되었기 때문으로 보인다. 그런데 1961년의 법개정에서 다시 유치장 감찰 조문이 명문화되었는데 이는 불법구금의 예방과 통제를 강화하고 인권보장을 위한 검사의 임무를 더욱 강조하기 위한 것으로 보인다.

(2) 인권보호관으로서의 헌법적 직무

강제처분에 있어서의 인권보호와 관련한 검사의 영장심사 강화를 강조하던 이러한 상황하에서 1962. 12. 26. 개정된 헌법개정에서(1963. 12. 17. 시행) 헌법 제10조 제3항 본문에 '체포·구금·압수·수색에는 검찰관의 신청에 의하여 법관이 발부한 영장을 제시하여야 한다'라는 문구로 규정되어 강제처분을 위한 영장은 '검찰관의 신청'에 의할 것이 헌법차원의 규정으로 되었다. 이는 종래에 법관에 의한 영장심사에 더하여 검사에 의한 영장심사라는 2중의 심사장치를 통해 국민의 기본권 보호를 강화하고자 한 것이다. 헌법개정안 제안이유서에서 개정헌법의 특징의 1번으로 '자유권, 생존권, 참정권 등의 국민의 기본권을 최대한으로 보장'하려 하였다고 설명하고 있는데서도 그 취지가 나타난다.[331]

강제처분 영장에 있어 검사의 영장심사가 헌법적 수준으로 규정된 것은 헌법제정권력자가 검사에게 국민의 기본권보호를 위한 임무를 헌법적 수준으로 요구하고 있음을 의미하는 것이며 비교법적으로 대한민국의 검사는 헌법적 수준의 인권보호관으로서의 국민의 인권보호에 관한 직무를 소중히 여겨야 할 것이다.

3) 검찰기구의 변화

(1) 중앙수사국의 발족

1949. 12. 20. 검찰청법 및 1951년 대검찰청 중앙수사국 사무규정이 공포되었음에도 예산상 문제 등으로 발족하지 못하다가 1959년 예산조치가 되었다. 당초 법무부에서는 미국의 연방수사국과 유사한 기구로 발족시키려 하였으나 내무부에서 치안국의 사법경찰에 대한 수사지도권까지 중앙수사국으로 이관된다는 점을 들어 견제하였다.

국회 법사위와 내무분과위 관계자간의 절충 끝에 치안국의 수사지도권과 상충되지 않게 국내 대공정보·수사업무의 통합기구로 발족한다는 원칙에 합의하였고, 1960. 8. 27. 장면총리가 대공사찰업무를 주관하기 위하여 대검찰청에 중앙수사국을 설치하겠다고 언명한 후 1961. 4. 9. 중앙수사국이 정식으로 발족

331) 공보부, 『헌법개정과 국민투표』, 1962. 29면도 참조. 사법경찰관의 영장신청에 의한 인권침해를 막으려 하는 현행 형사소송법의 규정을 헌법에 규정하여 그 효력을 높이었다고 개정이유를 설명하고 있다.

되었다.

당시 중앙수사국은 4개과로 1과는 서무, 2과는 수사과 사무, 3과는 사찰과 사무, 4과는 특무과 사무를 담당하였다. 수사과 사무는 다음 사항에 관한 지도 연구와 검찰총장의 특명사건을 담당하였다. 즉 ① 일반범죄 경제사범과 조세범의 수사에 관한 사항, ② 공무원의 범죄수사에 관한 사항, ③ 사형(私刑)감찰에 관한 사항, ④ 형사감식 및 지문관리에 관한 사항, ⑤ 기타 타과 주관에 속하지 아니하는 범죄수사에 관한 사항이다.

사찰과는 ① 각종단체의 범죄수사에 관한 사항, ② 반국가적 범죄수사에 관한 사항을 담당하였고, 특무과는 ① 외국인과 간첩에 관한 범죄수사에 관한 사항, ② 재외본국인의 범죄수사에 관한 사항, ③ 범죄수사에 필요한 여론조사와 국제정보수집에 관한 사항, ④ 범죄수사 개선에 관한 사항 등을 담당하도록 하였다.

(2) 대검찰청 주요 기구의 변화

1962. 8. 20. 중앙수사국을 수사국으로 개칭하였다. 1973. 1. 25. 검찰연구관 직제 신설, 총무부, 검찰사무부, 공안부, 공판부, 송무부를 신설하고, 수사국을 특별수사부로 개편하였다. 1981. 4. 24. 총무부 소속으로 감찰과를 신설하고, 특별수사부를 중앙수사부로 개칭하였으며, 공판부와 송무부를 공판송무부로 통합하고, 검찰사무부를 형사제1부와 형사제2부로 분리하였다. 1983. 7. 22. 감찰과를 감찰부로 확대개편하였다.

1986. 10. 11. 공안부에 공안기획담당관을 신설하고, 1989. 8. 26. 차장검사 직속으로 공보담당관을 신설하였으며, 형사제1부를 형사부로, 형사제2부를 강력부로 개편하였다. 1994. 2. 7. 중앙수사부의 4과를 폐지하고 수사기획관을 신설하였고 1996. 3. 11. 공안기획담당관을 공안기획관으로 개편하였다. 이후 총무부를 기획조정부로 개편하고, 강력부를 마약조직범죄부로 개편하였다.

이후 마약조직범죄부는 다시 강력부로 명칭을 변경하였고, 감찰부는 감찰본부로 확대 개편되었으며 중앙수사부는 2013. 12.에 반부패부로 변경되었다. 한편 과학수사분야의 중요성이 증가하여 2016. 1.에는 과학수사부가 신설되었다.

제 2 부

검찰청법

제1장

검사의 지위

Ⅰ. 사법 영역의 정부 대표

검사는 사법영역에서 정부를 대표하는 법률가이다. 이 지위와 기능은 유럽에서 13세기경 왕의 소송을 대리하기 위해 등장한 왕의 대관(procureur du Roi) 제도로부터 유래하며, 현재까지 이어지고 있는 기본적인 지위와 기능이다.

초기단계의 왕의 대관은 민사관계에서의 대리를 하였으나 점차로 고소, 고발의 심사 등의 업무를 맡으면서 형사절차에도 관여하게 되었다. 특히 프랑스 혁명 이후 법원의 기능 중에서 형사소추, 즉 수사와 공소를 분리하고 법원은 재판만을 담당하게 하면서 정부의 기능이 된 형사소추를 담당하는 기능까지 부여받게 되었다. 현재는 형사절차에서의 소추업무가 주된 직무가 되고 있으나 민사, 행정 영역 등과 관련된 사법절차에서 정부의 대표로서의 기능은 여전히 유지되고 있다(검찰청법 제4조 제1항 제5호).

검사가 사법영역에서의 정부 대표로 기능하게 된 것은 특히 프랑스 혁명 이후 민주주의 국가가 성립하면서 입법부, 행정부, 사법부의 3권으로 분리되는 권력 분립과도 밀접한 관련이 있다. 종래에는 법원이 행하는 재판업무도 왕의 관료로서의 법관이 행하는 왕의 재판이었으므로 현재와 같이 사법부가 독립되어 있지 않았다. 그런데 3권 분립에 따라 쟁송을 해결하는 사법의 영역이 행정을 담당하는 정부와 분리된 독립적 영역이 되었고 행정부와 사법부의 대응체제에 따라 사법영역에서 정부를 대표하여 법원에 대응하는 기관이 필요하게 되었다. 이러한 지위와 기능을 검사가 담당하게 된 것이다.

Ⅱ. 준사법기관으로서의 지위

1. 검찰권의 본질 문제

검사를 어떻게 보느냐에 따라 검사의 권한과 검사에 대한 각종 규율이 달라질 것이므로 이는 매우 중요하다. 그런데 검사를 어떻게 보느냐는 검사가 하는 일이 어떤 성격을 가지느냐를 전제로 하는 것이라고 할 것이므로 먼저 검사가 하는 일, 검사의 권한의 본질을 어떻게 볼 것인가하는 관점이 중요하다.

2. 제2차 대전 후 독일에서의 검찰권 본질 논의

1) 논쟁의 계기

독일에서 검찰권의 본질 논쟁은 검찰제도의 도입시에도 있었으나 전후에 새로 이 문제가 부각된 것은 독일 연방 법관법(Richtergesetz)[1] 제정에 즈음하여 1954. 5. 31. 법무부장관이 내놓은 법관법 제정 준비에 관한 의견서에서 검사를 법관법 규율대상에서 제외함으로써 촉발되었다.[2]

이후 독일법관협회(Deutsche Richterbund)[3]에서 즉각 반대의견을 표명하였으며 1955. 7. 16. 검사를 법관법 규율대상으로 하는 안을 제안하였고 같은 해 10월

1) 법관의 임명, 근무조건, 보수, 신분보장 등을 내용으로 하는 법률이다.
2) Eb. Schmidt, Die Rechtsstellung der Staatsanwälte im Rahmen der Rechtsprechenden Gewalt und ihre Einbeziehung in das Richtergesetz, DRiZ, 1957, S. 273. 이러한 검찰권 본질에 관한 논쟁은 검사의 지시구속성(명령복종의무), 법무부장관의 지시권 논의, 검사에 대한 제척 인정여부 등 논의에서도 중요한 전제로 논해지게 되었다.
3) 검사도 이 협회의 구성원이다.

에 의견서를 제출하였다. 그럼에도 불구하고 1957. 4. 4. 내각에서 결의한 법관법 초안에서는 다시 검사가 포함되지 않았다. 이에 대해 법관협회 및 각 주 검찰총장이 반대의견을 제기하였고 그 과정에서 연방 상원 법안위원회에서는 검사를 포함시킬 것을 결의하였다.[4] 그 후 논의를 거쳐 1961년 검사도 법관법의 규율대상에 포함하는 법이 제정되었고 현재도 검사는 법관법의 규율대상이다.

2) 견해 대립

(1) 사법권론 및 준사법권론

검찰권을 사법권, 즉 법선언 권력(rechtsprechenden Gewalt)으로서의 사법권[5] 또는 이와 유사한 권력이라고 하면서 검사에 대한 법적 규율을 판사와 동일하게 하여야 한다는 견해이다. 이 견해는 검찰이 기능면에서 법선언으로서의 재판을 담당하지 않는다는 점에서는 판사와 구별되지만 사실규명에 관한 수사기능이 판사의 영역에서 유래한 것이라는 점, 검사의 수사 및 공소 업무가 판사의 업무와 밀접한 관련이 있고 검사의 활동을 규율하는 원칙이 법원이 법발견에 있어 적용하는 원칙과 동일하다는 점 등에서 사법(Justiz)에 맡겨진 임무를 법원과 함께 공동으로 수행하는 기관이라는 점을 강조한다.[6]

① 연혁적 이유

먼저 연혁적으로 검찰제도 도입으로 검찰의 업무영역이 된 범죄 수사와 공소의 업무가 원래 법원의 업무영역이었다는 것이다. 법원의 업무영역이던 것을 검찰이 맡게 되었다고 하여 그 성격이 변화되지는 않는다는 것이다. 이는 또한 왜 수사를 경찰에 맡기지 않았는지, 또 왜 검찰을 당시 내무부가 아닌 법무부에 두게 되었는지를 설명하여 준다고 한다. 즉 검찰은 단순한 행정부의 한 구성요소가 아니라 사법(Justiz)의 한 부분, 즉 사법기관(Justizorgan)으로서 만들어졌다는 것이다.[7]

---

4) Eb.Schmidt, DRiZ 1957, S. 274.

5) 법선언 권력(Rechtssprechenden Gewalt)은 분쟁해결에 있어 법을 선언하는 권력으로 재판권을 의미한다. 독일 법관법 제정논쟁에서 법관법에서 검사를 제외하여야 한다는 주장은 법관법상의 규율대상은 이러한 법선언기관으로서의 좁은 의미의 사법기관만이어야 한다고 주장하는 것이다.

6) Eb. Schmidt, DRiZ 1957, S. 279.

7) Eb. Schmidt, DRiZ 1957, S. 275, Kommission für die Angelegenheit für Staatsanwälte im Deutschen Richterbund, DRiZ 1968, S. 358. 독일 연방헌법재판

② **법의 수호자로서의 검찰**

나아가 '법의 수호자(Gesetzeswächter)'로서의 검사는 법과 정의에 기속되며 국가의 권력의지가 아니라 자연법적으로 이해되는 법이념에 의한 '법률'에 의해 판단한다는 점에서 일반 행정기관과 구별되고 판사와 유사하며 이는 당시 검찰을 법무부 예하에 둔 점에서도 의미를 찾을 수 있다는 것이다. 법무부는 국가의 법의지의 보호자로서의 전통을 가지고 있었으며 이러한 전통하에서 검찰을 내무부 예하에 두지 않고 법무부 예하에 둔 것은 법의 수호자로서의 검찰의 임무에 큰 의미를 가지는 것이다.[8)]

검찰은 한편으로는 경찰과, 다른 한편으로는 법원과 공동하여 활동하면서 법원칙에 따라 행동함으로써 검찰제도 도입당시 팽배해 있던 법원과 경찰에 대한 국민의 불신을 불식시키고 형사사법에 신뢰를 가져오기 위한 기관이었던 것이다.[9)]

③ **검사의 사건종결권한**

검찰은 수사 후에 기소하여 법원이 재판을 개시하도록 하기도 하지만 불기소의 결정으로 형사분쟁을 종국적으로 종결하는 권한도 행사한다. 수사된 사건의 약 2/3~3/4이 검사의 불기소결정에 의하여 종결되는바 분쟁의 종국적 결정기관으로서 나타나게 된다. 형사사건의 종국결정은 법을 적용하여 범죄여부에 관한 확정적인 법선언을 하는 것이므로 이는 사법적 성격의 권한이라 할 것이다.

④ **객관의무**

검사는 단순한 당사자가 아니며 피의자에게 유리한 증거도 수집하여야 하

소는 1959. 3. 19. 검찰권에 대하여 다음과 같이 판시한 바 있다."검찰은 다른 행정관청과 마찬가지로 단순히 법률과 법에 기속되기만 하는 것은 아니다. 형사사법에 있어 검찰의 특별한 임무는 검찰이 기소법정주의에 기속되고 법률에 비추어 특히 좁게 제한된 재량을 가질 것을 전제로 요구한다. 검찰이 조직론적으로 사법(Justiz)에 편입되는 것은 검찰의 임무에 적절한 것으로, 검찰은 법치국가에 있어서 사법의 중요한 구성요소인 것이다. 검찰과 법원은 공동으로 사법보장(Justizgewährung)이라는 임무를 수행하는 것이다."

8) 검찰제도 도입 논의시에 프로이센의 법무부는 Coccejis와 v.Zedlitz 그리고 1840년대의 Savigny 등에 의하여 계승된 법의지의 수호자로서의 전통을 가지고 있었다고 한다. Eb. Schmidt, DRiZ 1957, S. 276. 또 독일에서는 행정적으로 법원도 법무부에 속하는 점을 생각하면 이러한 주장을 이해하기 쉽다.

9) Eb. Schmidt, DRiZ 1957, S. 278.

는 객관적 관청으로서 공판에 있어서도 피고인에게 불리한 증거뿐 아니라 유리한 증거도 제시하여야 한다. 증거가 부족한 경우는 무죄구형을 하여야 하며 피고인을 위한 상소도 할 수 있는바 이는 판사의 판단준거와 같은 것이다.[10)]

⑤ **법원과의 기능적 밀접성**

기능면에서도 형사소송에 있어 검사와 판사의 업무분배는 두 기관의 밀접한 관계를 보여주는바 두 기관의 상호활동에 의하여서만 절차가 진행될 수 있는 것이다. 즉 검찰은 독자적으로 수사를 하지만 구속, 압수·수색과 같은 일정한 수사방법에 있어서는 판사의 공동활동을 필요로 한다.

또한 법원은 재정신청에 따른 기소강제절차를 통하여 검사의 불기소결정의 적정성을 판단하기도 하며 법원의 심리와 판단은 검사가 제기하는 공소에 의해 한정되고, 구형, 논고 등의 검사의 진술을 듣지 않고는 판단할 수 없다. 나아가 검사는 상소를 통하여 법원의 잘못을 시정한다.

판사와 검사는 서로 독립적이지만 기능적인 면에서 이와 같이 서로 의존하고 있고, 이 두 기관의 활동은 같은 원칙, 즉 객관성, 불편부당성(Unparteilichkeit)과 정의의 원칙에 근거하며 진실을 발견하고 정의를 실현한다는 같은 목적을 향하고 있다. 형사소송에 있어 법원과 검찰의 이러한 권한분배는 검찰의 법치국가적 성격, 사법형태적(司法形態的, justizförmig) 성격을 전제로 한다.[11)]

(2) 행정권론

검찰권을 행정권으로 보는 견해로 검찰권이 판사에게 위임된 법선언 권력으로서의 좁은 의미의 사법권에 가깝고, 유사한 특성을 가지기는 하나 법선언 권력인 그 사법권과는 구별해야 한다는 것이다. 이 견해는 법관법 제정논의에서 검사를 법관법 규율대상에서 제외하여야 한다는 견해[12)]로 이어지고, 지시구속성(명령복종의무)논쟁에서도 지시구속성을 인정하여야 한다는 견해를 취한다.

---

10) Kommssion für die Angelegenheit des Staatsanwälte im Deutschen Richterbund, DRiZ 1968, S. 358; Roxin, Rechtsstellung und Zukunftaufgaben der Staatsanwaltschaft, DRiZ 1969, S. 385.

11) Kommission für die Angelegenheit des Staatsanwälte im Deutschen Richterbund, DRiZ 1968, S. 358-359.

12) 1954. 5. 31.의 연방법무부장관의 법관법 의견서, 1957. 4. 4.의 연방 내각에서 의결한 법관법 제정초안 이유 등이 취하였던 견해라고 한다. Eb. Schmidt, DRiZ 1957, S. 273-274 참조.

① **협의의 사법권의 개념으로부터의 비판론**

이 견해는 사법권을 재판권, 즉 좁은 의미의 사법권으로 이해하는 관점에서 출발한다. 검사는 '법조'기관(Organ der Rechtspflege)이며 그 활동이 형사'사법(Strafjustiz)'에 불가결하지만 법원과의 이러한 밀접한 기능적 연결에도 불구하고 검찰권은 판사에게 맡겨진 법선언(法宣言, rechtssprechenden) 권력이라는 의미의 좁은 의미의 사법권은 아니라는 것이다.[13]

검사는 넓은 의미에서 법조기관(Organ der Rechtspflege)이기는 하지만 이 의미에서는 변호사도 비록 국가권력을 행사하지는 않아도 법조기관(Organ der Rechtspflege)이라 할 수 있다. 또한, 검사가 사법(Justiz)의 한 부분이기는 하나 법무부장관도 사법(Justiz)의 한 부분인바 법무부장관을 법선언 권력이라고 하지는 않는 것과 마찬가지로 검사를 법선언 권력이라고 할 수 없다.

좁은 의미의 사법인 법선언 권력의 본질은 분쟁의 종국적 해결권으로서의 확정력(Rechtskraft)과 그 활동의 수동적 성격에 있다. 즉 법선언 권력은 활동을 하도록 불러주지 않으면 활동하지 않으며 자신에게 제시된 사안에 한하여만 '결정'을 하는 것이다.[14] 이에 반하여 검사는 스스로의 결정에 의하여 수사를 개시하는 능동성(Initiative)을 가진 기관으로 이 능동성은 법원의 수동성과 대비되는 성질로 행정권(Exekutive)의 특성인 것이다.[15]

② **연혁적 관점**

검사의 업무영역이 과거 판사의 업무영역이었던 것은 사실이나 그렇다고 하여도 검사의 업무가 법선언 권력의 업무는 아니라고 한다. 오히려 입법자는 수사 등 검사에게 맡기게 된 업무를 순수한 법선언 권력으로서 판사가 담당하여야 할 업무와 구별하여 판사로 하여금 자신의 고유한 영역에 전심할 수 있도록 하였다는 것이다.[16]

---

13) Eb. Schmidt, DRiZ 1957, S. 273-274 재인용. 이러한 논의는 헌법상의 독립성을 보장받는 사법권에 대한 이해를 전제로 한다.

14) Sarstedt, "Gebundene Staatsanwaltschaft?", NJW 1964, S. 1753.

15) Sarstedt, NJW 1964, S. 1754; Schairer는 검찰권의 이러한 능동적 성질을 형성가능성(Gestaltungsmöglichkeit)으로 표현한다. Schairer, Gedanken zum externen Weisungsrecht, Festschrift für Leckner, 1998, S. 743.

16) Sarstedt, NJW 1964, S. 1753. 나아가 Sarstedt는 만약 수사가 과거에 판사의 업무영역이었다고 하여 이 업무를 담당하는 검사를 판사와 같은 좁은 의미의 사법권 행사자라고 한다면 수사를 담당하는 경찰도 이러한 사법권의 행사자라고 하여야 할 것이

③ 검사의 업무기준이 판사와 같다는 점에 대하여

검사의 업무수행은 법과 법률에만 기속되고 그 목적하는 바가 객관성과 정의라는 점에서 판사의 업무기준과 같다는 주장에 대하여는 일반 행정기관도 그 업무에 있어 법과 법률에 기속되는 것은 마찬가지라고 반론한다. 비록 검사의 업무가 법률의 범위 안에서 자유로운 형성활동을 하는 것이 아니고 순수한 법의 실현(Verwirklichung des Gesetzes)에 제한된다는 의미에서 특성이 있지만 행정부의 다른 기관 예컨대 조세관청의 조세부과와 같이 이와 유사한 업무영역도 있는 것이므로 이 기준만으로 검사를 법선언 기관인 판사와 같다고 할 수는 없다는 것이다.[17)]

3) 논쟁에 대한 평가

검찰권의 본질에 대한 독일에서의 논쟁은 사법 개념을 광의로 이해하느냐 아니면 좁게 재판권만으로 이해하느냐에서 차이가 난다.

사법권설은 법원의 법선언 권력인 재판권(rechtssprechende Gewalt)과 종전에 판사의 업무영역이었다가 검사에게 나누어진 수사와 소추부분을 포괄하여 사법(Justiz)으로 개념하면서 이러한 광의의 사법에 포함되어 있는 부분들이 모두 판사적 성격의 업무이므로 검사도 판사와 같은 독립성을 가져야 한다는데까지 주장하게 된다.

준사법권설은 마찬가지로 광의의 사법(Justiz)개념을 사용하지만 재판권과 검찰권간의 차이는 인정하여 검사도 판사와 같은 독립성을 가져야 한다고까지는 나아가지 않는다. 다만, 검사의 사법적 성격으로 인하여 판사에 준하는 독립성이 보장되어야 하고 판사에 준하는 기관으로서의 성격이 유지되어야 한다는 것이다.

반면에 행정권설은 사법권을 법선언 권력, 즉 재판권만으로 이해하고 검찰권은 여러 가지 특징이 있기는 하나 법선언 권력이 아니므로 행정권으로 이해되고 취급되어야 한다는 것이다.

이러한 논쟁의 결과 독일에서는 검찰권을 사법권 내지 준사법권으로 보는 견해에 따라 검사도 법관법의 규율대상으로 하게 되었다.

라고 비판한다.

17) Sarstedt, NJW 1964, S. 1754.

3. 한국에서의 논의

1) 견해 대립

(1) 사법기관설

사법기관설은 검사가 공익적 지위에서 피의자, 피고인의 이익을 보호하고 수사종결시 기소여부에 대한 법적 판단을 내리며 법원에 대해서도 법령의 정당한 적용을 청구하는 권한을 갖는다는 점을 든다. 이 때의 사법의 의미는 재판권으로서의 사법(Jurisdiktion)과는 구별되는바 '법적 정의와 안정성 및 인간존엄의 보장요구를 진실발견의 절차를 통해 실현하는 영역', 즉 광의의 사법(Justiz)의 의미로 사용하고 있다.[18)]

(2) 준사법기관설

준사법기관설은 검찰권이 행정권이고 검사는 행정기관으로서 판사와 같은 독립성이 보장되고 있지 않으므로 재판권을 의미하는 사법기관이 아니라는 점에서 출발한다. 그러나 검찰권이 이러한 협의의 의미의 사법권과 밀접한 관계에 있고 사법권 독립의 정신은 검사에게도 요구되는바 따라서 사법기관에 준하는 기관이라는 것이다.[19)] 준사법기관설이 통설이다.

2) 검 토

프랑스 혁명 이전의 규문시대에는 수사권과 공판청구권도 모두 법원의 권한이었다. 물론 이 당시는 주권자가 왕이며 수사권도 왕의 주권으로부터 유래되는 것이었고 법원은 왕의 관료인 법관이 왕의 권한을 행사하는 기관이었다. 그런데 법원이 수사와 공소를 포함하는 소추업무와 재판업무를 함께 함에 따

---

18) 배종대/이상돈/정승환/이주원, 『신형사소송법』, 홍문사, 2013, 47면. 검사의 지위를 세 가지 차원으로 나누어 조직상으로는 행정부에 소속되어 있다는 점에서 행정기관이고, 행위의 측면에서 수사와 공소제기, 공소유지 및 형의 집행 등 형사사법을 실현한다는 점에서 사법기관이라고 할 수 있으며, 경찰, 법원, 변호인과 함께 사회체계로서의 형사사법체계를 구성한다고 한다.

19) 손동권/신이철, 『새로운 형사소송법』, 세창출판사, 2013, 55면; 신동운, 『간추린 신형사소송법』, 법문사, 2013, 11면; 신현주, 『형사소송법』, 박영사, 2002, 101면; 이은모, 『형사소송법』, 박영사, 2012, 63면; 이재상/조균석, 『형사소송법』, 박영사, 2016, 94면; 정웅석/백승민, 『형사소송법』, 대명출판사, 2014, 65면.

른 폐해에 대한 반성에 따라 프랑스 혁명 이후에 수사와 공소를 담당하는 소추 업무를 분리하여 이를 검찰이 담당하도록 하였다.

한편, 프랑스 혁명에 따른 민주국가의 성립에 따라 주권은 왕으로부터 국민의 것으로 이전되었고 3권 분립 원리에 따라 재판권은 법원이 담당하게 되었다. 이 때 종래에 법원이 관장하던 업무영역 중 일부인 소추권(수사와 공소의 진행)을 행정권에 속하는 것으로 할 것인지, 법원의 재판권과 마찬가지로 행정권과는 다른 독립된 권한으로 할 것인지를 두고 논의가 있었다. 순수한 재판권만 행정권과 분리되는 독립된 영역으로 하고 소추권(수사와 공소의 진행)은 행정권의 일부로 편입하게 되었다. 이에 따라 이 업무를 담당하는 기관으로 도입된 검찰도 행정부의 일부가 되었다. 한편, 행정부에서 사법권과 관련된 업무를 담당하는 것은 법무부이므로 이에 따라 검찰은 법무부장관의 소속으로 설치되게 되었는데 법무부장관의 지휘권 하에 속하도록 하여 행정권에 대한 민주적 정당성의 체계안에 구성되게 되었다.

이와 같이 조직의 측면에서 보면 검찰권은 행정권의 일부가 되었지만 검사가 행하는 수사와 공소는 광의로 보면 분쟁의 법적 해결이라는 사법의 기능의 일부이며 재판과 밀접한 관련이 있는 성질이 있다. 그래서 행정권에 속하면서도 사법적 성격을 가지는 기능이다. 그 기능의 적정한 수행을 위해서는 중립성과 객관성이 필수적이며 법관에 준하는 독립성도 보장될 필요가 있다.

따라서 검사는 행정부에 속한 기관이면서도 사법기관으로서의 성질도 갖는다는 점에서 준사법기관이라고 파악하는 것이 타당하다. 이러한 성질 때문에 검찰은 지휘관계에 있어 행정부의 다른 기관들과는 구별되는 장치를 두고 있다. 또한 사법의 영역에서 행정부를 대표하여 법원에 대응하여 직무수행을 하는 것이므로 자격, 처우, 신분보장 등에 있어서 법관에 준하도록 규율되고 있다.

Ⅲ. 법의 수호자, 객관적 관청, 공익의 대표자

1. 의 의

한국의 검찰제도는 대륙법계의 검찰제도라 할 수 있다. 대륙법계에서 검찰제도가 도입된 경위는 앞에서 본 바와 같이 사법내부의 권력분할(justizielle Gewaltenteilung)을 의미하는 것이었다. 사법의 영역으로서의 형사사법, 즉 수사, 공소, 재판, 형집행의 담당자가 법원 뿐이었던 규문시대의 구조에서 사법의 또 다른 기관으로서 검찰을 도입하고 형사사법의 과정을 단계별로 나누어 수사와 공소, 형집행을 검찰에, 재판을 법원에 맡긴 것이었다.[20] 이렇게 재판을 담당하는 판사를 수사 및 공소과정과 분리함으로써 재판과정을 순수화하여 공정한 재판을 가능하게 하고자 하였다.[21]

또한 검찰제도 도입당시 경찰이 초동적 수사권한을 근거로 사법의 영역인 수사의 전 영역을 장악하고 통제받지 않는 수사권한을 행사하여 폐해를 일으키던 상황에서 경찰의 수사활동을 원칙적으로 다시 초동적 수사권한으로 되돌리며, 사법적 기관인 검찰이 경찰수사활동의 초기단계부터 관여하여 법치국가적 통제를 함으로써 수사영역을 다시 광의의 사법(Justiz)의 영역으로 회복하려 하였다.[22]

한편, 대륙법계의 형사사법절차는 실체적 진실발견을 위한 사실조사(Untersuchung)절차로 이해된다. 여기서의 실체적 진실발견은 유죄사실의 확인 뿐 아니라 무죄사실의 확인도 포함한다. 이렇게 실체적 진실발견을 위하여 형사사법절차를 주재하는 기관이 직접 '조사' 활동을 하는 것이며 이것이 바로 직권주의의 본질적 요소이다. 이와 같이 진실을 중시하는 이념하에서 공판전 절차인 수사절차를 주재하는 기관이 검사이다. 따라서 검사도 그 수사절차에서는 실체적 진실발견을 위하여 피의자에게 불리한 증거뿐 아니라 유리한 증거도 수집하여야 하는 것은 당연한 것이다.

대륙법계에서 검사에게 직권주의적 수사권, 즉 피해자 등 증인뿐만 아니라 피의자를 신문할 수 있는 권한이 주어지고 또한 수사절차의 주재자로서의 지위를 부여할 때 검사의 객관의무는 그 전제조건일 수밖에 없다. 독일에서 '법의 수호자' 개념과 피의자에게 유리한 활동도 하여야 한다는 객관의무가 명문

---

20) Günther, *Staatsanwaltschaft−Kind der Revolution*, Ullstein, 1963, S. 45-48; Schünemann, "Polizei und Staatsanwaltschaft", Kriminalistik 1999, 74.

21) Roxin, "Zur Rechtsstellung und der Staatsanwaltschaft damals und heute", DRiZ 1997, 112.

22) Schröder, *Die verwaltungsrechtlich organisatorische Verhältnis der strafvefolgenden Polizei zur Staatsanwaltschaft*, Peter Lang, 1996, S. 38.

화된 것이 1846년 베를린에 검찰제도가 도입되었던 특별법에서였는데[23] 이미 검찰제도를 도입하였던 다른 주들과 달리 이 법에서 비로소 검사에 수사권이 부여되고 수사절차의 주재자로서의 지위가 부여되었다는 것은 우연이 아니다.[24]

이와 같이 검사가 단순히 피의자나 피고인의 유죄입증을 위해서만 활동하는 것이 아니고 형사절차에서 법이 실현되는 것을 보장하기 위해 활동해야 하는 임무를 가지는 것을 법의 수호자로서의 지위라고 한다. 또한 피의자, 피고인에게 불리한 자료뿐만 아니라 유리한 자료도 수집하고, 공판에 제출하여 단순한 처벌이 아니라 객관적인 진실을 추구하여야 한다는 것을 객관적 관청으로서의 지위라고 한다. 검사가 추구해야할 법과 진실은 국민전체의 관점에서 본 공익이라는 의미에서 공익의 대표자라고도 한다(검찰청법 제4조 제1항).

2. 검사의 객관의무

1) 의　　의

검사의 객관의무란 검사가 단순한 당사자의 입장을 초월하여 피의자, 피고인의 정당한 이익도 보호하여야 한다는 의무를 말한다. 이는 검사를 공익의 대표자로서 진실과 정의의 원칙에 따라 실체적 진실을 추구하고, 법령의 정당한 적용을 청구하는 객관적 직분으로 보는 것을 전제로 한다. 이러한 객관의무의 내용으로는 수사단계에서도 피의자에게 불리한 증거뿐 아니라 유리한 증거도 수집하여야 하는 점, 피고인의 이익을 위하여 상소, 재심청구, 비상상고 등을 할 수 있는 점 등이 들어지며, 고소권자 지정권 및 그 밖의 금치산선고 청구권

23) 동법 제6조는 '검사는 형사절차에 있어 법규정이 전체적으로 충족되도록 감시할 의무를 진다. 따라서 어떠한 범죄자도 형벌을 피하지 못하도록 주의할 뿐 아니라 어느 누구도 죄없이 소추되지 않도록 주의하여야 한다'고 하고 있다.

24) 검찰제도 도입에 있어 검사를 법원의 판결에 대한 상소권만을 가지는 기관으로 할 것인지, 또는 공소기관으로서 수사권까지 가지는 기관으로 할 것인지에 관한 논쟁에 있어서 검사의 임무가 상소권에 제한되어서는 안 되며 오히려 수사와 공소에 그 임무가 있다고 주장한 것이 프로이센 법무부장관 v.Mühler였다. 이 Mühler가 바로 법의 수호자로서의 검사의 개념을 주장하기 시작하였다. 그 개념이 Friedberg에 의해 객관적 관청으로서의 법의 수호자 개념으로 발전되고 Savigny 등에 의해 지지되었다. Collin, *"Wächter des Gesetzes" oder "Organ der Regierung?"*, Vittorio Klostermann, 2000, S. 64-78.

등 민사법적인 권리도 그 내용으로 들어진다.[25]

2) 현행법상 인정여부

현행법상으로 검사의 객관의무가 인정되는가에 대해 견해대립이 있다.

(1) 긍 정 설

다수설은 검사의 객관의무를 인정한다. 이에는 현행 형사소송법의 소송구조를 당사자주의와 직권주의의 절충으로 보고 공판절차에서 검사가 당사자의 지위에 있다고 하면서도 법치국가원리 실현을 위하여는 검사가 객관성을 유지하지 않으면 안 된다는 점에서 검사의 객관의무가 인정되어야 한다는 견해,[26] 소송구조를 당사자주의와 직권주의의 절충이라고 보는 점은 같지만 검사는 당사자가 아니라는 입장에서 객관의무를 인정하는 견해,[27] 수사단계의 직권주의와 공판단계의 당사자주의로 구분하고 검사의 당사자지위를 인정하면서도 당사자로서의 직무보다 위에 있는 개념으로서 객관의무를 인정하는 견해,[28] 당사자주의를 기조로 한다고 하면서도 검사가 준사법관적 성격도 지니므로 적정절차의 실현을 위하여 노력하여야 하는 한도에서 객관의무가 있다는 견해[29] 등이 있다.

(2) 부 정 설

부정설은 현행법은 당사자주의로 전환되었다는 전제하에 검사는 행정부에 속하는 행정관일 뿐 더 이상 직권주의적 개념으로서의 사법관은 아니며, 실체법상의 권리의 존부를 주장하여 자기(국가)의 이익을 추구하는 당사자의 지위에 있을 뿐이므로 객관의무는 부정되어야 한다고 한다.[30]

---

25) 이재상/조균석, 『형사소송법』, 박영사, 2016, 107면.
26) 위의 책, 107면.
27) 배종대/이상돈/정승환/이주원, 앞의 책, 58면.
28) 신현주, 앞의 책, 100면.
29) 강구진, 『형사소송법원론』, 학연사, 1982, 105-106면.
30) 차용석, 『형사소송법』, 세영사, 1998, 150-155면.

(3) 판 례

대법원[31]과 헌법재판소[32]도 검사의 객관의무를 인정한다. 검찰청법 제4조 제1항은 검사는 공익의 대표자로서 범죄수사·공소제기와 그 유지에 관한 사항 및 법원에 대한 법령의 정당한 적용의 청구 등의 직무와 권한을 가진다고 규정하고, 같은 조 제2항은 검사는 그 직무를 수행함에 있어 그 부여된 권한을 남용하여서는 아니된다고 규정하고 있을 뿐 아니라, 형사소송법 제424조는 검사는 피고인을 위하여 재심을 청구할 수 있다고 규정하고 있고, 검사는 피고인의 이익을 위하여 항소할 수 있다고 해석되므로 검사는 공익의 대표자로서 실체적 진실에 입각한 국가 형벌권의 실현을 위하여 공소제기와 유지를 할 의무뿐만 아니라 그 과정에서 피고인의 정당한 이익을 옹호하여야 할 의무를 진다고 한다.[33]

3) 검 토

대법원 판례는 검사의 객관의무를 인정하는 근거로서 위와 같이 검찰청법 제4조 제1항, 제2항, 형사소송법 제424조 등을 들고 있는데 이러한 법규정이 검사의 객관의무를 나타내는 현행법상의 규정이라는 것은 타당하다. 그러나 이러한 규정에 더하여 앞에서 본 바와 같이 현행법상의 검찰제도는 대륙법계의 체계를 취하고 있으며 그 체계에서 검사에게 직권주의적 수사권, 즉 피해자 등 증인뿐만 아니라 피의자를 신문할 수 있는 권한이 주어지고 또한 수사절차의 주재자로서의 지위가 부여되고 있는 체계적 관점에서 볼 때 검사의 객관의무는 그 전제조건일 수밖에 없다. 이러한 법규정들은 이렇게 기본으로 되고 있는 원칙의 구현형태에 불과하다 할 것이다.

---

31) 대법원 2002. 2. 22. 선고 2001다23447 판결.

32) 헌법재판소 2002. 12. 18. 결정 2002 헌마 527; 2007. 3. 29. 결정 2006헌마69.

33) 대법원 2002. 2. 22. 선고 2001다23447 판결.

Ⅳ. 단독제 관청

1. 관청으로서의 검사

1) 관청의 의의

관청이란 일정한 소관사무에 관하여 스스로 국가의사를 결정하고 이를 외부에 표시할 수 있는 권한을 가진 국가기관을 말한다. 이러한 관청 중에서 행정기관인 관청을 행정관청이라고 하며[34] 법원은 행정기관이 아니라 사법기관인 사법관청이다. 관청은 자기의 책임 및 자기의 이름으로 주어진 권한을 행사한다.

행정관청의 개념은 독일행정법학에서 발전한 개념으로서 예컨대 중앙행정기관에 있어서 행정 각부를 보면 각부 장관이 행정관청이며 차관을 비롯한 각부나 국의 장 등은 보조기관이다. 또한 예컨대 국세기본법상 조세처분을 할 수 있는 조세관청은 세무서장이다. 조세관청인 세무서장과 그 보조기관들인 세무서 직원들이 관서로서의 세무서를 구성한다.

그런데 미국법상의 행정기관개념에서는 행정조직에 있어서의 모든 직과 이를 차지하는 개개인은 기능적 단위로 생각되고 그 단위의 분배와 집행의 체계가 행정조직의 체계를 이루므로 이를 구성하는 다수의 직 내지 단위의 복합체가 행정기관이고 그 장은 그 복합체의 내부에서 그 장의 지위에 있는 것에 불과한 것으로 된다. 이 체계에서는 예컨대 행정 각부의 소관사무는 부에 속하는 것이 되고 장관은 부의 사무를 통할하는 역할을 한다.[35]

행정기관이라고 할 때에는 행정관청의 의미로 사용되기도 하고 복합체로서의 행정기관을 말하기도 하는데 관청이라고 할 때에는 일정한 권한의 담당자라는 관점이라 할 수 있다. 검사를 단독제 관청이라고 할 때에는 행정관청의 의미이다.

---

34) 김남진,『행정법 I』, 법문사, 1999, 211면.
35) 伊藤榮樹, 檢察廳法逐條解說, 良書普及會, 1986, 17면.

2) 관청으로서의 검사

현행법상으로 검사 개개인이 국가의사를 결정하고 외부에 표시할 수 있는 권한을 가지는 것으로 규정되어 있어 각각의 검사가 관청이다. 즉 검사는 관서의 장이 아니면서도 각각의 검사가 자기의 책임과 이름으로 직무와 관련된 국가의사를 결정하고 이를 외부에 표시할 수 있다.

비교법적으로 독일은 형사소송법상 검찰권 행사자는 검사들 전체로서의 검찰(Staatsanwaltschaft)로 규정되어 있고, 그 검찰의 권한을 각급청에서 행사하는 사람은 검사장이며 검사장 이외의 다른 검사들은 검사장의 대리인으로 구성한다. 다만 외부적으로는 위임관계를 표시하지 않는 것으로 법률에 규정하여 각종 문서에는 개별 검사 이름만 표시된다(독일 법원조직법 제144조). 이 체제에서는 관청은 검사장이다.

프랑스도 형사소송법상 검찰권 행사자를 검사장에 해당하는 공화국 검사(Procureur de la Républic)로 하고 있다. 예컨대 1심 절차(수사절차 포함)에서는 지방검찰청 검사장(Procureur de la Républic)이 권한자인 것이 원칙이다. 지방검찰청의 검사는 검사장, 차장검사(procureur de la républic adjoint), 부장검사(vice procureur), 검사(substitut)로 구성되는데 이에 따라 공소장 등에는 "Procureur de la Républic" 다음에 "substitut 이름 서명"으로 표시한다. 미국도 검사장이 검사이며 그 외는 보조자(assistant)이다. 공소장 등에는 예컨대 연방검찰은 Assistant U.S. Attorney라고 표시하고 서명한다.[36)]

그런데 헌법은 영장청구권자로 검사라는 문구를 사용하고, 형사소송법도 검사를 수사권과 기소권 그리고 형집행지휘권자로 규정하고 있다. 이들 규정에서 검찰이라는 집합개념을 사용하지 않고 통상적인 의미에서 개개인으로 이해되는 '검사'라는 용어를 사용하고 있기 때문에 검사 개개인을 관청으로 규정한 것으로 해석된다.

그러나 헌법과 형사소송법에 검사를 권한자로 규정하고 있다고 하더라도 검사 개개인이 관청인지는 조직법인 검찰청법까지 보아야 확인될 수 있다. 형사소송법 등에 규정된 검사의 권한을 각 검찰청에서 누가 관청으로서 행사할

---

36) 독일, 프랑스, 미국의 검찰제도 및 권한행사방법에 대해서는 김종구 외 7인, 『검찰제도론』, 법문사, 2012 참조.

것인지는 검찰의 조직규범인 검찰청법이 정하고 있기 때문이다.

예를 들어 형사소송법은 검사 이외에 사법경찰관도 수사를 할 수 있는 권한자로 규정하고 있는데 사법경찰관의 자격을 가지는 경무관, 총경, 경정, 경감, 경위가 모두 권한자로서 관청이 되는 것은 아니다. 누가 형사소송법에서 규정한 사법경찰관의 권한을 행사할 것인지는 경찰 내부의 조직규범인 경찰법이 규정하고 있기 때문이다. 경찰법은 경찰에 부여된 권한을 행사하는 관청으로서 경찰청장(경찰법 제11조 제3항), 지방경찰청장(제14조 제2항), 경찰서장(제17조 제2항)을 두고 있다. 그리고 경찰법상으로는 이들 관청들은 경찰청장을 본원적 경찰권자로 하고 그 경찰청장으로부터 권한을 위임받는 하부관청으로 구성되어 있다.[37] 따라서 경찰법상으로는 이들이 관청이며 그 외 경찰청, 지방경찰청, 경찰서의 경찰관들은 보조기관들이다.

그러므로 예컨대 서초경찰서에서 행해지는 수사에 관하여 관청은 서초경찰서장이고 서초경찰서에서 구체적인 수사활동을 하는 사법경찰관들은 관청인 서초경찰서장의 보조기관들이어서 서초경찰서 수사과의 사법경찰관이 수사를 하는 경우 그 수사는 서초경찰서장의 수사이다. 그렇기 때문에 그 사건의 수사를 마친 후 검사에게 사건을 송치할 때에는 서초경찰서장 명의로 송치를 하는 것이다.

그런데 현행법상으로 경찰청과 지방경찰청은 관청인 경찰청장과[38] 지방경

37) 경찰법은 제11조 제3항에서 경찰청장을 국가경찰에 관한 사무를 총괄하고 각급 국가경찰기관의 장을 지휘·감독한다고 하여 경찰청장을 경찰권에 관한 최고관청으로 규정하고, 제14조 제2항에서 지방경찰청장은 경찰청장의 지휘·감독을 받아 관할구역의 국가경찰사무를 관장한다고 하여 경찰청장의 권한을 위임받은 하부관청으로 규정하며, 다시 제17조 제2항에서 경찰서장은 지방경찰청장의 지휘·감독을 받아 관할구역의 소관사무를 관장한다고 하여 지방경찰청장의 권한을 위임받은 하부관청으로 규정하고 있다.

38) 형사소송법 제정시에는 경찰청체제가 아니라 내무부 치안국체제였는데 내무부 치안국은 수사를 하지 않고 지도 감독만 하는 체제로 구상하였다(형사소송법 초안 공청회시의 서일교 전문위원의 설명 참조. 대검찰청, 『형사소송법 제정·개정 자료집』, 1997, 330-331면). 당시에는 내무부 치안국에는 국장이 이사관, 과장은 서기관으로 임명되었고 경찰의 집행조직은 서울시와 각 도 소속의 경무국으로 구성되었으며 각 도 경무국장이 경무관이었다. 1966년 경무관 위의 계급으로 치안감이 생겼고, 치안국장은 여전히 치안이사관이었다. 1969년 경찰공무원법이 제정되면서 경찰공무원의 계급에 치안총감이 추가되었고, 치안서기관은 경무관, 치안부이사관은 치안감, 치안이사관은 치안총감으로 임용된 것으로 보도록 하였다(1967. 1. 7. 경찰공무원법 부칙 제3조). 그런데 이와 같이 내무부에서는 수사를 하지 않도록 하고자 한 형사소송법 제정당시

찰청장이[39] 수사권자가 아니어서 수사에 관한 한 그들이 관청이 될 수 없다. 그럼에도 불구하고 현재 실무에서는 경찰청과 지방경찰청 내에 수사기구를 두고 사법경찰관들이 수사를 하고 있어 법적으로 어떻게 이해할 수 있는지 문제이다. 이 경우 그 수사기구 내의 사법경찰관들은 경찰 내부조직인 경찰법상으로는 경찰청장 또는 지방경찰청장의 보조기관들이므로 그러한 관계에서는 그들이 행하는 수사는 경찰청장 또는 지방경찰청장의 수사가 되는데 이들은 수사권이 없으므로 수사권이 없는 사람이 수사권을 행사하는 것이 되기 때문이다.

그러므로 현재의 법상황에서 경찰청이나 지방경찰청의 수사기구 내 사법경찰관들이 수사를 할 수 있는 것은 형사소송법 제196조 제1항에 따라 검사와의 지휘·감독관계에서 검사의 하부관청으로 되는 관계에서 가능하다 할 것이다. 그렇게 되면 그 수사기구 내의 최고 직급의 사법경찰관이 검사의 하부관청으로서 수사주체가 되며 수사를 마친 때에는 그 사법경찰관의 이름으로 사건을 송치하게 된다.[40]

이러한 조직법상의 체계를 염두에 두고 다시 검찰청법을 살펴보면, 만약

의 취지에 따라 부칙 제9조에 내무부에 근무하는 경무관은 형사소송법 제196조의 적용을 받지 아니한다고 하여 사법경찰관이 아님을 명문화하였다. 이 취지는 1991년 경찰청이 설치되면서 개정된 경찰공무원법 부칙 제4조 4항에서도 위 부칙(1969년의 부칙 제9조는 치안국이 치안본부 1983년 개정에서 부칙 제6조로 변경되었다) 문구 중 내무부는 경찰청으로 한다고 규정하여 경찰청 소속의 경무관이 사법경찰관이 아닌 상황으로 그대로 유지되고 있다.

39) 형사소송법 제정시에는 현재의 지방경찰청이 도 경무국이었고 경무국장이 경무관이었으므로 도 경무국 산하에 수사기구를 두고 경무국장이 지휘를 하는 체제였다. 그런데 경찰청 설치 후 지방경찰청장을 경무관보다 상위계급인 치안감이나 치안정감으로 보하게 되었음에도 그들을 사법경찰관으로 하는 법개정을 하지 않아 법과 현실의 괴리가 생긴 것이다.

40) 경찰의 조직법인 경찰법상으로는 지방경찰청장과 경찰청장이 관청이므로 이들이 소속 사법경찰관들의 수사에 관하여 구체적인 보고를 받고 수사사항에 대해 개별적인 지휘를 한다면 이는 그 사법경찰관의 수사가 아니라 관청인 지방경찰청장과 경찰청장의 수사가 되는데 그러면 수사권이 없는 사람이 수사를 하는 것이 되므로 위법하다. 그러므로 현재와 같은 실무를 유지하려면 경찰청장과 지방경찰청장도 형사소송법상의 사법경찰관으로 규정하여 수사권자로 만드는 것이 적절하다. 만약 법을 현행과 같이 유지한다면 경찰청장과 지방경찰청장인 소속 수사기구의 사법경찰관에 대한 근무관계 감독상의 지도·감독만 하고 구체적인 수사활동에 대한 지휘를 해서는 안 된다. 예컨대 특별사법경찰관을 두고 있는 지방자치단체장의 경우 지방자치단체장은 수사권자가 아니므로 특별사법경찰관의 수사활동에 대한 구체적 수사활동에 대해서는 지휘를 하지 않는 체제와 같은 것이다.

검찰청법에서 관청으로 검사의 권한을 행사할 사람으로 검사장이나 기관장을 정하고 그 소속 검사는 그 검사장 등의 권한행사를 대리하여 행사하는 것으로 규정하거나 소속 검사가 그 검사장 등을 보조하는 것으로 규정한다면 검사장 등에 해당하는 검사만 관청이 될 것이다.

그런데 검찰청법은 헌법과 형사소송법이 권한자로 '검사'로 규정한 것을 통상적인 어휘의 용례에 따라 이해하고 검사 개개인을 관청으로 규정하였다. 즉 검찰청법 제4조 제1항은 검사의 직무를 규정하면서 검사는 범죄수사, 공소 등 제1호부터 제6호까지의 직무와 권한이 있다고 규정하여 검사를 관청으로 하고 있다.

2. 단독제 관청으로서의 검사

1) 단독제 관청

관청은 권한 내의 의사를 결정하고 외부로 표시함에 있어 여러 사람이 합의하고 여러 사람 명의로 하는가 아니면 최종적인 결정권을 한 사람이 행사하고 한 사람 명의로 의사표시를 하는가에 따라 합의제와 단독제로 구별한다. 관청은 의사결정의 통일성과 책임 및 효율성 등에서 단독제 관청이 일반적이며 합의제는 예외적인데 현행법상 검사는 단독제 관청이다. 법원에서 단독판사 재판부는 단독제 관청이며 합의부 재판부는 합의제 관청이다.

2) 검사실의 법적 성질

실무상 검사가 직무를 수행하는 검사실에는 참여수사관과 실무관이 배속되어 있는데 참여수사관과 실무관은 관청인 검사의 보조기관이다. 따라서 검사실의 법적 성질은 관청인 검사와 보조기관들로 구성된 하나의 관서라 할 수 있다.

검사의 업무공간은 검사실이고 검사는 각각 관청이므로 실무상 1검사 1검사실의 배치를 하고 있다. 검사 여러명이 하나의 사무실을 사용하는 방식은 단독제 관청성과 이질적이므로 업무공간이 부족하다든가 하는 특별한 사정이 없는 한 바람직하지 않다. 다만, 현재 실무상 공판검사들은 여러명이 공간이 트인 사무실을 함께 사용하고 있는데 공판검사의 업무공간은 공판정이라 할 것이므로 기록을 정리하고 공판을 준비하는 업무를 하는 업무공간을 함께 사용하는 것은 성질상 문제 없고 가능해 보인다.[41)]

3) 합의체 구성 가능여부

현행법상으로 검사의 권한을 합의체로 행사하도록 할 수 있는가. 형사소송법(그외 법률도 같음)은 권한자를 "검사"로 규정하고 있어 검찰권행사주체는 단독제인 검사이며 합의체로 할 수는 없다. 합의체로 행사하도록 하려면 조직법인 검찰청법을 개정하여야 할 것이다.[42)] 재판권의 행사자는 형사소송법에서 법원으로 규정하고 있고 그 법원을 어떻게 구성할 것인가는 법원조직법에서 합의체와 단독제로 규정하고 있다.

4) 팀제 수사의 법적 성질

실무상 여러 명의 검사가 하나의 팀을 구성하여 사건을 함께 수사하고 처리하는 경우가 있는데 이는 관청 사이의 기관공조라 할 수 있다. 따라서 단독제 관청성과 배치되는 것은 아니다. 나아가 검사동일체 원칙상 팀장인 검사가 다른 검사의 수사결과를 그대로 이용하여 사건처리하는 것도 가능하다. 그렇지만 이 경우도 사건을 담당하는 주임검사는 1명이고 다른 검사들은 업무의 일부를 도와주는 관계일 뿐이므로 최종적인 사건처리는 주임검사가 되는 검사의 단독명의로 해야 한다.

그런데 관청간의 기관공조는 예외적인 상황에서 행해지는 것이므로 기관공조 형태인 팀제 업무방식이 상시적이 되는 것은 단독제 관청성과 배치될 수 있다. 예컨대 검사 갑, 을, 병이 팀제를 이루어 수사와 사건처리를 하면서 갑이 주임검사로 사건처리하는 방식을 상시화한다면 을, 병 검사를 갑 검사의 보조기관화하는 것이므로 부적절하다. 그러므로 단독제 관청으로서의 업무처리방식을 원칙으로 하면서 필요한 상황에 따라 관청간의 기관공조로서 팀제수사를

41) 법원에서 단독판사들이 판사실을 2명씩 공동으로 사용하는 경우가 있는데 판사의 업무공간은 "법정"이라 할 수 있으므로 단독제 관청성에 이질적인 것은 아니라 할 것이다. 그렇지만 2~3명의 단독판사들이 같은 기일에 법정을 공유하면서 재판을 한다면 이는 단독제 관청성에 반하는 업무공간배치라 할 것이다.

42) 예컨대 검찰청법에 "형사소송법에 정해진 검사의 직무 중 법원 합의부에 해당하는 사건에 대해서는 검사 3명으로 구성된 부에서 행사한다."는 식의 규정을 두는 것이다.

하는 방식으로 운영할 필요가 있다.

3. 독립관청 여부

관청 중에서 그 의사결정과 의사표시에 있어 어느 누구의 지시를 받지 않고 행하는 관청을 독립관청이라고 한다. 검찰청법상 검사는 검찰사무에 관하여 소속 상급자의 지휘·감독에 따라야 한다(검찰청법 제7조 제1항). 따라서 독립관청이 아니다. 검찰청이 관청이 아니라 검사가 각각 관청이라는 의미에서 검사 개개인이 독립된 행정기관이라는 표현을 사용하는 문헌도 있는데[43] 단독제 관청과 독립관청은 차원이 다른 개념이므로 혼동의 우려가 있어 부적절하다. 현행법상 독립관청의 대표적인 예는 법원(소송법상 의미의 법원)이며 법원을 구성하는 법관들도 독립적이다.

그런데 검사는 독립관청은 아니나 검사의 업무가 법원의 업무와 밀접한 관련이 있고 공정성과 객관성을 이념으로 해야 하기 때문에 법관에 준하는 독립성을 존중해야 한다. 이에 따라 검사를 준사법기관이라고 한다.

4. 검사와 검찰청의 관계

검찰청법 제2조 제1항은 검찰청은 검사의 사무를 총괄한다고 규정하고 있다. 현행법상 개별 검사들이 관청이며 검찰청은 단독제 관청인 검사들이 모인 관서이다. 법상 검사의 권한으로 규정된 권한행사에 있어서는 검찰청이 관청이 아니라 검사가 관청이며 이러한 관청들의 모임인 검찰청에서 관청들의 업무를 지원하는 행정사무(예컨대 인사, 예산 등)에 있어서는 검찰청이 관청이다.

일반적으로는 행정기관에 하나의 관청이 있고 그 소관사무를 분장하거나 보조하는 다수의 직원이 모여 하나의 기관을 형성하는데 검찰청은 복수의 관청이 복수의 보조자들과 함께 하나의 기관을 구성하면서 기능을 수행하는 특수한 구조를 가지고 있다.[44] 이는 법원이 재판권을 행사하는 소송법상의 법원들이 각각 사법관청으로서 복수의 관청이고 그들이 복수의 보조자들과 함께

---

43) 伊藤榮樹, 前揭書, 18面.

44) 伊藤榮樹, 前揭書, 19面.

관서로서의 법원이라는 하나의 기관을 구성하는 것과 유사하다.

따라서 예컨대 수사권의 행사로서 사실조회를 하는 공문은 각급 검찰청의 장이 권한행사자가 아니라 수사주체가 되는 관청으로서의 검사가 권한행사자이므로 검찰청의 장 명의의 공문이 아니라 주임검사 명의의 공문으로 행사한다. 그러나 물품계약 등 행정사무는 각급 검찰청의 장이 관청이므로 그 명의로 행사된다.

검찰청에서는 지방검찰청의 장의 명칭으로 지방검찰청장이라는 명칭을 사용하지 않고 검사장이라는 명칭을 사용하고 있다. 이는 검찰사무에 있어서는 검찰청이 관청이 아니고 개개 검사들이 관청인데 검사장은 그 개개 검사들 중에서 지휘감독권을 가진 최상위의 검사라는 의미에서 검사장이라는 명칭으로 사용하는 것이다. 즉 검사장이라는 명칭에는 그 검찰청에서 개개 검사들이 관청이라는 의미가 내포되어 있다.

제 2 장

검사의 직무와 권한

검찰청법은 검사의 직무와 권한으로서 ① 범죄수사, 공소의 제기 및 그 유지에 필요한 사항, ② 범죄수사에 관한 사법경찰관리 지휘·감독, ③ 법원에 대한 법령의 정당한 적용 청구, ④ 재판 집행 지휘·감독, ⑤ 국가를 당사자 또는 참가인으로 하는 소송과 행정소송의 수행 또는 그 수행에 관한 지휘·감독, ⑥ 다른 법령에 따라 그 권한에 속하는 사항을 규정하고 있다(검찰청법 제4조 제1항).

이러한 직무와 권한은 구체적으로 헌법, 형사소송법, 검찰청법, 민법 등의 법률과 대통령령, 그리고 법무부령 등에 의해 구체화된다.

Ⅰ. 검사의 직무와 권한

1. 소추(수사와 공소)기관

1) 소추의 의의

소추란 협의로는 공소의 제기와 공소유지활동만을 의미하는 것으로도 사용되기도 하지만 본래의 의미는 수사와 공소기능을 모두 포함하는 광의의 개념이다. 수사와 공판청구 그리고 재판을 모두 법원에서 행하던 대륙법계의 규문시대나 사인소추를 기본으로 하던 영미법계에서도 소에 해당하는 법원의 절차는 현재 수사단계로 분류되는 절차부터 시작되는 것이었다. 근대에 들어 수사와 공소기능이 법원으로부터 분리되었지만 종래와 같이 형사절차의 개시를 수사에서부터 개념하는 것은 변함이 없다. 그래서 예를 들면 형사소송법 수사에 관한 규정이 제2편 제1심의 제1장으로 편제되어 있는 것이다. 소추라는 용어는 영어인 prosecute, 독일어인 verfolgen, 프랑스어인 poursuite에 해당하는 용어인데 이 원어들은 판결선고를 종국점으로 하여 형사절차(이는 수사개시로부터 시작된다)를 개시하고 끌고 가는 행위를 말한다. 따라서 이를 담당하는 소추기관인 검사의 임무는 공소제기와 공판업무만 하는 것이 아니라 수사단계에서부터 절차에 관여하고 있다.[1)]

형사소송법은 검사의 공소권을 규정하는 조문에 국가소추주의라는 제목을 두어(제246조) 그 조문만을 보면 소추가 공소를 의미하는 것으로 생각하기 쉽다. 그러나 이는 법원의 재판절차를 청구하는 소의 제기를 누가할 것인가 하는 문제와 관련하여 사인이 사소(私訴)를 할 수 있는 사인소추주의에 대비되는 제도로서 국가기관인 검사가 공소(公訴)를 하는 국가소추주의를 규정한 것일 뿐이다. 소추는 수사절차로부터 법원에 대한 소제기, 공소유지 및 판결선고까지의 재판절차를 포함하는 전체 형사절차를 이끌어가는 것을 의미하므로 그 중 일부인 공소권 부분에 소추라는 용어를 사용하였다고 하여 소추를 공소에만 제한되는 의미를 가지는 것으로 이해하는 것은 적절하지 않다. 현행법상 소추가 수사절차를 포함하여 형사절차 전체를 진행해가는 행위라는 것을 이해할 수 있는 예로 대통령의 불소추특권을 규정한 헌법 제84조가 있다. 이에 의하면 대통령은 내란 또는 외환의 죄를 범한 경우를 제외하고는 재직 중 형사상의 소추를 받지 아니한다. 소추가 공소제기와 유지활동만을 의미하는 것이라면 내란 또는 외환의 죄가 아닌 경우에도 대통령에 대한 수사가 가능할 것이나 소추가 수사를 포함하는 것이라면 이 경우 대통령에 대한 수사도 불가능하다 할 것이다. 헌법학계의 다수설에서 소추는 공소제기를 의미하지만 헌법 제84조의 소추에

1) 예컨대 독일에서 소추(Verfolgung)에 관여하는 기관인 Verfolgungsbehörde에는 수사기관인 경찰, 조세관청 등과 수사 및 공소기관인 검찰이 포함되는 것으로 이해한다. www.dewikipedia.org/wiki/Strafverfolgungsbehörde

는 체포, 구금, 압수, 수색이 포함된다고 한다.[2] 이에 의하면 대통령에 대한 강제수사는 불가능하다. 그런데 이 견해를 취하는 문헌들에는 같은 소추라는 용어임에도 불구하고 왜 헌법 제84조에서는 달리 해석하여야 하는지에 대한 설명은 없다. 그러나 앞에서 본 바와 같이 소추는 수사절차부터 재판절차를 포함하여 형사절차를 끌어가는 것이므로 헌법 제84조의 소추에 강제수사가 포함됨은 당연한 것이다. 오히려 소추개념을 공소제기에 한정하려는 이해가 부적절했기 때문에 법률해석에 있어 일관성을 갖지 못하였던 것이다. 소추는 원래 공소이후의 절차만을 의미하는 것이 아니라 수사절차까지 포함하는 광의의 개념이므로 대통령에 대한 강제수사는 물론 임의수사도 불가능하다고 할 것이다.[3]

2) 소추와 수사권의 행사

범죄수사, 공소의 제기 및 그 유지는 소추권의 내용으로서 검사의 기본적 임무이다(검찰청법 제4조 제1항 제1호). 수사절차를 이끌어 가는 것이 소추에 포함되므로 검사가 수사에 관한 권한을 갖는 것은 성질상 당연하다. 물론 수사절차에서 증거를 수집하는 구체적인 수사활동을 모두 검사가 하지는 않으며 이는 소수의 검사 인력으로 볼 때 가능한 일도 아니다. 그렇기 때문에 구체적인 수사활동은 대부분 경찰이 수행하게 하고 검사는 검사가 직접 수사할 필요가 있는 경우에만 직접 수사활동을 한다.

검사가 수사행위를 전혀 하지 않고 모든 수사행위를 경찰이 담당하게 하는 체제를 만들려면 소추관인 검사의 의도대로 경찰이 수사를 해줄 수 있어야 한다. 그러면 검사는 경찰의 수사결과만을 토대로 수사절차를 진행하고 공소유지를 할 수 있을 것이다. 그러나 현실에서는 이러한 이상적인 모습으로 나타나지 않는다.

현실에서는 경찰의 수사진행이 검사의 의사에 맞게 행해지지 않을 수도 있

---

2) 구병삭, 『신헌법원론』, 박영사, 1995, 912면; 권영성, 『헌법학원론』, 법문사, 2002, 909면; 김철수, 『헌법학 개론』, 박영사, 1999, 1035면. 소수설로서 정종섭, 『헌법학원론』, 박영사, 2014, 1221면에서는 법원의 재판을 전제로 하는 공소의 제기와 이와 연관된 체포나 구속은 금지되나 수사는 할 수 있다고 하며 압수, 수색도 가능하다고 한다.

3) 다만 대통령을 피의자로 수사하는 것은 불가능하지만 다른 사람에 대한 수사에 있어 참고인으로 수사하는 것은 가능하다고 할 것이다.

고, 때로는 법률상, 사실상 복잡하여 경찰에 맡기기 어려운 경우도 있을 수 있으며 경찰관이 관련된 사건과 같이 성질상 경찰이 수사하는 것이 부적절한 경우도 있을 수 있다. 나아가 중요한 증인의 진술 등은 공판에서의 신문 등을 위해 검사가 직접 그 내용을 확인할 필요가 있는 경우도 있다. 이러한 다양한 경우에는 검사가 직접 수사행위를 할 수밖에 없는 것이다. 다만, 검사가 직접 이러한 수사활동을 하는 양과 범위는 각국의 고유한 상황에 따라 다르다.

2. 사법경찰관에 대한 수사지휘기관

1) 검사와 사법경찰관의 관계에 관한 입법유형

소추권자로서 공소권과 수사권을 갖는 검사와 구체적 수사활동을 하는 사법경찰관의 관계를 어떻게 설정할 것인가에 대하여는 두 가지의 입법유형이 있다. 대륙법계는 사법경찰관이 수사에 관하여 검사의 지휘를 받도록 하고 검사의 지휘에 따를 의무를 규범적으로 부여하는 지휘관계로 구성하며 우리나라도 이 유형에 따르고 있다. 이에 반해 미국, 영국 등의 영미법계는 검사와 사법경찰관을 지휘관계로 설정하지 않고, 경찰은 독자적으로 수사를 한다.

그러나 소추는 수사절차를 이끌어 가는 권한으로서 절차를 계속 진행할지 여부는 소추권자가 결정하므로 그 성질상 소추권이 경찰의 수사권에 우월할 수밖에 없다. 그러므로 영미법계에서도 지휘와 따를 의무라는 식으로 규범적 관계는 없으나 소추권자의 판단을 위한 증거 보완 등에 있어서는 사실상 지휘가 이루어지는 실무가 형성된다. 예컨대 경찰이 피의자를 체포하였는데 검사가 증거관계의 부족이나 사안의 성질 등에 비추어 더 이상 절차진행이 어렵다고 판단하여 피의자를 석방할 것을 결정하면 경찰은 이에 따라야 한다. 이는 지시와 복종의 규범적 관계는 아니나 절차의 진행이 소추권자의 권한이기 때문이다. 나아가 경찰이 입건하여 수사하는 사건에 있어서 증거관계가 부족하면 검사가 절차의 계속을 위해 증거의 보완을 요청하며 만약 경찰이 이에 불응하는 경우 검사는 절차진행을 종료하는 결정을 한다. 그러면 더 이상 그 사건의 절차는 진행되지 않는다. 따라서 그 사건의 절차를 진행시키기 위해서는 경찰은 검사의 요청에 따라 증거를 보완하여 줄 수밖에 없는 것이다.

2) 대륙법계 검사의 수사지휘의 기능

대륙법계 국가들이 채택하고 있는 사법경찰관에 대한 검사의 수사지휘권은 소추권자의 소추기능을 원활하게 하기 위해 수사의 방향을 지도한다든가 보완할 증거를 지도한다든가 하는 지도기능과 사법경찰관의 수사에 있어 불법, 부당이 있는 경우 이를 시정하기 위한 통제장치로 작동하는 통제기능을 가지고 있다.

앞에서 본 바와 같이 검사가 소추기능의 원활한 수행을 위해 수사의 방향이나 보완해야할 증거 등에 대해 사법경찰관을 지도하는 기능은 대륙법계든 영미법계든 소추권과 수사활동자의 관계상 보편적으로 나타난다.

반면에 대륙법계에서 검사에게 인정하는 사법경찰관에 대한 수사지휘는 이에서 더 나아가 사법경찰관의 부적법하거나 부적절한 수사행위에 대한 통제기능을 수행한다.[4] 이는 사법경찰관의 권한이 크고 중앙집권적으로 조직화되어 있는 프랑스나 독일에서 사법경찰관의 인권침해를 방지하고, 경찰의 권한남용을 통제하기 위한 수단으로 검사에게 부여한 권한이다. 또한 국민의 대표인 의회에 의해 정부의 권력행사가 상시적(常時的)으로 통제되는 구조를 가져야 한다는 실질적 민주적 정당성의 관점에서 보면,[5] 현행법상 의회를 통해 국민에 대해 수사에 관한 최종적인 책임을 지는 것은 법무부장관이다. 따라서 사법경찰관의 수사권행사도 법무부장관의 지휘체계에 속해야 하는데 법무부 소속인 검사의 지휘권을 매개로 하여 그 지휘체계 속으로 들어오게 되어 민주적 정당성의 체계를 갖추게 된다.

이러한 사법경찰관에 대한 통제권한도 검사의 직무 중 중요한 부분이며 이러한 통제기능의 수행을 위해 규범적으로도 지휘에 따라야 할 의무를 법적 의무로 확립한 것이다(검찰청법 제4조 제1항 제2호, 형사소송법 제196조 제3항). 수사

---

4) Griesbaum, *StPO–Karlsruher Kommentar 6.Aufl.*, C.H.Beck, 2008, § 163 Rdnr.3 에서도 검사의 사법경찰관에 대한 수사지휘권을 통제권한(Kontrollbefugnis)과 지도권한(Leitungsbefugnis)으로 설명한다.

5) 실질적 민주적 정당성의 개념에 대해서는 Böckenförde, "Demokratie als Verfassungsprinzip," *Haudbuch des Staatsrechts der Bundesrepublik Deutschland*(HdBStR) Bd Ⅱ, C.F.Müller, 2004, § 24 Rdnr. 9; Jarass/Pieroth, *GG*, C.H.Beck, 2004, § 20 Rdnr. 9a.

지휘권의 내용 중 송치명령 제도는 특히 통제기능 수행을 위해 매우 중요한 수단이다. 지휘에 따르지 않을 때, 또는 지휘만으로는 인권침해나 권한남용상황을 해결하기 어려운 때에는 사법경찰관으로 하여금 해당 사건의 수사를 중단하게 하고 사건을 검사가 직접 수사하게 된다.

3. 법원에 대한 견제기관

법원에 대해 법령의 정당한 적용을 청구할 권한은 검사를 단순한 소추기관으로서가 아니라 법원에 대한 견제기관으로서의 지위를 부여한 것이다(검찰청법 제4조 제1항 제3호). 따라서 검사는 단순한 당사자가 아니다. 이는 대륙법계 검찰제도에서 인정하고 있는 권한이며 영미법계의 검사와 다르다. 대륙법계 검찰제도의 연혁에서 보았듯이 규문시대에 법관들이 행한 권한남용을 경험한 후 프랑스 혁명 전후에 이를 통제할 기구의 필요성이 제기되었고 개혁론자들은 법원이 재판과정에서 법을 준수하는지를 감시하고 견제하는 기관을 둘 것을 구상하였다. 프랑스 혁명 초기에는 공소관과는 별도로 왕의 대리인(Commissaire du Roi)[6]이라는 직을 두어 이 임무를 담당하게 하였는데 나폴레옹 시대에 검찰로 통합되어 검사의 임무 중 하나가 되었다.

검사의 법원에 대한 견제기능은 법원의 중요한 재판(판결, 결정 포함)에는 사전에 검사의 의견을 듣는 제도와 부적정한 재판에 대한 검사의 상소권으로 행사된다. 예컨대 형사소송법상 법원이 보석, 구속취소, 구속집행정지결정 등을 하기 전에 검사의 의견을 묻도록 하는 제도(형사소송법 제97조 제1항, 제2항, 제101조 제2항)도 구속된 피의자의 구금에 관한 중요한 결정을 함에 있어서 검사가 견제하도록 한 제도이다.[7] 검사의 상소권이 공소관인 검사가 공소관련 활동을 함에 있어서 소송절차의 당사자로서의 권한으로 기능하는 측면도 있으나 검찰제도 도입 당시 논의에서는 법원에 대한 견제기능으로서의 의미가 매우 중요하게 생각되었다. 그러므로 피고인을 위한 상소도 가능한 것이다.

검사가 법원에 대한 견제기관으로서 기능하는 것은 당사자주의를 취하는

6) 이는 종전에 있던 왕의 법률대리인이라는 직무로서의 왕의 대관과 다르다.
7) 독일 형사소송법 제33조 제2항은 공판정 외에서 하는 법원의 결정은 서면 또는 구두로 검사의 의견을 들은 후 행한다고 규정하고 있다.

영미법계의 국가들에는 없는 기능이다. 영미법계는 배심재판에 따라 사실판단을 국민이 직접 행하므로 관료인 검사가 국민을 견제한다는 생각을 하지 않는 것이다. 따라서 우리나라에서 검사의 상소권을 제한하려 하는 것은 검사가 가지는 법원에 대한 견제기능을 없애는 것이어서 시스템상으로 그러한 경우 법원에 대한 견제는 어떤 방식으로 할 것인가, 배심재판으로 변경할 것인가 등에 대한 검토를 선행할 필요가 있는 것이다.

4. 재판의 집행 지휘·감독기관

재판의 집행은 검사가 한다(검찰청법 제4조 제1항 제4호, 형사소송법 제460조). 검사는 사형 또는 자유형의 집행을 위하여 형집행장을 발부하여 구인하도록 한다(형사소송법 제473조). 다만, 구속영장의 집행이나 압수·수색영장의 집행은 예외적으로 재판장·수명법관·수탁판사가 재판집행을 지휘할 수도 있다(형사소송법 제81조, 제115조). 구금형의 집행은 구금시설에서 행하게 되는데 검사는 집행의 지휘만 할 뿐이고 구체적인 구금집행은 구금시설의 장이 행한다.

5. 국가송무기관

검사는 국가를 당사자 또는 참가인으로 하는 소송과 행정수송 수행 또는 그 수행에 관한 지휘·감독을 담당한다(검찰청법 제4조 제1항 제5호). 형사소송뿐만 아니라 민사, 행정 소송의 영역에서도 정부의 법률가로서의 지위에 따라 이러한 직무를 유지하고 있다.

6. 다른 법령에 따른 권한

검사는 검찰청법 제4항 제1호부터 제5호까지의 직무 이외에 다른 법령에 따라 그 권한에 속하는 사항으로 규정된 직무를 수행한다(검찰청법 제4조 제1항 제6호). 예컨대 민법상 성년후견개시청구권(민법 제9조), 부재자재산관리처분청구권(동법 제22조), 실종선고청구권(동법 제27조), 친권상실청구권(동법 제924조) 등을 들 수 있는데 정부의 대표법률가 또는 공익의 대표자로서의 지위에 따른 것이라 하겠다.

Ⅱ. 검사의 직무관할

1. 소속 검찰청 관할

검사는 법령에 특별한 규정이 있는 경우를 제외하고는 소속 검찰청의 관할구역에서 직무를 수행한다(검찰청법 제5조). 검찰청의 관할구역은 법원의 관할구역에 대응하는데 법원의 설치와 관할구역을 정하기 위해 각급 법원의 설치와 관할구역에 관한 법률이 마련되어 있다. 이 법률에 따라 설치된 각급 법원에 대응하여 검찰청이 설치되고 그 관할구역도 법원의 관할구역과 같다.

2. 필요한 때의 예외

한편, 검사는 수사에 필요한 때에는 관할구역이 아닌 곳에서 직무를 수행할 수 있다(검찰청법 제5조 단서). 따라서 필요하다고 인정할 때에는 관할구역 이외의 곳에서 체포, 구속, 압수·수색 등의 강제수사도 할 수 있다. 다만, 체포, 구속된 피의자의 구금은 특별한 사정이 없는 한 관할구역 내에서 행하게 될 것이다.

사법경찰관은 검사의 지휘를 받아 수사를 하므로 사법경찰관의 직무관할도 검사의 관할에 따라 결정된다. 다만, 지방검찰청 또는 지청의 관할구역 내에 여러개의 경찰서가 설치되고 있고 경찰 내부에서 각 경찰서의 관할구역을 정하므로 그 내부규정에 따라 직무관할이 정해질 것이다. 그러나 사법경찰관이 지휘계통에 있는 검사의 관할구역을 벗어나 수사를 하고자 할 때에는 미리 그 필요성에 대해 검사의 지휘를 받아야 한다. 관할구역 이외에서 수사할 필요성이 있는지를 판단하는 것은 검사의 권한이기 때문이다.

이와 관련하여 형사소송법 제210조는 사법경찰관리가 관할구역 외에서 수사를 하거나 관할구역 외의 사법경찰관리의 촉탁을 받아 수사할 때에는 관할 지방검찰청 검사장 또는 지청장에게 보고하여야 한다고 규정하고 있다. 여기서 보고해야 하는 관할지방검찰청 검사장 또는 지청장이 관할구역에서 지휘계통에 있는 검사장 또는 지청장인지 아니면 수사를 하고자 하는 곳을 관할하는 검사장 또는 지청장인지 문제된다. 이 조문의 입법과정의 논의를 보면 수사를 하고자 하는 곳을 관할하는 검사장 또는 지청장을 의도한 것으로 보인다.[8)]

그런데 직무관할과 관련된 지휘계통을 명확히 하기 위해서는 사법경찰관리는 자신이 속해 있는 지휘계통상의 검찰청, 즉 자신이 속한 경찰서의 지역을 관할하는 지방검찰청 검사장 또는 지청장에게도 관할구역 외에서 수사를 하는 것에 대해 보고를 하여야 할 것이며 이는 특별한 규정을 두지 않더라도 지휘관계에서 도출될 것이다.

따라서 실무상으로는 자신이 속한 경찰서의 지역을 관할하는 검찰청 검사장 또는 지청장에게 보고하고 이러한 보고를 받은 검사장 또는 지청장이 그 사법경찰관리가 직무를 행하고자 하는 지역을 관할하는 지방검찰청 검사장 또는 지청장에게 연락을 취하여 그 지역의 지휘계통에 있지 않은 사법경찰관리가 그 지역 내에서 수사를 하게 되는 것에 대해 알려주는 방식을 취하면 적절할 것으로 본다.

---

8) 형사소송법 초안에 대한 공청회에서 조문 설명을 하는 서일교 전문위원은 "사법경찰관이 자기관할구역에서 수사를 할 때에는 관계없지만 다른 검사장의 관할구역에 들어가서 수사를 할 때에는 그 관할 검찰청 검사장이라든지 지청장의 지휘를 받는 것이 어떻겠느냐 이러한 의견입니다."라고 설명을 하고 논의과정에서 엄상섭 의원이 "남의 관할에 들어가서 일을 하면서 거기의 책임자에게 하등 연락도 없이 해서는 안 될 것입니다."라고 언급을 하였다. 대검찰청, 『형사소송법 제정·개정 자료집』, 1997, 332-333면.

제 3 장

검사의 지휘관계

Ⅰ. 검사동일체 원칙 논의

1. 의　　의

검사동일체 원칙은 모든 검사들이 검찰총장을 정점으로 피라미드형 계층적 조직체를 형성하고 일체불가분의 유기적 통일체로서 행동한다는 것을 말한다.[1] 이러한 검사동일체 원칙을 유지하는 장치로서 상급자의 지휘권과 이행의무(검찰청법 제7조 제1항), 검찰총장과 각급 검사장 또는 지청장이 소속 검사로 하여금 자신의 직무를 수행할 수 있도록 하는 직무위임권(검찰청법 제7조의2 제1항), 검찰총장과 각급 검사장 또는 지청장의 직무승계권과 직무이전권(검찰청법 제7조의2 제2항) 등이 들어진다.

검사동일체의 원리에 따라 검사는 직무대체성이 있으므로 검사가 교체되어도 소송법상 효과에는 영향이 없으며 법원에서 판사의 교체시 행해지는 바와 같이 절차의 갱신이 필요없다.

1) 이재상/조균석, 『형사소송법』, 박영사, 2016, 98면.

또한 특정 검사에 대해 제척, 기피하는 것도 동일체인 다른 검사로 교체시키는 것이므로 법적인 의미가 없다.[2] 다만, 현행법의 해석상 법관에 대한 제척, 기피제도를 유추적용하여 검사에게도 제척, 기피를 인정하여야 한다는 견해와[3] 입법론 차원에서 제척, 기피제도의 도입을 주장하는 견해도 있다.[4]

2. 검사동일체 원칙의 연혁

1) 프랑스에서의 연혁

(1) 직무대리의 근거 개념으로서 형성

검사동일체(indivisibilité du ministere public)라는 개념은 프랑스 혁명 후에 프랑스에서 근대적 검찰제도가 도입되면서 형성되었다. 검찰제도 도입 초기에는 검사의 직무가 법원의 직무에서 분할된 것이고 검사도 법관과 마찬가지의 사법관으로 생각되었다. 때문에 어느 검사가 업무를 수행하다가 그 업무를 다른 검사가 승계하여 행하는 경우에 법원에서 공판절차의 갱신절차가 필요한 것처럼 검사의 절차에서도 절차의 갱신이 필요한지에 대한 문제가 제기되었다. 예컨대 갑 검사가 공소제기를 하고, 을 검사가 공판정에서 공소유지 업무를 할 수 있는가, 만약 하게 되는 경우에 법원과 같이 갱신절차가 필요한가 하는 등의 문제이다.

이에 대해 검찰은 모든 검사들이 그 직무를 수행함에 있어서 그 관청의 구성원 전체가 그 행위를 하는 것과 같다는 것, 즉 모든 개개 검사들은 전체 검찰을 대표하는 것이라는 개념을 구성하였다. 이에 의하면 동일한 형사사건의 처리를 여러 검사가 서로 또는 순차적으로 처리하는 것이 가능하고,[5] 또한 검찰청의 검사장은 모든 사건에 관한 업무를 그 청 소속의 다른 검사에게 대리하게 할 수도 있게 되었다.

---

2) 강구진, 『형사소송법 원론』, 학연사, 1982, 95면; 이재상/조균석, 앞의 책, 101면; 임동규, 『형사소송법』, 법문사, 2013, 52면.

3) 배종대/이상돈/정승환/이주원, 『신형사소송법』, 홍문사, 2013, 54면; 신동운, 『간추린 신형사소송법』, 법문사, 2013, 14면; 정웅석/백승민, 『형사소송법』, 대명출판사, 2014, 74면.

4) 손동권/신이철, 『새로운 형사소송법』, 세창출판사, 2013, 59면.

5) Sättler, *Die Entwicklung der französischen Staatsanwaltschaft*, Dissertation, Universität Mainz, 1956, S. 182–183.

(2) 검찰의 피라미드적 구조와 내부조직에 관한 규율의 발생

법원이 하급법원과 상급법원으로 구별됨에 따라 검찰도 상급검찰청과 하급검찰청이 생겨 피라미드적인 구조를 가지게 되었고 이에 따라 상급검찰청과 하급검찰청의 관계, 동일 검찰청 내에서의 검사들의 관계 등이 문제되었다.

먼저 검찰은 법무부에 속하였으므로 법무부장관이 그 정점에 있고 이에 대법원(Cour de cassation, 파기법원이라고도 번역하기도 함)에 대응한 검찰청의 장과 고등법원(Cour d'appel, 항소원이라고도 번역하기도 함)에 대응하는 검찰청의 장이 직접 연결된다. 대법원에 대응한 검찰청의 장은 고등법원에 대응하는 검찰청의 장의 상급기관이 아니며 다만, 대법원에 오게 되는 사건들에 대하여만 지시를 할 수 있었다.[6]

그런데 고등검찰청의 장은 그 관할구역 내의 모든 검사들, 즉 공화국검사 및 경죄법원에 대응하는 검찰청의 공무원들에 대한 상급자였다. 지방법원에 대응하는 검찰청의 장은 경죄법원에 대응하는 검찰청의 공무원들에 대하여 지시권이 없었으며 이에 대하여 관여할 일이 있으면 고등검찰청의 장을 통하여 하였다.[7]

2) 독일에서의 연혁

(1) 직무승계·이전권, 직무대체성으로서의 검사동일체 개념의 성립

1846년 베를린에 최초로 검찰제도가 도입될 때는 검사가 1인이었다. 따라서 이 때에는 검사에 대한 지시, 복종의 문제는 법무부장관의 검사에 대한 지시권만이 문제되었을 뿐 검사동일체 원칙이라는 말은 불필요하였다. 그러다가 1849년 이 제도가 프로이센 전역으로 확대되면서 각 법원에 대응하는 검사들이 나타나게 되었다. 항소법원에 대응하여 고등검사(Oberstaatsanwalt)가, 그 외 지방법원 및 구법원에 대응하여 검사들이 하부조직으로 활동하게 되어 검찰은 피라미드 조직을 가지게 되었다.

1849년의 프로이센의 법에는 '고등검사는 관할구역 내의 검사의 기능을 직접 또는 자신의 보조자를 통하여 승계할 수 있다'고 규정하여 고등검사의 직무승계권을 규정하였다. 법무부장관은 지침으로 이에 더 나아가 고등검사가 개별

---

6) Sättler, a.a.O., S. 182-183.

7) Sättler, a.a.O., S. 184.

사건에서 주임검사의 직무처리가 부적절하다고 판단할 특별한 사유가 있는 경우는 다른 검사로 대체할 수 있다고 하여 고등검사에게 직무이전의 권한을 부여하였다.

그런데 검사는 판사와 마찬가지로 사법(Justiz)의 한 기관으로서 탄생하였고 처음에는 검사도 판사와 같은 성격을 가지는 것으로 취급되어 사법기관에 요구되는 독립성이 인정되는 것으로 이해되었다. 따라서 판사의 경우는 개별사건에서 해당 판사의 직무를 다른 사람이 대체하거나 대리하여 행사하는 것이 허용되지 않음에 반하여 검사에 있어서는 개별사건에서 해당 검사의 직무를 다른 사람이 대체 또는 대리하여 행사하는 것이 모순되지 않는가 하는 의문이 제기되게 되었다. 이러한 의문에 대응하여 직무승계와 직무이전권에 의하여 인정되는 검사의 직무의 대체가능성을 설명하고 근거지은 것이 바로 '하나로 통일된 국가관청(einheitlichen Staatsbehörde)'이라는 개념이었다.[8] 즉 독일에서도 검사동일체 개념은 지시권, 즉 상명하복관계를 설명하기 위한 것이 아니라 검사직무의 대체가능성을 설명하기 위한 근거개념으로 사용되었던 것이다.

(2) 검찰내부의 지시권(상명하복관계)의 발생 및 명문화

프로이센 당시 법은 하부조직 검사에 대한 고등검사의 감독권만을 규정하였을 뿐 법무부장관이 가지고 있는 것과 같은 지시권은 규정하지 않았다. 그런데 고등검사가 감독권을 근거로 지방검찰청의 검사에게 지시를 하는 일이 발생하였고, 이에 대해 지방검찰청의 검사들이 고등검찰청의 고등검사는 지시권이 없다고 이의를 제기하면서 법무부장관에 이의서신을 보내게 되었다. 이에 대하여 법무부장관은 자신이 가지고 있는 지시권에 근거하여 지침으로 고등검사의 지시권을 인정하여 복종하도록 하였다.[9]

또한 처음에는 1심 법원에 대응하는 검찰에 1명의 검사와 검사보가 활동하였으나 점차로 검사의 수가 증가하면서 같은 검찰청 내의 검사들 사이에서도 지시권이 인정되는가가 문제되었다. 이에 대해 법무부장관의 지침으로 해당 청의 장이 청 내의 다른 검사들에 대한 지시권을 가진다는 점을 인정하였

8) Collin, *"Wächter des Gesetzes" oder "Organ der Regierung"?*, Vittorio Klostermann, 2000, S. 176.

9) Collin, a.a.O., S. 172.

고[10] 이후 이러한 내용이 독일제국 법원조직법에 명문화되었다.[11]

3) 검찰청법상 규정의 연혁

(1) 대한제국 시대

1895년의 재판소구성법에서는 법원을 1심 법원인 지방재판소, 한성재판소, 개항장재판소로서 인천재판소, 부산재판소, 원산재판소를 두고 2심 법원으로 부산재판소, 원산재판소 및 지방재판소 판결의 상소를 담당하는 순회재판소, 한성재판소와 인천재판소 판결의 상소를 담당하는 고등재판소를 두었고 왕족의 범죄사건을 담당하는 특별법원을 두고 있었다. 순회재판소 검사는 부산재판소, 원산재판소 및 지방재판소의 검찰사무를 감독하며, 검찰업무상 법률의 오해와 적용의 착오를 발견하는 때에는 하시라도 이를 개정할 수 있으며 검사에게 직무상 부당한 행실이 있음을 발견하는 때에는 그 실상을 조사하여 법부대신에게 보고하여야 하였는데(재판소구성법 제18조) 검사동일체 관련 규정이 구체적이지는 않았다.[12]

1907년의 재판소구성법[13]에서 검찰의 지휘체계에 대한 규정이 구체화되었는데 재판소에 대하여 검사국을 설치하고(재판소구성법 제3조) 검사국의 지휘체계에 대해 규정하였다. 검사국의 행정사무와 검찰사무는 법무대신의 감독에 속한다고 하여(재판소구성법 제6조) 법무대신의 검찰에 대한 지휘권을 규정하고, 지방재판소 검사국의 검사장은 해당 검사국 및 관할구역 내의 하급 검사국을 지휘·감독하며(재판소구성법 제21조), 2심 법원인 공소원(控訴院)의 검사국 검사장은 해당 검사국 및 관할구역 내의 하급 검사국을 지휘·감독하고(재판소구성

10) Collin, a.a.O., S. 178.

11) 독일제국 법원조직법에 규정된 조문의 내용은 현재까지 거의 그대로 유지되고 있다. 제145조(검찰의 장의 권한) 제1항: 주최고법원과 지방법원에 대응하는 검찰청의 장들은 그 관할구역 내의 모든 법원에 대응하여 검찰사무를 직접 승계하거나 그 감독하에서 먼저 담당하고 있는 검사와 다른 검사로 하여금 처리하도록 할 수 있다
제146조(지시구속성): 검사(*Beamten der Staatsanwaltschaft(검찰의 공무원들)로 되어 있으나 독일 검찰에는 검사와 부검사가 있으므로 한국법과의 비교를 위하여 이를 검사로 번역하여도 좋을 것임)는 상사의 직무상 지시에 복종하여야 한다.

12) 송병기 외 3인 편저, 『한말 근대법령자료집 I』, 대한민국 국회도서관, 1971, 346면 이하 참조.

13) 송병기 외 3인 편저, 『한말 근대법령자료집 VI』, 대한민국 국회도서관, 1971, 160면 이하 참조.

법 제27조), 3심 법원인 대심원의 검사국 검사총장은 해당 검사국 및 하급 검사국을 지휘·감독한다(제37조). 지휘체계를 지휘·감독이라는 용어로 규정하였고 아직 지시이행의무, 직무위임, 직무이전, 직무승계 등의 구체적 규정은 없었다.

(2) 일제강점기

일제강점기의 일본 구재판소구성법에는 검사동일체 원칙과 관련된 규정들이 있었다. 제82조에 '검사는 그 상관의 명령에 복종한다'고 하여 상사의 명령에 대한 복종의무를, 제83조에 '검사총장, 검사장 및 검사정은 그 각 관할구역 내의 재판소의 검사의 직무의 범위 내의 사무를 스스로 취급할 권한을 가진다. 검사총장, 검사장 및 검사정은 그 관할구역 내의 어느 검사가 취급하는 사건을 다른 검사에게 이전할 권한을 가진다'고 하여 직무승계와 직무이전권을 규정하고 있었다.

그런데 개개 검사를 관청으로 할 것인지에 대해서 당시 시행되던 구형사소송법에서는 형사소송법상 권한자로 '검사(明治 刑事訴訟法)' 또는 '검찰관(檢察官, 大正 刑事訴訟法)'이라는 용어를 사용하고 있었음에도 조직법인 재판소구성법에서는 '각 지방재판소 검사국에 검사정(檢事正)을 둔다. 검사정은 검사국의 사무취급을 분배지휘 및 감독한다. 다만 검사국의 그 외 검사는 사무취급에 있어서 모든 사건에 있어서 특별한 허가를 받지 아니하고 검사정을 대리할 권한을 가진다(일본 구재판소구성법 제33조)'라고 규정하였다. 그리고 이 규정은 항소원 검사국의 검사장 규정(일본 구재판소구성법 제42조), 대심원 검사국 검사총장 규정(일본 구재판소구성법 제56조)에서 준용되었다. 이는 독일의 법원조직법 제144조 규정에서 '검찰청이 복수의 검사로 구성되는 경우에는 1석 검사 이외의 검사들은 1석 검사의 대리인으로서 권한을 행사한다. 다만 직수수행에 있어서 대리에 관한 특별한 표시를 하지 않고도 행할 수 있다'고 한 규정과 유사하다.

식민지 조선에서는 조선총독부재판소령에 따라 총독부재판소가 설치되었는데 한일합병 직후에는 통감부재판소령의 통감을 조선총독으로 용어를 변경하는 것으로 개정하였다. 이에 의하면 지방재판소 검사국에 지방재판소 검사정을 두고 지방재판소 검사정은 그 국의 사무를 장리하고 관할구역 내 구재판소 검사국을 지휘·감독하며(제19조), 공소원(控訴院)검사장은 공소원 검사국의 사무를 장리하고 관할구역 내 하급 검사국을 지휘·감독하고(제18조), 고등법원검사장은 총독의 지휘·감독을 받아 고등법원 검사국의 사무를 장리하고 하급 검사국을 지휘·감독하도록 하고 있었다(제17조). 이후 1920년 조선총독부재판소령의 개정에 따라 지방법원, 복심법원, 고등법원 체제로 변화하였는데 지휘·감독관련 규정은 종래의 항소원 검사장이 복심법원 검사장으로 용어가 변경되었고(제18조), 구재판소를 지방법원지청으로 용어변경하면서 지방법원지청의 검사는 지방법원 검사정의 명을 승(承)하여 그 지청 검사분국의 사무를 행한다고 하여 지방법원 검사국 검사정과 지방법원지청 검사분국간의 지휘관계를 규정하였다(제20조 제1항).

(3) 해방 후 대한민국 검찰청법상의 규정

2차 대전 후에 일본은 검찰관련 규정을 재판소구성법에서 규정하던 독일법 체제에서 법원은 재판소구성법으로, 검찰은 검찰청법으로 분리하여 규정하는 체제로 전환하였다. 그런데 일본의 검찰청법에는 직무승계·이전만 규정하고[14] 상명하복규정이 규정되지 않았다. 그러나 상명하복은 검찰총장, 검사장 등의 지휘·감독 규정[15]에 의해 인정되는 것이고 이 규정들이 모두 검사동일체 원칙에 근거한 것으로 해석하고 있다.[16]

그런데 한국에서는 일본과 달리 제정 검찰청법에서부터 상명하복규정이 규정되어 왔다. 1948년 남조선과도정부법령 제213호에 의한 검찰청법 제12조에는 "검찰관은 상사의 명령에 복종함. 검찰총장 및 검사장은 소속검찰관으로 하여금 그 권한에 관하는 직무의 일부를 처리케 할 수 있음. 검찰총장 및 검사장은 소속검찰관의 사무를 자신이 처리하거나 또는 다른 검찰관으로 하여금 처리케 할 수 있음. 본 조의 규정은 지방검찰청지청장 및 간이검찰청장에게 준용함"이라고 규정되었다.

이후 1949. 12. 20.에 제정된 검찰청법에서는 제11조에 '검사는 검찰사무에 관하여 상사의 명령에 복종한다. 검찰총장과 검사장은 소속 검사로 하여금 그 권한에 속하는 직무의 일부를 처리케 할 수 있다. 검찰총장과 검사장은 소속

14) 日本 檢察廳法 제12조.

15) 日本 檢察廳法 제7조, 제8조, 제9조, 제14조.

16) 伊藤榮樹, 『檢察廳法逐條解說』, 良書普及會, 1986, 72-73面; 団藤重光, 『刑事訴訟法綱要』, 創文社, 1984, 98-99面.

검사의 직무를 자신이 처리하거나 다른 검사로 하여금 처리케 할 수 있다. 전2항의 규정은 지청장에게 준용한다'고 하였다.

현행법상으로는 '검사는 검찰사무에 관하여 소속 상급자의 지휘·감독에 따른다(검찰청법 제7조 제1항). 검사는 구체적 사건과 관련된 상급자의 지휘·감독의 적법성 또는 정당성에 대하여 이견이 있을 때에는 이의를 제기할 수 있다(검찰청법 제7조 제2항)'는 규정과 검찰총장과 각급 검찰청 검사장 또는 지청장은 소속 검사의 직무를 자신이 처리하거나(직무승계권), 다른 검사로 하여금 처리하게 할 수도 있다(직무이전권, 검찰청법 제7조의2 제2항)는 규정으로 분리되어 있다.

3. 검사동일체 원칙에 대한 비판론 검토

1) 단독관청성과 모순된다는 비판

검사동일체 원칙이 검찰권행사의 궁극적 주체를 검찰총장에게 귀속시키는 것이라면 이는 검사가 단독관청이라는 것과 모순된다는 견해이다.[17] 이러한 모순을 해결하기 위해서는 검찰사무는 모든 검사가 단독으로 처리하지만 모든 검사는 각급 검찰의 검사장, 그리고 궁극적으로는 검찰총장의 대리인으로 행위하는 것이라고 이해할 필요가 있다고 한다.[18]

2) 부당한 압력 우려와 지휘권의 한계 논의

검사동일체 원칙에 대해서는 검사의 검찰권행사에 부당한 압력이 전달되는 통로가 될 수 있다는 우려도 제기되고,[19] 직무승계나 직무이전권이 소속 검사의 일처리가 상급자의 마음에 들지 않을 경우에 사건을 직접 자신이 처리하거나 중도에 다른 검사에게 이전하거나 또는 편향적인 사건배당 등의 방법으로 소속 검사들이 소신껏 검찰사무를 처리할 수 없게 만드는 불합리한 일이 있을 수도 있다는 우려도[20] 제기된다.

그리하여 검사의 검찰권행사가 위법·부당하거나 형식적으로는 적법해 보

---

17) 배종대/이상돈/정승환/이주원, 앞의 책, 50면.
18) 위의 책, 51면.
19) 차용석/최용성, 『형사소송법』, 21세기사, 2013, 85면.
20) 이영란, 『한국 형사소송법』, 나남, 2008, 133면.

이지만 실질적으로는 검찰권의 남용이어서 그것을 방치하면 손해가 발생하거나 달리 그것을 억제할 적절한 방법이 없는 상황에서 보충적으로 발동되어야 한다는 방법적 한계론도 제시된다.[21]

또한 내용적으로 불법한 지시에는 복종할 의무가 없다는 견해,[22] 상사의 적법한 지휘에만 따라야 한다는 견해,[23] 상급자의 지시가 적법할 뿐만 아니라 정당하여야 하며 부당한 지시에도 복종할 의무가 없다는 견해,[24] 진실과 정의에 대한 의무가 검사의 지휘·감독관계의 한계가 되므로 검사는 자기의 법적 확신이나 양심에 반하는 상급자의 구체적 사건에 대한 지시는 거부해야 한다는 견해[25] 등이 제시된다.

3) 검 토

검사동일체 원칙은 첫째로, 단독관청인 전국의 검사가 검찰총장을 정점으로 고등검찰청 검사장, 지방검찰청 검사장, 지청장의 지휘감독권에 의해 결합되어 피라미드형의 기능상 기구를 형성한다는 것과 둘째로, 단독관청인 각각의 검사의 사무를 검찰총장, 고등검찰청 검사장, 지방검찰청 검사장, 지청장의 직무위임, 직무승계, 직무이전권 등을 통해 별개의 검사가 취급한 사무를 다른 검사가 처리하여도 1개의 관청이 처리한 것과 동일한 법률효과를 부여한다는 것을 내용으로 한다. 그런데 검사동일체 원칙에 관한 비판론은 주로 첫 번째의 지휘·감독관계와 관련한 것이라 할 수 있다.

먼저, 검사동일체 원칙이 검사의 단독관청성과 모순된다는 비판은 단독제 관청이라도 상급관청과 하급관청의 위계를 두어 지휘관계를 설정할 수 있다는 점에서 타당하다고 할 수 없다. 오히려 검사동일체 원칙에 관한 논의나 규정은 검사를 단독관청으로 규정하였기 때문에 필요한 것이다.

일반의 행정기관에서는 상급관청의 권한을 순차로 위임받아 분장하여 처리하는 관계로 상급관청과 하급관청의 관계를 규정하고, 관청 내부에서도 관청인 기관장과 보조기관들로 구성하기 때문에 지휘·감독관계나 직무이전, 직무

21) 차용석/최용성, 앞의 책, 85면.
22) 신동운, 앞의 책, 13면.
23) 손동권/신이철, 앞의 책, 57면.
24) 이은모, 『형사소송법』, 박영사, 2012, 66면.
25) 정웅석/백승민, 앞의 책, 72면.

승계, 직무위임은 별도의 규정이 없어도 당연한 것으로서 오히려 이러한 규정을 두는 것 자체가 넌센스라고 할 수 있다.[26] 그런데 검찰청법은 다른 행정기관들과 달리 개별 검사를 관청으로 규정하고 있고 검사의 권한도 상급관청의 권한을 순차적으로 위임받아 행하는 것으로 구성하고 있지 않으므로 관청과 관청간의 관계를 별도의 법률로 규정할 필요가 있는 것이다.

검사동일체 원칙에 대한 비판론은 주로 검사의 소신에 대한 부당한 압력 우려와 이를 방지하기 위한 지휘권의 한계 논의 등으로 전개되는데 이에 대한 적절한 검토를 위해서는 검사에 대한 지휘한계의 근거에 대한 보다 심층적인 이해가 필요하다. 이에 검사의 지휘관계와 그 구성에 대해 상세히 살펴보기로 한다.

Ⅱ. 검사의 지휘관계의 근거와 한계

1. 지휘관계 관련 법규정

1) 헌법과 정부조직법

헌법은 국가권력을 입법, 행정, 사법권으로 분리하고 행정권은 대통령을 수반으로 하는 정부에 속한다고 규정하고 있다(헌법 제66조 제4항). 정부는 수반인 대통령, 그리고 국무총리, 국무회의, 행정각부로 구성되는 행정부 및 감사원으로 구성된다.

헌법에 근거한 정부조직법은 행정 각부를 구성함에 있어 정부의 법무업무, 즉 검찰·행형·인권옹호·출입국관리 그 밖의 법무업무를 관장하는 기관으로서 법무부장관을 두도록 하였다(정부조직법 제32조 제1항). 한편, 검찰사무를 관장하는 기관으로서 법무부장관 소속으로 검찰청을 설치하도록 하고(정부조직법 제32조 제2항), 조직, 직무 범위 등에 관하여 따로 법률로 정하도록 하고 있는데(정부조직법 제32조 제3항) 이에 따른 법률로서 검찰청법이 있다.

정부조직법은 다른 법률에 특별한 규정이 없는 한 중앙행정기관을 부, 처,

26) 伊藤榮樹, 前揭書, 72面.

청으로 하도록 하고 있으며(정부조직법 제2조 제2항) 각 행정기관의 장은 소관사무를 통할하고 소속 공무원을 지휘·감독한다.

한편, 대통령은 정부의 수반으로서 법령에 따라 모든 중앙행정기관의 장을 지휘·감독하고(정부조직법 제11조 제1항), 국무총리는 대통령의 명을 받아 각 중앙행정기관의 장을 지휘·감독한다(정부조직법 제18조 제1항).

2) 검찰청법

검찰청은 검사의 사무를 총괄하는 중앙행정기관이며(검찰청법 제2조) 동법 제4조 제1항에 검사의 직무와 권한을 규정하고 있다. 그런데 여기서 검사의 직무권한에 대해 "법무부장관의 명을 받아" 또는 "법무부장관의 지휘를 받아"와 같이 법무부장관의 권한을 위임받아 행사하는 관계로 규정하지 않고 있다. 즉 검사의 권한은 법무부장관의 권한으로부터 파생된 것이 아니라 검찰청법에 의해 부여되는[27] 본원적 권한이다. 다만, 법무부장관의 지휘·감독관계하에 있으며 이에 대해 검찰청법은 다른 행정기관과 다른 특칙 규정을 두고 있다. 법무부장관은 검찰사무의 최고 감독자로서 일반적으로 검사를 지휘·감독하고, 구체적 사건에 관하여는 검찰총장만을 지휘·감독한다(검찰청법 제8조). 이와 같이 검찰조직 외부에 있는 법무부장관이 검찰에 대해 갖는 지휘관계를 외부적 지휘관계라고 한다.

또한 검찰내부적으로 검사는 검찰사무에 관하여 소속 상급자의 지휘·감독에 따른다(검찰청법 제7조 제1항)고 하여 지시복종관계를 규정하고 있다. 검찰총장, 각급 검찰청의 검사장 및 지청장은 소속 검사로 하여금 그 권한에 속하는 직무의 일부를 처리하게 할 수 있고(검찰청법 제7조의2 제1항), 소속 검사의 직무를 자신이 처리하거나 다른 검사로 하여금 처리하게 할 수 있다(검찰청법 제7조의2 제2항)고 하여 직무위임, 직무승계, 직무이전권을 규정하고 있다.

지휘·감독에 관하여 검찰청법은 검찰총장은 검찰청 공무원 전체에 대한 지휘감독권을(검찰청법 제12조 제2항), 고등검찰청 검사장은 그 검찰청 소속 공무원에 대한 지휘감독권을(검찰청법 제17조 제2항), 지방검찰청 검사장은 그 검찰청 소속 공무원에 대한 지휘감독권을(검찰청법 제21조 제2항), 지청장은 그 지

27) 헌법 → 정부조직법 → 검찰청법의 근거를 말한다.

청 소속 공무원에 대한 지휘감독권을(검찰청법 제22조 제2항)을 행사한다고 규정하고 있다.

이에 따라 검사는 검찰 내부에서는 검찰총장을 정점으로 하여 검찰총장→고등검찰청 검사장→고등검찰청 검사, 검찰총장→지방검찰청 검사장→지방검찰청 검사 또는 지청장 및 지청 검사로 이어지는 지휘체계하에 있다. 이러한 지휘권을 내부적 지휘관계라고 한다.

3) 형사소송법

조직규범인 헌법, 정부조직법 및 검찰청법과 별도로 형사절차의 기본규범인 형사소송법에서도 검사의 권한을 부여하는 조문들이 검사를 본원적 권한자로 규정하고 있다.

예컨대 현행 형사소송법상 수사권과 관련한 일반 규정으로 검사의 수사권을 규정한 형사소송법 제195조, 사법경찰관리의 자격과 수사권을 규정한 형사소송법 제196조 제1항, 제2항이 있다. 그 외 개별적인 수사행위와 관련한 권한들을 규정한 개별조문들이 있으나 이는 강제처분이나 특별한 수사행위와 관련된 절차규정이고 이러한 권한들을 종합하는 총체적 개념으로서의 수사권을 규정한 것은 위 조문들이다.

형사소송법 제195조는 검사의 수사라는 제목하에 "검사는 범죄의 혐의있다고 사료하는 때에는 범인, 범죄사실과 증거를 수사하여야 한다"고 규정하고 있다. 이 규정에 의해 검사의 수사권은 법률에 의해 곧바로 부여되는 것이며 다른 기관의 권한으로부터 파생되어 나온 권한이거나 다른 기관으로부터 위임받은 권한이 아닌 것이다. 즉 본원적인 수사권이다.

2. 민주적 정당성과 국가권력 지휘관계의 헌법상 근거

1) 민주적 정당성의 의의와 요소

(1) 민주적 정당성의 의의

헌법 제1조 제1항은 대한민국을 민주공화국으로 규정하여 국가권력구조의 형태로서 민주주의와 공화주의를 선언하고 있다. 또한 제2항은 대한민국의 주권은 국민에게 있고, 모든 국가권력은 국민으로부터 나온다고 규정하여 국민주권주의를 선언하고 있다. 민주주의는 국민주권주의에서 출발하되 국가권력을 국민 스스로가 행사하는 국가형태 또는 국가구조원리를 말한다.[28]

민주주의는 국민이 국가권력을 행사한다는 원리이므로 국민의 권력행사를 현실에서 구현하기 위해 국가권력의 조직이나 정부조직을 그러한 원리를 구현할 수 있도록 구성할 것을 요구한다. 그런 의미에서 헌법이 규정하고 있는 민주주의는 국가권력 및 정부형태를 규정하는 의미도 가지며 나아가 국가권력의 보유 및 행사에 대한 조직원리라고 할 수 있다.[29]

국가권력 및 정부형태의 하나로서의 민주주의는 국가권력행사가 국민의 권력행사로 인정되기 위해서 모든 국가권력에 대해 국민에 의해 일정 수준으로 정당성을 부여받을 것을 요구한다. 이를 민주적 정당성(demokratische Legitimation)이라 한다.[30] 민주적 정당성은 국가권력행사에 대해 국민의 영향력을 효과적으로 미치게 하는 것을 목적으로 하며[31] 그 정당성의 정도는 행사되는 국가권력의 결정력이 중요하면 할수록 더 높은 수준을 요구하게 된다.

(2) 국가기관의 조직원리로서 민주적 정당성의 요소

국가기관의 설치와 조직에 있어 요구되는 민주적 정당성의 요소로는 ① 헌법제정권력인 국민이 입법, 행정, 사법권력을 각각 고유한 기능과 조직을 가지는 기관으로 구성하고 이들을 통해 국민으로부터 나오는 국가권력을 행사한다는 의미에서 헌법이 기구의 설치와 임무에 대한 근거를 규정함으로써 뒷받침되는 기구적, 기능적 정당성,[32] ② 국가권력을 담당하는 기관들이나 그 담당자들에게 국민으로부터의 정당성의 사슬이 끊김이 없이 연결되어야 한다는 조직상의 인적 정당성,[33] ③ 국가권력이 항상 국민의 뜻에 맞게 행사될 수 있도록

28) 정종섭, 『헌법학원론』, 박영사, 2014, 132면; Böckenförde, "Demokratie als Verfassungsprinzip", *Handbuch des Staatsrechts der Bundesrepublik Deutschland (HdBStR) Bd Ⅱ*, C.F.Müller, 2004, § 24 Rndr. 9.

29) 정종섭 앞의 책, 32면; Böckenförde, a.a.O., § 24 Rndr. 9.

30) Jarass/Pieroth, *GG*, C.H.Beck, 2004, § 20 Rdnr 4; Waechter, *Geminderte demokratische Legitimation staatlicher Institutionen im parlamentarischen, Regierungssystem*, Duncker & Humbolt, 1994, S. 33; BVerfGE 93, 37/66f.

31) Böckenförde, a.a.O., § 24 Rndr. 14.

32) Waechter, a.a.O., S. 34.

33) Jarass/Pieroth, *GG*, C.H.Beck, 2004, § 20 Rdnr 9a; Böckenförde, a.a.O., § 24 Rndr. 16; Waechter, a.a.O., S. 34.

보장하는 것을 내용으로 하는 실질적 정당성[34)]의 요소가 있다.[35)]

이러한 요소들 중 실질적 정당성이 상시적으로 국가권력행사가 민주적으로 정당할 수 있도록 보장하는 요소로서 가장 중요하다고 할 수 있다. 실질적 정당성을 보장하는 방법으로는 두 가지가 논해진다. 첫 번째는 국가권력의 행사가 법과 법률에 기속되는 것이고, 두 번째는 국가권력의 담당자들의 권력행사에 대한 통제체제를 갖추는 것이다.[36)] 이 중에서 특히 두 번째의 통제체제를 갖추는 것이 실질적 정당성을 확보하기 위한 핵심요소라 할 수 있다. 국가권력의 행사가 헌법과 법률에 따라 행해져야 한다는 당위가 현실에서 구현되기 위해서는 국가권력이 헌법과 법률에 따라 행해지지 않는 경우 이를 시정할 수 있는 통제장치가 있어야 하기 때문이다. 따라서 이러한 통제장치를 마련하는 것은 민주적 정당성을 확보하기 위한 필수불가결의 요소이다.[37)]

정부의 행정권력행사에 대한 국민의 상시적 통제는 국민의 대표인 의회로부터 통제를 받고 의회에 대해 책임을 지는 것(Verantwortlichkeit gegenüber dem Parlament)으로 구현된다. 그런데 그러한 의회에 대한 책임원리는 그 책임을 지는 사람이 책임을 지기 위한 전제로서 소속기관이나 직원에게 지휘를 할 수 있는 지휘체계와 그러한 지시에 대해 지시를 받는 사람이 따라야 하는 기속력(Weisungsabhängigkeit)을 갖춤으로서 구현될 수 있다.[38)] 행정부의 권력에 있어서는 의회에 대해 책임을 지는 것이 장관이다. 장관은 소관업무에 대해 의회에 출석하여 답변하고, 극단적인 경우는 의회의 의결에 의해 해임될 수 있다. 이에 따라 의회에 대해 책임을 지는 장관을 정점으로 하는 지휘구조로 권력기관들이 구성된다.[39)]

---

34) Jarass/Pieroth, *GG*, C.H.Beck, 2004, § 20 Rdnr 9a는 materielle Legitimation이라고 하고, Böckenförde, a.a.O., § 24 Rndr. 21에서는 sachlich-inhatliche Legitimation이라고 하는데 내용상으로 보는 실질적 정당성이라는 의미이므로 실질적 정당성으로 번역한다.

35) 기능적·기구적 정당성, 인적 정당성, 실질적 정당성에 대한 상세한 설명은 이완규, "민주적 정당성의 관점에서 본 현행법상 수사권 구조와 지휘체계", 법조 2015. 2., 7면 이하 참조.

36) Jarass/Pieroth, *GG*, C.H.Beck, 2004, § 20 Rdnr 9a; Böckenförde, a.a.O., § 24 Rndr. 21.

37) Böckenförde, a.a.O., § 24 Rndr. 22.

38) Jarass/Pieroth, *GG*, C.H.Beck, 2004, § 20 Rdnr 9a; Böckenförde, a.a.O., § 24 Rndr. 21.; Waechter, a.a.O., S. 35.

39) Jarass/Pieroth, *GG*, C.H.Beck, 2004, § 20 Rdnr 10; Waechter, a.a.O., S. 35.

2) 현행법상 민주적 정당성 요소의 구현

(1) 기능적, 기구적 정당성의 구현

헌법은 주권을 다시 입법권, 행정권과 사법권으로 3분하고 있다. 입법권은 국회에 속하며(헌법 제40조), 행정권은 대통령을 수반으로 하는 정부에 속하고(헌법 제66조 제4항), 사법권은 법관으로 구성된 법원에 속한다(헌법 제101조 제1항). 우리나라도 의회를 통한 간접민주제를 채택하고 있다. 이와 같이 3권의 담당기구에 대한 헌법규정에 의해 이들 기관의 기능적, 기구적 정당성이 부여되고, 정부조직법, 국회법, 법원조직법 등 헌법의 위임규정에 따른 법률에 따라 구체적 기구들이 설치됨으로써 그 정당성이 이어진다.

나아가 헌법은 제8장에 지방자치의 규정을 두어 지방자치단체의 기능적, 기구적 정당성을 부여하고 있다. 지방자치단체의 조직과 운영은 법률로 정하며 이에 따라 제정된 지방자치법에 따라 구체적인 지방자치단체의 기구들이 설치됨으로써 그 정당성이 부여된다.

(2) 조직상 인적 정당성의 구현

입법권의 주체는 국회이다. 입법권의 행사는 국회라는 단체가 의결을 하여 행사하며 국회의원은 국회의 구성원으로 그 권한행사에 참여한다. 입법권의 구체적 행사자로서의 국회의원은 국민이 직접 선출하므로(헌법 제41조 제1항) 인적 정당성이 선거에 의해 직접 부여된다.

행정권은 정부에 속하며 대통령은 그 정부의 수반이다(헌법 제66조 제4항). 대통령은 행정권자인 정부의 수반으로서 정부를 통솔하여 정부를 통하여 행정권이 행사되도록 한다. 정부는 국무총리, 국무회의 및 행정각부로 구성된다(헌법 제4장 제2절).

대통령도 선거를 통해 직접적으로 민주적 정당성을 부여 받는다(헌법 제67조 제1항). 그런데 대통령을 수반으로 하는 정부의 각 공무원들은 민주적 정당성을 갖춘 대통령으로부터 임명됨으로써 인적 정당성의 사슬이 연결되어 간접적으로 정당성을 갖춘다. 국무총리는 대통령의 임명에 더하여 민주적 정당성을 갖춘 의회의 동의를 받음으로써 정당성의 수준이 더 강화되고 있고(헌법 제86조 제1항), 각부 장관은 임명과정에서 의회의 청문회를 거치도록 함으로써 정당성의 수준을 높이고 있다.

사법권 중 일반적인 사법권은 법관으로 구성된 법원에 속하며(헌법 제101조 제1항), 헌법재판에 관한 사법권은 헌법재판소에 속한다(헌법 제111조 제1항). 여기서 법원은 구체적으로 사건을 재판하는 재판기관으로서 활동하는 소송법적 의미의 법원을 말한다.[40] 국법상 의미의 법원, 즉 사법행정상의 관청으로서의 법원이나 관서로서의 법원은 사법권의 주체는 아니다.

법원에 있어서 대법원장은 직접적인 민주적 정당성을 갖춘 대통령의 임명과 의회의 동의를 통해 민주적 정당성의 사슬을 연결하여 간접적인 정당성을 갖추며(헌법 제104조 제1항), 대법관도 의회의 동의 및 대통령의 임명을 통해(헌법 제104조 제2항) 민주적 정당성이 부여된다. 이와 같이 대법원의 구성원들에 대해 대통령의 임명 이외에 국회의 동의를 받게 함으로써 민주적 정당성을 강화하여 사법권의 최고기관으로서 지위를 부여하고 국민에 대해 사법권행사에 대한 책임을 지는 최종 기관으로서 대법원의 지위가 헌법적으로 뒷받침된다. 이에 따라 헌법은 대법원을 최고법원이라고 규정하고 있다(헌법 제101조 제2항). 그 외 법관들은 이와 같이 민주적 정당성의 연결을 갖춘 대법원장으로부터 임명을 받음으로써(헌법 제104조 제3항) 정당성의 사슬이 간접적으로 이어지게 된다.

한편, 지방자치단체는 인적 정당성의 구현방법이 헌법에 규정되어 있지는 않으나 현행 지방자치법에서 지방자치단체의 장[41]과 지방의회 의원[42]을 국민이 직접 선출하도록 함으로써 인적 정당성이 구현되고 있다.

(3) 실질적 정당성의 구현

① 행정권력에 대한 실질적 정당성 체계

헌법은 국민의 대의기구로서 국회를 두고 있고 각 부 장관인 국무위원이 행정권력의 행사에 대해 국회에 대해 책임을 지는 체제를 구성하고 있다. 또한

---

40) 대법원의 전원합의체, 부, 고등법원의 각 부, 지방법원 및 지원의 합의부나 단독판사 등이 이에 속한다.

41) 현행법은 특별시, 광역시, 도, 특별자치시, 군 및 자치구로 구분하고 있으며(지방자치법 제2조 제1항) 이 자치단체의 장을 국민이 직접 선출하도록 규정하고 있다(지방자치법 제94조). 그 외 하부조직으로서 자치구가 아닌 구, 읍, 면, 동 등이 있으나 이들은 지방자치단체가 아니라 지방자치단체의 하부 행정기관이다(지방자치법 제117조).

42) 지방자치단체에 의회를 두고 그 의원을 국민이 직접 선출한다(지방자치법 제31조).

행정권력이 각부 장관의 지휘체계 안에 들어오게 구성함으로써 실질적인 민주적 정당성을 구현하고 있다.

먼저, 국회에 대한 책임이라는 관점에서 보면, 국회는 국무총리, 국무위원 및 정부위원을 출석시켜 보고를 받고 질문, 답변을 통해 그 권한행사의 정당성을 감독하고(헌법 제62조) 국정조사를 하며(헌법 제61조), 나아가 국무총리 또는 국무위원의 해임을 건의함으로써 정치적 책임을 물을 수 있다(헌법 제63조). 그러므로 우리 헌법상 행정권의 행사와 관련하여 국회에 대해 책임을 지는 것은 국무총리와 국무위원이다. 헌법은 행정권을 행사하는 행정부를 국무총리와 행정각부로 구성하도록 하고 있고(헌법 제2절), 행정각부의 장관은 국무위원 중에서 대통령이 임명한다(헌법 제94조). 따라서 국무총리와 국무위원인 행정각부의 장관이 국회에 대해 책임을 지는 행정권의 담당자이다.

헌법은 행정권의 담당자인 정부의 구성기관으로서 행정각부의 설치·조직과 직무범위를 법률로 정하도록 하고 있고(헌법 제96조), 이에 의한 법률로서 정부조직법이 있다. 정부조직법은 행정권을 영역별로 나누어 각 영역을 담당할 부를 정하고 장관을 그 부의 사무를 관장하는 최고 행정기관으로 규정하고 있다. 헌법상 행정권을 정부에 속하는 것으로 한 규정, 정부조직을 법률로 정하도록 한 헌법상 위임규정에 따라 제정된 정부조직법을 통하여 각부 장관은 소관 부의 업무에 관하여 헌법과 법률이 부여한 권한자가 된다.

다음으로 국무총리 및 행정 각부 장관은 소관 행정 업무에 관하여 국회에 대해 책임을 지므로 그 전제로서 소속 기관이나 공무원의 업무에 관하여 지휘할 수 있어야 할 것이다. 정부조직법 제2조 제2항은 중앙행정기관을 원칙적으로 부, 처, 청으로 한다고 규정하고 있는데 이와 같은 책임행정의 원리에 따라 처는 권력기관적 성격이 상대적으로 적고 통할기능과 관련이 있는 영역에 대해 설치하면서 국회에 대해 책임을 지는 국무총리실 산하로 두고,[43] 청은 장관의 소속으로 설치하였다.[44]

43) 현행법상 인사혁신처(제22조의3), 법제처(정부조직법 제23조), 국가보훈처(제22조의2), 식품의약품안전처(제25조)가 국무총리 산하에 설치되어 있다.

44) 현행법상 기획재정부장관 소속하에 국세청(정부조직법 제27조 제3항), 관세청(같은 조 제5항), 조달청(같은 조 제7항), 통계청(같은 조 제9항), 법무부장관 소속하에 검찰청(제32조 제2항), 국방부장관 소속하에 병무청(제33조 제3항), 방위사업청(같은 조 제5항), 행정안전부장관 소속하에 경찰청(제34조 제4항), 문화체육관광부장관 소

정부조직법 제7조 제1항은 각 행정기관의 장은 소관사무를 통할하고 소속 공무원을 지휘·감독한다고 규정한다. 이는 국무총리와 각 부 장관의 지휘감독권에 대한 일반규정이다. 장관 소속으로 청이 설치된 경우 청도 중앙행정기관이므로 청장이 그 소속 공무원을 지휘·감독하지만 그 청 또한 장관의 소속이므로 장관이 그 청장을 비롯한 공무원들에 대한 지휘감독권을 갖는다. 그러므로 예컨대 경찰법과 같이 청의 설치에 관하여 별도의 법률이 있는 경우에 그 법률에 그 소속 장관의 해당 청 소속 공무원에 대한 지휘감독권 규정이 없다고 하더라도 장관의 지휘감독권이 부정되는 것이 아니다. 그러한 지휘감독권 규정이 경찰법에 없더라도 그 상위의 근거법인 정부조직법[45]에 따라 당연히 지휘감독권이 있는 것이다. 그리고 경찰의 경찰권행사에 잘못이 있는 경우 국회에 대해 행정자치부 장관이 책임을 진다. 만약 그러한 지휘감독권을 부정한다면 경찰권행사에 대해서는 국회에 책임을 지는 사람이 없게 되므로 헌법적 요구인 민주적 정당성 원리에 반한다.

이와 같이 장관이 소관 사무를 통할하고 소속 공무원을 지휘·감독하는 권한을 가짐으로써 그 지휘체계하에서 각 부에 소속한 공무원들은 장관을 통하여 국민의 대표인 국회에 대해 책임을 지게 된다. 이렇게 하여 행정부의 모든 공무원들의 권력행사에 대한 실질적인 민주적 정당성의 체계가 갖추어져 있다.

② 사법권력에 대한 실질적 정당성 체계: 대법원과 심급구조

헌법은 사법권이 법원으로 구성된 법원에 속한다(헌법 제101조)고 규정하고 있다. 나아가 법관은 헌법과 법률에 의하여 그 양심에 따라 독립하여 재판한다(헌법 제103조)고 규정하여 재판기관의 독립성을 선언하고 있다. 이 규정에 의해 법관들의 재판업무에 있어서는 상급기관의 지휘·감독관계가 인정되지 않는다.

행정부에 있어서는 권력행사의 민주적 정당성을 실질적으로 보장하기 위해 장관이 국민의 의사를 대변하는 국회에 대해 책임을 지고 그 책임원리의 실현방식으로 장관 소속의 기관들의 권력행사와 관련하여 장관의 지휘감독권이 도달할 수 있는 체계를 갖추고 있음에 반하여 법관들의 재판권행사는 이와 같

속하에 문화재청(제35조 제3항), 농림축산식품부장관 소속하에 농촌진흥청(제36조 제3항), 산림청(같은 조 제5항), 산업통상자원부장관 소속하에 해양수산부장관 소속하에 해양경찰청(제43조 제2항), 특허청(같은 조 제5항), 환경부장관 소속하에 기상청(제39조 제2항) 등이 있다.

45) 경찰법은 정부조직법 제34조 제4항에 근거를 둔 하위법률이다.

은 지휘·감독관계에 의한 통제를 통해 국민에 대한 책임을 보장한다는 민주적 정당성 보장원리에 대한 예외를 헌법적 차원에서 인정하고 있는 것이다.

그러나 개별 법관들의 재판권행사가 국민의 의사에 맞게 행사되어야 한다는 민주적 정당성의 원리는 재판권의 영역에서도 실현되어야 하므로 지휘·감독관계에 의한 통제방법과는 다른 차원에서 개별 법관들의 재판권행사의 적정성에 대해 국민의 관점에서 통제할 수 있는 구조는 마련되어야 한다. 그렇지 않으면 개별 법관들의 자의적인 재판권행사가 있는 경우 이를 통제할 수 없게 되고 이는 국민의 의사를 반영하여야 하는 민주주의의 원리에 반하게 된다.

이와 같이 지휘·감독관계와는 다른 차원에서 개별 법관들의 재판권행사가 국민의 의사에 맞도록 통제하는 방법으로 마련된 것이 심급구조와 상급심재판의 기속력이다. 즉 재판권행사에 있어서는 지휘·감독관계가 아니라 법원에 심급을 두고 하급심 법원의 재판은 최종심까지는 확정되지 않은 상태에 두면서 상급심 법원의 판단에 기속력을 부여하여 최종적으로는 최종심의 판단에 의해 하급심 재판의 적정성이 통제되도록 하는 체제로 재판권행사가 국민의 의사에 맞게 행사되도록 통제하는 것이다. 다만 여기서의 국민의 의사는 다수결에 의한 국민의 의사가 아니라 소수자도 포함한 국민 전체의 의사를 의미하며 따라서 다수결의 원리에 의해 지배되는 의회의 통제에 대해서는 예외가 인정되는 것이다.

한편, 관료적 체계에 의한 직업법관들이 재판권행사를 하는 경우가 아니라 국민이 직접 재판권행사를 하는 배심재판의 경우는 민주적 정당성과 관련하여 다른 차원의 정당성체계가 마련되는 것이다. 배심재판은 국민의 대표가 직접 유·무죄의 사실판단을 하는 것이고 직업법관은 이에 관여하지 않으므로 국민의 대표가 판단한 것을 국민의 의사에 맞는지 통제할 필요가 없는 것이다. 미국의 배심재판에서는 배심원이 판단한 유·무죄 판단에 대해 검사의 상소를 허용하지 않고 있는데 민주적 정당성의 관점에서 보면 이해될 수 있다.[46]

심급구조에 대해서 헌법 제101조 제2항은 법원은 최고법원인 대법원과 각

---

46) 이에 반해 우리나라에서 현재 행해지고 있는 국민참여재판은 배심원단의 유·무죄 판단은 직업법관에 대해 참고적 효력만 있고 최종적인 판단은 직업법관이 행하고 있으므로 그 직업법관의 재판권행사에 대한 민주적 정당성의 통제를 위해서 상소를 할 수 있도록 해야 하는 것이다. 현재와 같은 상황에서 상소를 허용하지 않는 것은 민주적 정당성의 관점에서 공백이 생기게 된다.

급법원으로 조직된다고 하고, 대법원과 각급법원의 조직은 법률로 정하도록 하고 있다. 현재 심급구조는 지방법원(또는 지원) 합의부 → 고등법원 → 대법원으로 이어지는 심급구조와 지방법원(또는 지원) 단독재판부 → 지방법원 합의부 → 대법원의 3심 구조로 구성되어 있다. 상급심재판의 기속력은 헌법에 규정되지 않고 법원조직법에 규정되어 있으나(법원조직법 제8조) 단순히 법률수준에서 창설된 규정이 아니라 심급구조에 관한 헌법의 명문규정과 민주적 정당성의 요구로부터 도출되는 헌법적 수준의 규범이라 할 것이다. 즉 하급심 법원들의 재판권행사가 국민의 의사에 합치하도록 통제하여 실질적 정당성을 갖추도록 하는 헌법적 수준의 장치인 것이다.

이러한 실질적 정당성의 요구라는 관점에서 보면 법원의 재판권의 행사에 있어서 최종적으로 국민에 대해 책임을 지는 것은 헌법에 최고법원으로 규정되어 있는 대법원이다. 즉 헌법은 대법원의 구성원인 대법원장과 대법관의 임명절차에 있어 국회의 동의와 대통령의 임명이라는 2중의 정당성 장치를 두고 있다. 따라서 법원의 권한행사에 있어 민주적 정당성의 최초 수임자는 대법원이며 따라서 법원 내부에서는 민주적 정당성의 근원이 대법원에 있다. 이는 헌법이 대법원을 최고법원으로 규정하고 있는 것과도 연결된다. 헌법은 대법원이 재판권의 행사에 대해 국민에 책임을 지게하고 있으므로 대법원은 하급심의 모든 법관들의 재판권행사가 국민의 의사에 맞게 행사되도록 통제할 권한과 책임이 있다. 그 방법은 심급제도와 상급심재판의 기속력인 것이다.

그러므로 법원의 심급구조를 정함에 있어서 3심제로 하는가 2심제로 하는가는 의회의 입법재량이 발휘될 수 있는 법률사항이지만 최종심이 대법원이 되는 것은 헌법원리인 민주적 정당성의 요구이다. 따라서 우리나라에서 대법원을 최종심으로 하지 않는 심급구조를 만드는 것은 민주적 정당성의 관점에서 보면 위헌의 문제가 발생할 수 있다.

만약 대법원 이외의 법원을 최종심으로 만들려면 그 최종심이 되는 법원의 구성에 있어서 민주적 정당성의 근원을 별도로 인정되도록 만들어야 한다. 예컨대 그 법원의 법관들을 국회의 동의를 얻어서 대통령이 임명하도록 변경하든가 아니면 미국의 예와 같이 주민들의 투표로 선출하든가 하는 식으로 민주적 정당성을 뒷받침하는 구조를 변경하여야 한다. 그러나 현행 헌법상으로는 불가능하다. 즉 그런 구조를 만들려면 헌법을 개정하여야 한다.

3) 지휘·감독체계 구성에 있어서 본원적 권한과 파생적 권한의 규율체계

(1) 본원적 권한과 파생적 권한

행정권을 담당하는 기관들을 조직함에 있어 헌법과 법률에 의해 곧바로 그 권한을 부여받는 담당자가 있고 그와 같은 담당자로부터 그 담당자의 권한을 위임받아 행사하는 담당자가 있다. 전자를 본원적(本源的) 권한이라 하고, 후자를 파생적(派生的) 권한이라 할 수 있겠다.

예컨대 헌법은 대통령을 국가원수로 규정하고, 행정권은 대통령을 수반으로 하는 정부에 속한다고 규정한다(헌법 제66조 제1항, 제3항). 유의할 것은 헌법이 행정권을 대통령의 권한으로 규정하고 있지 않다는 점이다. 다만 대통령은 정부의 수반이므로 행정권의 귀속체인 정부를 통할하는 것이다. 즉 헌법이 대통령에게 부여한 권한은 행정권의 주체인 정부의 통할권이다.

한편, 헌법은 행정권의 귀속체인 정부의 조직에 관하여 국무총리와 국무회의, 그리고 행정 각부를 규정한다. 그리고 행정 각부의 조직은 법률로 정하도록 하고 있어 이에 따라 정부조직법이 있다. 그러므로 행정 각부 장관의 그 부 업무에 대한 권한은 헌법과 정부조직법에 따라 직접 부여받은 권한이며 대통령으로부터 파생되는 권한이 아니다. 즉 이들의 권한은 헌법과 법률에 따라 직접 부여받은 본원적 권한이다.

반면에 헌법 제74조 제1항은 대통령을 군 통수권자로 규정하고 있다. 이에 따른 국군조직법도 제5조에 대통령을 군 통수권자로 규정하고, 제6조에서 국방부장관이 대통령의 명을 받아 합동참모의장과 각 군의 참모총장을 지휘·감독한다고 규정하고 있다. 즉 이들의 권한은 군권에 대한 본원적 권한자인 대통령의 권한을 위임받은 파생적 권한이다. 또 다른 예로 국무총리도 대통령의 명을 받아 행정 각부를 통할하는데(헌법 제86조 제2항) 이에 따라 국무총리의 행정 각부 통할권은 대통령의 정부 통할권으로부터 유래한 파생적 권한이다.

(2) 지휘관계를 설정하는 관계적 용어로서 '지휘를 받아'라는 문구

지휘관계를 설정함에 있어서 권한자의 보조기관을 통해 권한을 행사할 수도 있지만 권한자의 권한을 포괄적으로 위임하면서 위임받는 자가 하부 행정기관으로 권한자의 지휘계통하에서 자율적으로 권한행사를 할 수 있도록 하고 권한자는 필요한 경우 지휘감독권을 구체적으로 행사하는 관계를 설정하는 경우가 있다. 이 경우에 "명을 받아" 또는 "~의 지휘를 받아"와 같은 문구를 사용하는데[47] 이 문구는 권한의 위임과 지휘계통을 의미한다. 법률상 권한이 위임될 때 위임되는 권한을 특정하여 위임하는 경우도 있지만[48] 특정 부분의 위임이 아니라 전체 권한을 지휘계통 아래에서 포괄적 위임하는 경우에 이와 같은 문구를 사용한다.

이와 같이 상급기관과 하부기관의 관계가 설정되는 경우 하부기관은 상급기관의 지휘계통과 일반적 지시의 범위 안에서 일상적으로는 자신의 권한과 책임으로 행위를 하고 구체적인 사건에 있어 상급기관이 지휘할 필요가 있는 경우 그 지휘가 있으면 이에 따라 행하는 것이다.[49]

예를 들어 국무총리는 대통령의 명을 받아 행정 각부를 통할하는데 행정각부 통할권은 본원적 통할권자인 대통령의 권한으로부터 파생된 통할권으로서 대통령의 지휘체계하에서 그 권한을 행사하는 것이다. 그렇지만 이러한 업무를 함에 있어서 사사건건 대통령의 명을 받아야 하는 것이 아니고 대통령의 지휘계통하에서 일상적으로는 국무총리가 스스로 통할업무를 하되 대통령은 필요한 경우 일반적인 규범적 지시나 구체적 사안에 따른 구체적 지시를 하면서 지휘·감독을 하게 된다.

---

47) 이러한 규정의 예로, 대통령과 국무총리의 관계에 관한 헌법 제86조 제2항, 군통수권과 각 군의 지휘계통에 관한 국군조직법 제6조, 제8조(국방부장관은 대통령의 명을 받아 군사에 관한 사항을 관장) 등, 경찰권자로서의 경찰청장과 지방경찰청장 그리고 경찰서장 등의 지휘계통에 관한 경찰법 제14조 제2항(지방경찰청장인 경찰청장의 지휘·감독을 받아 관할구역의 국가경찰사무를 관장), 제17조 제2항(경찰서장은 지방경찰청장의 지휘·감독을 받아 관할구역의 소관사무를 관장), 대한민국 외교공관 설치법 제5조 제3항(대사관, 공사관의 장인 특명전권대사와 특명전권공사는 외교부장관의 명을 받아 소속 공무원을 지휘·감독), 형사소송법 제196조 제1항(사법경찰관은 모든 수사에 관하여 검사의 지휘를 받음) 등을 들 수 있다. 또한 지방자치법은 지방자치단체로 특별시, 광역시, 도, 특별자치도, 시, 자치구 등을 규정하면서 그 지방자치단체의 하부 행정기관으로서 자치구가 아닌 구, 읍, 면, 동을 두고 있다(지방자치법 제117조). 이 경우도 지방자치법 제119조에 자치구가 아닌 구의 구청장은 시장의, 읍장·면장은 시장이나 군수의, 동장은 시장(구가 없는 시의 시장을 말한다)이나 구청장(자치구의 구청장을 포함한다)의 지휘·감독을 받아 소관 국가사무와 지방자치단체의 사무를 처리하고 소속 직원을 지휘·감독한다고 규정하고 있다.

48) 예컨대 건축법 제82조 제1항은 국토교통부장관이 이 법에 따른 권한의 일부를 대통령령으로 정하는 바에 따라 시·도지사에게 위임할 수 있다고 규정하고 있다.

49) 伊藤榮樹, 前揭書, 171面.

그런데 이 문구에 따른 하부 행정기관의 설정은 행정기관 내부의 행정기구와 소속 직원들에 대한 업무분장과 이에 따른 사실상의 권한위임과는 다르다. 이러한 문구에 따라 하부 행정기관이 설정되는 경우도 있고 행정기관 내부조직간의 지휘관계를 설정하는 경우도 있는데 관청으로서의 별도의 하부 행정기관이 설정되는가 아니면 행정기관 내부의 조직의 지휘관계가 설정되는가는 규정에 따라 결정된다. 예컨대 검찰청법 제16조는 대검찰청에 설치되는 부, 국, 과의 부장, 국장 및 과장은 상사의 명을 받아 소관 부, 국, 과의 사무를 처리하며 소속 공무원을 지휘·감독한다고 규정하고 있는데 이 때에는 대검찰청이라는 기관의 내부조직으로서 설치되는 부, 국, 과의 장이 검찰총장으로부터 이어지는 지휘계통하에서 그 부, 국, 과에 부여되는 업무의 범위 내에서 포괄적인 위임을 받아 업무를 하는 관계를 설정하고 있다. 그렇지만 이들은 하부행정기관이 아니라 조직 내의 보조기관들이다.

행정기관 내부의 부, 과 등 조직과 그 소속 직원들은 그 행정기관의 장의 직접적인 지휘·감독하에서 행위하고 그 행위도 최종적으로는 그 장의 권한과 책임으로 행하게 된다. 예컨대 세무서의 소득세과 과장이 위임전결 규정에 따라 과장에게 부여된 권한을 전결 처리하더라도 그 행위는 세무서장의 명의로 행해지는 것이다. 그러나 하부 행정기관이 설정되는 경우 하부 행정기관은 그 명의로 그 권한과 책임으로 행위를 한다. 다만 상급기관과는 지휘·감독관계에 있으므로 상급기관은 그 지휘·감독을 부적절하게 한 경우 지휘·감독 책임을 지게 될 것이다.

(3) 본원적 권한자와 지휘관계의 설정문제

행정기관간의 관계가 본원적 권한자와 파생적 권한자인 경우는 파생적 권한자의 권한이 본원적 권한자로부터 위임된 것이므로[50] 지휘관계는 당연히 인정된다. 그런데 본원적 권한자라고 하더라도 그 상급기관의 지휘·감독을 받는 것으로 관계를 설정할 수 있다. 이는 국가의사의 통일성이나 단일한 국가의사 발현의 필요성, 나아가 최종적 책임과 효율적 국가운영 등의 필요에 따라 구성된다.

---

50) 伊藤榮樹, 前揭書, 171面.

본원적 권한자의 상급기관이 본원적 권한자에 대해 갖는 지휘권과 본원적 권한자가 파생적 권한자에 대해 갖는 지휘권에는 차이가 있다. 본원적 권한자는 파생적 권한자의 권한이 본래 자신의 권한이었으므로 직접 그 권한을 행사할 수 있으나 본원적 권한자가 아닌 지휘권자는 직접 그 권한을 행사할 수는 없으며 별도의 법적 근거가 필요하다. 직접 그 권한을 행사할 수 없는 경우 지휘권을 관철시키기 위해서는 인사권 등 다른 방법에 의한다.

예컨대 행정 각부 장관이 그 업무영역에 있어 본원적 권한자이지만 행정부의 수반인 대통령의 지휘·감독하에 있다(헌법 제66조 제2항, 제86조 제2항, 정부조직법 제11조 제1항). 대통령은 그 지휘감독권한을 통해 대통령이 가진 국정 운영 방향에 따라 정부를 이끌 수 있는 것이다. 지휘권의 내용으로는 지시권이 있으며 대통령의 지시에 중앙행정기관(부, 처, 청)의 장은 따라야 한다.

만약 대통령의 지시에 따르지 않는 경우는 어떠할까. 대통령은 중앙행정기관의 장의 명령이나 처분이 위법 또는 부당하다고 인정하면 이를 중지 또는 취소할 수 있다(정부조직법 제11조 제2항). 그러나 대통령이 본원적 권한자가 아니므로 예컨대 장관의 권한을 직접 행사할 수는 없다. 이는 본원적 권한자가 아닌 지휘권자의 지휘권의 한계이다. 국무총리의 행정 각부 통할권은 본원적 권한자가 대통령이고 국무총리가 파생적 권한자이므로 대통령이 직접 행사할 수도 있다.

본원적 권한자인 각 부 장관 등이 대통령의 지시에 따르지 않고 충돌하는 상황이 발생하는 경우 대통령은 그 권한을 직접 행사할 수는 없으나 장관의 임면권을 통해 장관을 교체함으로써 의사를 관철할 수 있다. 이와 같이 대통령이 그 의사를 관철할 수 있어야 국가원수, 국가의 대표, 정부 수반으로서 국민으로부터 임기 중에 국정을 운영할 권한과 책임을 부여받은 대통령의 직을 수행할 수 있고 그래야 민주주의 원리에 맞는 것이다. 헌법 제78조는 대통령이 헌법과 법률이 정하는 바에 따라 공무원을 임면하도록 하고 있는바 이러한 인사권이 뒷받침됨으로써 대통령의 지휘감독권이 공백없이 행사될 수 있다.[51]

---

51) 지휘관계에서 피지휘권자가 지휘에 따르지 아니할 때 지휘권을 보장할 수 있는 장치로서 ① 그 권한을 지휘권자가 직접 행사할 수 있도록 하는 직무승계권, ② 피지휘권자를 다른 사람으로 교체할 수 있는 인사권이 있다. 양자가 다 갖추어지면 지휘권의 관철은 가장 강력할 것이나 적어도 둘 중 하나는 확보되어야 한다. 그런데 직무승계권이 행사되려면 지휘권자도 스스로 그 권한을 행사할 수 있는 권한자여야 한다. 대

3. 법무부장관의 검찰에 대한 지휘관계: 검찰의 외부적 지휘관계

1) 행정권으로의 편입과 사법적 성격의 문제

프랑스 혁명 이전의 규문시대에는 수사권도 법원의 권한이었다. 물론 이 당시는 주권자가 왕이며 수사권도 왕의 주권으로부터 유래되는 것이었고 법원은 왕의 관료인 법관이 왕의 권한을 행사하는 기관이었다. 그런데 법원이 수사와 공소를 포함하는 소추업무와 재판업무를 함께 함에 따른 폐해에 대한 반성에 따라 프랑스 혁명 이후에 수사와 공소를 담당하는 소추업무를 분리하여 이를 검찰이 맡게 되었다.

한편, 프랑스 혁명에 따른 민주국가가 성립하면서 주권은 왕으로부터 국민의 것으로 이전되었고 3권 분립 원리에 따라 재판권은 법원이 담당하게 되었다. 이 때 종래에 법원이 관장하던 업무 영역 중 재판권만 행정권과 분리되는 독립된 영역으로 하고 소추권은 행정권의 일부로 편입하게 되었다. 이에 따라 이 업무를 담당하는 기관으로 도입된 검찰도 행정부의 일부가 되었다.

한편, 행정부에서 사법과 관련된 업무를 담당하는 것은 법무부이므로 이에 따라 검찰은 법무부장관의 소속으로 설치되게 되었고 법무부장관의 지휘권하에 속하도록 하여 행정권에 대한 민주적 정당성의 체계 안에 구성되게 되었다. 그러나 검사가 행하는 수사와 공소는 광의로 보면 분쟁의 법적 해결이라는 사법의 기능의 일부이며 재판과 밀접한 관련이 있는 성질이 있다. 그래서 행정권에 속하면서도 사법적 성격을 가지는 기능이라고 한다. 따라서 그 기능의 적정한 수행을 위해서는 중립성과 객관성이 필수적이며 법관에 준하는 독립성도 보장될 필요가 있다. 이에 따라 검찰은 지휘관계에 있어 행정부의 다른 기관들과는 구별되는 장치를 두고 있다. 또한 사법의 영역에서 행정부를 대표하여 법원에 대응하여 직무수행을 하는 것이므로 자격, 처우, 신분보장 등에 있어서 법관에 준하도록 규율되고 있다.

2) 외부적 지휘체계의 근거로서의 민주적 정당성

앞에서 본 바와 같이 민주주의 국가는 국가권력행사에 있어 민주적 정당성

통령은 장관과의 관계에 있어서 장관의 권한을 스스로 행사할 수는 없으므로 인사권으로 지휘권이 보장된다.

을 필요로 한다. 민주적 정당성의 요구 중 인적 정당성을 충족하기 위해서는 먼저 국가 권력기관의 임명에 있어 국민으로부터의 위임이라는 연결이 있어야 한다. 이는 선거 또는 선거로 선출된 기관으로부터 임명되는 것에 의해 연결사슬이 형성되어 정당화된다. 검사는 선출된 권력인 대통령으로부터 임명됨으로써(검찰청법 제34조 제1항) 인적 정당성을 부여받는다.

나아가 검사의 권한행사도 실질적 정당성을 충족하기 위해서는 상시적으로 국민의 의사에 적합하게 행사되어야 하며 이는 국민의 대표기관인 국회에 의한 상시적 통제와 국회에 대한 책임으로 보장된다. 이러한 책임구조로부터 예외가 인정되려면 국회의 통제가 미치지 않아도 될 정도로 권력적 성격이 적은 경우가 아닌 한[52] 국민전체의 의사인 헌법규범에 의한 예외가 필요하다. 헌법은 검사의 권한행사와 관련하여 국회에 대한 책임성에 대해 예외를 규정하지 않았으므로 검사도 이러한 책임의 체계 속으로 편입되어야 한다.

정부조직법은 검찰청을 법무부 소속으로 규정하고 있으며(정부조직법 제32조 제2항) 검찰청법은 법무부장관의 검찰에 대한 지휘감독권을 규정하고 있다(검찰청법 제8조). 이는 검찰의 권력행사에 대한 민주적 정당성을 보장하기 위한 요건이다.[53]

3) 검찰의 정치적 중립성과 장관의 지휘권의 한계

(1) 법무부장관 지휘권의 폐지논의

행정부의 한 조직으로서 검찰도 민주적 정당성의 원리상 장관의 지휘체계 하에 속하게 되어 있지만 앞에서 본 바와 같이 검사가 행사하는 검찰권의 사법

52) 이러한 예로 법률로서 독립성을 규정한 국가인권위원회(국가인권위원회법 제3조 제2항), 국민권익위원회(부패방지 및 국민권익위원회 설치에 관한 법률 제16조 제1항) 등이 있다. 이러한 기관들에 독립성을 부여한 것은 독립적 업무수행의 필요성과 함께 민주적 정당성의 관점에서 보면 권력적 성격이 적다는 이유이다. 따라서 이러한 기관들이 일정한 처분권과 같이 권력적 성격의 권한을 가지게 되면 헌법적 수준의 민주적 정당성 요구와 충돌한다. 그렇기 때문에 예컨대 인권위원회의 인권침해 구제관련 조치도 권고에 그치도록 하는 것이다.

53) Rautenberg, “Abhängigkeit der Staatsanwaltschaft”, GA 2006, 356ff. 독일 Brandenburg주 검찰총장인 Rautenberg는 검찰을 행정부에 배치한 현행 독일기본법상으로는 장관의 지휘권 부정은 의회에 대한 책임과 민주적 통제원리에 반하게 된다고 하면서 지휘권 부정을 위해서는 기본법개정이 필요하다고 한다; Hund, “Brauchen wir die unabhängige Staatsanwaltschaft?”, ZRP, 1994, 471.

적 성격에 따라 중립성과 객관성을 보장할 필요도 있다. 이에 따라 정치적 공무원인 장관이 검찰에 대해 지휘권을 행사하는 것이 검찰의 정치적 중립성을 해할 우려가 있다는 이유로 개별 사건에 있어 장관의 지휘권을 폐지해야 한다는 논의도 있다.[54]

그러나 장관의 지휘권을 부정하는 것은 민주적 정당성의 연결에 단절을 가져오게 되므로 만약 이런 연결을 부정하려면 민주적 정당성이 인정될 수 있는 다른 방법을 강구하여야 할 것이다.[55] 그런 방법으로는 검사를 직접 선거로 선출하여 직접적으로 정당성을 부여하는 방법이 있을 수 있는데[56] 이는 의회를 중심으로 하는 권력통제구조에 중대한 변화를 초래하는 것이고 주민자치를 의미하여 중앙집권적 국가권력 배분에도 변화를 초래하므로 이에 따른 전체적 구조변화를 충분히 검토할 필요가 있을 것이다. 이러한 민주적 정당성과 관련된 문제로 인하여 독일에서도 이러한 논의가 지속적으로 제시되나 법무부장관의 지휘권을 폐지하자는 주장은 현실화되지 않고 있다.[57]

---

54) 손동권/신이철, 앞의 책, 59면; 김희수/서보학/오창익/하태훈, 『검찰공화국 대한민국』, 삼인, 2011, 253면.

55) 이러한 민주적 통제의 단절은 민주적으로 통제되지 않는 검찰이 국가를 지배하는 나라가 될 우려가 있고, 개별 검사들이 자의적인 수사, 공소권행사나 부패로 가는 문을 여는 것과 같다고도 비판된다. Unterberger, "Weisungsrecht: Warum die Abschaffung falsch wäre", www.andreas-unterberger.at/2014/11/weisungsrecht-warum-die-Abschaffung-falsch-wäre

56) 미국의 많은 주에서 검사를 선거로 선출하는 제도를 채택하고 있다. 채동배, 『법으로 보는 미국』, 살림, 2004, 73-82면.

57) 1970년 독일법관협회의 검찰위원회에서도 이러한 제안을 한 일이 있으나 현실화되지는 못하였다. Kommission für die Angelegenheiten der Staatsanwälte im Deutschen Richterbund, DRiZ 1970, 187; Krey/Pföhler, "Zur Weisungsgebundenheit des Staatsanwaltes-Schranken des internen und externen Weisungsrechts", NStZ 1985, 146. 또한 최근으로는 2003. 9. 21. 드레스덴에서 Sachsen주 신법관연합(Neuen Richtervereinigung Sachsen), 민주와 인권을 위한 유럽 법률가 연합, 민주주의를 위한 법률가 연합 등이 공동주최한 국제회의에서도 구체적 사건에 관한 법무부장관의 지휘권을 폐지하는 것을 중심으로 한 선언문이 채택되기도 하였고(www.vdj.de/Erklaerungen/2003-09-21_Dresdener-plaedoyer.html), 2004. 3. Nordrhein-Westfalen주에서 기민당이 법무부장관의 지휘권을 폐지하는 법안을 제출하기도 하였으나(제안서 전문은 Nordrhein-Westfalen Drucksachen 13/5111에 게재되어 있으며 주 의회 인터넷 홈페이지인 www. landtag.nrw.de/portal/www/Webmaster/GB_1/1.4/Dokume에 게시되어 있다) 입법화되지는 않았다. 그 외 독일에서의 논의에 대해서는 김종구 외 7인, 『검찰제도론』, 법문사, 2012, 192-194면 참조.

(2) 장관의 지휘권 제한 논의

한편, 민주적 정당성의 보장을 위해 장관의 검찰에 대한 지휘관계를 인정하더라도 구체적 사건에서 검찰의 정치적 중립성을 보장하기 위해 법해석의 방법으로 장관의 지휘권을 제한하려는 논의도 있다.

독일에서는 법무부장관의 지휘권은 의회에 의한 국민의 통제를 위하여 인정되는 수단이므로 검찰권의 사법적 성격을 감안하면 검찰권행사가 위법하거나 심히 부당하여 도저히 묵과할 수 없는 경우에만 극히 제한적으로 행사되어야 한다고 한다.[58] 또한 최후수단으로서 행사되는 경우에도 지휘권행사 자체가 사건 외적인 영향력, 특히 정치적 영향력을 미친다는 외관과 오해를 불러일으킬 수 있으므로 최대한 자제되어야 한다고 한다.

또한 최근 독일 Schleswig-Holstein주에서는 법무부장관이 구체적 사건과 관련하여 검찰에 지시를 할 때에는 수사장애 등의 특별한 사유가 없는 한 주의회 의장에게 통보하도록 하는 법규정을 도입하였다.[59]

일본에서도 小田中總樹는 ① 검찰권의 운용이 정치적 의도에서 이루어지는 등 헌법 및 형사소송법의 정신을 몰각하는 악의를 가지고 이루어지거나 이루어지려고 할 것, ② 만일 이를 방치하면 회복하기 어려운 중대한 손해가 발생할 우려가 있을 것, ③ 달리 이를 억지할 수단과 방법이 없을 것, ④ 지휘내용이 필요하고 최소한도의 조치를 명하는 것일 것, ⑤ 법무대신은 지휘권행사의 이유를 검사총장에게 명백히 함과 동시에 이를 일반국민에게 공개할 것을 구체적 지휘권발동의 요건으로 제시하면서 결국 구체적 지휘의 적법성(유효성)의 판단은 정치적 여론의 장에서 이루어진다고 하였다. 그리하여 법무대신이 자신의 판단을 국회 내외에서 명백히 나타내야 함은 물론이고 검사총장도 만

58) 예컨대 2004. 11. 23. 독일 Mainz에서 개최된 독일법관협회 Rheinland-Pfalz주 분회의 50주년 기념행사에서의 논의결과 발표에서 당시로서는 장관의 지휘권 규정의 개정을 요구하지는 않으나 구체적 사건에서는 극히 예외적으로(außerordentlich selten) 행사되어야 한다고 주장되었다.www.richterbund-rlp.de/index.php?_=&kat_id=6&aktion=zeig&art_id=34.

59) 법률명칭은 "Gesetz zur Schaffung von Transparenz politischer Weisungen gegenüber Beamten der Staatsanwaltschaft"이다. Schleswig-Holstein 주 법무부 인터넷 홈페이지 2014. 10. 10.자 공보자료에서는 주 법무부장관 Anke Spoorendonk가 법률제정을 환영하는 취지의 언급을 하고 있다. http://www.schleswig-holstein.de/MJKE/DE/Service/Presse/PI/2014/Justiz/141010mjke_Weisungsrecht.html.

일 구체적 지휘가 부적법하여 무효라고 판단하는 경우에는 그 취지를 이유와 함께 명백히 하고 국회의 요구가 있으면 출석하여 비판을 받아야 할 것이라고 하였다.[60)]

4) 검찰총장을 통한 정치적 중립성 보장 장치

(1) 검찰총장을 통한 구체적 사건지휘의 의의

장관의 지휘체계에 대한 예외를 인정하지는 않되 장관의 지휘권에 의한 정치적 영향력 행사의 우려를 불식하고 검찰의 정치적 중립성을 확보하기 위해 검찰청법 제8조는 법무부장관은 구체적 사건에 대하여는 검찰총장만을 지휘·감독한다고 규정하고 있다. 같은 입법례로는 일본 검찰청법 제14조도 법무대신의 검찰에 대한 지휘권을 규정하면서 단서에서 구체적 사건의 수사 또는 처분에 관하여는 검사총장(檢事總長)만을 지휘할 수 있다고 규정하고 있다. 독일은 법무부장관이 실무상 검찰총장만을 통해 지휘한다는 점은 프로이센에서 검찰제도가 도입된 후 곧 정착되었다. 법규정상으로는 검찰총장만을 지휘한다는 규정이 없으나 실무에서는 일반적으로 이와 같이 해석하고 실무를 운영하고 있다.[61)]

일본에서는 이 규정의 입법과정에서 1947. 3. 19. 제92회 제국의회 중의원 본회의에서 사법대신 木村篤太郎이 제안이유를 설명하면서 "검찰관은 종래와 마찬가지로 사법대신의 지휘·감독에 따르지만 검찰권행사의 독립성을 담보하기 위하여 개개사건의 수사 또는 처분에 관해서는 사법대신은 검사총장만을 지휘할 수 있도록 되어 있다."고 설명하였다. 또 1947. 3. 28. 제국의회 귀족원 검찰청법안특별위원회에서 정부위원인 佐藤藤佐는 "종래와 같이 사법대신이 개개의 사건의 수사, 처분에 관해서도 모두 직접 개별 검찰관을 지휘한다고 하면 장차 여러가지 폐해가 있을 것으로 생각된다. 종래는 이와 같은 폐해가 나타나지 아니하였지만 점차 정당정치가 발전해 감에 따라 사법대신이 직접 개개의 사건의 처리에 관해서 개개의 검찰관을 지휘하는 것은 적당하지 않을 것

---

60) 小田中總樹, 法務大臣の指揮權について, ロー・スクール 53号 90面이하, 伊藤榮樹, 前揭書, 100面에서 재인용.

61) Schmidt/Schoreit, *StPO−Karlsruher Kommentar*, C.H.Beck, 2004, GVG § 147 Rdnr. 4.

이라는 생각에서 개개의 사안을 지휘하는 경우에는 반드시 먼저 검사총장에게 지휘하도록 하고, 검사총장은 사법대신의 지휘에 응하여 자신의 의견을 이에 덧붙여 적당한 조치를 하는 이러한 방식을 취하는 것이 장래의 검찰사무의 운영상 적절할 것으로 생각한다."고 하였다.[62)]

이 규정에 대해서는 일본에서는 검찰권이 행정권의 일부라는 점에 비추어 보면 법무부장관은 검찰행정사무든 검찰사무든 불문하고 검사가 행하는 모든 사무에 관하여 지휘감독권을 가지며 국회에 대해 책임을 지는 것인데 반면에 검찰권은 사법권과 밀접한 관계에 있어 사법권의 적정한 실현을 위해서는 검찰권이 공평타당하게 행사될 것이 불가결한 전제가 되므로 사법권의 독립을 확보하기 위해서는 검찰권도 입법권 및 다른 행정권으로부터 독립이 담보될 필요성이 있다. 따라서 책임정치의 원리에 따른 요청과 검찰권의 독립성 담보의 요청의 조화로서, 한편으로는 정부의 의회에 대한 책임에 있어서 검찰의 독선을 방지함과 동시에 다른 한편으로는 예컨대 정당의 이해나 사정에 의해 좌우되는 등 그 공평을 상실하는 운영에 빠지는 것을 피하기 위해 법무부장관의 검찰 전반에 대한 지휘감독권을 전제하면서도 검찰사무에 관한 지휘권행사에 대하여는 제한을 가한 것으로서 검찰권행사에 관하여 정부의 부당한 간섭의 기회를 줄일 수 있음과 동시에 만일 그러한 부당한 간섭이 이루어진 때에는 검사총장의 책임으로 올바르게 처리하도록 한 것이라고 설명된다.[63)]

(2) 법무부장관의 지휘에 대한 검찰총장의 책임문제

일반적으로는 법률상 지휘권에 의해 발동되는 지시는 그것을 따르는 경우 범죄가 되는 경우와 같이 위법한 경우가 아니면 이에 따라야 한다는 점에 지휘권의 의의가 있다. 따라서 지휘권자의 지시에 대하여는 중대한 위법이 있는 경우는 그 위법여부에 대하여 지시를 받는 사람이 판단을 하여 따르지 않아도 되지만 합법인 한 그 타당성이나 적절성 여부에 관한 사유로 지시를 거부하여서는 안 되는 것이다.[64)] 대신에 지시에 따르면 그 당부에 대한 책임은 지휘권자

62) 伊藤榮樹, 前揭書, 86-87面.

63) 伊藤榮樹, 前揭書, 86面.

64) Schmidt/Schoreit, *StPO-Karlsruher Kommentar*, C.H.Beck, 2004, GVG § 146 Rdnr. 11에서는 erkennbar strafbar oder ordnungswidrig로 설명하고 있는데 여기서 ordnungswidrig는 단순한 규정위반을 의미하는 것이 아니고 독일법상 질서벌법

가 지며, 이에 따른 사람은 책임에서 벗어나는 효과가 있고 이것이 지시관계에서의 법적 효과이다.[65]

그러면 검찰청법 제8조에서 법무부장관이 구체적 사건에 관하여 검찰총장을 지휘·감독하도록 하고 있는 규정에 있어서도 이와 같은 일반적 규정에 따라 검찰총장이 법무부장관의 지휘를 따르면 부당한 지휘였던 경우에도 검찰총장은 면책되는가. 그렇지 않다. 본 조는 검찰총장이 법무부장관과 대등한 지위에서 지시의 위법성이나 부당성에 대해 판단하도록 하여 정치적 영향력을 차단하고자 하는 의의가 있으므로 여기서 검찰총장만을 지휘한다는 제한문구의 규범적 의미는 법률상 지휘권행사와 관련된 법적 효과가 달라지는 점에 있다.

검찰총장만을 지휘한다는 것은 법무부장관의 지휘권행사에 대하여 그 지휘의 합법성이나 타당성 여부를 검찰총장이 스스로의 책임하에 검토하여야 할 의무와 권한을 부여하는 것을 의미한다. 즉 검찰총장은 법무부장관의 지휘를 스스로 검토하여 다시 자신의 지휘로서 소속 검사에게 지휘를 하는 것이다. 즉 검찰총장이 법무부장관의 지시를 받아들여 일선청에 그 지시를 하는 경우 이는 법무부장관의 지시를 단순히 전달하는 것이 아니라 검찰총장 자신의 지휘로서 지시하는 것이 된다. 따라서 법무부장관의 지휘를 수용하여 소속 검사에게 지시하는 경우 검찰총장은 그 지시에 대하여 스스로 책임을 지는 것이며, 이에 따른다고 하여 그 책임이 법무부장관에게 이전되는 것이 아니다.

(3) 법무부장관과 검찰총장의 이견대립시의 문제

① 정치적 문제상황

일반적으로는 법무부장관과 검찰총장의 의견이 다른 경우 검찰총장으로서는 자신의 의견을 법무부장관에게 개진하고 협의하면서 서로의 오해나 견해차이를 좁히고 해결을 보게 될 것이다. 이 상황은 법무부장관의 지휘권이 발동되는 단계가 아니며 그 전의 협의단계에서 해결되는 것이다.

그러나 그와 같은 단계를 거쳤음에도 법무부장관과 검찰총장 사이의 의견이 좁혀지지 않고 끝까지 대립되는 극단적인 상황이 발생한 경우에는 법무부

규인 Gesetz über Ordnungswidrigkeiten에 의해 처벌되는 경우를 말한다.

65) Schmidt/Schoreit, *StPO−Karlsruher Kommentar*, C.H.Beck, 2004, GVG §146 Rdnr. 11.

장관이 자신의 의사를 관철시키기 위해서 지휘권을 발동할 것인데 이 때 이 지휘권발동에 대해 검찰총장은 어떻게 대응해야 하는지는 정치적으로 어려운 문제상황을 야기한다.

② **검찰총장의 대응 방법**

검찰총장이 법무부장관의 지휘와 다른 의견인 경우에 검찰총장이 취할 수 있는 방법으로는 첫째, 불복이지만 그 지휘를 수용하여 따르는 방법, 둘째, 지휘에 따르지 않고 이에 반하는 지휘를 검찰내부에 하는 방법, 셋째, 사직하는 방법을 생각할 수 있다.

첫째 방법은 검찰청법 제8조에서 구체적 사건에 관하여는 검찰총장만을 지휘·감독한다는 문구에 특별한 의미를 부여하지 않고 이 조문을 단순히 지휘·감독의 통로만을 규정한 것으로 보는 것이다. 검찰총장은 국가공무원법 제57조[66] 규정에 따라 소속 상관인 법무부장관의 지시에 복종하면 된다고 해석하는 것이다.[67]

그런데 검찰청법이 구체적 사건에 관하여 법무부장관의 지휘권발동을 검찰총장을 통해서만 하도록 한 취지가 검찰권의 사법적 성격을 고려하여 검찰총장이 정치적으로 부당한 간섭에 대항하여 검찰권의 독립성을 지키도록 한 것으로서 특별한 의미를 갖는다는 점에서 보면 법무부장관의 지시에 대해 검찰총장이 일반공무원의 지휘관계와 같이 이를 수용해야 한다고 해석하는 것은 타당하지 않다고 본다. 앞에서 본 바와 같이 검찰청법 제8조에 의하면 법무부장관의 지시가 부당한 경우 검찰총장이 이를 수용하면 국가공무원법에 따라 면책되는 것이 아니라 검찰청법에 따라 스스로도 부당한 지시를 한 책임을 지게 된다. 그러므로 부당한 지시를 한 검찰총장이 검찰을 더 이상 지휘하기 어려울 것이어서 그 직을 유지하기 어려울 것이다.

그렇다면 두 번째 방법과 같이 검찰총장이 법무부장관의 지시가 부당하다고 생각하는 경우 이를 수용하지 않고 이에 반하는 지휘를 검찰내부에 행할 수 있다고 할 것인가. 검찰총장이 법무부장관의 지시를 거부할 수 있다고 한다면

66) 국가공무원법 제57조: 공무원은 직무를 수행할 때 소속 상관의 직무상 명령에 복종하여야 한다.

67) 일본에서 일부 정치가들이 이와 같이 법무부장관의 지시에 검사총장은 무조건 따라야 한다는 견해를 주장하였다고 한다. 伊藤榮樹, 前揭書, 92面.

국민에 대한 책임과 지휘로 연결되는 민주적 정당성에 공백이 생기고 이는 법치주의적으로 문제가 발생하였을 때 이를 시정할 수 없다는 문제가 발생한다.

사견으로는 검찰청법 제8조는 검찰권의 독립성을 존중하면서도 검찰권행사의 민주적 정당성을 보장하기 위한 수단으로 법무부장관의 지시권을 제한적으로 인정한 것이므로 법무부장관은 검찰권이 남용되어 민주주의 원리나 법치주의적으로 볼 때 도저히 용인할 수 없는 상황에서 이를 시정하기 위한 수단으로서만 지시권을 행사하여야 하며 그러한 경우가 아닌 한 검찰총장이 지휘하는 검찰의 의견을 존중하여야 한다고 본다. 따라서 검찰총장은 법무부장관의 이러한 영역에서의 지휘는 이를 따라야 하며 그러한 영역이 아니라면 이를 거부할 수 있다고 본다.

이 경우 법무부장관과 검찰총장간의 대립은 정치적 문제를 발생시키며 결국 정치적으로 해결될 수밖에 없을 것이다. 즉 법무부장관의 지시가 적정하였는지 아니면 검찰총장의 거부가 적정하였는지는 국회 등을 통해 국민들에게 그 취지가 전달되고 국민들이 판단할 것이다. 나아가 대통령은 검찰총장에 대한 임면권을 통해 검찰총장을 교체함으로써 대립을 해결할 수도 있을 것이다.

셋째로 검찰총장이 법무부장관의 지시에 대한 조치는 하지 않고 사직하는 방법은 지시가 부당하다는 점을 대외적으로 표시할 수 있는 수단은 될 수 있으나 그 지시에 대한 조치가 행해지지 않는다는 점에서 적절해보이지 않는다.

③ 실제 사례

법무부장관과 검찰총장의 의견이 협의과정에서 해결되지 않는 극단적인 상황이 발생하여 법무부장관의 지휘권이 실제로 발동된 사례를 살펴보면서 대응방법을 검토해보기로 한다.

먼저, 일본에서의 사례로 1954. 4.의 조선의옥사건(造船疑獄事件)[68] 사례가 있다. 이 사건은 법무부장관의 지휘권을 검찰총장이 그대로 수용한 경우이다. 당시 동경(東京)지방검찰청에서는 1953년부터 정부와 여당인 자유당에 대한 해운, 조선업계의 중수뢰사건을 수사하였다. 1954. 2. 23. 자유당 부간사장인 有田二郎에 대해 청구된 체포영장에 대해 중의원에서 이를 허락하였고, 이어서 중의원과 참의원의 4명의 의원의 체포가 허락되었으며 자유당 정치가들이 조사

68) 조선오직사건(造船汚職事件)이라고도 한다.

를 받게 되었다. 이후 검찰에서 자유당 간사장인 佐藤榮作의 제3자 수뢰 등 사건과 관련하여 佐藤 간사장에 대해 체포영장을 청구하고자 하였는데 제5차 吉田茂內 내각의 犬養健 법무대신이 佐藤藤佐 검사총장에게 검찰청법 제14조에 의함을 명시하면서 사건의 법률적 성격과 중요법안심의의 상황에 비추어 잠시 체포영장청구를 보류하고 임의수사를 계속하라는 지시를 하였다.

이에 대해 검사총장은 일본 검찰청법 제14조에 대한 해석을 함에 있어 법무대신의 지시를 수용해야 한다고 해석하면서 법무대신의 지시를 수용하였으며 체포영장청구를 하지 않고 임의수사를 하기로 하였다. 그러면서도 "검찰청법 제14조에 기한 검사총장에 대한 지휘라는 것은 전례가 없었던 법무대신의 권한발동이다. 앞으로 검찰진이 수사를 계속함에 있어 상당한 곤란이 있을 것으로 생각된다. 검찰진의 사기에도 영향을 미칠 것으로 생각되며 제14조의 발동에 대해서는 진실로 유감으로 생각한다."는 취지의 담화를 발표하였다.[69] 이후 여론의 비난을 받아 1954. 4. 23.에 犬養 법무대신이 사직하였으며 吉田 내각에 대한 민심이 이반되었다.

이후 검찰에서 계속 수사를 하였으나 결국 佐藤 간사장에 대한 수뢰혐의사실에 대한 증거를 확보하지 못하여 기소하지 못하였다. 이에 대해 1954. 6. 16. 검사총장이 담화에서 "지휘권이 발동된 결과 그 후는 검찰청으로서는 부득이 임의수사에 의하여 그 범위 내에서 전력을 다하여 지금까지 이미 피의자와 관계자 등 70여명을 조사하였다. 그런데, 그 사이에 구속 중인 증뢰피의자는 보석, 기타 사유로 이미 석방되어, 수뢰피의자의 조사를 상대방 및 관계인과 자유로이 다니면서 담합할 수 있는 상태에서 진행할 수밖에 없는 상태가 되었다. 처음부터 검찰청으로서는 부과된 사명의 중대성을 통감하고 그 후에도 계속하여 가능한 한 수사를 속행하여 사안의 규명을 위해 노력해왔으나 이미 범죄의 수사에 있어 매우 중요한 의의를 갖는 피의자의 체포시기를 놓친 현단계에서는 이제와서 체포하더라도 도저히 당초의 수뢰혐의사실에 대해 기소하기에 충분한 증거수집을 기대할 수 없는 지경이 이르렀다."고 언명하였다.[70] 중의원은 1954. 9. 6. 검사총장을 의원에서 증언하게 하였는데 검사총장은 지휘권발동에 의해 수사에 지장이 있었다고 증언하였다. 그 후 민심이반으로 1954. 12. 9. 吉

69) 伊藤榮樹, 前揭書, 102面.

70) 伊藤榮樹, 前揭書, 103面.

田 내각이 총사퇴하였다.

다음으로 우리나라에서의 사례로 1949. 4. 이승만 정부 시절 서울지방검찰청에서 수사한 임영신 상공부 장관의 독직사건 사례가 있다. 이 사례는 검찰총장이 법무부장관의 지시를 거부한 사례이다. 당시 감찰위원회에서 임 장관을 업무상횡령, 사기, 수뢰 등의 혐의로 파면결정을 하면서 이와 함께 검찰에 고발하였고 임 장관은 자신의 모르는 사실이라고 관여사실을 부인하고 있었다.[71] 서울지검에서 이를 수사하여 임 장관의 여동생을 구속하고, 경북도청 상공국장, 조선방직공사 서울지점장이 기소되고 임 장관의 비서가 구속되는 등으로 수사가 진행되었고[72] 1949. 5. 28. 임 장관을 기소함으로써 이 사건으로 총 18명을 기소하였다.[73]

그런데 당시 임 장관에 대한 기소여부에 대해 이인 법무부장관이 불기소의 지시(최대교 검사장은 기소유예를 지시하였다고 하나 이인 장관은 정치적 해결을 위해 기소를 미루라고 지시하였다고 한다)를 하였는데[74] 권승렬 검찰총장, 최대교 검사장이 이 지시에 불복하고 임영신 장관을 불구속 기소하였고[75] 이에 이인 장관은 1949. 5. 31. 사표를 제출하였다.[76]

또한 우리나라에서의 사례로 2005년에 강정구 교수에 대한 국가보안법위반 사건 수사시에 천정배 법무부장관이 김종빈 검찰총장에게 불구속 수사하라는 지시를 한 일이 있다. 일선청인 서울중앙지검과 검찰총장의 의견은 사안의 성질상 구속수사의견이었고 법무부장관과 검찰총장의 이견이 끝까지 대립되자 법무부장관이 서면으로 검찰총장에 대해 지시함으로써 지휘권이 발동되었다. 그러자 김종빈 검찰총장은 이를 수용하고 서울중앙지검에 불구속 수사 지시를 한 후 사직을 하였다. 당시 검찰총장은 퇴임사에서 "법무부장관이 피의자의 구

---

71) 경향신문 1949. 4. 5.자. "임 상공장관 파면처분", 4면.
72) 경향신문 1949. 5. 6.자. "임장관사건 최후단계에, 기소냐 불기소냐?", 2면.
73) 경향신문 1949. 5. 29.자. "임장관 드디어 기소", 2면. 재판결과 임영신 장관은 1949. 9. 17. 1심에서 무죄판결을 받았다.
74) 문준영, "검찰중립과 화강 최대교－임영신 상공부장관 독직사건과 최대교－", 법학연구, 전북대학교법학연구소, 2007, 139-141면.
75) 최대교 검사장은 기소, 불기소의 결정은 검사의 전속적 권한이니 법무부장관이 구체적 사건의 기소, 불기소에 관여하는 것은 불가하다는 취지의 회신을 검찰총장을 경유하여 법무부장관에게 보냈다고 한다. 동아일보 1984. 3. 7.자, '법에 사는 사람들(6)', 5면.
76) 동아일보 1949. 6. 2.자. "이 법무장관 사표수리", 1면.

속여부에 대한 구체적 수사지휘권을 행사한 것은 검찰의 정치적 중립을 훼손할 우려가 있다는 점에서 심히 충격적인 일이었다."고 하면서 "그러나 지휘권 행사가 부당하다고 거부하면 법집행기관인 검찰총장이 법을 어기게 되고 검찰은 통제되지 않는 권력기관이라는 비판을 받을 수 있어 법무부장관의 수사지휘권 행사에 대한 정당성 평가는 국민들의 몫으로 남기고, 수사지휘를 수용한 후 검찰의 정치적 중립을 지키지 못한 채 자신은 사퇴하는 것이 가장 원만한 해결방법이라고 생각했다."고 사퇴이유를 설명했다. 또한 "이번 사태에서 경험했듯 정치가 검찰수사에 개입하고 권력과 강자의 외압에 힘없이 굴복하는 검찰을 국민은 결코 바라지 않는다."고 하였다.[77)]

이러한 사례들에 대한 사견으로는, 먼저 일본의 조선의옥사건이나 우리나라의 강정구 교수사건에서와 같이 수사방법으로서의 체포여부, 구속, 불구속수사여부는 위법의 영역이 아니고 타당성의 영역이므로 일반적인 지시권의 영역이라면 따라야 하는 영역이다. 그런데 검찰권의 사법적 성격을 감안하면 법무부장관의 지시권은 검찰권행사가 위법하거나 심히 부당하여 도저히 묵과할 수 없는 경우에만 극히 제한적으로 행사되어야 하며 체포, 구속, 불구속과 같은 수사의 방법상 문제는 이와 같이 검찰권이 남용되는 상황이 아닌 한 검찰에 맡겨져야 한다는 것이 법무부장관의 지휘권을 제한하려는 검찰청법 제8조의 취지이다. 그러므로 이러한 관점에서는 법무부장관의 지시권행사는 검찰청법 제8조에 의한 법무부장관 지시권의 제한영역을 넘은 부당한 지시였고 권한범위를 넘었다는 점에서는 위법하기까지 하다고 본다. 그러므로 수용하는 것은 적절하지 않다.

그러므로 일본의 조선의옥사건에서 피의자에 대한 체포영장청구와 관련된 문제에서 佐藤藤佐 검사총장이 일본 검찰청법 제14조에 따른 지시로서 이를 그대로 수용한 것은 적절하지 않았다고 본다. 그런데 우리나라에서 강정구 교수의 국가보안법위반사건에서는 김종빈 검찰총장은 지시를 수용하면서 사직하였다. 이 방법은 당시의 상황을 고려한 것이었다. 당시에는 법무부장관의 지휘권의 범위나 검찰청법 제8조의 취지에 대한 연구나 공감대가 많이 형성된 상태가 아니어서 검찰총장이 이를 수용하지 않으면 법에 정해진 장관의 지시도

77) 조선일보 2005. 10. 17.자; 법률신문 2005. 10. 17.자.

따르지 않는 무소불위의 검찰이라는 식으로 비난될 정치적 부담을 고려할 수 밖에 없었다고 본다. 그래서 퇴임사에서도 "지휘권행사가 부당하다고 거부하면 법집행기관인 검찰총장이 법을 어기게 되고 검찰은 통제되지 않는 권력기관이라는 비판을 받을 수 있다."라고 언급하였다. 그렇지만 앞에서 본 바와 같이 검찰청법 제8조의 취지상 검찰총장이 법무부장관의 부당한 지시를 수용하여 검찰내부로 지시를 하는 경우 검찰총장은 내부적으로 부당한 지시를 한 책임에서 면하지 못하므로 더 이상 검찰을 지휘하기도 어려울 것이어서 사직할 수밖에 없었던 선택이었다고 본다. 퇴임사에서 "수사지휘를 수용한 후 검찰의 정치적 중립을 지키지 못한 채 자신은 사퇴하는 것이 가장 원만한 해결방법이라고 생각했다."고 하는 부분이 그 취지이다.

한편, 1949년의 임영신 장관 사건에서 권승렬 검찰총장과 최대교 서울지검장이 법무부장관의 지시를 거부한 사례에 있어서 검찰의 기소가 검찰권의 남용이라든가 민주주의나 법치주의를 훼손하는 경우라면 법무부장관도 이를 시정하기 위한 지시를 할 수 있다고 할 것이지만[78] 당시의 상황이 이러한 경우가 아니므로 법무부장관의 지시는 지휘권의 범위를 넘는 것이다. 그러므로 당시에 이를 거부한 것은 적절하였다고 본다. 그렇지만 검찰총장이 장관의 지시를 거부하고 그 직을 그대로 유지하기도 어려울 것으로 보이고 법무부장관 또한 지휘권행사를 적절히 하지 못한 정치적 책임으로부터 자유로울 수 없을 것으로 보인다.[79]

그러므로 현실에서 법무부장관과 검찰총장의 의견이 대립되는 상황이 해결되지 않고 장관의 지시권이 행사되는 것은 법무부장관이든 검찰총장이든 직을 물러나야 하는 정치적 문제가 될 것이므로 극히 예외적으로 행사될 수밖에 없다.

5) 법무부장관에 대한 구체적 사건의 보고 문제

법무부장관은 검찰에 대해 지휘감독권을 가지며 그 지휘감독권을 적절히

78) 그러므로 기소, 불기소는 검사의 전속권한이므로 법무부장관은 이에 관여하는 것은 불가하다는 취지로 보냈다는 최대교 검사장의 회신 내용은 일부 타당하지 않은 점이 있다.

79) 이 당시는 이인 장관이 사퇴하였다.

행사하기 위해서는 상황을 알아야 한다. 지휘감독권자가 상황을 제대로 알 수 있으려면 적절한 보고가 행해져야 한다. 또한 법무부장관은 의회에 대해 검찰권행사에 대해 책임을 지며 의회에 출석하여 질의에 답변하므로 이를 위해서도 중요한 검찰권행사에 대해 알고 있어야 한다. 검찰이 법무부장관에 대해 보고할 의무는 법무부장관의 검찰에 대한 지휘감독권을 규정한 검찰청법 제8조에서 도출된다.[80] 실무에서는 서면의 정보보고나 구두보고 등 다양한 방법으로 보고가 행해진다.

6) 검찰의 정치적 중립과 대통령과의 관계

(1) 대통령에 대한 수사

헌법 제84조는 대통령은 내란 또는 외환의 죄를 범한 경우를 제외하고는 재직 중 형사상의 소추를 받지 아니한다고 하여 대통령의 형사불소추특권을 규정하고 있다. 이 규정에 대해 소추의 의미에 중점을 두어 소추를 공소제기와 유지로 해석하면서 그러면 수사는 가능한가 하는 방식으로 논의가 있다.

① 견해대립

(가) 수사불가능설

헌법 제84조의 형사불소추특권은 수사까지 포함하는 특권이므로 내란 또는 외환의 죄를 범한 경우를 제외하고는 대통령을 상대로 한 수사도 불가능하다는 견해이다.

이 견해에는 ① 소추개념 자체는 공소제기와 유지만을 의미한다는 전제하에서도 헌법 제84조의 소추에는 체포, 구금, 압수수색, 검증 등 수사가 포함된다는 견해와[81] ② 소추는 공소제기와 유지활동뿐만 아니라 수사도 포함하는 개념이므로 헌법 제84조에 의한 특권에 따라 대통령에 대해서는 강제수사뿐만 아니라 임의수사도 불가능하다는 견해가 있다.

(나) 수사가능설

소추는 공소제기와 유지만을 의미한다는 전제하에서 ① 법원의 재판을 전

---

80) 독일에서도 법무부장관의 검찰에 대한 지휘감독권을 규정한 법원조직법 제147조에서 검찰의 법무부장관에 대한 보고의무가 도출된다고 해석한다. Vordermeyer, *Handbuch für den Staatsanwalt*, Luchterhand, 2000, S. 945.

81) 구병삭, 『신헌법원론』, 박영사, 1995, 912면; 권영성, 『헌법학원론』, 법문사, 2002, 909면; 김철수, 『헌법학 개론』, 박영사, 1999, 1035면.

제로 하는 공소의 제기와 이와 연관된 체포나 구속은 금지되나 그 이외의 수사는 할 수 있다고 하면서 압수·수색도 가능하다는 견해[82]와 ② 수사단계에서는 일반인과 똑같이 체포도 가능하다는 견해[83]가 있다.

② **수사가능여부 검토**

사견으로는 우리 헌법체제하에서는 내란 또는 외환의 범죄를 범한 경우 이외에는 대통령에 대한 공소제기뿐만 아니라 수사도 불가능하다고 해석하는 것이 타당하다고 본다.

먼저 헌법 제84조의 입법취지를 고려할 필요가 있다. 헌법 제84조는 국가원수이자 정부의 수반인 대통령의 재직 중에 국정을 운영함에 있어 안정을 도모하기 위한 것으로 그 권위를 유지하게 하고 그 직무수행을 원활하게 하려는 데 목적이 있다.[84] 이와 같이 재직 중에 대통령의 권위와 국정운영의 안정을 도모하려면 내란 또는 외환에 해당하는 국가의 존립을 위태롭게 하는 범죄를 범한 경우가 아닌 한 대통령을 '범죄자'로 하는 형사절차를 진행하지 않도록 하는 특권을 부여하고 있는 것으로 본다.

대통령은 국민 전체의 대표이며 대통령의 국정운영상의 안정은 국가와 국민 전체의 안위에 매우 중요하다. 특히 우리나라와 같이 중앙집권적인 국가권력구조를 가진 나라에서는 더욱 그러하다. 그러므로 헌법 제84조는 이와 같이 국가 안위에 중요한 대통령의 권위와 국정운영의 안정을 위해 대통령이 국가존립을 위태롭게 하는 범행을 저지르지 않은 이상 재직 중에는 그 범죄에 대해서 형사절차상으로 논하지 말고 퇴임하면 논하라는 것으로 해석해야 한다고 본다. 따라서 공소제기뿐만 아니라 수사도 불가능하다. 다만 이는 재직 중이므로 퇴임 후에는 가능하며 공소시효도 정지된다.[85]

---

82) 정종섭, 『헌법학원론』, 박영사, 2014, 1221면.

83) 종래 문헌상으로는 이렇게까지 주장하는 견해는 없었으나 최근의 박근혜 대통령이 관련된 최순실 사건과 관련하여 언론 칼럼에서 이러한 주장을 하는 사람이 있었다. 백성문(변호사), "박 대통령이 검찰 수사를 거부할 수 없는 법적 이유", 중앙일보 2016. 11. 22.자 오피니언란. 또한 오영근 교수는 우리 형사사법에서 현직 대통령이 대한 예우는 재직 중 형사소추유예뿐이라고 하면서 수사단계에서는 일반인과 똑같이 수사하면 된다고 하는데 체포와 같은 강제수사도 포함한다는 것인지는 명확하지 않다. 오영근, "검 '대통령수사' 일반인과 똑같아야", 문화일보 2016. 11. 15자. 포럼란.

84) 권영성, 『헌법학원론』, 법문사, 2002, 908-909면.

85) 헌법재판소 1995. 1. 20. 결정 94헌마246.

형사절차의 진행을 고려하면서 구체적으로 살펴본다면 만약 재판을 진행하여 유죄판결을 받고 징역형을 선고받는다면 대통령은 공무원 결격자가 되며 퇴임해야 하는데 헌법은 이러한 사태를 막고 임기를 보장하고자 하고 있다. 한편 벌금형을 선고받는다면 공무원 결격은 아니어서 퇴임하지는 않지만 이로 인한 불명예나 신뢰추락으로 대통령의 권위가 실추되고 정치적인 공세에 시달려 국정운영에 불안이 올 수도 있다. 헌법은 이를 막고자 하고 있다.

이와 같은 대통령의 권위와 국정운영의 안정을 고려하면서 수사절차를 살펴보자. 형사소송법은 무죄추정의 원칙에 따라 판결이 확정되기까지는 무죄로 추정되지만 현실세계의 여론은 그렇지 않다. 그러므로 대통령에 대해 피의자로 수사가 개시되면 정치의 세계에서는 대통령은 재판을 받아 판결이 확정되기도 전에 이미 '범죄자'로 비난받고 권위와 신뢰가 실추되어 국정운영이 어려워질 것이고 이 단계에서도 이미 정치적인 공세에 시달리기 쉽다. 대통령이 피의자로 소환되어 수사기관에 출석하는 장면이 전국민에게 방송된다고 상상해보자. 대통령의 권위 추락과 국정운영의 장애를 초래한다는 면에서는 대통령이 피고인으로 법정에 출석하는 장면과 별 다름이 없을 것이다.

나아가 대통령을 피의자로 입건하여 수사하면 대통령은 그 입건된 범죄사실의 경중이나 유죄판결의 확률과는 상관없이 재직 중 내내 범죄자라는 낙인을 안고 대통령 직을 수행해야 한다. 헌법상 대통령 직을 박탈하는 수단으로 탄핵심판이 있으나 탄핵심판절차가 하루아침에 당장 이루어지는 것이 아니므로 그 절차가 개시될 때까지는 대통력 직을 유지하고 직무를 수행할 수밖에 없다. 또한 대통령을 피의자로 입건한다고 하여 대통령이 직무정지되는 것은 아니므로 입건 후에도 대통령으로서의 직은 수행하게 될 것이다. 그런데 입건되면 계속 피의자로서의 낙인을 가지고 직무를 수행해야 하는데 그 권위의 추락에 따른 직무수행이 불안할 수밖에 없다. 예컨대 정상회담이나 기타 외교관계에 관한 직무에 있어 대통령이 공식적으로 피의자가 된 상태가 되면 외국에 대해 권위가 추락할 것이다.

대통령에 대한 불소추특권을 규정하고 있지 않은 국가와 달리 우리 헌법에서 이를 규정한 것은 임기 중 대통령의 직무수행의 안정을 헌법적 수준에서 특별히 보장하고자 한 것이므로 공소제기만 아니면 대통령에 대한 수사도 얼마든지 가능하다고 하면 헌법 제84조로 보호하고자 하는 취지는 거의 몰각될 것이다.

둘째로, 헌법 제84조는 범죄자 낙인의 정치적 공세에서 대통령을 보호하려는 측면도 있지만 반대로 형사사법기관들이 정치적 공세를 위해 이용되는 것을 막는 측면도 있다. 대통령 재직 중에 정치적 반대세력이 수사기관을 이용하여 대통령에 타격을 가하려는 시도를 할 수도 있으며 대통령을 상대로 고소나 고발 등을 하여 수사가 개시되고 진행되도록 하여 정치적 타격을 시도할 수도 있다. 대통령을 상대로 피의자로 수사를 할 수 없다고 해석하여도 대통령을 상대로 한 고소나 고발장이 수사기관에 제출되는 경우 접수를 거부할 수는 없을 것이다. 그러나 대통령을 상대로 수사할 수 없다는 견해를 취한다면 그 고소, 고발은 즉시 불기소처분을 하면 될 것이다. 공소권없음으로 처분을 하여야 한다는 견해도 있으나[86] 공소권없음이 명백한 경우에 해당하므로[87] 수사를 하지 않고 즉시 각하함이 상당할 것이다.

반면에 대통령을 피의자로 수사할 수 있다는 견해를 취한다면 고소, 고발장이 접수되는 경우 대통령을 피의자로 하여 수사를 진행하여야 할 것이므로 수사기관이 정치적 공세를 위해 악용될 소지가 있을 것이다. 또한 수사를 진행하여도 기소할 수 없으므로 시한부 기소중지처분을 해야 할 것이다. 그러면 대통령은 혐의여부에 대해 판결로써 확인되지 않는 상태에서 계속 피의자의 상태로 직무를 수행해야 하고 그 지위의 불안정성이 계속될 것이다. 그러므로 제84조는 형사사법기관들이 국가 수반인 대통령의 정권을 대상으로 한 정치적 세력다툼에서 일정한 정파들에 의해 이용당하지 않고 중립을 지킬 수 있는 방패막이도 될 수 있는 것이다.

셋째로, 수사는 강제수사와 임의수사가 있는데 임의수사가 가능하다는 견해를 취하더라도 강제수사가 불가능하다면 현실적으로 임의수사도 불가능한 결과가 될 가능성이 많다. 대통령이 임의수사에 응하지 않으면 강제할 방법이 없기 때문이다. 그러므로 수사는 강제수사를 할 수 있는 권한이 뒷받침되어야 가능하다고 할 것이고 강제수사를 할 수 없다면 수사가 불가능하다고 해석하는 것이 현실적으로 타당할 것이다. 수사가능성설을 취하는 견해 중 소추를 전

86) 김준연, "국제형사법상 '공적지위 무관련성 원칙'의 국내적 적용", 서울대학교 박사학위논문, 2015, 38면.

87) 검찰사건사무규칙 제69조 제5호.

제로 하는 체포, 구속 등의 강제수사는 불가능하지만 압수수색 등의 강제수사는 가능하다는 견해가 있는데 압수수색도 소추를 전제로 하는 것이고 임의수사도 피의자를 입건하여 행하는 수사라면 소추를 전제로 하는 것이므로 한계에 대한 논거를 합리적으로 설명하기 어렵다.

넷째, 소추라는 용어의 개념에 대해서도 검토할 필요가 있다. 소추는 그 연혁과 형사사법의 체계적 관점에서 볼 때 수사를 포함하는 개념으로 파악하는 것이 적절하다. 소추는 영어인 prosecute, 독일어인 verfolgen, 프랑스어인 poursuite에 해당하는 용어인데 이 용어들은 판결선고를 종국점으로 하여 형사절차를 개시하고 끌고 가는 행위를 말하며 이 때의 형사절차는 수사개시시점부터 포함된다. 영미법계는 사인소추와 당사자주의의 체계에 따라 사인이 직접 법원에 소를 제기하는 것을 기본으로 하였는데 이에 따라 소를 받아 치안판사 등이 예비로 심사하는 단계[88]와 배심재판의 공판단계가 구분되었다. 범죄에 대한 대응기구로서 경찰제도가 발전하면서 사인이 소장을 법원에 내는 절차와 함께 경찰이 체포하여 법원에 데려가면서 절차가 개시되는 방식이 발전하고 경찰의 체포로 시작되는 절차가 형사절차의 대부분을 차지하게 되었다. 그런데 경찰의 체포로 시작되는 절차에서 prosecutor는 이와 같이 체포시부터 관여하여 절차를 이끄는 것이며 법원에의 공판청구시점부터 개입하는 것이 아니다.

한편, 대륙법계에서는 규문주의 시대에 법원이 수사개시부터 재판절차까지를 모두 진행하였는데 프랑스 혁명 후 법원의 기능 중에서 형사절차를 개시하게 하고 이끌어 가는 기능, 즉 소추기능을 분리하여 이를 담당할 기구로 검찰제도를 도입하였다. 따라서 검사는 수사개시부터 재판절차까지 절차에 관여하게 되었는데 수사절차에서는 수사개시부터 수사활동을 담당하는 사법경찰관을 지휘하여 수사활동을 이끌고, 예심이 필요한 경우는 예심청구를 하여 예심이 진행되게 하며 공판절차에서는 공소유지활동을 하는 등의 직무를 수행하는 것이다. 예컨대 독일법에서는 verfolgen은 수사와 공소를 포함하는 개념이므로 Verfolgungsbehörde(소추관청)에는 수사기관인 경찰, 조세관청 등과 수사 및 공소기관인 검찰이 포함되는 것으로 이해한다.[89] 한편 독일 기본법 제46조 제2항은 의원의 불소추특권을 규정하고 있는데 의원은 현행범 또는 범행 후 그

88) 경미범죄에 있어서는 치안판사가 심사하고 재판하였다.

89) www.dewikipedia.org/wiki/Strafverfolgungsbehörde.

다음날까지가 아니면 의회의 동의를 받아야만 범죄행위로 인한 책임을 지게 할 수 있다(zur Verantwortung gezogen)고 하고 있다. 이 때 책임을 지게 하는 행위에는 검찰이나 경찰이 수사절차를 개시하는 것도 포함한다고 해석한다.[90]

우리 형사소송법에서는 소추라는 용어가 검사의 공소제기권한과 관련된 제246조에서 국가소추주의라는 제목으로 사용되고 있고 형사소송법상 법원의 재판절차가 진행되는 방식에 대해 사인이 법원에 직접 소장을 내는 사인소추주의와 국가기관의 공소로 법원의 절차가 진행되는 국가소추주의를 구분하여 설명되었던 관계로 최근에는 소추를 법원의 재판절차와 관련된 것으로만 이해하는 것이 지배적인 견해가 되었다. 그러나 소추는 본래 수사와 공소를 포함하는 개념으로서 형사소송법 제246조에서 공소제기와 관련하여 규정하면서 국가소추주의라는 제목을 사용한 것도 소추권 중에서 공소제기권은 검사가 행사한다는 의미로 이해해야 할 것이다.

③ 참고인 조사의 경우

그런데 그 범행이 대통령의 단독범행이 아니고 공범이 있는 경우 그 공범에 대한 수사는 가능하며 그 공범에 대한 수사상 대통령의 관여부분에 대한 증거가 수집되는 것은 헌법 제84조가 불허하는 영역이 아니다.[91] 따라서 공범을 수사하면서 압수수색을 하였는데 그 압수물 중에 대통령이 관여된 것에 대한 증거물이 압수되어도 이는 적법하다.

또한 공범을 기소하기 위한 수사를 함에 있어 공범의 혐의를 확인하기 위해 필요가 있는 경우 참고인으로는 조사가 가능할 것이다. 이는 대통령이 피의자로 수사되어 대통령에 대한 형사절차가 진행되는 것이 아니기 때문이다. 이 경우도 헌법 제84조의 입법취지를 감안하면 공범들에 관한 수사만으로는 공범들에 대한 혐의사실을 확정할 수 없어 공소제기여부 결정이 불가능한 경우와 같이 꼭 필요한 경우에 한정되어야 할 것이다. 단지 공범들의 수사결과 의심되는 대통령의 혐의에 대해 대통령에게 확인해두기 위한 목적으로 참고인 조사를 하는 것은 사실상 대통령에 대한 수사를 하는 것이므로 부적절할 것이다.

---

90) Jarass/Pieroth, *GG*, C.H.Beck, 2004, § 46 Rdnr. 6. 다만, 의회의 동의를 구해야 할 것인지 정도의 확인을 요하는 조사행위는 할 수 있다.

91) 독일기본법상 의원의 특권에 있어서도 참고인으로서의 수사는 가능하다고 한다. Jarass/Pieroth, *GG*, C.H.Beck, 2004, § 46 Rdnr. 6.

참고인 조사의 방식도 대통령의 권위를 존중하여야 할 것이다. 형사불소추특권에 의해 대통령은 증인으로서도 구인당하지 아니함을 원칙으로 한다는 견해가 있는데[92] 대통령의 권위와 국정의 안정 존중의 취지로 볼 때 타당하다고 본다. 참고인으로서의 조사에 있어서도 검찰청에 소환하여 조사하는 것보다는 비공개적 장소에서 권위가 훼손되지 않도록 함이 타당할 것이다.

한편, 대통령의 형사소추는 재직 중에만 불가능하고 퇴임 후에는 가능하므로 퇴임 후의 수사와 기소를 대비해서 증거를 보전해야 할 급박한 사정이 있는 경우도 예외적으로 조사를 할 수는 있을 것이다. 그렇지만 이 경우도 필요 최소한에 한정해야 할 것이다.

④ 탄핵절차와의 관계: 정치와 형사사법의 경계

헌법 제84조에 따라 대통령의 범죄행위에 대해 형사사법절차상으로 논하지 못한다고 하여도 헌법은 이러한 상황에 대해 정치적으로는 논할 수 있는 방법을 규정하고 있다. 헌법 제65조에 의해 국회가 대통령의 직무수행에 있어 헌법이나 법률을 위배한 때에 탄핵의 소추를 의결할 수 있고, 국회의 탄핵소추에 대한 심판은 헌법재판소가 한다(헌법 제111조). 헌법이 대의민주주의와 입헌주의에 따라 국민의 대표인 국회와 헌법재판소가 이러한 상황을 해결할 수 있는 헌법상의 권한자로 규정하고 있다.

따라서 국회는 대통령의 범죄로 인해 대통령의 직을 계속 수행하는 것이 적절하지 않다고 생각하는 경우는 탄핵소추를 하여 정치적으로 해결할 수 있다. 헌법재판소가 대통령의 법률위배의 정도가 중하여 대통령 직을 수행할 수 없다고 하여 파면을 결정하여(헌법재판소법 제53조 제1항) 대통령 직을 물러나면 형사사법절차 진행이 가능해진다. 만약 헌법재판소가 법률위배의 정도가 대통령직을 물러날 정도가 아니라고 하여 탄핵을 기각하면(헌법재판소법 제53조 제2항)[93] 재직 중에는 형사절차를 진행할 수 없다. 결국 헌법 제84조는 대통령의 직위와 관련하여 정치와 형사사법의 한계를 긋는 조문이라 할 것이다.

⑤ 실제 사례

대통령에 대한 수사여부가 문제된 사례를 보면 2003. 11.경의 노무현 대통

---

92) 권영성, 앞의 책, 909면.

93) 노무현 대통령에 대한 당시 국회의 탄핵소추에 대해서도 헌법재판소는 법률위반은 인정되지만 대통령 직을 박탈할 정도에 이르지 않는다는 이유로 기각하였다.

령의 사례와 2016. 11.의 박근혜 대통령에 대한 사례가 있다.

2003. 11.경에 대검찰청 중앙수사부에서 노무현 대통령 비서실 총무비서관이던 최도술 등에 대한 정치자금에 관한 법률위반, 업무상횡령 등 사건의 수사 중에 일부 범죄와 관련하여 노무현 대통령을 수사할 것인가가 문제된 상황이 있었고 노무현 대통령은 당시 필요하다면 검찰조사를 받겠다고 언급하였다. 그러나 당시에 검찰은 헌법 제84조에 따라 대통령을 수사하지 않는 것으로 하였고 참고인 조사도 하지 않았다.[94)]

그런데 2016. 11. 서울중앙지검의 특별수사본부에서 박근혜 대통령의 비선실세라는 최순실, 수석비서관 안종범 등의 직권남용, 강요 등 사건 수사에 있어서 박근혜 대통령도 검찰조사와 특검조사도 다 받겠다고 언급하였다. 검찰은 구속된 최순실에 대한 구속기간 만료일이 2016. 11. 20.임을 감안하여 11. 18. 이전에 박근혜 대통령에 대해 참고인으로 대면조사를 하겠다고 공개적으로 요청하였는데 박근혜 대통령의 변호인이 변론준비 등의 필요상 그 다음 주에 가능하다고 발표하였다. 그러자 검찰은 2016. 11. 20. 최순실 등을 기소하면서 박근혜 대통령이 최순실 등과 공범관계에 있다고 최순실 등의 공소장에 적시하고, 박근혜 대통령을 피의자로 입건하였으며 그 이후에도 대통령에 대해 공개적으로 대면조사 요청을 하였다. 그 사이에 2016. 11. 17. 특별검사에 관한 법률이 국회를 통과하였고, 11. 22. 공포되어 시행되었으며 박근혜 대통령은 변호인을 통해 특검에서 조사를 받을 것이고 검찰에서 조사를 받지 않겠다는 입장을 발표하였고 결국 조사는 이루어지지 않았다.

(2) 대통령의 검찰 수사에 관한 언급 문제

대통령은 정부 수반으로서 행정 각부를 통할하면서 국정을 운영하므로 법무부 소속인 검찰 업무에 대하여도 법무부장관을 통하여 지휘할 수 있다. 그러

94) 2013. 12. 29. 대검찰청 중수부에서 노무현 대통령 측근비리 수사로 최도술, 안희정, 강금원, 선봉술 등을 기소하면서 행한 수사결과 발표시에 최도술 등의 범행과 관련하여 노무현 대통령이 일부 관여된 사실은 확인하였으나 대통령 조사부분에 대해서는 헌법 제84조의 대통령 형사상 특권과 그에 기인한 대통령 직무수행의 안전성, 그리고 관련자 조사로도 진상규명이 가능한 점으로 미루어 대통령에 관한 조사는 '지금은' 하지 않는 것이 타당하다고 생각한다고 하였다. 조선일보, 2003. 12. 29.자; 조성식, 『대한민국 검찰을 말하다』, 나남, 2010, 359면.

나 검찰이 행하는 수사와 공소의 사법적 성격으로 인하여 검찰권행사의 정치적 중립은 매우 중요하므로 대통령도 검찰권행사의 독립성을 존중해야 한다. 검찰청법은 법무부장관의 구체적 사건에 대한 지휘는 검찰총장을 통해서만 하도록 하여 검찰의 정치적 중립을 보장하려 하고 있으므로 대통령도 검찰권행사에 대하여 국정운영상 필요한 의견을 전달하려면 법무부장관을 통해서 행해야 한다. 그리고 앞에서 본 바와 같이 법무부장관의 구체적 사건의 지시는 검찰권이 남용되어 법치주의를 해하고 민주주의 원리를 훼손할 정도에 이르러 이를 시정하기 위한 경우에 제한적으로 발동되어야 한다는 관점에서 보면 대통령이 법무부장관을 통해 전달한 의견과 관련하여 검찰총장과 끝까지 대립되는 경우에는 일반적으로는 검찰총장의 의견을 존중하여야 하며 예외적으로만 발동되어야 한다.

그러므로 대통령이 검찰의 구체적 사건 수사와 관련하여 국무회의나 간담회 등 공식석상에서 공개적으로 언급하는 것은 검찰의 정치적 중립성을 훼손할 수 있어 적절하지 않다. 예컨대 검찰이 일정한 기업을 수사하고 있는 상황에서 공식석상에서 국가경제가 어려우므로 기업체 수사는 신중할 필요가 있다는 식의 언급을 하거나, 일정한 사람들을 수사하고 있는데 그런 범행을 하는 사람들은 엄벌할 필요가 있다는 식의 언급을 하는 것은 사실상 검찰에 대해 구체적 사건에 대한 지시를 직접하는 것이므로 부적절하다.

그러나 대통령이 국정운영과 관련하여 일반적인 언급을 하는 것은 정부의 수반으로서 가능하다. 예컨대 보이스피싱 범죄로 많은 국민들이 피해를 입고 있는 상황에서 보이스피싱 범죄에 대한 단속과 엄정한 처벌이 필요하다는 식으로 국정의 방향을 제시하는 것은 대통령의 정당한 직무라 할 것이다.

(3) 대통령 비서실과 검찰의 관계

앞에서 본 바와 같이 검찰도 행정부로서 대통령이 통할하는 정부의 부분이므로 대통령으로서는 국정운영을 위해서 검찰의 운영상황을 알 필요가 있다. 그러므로 대통령 비서실에도 검찰에 대한 지휘감독기관인 법무부와 의사소통을 위한 부서가 필요할 것이며 현재 민정수석비서관이 이를 담당한다.

그런데 검찰의 정치적 중립을 위해서는 민정수석비서관도 구체적 사건과 관련하여 법무부장관을 통해서 의사소통을 하여야 하며 직접 검찰 일선과 의사소통을 하여서는 안 된다.

비서실과 법무부간의 원활한 의사소통을 위해서는 비서실에도 검찰업무에 대해 알고 있는 사람이 필요하므로 종래 대통령 비서실에 검사를 파견하여 왔다. 그런데 대통령이 파견검사들을 통하여 검찰권행사에 영향을 미치고 검찰이 정치적으로 이용된다는 비판여론이 있어 2009. 11. 2. 검찰청법 제44조의2(검사의 파견 금지 등)로 검사는 대통령 비서실에 파견되거나 대통령 비서실의 직위를 겸임할 수 없다는 규정이 도입되었다. 그 이후에 실무는 법에 따라 검사의 신분을 가진 채로 파견될 수는 없으므로 검사가 일단 퇴직하여 검사가 아닌 상태로 대통령 비서실에서 근무하다가 다시 신규임용이라는 형식으로 검찰로 돌아오는 방식으로 사실상 파견근무가 행해져서 이에 대한 비판이 제기되기도 하였다.

대통령이 검찰의 정치적 중립을 존중하고 비서실이 대통령의 국정운영을 위해 법무부와의 사이에서 검찰의 운영 상황을 알기 위한 의사소통에 머무르고 앞에서 본 바와 같이 극단적으로 검찰권을 남용하는 경우에 법무부장관의 지휘권을 통해 관여하는 식으로 운영하여 검찰의 정치적 중립에 대한 국민들의 신뢰와 이에 부합하는 실무관행이 있다면 대통령 비서실에 검사가 파견되어 근무하는 것이 문제될 수는 없을 것이다. 그러므로 검찰청법 제44조의2와 같은 법률규정이 있다는 것 자체가 검찰에 부끄러운 일이고 장래에 검찰에 대한 신뢰가 회복되면 폐지되어야 할 것이다.

그러나 검찰의 정치적 중립에 대해 불신과 의심이 있어 국회에서 법률로 이를 제한하는 규정까지 두었다면 이러한 편법적 방식으로 검사를 대통령 비서실로 근무하도록 보내지는 것은 부적절하다. 국회는 2017. 2. 23. 검찰청법 개정안을 의결하였는데 제33조 제4호로 '대통령 비서실 소속의 공무원으로서 퇴직 후 2년이 지나지 아니한 사람'을 임용결격사유로 신설하고, 제44조의2에 제2항을 신설하여 '검사로서 퇴직 후 1년이 지나지 아니한 사람은 대통령 비서실의 직위에 임용될 수 없다'고 규정하여 이러한 편법적 방식을 더욱 제한하였다.

7) 검찰총장 국회출석 증언 문제

(1) 문제의 의의

국회가 국정조사 등과 관련하여 검찰총장을 증인으로 채택하여 출석을 요구하고 이에 대해 검찰총장이 불출석하는 사례가 간혹 발생하고 있다. 현재의 실무상 대검찰청을 대상으로 하는 국정감사에 있어서는 검찰총장이 출석하여 답변하고 있으나 국정조사 등 개별 현안에 대한 조사에 있어서는 출석하고 않는 것이 관행화되어 있어서 이러한 다툼이 발생하고 있다. 한편으로는 정부의 권력행사를 통제하는 국회의 임무 수행을 위한 필요성이라는 측면이 있고 다른 한편으로는 검찰권의 준사법적 성격상 사법권의 독립과 관련되고 검찰권의 정치적 중립성과 관련되는 측면이 있다.

(2) 관련 규정

① 국회

국회법 제127조는 국회의 국정감사와 국정조사에 관하여 이 법이 정한 것을 제외하고는 국정감사 및 조사에 관한 법률에 의한다고 하면서 제127조의2 이하에 국회법상의 규정을 두고 있다. 제128조 제1항은 본회의·위원회 또는 소위원회는 그 의결로 안건의 심의 또는 국정감사나 국정조사와 직접 관련된 보고 또는 서류 및 해당 기관이 보유한 사건·영상물(이하 이 조에서 서류등이라 한다)의 제출을 정부·행정기관 기타에 대하여 요구할 수 있다고 하고 있다. 이와 함께 제129조 제1항은 본회의 또는 위원회는 그 의결로 안건의 심의 또는 국정감사나 국정조사를 위하여 증인·감정인 또는 참고인의 출석을 요구할 수 있다고 규정하고 있다.

② **국정감사 및 조사에 관한 법률**

한편, 국정감사 및 국정조사에 관한 법률은 위원회·제5조의 소위원회 또는 반(班)은 감사 또는 조사를 위하여 그 의결로 감사 또는 조사와 관련된 보고 또는 서류등의 제출을 관계인 또는 기관 기타에 요구하고, 증인·감정인·참고인의 출석을 요구하고 검증을 행할 수 있다. 다만, 위원회가 감사 또는 조사와 관련된 서류등의 제출을 요구하는 경우에는 제적위원 3분의 1 이상의 요구로 할 수 있도록 하고 있다(제10조 제1항). 제10조 제1항의 요구를 받은 기관은 국회에서의 증언·감정 등에 관한 법률에서 특별히 규정한 경우를 제외하고는 누구든지 이에 응하여야 하며, 위원회의 검증 기타 활동에 협조하여야 한다(제10조 제4항).

그런데 제8조에서는 감사 또는 조사는 개인의 사생활을 침해하거나 계속 중인 재판 또는 수사 중인 사건의 소추에 관여할 목적으로 행사되어서는 안 된다고 하여 감사 또는 조사의 한계를 규정하고 있다. 따라서 서류등의 제출 요구나 증인등의 출석요구도 이러한 한계 내에서 행해져야 한다.

국정감사 또는 조사를 위한 증인등의 증언, 감정 등에 관한 절차는 국회에서의 증언·감정 등에 관한 법률이 정하는 바에 의하도록 하였는데(국정감사 또는 국정조사에 관한 법률 제10조 제5항) 이에 따른 별도의 법률로 국회에서의 증언·감정 등에 관한 법률이 있다.

③ 국회에서의 증언·감정 등에 관한 법률

국회에서의 증언·감정 등에 관한 법률 제2조는 국회에서의 안건 심의 또는 국정감사나 조사와 관련하여 서류등의 제출요구를 받거나 증인·참고인으로서의 출석이나 감정의 요구를 받은 때에는 이 법에 특별한 규정이 있는 경우를 제외하고 누구든지 이에 응하여야 한다고 규정하여 다른 법률에 대한 우위 규정임을 선언하고 있다.

그리고 예외규정으로서 제3조는 형사소송법 제148조(근친자의 형사책임과 증언거부), 제149조(업무상 비밀과 증언거부)에 해당하는 경우에 선서, 증언 또는 서류등의 제출을 거부할 수 있다고 하고(제3조 제1항) 제4조는 공무상 비밀에 대한 예외를 규정하고 있다.

형사소송에서의 증언거부와 관련하여 형사소송법 제147조는 공무원 또는 공무원이었던 자가 그 직무에 관하여 알게 된 사실에 관하여 본인 또는 당해 공무소가 직무상 비밀에 속한 사항임을 신고한 때에는 그 소속 공무소 또는 감독관공서의 승낙없이는 증인으로 신문하지 못한다(제147조 제1항)고 하고 있다. 다만, 그 소속 공무소 또는 해당 감독관공서는 국가에 중대한 이익을 해하는 경우를 제외하고는 승낙을 거부하지 못한다(제147조 제2항).

그런데 국회에서의 증언·감정 등에 관한 법률에서는 공무상 비밀에 의한 증언거부의 폭을 형사소송법보다 축소하고 있다. 즉 국회로부터 공무원 또는 공무원이었던 자가 증언의 요구를 받거나 국기기관이 서류등의 제출을 요구받은 경우에 증언할 사실이나 제출할 서류등의 내용이 직무상 비밀에 속한다는 이유로 증언이나 서류등의 제출을 거부할 수 없다고 하여 직무상 비밀이라고 하더라도 응해야 한다는 것을 원칙으로 규정하였다(제4조 제1항 본문).

이에 대한 예외로서는 군사·외교·대북관계의 국가기밀에 관한 사항으로서 그 발표로 말미암아 국가안위에 중대한 영향을 미친다는 주무장관(대통령 및 국무총리 소속 기관에서는 당해 관서의 장)의 소명이 증언등의 요구를 받은 날로부터 5일 이내에 있는 경우에는 그러하지 않다고 하여 좁은 예외만 규정하고 있다(제4조 제1항 단서). 한편, 제4조 제1항 단서에 따른 소명이 있는 경우에도 국회가 이를 수락하지 않을 경우에는 본회의 의결로, 폐회 중에는 해당 위원회의 의결로 국회가 요구한 증언 또는 서류등의 제출이 국가의 중대한 이익을 해한다는 취지의 국무총리의 성명을 요구할 수 있다(제4조 제2항). 국무총리가 제2항의 성명의 요구를 받은 때로부터 7일 이내에 그 성명을 발표하지 아니하는 경우에는 증언이나 서류등의 제출을 거부할 수 없다(제4조 제3항).

정당한 이유없이 출석하지 아니한 증인, 보고 또는 서류 제출요구를 거절한 자, 선서 또는 증언이나 감정을 거부한 증인이나 감정인은 3년 이하의 징역 또는 1,000만원 이하의 벌금에 처한다(제12조 제1항).

(3) 검찰총장의 증인 출석 문제

① 검찰권과 사법권의 관계

검찰권은 행정권의 일부로 편제되어 있으므로 검찰사무도 국정조사의 대상이 될 수 있다고 할 것이다. 그러나 검찰권은 사법권과 밀접 불가분의 관계에 있기 때문에 검찰권행사에 대해 국정조사를 행하는 것에 의해 사법권 자체의 행사에 중대한 영향을 미치는 경우가 있을 수 있다. 그와 같은 경우에는 사법권의 독립을 위협할 수도 있다는 점에서 검찰권행사에 대해 국정조사가 허용되지 않는다고 할 것이다.[95]

그렇기 때문에 국정감사 및 조사에 관한 법률 제8조는 계속 중인 재판 또는 수사 중인 사건의 소추에 관여할 목적으로 행사되어서는 아니 된다고 국정감사 또는 국정조사의 한계를 규정하고 있다. 국회에서의 증언·감정 등에 관한 법률은 국회 본회의나 위원회 또는 국정감사나 국정조사시의 자료등 제출요구나 증언·감정 등에 관한 절차를 규정한 것이므로 국정감사 또는 국정조사의 한계 규정은 이를 위한 증언·감정 등에 관한 절차에도 적용된다고 할 것이다. 따라서 재판이 계속 중인 사건 또는 수사 중인 사건에 관한 조사를 위해 검찰총장을 증인으로 출석하게 하는 것은 이러한 한계 규정에 반하는 것이다.

95) 伊藤榮樹, 前揭書, 106面.

이 한계 규정은 검찰총장뿐만 아니라 사건을 담당한 검사에게도 적용될 수 있고, 증인출석뿐만 아니라 질문에도 적용된다. 따라서 대검찰청에 대한 국정감사에서 출석한 검찰총장에게 재판 계속 중인 사건 또는 수사 중인 사건에 대해 질문을 하거나 조사하려 하는 경우에는 한계상의 문제가 있다. 법 제8조는 소추에 관여할 목적으로 행사되어서는 아니 된다고 하여 목적을 요건으로 하고 있으나 일반적으로 정치적 영향을 미칠 우려를 추정할 수 있을 것이다.

② **법무부장관과 검찰총장의 관계**

법무부장관과 검찰총장의 관계에 관하여는 앞에서 논한 바와 같이 검찰권 행사에 관한 최고지휘감독권자는 법무부장관이고 검찰권행사에 대해 국회에 책임을 지는 사람도 법무부장관이다. 또한 우리나라는 검찰청이 법무부의 외청으로 되어 있지만 검찰의 인사, 예산 등의 행정사무는 법무부에서 관장하고 있고, 검찰권행사에 대해서도 법무부장관이 지휘감독권을 보유하고 있어서 구체적 사건에 관해서도 정보보고를 통해 법무부장관이 보고를 받는다.

이러한 방식을 만든 취지는 검찰의 정치적 중립을 위해 법무부장관이 정치권에 대한 책임을 지면서 정치권의 외압차단을 맡아 검찰을 보호하는 장치와 함께 법무부장관의 구체적 사건의 지휘는 검찰총장만을 통해서 행하게 함으로서 검찰총장이 검사들에 대한 정치적 외압을 막는 역할을 하게 하여 이중의 보호장치를 둔 것이다.

그러므로 국회에 대한 출석답변, 그리고 국정조사 등에 있어서는 법무부장관이 검찰권행사와 관련한 답변을 하도록 함이 타당하고, 법무부장관도 또한 지휘감독권에 따라 검찰권행사에 관한 보고를 받으므로 그 답변을 통해 국정조사의 목적을 충분히 달성할 수 있을 것이어서 굳이 법무부장관을 제치고 검찰총장을 증인으로 소환할 필요는 없을 것이다. 국회도 검찰권의 사법적 성격과 정치적 중립을 보장하고자 하는 취지를 살펴서 불필요한 증인소환을 자제할 필요가 있다.

그러나 법무부장관과 검찰총장이 대립한 상황과 같이 법무부장관의 답변으로 국정조사의 목적을 달성할 수 없는 예외적인 상황이라면 검찰총장을 국정조사의 증인으로 출석하게 할 수 있을 것이다. 검찰총장으로서도 법무부장관의 지시권행사에 대한 자신의 의견을 국민에게 설명할 필요도 있을 것이다. 일본에서도 1954년 사법대신이 검사총장에게 지휘권을 발동하였던 조선오직사건

(造船汚職事件)과 관련하여 중의원의 국정조사시에 佐藤藤佐 검사총장이 중의원에 출석하여 증언한 일이 있다.[96]

4. 내부적 지휘체계

1) 내부적 지휘체계의 근거

(1) 내부적 지휘체계와 민주적 정당성

앞에서 본 실질적 민주적 정당성의 관점에서 보면 국회에 대한 책임성과 장관의 지휘권체계가 모든 검사에게 미쳐야 한다. 현행법상으로는 장관의 지휘권이 행해지는 검찰총장을 매개로 하여 검찰총장을 정점으로 다시 개별 검사들에게 단계적으로 지휘권이 인정됨으로써 모든 검사들의 권한행사가 장관을 매개로 하여 국민의 대표인 국회에 대해 책임을 지는 체제가 구성되게 된다. 그러므로 내부적 지휘체계도 개별 검사들의 검찰권행사에 대한 실질적 민주적 정당성의 근거로 중요한 의미를 가진다.

(2) 국가의사의 단일, 통일성을 위한 지휘체계의 일원화

어떤 문제에 대해 국가가 어떤 의사결정을 하고 그 의사결정이 집행되기 위해서는 그 의사결정을 위해서 여러 가지의 견해들이 제시되고 토론을 거치는 과정을 거치더라도 최종적으로는 하나의 의사로 통일되어 결정되어야 한다. 그래야만 그 결정을 집행하여 국가를 운영할 수 있기 때문이다. 예컨대 환경규제정책에 대한 정부의 방향설정에 있어 토론과정을 거치더라도 하나의 정책으로 결정되어야 집행될 수 있을 것이고 서로 다른 의사가 계속 충돌을 하면 집행될 수 없을 것이다.

이와 같이 국가의사를 하나로 결정하기 위해서는 최종적인 결정기관이 결정을 하면 다른 기관들이 이에 따라야 하는 관계가 설정되어야 하는데 지휘체계가 이를 달성하는 방법 중 하나이다. 또한 통일, 단일된 의사결정을 위해서는 최종적 지휘권자가 1인으로 단일화되어야 하는데 이를 위해 지휘체계의 일원화가 필요하다.

---

96) 伊藤榮樹, 前掲書, 108-114面.

이러한 의사결정의 일원화는 지휘권으로 체계를 이루지 않는 법원에도 마찬가지로 적용된다. 법원도 법해석에 있어 단일성을 이루어야 국가기관으로서 기능할 수 있을 것인데 이를 위해 심급제와 상급심판결의 기속력을 통해 최종적으로 대법원을 결정권자로 하여 의사를 통일하는 것이다.

검사들이 모인 검찰도 국가기관으로서 기능하기 위해서는 최종적으로는 통일되고 단일한 의사결정을 하여야 한다. 법원의 재판권행사에 있어서 판결이 확정될 때까지 그 효과를 유동적인 것으로 하고 사후적으로 시정할 수 있는 성질을 가지는 것과 달리 검찰의 업무는 즉시 효력을 발생하고 사후적으로 시정하는 것이 어려운 성질을 가진 업무가 많다. 예컨대 수사착수나 일정한 수사행위, 강제처분 등을 행하면 그 자체로 효력이 발생하는 것이고 수사행위를 유동적인 것으로 하고 사후에 시정하는 식으로 할 수 없으며, 공소제기하면 그 자체로 공소제기의 효력이 발생하고, 법정에서 구형의견을 내면 그 자체로 구형의 효력이 발생한다. 따라서 법원과 같이 사후 심급을 통해 통제할 수 없는 경우가 많으므로 지휘체계를 통한 사전통제 방식을 선택할 수밖에 없다.

(3) 신중한 의사결정을 위한 권한과 책임의 분배체계

검사의 수사권행사나 공소권행사는 국민의 기본권에 심대한 영향을 줄 수 있는 중요한 권력행사이므로 신중한 의사결정이 필요하다. 신중한 의사결정을 위해서는 의사결정 기관을 합의체로 하는 방법과 지휘체계를 이용하는 방법이 있다. 예컨대 법원의 재판도 국민의 기본권에 심대한 영향을 주는 중요한 권력행사이므로 심급제도 두고, 1심 재판부도 중요사건은 합의부가 재판하며, 2심과 3심 재판은 모두 합의부로 운영한다.

검사의 수사권이나 공소권행사는 심급제로 운영하기 어려운 경우가 많아 사전적인 통제체계가 필요하다. 또한 합의체로 운영하는 경우는 예컨대 수사절차에 있어 모든 수사활동을 합의체를 구성하는 검사들이 함께 해야 하는데(예컨대 법원의 합의부 재판에 있어서 공판에 합의부를 구성하는 판사들이 모두 함께 재판정에 임석하여 재판을 진행하는 것과 같다) 개별적 수사활동을 합의체가 모두 함께 하는 것은 효율적 측면이나 성질상 적절하지 않은 경우가 많다. 따라서 합의체로 하지 않고 단독제로 하되 지휘체계에 따른 결재제도를 이용하여 사건의 주임검사와 결재자들간의 합의로 의사결정을 하는 것과 유사한 효과를 거둘 수 있는 것이다. 물론 합의체인 경우는 합의체를 구성하는 구성원들의 의사결정권이 대등하나 결재제도하에서는 의견이 불일치할 때 지휘권자의 의사가 우선되는 차이는 있다.

이러한 지휘체계에 따라 중요한 의사결정일수록 경험이 많고 책임을 질 수 있는 직에 있는 검사가 최종적 의사결정을 하게 된다. 그리하여 지방검찰청이나 지청의 단위에서는 검사장이나 지청장을 최종적인 의사결정권자로 하여 내부적 지휘체계를 갖추고, 그 상위로 고등검찰청 검사장이나 대검찰청의 검찰총장까지의 위계체제를 통해 국가, 사회적으로 중요한 사항에 있어서는 검찰총장이 최종적인 결정을 하게 하는 방식으로 권한과 책임을 분배한다.

(4) 객관화된 정의의 구현

검찰권도 형사사법의 일부이며 정의의 구현을 목적으로 한다. 그런데 무엇이 정의인가에 관한 관점은 개별 검사들마다 다를 수 있다. 국가기관으로서 검찰이 구현해야 하는 정의는 개별 검사들의 개인적 정의관에 따른 정의가 아니라 국가적 차원에서 객관화된 정의이다. 이러한 객관화된 정의는 국가기관으로서의 검찰 전체의 정의관으로 나타나게 되며 지휘체계는 이를 시스템적으로 보장하게 된다. 그리하여 가장 중요한 결정은 검찰총장이, 일선청 차원의 결정은 검사장 또는 지청장 등 기관장이 의사결정을 하게 된다.

그런 의미에서 검찰에 있어 정의의 구현은 개별 검사들 각자의 정의관으로 구현하는 것이 아니라 검찰 전체를 통해, 검찰 전체가 가지는 정의관으로 구현하게 된다. 따라서 개별 검사들은 자신의 정의관이 독단적이지 않은지 항상 되새겨보고 객관적인 정의관을 가질 수 있도록 노력해야 한다. 검찰 전체로서도 개별 검사의 정의관과 검찰 전체의 정의관이 객관적 정의로서 일치할 수 있도록 부단한 노력을 하고 효율적인 의사소통구조를 가져야 할 것이다.

법원도 재판권행사를 통해 정의를 실현하는데 그 정의도 개별 판사들의 개인적 정의여서는 안 되며 국가적 차원에서 객관화된 정의를 실현하여야 하는 것이다. 그 정의는 결국 국가기관으로서의 법원 전체의 정의관으로 나타나는데 이러한 정의 실현을 위해서 심급제를 운영하여 최종적인 의사결정은 대법원이 행하고, 사건의 경중에 따라 합의부와 단독으로 결정권자를 나누고 있는 것이다.

(5) 오류의 시정과 교육

지휘체제하에서 지휘의 실행은 일반적으로는 상급자에 의한 결재과정에서 구현되는데 경험이 많은 상급자가 경험이 적은 검사들의 오류를 시정하고 적정한 처리를 할 수 있는 업무능력을 갖출 수 있도록 지도하고 교육하는 과정으로도 기능한다.

2) 구체적 사건에서의 검찰권행사 주체와 지휘체계

검사는 단독제 관청이고 검찰청은 단독제 관청인 검사들이 모여있는 곳인데 일정한 검찰청에서 처리하여야 할 사건과 관련하여 누가 어떤 방식으로 사건을 처리할 것인가는 형사소송법이 아니라 조직법인 검찰청법이 규율하고 있다.

(1) 구체적 사건의 검찰권행사주체

검찰청법은 대검찰청에서는 검찰총장(검찰청법 제12조 제2항), 고등검찰청에서는 고등검사장(검찰청법 제17조 제2항), 지방검찰청에서는 지방검찰청 검사장(검찰청법 제21조 제2항), 지청에서는 지청장(검찰청법 제22조 제항)이 각 해당 청의 사무를 맡아 처리한다고 규정하고 있다. 이들 각 조항에서 규정하는 사무가 검찰행정사무만을 의미하는 것인가 아니면 수사와 공소 등 검찰사무까지도 포함하는 것인가에 따라 구체적 사건의 주체와 지휘권자의 관계가 달리 구성될 수 있다.

검찰청법은 검찰행정사무와 검찰사무를 구별하는 규정은 없으나 제7조, 제8조의 지휘·감독규정에 검찰사무라는 용어를 사용하고 있고, 제11조, 제12조, 제17조, 제21조, 제22조 등에서는 검찰청의 사무라는 용어를 사용하고 있다.

① **행정사무설**

먼저, 검찰청법상 검찰총장, 고등검사장, 검사장, 지청장 등이 처리하는 해당청의 사무는 검찰행정사무만을 의미한다고 해석하는 견해가 있을 수 있다. 이렇게 해석하면 구체적 사건에 있어서도 검찰권의 행사자는 단독관청으로서의 개개의 검사이고 구체적으로 어떤 사건을 어떤 검사가 처리할 것인지에 대한 사건 배당은 지휘감독권에 근거한 검찰행정사무일 뿐이다.

이 견해는 개개 검사의 검찰권이 형사소송법과 검찰청법 제4조에 의해 부여된 점과 단독관청이라는 점을 강조하는 견해이다. 사건 배당은 관청들인 검사들간의 업무충돌 등을 조정하기 위해 행하는 행정적인 일일 뿐이고 그렇게 배당됨으로써 그 사건은 배당받은 검사의 사건이 되는 것이다. 이렇게 해석하면 지휘감독권을 행사하는 상사는 그 사건 자체에 대해서는 권한이 없는 것이고 배당받은 검사가 처음부터 그 사건의 권한자, 즉 본원적 권한자가 된다. 따라서 지휘감독권자가 그 사건을 다른 검사에게 이전하게 하거나 직접 그 사건을 인계받아 처리하려면 법률적 근거가 필요하게 되는데 그것이 바로 검찰청법 제7조의2 제2항의 직무이전권과 직무승계권 규정이라고 해석한다. 또한 개별 검사들이 관청으로서 직접적으로 배당된 사건에 대한 검찰권행사주체가 되므로 마찬가지로 관청인 기관장들의 지휘·감독을 받을 것인가에 대해서는 별도의 특별한 법률적 근거가 필요하며 그 근거는 검찰청법 제7조와 기관장들의 지휘감독권을 규정한 제12조 제2항, 제17조 제2항, 제21조 제2항, 제22조 제2항이 그 규정들이 된다. 또한 직무승계나 직무이전을 위해서도 특별한 법률이 필요하며 검찰청법 제7조의2 제2항이 그것이다.

일본에서 일본 검찰청법의 해석에 있어 제7조, 제8조, 제9조에 청무(廳務)를 관장한다는 문구에 대해 여기서의 청무는 검찰행정사무만을 의미하고 지휘감독권은 검찰행정사무뿐만 아니라 검찰사무에도 미친다고 해석하여 기관장에게 부여된 청무의 대상과 지휘감독권의 대상을 구별하는 견해가 있다.[97] 이와 같이 구별함에 있어 검찰사무는 검사 스스로 행하는 본래의 사무와 이에 부수되는 사무(이를 검무사무라고 한다)로 나눈다. 검사 스스로 행하는 본래의 사무는 개개의 검사가 스스로 결정, 관리, 실시하는 것으로 이 부분은 개개의 검사를 중심으로 해서 검사장, 차장검사, 부장이 그 상사인 지휘감독기관으로 되어 있다. 그리고 검무사무는 본래의 검찰사무와 비교해서 유형화되고 집합적으로 처리되는 것으로서 사건, 증거품, 영장, 집행, 징수, 범죄경력, 기록, 통계 등을 말한다. 한편, 검찰행정사무는 사무감사, 보고, 외부기관과의 문서송부 및 접수, 숙직 등이다.[98]

97) 伊藤榮樹, 前揭書, 57-58面. 일본 法務總合硏究所, 법무부 역, 日本 檢察廳法, 법무부, 법무자료 제268집, 2005, 57면.

98) 일본 法務總合硏究所, 법무부 역, 日本 檢察廳法, 법무부, 법무자료 제268집, 2005, 57-58면.

② **검찰사무포함설**

검찰청법 제12조 제2항, 제17조 제2항, 제21조 제2항, 제22조 제2항에서 검찰총장, 각급 검사장, 지청장이 해당 검찰청의 사무를 맡아 처리한다는 규정에서 검찰청의 사무는 검찰행정사무뿐만 아니라 검찰사무도 포함한다고 해석하는 것으로 사견으로는 한국 검찰청법의 해석으로 타당하다고 본다.

먼저, 일본 검찰청법의 해석에 있어 검찰행정사무와 검찰사무를 구분하고 기관장이 관장하는 청무에는 검찰행정사무만 해당된다고 해석하는 것은 법원에 있어 법원의 행정사무와 재판사무를 구분하고 법원장은 사법행정사무만을 관장하는 것에 대응한 것으로 보인다.[99] 그런데 법원에서 이러한 구별을 하는 이유는 법관들이 재판사무에 있어서는 독립된 권한행사를 하며 지휘·감독을 받지 않으나 법원의 행정사무에 관한 한은 지휘·감독을 받기 때문에 실익이 있으나 검찰에서는 검찰사무까지도 기관장의 지휘·감독을 받기 때문에 이를 구별하면서 기관장이 담당하는 해당 검찰청의 사무를 검찰행정사무뿐이라고 한정할 실익이 없다.

다음으로 일본 검찰청법 제7조부터 제10조는 각 기관장이 해당 청의 청무를 관장(管掌)한다고 하고 있는데 검찰행정사무설을 취하는 견해는 일본 검찰청법 제1조의 총괄(總括)은 검찰사무와 검찰행정사무 쌍방을 함께 처리하는 것을 의미하지만 관장은 검찰행정사무만을 처리하는 것을 의미한다고 설명한다.[100] 그러나 한국 검찰청법은 그 검찰청의 사무를 맡아 처리한다고 규정하고 있어 문구도 다르다.

또한 기관장의 직무위임권을 규정한 검찰청법 제7조의2 제1항의 해석과 관련해서도 검찰행정사무설은 어려움이 있다. 검찰청법 제7조의2 제1항은 기관장들이 그 직무의 일부를 소속 검사에게 위임하여 처리하게 할 수 있다고 하여 법률상 위임규정을 두고 있다. 법률상 위임규정은 권한위임으로서 내부의 보조기관에게 행하는 사실상의 위임인 내부위임[101]과 달라 수임자가 위임의 범위에서는 수임자 자신의 이름으로 사무를 처리한다. 따라서 법령에 특별한

99) 재판권과 관련하여 각 재판부인 법원이 독립관청으로 되어 있는 법원에 있어서 각급 법원장들이 사법행정사무를 관장하는 것(법원조직법 제13조 제2항, 제26조 제3항, 제29조 제3항, 제31조 제3항)으로 규정하여 사법행정사무라는 용어를 사용하고 있다.

100) 伊藤榮樹, 前揭書, 58面.

101) 검찰청에서도 내부위임은 각 검찰청의 위임전결규정을 마련하여 행하고 있다.

규정이 있는 경우에만 이를 행할 수 있다.[102] 수임자 자신의 이름으로 처리한다는 것은 수임자가 관청으로서 권한을 행사한다는 것이어서 수임자가 관청이 될 수 있는 직에 있어야 한다.

그런데 일본 검찰청법에 있어 기관장이 관장하는 청무를 검찰행정사무로 한정하는 견해[103]와 같이 해석하면 검찰행정사무 중에서 이러한 위임을 하여 수임자가 관청으로서 자신의 이름으로 권한을 행사할 수 있는 사무를 상정하기 어렵다. 그러나 검찰사무포함설과 같이 해석하면 제12조 제2항, 제17조 제2항, 제21조 제2항, 제22조 제2항에 따라 검찰사무도 검찰총장과 각급 검사장 등의 사무가 되므로 구체적 사건과 관련된 업무도 일단 각급 검사장 등의 사무가 되고, 각급 검사장 등이 제7조의2 제1항에 따라 그 직무 중 일부로서 구체적 사건의 처리직무를 소속 개별 검사에게 위임함으로써 그 구체적 사건이 비로서 위임받은 검사의 사무가 되는 것이다. 그리고 검사는 관청이므로 권한위임으로 자신의 사무가 된 그 사건의 처리에 있어 자신의 권한과 이름으로 처리하게 된다. 그리고 그러한 권한의 위임방법이 사건의 배당이다. 이렇게 해석하면 검찰청법 제7조의2 제1항이 관청들로 구성된 검찰청에서 구체적 사건이 개별 검사의 사무로 되는 과정을 연결하는 중요한 의미를 가지는 조문이 되고, 이와 같이 기관장과 개별 검사 사이의 관계를 권한위임관계로 보면 기관장과 개별 검사 사이의 지휘·감독관계도 자연스럽게 도출될 수 있다.

(2) 구체적 사건에 있어서의 검찰내부의 지휘체계

① 검찰권의 1차적 주체로서 검사장 등

앞에서 본 바와 같이 검찰청법은 대검찰청에서는 검찰총장(검찰청법 제12조 제2항), 고등검찰청에서는 고등검사장(검찰청법 제17조 제2항), 지방검찰청에서는 지방검찰청 검사장(검찰청법 제21조 제2항), 지청에서는 지청장(검찰청법 제22조 제항)이 각 해당 청의 사무를 맡아 처리한다고 규정하고 있는데 이들 각 조항에서 규정하는 사무는 행정사무만을 의미하는 것이 아니라 수사, 공소를 포함하는 검사의 사무 전체를 포함한다.[104] 따라서 해당 청에서 행하는 사건에 대

---

102) 伊藤榮樹, 前揭書, 65-66面.

103) 伊藤榮樹, 前揭書, 65面.

104) 재판권과 관련하여 각 재판부인 법원이 독립관청으로 되어 있는 법원에 있어서 각급

한 검찰권행사의 주체는 1차적으로는 해당 청의 기관장인 검찰총장, 검사장, 지청장 등이 된다.

② **검찰총장과 검사장의 관계**

그런데 검찰청법은 각급 검찰청의 검사장의 권한을 규율함에 있어 그 상급자의 권한을 위임받은 관계로 설정하지 않고 직접 법률에 의해 부여되는 것으로 규정하여 본원적 권한자로 규정하고 있는 점이 다른 행정기관의 규율체제와 다른 특징이 있다.

다른 행정기관의 경우는 그 기관의 최고직을 본원적 권한자로 하고, 그 하부의 기관들은 그 권한을 위임받아 행사하는 파생적 권한자로 규정하고 있다. 예컨대 국군조직법은 대통령을 군 통수권자로 하고(국군조직법 제6조), 국방부장관은 대통령의 명을 받아 군사에 관한 사항을 관장하며(국군조직법 제7조), 각 군 참모총장은 국방부장관의 명을 받아 각 군을 지휘·감독(제10조 제2항)하도록 규정되어 있다. 또한 경찰법을 보더라도 경찰청장을 경찰권의 본원적 권한자로 하고(경찰법 제11조 제3항),[105] 지방경찰청장은 경찰청장의 지휘·감독을 받아 관할구역 내에서 경찰권을 행사하며(경찰법 제14조 제2항), 경찰서장은 지방경찰청장의 지휘·감독을 받아 관할구역 내에서 경찰권을 행사하도록(경찰법 제17조 제2항) 규정하고 있다. 여기서 '명을 받아'라는 문구나 '지휘·감독을 받아'라는 문구의 의미는 본원적 권한자로부터 포괄적인 위임을 받는 관계를 말하며 이에 따라 그 지휘계통하에 있다는 의미라는 점은 앞에서 보았다.

본원적 권한자로 규정하면서 상급자를 두고 지휘관계를 규정하는 경우와 본원적 권한자와 위임관계상의 파생적 권한자로 규정하면서 지휘관계를 규정하는 경우는 앞에서 본 바와 같이 지휘권의 내용에 있어 차이가 있다. 위임관계를 통한 지휘관계에서는 그 권한이 본래 본원적 권한자의 것이었고 파생적 권한자는 위임을 받은 것에 불과하므로 지휘권의 내용 중에 일정한 행위를 하도록 지시하는 것이나 중지하도록 하는 등의 지시 이외에 그 지시가 잘 이행되지 아니하거나 지시만으로는 부족한 경우에는 본원적 권한자가 직접 그 파생

법원장들이 사법행정사무를 관장하는 것(법원조직법 제13조 제2항, 제26조 제3항, 제29조 제3항, 제31조 제3항)과 다르다.

105) 경찰청장을 본원적 권한자로 규정하고 있다고 하여도 민주적 정당성과 관련한 논의 및 정부조직법과 경찰법과의 관계에 있어 경찰청장이 치안에 관한 상급의 본원적 권한자인 행정자치부 장관의 지휘·감독하에 있다는 점은 앞에서 보았다.

적 권한자의 권한을 행사할 수 있다. 따라서 구체적 사건의 수사의 경우 본원적 권한자는 파생적 권한자가 행하는 수사를 중지하게 하고 그 사건을 직접 인수하여 수사할 수 있다. 그리고 이러한 권한행사는 위임관계상으로도 당연히 도출되며 별도의 법률규정을 필요로 하지 않는다. 별도의 법률규정이 있는 경우도 당연한 사항을 확인하는 규정에 불과하다.

그런데 본원적 권한자들간의 지휘관계에 있어서는 본원적 권한자의 권한이 그 상급자의 권한으로부터 유래한 것이 아니므로 지휘관계의 내용에 대해 별도의 법률규정이 필요하다. 또한 상급자의 지휘권은 상급자의 권한 범위에 따라 제한될 수 있다. 예컨대 법무부장관이 구체적 사건에 있어서 검찰을 지휘할 수 있으나 법무부장관은 수사권자가 아니므로 직무이전의 지휘권을 행사할 수는 있으나 검찰이 행하는 수사를 직접 인수하여 할 수는 없다.[106)]

또한 본원적 권한자와 본원적 권한자 사이에 법률상 지휘관계 규정을 두는 경우는 지휘권을 행사함에 있어서도 본원적 권한자의 판단과 업무처리를 위주로 하여 존중하고 지휘권행사는 꼭 필요한 경우로 최소화함이 법의 취지에 부합할 것이다.

이에 관하여 검찰청법 제7조의2 제2항은 검찰총장, 각급 검찰청의 검사장 및 지청장은 소속 검사의 직무를 자신이 직접 처리하거나 다른 검사로 하여금 처리하게 할 수 있다고 규정하고 있는데 이 항에 있어서 '소속 검사'의 의미가 문제된다. 검찰총장과 각급 검사장은 각각 본원적 권한자로 규정되어 있어 그 지휘관계가 법률로 규정될 필요가 있고 그 해석에 따라 지휘권의 범위가 제한될 수 있기 때문이다.

각급 검찰청 및 지청의 소속 검사는 그 청 소속의 검사임을 쉽게 이해할 수 있으나 검찰총장의 경우에 그 소속 검사를 대검찰청 소속 검사로 해석하면 검찰총장의 각급 검찰청 검사장에 대한 지휘관계는 제12조 제2항에 있어서 검찰총장이 검찰청의 공무원을 지휘·감독한다는 규정에 따른 지휘·감독관계만 해당되고 제7조의2 제2항에 따른 직무승계나 직무이전권 조항은 해당하지 않기 때문이다. 이에 따라 검찰총장의 지휘감독권은 사건처리에 대한 지휘에만 제한되고 직무승계나 직무이전의 지휘는 할 수 없다고 해석할 가능성도 있다.

---

106) Schmidt/Schoreit, *StPO–Karlsruher Kommentar*, C.H.Beck, 2004, § 145 GVG Rdnr. 2.

그러나 검찰총장의 지휘권은 검찰 전체에 미치므로 검찰총장에 대해서는 제7조의2 제2항의 소속 검사는 대검찰청 소속의 검사뿐만 아니라 검찰에 소속된 검사, 즉 대검찰청 산하의 모든 검찰청 소속 검사를 말한다고 해석하는 것이 타당하다. 이러한 해석은 검찰청법 제7조 제1항에서 규정한 소속 상급자의 해석과도 조화될 수 있다. 검찰청법 제7조 제1항은 검사는 검찰사무에 관하여 소속 상급자의 지휘·감독에 따른다고 규정하고 있는데 각급 검찰청의 검사장에 대해서 소속 상급자는 검찰총장일 것이기 때문이다.

따라서 검찰총장은 각급 검찰청 검사장에 대해 사건처리에 관한 지휘를 할 수도 있고 각급 검찰청에서 행하는 사건에 대해 검사장에게 직무를 인수하는 지휘를 할 수도 있으며 다른 검찰청에서 사건을 수사하도록 이전하는 지휘를 할 수도 있다.

검찰총장은 각급 검찰청의 검사장에 대한 지휘감독권을 행사하기는 하나 법률상 검사장의 권한은 검찰총장으로부터 유래한 것이 아니라 본원적으로 부여되고 있다. 이는 검찰청법이 지청장의 경우 검사장의 지휘·감독을 받아 소관사무를 처리하는 것으로 하여 검사장의 권한이 위임된 것으로 규율하는 것과 다르다. 그러므로 검찰 실무 운영에 있어 각급 검찰청 검사장의 독립성이 존중될 필요가 있으며 검찰총장의 지휘감독권은 검찰 전체의 운영상 필요한 일반적 지휘·감독이나 검찰 전체에 있어 검찰권행사의 통일성을 이루기 위한 경우 또는 국가적으로 중요한 사건에 대해 검찰총장이 국민에 대해 책임을 져야 할 필요가 있는 경우 등에만 관여하고 그 이외에는 검사장의 책임하에 사무처리를 하도록 맡기는 것이 적절하다고 본다.

③ 각급 검찰청에서의 내부관계

일선의 대부분의 수사는 지방검찰청에서 행해지므로 지방검찰청의 내부관계를 살펴보는 것이 의미 있을 것이다. 앞에서 본 바와 같이 지방검찰청에서는 구체적으로 발생한 개별적 사건의 처리와 관련해서는 검사장이 검찰권의 1차적 주체이다. 그런데 검사장은 소속 검사로 하여금 그 권한에 속하는 직무의 일부를 처리하게 할 수 있다(검찰청법 제7조의2 제1항). 이러한 위임규정에 따라 구체적 사건의 처리를 소속 검사에게 위임하게 되고 그러한 위임을 받은 검사가 그 사건의 구체적인 주체가 되는 것이다. 실무에서는 이러한 위임절차가 사건 배당이라는 절차에 의하여 행해지며 사건을 배당받은 검사를 그 사건의 주임검사라고 칭한다.

이러한 위임에 의해 주임검사가 지정되고 그 주임검사가 그 사건의 주체가 되지만 그렇다고 사건의 처리에 관한 모든 권한을 위임하는 것은 아니다. 검사장의 지휘감독권은 유보되어 있어 사건처리와 관련하여 지휘감독권을 행사하게 되는데 그 지휘감독권도 또한 소속 검사에게 위임하여 행할 수 있다. 실무상으로는 각 일선청마다 일상적인 경우에 행하는 위임의 단계구조를 일반화한 규정을 두는데 이를 위임전결규정이라 한다. 그러나 그 위임전결규정은 검사장의 일반적 지시이므로 특별한 사정이 있는 때에는 검사장은 언제든지 그 위임전결규정과 상관없이 지시할 수 있다.

예컨대 배당권도 검사장의 권한이나 실무에서는 일반적으로 특별한 사정이 없는 한 차장검사가 배당권을 위임받아 행사한다. 최근에는 부별배당제도를 시행하여 불구속 사건의 경우 차장검사가 부에 배당을 하면 그 부 내부에서는 부장이 배당을 한다. 이와 관련하여 검찰청법 제24조는 지방검찰청에 부를 두고 부에 부장검사를 둘 수 있다고 하면서(동조 제1항, 제2항) 제3항에서 부장검사는 상사의 명을 받아 그 부의 사무를 처리한다고 하고 있다. 즉 제24조 제3항은 부의 사무에 관하여 법률상 포괄적 위임관계를 규정하고 있다. 이에 따라 검사장이 지휘·감독관계에 따라 특별한 지시를 하지 않는 한 부의 사무에 관하여는 부장검사가 자율적으로 처리하는 것이다. 그러므로 검사장의 일반적 지시를 담고 있는 위임전결규정에서 규정하고 있지 않은 사항이 발생하는 경우 위 법률규정의 해석상 부장검사가 처리하면 될 것이다. 앞에서 본 부별 배당제도는 부장검사에게 부의 사무처리를 포괄적으로 위임한 법률규정으로 볼 때 적절한 실무로 보인다.

사건의 재배당은 사건의 처리 주체를 변경하는 것으로서 이는 검찰청법 제7조의2 제2항에서 규정되어 있는 직무이전권의 행사를 의미한다. 법은 직무이전권의 본원적 주체를 검사장 및 지청장으로 규정하고 있으나 이 권한도 제7조의2 제1항의 위임규정에 따라 위임될 수 있는 권한이므로 차장검사나 부장검사에게 위임되고 있다. 실무에서는 사건의 배당권의 위임은 재배당권의 위임도 포함하는 것으로 운영한다. 따라서 차장검사가 배당권을 행사하는 사건의 경우는 차장검사의 결재를 받아 재배당하며, 부장검사가 배당권을 행사하는 사건의 경우는 부장검사가 재배당을 한다.

④ **사건처리와 관련한 결재의 의의**

사건처리와 관련하여 사건을 배당받은 검사는 단독제 관청으로서 자신의 명의로 사건을 처리하나 상사의 지휘·감독을 받는다. 검사장은 사건처리 자체는 배당을 통해 해당 검사에게 위임하였으나 지휘감독권을 유지하고 있고 지휘감독권도 위임전결규정에 따라 직접 행사하거나, 차장검사 또는 부장검사가 행사하기도 하고, 때로는 검사에게 전결권을 부여하여 주임검사가 전권으로 처리하게 하기도 한다.

지휘감독권의 행사는 그 방법상 제한은 없으나 실무상 내부적인 결재절차를 통해 행해진다. 즉 결재는 검사장의 지휘감독권의 행사방법 중 하나이다. 실무상 주임검사가 권한을 행사하는 문서 중 외부로 행사되는 문서와 별개로 그 부본을 만들어 그 부본에 결재과정을 나타내는 칸을 만들고 그 칸에 결재권자가 날인함으로써 행사한다.

이와 같은 결재절차에 의해 검찰 내부적으로는 검사의 권한행사가 합의제와 유사한 성격을 가지게 되는데, 다만 검사와 결재권자의 의사가 다른 경우는 최종적으로는 지휘감독권자인 결재권자의 의사에 따라야 하는 점에서는 법원과 같이 동등한 차원에서의 합의제와는 차이가 있다.

⑤ **주임검사의 지위**

이와 같이 검찰청법이 검찰권의 행사주체를 지방검찰청에서는 검사장으로 규정하면서도 그 위임관계를 규정하고 있고 이에 따라 사건을 배당받은 검사를 실무상 주임검사라고 칭한다. 개별적 사건에 관한 한 주임검사는 1차적 주체인 각급 검찰청의 장으로부터 그 사건에 관한 처리권한을 위임받은 권한자로서 법률상의 위임관계에 따른 검찰권의 주체가 된다. 그러므로 검사를 단독제 관청으로 규율한 것과 지휘관계인 검사동일체 원칙은 모순되는 것이 아니다.[107)]

검사는 단독제 관청으로서 검사장과 마찬가지로 관청이므로 여기서의 위임은 관청과 관청간의 권한위임이다. 관청과 관청간에 법률상 권한위임조항에

107) 배종대/이상돈/정승환/이주원, 앞의 책, 51면에서는 검사를 단독제 관청으로 한 것과 검사동일체 원칙은 모순된다고 하면서 모순되지 않으려면 독일 법원조직법 제144조처럼 검찰사무는 모든 검사가 단독으로 처리하지만 모든 검사는 검사장 그리고 궁극적으로는 검찰총장의 대리인으로 행위하는 것이라고 이해하는 것이 필요하다고 하는데 이러한 관계를 검찰청법이 규율하고 있는 것이다.

따른 위임이 행해지는 경우 수임관청이 외부적으로 자기책임과 자기명의로 사무를 처리하므로[108] 주임검사도 사건을 배당받으면 외부적으로는 자기책임과 자기명의로 사건을 처리하게 되어 사건은 주임검사의 사건으로 된다.

다만 검찰청 내부에서의 위임은 지휘감독권이 유보된 위임이므로 검사는 내부적으로는 지휘·감독관계에 따라야 하며, 지휘감독권자는 내부적으로는 주임검사의 사건처리에 대해 공동 책임을 진다.[109] 만약 주임검사의 사건처리가 지휘감독권자의 지시에 따라 행해진 경우 법률상 내부적으로는 지휘감독권자가 그 결과에 대해 책임을 지고 지시에 따른 주임검사는 면책된다. 그러나 외부적으로는 주임검사가 사건처리한 것으로 나타나므로 사회적, 도의적 책임은 여전히 남을 수 있다. 따라서 지휘권자와 주임검사는 최대한 의사소통을 할 필요가 있다.[110]

물론 결재과정에서 결재자가 주임검사에게 의견을 제시하고 서로 협의를 하여 주임검사가 결재자의 의사가 합당하다고 생각하여 이에 따르는 경우는 협의과정일 뿐 아직 지시권이 행사된 것이 아니다. 지시권이 행사되는 것은 이러한 협의과정에도 불구하고 결재자와 주임검사 사이에 이견이 좁혀지지 않는 상황에서 결재가가 최종적인 사건처리를 위해 지시권을 행사하는 것을 의미한다. 이러한 경우는 사후의 책임관계를 명확히 할 수 있도록 지시권행사를 서면화하는 것도 생각해 볼 수 있을 것이다. 다만, 뒤에서 보는 바와 같이 불법적인 지시에는 따를 의무가 없으므로 불법적인 지시를 따른 경우는 검사도 책임을 지게 된다.[111]

---

108) 이와 달리 관청과 관청간의 위임이 아니라 관청 내부에서 보조기관들에 대한 위임의 경우는 그 보조기관이 사실상 관청의 권한을 행사하는 경우에도 외부적으로는 관청의 책임과 명의로 권한행사를 한다. 예컨대 세무서의 과장이 위임전결규정에 따라 일정한 사항을 전결처리하는 경우에도 그 권한행사는 외부적으로는 관청인 세무서장 명의로 행사된다.

109) 최근에 대검찰청에서 검사의 사건처리에 관한 평정에 있어 결재자에 대한 평정도 강화하는 방향으로 운영하고 있는데 지휘감독권자의 책임이라는 측면에서 이해될 수 있다.

110) Schmidt/Schoreit, *StPO-Karlsruher Kommentar*, C.H.Beck, 2004, GVG § 146 Rdnr. 11.

111) Schmidt/Schoreit, *StPO-Karlsruher Kommentar*, C.H.Beck, 2004, GVG § 146 Rdnr. 11.

3) 검사의 준사법적 성격의 존중과 지휘관계의 조화

(1) 문제의 의의

앞에서 본 바와 같이 지휘감독권은 여러 가지 기능을 가지고 있으나 가장 중요한 기능은 국가권력의 행사가 국민의 의사에 맞도록 통제하는 민주적 정당성의 확보에 있다. 그러므로 민주적으로 국민에게 책임을 지는 책임자의 지휘감독권 행사는 특별한 사정이 없는 한 관철되어야 하며 그 관철방법으로서 검사에게도 상급자의 지시에 따라야 하는 의무를 부과하고 있다(검찰청법 제7조 제1항).

그런데 검사의 권한행사는 중립적이고 공정, 객관성을 유지하여야 하며 정의에 부합하게 행사되어야 하는 준사법적 성격을 가진다. 개별 검사가 어떠한 경우라도 상사의 지시에 따라야만 한다면 법률가로서의 양심에 반하는 결정을 하게 될 우려도 있다. 이와 같이 상사의 지시와 검사의 소신이 충돌하는 경우 이를 적절히 해결해 주어야 할 것이다.

이와 관련하여 2009년 검찰청법을 개정하면서 종래 검사동일체 원칙이라는 제목하에 규정하고 있던 제7조를 분리하여 지시복종관계는 제7조로, 직무승계와 직무이전은 제7조의2로 분리하게 되었는데 특히 제7조 제2항에 검사의 이의제기권을 신설하였다. 이 이의제기권과 지시에 따라야 할 의무와의 관계가 문제된다.

(2) 상사의 지시와 이에 따를 의무

먼저 지휘·감독관계의 법리상 검사는 상급자의 지시가 명백히 불법인 경우는 이에 따를 의무가 없다. 여기서 불법이라 함은 그 지시를 따라 행위하는 경우 형사처벌을 받거나 행정질서벌로서의 과태료를 부과받는 등으로 처벌받을 가능성이 있는 때를 말한다.[112] 그러므로 검사는 중대한 불법을 담고 있는 지시가 아닌 한 독자적인 판단으로 지시를 거부해서는 안 된다.[113]

---

112) Schmidt/Schoreit, *StPO-Karlsruher Kommentar*, C.H.Beck, 2004, GVG § 146 Rdnr. 11.

113) Schmidt/Schoreit, *StPO-Karlsruher Kommentar*, C.H.Beck, 2004, GVG § 146 Rdnr. 11.

경한 절차적 규범위반 또는 법위반이 아닌 적절성 또는 상당성 등이 문제되는 경우는 지시에 따라야 하며 만약 그러한 지시에 따른 행위가 결과적으로 부적절하였거나 부당하였던 경우에는 지시권의 효력에 관한 일반원칙에 따라 그에 대한 책임은 지시한 사람이 지고 검사는 면책된다.[114)]

이와 같이 지시권은 책임과 연결되어 있고 그 책임의 연결고리는 최종적으로 국민에 대해 책임을 지는 장관에게 연결되는 것으로 민주적 정당성과 관련이 있는 것이다. 지휘체계는 민주적 정당성의 원리에 따라 책임을 질 사람을 위계적으로 규정한 것이다. 따라서 상사의 지시를 거부하고 독자적 판단에 따라 행위하는 것은 국가권력 행사의 민주적 정당성을 보장하고자 하는 시스템을 무시하는 것으로서 헌법과 법률이 정한 권한과 책임의 체계에 반하는 중대한 문제라고 할 수 있다.

앞에서 본 바와 같이 독립관청인 법원의 경우도 상급법원의 지시·감독에 의해 통제되지는 않지만 민주적 정당성이 강화된 대법관들로 구성된 대법원이 최종적으로 국민의 의사에 따라 행해지는 재판의 책무를 맡고 그 대법원 판결에 하급심이 기속되게 함으로써 통제가 이루어진다. 법원 전체의 의사를 합리적으로 구성하기 위한 심급제도와 사안의 경중에 따른 합의제 및 단독제의 재판부 구성 등이 모두 법원이 민주적으로 정당한 권한행사를 할 수 있도록 보장하고자 하는 시스템들이다. 단독판사가 합의부에서 재판할 사항을 재판을 하면 그 재판결과가 결과적으로 옳았는지를 불문하고 무효가 되고 재판내용의 타당성 여부를 떠나 상급심에 의해 파기된다. 그것은 민주적으로 정당한 재판권행사를 보장하기 위한 시스템이 그만큼 중요하기 때문이다.

개별 검사가 상사의 지휘·감독을 받아야 할 사건에 대하여 예컨대 결재를

---

114) Schmidt/Schoreit, *StPO-Karlsruher Kommentar*, C.H.Beck, 2004, GVG § 146 Rdnr. 11. 지시권의 효력에 관하여 독일 연방공무원법 제63조 제2항은 “공무원은 직무상 명령의 적법성에 관하여 이의가 있는 때에는 지체없이 직근 상급자(unmittelbaren Vorgesetzten)에게 이의를 제기하여야 한다. 직근 상급자가 그 지시를 유지하고 그 적법성에 대한 이의가 유지되는 때에는 차상급자에게 이의를 제기하여야 한다. 그럼에도 불구하고 지시가 다시 확인되는 때에는 공무원은 이를 이행하여야 하며 그 경우 이에 대한 책임으로부터 면제된다. 다만, 부과되는 행위가 인간의 존엄성을 침해하거나 가벌적이거나(strafbar) 위경죄에 해당하는(ordnungswidrig) 경우에는 그러하지 아니하다. 지시의 확인은 요청이 있는 때에는 서면으로 행해져야 한다.”고 규정하고 있는데 이 규정은 검사에게도 적용된다.

받아야 하는 사건에 대하여 결재를 받지 않고 권한행사를 한다든가 또는 상사의 지시를 무시하고 권한행사를 하는 것은 법원에서 단독판사가 합의사건을 처리하거나 1심 재판부가 2심 재판을 하는 것과 마찬가지라 할 수 있다. 법원의 재판은 확정될 때까지 그 효력이 유동적이므로 사후적으로 상급심에 의해 그러한 월권이 치유될 수 있겠으나 앞에서 본 바와 같이 검사의 권한행사는 사후적으로 치유할 수 없는 영역이 많다.

한편, 검사가 내부적 절차를 무시하고 권한행사를 하여도 단독제 관청의 성질상 외부적으로는 효력이 발생하므로 사전적 통제의 구조를 취하고 있다. 그래서 사전적 통제를 무시하는 행위는 검찰권행사가 민주적으로 정당하게 이루어지도록 하는 시스템을 무시하는 행위가 된다. 그 시스템을 무시하는 행위는 그 행위의 결과가 옳았는지 여부에 상관없이 중대한 위법행위로서 엄격히 통제되어야 하는 것이다. 예컨대 단독판사가 합의부 사건을 처리하면 그 사건의 유·무죄 판단이 적절하였는가를 묻지 않고 재판 자체가 위법하여 파기사유가 되는데 이는 이러한 직무관할이 재판권행사가 민주주의와 법치주의에 맞도록 하기 위한 시스템이고 그 시스템을 훼손하는 것은 개별 사건처리의 적절성보다 더 중요하기 때문인 것과 같다. 따라서 검사가 결재권을 침해하여 사건처리를 하는 경우 외부적 행위는 법적 효력이 발생하지만 내부적으로는 징계사유가 될 것이다.

(3) 이의제기와 해결방법

한편, 검찰청법 제7조 제2항은 검사가 구체적 사건과 관련된 지휘·감독의 적법성 또는 정당성에 대해 이견이 있을 때에는 이의를 제기할 수 있다고 규정하고 있다. 이 이의제기 조항은 2009. 11. 2. 검찰청법 개정시에 추가되었다. 검사의 준사법적 성격에 비추어 검사들이 정의와 진실을 실현해야 할 검찰 본연의 임무에 충실할 수 있도록 필요한 때에는 상사의 지시에 대해 의견을 활발히 제시할 수 있어야 함에도 지시복종이라는 종래의 문구와 당시의 검찰 내부의 분위기가 이와 같은 이념을 실현하기에 충분하지 않다는 문제의식에 따라 제7조의 제목도 검사동일체 원칙에서 검찰사무에 대한 지휘·감독으로 바꾸고, 지시에 복종하여야 한다는 문구도 따라야 한다는 문구로 변경하면서 제2항에 이의를 제기할 수 있다는 조문을 명문화하였다.

그런데 지휘·감독관계에서 일반적으로 지휘를 받는 사람이 지휘에 대해 다른 의견이 있는 때에 그 이견을 말하면서 이의를 제기할 수 있는 것은 당연하고 이는 법률규정이 없더라도 인정될 수 있는 것이다. 그러므로 그 이의제기를 법률화하였다고 하여 새로운 권한이 부여된 것은 아니다. 나아가 그 때문에 지시에 따라야 하는 관계가 변화되는 것도 아니다. 그러므로 이의제기 조항이 들어오고 제7조의 제목이었던 검사동일체 원칙이 지휘·감독으로 변화하였다고 하여 지휘·감독관계가 변화한 것도 아니다.

다만 그러한 이의제기가 있는 경우 지휘감독권과 관련하여 어떻게 해결할 것인가라는 문제가 있다. 이를 해결하기 위해 지휘·감독관계에 따라 내부적인 규정을 둘 수도 있고, 법률규정을 둘 수도 있을 것이다. 법률규정을 둔 예로는 독일의 연방공무원법의 예를 들 수 있는데 독일은 차상급자가 이를 판단하는 것으로 해결하고 있다.[115] 이는 이의제기가 상급자의 단계에 따라 반복적으로 행해져서 불안정해지는 것을 방지하고 신속히 해결하고자 하는 취지가 있는 것으로 보인다. 법률규정이 없는 우리법에 있어서는 검사장이 일선청 차원의 내부 지침을 만들면 될 것이다. 이의제기에 대해 이의제기를 당하는 직근 상급자보다는 더 상급자의 판단을 받아 보도록 하는 것이 적절하다는 점에서 독일의 입법례와 같이 차상급자가 판단하는 것으로 지침을 만드는 것이 적절하다고 본다.

그런데 이의제기 절차에 대한 법률규정도 없고, 검사장의 지휘감독권 행사에 의한 지침도 마련되지 않고 있다면 어떻게 해석하여야 할 지 문제이다. 검사의 이의제기에도 불구하고 상사가 다시 그 지시를 재확인하는 경우는 앞에서 본 바와 같이 상사의 지시가 중대한 불법을 내용으로 하지 않는 한 따라야 한다고 본다. 다만 이의제기를 한 검사로서는 지시를 한 사람 보다는 상급자의 판단을 받도록 하는 것이 설득력이 있을 수 있으므로 독일의 입법례와 같이 차상급자의 판단을 받도록 지침을 마련하는 것이 적절할 것이다.

다만, 이의제기에 대한 최종 판단자를 검토함에 있어서도 검찰청법상 검찰권 행사자로 되어 있는 주체를 넘어 이의제기가 이루어져서는 안 될 것이다. 즉 예컨대 지방검찰청에서는 개별사건 처리에 있어서 검사장이 1차적 주체이

115) 독일 연방공무원법 제63조 제2항.

고 검사는 그 직무를 위임받아 행사하는 관계이므로 최종적 책임과 권한을 지는 사람은 검사장이다. 따라서 적어도 이의제기 절차는 검사장의 판단에서 끝나야 하고 검사장을 넘어서 그 상급 지휘권자에게까지 올라가는 것은 1차적 주체와 위임관계의 법리상 적절하지 않다.

또한 검사와 상급자간의 의견 불일치에 대해 검찰 이외의 다른 기관의 판단을 받게 하는 것은 적절하지 않다. 이에 관해 독일에서 항소심 법원의 판단을 받도록 하자는 제안을 하는 사람도 있었으나 이는 검찰과 법원의 독립성에 비추어 부적절하고 검찰의 내부적 업무결정에 법원이 개입하는 것이 되어 부적절하다고 비판되었다.[116] 또한 검찰청 내부의 상사의 지시는 법발견에 선행하는 검찰의 내부적 행위일 뿐 행정처분으로 볼 수는 없으므로 그 자체는 사법심사의 대상이 되지 않는다. 즉 지시를 취소하라는 행정소송을 할 수는 없다.[117] 그러나 지시에 따르지 않은 행위로 인해 징계절차에 회부되는 경우 그 징계절차에서 그 지시의 불법성 여부가 판단될 것이다.

(4) 검사의 양심 보호를 위한 직무이전 요청 문제

그런데 검사가 나름대로 최선의 검토와 그 양심에 따른 판단을 한 결과 양심상 그 지시를 받아들일 수 없다고 생각함에도 그 지시를 강요하고 이에 따르지 않는다고 하여 징계책임을 묻게 된다면 공정성과 객관성을 업무이념으로 하는 준사법기관으로서의 성격에 비추어 불만족스러운 결과가 될 수도 있을 것이다. 검찰청법은 이런 식으로 사태가 진행되는 것을 회피하기 위한 적절한 장치를 두고 있는데 그것이 법 제7조의2 제2항에 규정된 직무이전 제도이다. 이에 따라 해당 검사의 사건을 다른 검사로 하여금 처리하게 함으로써 해당 검사로 하여금 그러한 양심상의 충돌을 피할 수 있도록 할 수 있다. 해당 검사도 그 지시를 받아들일 수 없는 경우는 그 사건의 처리를 다른 검사로 하여금 하도록 직무이전을 요청하여 해결할 수 있을 것이다.

이와 같이 직무이전제도는 검사의 양심상의 판단을 존중하면서도 지휘권

---

116) Kommission für die Angelegenheit der Staatsanwälte im deutschen Richterbund, DRiZ 1970, 189-190.

117) Schmidt/Schoreit, *StPO-Karlsruher Kommentar*, C.H.Beck, 2004, GVG § 146 Rdnr. 12.

을 관철하여 민주적 정당성과 책임을 일관되게 하는 중요한 기능을 수행한다. 따라서 상사와 주임검사 사이에 의견충돌이 해결되지 않는 경우 상사가 직무이전지시를 하여 다른 검사로 하여금 사건을 처리하도록 하는 것은 해당 검사를 보호하면서도 지시를 관철하는 지시로서 이를 거부해서는 안 될 것이다. 그 지시가 이에 따르는 경우 형사처벌을 받거나 행정질서벌로서의 과태료를 부과받는 등으로 처벌받을 가능성이 있어 거부할 수 있는 때에 해당하는 경우를 상정하기 어렵기 때문이다.

물론 직무이전제도가 그 이외에도 검사의 질병이나 다른 사정으로 인하여 업무를 할 수 없게 되는 경우에 다른 검사로 하여금 그 사건을 처리할 수 있도록 함으로써 청 운영의 효율성을 도모할 수 있는 측면도 있으나 이와 같이 지휘권의 본질적인 문제가 발생하는 경우에 검사를 보호하면서도 지휘권을 관철하도록 하는 근본적인 기능을 가지고 있다.[118]

---

118) 독일에서도 실무에서 상급자의 지시와 검사의 의견 불일치가 해결되지 않는 상황에서는 항상 이와 같은 직무이전의 방법으로 해결한다고 한다. Roxin, 이완규 역, "검사의 법적 지위－과거와 현재(Zur Rechtsstellung der Staatsanwaltschaft damals und heute, DRiZ 1997, 109)", 검사의 지위와 기능, 대검찰청, 2008, 71면.

제 4 장

검찰청의 조직과 검사의 근무관계

Ⅰ. 검찰청의 조직

1. 법원에 대응하는 조직

1) 검찰청의 설치

검찰은 법원과 함께 사법의 영역에서 정의의 이념을 실현하는 두 개의 기관 중 하나이다. 이에 따라 법원이 있는 곳에는 이에 대응하여 하나의 검찰이 설치된다. 검찰청법 제3조 제1항은 대검찰청은 대법원에, 고등검찰청은 고등법원에, 지방검찰청은 지방법원과 가정법원에 대응하여 각각 설치된다고 규정하고 있다. 지방법원 지원 설치지역에는 이에 대응하여 지방검찰청 지청(이하 지청이라 한다)을 둘 수 있다(검찰청법 제3조 제2항). 또한 각급 검찰청과 지청의 관할구역은 각급 법원과 지방법원 지원의 관할구역에 따른다.

법원의 설치와 관할구역을 정하기 위해 각급 법원의 설치와 관할구역에 관한 법률이 있으며 이 법률에 따라 설치된 각급 법원에 대응하여 검찰청이 설치되고 그 관할구역도 대응하는 법원의 관할구역과 같다. 그렇기 때문에 현행법상 새로운 검찰청을 설치하고자 할 때에는 그에 대응하는 법원이 함께 설치되어야 한다. 예를 들어 서울중앙지방검찰청 관할구역 중 서울 종로구와 중구를 분리하여 이 지역을 관할하는 새로운 검찰청을 설치하고자 할 때에는 그 지역을 관할하는 지방법원이 함께 설치되어야 한다. 그리고 그 법원을 새로 설치하려면 각급 법원의 설치와 관할구역에 관한 법률을 개정하여야 한다.

그러나 서울중앙지방검찰청과 별개의 검찰청이 아니라 서울중앙지방검찰청 자체를 2개로 만들 때에는 법원이 새로 설치되지 않아도 상관없다. 즉 예컨대 서울중앙지방검찰청의 관할구역 중 종로구와 중구를 관할하는 검찰청으로 서울중앙 제2 검찰청을 설치한다면 그 검찰청도 서울지방법원에 대응하는 검찰청이므로 새로운 법원을 설치하거나 법률을 개정하지 않아도 가능하다. 또한 예컨대 업무영역을 나누어 현재 서울중앙지방검찰청의 업무영역을 2개로 나누어 서울중앙 제2 검찰청에서 특별수사부, 공안부, 강력부 등 인지부서를 담당하게 하고, 나머지 업무를 서울중앙 제1 검찰청에서 담당하도록 하는 경우에도 두 검찰청 모두 서울중앙지방법원에 대응하는 검찰청이므로 별도의 법원 설치나 법률개정 없이도 가능하다. 대검찰청의 위치와 대검찰청 외의 검찰청 및 지청의 명칭과 위치는 대통령령으로 정한다(검찰청법 제3조 제3항).

2) 법원과 검찰청의 위치 문제

우리나라에서는 법원과 검찰청의 건물이 나란히 이웃하여 설치되어 있는데 이는 법체계상의 연혁적인 이유와 업무효율성에 따른 이유가 있다. 법체계상으로는 대륙법계 형사사법체계에서 검찰은 법원의 업무를 일부 맡는 기구로 도입되었기 때문에 처음에는 검사의 사무실을 법원 안에 두었다가 별도의 건물을 마련하는 경우에도 법원에 이웃하여 두게 되었다. 우리나라도 일본을 통해 대륙법계인 독일, 프랑스의 사법체계를 계수한 이유로 현재도 그와 같은 구조를 유지하고 있다.

이러한 연혁적인 이유와 함께 업무효율성에 따른 이유도 있는데 이는 검찰과 법원의 업무가 밀접하게 관련이 있어 공간상으로도 가까이 이웃하는 것이 편리하고 효율적이기 때문이다. 수사절차에서 각종 영장과 보석이나 적부심청구 등의 절차와 관련하여 서류가 왕래하여야 하고, 공판절차에서도 공판에 관여하는 검사들이 공판을 위해 재판정에 수시로 왕래하여야 하며 재판을 위해 사건 기록과 서류들이 수시로 왕래해야 하므로 옆에 가까이 있는 것이 효율적인 것이다.

2. 현행법상 검찰의 조직

1) 대검찰청

(1) 대검찰청의 업무

대검찰청은 대법원에 대응하는 검찰청으로서 대법원에 대응하는 송무사무를 담당하고, 검찰전체의 사무를 총괄하며 지휘·감독하는 사무를 담당한다. 대검찰청의 사무는 검찰총장이 본원적 권한자이고(검찰청법 제12조 제2항), 검찰총장은 그 사무를 소속 검사에게 위임하여 처리하게 할 수 있다.

(2) 대검찰청의 조직

대검찰청에 검찰총장을 두고(검찰청법 제12조 제1항), 검찰총장을 보좌할 기관으로 차장검사를 두는데(검찰청법 제13조 제1항, 제2항), 차장검사는 검찰총장이 부득이한 사유로 직무를 수행할 수 없을 때에는 그 직무를 대리한다. 또한 대검찰청에 검찰총장으로부터 직무를 위임받아 수행할 검사로서 대검찰청 검사를 둔다(검찰청법 제14조).

대검찰청에 부와 사무국을 두고, 부와 사무국에 과를 두며, 부·사무국 및 과의 설치와 분장사무에 관한 사항은 대통령령으로 정한다(검찰청법 제16조 제1항).[1] 대검찰청의 부에는 부장, 사무국에는 국장, 과에는 과장을 두는데 부장은 검사로, 사무국장은 고위공무원단에 속하는 일반직공무원으로, 과장은 검찰 부이사관·정보통신부이사관·검찰수사서기관·정보통신서기관 또는 공업서기관으로 보한다. 다만, 부의 과장은 검사로 보할 수 있는데(검찰청법 제16조 제2항) 최근의 실무는 대부분의 과장을 검사로 보하고 있다.

또한 대검찰청에는 대통령령으로 정하는 바에 따라 차장검사 또는 부장 밑에 정책의 기획, 계획의 입안, 연구·조사, 심사·평가 및 홍보를 위하여 그를 직접 보좌하는 담당관을 둘 수 있으며 이 경우 그 담당관은 3급 상당 또는 4급

1) 이에 따라 대통령령인 검찰청 사무기구에 관한 규정이 있다.

상당 별정직 국가공무원으로 보하되, 특히 필요하다고 인정될 때에는 검사로 보할 수 있다.

현재 대검찰청에는 감찰본부, 기획조정부, 반부패부, 형사부, 강력부, 공안부, 공판송무부, 과학수사부가 설치되어 있다. 부의 과로는 감찰본부에 감찰1과와 감찰2과가, 기획조정부에 정책기획과와 정보통신과, 반부패부에 수사지휘과와 수사지원과, 형사부에 형사1과와 형사2과, 강력부에 조직범죄과, 마약과, 피해자인권과, 공안부에는 공안1과, 공안2과, 공안3과가, 공판송무부에 공판송무과와 집행과, 과학수사부에 과학수사 1과, 과학수사 2과, 디지털수사과, 사이버수사과가 설치되어 있다.

한편, 기획관과 담당관으로는 차장검사 보좌기관으로 범죄정보기획관을 두고 그 밑에 범죄정보 1담당관과 범죄정보 2담당관이 설치되어 있고, 공안부에 공안기획관, 과학수사부에 과학수사기획관이 설치되어 있으며, 비직제로 미래기획단과 형사정책단, 국제협력단이 설치되어 있다.

대검찰청에 검찰총장을 보좌하여 검찰사무에 관한 기획·조사 및 연구업무를 담당하는 검찰연구관을 두는데 검찰연구관은 검사로 보한다(검찰청법 제15조).

2) 고등검찰청

(1) 고등검찰청의 업무

고등검찰청은 고등법원에 대응하는 검찰청으로서 고등법원에 대응하는 송무사무를 담당하고, 지방검찰청에서 처리한 고소사건에 대한 불복으로서 항고사건을 처리하며 사무감사, 검찰총장으로부터 위임받은 감찰 관련 업무 등을 담당한다. 고등검찰청의 사무는 고등검찰청 검사장이 본원적 권한자이다(검찰청법 제17조 제2항). 다만, 검찰청법 제12조 제2항에 따라 검찰총장으로부터 지휘·감독을 받는다. 고등검찰청 검사장은 그 사무를 고등검찰청의 소속 검사에게 위임하여 처리하게 할 수 있다(검찰청법 제7조의 제1항).

(2) 고등검찰청의 조직

현재 고등검찰청은 고등법원의 설치 상황에 대응하여 서울, 부산, 대구, 대전, 광주에 고등검찰청이 설치되어 있고 춘천에 서울고등검찰청 춘천지부가, 청주에는 대전고등검찰청의 청주지부가, 전주와 제주에는 광주고등검찰청의 각 지부가 설치되어 있다.

고등검찰청에도 검사장을 보좌하기 위해 차장검사를 두며(검찰청법 제18조 제1항), 고등검찰청의 사무를 분장하기 위해 부를 둘 수 있고(검찰청법 제18조의2 제1항), 부장은 상사의 명을 받아 그 부의 사무를 처리한다(검찰청법 제18조의2 제2항). 현재 부를 설치한 고등검찰청은 서울고등검찰청 뿐인데 감찰부, 형사부, 공판부, 송무부가 설치되어 있다.

고등검찰청의 사무를 처리하기 위해 고등검찰청에도 검사를 둔다(검찰청법 제19조 제1항). 고등검찰청의 사무를 처리하는 1차적 권한자는 고등검찰청 검사장이며(검찰청법 제17조 제2항) 검사장은 소속 검사로 하여금 그 권한에 속하는 직무의 일부를 처리하게 할 수 있으므로(검찰청법 제7조 제1항) 고등검찰청 검사도 이러한 위임에 따라 위임받은 사무를 처리한다.

한편, 법무부장관은 고등검찰청의 검사로 하여금 그 관할구역의 지방검찰청 소재지에서 사무를 처리하게 할 수 있는데(검찰청법 제19조 제2항) 이는 고소사건의 항고절차나 감찰 등과 관련하여 지방검찰청 검사의 사무처리를 시정하도록 하는 경우 다시 지방검찰청 검사로 하여금 처리하도록 하지 않고 고등검찰청 검사가 직접 처리할 수 있도록 하기 위한 것이다. 지방검찰청에서 처리하였던 사건을 시정하는 차원에서 기소하는 경우 1심 법원인 지방법원에 기소하여야 하고 1심 법원인 지방법원에 기소할 수 있는 것은 그 법원에 대응하는 지방검찰청 검사이므로 그러한 경우에 고등검찰청 검사가 지방검찰청 검사의 직무를 대리하는 것으로 하여 지방검찰청 검사의 지위에서 기소하게 된다.

법은 이와 같은 직무의 대리명령을 법무부장관이 할 수 있도록 규정하고 있는데 법무부장관은 구체적 사건에 관하여는 검찰총장을 통하여서만 할 수 있으므로 일반적 지휘가 아니라 구체적 사건에 대해 이러한 직무대리 명령을 하기 위해서는 법률에 근거규정이 필요하기 때문이다. 검찰총장은 검찰사무를 총괄하며 검찰청 공무원을 지휘·감독하기 때문에 검찰총장이 일반적 지침이든 구체적 사건에서든 이러한 직무대리 명령을 할 수 있음은 물론이다.

고등검찰청에 사무국을 두며 사무국과 부에 과를 둘 수 있고 그 설치와 분장사무에 관한 사항은 대통령령으로 정한다.

(3) 고소사건 항고절차

① 의의

고소인이나 고발인이 제출한 고소나 고발사건에 대해 검사가 불기소처분을 하는 경우에 그 고소인이나 고발인이 검찰 내부의 지휘·감독의 계통에 따라 상급의 지휘감독자에게 그 시정을 구하는 의미로 불복할 수 있음은 지휘·감독관계가 존재하는 한 당연하다고 할 것이다. 법상 아무런 절차규정을 두지 않더라도 이와 같은 지휘감독권 발동촉구의 의미에서의 불복은 가능하며 절차규정이 없다면 실무상으로는 불기소처분의 시정을 구하는 지휘감독권 발동촉구의 진정으로 접수될 것이다.

그런데 검찰청법은 고등검찰청 검사장에게 지방검찰청 사무에 대한 지휘·감독권한을 부여하지 않으면서도 고소, 고발사건 처리에 있어서는 지휘·감독을 할 수 있도록 하는 절차를 규정하고 있다. 이와 같이 고소인이나 고발인이 지방검찰청 검사의 불기소처분에 대하여 불복하고 고등검찰청 검사장에게 시정을 구하는 것을 항고라고 한다(검찰청법 제10조 제1항).

고소인인가 여부는 실질적으로 판단하며 제출된 서면의 제목이 고소장인지 진정서인지로 판단하지 않는다. 따라서 범죄 피해자가 제출한 진정서에 의하여 입건하였다가 불기소처분을 한 사건의 경우 그 진정서나 진정인 진술조서의 기재내용에 피의자의 처벌을 희망하는 의사표시가 있는 때에는 진정인을 적법한 고소인으로 보아 항고권을 인정하여야 한다(검찰사건사무규칙 제92조 제4항).

② 절차

(가) 항고기간

검사의 불기소처분에 불복하는 고소인이나 고발인은 그 검사가 속한 지방검찰청 또는 지청을 거쳐 서면으로 관할 고등검찰청 검사장에게 항고할 수 있다(검찰청법 제10조 제1항). 즉 항고장은 불기소처분을 한 해당 청에 제출하여야 한다. 항고는 형사소송법 제258조 제1항에 따른 불기소처분의 통지를 받은 날로부터 30일 이내에 하여야 한다(검찰청법 제10조 제4항).

이 기간이 지난 후에 항고할 자가 자신에게 책임이 없는 사유로 정하여진 기간 내에 항고하지 못한 것을 소명하면 그 항고기간은 그 사유가 해소된 때로부터 기산한다(검찰청법 제10조 제6항). 이 기간이 지난 후 접수된 항고는 기각하여야 하나 다만, 중요한 증거가 새로 발견된 경우 고소인이나 고발인이 그 사유를 소명하였을 때에는 그러하지 아니하다(검찰청법 제10조 제7항).

(나) 해당 지방검찰청 또는 지청의 처리

해당 지방검찰청 또는 지청의 검사는 항고가 이유있다고 인정하면 그 처분을 경정하여야 한다(검찰청법 제10조 제1항). 항고가 이유있는 것으로 인정되거나 재수사에 의하여 항고인의 무고혐의에 대한 판단이 다시 필요하다고 인정될 경우에는 불기소사건 재기서에 의하여 재기수사하고 그 결과를 고등검찰청의 장에게 보고하여야 한다. 이 경우 재기수사한 사건을 다시 불기소처분하려할 때에는 미리 항고사건 불기소처분 승인 요청서에 의하여 고등검찰청 검사장의 승인을 받아야 한다(검찰사건사무규칙 제90조 제1항 제1호).

한편, 항고가 이유없는 것으로 인정될 경우에는 항고를 수리한 날로부터 20일 이내에 불기소처분항고기록 송부서에 항고장, 불기소처분결과송달보고서, 항고에 대한 의견서 및 사건기록을 첨부하여 고등검찰청의 장에게 송부하여야 한다. 다만, 사건기록을 송부할 수 없는 사유가 있는 때에는 불기소처분항고기록 송부서의 비고란에 그 사유를 기재하여야 한다(검찰사건사무규칙 제90조 제1항 제2호).

(다) 고등검찰청의 처리

고등검찰청 검사장은 항고가 이유있는 것으로 인정되거나 재수사를 통하여 항고인의 무고혐의에 대한 판단이 필요하다고 인정하는 경우에는 소속 검사로 하여금 직접 경정하게 할 것인지의 여부를 결정하여야 한다(검찰사건사무규칙 제91조 제1항 제1호). 고등검찰청 검사장은 항고가 이유있다고 인정하는 경우 소속 검사로 하여금 지방검찰청 또는 지청 검사의 불기소처분을 직접 경정하게 할 수 있기 때문이다(검찰청법 제10조 제2항). 이 경우 고등검찰청 검사는 지방검찰청 또는 지청의 검사로서 직무를 수행하는 것으로 본다(검찰청법 제10조 제2항).

고등검찰청 검사장이 소속 검사로 하여금 직접 경정을 하게 하는 경우에는 사건을 재기하여 공소를 제기하게 하거나 주문 또는 이유를 변경하게 할 수 있다(검찰사건사무규칙 제91조 제1항 제2호). 공소를 제기하는 경우에는 불기소처분청에 필요한 서류와 사건기록을 송부하여야 한다. 다만, 피의자의 주거이전 등으로 불기소처분청의 관할권이 없게 되거나 다른 사건과 병합처리할 필요가 있는 경우에는 관할검찰청 검사에게 이송한다(검찰사건사무규칙 제91조 제1항 제3

호). 주문 또는 이유를 변경하는 경우에는 직접 처리하고 관련 서류 및 사건기록을 불기소처분청에 송부하여야 한다(검찰사건사무규칙 제91조 제1항 제4호).

고등검찰청에서 직접 경정하지 않고 지방검찰청 또는 지청 검사에게 재기수사명령, 공소제기명령 또는 주문변경명령 등의 결정을 하는 때에는 불기소처분 항고기록 반환서에 의해 항고사건 결정서의 등본과 사건기록을 첨부하여 지방검찰청 또는 지청의 장에게 송부하여야 한다(검찰사건사무규칙 제91조 제1항 제5호).

항고가 이유없는 것으로 인정될 경우에는 항고사건 기각결정서에 의하여 결정으로 항고를 기각한다(검찰사건사무규칙 제91조 제1항 제6호). 항고를 기각한 사건이 재정신청의 대상인 경우에는 그 기각결정 후 지체없이 불기소처분 항고기록 반환서에 결정서 등본과 사건기록을 첨부하여 지방검찰청 또는 지청의 장에게 송부하여야 하고(검찰사건사무규칙 제91조 제1항 제7호), 재항고대상인 경우에는 재항고기간이 도과된 후 지체없이 불기소처분 항고기록 반환서에 결정서의 등본과 사건기록을 첨부하여 지방검찰청 또는 지청의 장에게 송부하여야 한다(검찰사건사무규칙 제91조 제1항 제8호).

한편, 고등검찰청 검사장은 항고권자가 아닌 자가 항고한 경우, 고소·고발, 항고가 취소된 때, 재기수사명령 후 불기소승인건의를 받아 처리한 사건에 대하여 재기수사명령의 결정을 한 고등검찰청의 장에게 다시 항고한 경우, 항고에 대하여 지방검찰청 또는 지청장이 재기수사한 후 고등검찰청의 승인을 받아 불기소처분을 한 사건에 대하여 다시 항고한 때에는 항고를 각하하여야 한다. 다만, 항고인이 새로운 증거가 발견되었음을 소명한 경우를 제외한다(검찰사건사무규칙 제91조 제3항).

(라) 재기수사 등 명령 이후의 절차

지방검찰청 또는 지청의 검사는 재기수사 등 명령이 있는 사건에 대해서는 그 명령 내용에 따라 처리하게 되는데 재기수사명령의 경우는 불기소한 사건을 재기하여 추가 수사를 하고, 공소제기명령의 경우는 사건을 재기하여 공소제기 하여야 한다. 지방검찰청 또는 지청에서 다시 불기소처분을 하거나 이송을 하고자 하는 경우에는 재기수사명령 불기소처분·이송 승인요청서에 의하여 그 명령청의 장의 승인을 얻어야 하고, 항고사건의 경우 이를 이송받은 지방검찰청 또는 지청에서 다시 불기소처분을 하거나 이송하고자 하는 때에는 관할 고등검찰청의 장의 승인을 얻어야 하며, 재이송을 승인한 고등검찰청의 장은 이송받을 지방검찰청 또는 지청을 관할하는 고등검찰청에 재기수사명령사건 이송통보서에 의하여 그 사실을 통보하여야 한다. 다만, 항고인의 무고혐의에 대한 판단이 다시 필요하다고 인정되어 재기수사명령을 한 사건에 관하여 항고인을 무고죄로 인정한 경우 피항고인의 불기소처분에 대하여는 승인을 얻지 아니한다(검찰사건사무규칙 제92조 제2항).

③ **재항고와 재정신청**

고등검찰청 검사장이 항고를 기각하는 처분에 대해 불복하는 경우에는 대검찰청의 검찰총장에 대해 재항고를 할 수 있다(검찰청법 제10조 제3항). 그런데 형사소송법은 이와 같은 검찰청 내부의 불복절차 이외에 범죄피해자인 고소인에 대해서는 검사의 불기소처분의 당부에 대해 원칙적으로 항고절차를 거친 후 법원에서 심리해줄 것을 요청하는 재정신청을 할 수 있도록 하고 있다(형사소송법 제260조). 이에 따라 항고가 기각된 고소인이 법원에 재정신청을 하는 이외에 검찰청법상의 불복절차인 재항고를 선택할 수 있는가의 문제가 발생한다. 재정신청이 불가능한 고발인은 재항고를 할 수 있음은 물론이다. 종래의 법규정은 고소인이 재정신청과 재항고를 선택할 수 있었다. 1954년 제정형사소송법에서는 고소인 및 고발인이 고등법원에 재정신청을 할 수 있었는데 재정신청과 별도로 검찰청법상 항고, 재항고도 가능하였다. 1973년 형사소송법 개정으로 재정신청 대상범죄가 형법 제123조 내지 제125조로 축소되었으나 그 대상 범죄의 고소인과 고발인은 재정신청과 항고절차를 선택할 수 있었다. 그런데 2007년의 법개정시 검찰청법 제10조 제3항에 재항고를 할 수 있는 자에 형사소송법 제260조에 따라 재정신청을 할 수 있는 자는 제외한다고 규정하여 고소인은 이와 같이 검찰청법상 정해진 절차로서의 재항고는 할 수 없게 되었다. 그러나 입법론적으로 본다면 항고절차도 지휘·감독권에 근거한 것이고 검찰총장도 지휘감독권을 가지므로 항고절차를 두는 한 상급의 지휘감독권자인 검찰총장에게도 재항고를 할 수 있도록 하는 것이 타당하다. 나아가 재정신청은 법원의 절차이므로 수사가 불충분한 경우 보완수사가 어렵고 신청시까지의 조사기록에 의해 판단할 것이지만 항고절차는 검찰내부 지휘관계에 따른 것이어서 수사가 불충분한 경우 재기수사명령을 통해 보완수사가 가능하다. 이와 같이 양 제도가 그 효용성에 있어 다른 면이 있으므로 고소인을 위해서도 종래와 같이 선택할 수 있도록 하는 것이 타당할 것이다. 어떻든 법상 고소인이 검찰청법상 항고절차로서의 재항고를 할 수 없는 것으로 해석하더라도 앞에서 본 바와 같이 검찰총장이 모든 검사에 대해 지휘감독권을 가지고 있으므로 검찰총장에 대해 불기소처분의 시정을 구하는 취지에서 지휘감독권 발동 촉구를 하는 진정을 할 수는 있을 것이다.[2)]

(4) 고등검찰청 검사장의 지방검찰청에 대한 지휘·감독 문제

검찰청법은 검찰총장에 대해서는 검찰사무를 총괄하며 검찰청의 공무원을 지휘·감독한다고 하여 전체 검찰에 대한 지휘감독권을 부여하고 있다. 반면에 고등검찰청 검사장에 대해서는 그 검찰청의 사무를 맡아 처리하고 소속 공무원을 지휘·감독한다고 하여 고등검찰청 소속 공무원에 대한 지휘감독권만을 인정하고 있다. 그러므로 원칙적으로 고등검찰청 검사장과 지방검찰청 검사장 사이의 지휘·감독관계는 없다. 예외적으로 항고절차에 의해 고소·고발사건의 항고에 따른 지휘·감독관계가 부여되어 있고 감찰이나 사무감사 등 특정한 업무에 관하여 검찰총장이 고등검찰청 검사장이 지휘·감독하도록 지휘한 경우는 고등검찰청 검사장이 지휘·감독을 하기도 한다.

우리나라는 고등검찰청 검사장이 관할구역 내의 지방검찰청에 대한 지휘감독권을 갖지 아니하므로 지방검찰청에서 행하는 검찰권행사와 관련하여 대검찰청에서 직접 지휘·감독하는 구조를 가지고 있다. 이는 외국의 입법례에 비추어 이례적인 구조이다. 우리나라와 유사한 체제를 가지는 독일, 프랑스, 일본은 모두 고등검찰청 검사장이 관할구역 내에 있는 지방검찰청에 대해서도

2) 일본은 우리나라와 같은 검찰청 내부절차로서 항고제도를 규정하고 있지 않으나 지휘감독권의 발동을 구하는 취지의 불복은 인정된다고 하고 있다. 池田修/前田雅英, 刑事訴訟法講義, 東京大學出版會, 2012, 215面. 이러한 이유로 재정신청제도가 전면 확대되면서 고소인의 재항고권을 제한한 개정법이 2008. 1. 1.자로 시행된 후 대검찰청에서는 고소인이 재항고하는 경우 검찰청법상 재항고로서는 각하하되 지휘감독권 발동을 촉구하는 취지의 진정으로는 받아들여서 기록 검토 후 필요한 때에는 재기수사명령을 하는 실무를 운영하여 왔는데 2012. 12. 1.자로 재항고 형식으로 제출되는 불복은 접수하지 않는 것으로 변경하였다. 그러나 전국 검찰에 대한 지휘감독권을 가진 검찰총장이 고소사건에 대해서만은 지휘감독권을 행사하지 않겠다고 하는 것은 법리상 문제가 있고 적절하지 않으므로 불기소처분의 시정을 구하는 국민의 요청은 어떤 방식으로든 해결해주어야 할 것으로 본다. 진정 형식으로 대검찰청에 제출된 불복서에 대해 대검찰청에서 직접 기록 검토를 하지 않고 진정서를 해당 지방검찰청에 이첩하는 식의 처리는 진정취지에 비추어 볼 때 지휘감독권의 올바른 행사방식이라 할 수 없으므로 이 부분에 대한 심도있는 재검토가 필요하다고 본다.

지휘감독권을 가지고 있다.

대검찰청의 검찰총장이 지방검찰청을 직접 지휘·감독하는 체제와 중간에 고등검찰청 검사장이 지방검찰청을 지휘·감독하는 체제는 중앙집권적 구조와 분권적 구조의 차이가 있다. 우리나라와 같은 체제는 대검찰청의 입장에서는 지방검찰청의 사무에 관하여 보고와 지휘의 전달이 빠르고 효율적이나 반면에 대검찰청의 업무가 너무 많아지고 작은 일까지 대검찰청에서 관여하게 되면 지방검찰청의 독립성이 존중되지 않게 될 가능성이 있다. 이에 대해 고등검찰청 검사장이 관할구역 내의 지방검찰청에 대한 지휘감독권을 행사하게 되면 대검찰청은 한발 물러서서 검찰 전체에 영향을 줄 수 있는 정책사항이나 제도적 사항에 대한 검토를 하고 구체적 사건에 있어서도 국가 사회에 검찰총장이 나서야 할 정도로 중요한 사항에 대해서만 관여하는 방식으로 업무운영을 할 수 있을 것이다. 즉 대검찰청의 지휘업무가 감경되는 대신에 중요한 일에 더 시간을 투여할 수 있을 것이다.

현재와 같은 체제는 해방직후 인적, 물적 자원이 부족한데다가 나라를 건설하고 좌우 대립을 헤쳐나가야 하는 혼란의 시기에 전국적으로 일률적이고 빠른 지휘체계가 필요한 상황에서 만들어진 체제이다. 그런데 이제는 우리나라도 선진국으로 불리는 정도로 경제대국이 되었고 정치적으로도 민주화도 이루었으므로 검찰 운영에 있어서 효율성보다는 분권화와 각급 검사장의 자율성을 강화함으로써 독립성이 존중되는 체제로 전환하는 것이 필요하다고 할 것이다. 향후 고등검찰청 검사장이 관할구역 내 지방검찰청에 대한 지휘감독권을 행사하는 방향으로 법을 개정하여 검찰총장 → 고등검찰청 검사장 → 지방검찰청의 체제로 지휘구조를 변경하는 것이 필요하다고 본다.

3) 지방검찰청 및 지청

(1) 지방검찰청 및 지청

지방검찰청은 지방법원에 대응하는 검찰청으로서 1심 법원에 대응하여 검사의 직무를 수행한다. 이에 따라 ① 소추, 즉 범죄의 수사, 공소의 제기 및 그 유지, ② 범죄수사에 관한 사법경찰관리의 지휘·감독, ③ 법원에 대한 법령의 정당한 적용의 청구, ④ 재판 집행 지휘·감독, ⑤ 국가를 당사자 또는 참가인으로 하는 소송과 행정소송 수행 또는 그 수행에 관한 지휘·감독, ⑥ 다른 법령에 따라 그 권한에 속하는 사항을 수행한다.

지방검찰청의 하부기관으로서 지청을 둘 수 있는데 검찰청법 제22조 제2항은 지청장은 지방검찰청 검사장의 명을 받아 소관사무를 처리하고 소속 공무원을 지휘·감독한다고 규정하여 지청장이 지방검찰청 검사장의 지휘계통하에 있는 지방검찰청의 하부기관임을 명확히 하고 있다.

(2) 지방검찰청 및 지청의 조직

① 조직

현재 지방검찰청은 지방법원의 설치 상황에 대응하여 서울고등검찰청 관할구역 내에서는 서울중앙, 서울동부, 서울남부, 서울북부, 서울서부, 의정부, 인천, 수원, 춘천지방검찰청이, 대전고등검찰청 관할구역 내에서는 대전, 청주지방검찰청이, 대구고등검찰청 관할구역 내에서는 대구지방검찰청이, 부산고등검찰청 관할구역 내에서는 부산, 울산, 창원지방검찰청이, 광주고등검찰청 관할구역 내에서는 광주, 전주, 제주지방검찰청이 설치되어 있다.

지청은 의정부지방검찰청 산하에 고양지청, 인천지방검찰청 산하에 부천지청, 수원지방검찰청 산하에 성남, 여주, 평택, 안산, 안양지청이, 춘천지방검찰청 산하에 강릉, 원주, 속초, 영월지청이, 대전지방검찰청 산하에 홍성, 공주, 논산, 서산, 천안지청이, 청주지방검찰청 산하에 충주, 제천, 영동지청이, 대구지방검찰청 산하에 대구서부, 안동, 경주, 포항, 김천, 상주, 의성, 영덕지청이, 부산지방검찰청 산하에 부산동부지청, 부산서부지청이, 창원지방검찰청 산하에 마산, 통영, 밀양, 거창, 진주지청이, 광주지방검찰청 산하에 목포, 장흥, 순천, 해남지청이, 전주지방검찰청 산하에 군산, 정읍, 남원지청이 설치되어 있다.

지방검찰청에 검사장을 두는데 검사장은 지방검찰청의 사무에 관하여 법률에 의해 직접 권한을 인정받는 본원적 권한자이다(검찰청법 제21조 제2항). 이에 반해 지청장은 본원적 권한자인 검사장으로부터 포괄적으로 위임받아 그 관할구역 내에서의 검찰사무를 처리하는 파생적 권한자로서 검사장의 지휘계통 하에 있다(검찰청법 제22조 제2항).

지방검찰청에 검사장의 보좌기관으로서 차장검사를 두며, 지청 중 규모가 큰 지청으로서 대통령령[3)]으로 정하는 지청에 차장검사를 둔다. 지방검찰청과

3) 검찰청 사무기구에 관한 규정이다.

지청에 부를 둘 수 있으며 그 부에 부장검사를 두는데 부장검사는 상사의 명을 받아 그 부의 사무를 처리한다(검찰청법 제24조). 지방검찰청의 부장검사는 부의 업무에 관하여 검사장의 권한을 포괄적으로 위임받아 처리하는 지휘계통하에 있는데 하부 행정기관이 아니고 소속기관으로 조직된 점은 지청장과 차이가 있다. 지방검찰청의 검사장을 보좌하는 기관으로서 차장검사가 설치되므로 지휘계통에 있는 상사는 검사장과 차장검사가 있다. 지청장은 검사장의 명을 받으므로 지휘계통은 검사장으로 이어지나 검사장은 그 지휘를 차장검사에 위임할 수 있으므로 위임의 범위 안에서는 차장검사도 지청장을 지휘할 수 있다.

지방검찰청과 지청에 검사를 두는데(검찰청법 제25조) 검사들은 해당 청 사무에 관한 1차적 권한자인 검사장과 지청장으로부터 그 사무의 일부를 위임받아 직무를 수행한다. 검사도 검찰권에 관하여는 헌법, 형사소송법과 검찰청법에 의해 직접 그 권한이 부여되는 본원적 권한자이나 개별청에서 발생하는 구체적 사무에 관하여는 검사장과 지청장이 사무처리의 1차적 주체이고 개별검사는 그 사무의 일부의 처리를 위임받아 관청으로서 처리한다. 검사장의 권한위임에 관하여는 각 청의 내부규정으로 위임전결규정을 두고 있는데 구체적 사건처리와 관련하여 이와 같은 위임이 행해지는 방식이 사건의 배당이다. 현행법상 검사는 사건처리와 관련해서는 검사장과 마찬가지로 단독제의 관청이며 검사장의 소속기관이 아니므로 사건을 배당받으면 그 사건의 주임검사로서 사건처리의 주체가 된다. 따라서 수사, 기소 등을 모두 자신의 명의로 수행한다.

지방검찰청과 지청의 행정사무 처리를 위해 지방검찰청과 대통령령으로 정하는 지청에 사무국을 두고, 사무국에 과를 두며 사무국을 설치하지 않는 지청에서 과를 둔다. 지방검찰청과 지청의 부에도 과를 둘 수 있다(검찰청법 제26조).

② 검사장 권한위임의 두 가지 유형

검사장의 권한위임은 두 가지 유형으로 분류할 수 있는데 사건처리의 권한위임과 지휘감독권의 위임이다. 검찰청 내부에서의 지휘감독권의 위임은 내부위임이므로 위임받은 사람이 그 권한을 행사할 때에는 위임자인 검사장의 명의로 한다. 지휘감독권행사의 전형적인 방법이 결재인데 이에 따라 예컨대 부장검사 전결인 사건의 경우에도 부장검사는 전결이지만 그 권한행사는 검사장의 명의로 결재권을 행사하는 것이다. 일반 행정업무에서는 공문에 전결권자가 표시되고 외부로는 검사장 명의의 공문이 발송되고, 사건 결재업무에서는 처분

문서 상단 또는 하단에 결재자가 날인하는 란이 있어 전결권자가 검사장 날인란에 전결표시와 함께 날인한다.

반면에 사건처리권한의 위임의 경우는 법률에 의한 권한위임으로서 관청으로서의 검사간의 위임이므로 위임받는 검사는 자신의 명의로 사건처리를 한다. 그러므로 예컨대 부장검사는 지휘감독권행사에 있어서는 검사장의 소속기관으로서 지휘감독권을 행사하나 만약 사건을 부장검사가 배당받아 주임검사가 되면 그 부장검사는 관청인 검사로서 위임받은 것이므로 그 부장검사 명의로 사건을 처리한다.

Ⅱ. 검사의 임명과 보직

1. 검찰총장의 임명

1) 검찰총장의 임명자격

검찰총장은 15년 이상 다음의 각 직위에 재직하였던 사람 중에서 임명한다. 즉 ① 판사, 검사 또는 변호사, ② 변호사 자격이 있는 사람으로서 국가기관, 지방자치단체, 국·공영기업체「공공기관의 운영에 관한 법률」제4조에 따른 공공기관 또는 그 밖의 법인에서 법률에 관한 사무에 종사한 사람, ③ 변호사 자격이 있는 사람으로서 대학의 법률학 조교수 이상으로 재직하였던 사람이다(검찰청법 제27조).

2) 검찰총장의 임명절차

(1) 검찰총장후보추천위원회

검사의 임명과 보직은 법무부장관의 제청으로 대통령이 하는데 그 중 검찰총장은 법무부장관이 제청할 검찰총장 후보자의 추천을 위하여 법무부에 검찰총장후보추천위원회(이하 추천위원회라 한다)를 두고 그 추천을 받아야 한다(검찰청법 제34조의2). 앞에서 본 바와 같이 검찰총장은 정치적 공무원인 법무부장관과 검찰의 사이에서 검찰의 정치적 중립을 지키고 정치에 의한 부당한 영향력 행사를 막아야 할 책임을 가지고 있다. 검사들이 강직한 사람들로 구성된다고 하더라도 법률에 정해진 지휘·감독관계와 지시에 따라야 할 의무로 인하여 설득과 협의의 절차를 거쳐도 이견이 좁혀지지 않을 때에는 최종적으로는 지휘권자의 의사가 관철될 수밖에 없다. 그 지휘권의 연결상 최종적으로는 국가적으로 중요한 사건에 대해서 검찰총장이 결정할 수밖에 없으므로 결국 검찰의 정치적 중립을 지킬 가장 중요한 사람은 검찰총장이다. 그러므로 검찰총장으로 어떤 사람을 정하는가는 국가적으로도 매우 중요한 일이다. 이에 따라 검찰총장의 임명절차에 객관성과 투명성을 강화하기 위해 검찰총장 추천위원회 제도를 도입하였다.

추천위원회는 법무부장관이 검찰총장 후보자를 제청할 때마다 위원장 1인을 포함한 9명의 위원으로 구성한다. 위원은 ① 검찰청법 제28조에 따른 대검찰청 검사급 이상 검사로 재직하였던 사람으로서 사회적 신망이 높은 사람, ② 법무부 검찰국장, ③ 법원행정처 차장, ④ 대한변호사협회장, ⑤ 사단법인 한국법학교수회 회장, ⑥ 사단법인 법학전문대학원협의회 이사장, ⑦ 학식과 덕망이 있고 각계 전문분야에서 경험이 풍부한 사람으로서 변호사 자격을 가지지 아니한 사람 3명(이 경우 1명 이상은 여성이어야 한다)으로 구성한다. 위원장은 위원 중에서 법무부장관이 임명하거나 위촉한다(검찰청법 제34조의2 제3항, 제4항).

추천위원회는 법무부장관의 요청 또는 위원 3분의 1 이상의 요청이 있거나 위원장이 필요하다고 인정할 때 위원장이 소집하고, 재적위원 과반수의 찬성으로 의결한다(동조 제5항). 추천위원회는 검찰총장 후보자로 3명 이상을 추천하여야 하며 법무부장관은 검찰총장 후보자를 제청하는 경우에는 추천위원회의 추천 내용을 존중하여야 한다(동조 제6항, 제7항). 추천위원회는 검찰총장 후보자를 추천하면 해당 위원회는 해산한 것으로 본다(동조 제8항).

(2) 국회 인사청문회

대통령이 법부부장관의 제청으로 검찰총장을 임명할 때에는 국회의 인사청문회를 거쳐야 한다(검찰청법 제34조 제2항).

3) 검찰총장의 임기

검찰총장의 임기는 2년이며 중임할 수 없다(검찰청법 제12조 제3항). 이 조항은 검찰총장의 인사상 안정을 도모하여 정치적 중립성을 강화하고 준사법기관으로서의 임무수행에 기여할 수 있도록 하기 위해 1988년 도입되었다. 그렇지만 검찰총장 임기가 도입된 이후에 임명된 19명의 검찰총장 중 중도에 사임의 형식으로 중도하차한 검찰총장이 13명이나 되므로 사실상으로 임기는 2년을 보장하는 제도로 운영되기 보다는 검찰총장은 2년 이상 할 수 없는 제도로 운영되는 실정이다.

그런데 민주적 정당성과 지휘체계의 관점에서 보면 헌법에 규정이 없이 행정부 소속의 공무원에 대해 임기를 규정하는 것은 적절하지 않다. 왜냐하면 지휘·감독관계라는 것은 지휘권자의 의사와 지휘를 받는 사람의 의사가 대립될 때 지휘권자의 의사가 관철되는 관계인데 이러한 지휘권자의 지휘권을 확보해주는 수단이 지휘에 따라야 한다는 법적 효력과 그 지휘에 따르지 않는 경우에 사람을 바꿀 수 있는 인사권이기 때문이다.[4] 그러므로 임기의 보장은 법원이나 헌법재판소와 같이 지휘·감독관계에 있지 않고 독립성을 가진 기관의 경우에 의미가 있다.

검찰총장은 검찰권의 독립성 존중의 필요로 인하여 소속인 법무부장관의 구체적 사건 지시와 관련하여서는 검찰총장이 타당성 여부를 스스로 판단하도록 하고 있다(검찰청법 제8조). 그렇기 때문에 검찰총장의 스스로의 판단으로 법무부장관의 지시가 부당하다고 판단하는 경우 이를 거부하는 상황이 가능하다. 일반 공무원이나 검찰에서도 검찰총장이 아닌 검사들의 경우는 지시불이행을 이유로 징계절차가 가능할 것이나 검찰총장에 대해서는 이로써 해결할 수가 없다. 앞에서 본 바와 같이 법무부장관과 검찰총장의 대립은 정치적인 문제가 된다. 만약 대통령이 검찰총장의 지시거부가 부당하다고 판단하는 때에는 대통령은 법무부장관을 통한 자신의 지휘를 관철시킬 필요가 있을 것이므로 이 경우는 대통령이 검찰총장을 교체함으로써 해결할 수밖에 없다. 그런데 그러한 교체가 대통령의 수사에 대한 정치적 관여를 위한 것이라면 그것 또한 정치적

4) 이러한 관점에서 보면 현행법상 경찰에서 경찰청장의 임기제(2년), 군의 합참의장(2년), 각군 참모총장(2년) 등의 임기제 조항도 임기동안 해임할 수 없다는 취지로 운영될 수가 없고 그 임기 이상 그 직을 담당할 수 없는 방식으로 운영될 수밖에 없다. 만약 유사시에 경찰청장이나 합참의장, 참모총장 등이 (해당 장관을 통한) 대통령의 지휘를 거부하는 상황이 발생해도 대통령이 경찰청장이나 합참의장, 참모총장을 교체할 수 없다면 정부 수반으로서의 대통령의 국정운영은 불가능할 것이다. 물론 그들에 대한 교체의 상황이 정치적으로 타당하였는지 여부에 대해 정치문제가 되는 것은 별개 문제이다.

인 문제로서 국회나 여론의 비판을 받을 것이다.

그러므로 민주적 정당성과 지휘관계이론에 비추어보면 검찰총장의 임기조항은 부적절하고 오히려 검찰총장은 임명되면 특별한 사정이 없는 한 정년으로 퇴임하게 하는 식으로 검찰총장 인사와 관련된 실무관행으로 해결할 문제이다.

2. 검사의 임명과 보직

1) 검사의 임명

검사는 ① 사법시험에 합격하여 사법연수원 과정을 마친 사람, ② 변호사 자격이 있는 사람 중에서 법무부장관의 제청으로 대통령이 임명한다(검찰청법 제29조, 제34조 제1항).

2) 검사의 보직

(1) 검사의 보직

검사의 보직은 법무부장관의 제청으로 대통령이 한다. 이 경우 법무부장관은 검찰총장의 의견을 들어 보직을 제청한다(검찰청법 제34조 제1항).

(2) 보직기준

① 대검찰청 검사급 이상 검사의 보직기준

고등검찰청 검사장, 대검찰청 차장검사 등 대통령령으로 정하는 대검찰청 검사급 이상 검사는 10년 이상 제27조 각 호의 직위에 재직하였던 사람 중에서 임명한다. 이와 관련한 대통령령으로 대검찰청 검사급 이상 검사의 보직범위에 관한 규정이 있는데 위 규정 제2조는 검찰총장, 고등검찰청 검사장, 대검찰청 차장검사, 법무연수원장, 대검찰청 검사, 법무부 기획조정실장, 법무실장, 검찰국장, 범죄예방정책국장, 감찰관, 출입국·외국인정책본부장, 지방검찰청 검사장, 사법연수원 부원장, 법무연수원 기획부장, 고등검찰청 차장검사, 서울중앙지방검찰청 제1차장검사, 법무연수원 연구위원(제2호부터 제12호까지의 직위에 있다가 임용된 검사로 한정한다) 등을 대검찰청 검사급 이상 검사로 규정하고 있다.

② **감찰담당 대검찰청 검사의 특례**

감찰에 관한 사무를 담당하는 대검찰청 검사(이하 "감찰담당 대검찰청 검사"라고 한다)는 검찰청 내부 또는 외부를 대상으로 공개모집 절차를 통하여 적격자를 임용한다. 감찰담당 대검찰청 검사는 10년 이상 검찰청법 제27조 각호의 직위에 재직하였던 사람 중에서 임용하는데 검찰인사위원회는 공개모집에 응모한 사람이 임용 적격자인지를 심의하고, 3명 이내의 임용 후보자를 선발하여 법무부장관에게 추천한다. 추천을 받은 법무부장관은 검찰총장의 의견을 들어 검찰인사위원회가 추천한 임용 후보자 중에서 1명을 대통령에게 임용 제청한다. 이 경우 임용 당시 검사는 전보의 방법으로 임용 제청하고, 임용 당시 검사가 아닌 사람은 신규 임용의 방법으로 임용 제청한다. 감찰담당 대검찰청 검사의 임기는 2년으로 하며, 연임할 수 있다(검찰청법 제28조의2).

전보의 방법으로 임용된 감찰담당 대검찰청 검사는 검사징계법 제2조 각호의 징계사유 중 어느 하나에 해당하는 경우, 직무수행능력이 현저히 떨어지는 경우를 제외하고는 본인의 의사에 반하여 다른 직위로 전보되지 아니한다. 법무부장관은 전보의 방법으로 임용된 감찰담당 대검찰청 검사가 이러한 사유에 해당하게 되었을 때에는 검찰인사위원회의 심의를 거친 후 검찰총장의 의견을 들어 대통령에게 그 검사를 다른 직위에 임용할 것을 제청할 수 있다(검찰청법 제28조의3).

신규 임용의 방법으로 임용된 감찰담당 대검찰청 검사는 연임하지 아니할 때에는 그 임기가 끝나면 당연 퇴직한다. 법무부장관은 신규 임용의 방법으로 임용된 감찰담당 대검찰청 검사가 직무수행 능력이 현저히 떨어지는 등 검사로서 정상적인 직무수행이 어렵다고 인정하는 경우에는 적격심사를 거쳐 대통령에게 그 검사에 대한 퇴직명령을 제청할 수 있다(검찰청법 제28조의4).

③ **고등검찰청 검사의 보직기준**

대검찰청 검사급 검사를 제외한 고등검찰청 검사, 지방검찰청과 지청의 차장검사, 부장검사 및 지청장은 7년 이상 검찰청법 제27조 각 호의 직위에 재직하였던 사람 중에서 임용한다(검찰청법 제30조).

3) 검사의 직무대리

검찰총장은 사법연수원장이 요청하면 사법연수생으로 하여금 일정 기간 지방검찰청 또는 지청 검사의 직무를 대리할 것을 명할 수 있다(검찰청법 제32조 제1항). 또한 검찰총장은 필요하다고 인정하면 검찰수사서기관, 검찰사무관, 수사사무관 또는 마약수사사무관으로 하여금 지방검찰청 또는 지청 검사의 직무를 대리하게 할 수 있다(검찰청법 제32조 제2항). 이들 검사직무대리는 법원조직법에 따른 합의부 심판사건을 처리하지 못한다. 검찰청법 제32조 제2항에 따른 검사직무대리의 직무범위는 대통령령으로 정하도록 하였는데(검찰청법 제32조 제4항) 이에 따라 검사직무대리 운영규정이 마련되어 있다.

4) 임용결격사유

국가공무원법 제33조 각 호의 사유, 즉 ① 피성년후견인 또는 피한정후견인, ② 파산선고를 받고 복권되지 아니한 자, ③ 금고 이상의 실형을 선고받고 그 집행이 종료되거나 집행을 받지 아니하기로 확정된 후 5년이 지나지 아니한 자, ④ 금고 이상의 형을 선고받고 그 집행유예 기간이 끝난 날부터 2년이 지나지 아니한 자, ⑤ 금고 이상의 형의 선고유예를 받은 경우에 그 선고유예 기간 중에 있는 자, ⑥ 법원의 판결 또는 다른 법률에 따라 자격이 상실되거나 정지된 자, ⑦ 공무원으로 재직기간 중 직무와 관련하여 「형법」 제355조 및 제356조에 규정된 죄를 범한 자로서 300만원 이상의 벌금형을 선고받고 그 형이 확정된 후 2년이 지나지 아니한 자, ⑧ 징계로 파면처분을 받은 때부터 5년이 지나지 아니한 자, ⑨ 징계로 해임처분을 받은 때부터 3년이 지나지 아니한 자 등은 검사로 임용될 수 없다. 또한 금고 이상의 형을 선고받은 사람, 탄핵결정에 의하여 파면된 후 5년이 지나지 않은 사람, 대통령 비서실 소속의 공무원으로서 퇴직 후 2년이 지나지 아니한 사람도 검사로 임용될 수 없다(검찰청법 제33조).

5) 검찰인사위원회(검찰청법 제35조)

검사의 임용, 전보, 그 밖의 인사에 관한 중요 사항을 심의하기 위하여 법무부에 검찰인사위원회를 둔다. 인사위원회는 위원장 1명을 포함한 11명의 위원으로 구성하고 위원장은 위원 중에서 법무부장관이 임명하거나 위촉한다. 위원은 다음 사람을 법무부장관이 임명하거나 위촉하는데 임기는 1년이다. ① 검사 3명. 다만 검찰청법 제28조의 대검찰청 검사급 이상 검사 및 제30조의 고등검찰청 검사 등에 해당하는 자격을 가진 검사를 제외한 검사가 1명 이상이어야 한다. ② 법원행정처장이 추천하는 판사 2명. 다만 검사의 신규임명에 관한 심의에만 참여한다. ③ 대한변호사협회장이 추천하는 변호사 2명, ④ 사단법인 한국법학교수회 회장과 사단법인 법학전문대학원협의회 이사장이 각각 1명씩 추천하는 법학교수 2명, ⑤ 학식과 덕망이 있고 각계 전문 분야에서 경험이 풍부한 사람으로서 변호사 자격을 가지지 아니한 사람 2명이다.

인사위원회는 ① 검찰인사행정에 관한 기본계획의 수립 및 검찰인사 관계 법령의 개정, 폐지에 관한 사항, ② 검사의 임용, 전보의 원칙과 기준에 관한 사항, ③ 검사의 사건 평가와 관련하여 무죄사건이나 사회적 이목을 끈 사건으로 위원 3분의 1 이상이 심의를 요청한 사항, ④ 그 밖에 법무부장관이 심의를 요청하는 인사에 관한 사항을 심의하는데 재적위원 과반수의 찬성으로 의결한다.

6) 검사 인사의 투명성과 객관성 보장 문제

헌법상 독립기관인 법원에 있어서 사법권 독립의 보장방법으로 법원의 독립, 인적 독립, 물적 독립, 사법부·법관의 자주성과 용단성 등이 들어진다.[5] 검찰도 준사법기관으로서 법원에 준하는 독립성이 존중되어야 하며 이는 특히 정치적 중립성을 위해 중요하다. 그런데 검찰은 행정부의 소속이고, 지휘·감독 관계가 인정되고 있으므로 검찰의 독립성이 유지되기 위해서는 인적 독립과 검찰·검사의 자세가 필요하다고 할 것인데 그 중 인적 독립은 시스템상의 보장장치이므로 더욱 중요하다고 하겠다.

인적 독립은 신분보장을 말한다. 파면되지 않는 것이나 절차로서의 징계처분절차와 같은 법적 장치도 중요하지만 개개 검사들의 일상에 직접적 영향을 주는 인사와 관련한 신분보장이 중요하다고 하겠다. 인사의 투명성과 객관성 보장은 다른 조직에서도 조직 운영과 관리의 적정성과 효율성에 필요하겠지만 검찰은 정치적 중립성 보장을 위해서도 특히 필요하다. 검찰의 정치적 중립성 보장을 위해서는 검찰의 인사가 정치적 영향에 휘둘려서는 안 되며 이를 위한 치밀한 시스템을 만들 필요가 있다.

---

5) 김철수, 『헌법학 개론』, 박영사, 1999, 1154-1155면.

Ⅲ. 검사의 근무 관계

1. 검사의 정원, 보수, 징계

1) 정원, 보수, 징계

검사는 특정직공무원으로 하고, 그 정원, 보수 및 징계에 관하여 필요한 사항은 따로 법률로 정한다(검찰청법 제36조 제1항). 검사의 지위는 존중되어야 하며, 그 보수는 직무와 품위에 상응하도록 정하여야 한다(동조 제2항). 검사의 직무를 대리하는 사법연수생에게는 대통령령이 정하는 바에 따라 실비를 지급한다(동조 제3항). 검사의 정원에 대해서는 검사정원법이 있고, 보수에 관하여는 검사의 보수에 관한 법률, 징계에 관하여는 검사징계법이 있다.

2) 신분보장

검사는 탄핵이나 금고 이상의 형을 선고받은 경우를 제외하고는 파면되지 아니하며, 징계처분이나 적격심사에 의하지 아니하고는 해임, 면직, 정직, 감봉, 견책 또는 퇴직의 처분을 받지 아니한다(검찰청법 제37조).

3) 정　　년

검찰총장의 정년은 65세, 검찰총장 외의 검사의 정년은 63세로 한다(검찰청법 제41조).

2. 근무평정

법무부장관은 검사에 대한 근무성적과 자질을 평정하기 위하여 공정한 평정기준을 마련하여야 한다. 자질 평정기준에는 성실성, 청렴성 및 친절성 등이 포함되어야 한다. 법무부장관은 그 평정기준에 따라 검사에 대한 평정을 실시하고 그 결과를 보직, 전보 등의 인사관리에 반영한다(검찰청법 제35조의2).

3. 휴직, 퇴직

1) 휴 직

법무부장관은 검사가 ① 병역 복무를 위하여 징집되거나 소집되었을 때, ② 법률에 따른 의무를 수행하기 위하여 직무를 이탈하게 되었을 때에는 휴직을 명하여야 한다(검찰청법 제38조 제1항). 또한 법무부장관은 검사가 ① 국내외의 법률연구기관이나 대학 등에서 법률연수를 하게 되었을 때, ② 본인의 질병으로 인한 요양 등이 필요한 때 등 어느 하나의 사유로 휴직을 청원하는 경우에 그 청원 내용이 충분한 이유가 있다고 인정하면 휴직을 허가할 수 있다(검찰청법 제38조 제2항). 이들의 경우 휴직기간의 보수지급에 관한 사항은 대통령령으로 정한다.

검사의 보수에 관한 법률 시행령 제12조는 휴직기간 중의 보수로서 다음과 같이 규정하고 있다. ①「검찰청법」 제38조 제2항에 따라 질병요양을 위하여 휴직한 검사에게는 휴직기간 중 봉급의 70퍼센트를 지급한다. 다만, 공무상 질병으로 그 요양을 위하여 휴직한 경우에는 휴직기간 중 보수 전액을 지급한다(개정 2014. 7. 16.). ②「검찰청법」 제38조 제2항에 따라 국외의 법률연구기관이나 대학 등에서 법률연수를 하기 위하여 휴직한 검사에게는 휴직기간 중 봉급의 50퍼센트를 지급한다(개정 2014. 7. 16.). ③ 제1항과 제2항에서 규정하지 아니한 휴직의 경우에는 휴직기간 중 봉급을 지급하지 아니한다.

휴직기간은 ① 제38조 제1항에 따른 휴직기간은 그 복무기간이 끝날 때까지로 하며, ② 제38조 제2항 제1호에 따른 휴직기간은 2년 이내로 하고, ③ 제38조 제2호에 따른 휴직기간은 1년(공무원연금법에 따른 공무상 질병 또는 부상으로 인한 휴직기간은 3년) 이내로 한다(검찰청법 제38조의2).

한편, 검찰청법과 별개의 법률로서 남녀고용평등과 일·가정 양립 지원에 관한 법률 제19조에 육아휴직규정이 있는데 이 규정에 따라 검사도 육아휴직을 할 수 있음은 물론이다.

2) 퇴 직

(1) 적격심사

검사(검찰총장을 제외한다)에 대하여는 임명 후 7년마다 적격심사를 한다. 적격심사를 위하여 법무부에 9명으로 구성하는 적격심사위원회를 둔다. 위원은 ① 대법원장이 추천하는 법률전문가 1명, ② 대한변호사협회장이 추천하는 변호사 1명, ③ 교육부장관이 추천하는 법학교수 1명, ④ 사법제도에 관하여 학식과 경험을 가진 사람으로서 법무부장관이 위촉하는 사람 2명, ⑤ 법무부장관이 지명하는 검사 4명으로 구성하는데 해당 추천기관의 추천을 받아 법무부장관이 위촉한다(검찰청법 제39조 제1항, 제2항, 제3항).

적격심사위원회는 검사가 직무수행 능력이 현저히 떨어지는 등 검사로서 정상적인 직무수행이 어렵다고 인정하는 경우에는 재적위원 3분의 2 이상의 의결을 거쳐 법무부장관에게 그 검사의 퇴직을 건의한다. 위원회는 그 의결을 하기 전에 해당 검사에게 위원회에 출석하여 충분한 진술을 할 수 있는 기회를 주어야 한다. 법무부장관은 위원회의 퇴직 건의가 타당하다고 인정하면 대통령에게 그 검사에 대한 퇴직명령을 제청한다(검찰청법 제39조 제4항, 제5항, 제6항).

(2) 심신장애로 인한 퇴직

검사가 중대한 심신상의 장애로 인하여 직무를 수행할 수 없을 때 대통령은 법무부장관의 제청에 의하여 그 검사에게 퇴직을 명할 수 있다(검찰청법 제39조의2).

(3) 명예퇴직

20년 이상 근속한 검사가 정년 전에 스스로 퇴직하는 경우에는 명예퇴직수당을 지급할 수 있다. 명예퇴직수당의 금액과 그 밖에 지급에 관하여 필요한 사항은 대통령령으로 정한다(검찰청법 제40조).

4. 정치운동 등의 금지

1) 정치운동 및 영리행위 금지

검사는 재직 중 ① 국회 또는 지방의회 의원이 되는 일, ② 정치운동에 관여하는 일, ③ 금전상의 이익을 목적으로 하는 업무에 종사하는 일, ④ 법무부장관의 허가없이 보수를 받는 직무에 종사하는 일을 할 수 없다(검찰청법 제43조).

검사도 국가공무원으로서 국가공무원법에 따른 복무상의 의무로서 성실의

무(국가공무원법 제56조), 직장 이탈의 금지(동법 제58조), 친절·공정의 의무(동법 제59조), 종교중립의 의무(동법 제59조의2), 비밀엄수의 의무(동법 제60조), 청렴의 의무(동법 제61조), 품위유지의 의무(동법 제63조), 영리업무 및 겸직금지(동법 제64조), 정치운동의 금지(동법 제65조), 집단행위의 금지(동법 제66조) 등이 모두 적용되는데 특히 검사의 정치적 중립과 청렴 유지와 관련하여 검찰청법에도 이를 강조하는 개별규정을 두고 있다.

국가공무원법상의 정치운동 금지를 규정한 동법 제65조는

① 공무원은 정당이나 그 밖의 정치단체의 결성에 관여하거나 이에 가입할 수 없다.

② 공무원은 선거에서 특정 정당 또는 특정인을 지지 또는 반대하기 위한 다음의 행위를 하여서는 아니 된다.

1. 투표를 하거나 하지 아니하도록 권유 운동을 하는 것
2. 서명 운동을 기도(企圖)·주재(主宰)하거나 권유하는 것
3. 문서나 도서를 공공시설 등에 게시하거나 게시하게 하는 것
4. 기부금을 모집 또는 모집하게 하거나, 공공자금을 이용 또는 이용하게 하는 것
5. 타인에게 정당이나 그 밖의 정치단체에 가입하게 하거나 가입하지 아니하도록 권유 운동을 하는 것

③ 공무원은 다른 공무원에게 제1항과 제2항에 위배되는 행위를 하도록 요구하거나, 정치적 행위에 대한 보상 또는 보복으로서 이익 또는 불이익을 약속하여서는 아니 된다.

④ 제3항 외에 정치적 행위의 금지에 관한 한계는 국회규칙, 대법원규칙, 헌법재판소규칙, 중앙선거관리위원회규칙 또는 대통령령으로 정한다.

고 규정하고 있다.

동법 제65조에 근거한 대통령령 규정으로는 국가공무원복무규정이 있는데 동 규정 제27조는

① 법 제65조의 정치적 행위는 다음 각 호의 어느 하나에 해당하는 정치적 목적을 가진 것을 말한다.

1. 정당의 조직, 조직의 확장, 그 밖에 그 목적 달성을 위한 것

2. 특정 정당 또는 정치단체를 지지하거나 반대하는 것
3. 법률에 따른 공직선거에서 특정 후보자를 당선하게 하거나 낙선하게 하기 위한 것

② 제1항에 규정된 정치적 행위의 한계는 제1항에 따른 정치적 목적을 가지고 다음 각 호의 어느 하나에 해당하는 행위를 하는 것을 말한다.

1. 시위운동을 기획·조직·지휘하거나 이에 참가하거나 원조하는 행위
2. 정당이나 그 밖의 정치단체의 기관지인 신문과 간행물을 발행·편집·배부하거나 이와 같은 행위를 원조하거나 방해하는 행위
3. 특정 정당 또는 정치단체를 지지 또는 반대하거나 공직선거에서 특정 후보자를 지지 또는 반대하는 의견을 집회나 그 밖에 여럿이 모인 장소에서 발표하거나 문서·도서·신문 또는 그 밖의 간행물에 싣는 행위
4. 정당이나 그 밖의 정치단체의 표지로 사용되는 기(旗)·완장·복식 등을 제작·배부·착용하거나 착용을 권유 또는 방해하는 행위
5. 그 밖에 어떠한 명목으로든 금전이나 물질로 특정 정당 또는 정치단체를 지지하거나 반대하는 행위

로 규정하고 있다.

검찰청법은 국가공무원법상의 이러한 정치운동 금지규정과 별도로 검사가 국회의원이나 지방의회의원이 될 수 없다고 하여 검사가 정치적 공무원이 아님을 명확히하고 강조하고 있다.

한편, 영리업무 금지와 관련하여 국가공무원법 제64조 제2항은 금지되는 영리목적 업무의 한계를 국회규칙, 대법원규칙, 헌법재판소규칙, 대통령령으로 정하도록 하고 있다. 행정부 공무원에 대해서는 대통령령인 공무원복무규정 제25조에 금지되는 영리목적의 업무를 정하고 있는데, 즉 「공무원은 다음 각 호의 어느 하나에 해당하는 업무에 종사함으로써 공무원의 직무 능률을 떨어뜨리거나, 공무에 대하여 부당한 영향을 끼치거나, 국가의 이익과 상반되는 이익을 취득하거나, 정부에 불명예스러운 영향을 끼칠 우려가 있는 경우에는 그 업무에 종사할 수 없다.

1. 공무원이 상업, 공업, 금융업 또는 그 밖의 영리적인 업무를 스스로 경영하여 영리를 추구함이 뚜렷한 업무

2. 공무원이 상업, 공업, 금융업 또는 그 밖에 영리를 목적으로 하는 사기업체(私企業體)의 이사·감사 업무를 집행하는 무한책임사원·지배인·발기인 또는 그 밖의 임원이 되는 것
3. 공무원 본인의 직무와 관련 있는 타인의 기업에 대한 투자
4. 그 밖에 계속적으로 재산상 이득을 목적으로 하는 업무」로 규정하고 있다. 검찰청법 제43조 제3호의 해석에 있어서도 이 규정 내용이 적용될 것이다.

2) 대통령 비서실 파견금지

검사는 대통령 비서실에 파견되거나 대통령 비서실의 지위를 겸임할 수 없다(검찰청법 제44조의2). 검사의 정치적 중립성을 위하여 도입된 조항이다. 이 조항의 취지와 운영실무 및 문제점 등에 대해서는 앞에서 논하였다.[6)]

6) 제3장 3. 6) (3) 대통령 비서실과 검찰의 관계 부분 참조.

제 5 장

검찰청 직원

Ⅰ. 현행법상 검찰청 직원의 분류

1. 검찰청법 제45조

검찰청법 제45조는 검찰청에 고위공무원단에 속하는 일반직공무원, 검찰부이사관, 검찰수사서기관, 검찰사무관, 수사사무관, 마약수사사무관, 검찰주사, 마약수사주사, 검찰주사보, 마약수사주사보, 검찰서기, 마약수사서기, 검찰서기보, 마약수사서기보 및 별정직공무원을 둔다고 규정하고 있다.

국가공무원법 제2조 제1항은 국가공무원(이하 "공무원"이라 한다)을 경력직공무원과 특수경력직공무원으로 구분한다. 이 중 "경력직공무원"이란 실적과 자격에 따라 임용되고 그 신분이 보장되며 평생 동안(근무기간을 정하여 임용하는 공무원의 경우에는 그 기간 동안을 말한다) 공무원으로 근무할 것이 예정되는 공무원을 말하는데 그 종류는 일반직공무원과 특정직공무원으로 구분된다(국가공무원법 제2조 제1항).

그 중 일반직공무원은 기술·연구 또는 행정 일반에 대한 업무를 담당하는 공무원을 말하는데 검찰청법 제45조 소정의 검찰청 직원은 일반직공무원에 속한다.

일반직공무원은 1급부터 9급까지의 계급으로 구분하며, 직군(職群)과 직렬(職列)별로 분류한다. 다만, 고위공무원단에 속하는 공무원은 그러하지 아니하다(국가공무원법 제4조 제1항). 국가의 고위공무원을 범정부적 차원에서 효율적으로 인사관리하고 정부의 경쟁력을 높이기 위하여 고위공무원단을 구성한다(국가공무원법 제2조의2 제1항). "고위공무원단"이란 직무의 곤란성과 책임도가 높은 일정의 직위[1]에 임용되어 재직 중이거나 파견·휴직 등으로 인사관리되고 있는 일반직공무원, 별정직공무원 및 특정직공무원(특정직공무원은 다른 법률에서 고위공무원단에 속하는 공무원으로 임용할 수 있도록 규정하고 있는 경우만 해당한다)의 군(群)을 말한다(국가공무원법 제2조의2 제2항).

일반직공무원의 계급과 직군, 직렬은 대통령령으로 정하도록 하고 있고(국가공무원법 제4조 제4항) 이에 따라 공무원임용령 제3조 제1항에서 별표로 규정하고 있다. 검찰청 직원과 관련하여서는 행정 직군의 검찰직렬과 마약수사직렬이 구분되어 있고 각 직렬에서 하부 구분으로 직류가 있는데 현재는 각 직렬에 1개의 직류만 두어 검찰직렬은 검찰직류, 마약수사직렬은 마약수사직류만 규정하고 있다.

그런데 3급인 부이사관과 4급인 서기관은 검찰직렬과 마약수사직렬의 구분이 없으므로 모두 검찰부이사관, 검찰수사서기관이라 하고, 5급의 사무관급은 검찰사무관, 마약수사사무관, 6급은 검찰주사, 마약수사주사, 7급은 검찰주사보, 마약수사주사보, 8급은 검찰서기, 마약수사서기, 9급은 검찰서기보, 마약수사서기보로 구분된다.

한편, 검찰청법 제45조는 검찰사무관과 별도로 수사사무관을 규정하고 있다. 이와 관련하여 2012. 9. 28. 이전에는 검찰직렬이 검찰직류와 검찰수사직류로 구분되어 있었고 사무관급은 검찰직류의 검찰수사관과 검찰수사직류의 수

---

1) 1. 「정부조직법」 제2조에 따른 중앙행정기관의 실장·국장 및 이에 상당하는 보좌기관
2. 행정부 각급 기관(감사원은 제외한다)의 직위 중 제1호의 직위에 상당하는 직위
3. 「지방자치법」 제110조 제2항·제112조 제5항 및 「지방교육자치에 관한 법률」 제33조 제2항에 따라 국가공무원으로 보하는 지방자치단체 및 지방교육행정기관의 직위 중 제1호의 직위에 상당하는 직위
4. 그 밖에 다른 법령에서 고위공무원단에 속하는 공무원으로 임용할 수 있도록 정한 직위

사사무관으로 구분하고 있었다. 그런데 2012. 9. 28. 별표의 개정으로 검찰직류와 검찰수사직류의 구분이 없어져서 검찰직렬 사무관급이 모두 검찰수사관으로 통합되었다. 이에 따라 현재에는 검찰사무관 중에서 수사과나 조사과 등에서 수사업무에 종사하는 사무관급 수사관 보직을 담당하는 사람을 수사사무관이라고 하여 보직개념으로 운영하고 있다.

2. 검찰청법 제49조

한편, 검찰청법 제49조는 검찰청에 통역 및 기술분야의 업무를 담당하는 공무원을 둘 수 있다고 하고 있다(검찰청법 제49조 제1항). 이들은 상사의 명을 받아 번역·통역 또는 기술에 관한 사무에 종사한다(검찰청법 제49조 제2항).

기술 분야의 업무를 담당하는 공무원에는 국가공무원법상 기술직군의 공업, 식품위생, 전산, 방송통신, 운전 등 직렬의 공무원과 관리운영직군의 사무운영직렬의 공무원들이 있다.

Ⅱ. 검찰청 직원 규정의 연혁

1. 대한제국 시대

1) 1895년 재판소구성법

갑오개혁에 따라 1895. 3. 25. 공포되고 같은 해 4. 1.부터 시행된 재판소구성법(법률 제1호)에서는 판사와 검사가 재판소의 직원이었으며 재판소에 서기와 정리를 두었다. 서기(書記)는 판임(判任)으로 법부대신이 임명하는데(재판소구성법 제14조), 법정 내의 일체 신문, 공술, 변론 등을 필기하여 소송사건에 관한 서류를 조제보존하고 기타 재판소의 서사(書寫)에 관한 사무 일체를 행하였다(재판소구성법 제15조).

2) 1897년 재판소구성법

이후 1897년 개정된 재판소구성법에서는 재판소의 직원으로 주사와 정리를 두었는데 주사(主事)는 이전 법률에서 서기와 같은 직책이었다(재판소구성법 제44조).

3) 1908년 재판소구성법

1908. 1. 1.자로 시행된 재판소구성법(법률 제8호)은 재판소에 검사국이 설치된 것이 특징이다. 여기서 검사국은 재판소 소속이 아니라 법부대신의 지휘계통으로서 각 재판소에 대응하여 설치되었다(재판소구성법 제3조). 그런데 서기는 재판소의 서기를 통합하여 두고 재판소와 검사국에서 각각 업무를 하게 하였으며 기구로서 서기과를 두게 한 것이 특징이다. 그리하여 재판소에 서기과를 두되, 서기과는 재판소와 검사국에 부속하며, 필요한 때에는 각각 별도로 서기과를 둘 수 있었다. 서기는 판사 또는 검사의 명을 받아 왕복(往復),[2] 회계, 소송기록의 조제, 문서의 송달과 기타 서무를 행하였다(재판소구성법 제4조).

2. 일제강점기

일제강점기에는 일본의 재판소구성법이 의용되었고, 법원의 설치 등에 있어서는 조선총독부재판소령으로 특칙규정들을 두었다. 일제강점기의 일본은 프랑스와 독일과 같이 대륙법계 국가로서 법원과 검찰이 모두 법무부(司法大臣) 소속이었다. 대륙법계에서는 검찰도 법원과 같은 사법 영역의 기관으로 개념되었고 따라서 검찰의 조직 등 관련 법규도 법원조직법에서 규율하였는데 일본도 이에 따랐다.

일제강점기의 일본의 법원조직법에 해당하는 재판소구성법에도 법원(재판소)과 검찰(당시는 검사국이라 함)의 규정이 들어 있었다. 검사국은 재판소에 대응하여 부치(附置)한다고 하였는데(일본 구재판소구성법 제6조) 재판소에 대응하여 하나의 검사국을 설치한다는 의미이다. 검사국의 지휘체계는 검사총장을 정점으로 하여 각 검사국으로 이어지는 체제이지 재판소장의 지휘·감독하에 있는 것이 아니었다. 이러한 관계는 특히 검사는 재판소에 대하여 독립하여 그 사무를 행한다(동법 제6조 제3호)는 규정에서 더욱 명확히 하고 있다.

2) 문서의 발송, 접수를 말한다.

재판소에는 서기과를 두었는데 처음에는 하나의 서기과를 두어 그 서기과가 재판소와 검사국에 부속하게 하거나 필요한 때에는 각각 서기과를 두는 것으로 하다가 검사국의 검사 수가 증가하여 커지면서 재판소와 검사국에 서기과를 두는 것으로 하였다(동법 제8조). 서기의 임무는 往復, 會計, 記錄 그 외 이 법률 또는 다른 법률에 특별히 규정된 사무를 취급한다고 하였다(동법 제8조).

3. 1945년 이후

1) 과도정부 검찰청법

해방 후 미군정하에서 1948. 8. 2. 남조선과도정부법령 제213호로 검찰청법이 제정되었다. 앞에서 본 바와 같이 종래에는 재판소구성법에서 법원과 검찰의 규정을 두었던 체제였는데 법원이 사법부(법무부에 해당)에서 분리되어 독립된 행정기구를 가진 기관으로 되어 검찰만을 별도로 규정하는 법률을 마련하게 된 것이다.

과도정부 검찰청법에서는 검찰청 직원과 관련하여 제25조부터 제27조에 규정을 두었다.

(제25조)

가. 대검찰청에 서기국을 두고 서기국에 서기과 및 정보과를 置함.

나. 고등검찰청에 서기과 및 회계과를 置함.

다. 지방검찰청에 서기과·회계과 및 수사과를 置함. 그러나 고등검찰청 소재지의 지방검찰청에는 회계과를 두지 아니함.

라. 지방검찰청 지청 및 간이검찰청에 서기과를 置함.

마. 서기국에 국장, 각과에 과장을 置함. 서기국장 각 과장은 소속 상관의 명을 받아 소관 국 또는 과의 사무를 장리(掌理)하며 소속 직원을 지휘·감독한다.

(제26조)

가. 각 검찰청에 서기관 및 서기를 置함. 서기관은 검찰관의 명을 받아 수사에 관한 사무에 종사하며 서무, 회계 사무를 처리함.

나. 대검찰청 정보과 및 지방검찰청 수사과 서기관은 범죄수사에 관하여 사법경찰관의 직무를 행함. 서기는 서기관을 보좌하며 대검찰청 정보과

및 지방검찰청 수사과 서기는 사법경찰리의 직무를 행함. 서기관은 수사상의 조서의 작성에 관하여 검찰관의 명령이 자기의 의견과 상위(相違)되는 때에는 그 말미에 자기의 의견을 첨서(添書)할 수 있음.

(제27조)

검찰청에 번역관과 기술관을 둘 수 있다. 통역관은 상사의 명을 받아 번역과 통역에 관한 사무에 종사함. 기술관은 상사의 명을 받아 기술에 관한 사무에 종사함.

2) 제정 검찰청법

대한민국 정부 수립 후 1949년에 대한민국의 검찰청법이 제정되었다. 대체로 과도정부의 검찰청법의 골격을 유지하고 있는데 검찰청 직원과 관련된 규정이 조금 더 구체화되었다. 대검찰청에 중앙수사국을 두도록 한 규정과 서기관 이외에 수사관직을 명문화한 점이 특징이다.

(제29조)

대검찰청에 서기국과 중앙수사국을 둔다.

서기국은 기록의 작성, 보존, 서무에 관한 사무를 장리한다.

서기국에는 서무과와 사건과를 둔다.

중앙수사국은 범죄수사의 지도연구와 검찰총장이 중요하다고 인정하는 범죄의 수사를 장리한다.

중앙수사국에는 수사과, 사찰과와 특무과를 둔다.

고등검찰청에 서기과와 회계과를 둔다.

지방검찰청에 서기과, 회계과와 수사과를 둔다. 단, 고등검찰청소재지의 지방검찰청에는 회계과를 두지 아니한다.

지방검찰청지청에 서기과를 둔다.

국에는 국장을, 과에는 과장을 둔다.

국장은 2급으로, 과장은 3급 또는 4급으로 한다.

국장 및 과장은 상사의 명을 받어 소관국 또는 과의 사무를 처리하며 소속공무원을 지휘·감독한다.

(제30조)

각 검찰청에 서기관, 수사관, 서기와 서기보를 둔다.

서기관은 3급, 서기는 4급으로 하고 검사의 명을 받어 수사에 관한 사무에 종사하며 기록의 작성, 보존과 서무, 회계에 관한 사무를 처리한다.

수사관은 3급으로 하고 검사를 보좌하며 그 지휘를 받어 범죄수사를 행한다.

서기보는 5급으로 하고 서기관 또는 서기를 보좌하며 특명에 의하여 사법경찰관리의 직무를 행한다.

서기관 및 서기는 수사에 관한 조서작성에 관하여 검사의 의견이 자기의 의견과 상위되는 때에는 그 말미에 자기의 의견을 첨서할 수 있다.

(제31조)

검찰청에 통역관과 기사를 둘 수 있다.

통역관은 3급 또는 4급으로 하고 상사의 명을 받어 번역과 통역에 관한 사무에 종사한다.

기사는 3급 또는 4급으로 하고 상사의 명을 받어 기술에 관한 사무에 종사한다.

3) 1969년, 1970년 개정

1969년 개정에서는 중앙수사국이 수사국으로 변경되었고, 사법경찰리의 직무를 행할 수 있는 자에 서기는 사법경찰관, 서기보는 사법경찰리로 분화되었다.

(제29조)

① 대검찰청에 사무국과 수사국을 둔다.

② 고등검찰청 및 지방검찰청에 사무국을 둔다.

③ 제1항 및 제2항의 국에 과를 두며, 과의 설치와 분장사무는 대통령령으로 정한다.

④ 지방검찰청지청에 사무과를 두며, 그 분장사무는 대통령령으로 정한다.

⑤ 국에는 국장, 과에는 과장을 둔다.

⑥ 대검찰청의 국장은 검찰이사관 또는 검찰부이사관으로, 고등검찰청의 국장은 검찰부이사관으로, 지방검찰청의 사무국장은 검찰부이사관 또는 검찰서기관으로, 과장은 검찰서기관·수사관 또는 통신기정으로 보한다. 다만, 대검찰청의 수사국장과 수사국의 과장은 검사로 보할 수 있고, 그 검사는 제27조의 정원에 산입되지 아니한다.

⑦ 국장 및 과장은 상사의 명을 받아 소관국 또는 과의 사무를 처리하며 소속 공무원을 지휘·감독한다.

(제30조)

① 검찰청에 검찰이사관·검찰부이사관·검찰서기관·수사관·검찰서기와 검찰서기보를 둔다.

② 검찰서기관·검찰서기는 검사의 명을 받아 수사에 관한 사무에 종사하며, 기록 기타 서류를 작성·보존하고 검찰행정에 관한 사무를 처리한다.

③ 수사관은 검사를 보좌하며 그 지휘를 받아 범죄수사를 행한다.

④ 검찰서기보는 검찰서기관 또는 검찰서기를 보좌한다.

⑤ 검찰서기관 및 검찰서기는 수사에 관한 조서작성에 관하여 검사의 의견이 자기의 의견과 상위되는 때에는 그 말미에 자기의 의견을 첨서할 수 있다.

⑥ 검찰서기 또는 검찰서기보로서 소속검찰청의 장의 지명을 받은 자는 소속검찰청 또는 지청에서 수리한 사건에 관하여 검찰서기는 형사소송법 제196조 제1항의 규정에 의한 사법경찰관의 직무를, 검찰서기보는 동법 제196조 제2항의 규정에 의한 사법경찰리의 직무를 행한다.

그 후 1970년에는 제30조 제2항에서 검찰서기관과 검찰서기의 직무를 호를 나누어

② 검찰서기관 및 검찰서기는 다음 각호의 사무에 종사한다. <개정 1970. 12. 31.>

1. 검사의 명을 받은 수사에 관한 사무
2. 형사기록의 작성과 보존
3. 국가를 당사자 또는 참가인으로 하는 소송과 행정소송의 수행자로 지정을 받은 검사의 소송업무의 보좌 및 이에 관한 기록 기타 서류의 작성과 보존에 관한 사무
4. 기타 검찰행정에 관한 사무

로 규정하게 되었다.

또한 1973년 개정에서는 법률로 규정되었던 수사국이 법문에서 삭제되었는데 제29조 제1항을 대검찰청에 부 및 사무국을 두며, 부의 설치와 분장사무는 대통령령으로 정한다고 규정하게 되었다. 이에 따라 법률에 직접적 근거를 가지던 수사국은 대통령령에 의한 기구로 전환되어 대검찰청에 특별수사부가 설치되었다.[3)]

4) 1986년 전면 개정

1986년에는 검찰청법이 전면 개정되어 검찰청 직원 관련 규정도 제45조 이하로 옮겨졌다. 그 이후는 마약직 신설이나 고위공무원단 신설 등에 따른 일부 문구의 변경 등을 제외하고는 기본적인 틀에 있어서는 큰 변화없이 유지되고 있다.

(제45조)

검찰청에 검찰이사관·검찰부이사관·검찰서기관·수사서기관·검찰사무관·수사사무관·검찰주사·검찰주사보·검찰서기 및 검찰서기보를 둔다.

(제46조)

① 검찰서기관·검찰주사 및 검찰주사보는 다음 각호의 사무에 종사한다.
  1. 검사의 명을 받은 수사에 관한 사무
  2. 형사기록의 작성과 보존
  3. 국가를 당사자 또는 참가인으로 하는 소송과 행정소송의 수행자로 지정을 받은 검사의 소송업무의 보좌 및 이에 관한 기록 기타 서류의 작성과 보존에 관한 사무
  4. 기타 검찰행정에 관한 사무

② 수사서기관 및 수사사무관은 검사를 보좌하며 그 지휘를 받아 범죄수사를 행한다.

③ 검찰서기 및 검찰서기보는 검찰서기관·검찰사무관·검찰주사 또는 검찰주사보를 보좌한다.

④ 검찰서기관·검찰사무관·검찰주사 및 검찰주사보는 수사에 관한 조서작성에 관하여 검사의 의견이 자기의 의견과 다른 경우에는 조서말미에

3) 특별수사부는 그 후 중앙수사부로 되었다가 현재에는 반부패부로 되어 있다.

그 취지를 기재할 수 있다.

(제47조)

검찰주사·검찰주사보·검찰서기 또는 검찰서기보로서 검찰총장 및 각급검찰청검사장의 지명을 받은 자는 소속검찰청 또는 지청에서 수리한 사건에 관하여 검찰주사 및 검찰주사보는 형사소송법 제196조 제1항의 규정에 의한 사법경찰관의 직무를, 검찰서기 및 검찰서기보는 동법 제196조 제2항의 규정에 의한 사법경찰관리의 직무를 행한다.

(제49조)

① 검찰청에 통역 및 기술분야의 업무를 담당하는 공무원을 둘 수 있다.
② 제1항의 공무원은 상사의 명을 받아 번역·통역 또는 기술에 관한 사무에 종사한다.

Ⅲ. 검찰청 직원과 참여제도

1. 직권주의 형사사법체제에서의 참여제도의 연혁

1) 직권주의의 서면절차와 기록관 제도의 발생

(1) 직권주의의 발전과정

직권주의적 절차(inquisitorial system)의 연원에 대하여는 1215년 교황 이노센트 3세가 4차 라테란공의회에서 발한 직권적 절차에 대한 칙령과 1234년 그레고리 4세의 Liber Extra에의 계승 그리고 이것이 게르만의 규범요소에 체화되는 과정으로 언급되는 것이 일반적이다. 직권주의적 절차는 그 이전의 절차에서 당사자의 제소에 의하여 형사절차가 시작되고(탄핵주의) 당사자가 주장과 입증을 하던 것(당사자주의)과 달리 당사자의 제소를 기다리지 않고 직권으로 절차를 시작하는 것이며 나아가 증거를 수집하여 사실관계들을 파악하고 역사적으로 재구성하는 일이 직권으로 이루어지는 것이다.[4] 즉 직권적 절차개시와 직권적 사실확인이라는 특징이 이전의 탄핵적, 당사자주의적 절차에 대하여 이

4) Jerouschek, “Die Herausbildung des peinlichen Inquisitionsprozesses im Spätmittelalter und in der frühen Neuzeit”, ZStW 104(1992), 329-330.

절차가 갖는 2가지 특징이었다.

(2) 직권주의와 공판전 조사절차의 발전

직권주의는 사실판단을 하는 법원이 직접 증거와 판단자료를 수집하여야 하는데 이러한 조사를 공판정에서 모두 다 하는 것은 현실적으로 불가능하다. 그러므로 먼저 공판을 열 만한 혐의가 있는지를 판단하고, 공판을 여는 경우 공판정에서 법원이 조사를 진행할 수 있는 기초자료를 준비하여 주는 절차가 필요하다. 이에 따라 공판전 조사절차가 형성되었다.

한편, 모든 증거수집을 인력이 한정된 법원에 의해 행할 수는 없었으므로 피고인에 대한 신문이나 증인에 대한 신문을 사실심 법원의 일부에게 맡겨서 하거나 법원이 지정하는 일정한 신문자 또는 위원(Commisarien)들에 의해 행해지는 것을 허용하게 되면서 공판전 조사절차가 발전하게 되었다. 공판전 조사절차는 직권주의에서 규문절차가 발전하면서 일반규문절차와 특별규문절차로 발전하였다.

이하 프랑스의 1670년 법령 및 독일의 카롤리나 형사법전상의 규문절차를 중심으로 살펴보기로 한다.

① 일반규문과 특별규문 절차

일반규문절차는 ① 피해자의 사인소추, ② 범죄행위의 고발을 받은 왕의 대관(Königsprokurator, procureur du Roi)의 제소 또는 ③ 판사의 직권에 의한 절차개시의 3가지 방법으로 시작되었다. 피해자의 제소나 왕의 대관의 제소를 뒷받침할 증인들은 한 번에 소환하거나 따로 소환하여 진술을 듣는데 이 때 제소자나 피제소자의 참여 없이 밀행적으로 행해졌다. 이 때 이 진술을 듣는 절차는 판사가 직접하거나 그로부터 위임을 받은 조사자가 하는데 이러한 조사자는 일반적 조사가 끝나면 증인의 진술이 담긴 그 기록을 판사에게 보냈다.[5] 일반규문의 결과에 따라 이제까지는 단순한 혐의자에 불과하였던 피제소자를 피고인으로서 소환하는 명령(décret)을 발하게 되었다.

특별규문절차는 일반규문에 의하여 혐의자로 특정된 사람을 중심으로 한 조사절차라고 할 수 있다. 피고인신문, 증인진술의 재점검, 대질 등을 행하고,

---

5) Sättler, *Die Entwicklung der französischen Staatsanwaltschaft*, Dissert. Uni. Mainz, 1956, S. 106-107.

대질이 끝나면 이제까지의 기록 전체를 왕의 대관에게 보내고 왕의 대관은 기록을 검토한 후 이에 따른 청구를 하게 되었다.[6] 기록을 검토한 왕의 대관은 고문 또는 최종기일을 열어 판결할 것을 요청하는데 이러한 청구에 대해 판사는 기속되지는 않았다.[7]

② 자문단의 자문과 서면주의의 강화

카롤리나 형사법전(Constitutio Criminalis Carolina, CCC)에서는 판사와 참심원(Schöffen)이 재판부를 구성하여 재판을 하였는데 재판부의 법률적 지식을 보충하기 위해 조사가 끝나면 법원은 법률전문가로 구성된 자문단(versammelten Rat, Rat der Rechtsverständigen)의 자문을 받았고 이러한 절차가 끝나면 판결을 선고하였다.[8]

판결선고기일에 피고인을 최후로 다시 한번 신문하였고 판결이유와 자문단의 결정은 법원서기에 의해 조서에 기록되었다.[9] 프랑스의 경우 규문판사는 왕의 대관의 청구서와 함께 기록을 보고관(rapporteur)에게 보내고 보고관은 이제까지의 소송의 진행과 결과를 자문단에 보고하였다.[10]

이 자문은 당시의 판사와 참심원들이 법률문제에 대한 지식과 경험 부족을 채워줄 보완책으로서 마련된 것이었다.[11] 그런데 그 감정의견에 기속력을 부여하게 됨으로써 형사법원의 결정의 중심이 법학교육을 받은 이 집단들로 옮겨가게 되었다. 또한 이들의 자문을 얻기 위하여 기록송부라는 독특한 제도가 생겨나 모든 소송과정을 서면화하도록 만들었다. 법원의 기록자가 형사법원의 구성원이 되었고, 카롤리나 형사법에서 조서작성에 관한 상세한 규정을 두게 되었다. 이에 따라 절차가 광범위하게 서면화되었다.[12]

③ 절차의 다단계화, 서면화와 기록관의 도입

이와 같이 직권주의 체제는 형사절차가 공판에서 1회성으로 진행되는 것이 아니라 공판전 조사절차로서의 규문절차와 최종기일의 절차로 나뉘고, 나아

---

6) Sättler, a.a.O., S. 112.
7) Sättler, a.a.O., S. 113.
8) Eb. Schimidt, *Einführung in die Geschichte der Deutschen Strafrechtspflege*, 3. Aufl., Vandenhoeck & Rupprecht, 1995, S. 135.
9) Sättler, a.a.O., S. 114.
10) Sättler, a.a.O., S. 145-146.
11) Eb. Schmidt, a.a.O., S. 135.
12) Geppert, *Der Grundsatz der Unmittelbarkeit im deutschen Strafverfahren*, Walter de Gruyter, 1979, S. 16.

가 공판전 조사절차도 일반규문과 특별규문으로, 그리고 일반규문도 판사를 대리하여 조사하는 사람이 별도로 설치되기도 하여 절차가 다단계로 구성되었다. 이에 따라 일정 단계에서 조사한 내용을 그 다음 단계를 주재하는 사람에게 알려줄 필요가 있었다. 또한 판사의 절차에 관여하는 왕의 대관에 대하여도 그 조사내용을 알려줄 필요가 있고, 나아가 자문단 제도가 운영될 때에는 그 자문단에게도 알려줄 필요가 있었다.

이와 같이 절차의 각 단계를 담당하는 사람에게 전 단계에서 조사한 내용을 알려주려면 이를 기록할 필요가 있고 그 기록도 정확하게 빠짐없이 기록하는 것이 중요하였다. 따라서 그 기록방법도 정형화하게 되어 조서라는 형태의 기록이 발생하고, 그 작성절차도 규율하게 되었으며, 나아가 기록을 하는 사람도 법률적 지식이 있는 사람을 전문적인 기록관으로 설치하게 되었다. 이는 기록의 객관성을 높이기 위한 것이다.

2) 근대적 직권주의 체제와 기록관 제도

(1) 다단계 구조의 유지

프랑스 혁명을 계기로 대륙법계에서는 규문주의 절차를 타파하고 근대적인 직권주의 형사절차가 마련되었다. 고문은 폐지되었고, 밀행주의 대신에 공개주의, 서면주의 대신에 구두주의, 직접주의 등이 도입되었다. 그러나 사실심 법원이 스스로 조사를 행하여 사실확인을 하는 직권주의의 성격상 사건의 초기단계부터 공판정에서 사실심 법원이 조사를 진행할 수 없었으므로 종래와 같은 공판전 조사단계를 유지하게 되었다.

프랑스에서는 공판전 조사단계를 경찰의 초동수사와 예심판사의 예심으로 구분하였고 수사초기단계부터 재판까지의 절차의 추행, 즉 소추를 담당하는 기관으로서 검사제도도 도입하였다. 독일에서도 프랑스의 영향하에서 유사한 체제를 갖추었다. 이와 같이 공판전 절차와 공판절차의 담당자가 다단계로 구성되고 나아가 직업법관에 의한 재판의 통제를 위해 항소와 상고 등 상소제도가 도입되어 재판절차도 다단계로 구성되었으므로 규문시대에서와 마찬가지로 다음 단계의 절차를 위해 이전 절차의 진행과정을 정확하게 그대로 전달해야 할 필요성이 여전하였다. 이에 따라 절차에 대한 기록으로서 조서를 작성하는 제도와 기록관 제도도 유지되었다.

예컨대, 독일 형사소송법 제168조는 '판사의 모든 조사행위는 조서에 기재하여야 한다. 조서작성을 위해서는 사무국의 기록관(Urkundebeamter)을 참여하게 하여야 한다. 판사가 기록작성자의 참여가 불필요하다고 인정하는 때에는 기록관을 관여하지 않게 할 수 있다.[13] 판사는 급박한 사정이 있는 때에는 선서를 하게 한 사람을 조서작성자로 관여하게 할 수 있다'고 규정하고 있고, 제169조는 조서의 작성절차를 상세히 규정하고 있다.

(2) 기록관과 절차 참여

기록관이 절차의 진행과정을 정확히 기재하기 위해서는 절차에 출석하여 그 절차가 진행되는 동안 함께 있어야 할 것이다.[14] 이를 일본법에서 번역한 것이 입회(立會)이고 우리법에서의 용어가 참여이다.

2. 우리나라에서의 참여제도 연혁

1) 일제강점기 서기(書記)와 입회(立會)제도

(1) 대륙법계의 계수

일본은 메이지(明治)시대에 대륙의 근대적 제도를 도입하였는바 초기에는 특히 프랑스의 영향을 받았다. 파리대학 교수인 브와소나드를 초빙하여 형법과 치죄법(治罪法)[15]을 기초하게 하여 1880년(明治 13년) 치죄법이 공포되고 1882년부터 시행되었다. 이 치죄법은 당시의 프랑스의 치죄법(Code d'instuction criminelle)과 유사하였다.

(2) 치죄법상 기록관으로서의 서기와 입회 규정

① 일반 규정

치죄법 제36조는 법원에 서기 1명 또는 수명을 둔다고 하여 법원직원으로서 서기를 규정하고, 그 임무로서 '예심 및 공판에 입회하여 조서를 작성하고

---

13) 판사가 기록관의 관여를 생략하는 경우 조서는 판사가 직접 작성한다. Meyer-Goßner, *StPO*, C.H.Beck, 2004, § 168 Rdnr. 3.

14) Meyer-Goßner, *StPO*, C.H.Beck, 2004, § 168 Rdnr. 2.

15) 형사소송법에 해당한다.

공판의 처음부터 끝까지를 기재하며 그 외 소송에서 나타난 일체의 서류를 작성하고 보존하여야 한다(치죄법 제37조)'고 하여 기록관으로서의 권한과 의무에 대한 일반규정을 두고 있다.

이 당시에는 공판전 조사절차로서 예심(豫審)제도를 두고 있었는데 예심의 실질은 판사에 의한 수사절차였다. 신문(訊問)[16]을 비롯한 모든 강제처분은 원칙적으로 예심판사의 권한이었다. 사법경찰관과 검사는 임의수사 방식으로서 취조(取調)는 할 수 있으나 신문은 현행범 체포의 경우와 같이 특별한 경우만 할 수 있었다(동법 제104조, 제203조).[17] 검사는 사법경찰관의 초동적 수사결과에 따라 예심의 청구를 하거나 위경죄의 경우는 직접 공판청구를 하였다(동법 제107조).

즉 당시의 검사의 기소는 예심의 청구와 공판청구로 분류되었고 검사는 소추, 즉 수사와 공판의 추행기관으로서 수사의 초동단계인 사법경찰관 수사에 대한 지휘와 예심청구, 예심결과에 대한 추가수사 필요여부 의견제시(동법 제221조) 등으로 수사절차를 끌어가는 기능을 수행하였다.

② 예심의 입회 규정

공판전 조사절차로서 실질적으로 수사의 중요한 부분을 예심판사가 행하는 체제였으므로 이에 따라 법원서기의 역할이 중요하였다. 예심판사는 신문, 임검, 가택수색, 압수 등을 직접하였는데 이러한 행위들을 위해서는 서기의 입회를 필요로 하였다. 서기는 조서를 작성하고 예심판사와 함께 이에 서명날인하여야 하였다(동법 제148조 제1항). 다만, 재판소 이외에서 급속하여 서기의 입회가 불가능할 때에는 입회인 2명을 입회하게 하고 행할 수 있었고 구치소나 교도소에서는 교도관 1명의 입회로 족하였는데(동법 제148조 제2항), 서기의 입회 없이 행한 때에는 조서는 예심판사가 직접 작성하였다(동법 제148조 제3항).

예심판사의 피고인신문시 입회한 서기는 신문과 진술내용을 녹취하고 피고인에게 이를 낭독하여 주어야 하였다(동법 제151조 제1항). 예심판사는 피고인에게 그 진술이 틀림이 없는지 묻고 서명날인하도록 하고, 서명날인할 수 없는

16) 신문(訊問)은 출석의무와 신문 중에는 퇴거할 수 없는 체류의무가 부과되는 제도로서 강제처분이었다.

17) 제104조: 사법경찰관은 피고인을 체포하거나 인수받은 때에는 임시로 피고인 신문 및 검증처분을 하여야 한다.

때에는 조서에 그 취지를 기재하도록 하였다(동법 제151조 제2항). 서기는 이와 같은 절차를 이행하였음을 조서에 기재하고 예심판사와 함께 서명날인하였다(동법 제151조 제3항).

증인신문의 경우 서기는 증인의 진술에 있어 각각에 대해 조서를 작성하여야 한다고 규정하고(동법 제188조 제1항), 그 조서에는 증인이 선서를 한 사실 또는 선서를 하지 못하는 경우 그 사유를 기재하도록 하였다(동법 제188조 제2항). 예심판사는 조서 기재내용이 진술과 다름없음을 알기 위해 서기로 하여금 조서를 낭독하게 하여야 하였고(동법 제189조 제1항), 증인은 진술을 변경하거나 증감을 청구할 수 있었으며 서기는 그 청구가 있는 사실 및 변경과 증감의 조건을 조서에 기재하고, 예심판사와 증인이 함께 조서에 서명날인을 하였다(동법 제189조 제2항).

예심판사의 압수수색에 있어서는 압수된 물건 등의 감호 등을 서기가 담당하였다(동법 제160조 단서).

(3) 일제 강점기의 서기의 역할

① 다이쇼(大正) 형사소송법의 서기와 입회

프랑스 법제를 모델로 한 일본의 치죄법 체제는 1890년(明治 23년)에 시행된 明治 형사소송법에서도 큰 변화없이 유지되었다. 그 후 독일 형사소송법의 영향을 받아 1922년에 제정된 大正 형사소송법에서 검사의 요급처분 등 검사의 수사권한이 확대되었는데 그럼에도 불구하고 예심제도를 기본으로 하여 경찰의 초동수사를 넘는 실질적 수사가 예심판사에 의해 행해지는 체제는 그대로 유지되었다. 일제강점기에 우리나라에서 오랫동안 시행되고 해방 후에도 영향을 미친 것이 大正 형사소송법이므로 여기서의 서기와 입회제도를 살펴보는 것이 중요할 것이다.

② 서류 작성자로서의 서기의 일반규정

大正 형사소송법은 먼저 제54조에 소송에 관한 서류는 별단의 규정이 있는 경우를 제외하고는 재판소서기가 이를 작성하여야 한다고 하여 일반규정을 두었다.

한편, 신문과 관련하여 제56조는 피고인, 피의자, 증인, 감정인, 통역인(通事) 또는 번역인의 신문에 관하여는 조서를 작성하여야 한다고 규정하고, 조서에는 ① 피고인, 피의자, 증인, 감정인, 통역인 또는 번역인의 신문 및 공술, 그리고 증인, 감정인, 통역인 또는 번역인이 선서를 하지 아니한 때에는 그 사유를 기재하도록 하였다(大正 형사소송법 제56조 제1항). 한편, 조서는 법원 서기로 하여금 이를 공술자에게 읽어주게 하거나 또는 공술자로 하여금 이를 열람하게 하여 그 기재의 상위여부를 물어야 하였고(동법 제56조 제2항), 공술자가 증감변경을 신청하는 때에는 그 공술을 조서에 기재하도록 하였다(동법 제56조 제3항). 나아가 검증, 압수 또는 수색에 관하여도 조서를 작성하여야 한다고 규정하였다(동법 제57조 제1항).

재판소서기의 입회없이 취조 또는 처분을 하는 경우에는 재판소서기가 행하여야 할 직무는 그 취조 또는 처분을 하는 자가 스스로 이를 행하도록 하였다(동법 제59조).

③ 신문에의 입회

피고인, 증인, 감정인, 통역 및 번역인을 신문하는 때에는 재판소서기로 하여금 입회하게 하여야 하였다(동법 제136조).[18] 여기서의 각 신문은 예심판사의 피고인신문과 공판법원의 피고인신문이 모두 포함되나 공판법원의 공판기일에서의 서기의 입회는 의문의 여지가 없으므로 이 규정은 예심판사의 신문에서 더 중요성을 가진다.

④ 검사의 신문에서의 입회

그런데 제10장의 피고인신문 규정은 피의자를 신문하는 경우에 준용하도록 하였는데 다만, 사법경찰관이 신문을 하는 경우에는 사법경찰리로 하여금 입회하게 하였다(동법 제139조). 또한 검사는 요급처분(동법 제123조)[19]의 경우와 현행범 체포의 경우 증인신문을 할 수 있는데 이 경우 제136조를 준용하는 제

---

18) 피고인 신문은 제136조에 규정하고, 증인신문은 제207조에서 제136조를 준용하였으며, 감정인신문은 제228조에서 증인신문규정을 준용하였다. 통역 및 번역인 신문은 제236조에서 감정인 신문규정을 준용하였다.

19) 大正 刑事訴訟法 제123조: 다음의 경우에 급속을 요하여 판사의 구인장을 구할 수 없는 때에는 검사는 구인장을 발부하거나 또는 이를 다른 검사 혹은 사법경찰관에게 명령하거나 또는 촉탁을 할 수 있다. 1. 피의자가 일정한 주거가 없는 때, 2. 현행범인이 그 장소에 있지 아니한 때, 3. 현행범의 취조에 의하여 그 사건의 공범을 발견한 때, 4. 기결의 수인(囚人) 또는 본법에 의하여 구금된 자가 도망한 때, 5. 사체의 검증에 의하여 범인을 발견한 때, 6. 피의자가 상습적으로 강도 또는 절도의 죄를 범한 것인 때.

207조가 적용된다. 감정인신문 및 통역 및 번역인의 신문도 마찬가지이다. 따라서 검사가 피의자, 증인, 감정인, 통역인, 번역인을 신문하는 때에는 재판소 서기의 입회를 요하였다.[20]

여기서 검사의 신문에 재판소서기를 입회하게 하는 점에 대한 이해를 위해서는 당시 법원과 검찰제도에 대한 이해가 필요하다. 일제강점기의 일본은 법원과 검찰이 모두 법무부 소속인 프랑스와 독일과 같은 대륙법계 국가였다. 검찰이 본래 규문절차에서 법원이 행하던 소추와 재판의 업무 중 소추를 담당하는 기관으로 도입되면서 검찰은 법원과 같은 사법영역의 기관으로 개념되었고 따라서 검찰의 조직 등 관련 법규도 법원조직법에서 규율하였다.

일제강점기의 일본의 법원조직법에 해당하는 재판소구성법에도 법원(재판소)과 검찰(당시는 검사국이라 함)의 규정이 들어 있었다. 검사국은 재판소에 대응하여 부치(附置)한다고 하였는데(일본 구재판소구성법 제6조) 검사국의 지휘체계는 사법대신하에서 검사총장을 정점으로 하여 각 검사국으로 이어지는 체제이지 재판소장의 지휘·감독하에 있는 것이 아니었다.

당시 재판소와 검사국 모두 사법대신의 소속이었고 서기들은 상호 교류인사를 하였으며 재판소의 서기와 검사국의 서기를 모두 법률상으로는 재판소서기로 규율하였다. 즉 일본 구재판소구성법 제2편 제4장은 재판소서기라는 제목으로 서기의 직급, 감독관계 등을 규율하고 있는데 제85조는 '재판소에 제8조에 따라 상응하는 인원수의 서기를 둔다'고 하여 재판소의 서기나 검사국의 서기나 다 재판소의 서기로 칭하고 있었다. 제86조에는 재판소의 서기과나 검사국의 서기과에 배치되는 서기들의 감독관계를 규율하고 있었다.

식민지 조선에서는 재판소와 검사국이 조선총독의 직속으로 설치되어 총독의 지휘·감독을 받았는데(조선총독부재판소령 제13조) 재판소 서기의 운영은 일본 재판소구성법상의 운영과 같았다.

그러므로 검사가 신문을 할 때 입회하게 하는 것은 검사국 서기과에 배치된 재판소서기였고 검사국에 별도로 서기과가 설치되지 않은 경우는 재판소에 설치된 하나의 서기과에 있는 서기 중 검사국 업무를 담당하는 서기였다. 또한 검사의 신문에 대한 조서는 입회한 서기가 작성하였고 따라서 검사의 피의자

20) 玉名友彦, 법원도서관 역, 『국역 조선형사령석의』, 법원도서관, 2005, 32면.

신문조서는 大正 형사소송법 제56조에 의하여 작성된 조서에 해당하였다.[21]

⑤ **압수수색 등에의 입회**

재판소 또는 예심판사는 직접 압수수색을 할 수도 있었고, 명령장을 발하여 사법경찰관으로 하여금 압수수색을 하게 할 수도 있었다(大正 형사소송법 제150조). 예심판사는 압수 및 수색에 관하여 재판소와 동일한 권한이 있었다(동법 제169조). 재판소 또는 예심판사가 압수수색을 하는 때에는 재판소서기로 하여금 입회하게 하여야 하며(동법 제168조), 이 규정은 검증에도 준용되었다(동법 제178조).

그런데 검사는 제123조의 요급처분의 경우와 현행범 체포의 경우에 스스로 또는 사법경찰관에게 명령하여 압수수색을 할 수 있었는데 신문의 경우와 달리 압수수색을 하는 경우에는 입회에 관한 준용규정을 두지 않았다. 따라서 재판소서기의 입회가 필요요건은 아니었다. 이는 급속을 요하는 경우이므로 입회를 필수요건으로 하면 입회인이 없는 때에는 이를 할 수 없는 사태가 생기기 때문에 입회인을 요하지 않는 것으로 한 것이다.[22] 그러나 실제 실무에 있어서는 검사가 서기를 입회하게 하는 것은 위법하지 않을 뿐만 아니라 이러한 처분을 위해 보조기관으로 이를 사용하는 것은 그 신빙력을 증가시키기 때문에 가능한 한 입회하게 하는 것이 적절한 조치로 생각되었다.[23]

압수수색에 있어서도 조서를 작성하여야 하고 재판소 서기가 입회한 때에는 서기가 작성하고 판사 또는 검사가 함께 서명날인하여야 하였다.[24]

2) 해방 후의 입법과정

(1) 법원과 검찰의 조직상 분리

일제강점기에는 법원과 검찰이 모두 조선총독에 직속으로 되어 있었고 행정상으로도 밀접하게 연관되어 있는 대륙법계에 따라 조직상으로는 인사, 행정이 연결되어 있었다. 해방 후 우리나라에서는 미군정의 영향하에 법원과 검찰이 조직적으로 완전히 분리되었다.

---

21) 玉名友彦, 법원도서관 역, 앞의 책, 32면.
22) 위의 책, 23, 45면.
23) 위의 책, 45면.
24) 위의 책, 46면.

1948. 5. 4. 과도정부의 법원조직법이 제정되고, 1948. 8. 2. 과도정부의 검찰청법이 제정됨으로써 법원과 검찰은 조직상으로 완전히 분리되게 되었다.

(2) 과도정부 검찰청법상의 규정

과도정부 검찰청법에서는 먼저 서기에 관한 조직으로서 대검찰청에 서기국을 두고 서기국에 서기과 및 정보과를 두며, 고등검찰청에 서기과 및 회계과를 두고, 지방검찰청에 서기과·회계과 및 수사과를 두는 것으로 하였다(제25조).

또한 이에 따라 각 검찰청에 서기관 및 서기를 두었다. 서기관은 검찰관의 명을 받아 수사에 관한 사무에 종사하며 서무, 회계 사무를 처리하고, 대검찰청 정보과 및 지방검찰청 수사과 서기관은 범죄수사에 관하여 사법경찰관의 직무를 행하는 것으로 하였다. 서기는 서기관을 보좌하며 대검찰청 정보과 및 지방검찰청 수사과 서기는 사법경찰리의 직무를 행한다고 하였다. 나아가 서기관은 수사상의 조서의 작성에 관하여 검찰관의 명령이 자기의 의견과 상위되는 때에는 그 말미에 자기의 의견을 첨서할 수 있다고 하였다(제26조).

종래의 기록관으로서의 서기의 직급이 두 가지, 즉 서기관과 서기로 나뉘었다. 일제강점기에는 서기 중에서 서기장(5등급), 주임법률서기(7등급), 감독법률서기(7등급), 법률서기(8등급), 부법률서기(9등급)로 나뉘었는데 과도정부 검찰청법 시대에는 서기관과 서기로 나뉘었다.

(3) 정부수립 후의 제정 검찰청법상 규정

정부수립 후 1949. 12. 20.에 제정된 검찰청법에서는 검찰청 직원에 대한 과도검찰청법상 구상이 조금 더 명확히 규정된다. 제30조는 각 검찰청에 서기관, 수사관, 서기와 서기보를 둔다고 하여 종래의 서기의 직과 별도로 수사관이라는 직이 등장하는데 사법경찰관으로서의 수사관에 대해서는 후술하기로 한다.

제정 검찰청법상의 서기의 직무는 기록관 및 검사 수사의 보조기관이다. 서기관은 3급, 서기는 4급으로 하고 검사의 명을 받아 수사에 관한 사무에 종사하며 기록의 작성, 보존과 서무, 회계에 관한 사무를 처리한다. 서기관 및 서기는 수사에 관한 조서작성에 관하여 검사의 의견이 자기의 의견과 상위되는 때에는 그 말미에 자기의 의견을 첨서할 수 있다.

여기서는 과도검찰청법상 규정에서와 달리 기록의 작성, 보존이 추가되어 있다. 과도검찰청법상 새로 들어온 규정으로서 "수사에 관한 사무"에 종래의 기록관으로서의 기능이 들어가는가에 대한 의문을 해소하기 위해 이 점을 다시 명확히 한 것으로 보인다.

이에 더하여 서기보는 5급으로 하고 서기관 또는 서기를 보좌하며 특명에 의하여 사법경찰관리의 직무를 행한다.

(4) 형사소송법 제정과 참여제도

① 참여라는 용어의 사용

1954년 제정된 형사소송법에서는 종래의 예심제도가 폐지되고 검사가 수사절차의 실질적인 주재자가 되었다. 大正 형사소송법에 규정되어 있던 판사의 절차로서의 각종 신문과 강제처분절차 등 조사를 위한 직접적 행위에 관한 절차는 특히 예심판사의 절차에서 그 중요성이 컸는데 제정 형사소송법에서는 예심제도를 폐지하였다. 따라서 법원의 조사절차는 사실심 법원이 행하는 공판절차 위주로 변화하게 되었다.

大正 형사소송법에서는 조서작성에 관한 총론적인 규정 이외에 피고인신문, 증인신문 및 압수·수색 등 각 강제처분의 절차에 재판소서기의 입회에 관한 규정 및 조서작성규정이 있었는데 제정 형사소송법에서는 각 절차에 있었던 재판소 서기의 입회규정을 없애고, 조서작성에 관한 총론적 규정을 제48조 이하에 규정하였다.

먼저, 피고인, 피의자, 증인, 감정인, 통역인 및 번역인 신문과 관련된 조서작성규정인 제48조, 공판조서작성규정인 제51조는 大正 형사소송법 제56조 이하와 거의 유사하다. 다만 大正 형사소송법과 달리 제정 형사소송법에서는 참여(參與)라는 용어를 사용하고 재판소서기가 "서기관, 서기"라는 용어로 대체되었다. 종래에는 서기라는 하나의 명칭 안에서 직급만 다른 식으로 운영해 오던 것을 서기관과 서기로 급에 따라 다른 명칭으로서의 관직을 두고 그 관직명을 그대로 법 규정에 사용하게 된 것이 다르다. 어떻든 이와 같은 법문의 변화에 따라 종래에 입회서기라고 불리우던 실무상 용어도 점차로 참여로 변경되게 되었다.

② **검찰의 참여규정**

大正 형사소송법에서는 판사의 조사행위에 대한 입회와 조서작성 관련규정 중에서 피의자신문 등에 그 규정을 준용하는 규정만 두고 압수수색 등 강제처분의 경우에는 준용하는 규정을 두지 않았다. 그럼에도 불구하고 실무에서는 판사의 조사행위에 있어서와 마찬가지 검사의 모든 조사행위에 있어 검사국의 재판소서기를 입회하게 하여 조서를 작성하였다.

패전 후의 일본 형사소송법에서 수사기관의 피의자신문제도를 없애고 임의수사로서의 피의자취조(被疑者取調)제도만을 남긴 것과 달리 제정 형사소송법에서는 종래의 피의자취조규정인 제200조와 별도로 강제처분이었던 피의자신문제도를 수사절차에 유지하였다. 그런데 일본 본국에서와 달리 조선형사령에 따라 식민지 조선에서 사법경찰관에게까지 강제처분으로서의 피의자신문제도가 광범위하게 인정되었던 실무를 그대로 인정하여 검사뿐만 아니라 사법경찰관에게도 피의자신문의 권한을 인정하였다.[25]

어떻든 大正 형사소송법에서는 판사의 피고인신문 관련규정을 먼저 두고 그 절차규정들을 검사의 피의자신문에 준용하도록 하고, 그 규정이 다시 증인, 감정인, 통역인, 번역인의 신문에 준용되었는데 제정 형사소송법에서는 수사절차에서의 피의자신문규정을 수사절차의 편에 별도로 규정하였다. 이 피의자신문 규정 중 제243조에 검사가 피의자를 신문함에는 검찰청수사관 또는 서기관이나 서기를 참여하게 하여야 한다고 규정하게 되었다.

그리고 수사절차에서 참여규정은 이와 같이 피의자신문에만 있을 뿐 그 외 참고인 조사(제221조 제1항), 압수·수색·검증 등에는 없다. 그러나 종전의 실무에서도 입회가 필수적인 것으로 규정된 경우가 아니지만 검사의 조사행위에 있어 이를 보조하기 위한 기관으로서 재판소서기를 입회하게 하고, 그 조서를 입회한 서기로 하여금 작성하게 하였던 것과 마찬가지로 제정 형사소송법 시행 이후의 실무에서도 종전과 같이 검사의 조사행위에는 원칙적으로 검찰청의 서기관이나 서기를 참여하게 하였다.

---

25) 최근에는 제200조를 피의자신문의 기본규정으로 보고, 제241조 이하의 피의자신문규정을 제200조의 절차규정으로 보면서 피의자신문을 임의수사라고 해석하는 것이 다수설이나 연혁적으로 이와 같이 제241조 이하의 피의자신문은 제200조의 피의자조사 규정과는 다른 제도였다. 상세한 내용은 이완규, 『형사소송법특강』, 법문사, 2006, 118면 이하 참조.

(5) 현행법까지의 변화

제정 검찰청법과 제정 형사소송법의 참여규정 및 검찰청 직원 중 서기관과 서기 그리고 수사관에 대한 규정은 큰 틀의 변화 없이 현행법으로까지 이어지고 있다. 제정 검찰청법에 서기관과 서기, 수사관의 3종류로 규정되었던 검찰청 직원의 직급이 1973. 1. 25.자 검찰청법 개정시에 공무원 직제개편에 따라 검찰이사관, 검찰부이사관, 검찰서기관, 수사서기관, 검찰사무관, 수사사무관, 검찰주사, 검찰주사보, 검찰서기, 검찰서기보로 개편되었다. 이 때 개정법 시행 당시 검찰서기관(갑)은 검찰서기관으로, 검찰서기관(을)은 검찰사무관으로, 수사관(갑)은 수사서기관으로, 수사관(을)은 수사사무관으로, 검찰서기(갑)는 검찰주사로, 검찰서기(을)는 검찰주사보로, 검찰서기보(갑)는 검찰서기로, 검찰서기보(을)는 검찰서기보로 임용된 것으로 하였다(법률 제2449조 부칙 제2조). 또한 다른 법령 중 검찰청서기관(또는 검찰서기관)은 검찰서기관 또는 검찰사무관으로, 검찰청수사관(또는 수사관)은 수사서기관 또는 수사사무관으로, 검찰청서기(또는 검찰서기)는 검찰주사 또는 검찰주사보로, 검찰청서기보(또는 검찰서기보)는 검찰서기 또는 검찰서기보로 보는 것으로 하였다(위 부칙 제3조). 이후 마약직 추가 등을 거쳐 현재에는 고위공무원단에 속하는 일반직공무원, 검찰부이사관, 검찰수사서기관, 검찰사무관, 검찰수사사무관, 마약수사사무관, 검찰주사, 마약수사주사, 검찰주사보, 마약수사주사보, 검찰서기, 마약수사서기, 검찰서기보, 마약수사서기보 등으로 다양화되었다(그외 별정직공무원, 기술공무원 등도 있다).

이와 같은 다양화된 직급의 직원 중에서 제정 검찰청법상의 서기관 및 서기의 기능을 수행하는 직원은 현행 검찰청법 제46조 제1항에 규정된 바와 같이 검찰수사서기관, 검찰사무관, 검찰주사, 마약수사주사, 검찰주사보, 마약수사주사보, 검찰서기 및 마약수사서기이다. 이들은 제46조 제1항 각호 규정에 따라 '1. 검사의 명을 받은 수사에 관한 사무, 2. 형사기록의 작성과 보존, 3. 국가를 당사자 또는 참가인으로 하는 소송과 행정소송의 수행자로 지정을 받은 검사의 소송업무의 보좌 및 이에 관한 기록, 그 밖의 서류의 작성과 보존에 관한 사무, 4. 그 밖의 검찰행정에 관한 사무'를 수행한다.

3. 검사실에 배치된 참여수사관의 기능과 역할

1) 개　　관

실무상 검사실에는 검찰직렬의 직원과 사무운영직렬의 직원이 배치되어 있다. 이들은 관청인 검사의 보조기관들이며 검사가 아니면 행할 수 없는 영역의 업무가 아니라면 사실적 행위들은 이들에 의해 보조될 수 있다.

검찰직렬의 직원은 현재 검찰의 실무상으로는 모두 수사관이라는 호칭으로 불리우고 있다. 그러나 법률적 근거와 의미를 갖는 수사관은 형사소송법 제196조 제1항의 사법경찰관으로서의 수사관인데 이는 검찰청법 제46조 제2항에 규정된 사람들로서 직급으로는 사무관 및 서기관급이다.

검사실에 배치된 검찰직렬의 직원을 실무상 참여수사관이라고 칭하는데 이들의 직무는 ① 참여기능, ② 업무보조자의 기능, ③ 사법경찰관리로서의 기능을 수행한다.

2) 참여의 기능과 역할

(1) 참여와 기록관

① 기록관으로서의 참여의 기능

형사소송법은 피의자신문에서의 참여에 관한 규정만을 두고 있으나 실무상 검사의 조사행위에는 원칙적으로 모든 조사행위에 참여를 두고 행하고 있다. 형사소송법 이외에 검사실에서 검사의 조사행위에 참여하는 직무의 근거규정은 검찰청법 제46조 제1항이다.

제46조 제1항은 이에 나열되어 있는 검찰청 직원들로서 검사실 안에 배치된 직원과 사무국 중 수사과, 조사과 등 수사부서를 제외한 과에 배치된 직원들에 관한 조항인데 제1호의 검사가 명하는 수사에 관한 사무와 제2호의 형사기록의 작성과 보존이 참여의 근거규정이다. 물론 작성된 형사기록을 보존하는 업무는 집행과의 기록보전 담당자의 업무이기도 하나 검사실에서 행해지는 업무는 참여의 업무이다.

특히 제2호는 검사실에 배치된 참여수사관의 기록관으로서의 임무를 규정한 것으로서 참여제도의 역사적 연혁상 본래적인 기능이다. 판사나 검사의 절차에 있어 조사행위자 이외에 기록관을 별도로 둔 것은 판사와 검사가 조사행위와 함께 그 기록업무를 병행하게 되면 조사행위의 효율성이 떨어질 뿐만 아니라 기록을 위한 업무부담으로 인해 기록검토나 결정, 재판서나 결정문의 작성 등 보다 더 중요한 임무에 몰두할 수 없다는 점을 감안하여 판사나 검사의 업무 효율성을 높이기 위한 이유가 있다. 나아가 조사행위자가 스스로 기록하는 경우 그 절차가 공개적인 경우가 아닌 때에는 객관성에 있어 의심을 살 수 있으므로 객관성을 높여 기록에 신빙성을 강화하기 위한 것이다.

한편 참여제도의 의의에 관하여 조서기재의 정확성과 함께 신문절차상의 적법성 확보를 드는 견해가 있는데[26] 그 취지는 신문자 이외에 제3의 기록자를 둠으로써 정확성과 객관성을 확보하게 되면 절차가 허위없이 기재되게 되므로 불법적인 행위를 할 수 없게 되어 간접적인 효과로서 절차의 적법성도 자연스럽게 확보된다는 취지이다. 이에서 더 나아가 마치 참여수사관이 검사의 신문절차상 적법성을 감시하는 기능을 가지는 것처럼 이해하는 것은 타당하지 않다.

검찰청법 제46조 제4항은 참여수사관이 수사에 관한 조서작성에 관하여 검사의 의견이 자기의 의견과 다른 경우에는 조서의 끝 부분에 그 취지를 적을 수 있다고 규정하고 있다. 이 규정은 과도 검찰청법 제26조에서부터 도입된 규정인데 조서작성의 객관성을 보장하기 위한 것이다. 법원의 조서의 경우에는 공판절차는 공개적으로 이루어지고, 공판외 절차라고 하여도 검사와 변호인이 참여하고 조서 내용에 대한 이의절차가 있어 조서작성의 객관성에 대하여 참여가 다른 의견을 기재하는 등의 조문을 두어야 할 필요성이 크지 않으나 검사의 절차는 공개적 절차가 아니므로 기록관인 참여에게 기록의 객관성을 높이기 위한 권한을 부여한 것이다.

② 참여의 조서작성권한의 근거

형사소송법상 법원의 조서에 대하여는 참여한 법원사무관 등이 조서를 작성하여야 한다고 하여 법원사무관 등의 조서작성규정이 있는 것과 달리 검사의 절차에서 조서를 누가 작성하여야 하는가에 대하여는 규정이 없다. 피의자신문의 경우도 참여에 관한 규정만 있을 뿐이고 조서의 증거능력과 관련한 규정에서는 검사가 진술을 기재한 조서라고 하여 검사가 작성하는 것을 전제로

26) 이재상, 『신형사소송법』, 박영사, 2008, 226면.

하는 문구를 사용하고 있다. 이 때문에 현행법상 참여수사관이 조서를 작성하는 권한이 있는지, 그 근거규정은 무엇인지 등에 관한 논란이 있다.

이 점에 관하여는 기록관으로서 참여가 갖는 검사의 보조기관적 성격과 참여수사관의 직무로서 기록의 작성 보존을 규정한 검찰청법 제46조 제1항 제2호에서 근거를 찾아야 할 것이다.

예컨대 형사소송법 제312조에서 검사가 진술을 기재한 조서라고 규정하고 있다고 하여도 진술을 조서에 쓰거나 타이핑 하는 등과 같은 사실적인 행위까지 모두 검사가 행하여야 한다는 의미는 아니다. 앞에서도 본 바와 같이 법원이나 검찰에 기록관을 별도로 두게 된 이유 중에서 판사나 검사로 하여금 기록에 관한 사실상의 업무부담을 줄여주고자 한 것이 중요한 이유였다. 따라서 일제강점기에도 검사에 대해 재판소서기의 입회나 조서작성에 관한 규정이 없어도 실무상 보조기관으로서 서기를 입회하게 하고 조서를 작성하게 하였던 것을 감안하면 쉽게 이해할 수 있다.

그러므로 현행법상 조서의 작성에 있어 그 진술을 기재하는 사실상의 행위를 검사가 직접하여도 적법하지만[27] 그 사실상 기재행위를 보조기관인 참여로 하여금 하게 하여도 적법한 것이며 그 근거규정이 검찰청법 제46조 제1항 제2호와 제4항인 것이다. 그리고 앞에서 본 바와 같은 업무의 효율성과 중요도의 관점에서 본 업무배분의 점에 있어서도 사실상의 기재행위는 참여수사관이 하는 것이 더 적절하므로 이를 원칙적인 것으로 운영할 필요가 있고 실무에서도 그러하다.

---

27) 대법원 1973. 12. 24. 선고 73도2361 판결에서 검사가 피고인을 심문하고 그 내용을 기록할 때에 위 각 입회서기는 시종 입회하여 신문내용을 듣고 심문과 기록이 완료된 후 이를 피의자에게 읽어주고, 조서에 간인하고 그 말미에 입회서기 자신이 하등의 이의없이 서명날인 한 사실이 분명하다. 검사가 피의자를 심문할 때 검찰청 서기가 참여하여야 한다고 규정한 형사소송법 제243조의 규정이나 논지가 지적하는 검찰청법 제30조 제2항 제2호의 규정은 모두 피의자의 심문기록의 객관성, 공정성을 담보하고, 입회서기의 직무의 독립성을 해하지 아니하기 위한 것임은 소론과 같으나, 위 각 심문조서의 작성경위가 위와 같을진대 검사가 위와 같은 상황하에서 검찰서기가 기록할 심문내용을 직접 검사가 대필하였다는 사유만으로서는 그 조서가 전혀 입회서기에 의하여 작성된 것이 아니라거나, 입회서기가 참여하지 아니한 채 작성된 것이라 할 수 없고, 동 입회서기의 직무의 독립성이 침해된 채 작성된 것이라고도 할 수 없으니 이는 논지가 지적하는 바와 같이 위 검찰청법에 위배되는 것이라 할 수 없음은 물론 형사소송법 제243조에 위배된 것도 아니라고 하였다.

따라서 현행법상 참여수사관의 조서작성에 관한 근거규정이 없다는 취지에서 형사소송법 제48조 이하의 법원의 조서에서와 같은 규정을 두자는 취지의 입법론적 주장은 사견으로는 필요하지 않다고 본다.

한편, 이와 관련하여 조서를 검사가 직접 작성한 조서와 참여수사관이 작성하되 이를 검사가 확인한 조서로 이분화하여 후자를 검사확인조서로 칭하면서 증거능력과 관련된 별도 규정을 두자는 견해도 있다.[28] 그러나 중요한 것은 신문의 결과를 조서에 기재함에 있어 누가 사실적인 행위, 즉 타이핑을 할 것인가가 아니라 어떤 방식으로 질문과 답변이 이루어져야 검사의 피의자신문으로 볼 것인가라는 차원의 문제라는 점에서 적절한 해결방안은 아니라고 본다. 즉 신문에 있어서 질문과 답변듣기를 누가 할 것인가, 특히 참여수사관이 검사의 신문절차에서 사실상의 질문행위를 검사를 대신하여 어느 정도 할 수 있도록 할 것인가라는 문제는 조서의 타이핑을 누가 할 것인가와는 차원이 다른 문제이다.

검사 확인조서라는 것은 이미 참여수사관이 실질적인 문답을 주도적으로 하고 검사는 나중에 그 조서의 내용만을 확인한다는 취지인데 그 신문과정을 검사의 신문이라 할 수 없고 그 조서를 검사의 신문 결과를 기재한 조서라고 할 수 없을 것이다. 그 조서는 참여수사관의 신문조서가 되는 것인데 그렇다면 참여수사관이 검사실 내에서 검사의 절차를 보조하는 기관이 아니라 스스로의 절차를 행하는 기관이 되므로 문제가 있다. 나아가 그렇게 되면 참여수사관은 더 이상 참여가 아니게 되므로 참여제도의 근본이 변경된다.

(2) 보조기관으로서 수사에의 관여

① 규정의 의의

다음으로 현행법상 참여수사관의 기능 중 중요한 것이 검사의 보조기관으로서 검사의 수사에 관한 사무를 행하는 것이다(검찰청법 제46조 제1항 제1호). 수사에 관한 사무는 검사의 수사와 관련한 제반 업무라 할 수 있는데 소환장의 송달, 사실조회 등 수사관련 서류의 송달, 접수, 자료의 수집, 탐색, 압수물의 분석, 피의자신문 및 참고인 조사 등에서의 사실행위로서의 일부 문답행위 보

28) 정진섭, 『검사실 참여수사관의 역할 활성화 방안 연구』, 대검찰청 용역과제, 2009, 47, 54면.

조 등 다양한 업무가 포함된다.

이 규정은 검사의 수사에 있어 보조기관으로서 역할을 의미하므로 참여수사관이 검사가 행하는 수사행위의 사실행위를 보조하는 경우 그 효과는 검사에게 귀속된다. 예컨대 검사의 피의자신문에 있어 참여수사관이 사실행위로서의 일부 문답행위를 보조하여 행하는 경우 그 행위의 법적 효과는 검사에게 귀속되므로 일부 문답행위를 참여수사관이 행하였다고 하더라도 전체적으로 검사의 피의자 신문이 되는 것이다. 또한 검사가 직접 압수수색영장을 받아 압수수색을 함에 있어 압수수색의 사실적 행위를 참여수사관이 행하는 경우에도 그 행위의 효과는 검사에게 귀속되므로 참여수사관의 압수수색이 아니라 검사의 압수수색이 되는 것이다.

이 규정은 검사실에 배치된 참여수사관 뿐만 아니라 집행, 압수물 등에 관한 사무와 같이 사무국에 배치된 직원들에 대하여도 그 업무의 근거규정이 된다. 그러나 수사의 대부분은 검사실에서 행해지므로 검사실에 배치된 참여수사관들에게 중요한 규정이다.

② 신문에 있어서의 질문 관여 문제

(가) 현실적 필요성과 규정의 취지

검사의 수사행위는 실무상 그 대부분이 피의자나 참고인의 조사로 이루어진다. 그러므로 참여수사관을 수사의 보조기관으로서 관여하게 하는 경우에도 압수수색 등 강제처분에 있어 사실상의 행위에만 그치고 피의자나 참고인 조사에 있어 사실상의 행위로서의 문답에는 관여하지 못하게 한다면 우리나라와 같이 검사실에서 검사가 공소제기 여부를 결정하기 위해 피의자나 참고인에 대한 추가 조사를 많이 하는 나라에서는 직접 문답을 하는 업무부담이 매우 클 것이다. 그리고 참여수사관이 피의자나 참고인의 신문에 관여할 수 없는 취지라면 압수수색영장 등의 집행을 할 수 있도록 참여수사관에게 사법경찰관의 직무를 할 수 있게 하는 정도의 규정이면 족할 것이다.

그런데 과도검찰청법에서 종전과 달리 입회서기가 사법경찰관의 직무를 행하는 권한 이외에 별도로 검사가 명하는 수사에 관한 사무라는 조항을 신설하여 보조기관으로서의 포괄적 관여를 가능하게 한 것은 검사의 업무 중 대부분을 차지하는 피의자신문과 참고인 조사 등에 있어서 사실상의 질문도 보조할 수 있도록 한 취지로 보인다. 이점을 이해하기 위해서는 검사의 업무부담

차원의 검토가 필요하다.

(나) 해방 직후의 인력상황과 업무분담 체제

해방 후에 1945. 10. 11. 일본인 판·검사를 일제히 해임하고 동년 10. 20.경까지 검사 92명이 임명되었다.[29] 당시에는 변호사자격자가 한정되어 있어서 서기를 검사로 특별채용하기도 하고 사법요원양성소제도, 판검사특별임용고시 등을 통하여 충원을 하였고 이런 수단들을 동원하여 미군정하에서 과도검찰청법이 발령되던 1948. 8.까지 145명으로 증가하였다.[30]

그런데 이와 같은 소수의 인원으로 현실에서 발생하는 형사사건에 대해 피의자신문이나 참고인 조사를 검사가 모두 직접 행하면서 사건을 처리할 수는 없었을 것으로 보인다. 그렇기 때문에 보조기관으로서의 참여로부터 일부 업무의 보조를 받을 필요가 있었을 것이고 대부분의 업무부담 요인을 차지하고 있는 피의자신문이나 참고인 조사에서 참여수사관이 사실행위로서의 질문에 관여하여 보조할 수 있도록 하기 위하여 포괄적 조항인 '수사에 관한 사무'라는 문구를 사용한 것으로 보인다. 이렇게 함으로써 검사실 내에서 검사가 보조기관인 참여수사관의 도움을 받음으로써 사실행위로서의 질문과 답변듣기 업무의 일부를 더는 업무분담체제를 갖출 수 있게 되는 것이다.

또한 이와 같이 검사가 검사실 내에서 매일 얼굴을 맞대고 있는 소속 보조기관으로부터 수사의 도움을 받는다는 것은 검사실 밖의 사법경찰관(검찰청 직속의 사법경찰관이든 경찰 내의 사법경찰관이든)에게 일정 사항을 지휘하여 수사하도록 하면서 도움을 받는 것보다 훨씬 효율적이고 강력한 효과가 있다. 이에 따라 개별 검사의 수사력도 크게 강화될 수 있는 것이다.

비교법적으로 보면 검사가 검사실에서 조사를 하는 나라로서 독일이나 일본을 들 수 있는데 두 나라 모두 참여수사관에게 검사의 신문에 있어 질문 등과 같은 보조를 하도록 하고 있지 않다.

독일은 아예 검사실에 참여를 두지 않으며 검사가 필요할 때에는 기록관으로 하여금 참여하게 할 수는 있으나 그 기록관은 본래의 기능인 기록 임무만 담당할 뿐이다. 일본은 검사실에 참여를 배치하고 있으나 일본 검찰청법에는 우리 검찰청법 제46조 제1항 제1호와 같은 규정이 없다. 따라서 일본의 검사실

29) 대검찰청, 『한국 검찰사』, 1976, 218면.

30) 문준영, 앞의 책, 623면.

의 참여도 검사의 신문시에 질문행위를 하지 않는다. 그러나 두 나라는 이와 같은 사실행위의 보조를 받지 않더라도 전체 형사사건을 처리할 수 있도록 검사의 업무부담을 조절하고 있다. 특히 검사의 인원을 늘린다든가 부검사제도 등이 중요한 방법이다.

그런데 해방 후에 사법제도를 재건함에 있어서 우리나라는 법조인력사정이 매우 열악하였다. 우리나라도 한 때 미군정하에서 구법원 및 부검사제도를 도입한 일본의 예에 따라 치안판사와 부검사제도를 도입하는 구상을 하기도 하였으나[31] 곧 폐지되고 검사만으로 검찰실무를 운용하는 입법적 선택을 하게 되었다. 이러한 상황하에서 소수의 검사로 발생하는 형사사건을 모두 처리하기 위해서는 검사실 내에서라도 업무를 분담하는 체제를 만들어야 하였고 이에 따라 참여수사관을 수사에 관한 사실적 행위들을 보조하여 업무를 분담할 수 있도록 하는 입법적 선택을 한 것으로 보인다.

(다) 현재까지 유효한 업무부담의 문제

이와 같이 제정 검찰청법에서 현실적인 업무부담을 감당하기 위한 검사실 내 업무분담의 입법적 선택을 한 취지는 현재까지도 유효하다.

예컨대 2015년 독일검찰의 사건수는 약 5,016,541명인데[32] 검사수는 5,279명이고[33] 부검사가 약 940명이다.[34] 사건처리 가동인력이 6,219명으로 1인당 연간 사건부담량은 약 807명이다. 일본은 2008년 검사 1,739명에 부검사 817명으로 사건처리 가동인력이 2,556명인데 2007년에 일본 검찰에서 처리한 인원수가 2,231,212명이므로 1인당 연간 사건부담량은 약 873명이다.

이에 반해 우리나라는 2008년도에 전체 사건수 2,148,982건(2,797,436명)에 검사 1,670명, 검사직무대리 82명이었다. 사건처리 가동인력이 1,752명이고, 1인당 연간 사건부담량이 1,226건(1,596명)으로 독일, 일본의 거의 2배에 가까웠다. 최근에는 검사인원이 좀 증가하여 2016년에는 전체 사건수 2,024,545건

31) 이에 따라 과도정부 법원조직법에는 치안관제도가 있었고, 과도정부 검찰청법에는 부검사제도가 규정되어 있었으나 거의 운용되지 않다가 곧 폐지되었다.

32) Statistishes Bundesamt, *Rechtspflege, Staatsanwaltschaften 2015*, Fachserie 10 Reihe 2.6, 2016, S. 13.

33) www.bundesjustizamt.de/DE/Shared/Docs/Publikatione. 2017. 1. 25. 방문.

34) 2011. 12. 31. 현재 942명이었다. Statistisches Bundesamt, *Rechtspflege, Ausgewählte Zahlen für die Rechtspflege 2012*, Fachserie 10 Reihe 1, 2013, S. 28.

(2,589,311명)에 검사 2,059명, 검사직무대리 113명이었는데 그렇다고 하여도 1인당 연간 사건부담량은 약 932건(1,192명)으로 독일이나 일본의 약 1.3~1.4배에 해당한다. 나아가 우리나라는 일본이나 독일에 비해 재산범죄 고소사건이 많고 재산범죄 고소사건의 경우 복잡한 사건이 많아 피의자신문이나 참고인 조사의 수요가 많다.

이러한 상황에서 검사실에서 행해지는 피의자신문이나 참고인 조사에 있어 사실행위로서의 모든 문답을 검사가 직접 행하라고 해서는 해마다 발생하는 형사사건을 처리해낼 수가 없다. 그렇기 때문에 검찰청법 제46조 제1항이 갖는 입법정책적 선택은 현재까지 유효하다고 하겠다.

③ 신문상 질문관여의 한계

참여수사관이 질문에 관여하는 경우에 어느 한도에서 검사의 신문으로 인정할 것인가가 문제된다. 압수수색영장의 집행행위의 경우는 사실행위이고 압수되는 증거물의 판단에 있어 검사가 직접 압수현장에 있었는지가 크게 중요하지 않지만 신문은 답변이 행해지는 상황이 검사 앞에서 행해지는 것인지 여부가 중요하고 신문과정에서 행해진 답변의 증거가치를 판단함에 있어서 제3자가 신문하고 기록한 문건을 보는 식의 간접 경험보다는 직접 답변을 하는 사람의 얼굴과 상황을 보는 것이 중요하기 때문에 검사가 전혀 관여하지 않는 상황에서 참여수사관이 행한 신문을 검사의 신문으로 보기는 어렵다.

한편 참여수사관은 검사의 보조기관으로서 검사의 수사에 관여하는 것이므로 검사의 피의자신문이나 참고인 조사에 있어 사실행위로서의 질문을 한다고 하여도 그것은 검사의 절차를 보조하는 기관으로서의 한계를 가진다. 따라서 참여수사관이 신문의 보조기관으로서의 역할을 넘어 본래의 신문자와 같은 정도로 행위해서는 안 된다.

그런데 업무부담의 문제로 인하여 간혹 실무에서 검사의 관여가 없이 참여수사관 단독으로 신문을 하거나 검사가 신문을 주도하였다고 보기 어려워 검사가 그 신문의 답변과정을 직접 경험하였다고 보기 어려운 상황이 발생하기도 하여 문제가 된 사례가 있었다. 이미 제정 검찰청법 초기에도 참여수사관이 신문과 조사에 있어 사실행위로서의 질문까지 보조할 수 있게 되자 실무에서 아예 신문과 조사를 참여수사관에게 일임하는 사례가 발생하여 이를 금지하도록 하는 지시가 행해졌다. 1955년도에 개최된 제8회 전국 검찰감독관회의에서

"최근 일선 검사가 입회서기로 하여금 피의자나 참고인 등을 조사하게 하는 등 사건 수사를 일임하는 사례가 있는바 이는 법률에 위배된 처사이니 엄금하도록 하라"는 지시를 한 일이 있다.[35]

그러면 어떤 기준으로 참여수사관의 신문 관여가 허용된다고 할 것인가가 문제인데 이에 대해 판례는 ① 검사가 피의사실에 관하여 전반적이고 핵심적인 사항에 대하여 신문을 하고, 참여수사관이 피의자신문조서를 작성함에 있어 검사가 신문한 사항 중에 다소 불분명한 사항이나 또는 보조적인 사항(행위의 일시, 장소 등)에 대하여 피의자에게 직접질문을 하며, ② 참여수사관이 그와 같은 질문을 할 때 검사가 그 자리에 있으면서 이를 지켜볼 것(또한 문제점이 있을 때에는 검사가 재차 직접 묻기도 한다)을 요구하고 있다.[36] 검사의 보조기관으로서의 참여수사관의 지위, 검찰청법 제46조 제1항 제1호의 입법연혁과 현실적 상황을 감안하면 타당한 해석으로 본다. 이러한 정도로 검사가 신문을 주도한다면 신문과정에서 행해진 답변에 대해서 검사가 직접 경험을 하였다고 볼 수 있기 때문이다. 판례에는 참조조문으로 제312조 제1항만을 들고 있으나 법적 근거로는 검찰청법 제46조 제1항 제1호가 매우 중요한 법적 근거라 할 것이다.

그 외에 그 결과물인 조서에 대해서는 이러한 신문과정을 거친다는 요건하에 참여주사가 조서에 기재하고 조서의 작성이 다 끝난 다음 검사가 이를 검토하여 검사의 신문결과와 일치함을 인정하여 서명날인할 것을 설시하고 있는데 이는 조서의 작성절차에 관한 것이다.

이와 관련하여 검사가 피의자를 직접 개별적으로 신문하고 그 신문내용에 따라 작성하였는지 여부가 기준이라고 하면서 결국 작성권자인 검사가 주도적·실질적으로 관여하였는지가 기준이 된다고 해석하는 견해도[37] 크게 다르지 않다. 핵심사항에서 검사가 개별적으로 직접 질문을 한 후에 보조기관으로서 참여수사관이 보충질문을 하고 그 질문과정이 검사의 면전에서 이루어지며 검사가 그 문답과정을 인식하면서 필요시 관여하고, 문답완료 후 조서 기재내용을 확인하였다면 검사가 주도적이었는가라는 기준에 부합한다고 할 것이다.

---

35) 대검찰청, 앞의 책, 278면.
36) 대법원 1984. 7. 10. 선고 84도846 판결.
37) 심희기/양동철, 『형사소송법 판례백선』 홍문사, 2012, 524면.

④ **신문상 질문관여와 입법론상의 문제**

검사의 신문과정에서 참여수사관이 사실상의 일부 문답행위를 보조할 수 있게 한 것은 검찰청법 제46조 제1항 제1호의 도입당시의 현실적 필요성에 의한 것이었고 그러한 필요성이 현재까지도 계속되고 있다고 하지만 입법론적으로 검사의 신문이나 참고인 조사에 있어서 참여수사관이 질문행위를 하는 것을 허용하는 것이 타당한가라는 주장은 다른 관점에서 논의되어야 할 것이다. 이와 관련해서 입법론적으로 부당하다고 주장하는 사람들은 검사의 사건처리를 위한 업무부담의 문제를 해결해주어야 할 것이다. 적어도 독일이나 일본 수준으로 검사들의 사건부담을 감경할 대책을 강구한 후에 입법론적 변화를 논해야 할 것이다.

(3) 사법경찰관리로서의 참여수사관의 직무

① **규정**

검찰청법 제47조 제1항은 검찰주사, 마약수사주사, 검찰주사보, 마약수사주사보, 검찰서기, 마약수사서기, 검찰서기보 또는 마약수사서기보로서 검찰총장 또는 각급 검찰청 검사장의 지명을 받은 사람은 소속 검찰청 또는 지청에서 접수한 사건에 관하여 ① 검찰주사, 마약수사주사, 검찰주사보 및 마약수사주사보는 형사소송법 제196조 제1항에 따른 사법경찰관의 직무, ② 검찰서기, 마약수사서기, 검찰서기보 및 마약수사서기보는 형사소송법 제196조 제2항(사법경찰리에 관한 형사소송법 규정이 2011년에 개정되어 형사소송법 제196조 제3항이 되었으므로 이 문구도 이에 맞추어 개정되어야 할 것이다)에 따른 사법경찰리의 직무를 수행한다고 규정하고 있다. 이에 따라 검사실에 배치된 참여수사관도 사법경찰관리로 지명을 받으면 사법경찰관리로서의 직무를 수행할 수 있는데 실무에서는 참여수사관들에게 모두 지명을 하고 있다.

② **참여수사관에 대한 사법경찰관직의 의의**

이 조항은 두 가지 의미가 있다. 먼저, 검사실에 배치되어 있는 사람들이 사법경찰관리로 지명을 받아 그 직무를 행하는 경우이다. 형사소송법상 검사의 수사에 있어 검사와 함께 검사의 조사행위에 관여하는 경우뿐만 아니라 체포영장이나 구속영장 또는 압수수색영장의 집행 등과 같이 검사는 검사실에 있고 참여수사관이 현장에 가서 집행을 하여야 하는 경우가 있다. 형사소송법은 영장의 집행에 관하여 검사가 사법경찰관을 지휘하여 집행하도록 하고 있기 때문에 검사실에 배치되어 있는 참여수사관으로 하여금 집행행위를 하도록 하려면 참여수사관이 사법경찰관 자격을 가질 필요가 있다. 검찰청법 제47조는 이러한 상황을 해결하기 위한 것이다. 이 경우 검사가 구속하겠다고 하여 구속영장을 발부받아 참여수사관이 현장에 가서 체포를 하고 교도소에 구금하게 하는 등 집행행위를 하였다고 하여도 그것은 검사의 구속이지 참여수사관의 구속이 아닌 것이다.

다음으로 검사실 이외에도 형사소송법 제196조 제1항의 수사관으로서 검찰청법 제46조 제2항에 규정된 검찰수사서기관, 수사사무관, 마약수사사무관 등이 사법경찰관의 절차로서 수사를 하는 경우에도 사법경찰관리의 직무를 행하면서 보조할 인력이 필요할 것인데 제47조는 이러한 상황을 해결할 수 있는 근거가 되는 것이다. 이에 따라 조사과나 수사과 등의 수사관실에 주사 이하 직급의 인력이 배치되어 수사를 하고 있다.

③ 검사실에서 참여수사관의 사법경찰관 자격의 조사와 조서작성 문제

실무상 검사실의 조사업무부담이 많아 업무부담의 경감을 위해 조사업무의 일부 특히, 일부 참고인 조사를 아예 참여수사관이 사법경찰관의 자격에서 조사를 하게 하고 사법경찰관으로서의 조서를 작성하도록 하는 경우도 간혹 있다. 참고인 조사에 있어서는 법상 참여가 필요요건이 아니므로 참여수사관이 사법경찰관의 자격에서 참고인을 조사하고 사법경찰관작성 조서를 작성하는 것이 법상으로는 가능하기 때문이다.

그러나 검사실의 의미와 참여수사관의 기능을 고려하면 이런 방식은 일반화하여 사용하는 것은 타당하지 않고 예외적인 상황에서 행해져야 할 것으로 본다. 검사실은 관청으로서의 검사의 절차가 진행되는 공간이고 검찰청법 제46조 제1항에서 규정하는 참여수사관의 기능은 검사의 수사절차에 있어 기록관과 보조기관으로서의 기능이 주된 역할이다. 그렇기 때문에 참여수사관의 사실상 행위는 모두 법적으로 검사에게 귀속되며 검사의 수사행위가 되는 것이다.

만약 참여수사관이 검사실에서 사법경찰관의 자격으로 조사를 하고 조서를 작성한다면 이는 단순히 조서 명의자의 문제가 아니라 검사의 절차에서 사법경찰관이 자신의 권한으로 수사를 하는 것을 의미한다. 그렇게 되면 검사의 절차가 행해지는 검사실 내에서 사법경찰관의 절차가 행해지게 되는 것이고 검사 앞에서 행해지는 절차임에도 법상 검사와는 상관없는 절차가 행해질 수 있는 것이다. 나아가 신문의 성질상 답변 내용의 증거가치를 판단함에 있어서 답변자의 답변과정이나 표정, 태도 등을 직접 경험하는 것과 간접적으로 제3자가 신문하고 기록한 서면을 보는 것은 중대한 차이가 있는데 검사가 피의자나 참고인을 검사실에 출석하게 하고도 직접 경험을 하지 않는 것은 부적절할 뿐만 아니라 검찰청법이 예상한 상황이 아니라고 본다. 그렇기 때문에 검사실에서 행해지는 절차는 검사의 절차로 일원화할 필요가 있다.

다만, 참여수사관이 사법경찰관 자격으로 스스로의 절차로서 참고인 조사를 하고 참여수사관 명의의 조서를 작성하는 것은 예컨대, 검사가 출장이나 불가피한 사정 등으로 검사실에 없는 상황에서 출석한 참고인의 재출석이 어려워 조사가 행해져야 하기 때문에 참여수사관으로 하여금 조사하게 할 수밖에 없는 상황이나 참고인이 검사실에 출석할 수 없어 출장조사를 할 필요가 있는데 검사가 출장조사하기 어려우므로 참여수사관으로 하여금 출장조사를 하게 하는 상황 등과 같은 예외적인 상황에서는 검사실의 의의나 참여수사관의 기능에 반하지 않으므로 허용할 수 있을 것이다.

Ⅳ. 사법경찰관리로서의 검찰청 직원

1. 검찰 내부의 사법경찰관 규정의 의의와 연혁

1) 검찰의 직접수사 요청과 내부 사법경찰관의 필요성

소추란 국가가 특정인을 대상으로 범죄혐의와 관련된 형사절차를 개시하여 재판종결시까지 절차를 끌고 가는 것, 즉 절차를 추행(追行)하는 것을 말한다. 여기서 형사절차는 수사의 개시부터 재판종결시까지 포함되는 것이므로 소추권은 수사권과 공소권을 포함하는 것이다.

수사절차에 있어 소추권자가 수사권을 직접 행사하여 증거를 수집해가면서 절차를 끌어갈 수도 있으나 모든 절차를 직접 하기 어려우므로 수사는 수사활동만을 행하는 기관을 통해서 하기도 한다. 검사가 사법경찰관을 지휘해서 수사활동을 하게 하는 경우가 그 예이다.

그러나 검사와 경찰의 관계와 같이 소추권자와 수사활동기관이 같은 기관이 아닌 경우에는 소추권자의 요망사항이 수사활동기관에 의해 모두 충족되기는 어렵다. 나아가 사건이 중요하거나 복잡한 경우에는 수사활동기관에만 맡길 수 없는 경우도 발생한다. 따라서 일정부분에 있어서는 소추권자가 직접 수사에 나설 필요가 있는 경우가 있다. 사법관적인 수사로서 예심제도를 두고 있어도 마찬가지이다.

예심판사나 사법경찰관을 통해서 수사를 행하지 않고 검사 스스로 수사에 나서기 위해서는 모든 수사활동을 검사가 다 할 수는 없으므로 검찰 내부에도 수사에 있어 검사를 보조할 기관이 필요하다. 예컨대 구인, 체포, 압수수색 등에 있어 외부 경찰 조직의 사법경찰관리가 아니라 검찰 내부의 사법경찰관리가 있다면 업무부담을 덜 수 있고, 내부기관이기 때문에 의사소통이 더 원활할 수 있으며 신속한 집행을 할 수 있는 등 효율성이 더 높을 것이다.[38]

2) 규정의 연혁

(1) 일제강점기

일제강점기에 우리나라에 의용되던 일본 구형사소송법(大正 刑事訴訟法) 제250조는 '전3조에 규정한 자 외에 칙령(勅令)으로 사법경찰관리를 정할 수 있다'고 규정하고 있었다. 이에 따라 일본에서도 칙령으로 검사국 서기로 하여금 검사국이 수리한 사건에서 사법경찰관의 직무를 수행할 수 있도록 하였다.

식민지 조선에서도 1924년 조선총독부령 33호로 지방재판소 검사국 또는 그 관내 지방재판소 지청 검사분국에 근무하는 재판소서기와 고원(雇員)으로서 검사정(檢事正)이 지명한 자는 전자는 사법경찰관으로서, 후자는 사법경찰리로서 소속 국에 수리된 사건에 관하여 그 직무를 행할 수 있다고 하였다.[39]

---

38) 문준영 교수는 일본 검찰이 1910년대 들어 직접 수사에 적극적인 태도를 보인 것(일본 검찰은 1909년의 대일본제당주식회사의 뇌물사건(닛토사건), 1914년 군수품 조달과정의 장교들의 뇌물사건(시멘즈사건), 1915년 오쿠마 내각의 내무대신 오우라 가네타케의 선거간섭, 의원매수, 독직혐의 적발사건(오우라사건) 등을 거치면서 검찰의 직접 수사를 강화하려 하였다)에 대해 권력적 성향을 강조하고 있다. 문준영, 『법원과 검찰의 탄생』, 역사비평사, 2010, 512-514면. 그러나 소추기관은 권력적 성향이 아니더라도 그 기능상 일정 영역에서 직접 수사를 할 수밖에 없는 필요성이 있다.

39) 玉名友彦, 법원도서관 역, 『국역 조선형사령석의』, 법원도서관, 2005, 10면.

(2) 해방 후 검사 직속의 사법경찰기구 구상

① 논의 경과

해방 후에는 검사와 사법경찰관의 관계에 대해 ① 경찰 조직에 있는 사법경찰을 아예 떼어내어 검찰 직속으로 하자는 논의와 ② 경찰 조직에서 사법경찰을 떼어내지 못하고 지휘관계를 설정하더라도 검사 직속으로 검찰청 내에 별도의 사법경찰기구를 마련해야 한다는 논의가 제기되었다.

1946. 6. 초경 사법부 고문 코네리는 군정장관에게 사법경찰청 설치를 제시하고 "경무부 수사국을 사법부(현재의 법무부) 또는 검찰청으로 이관할 것, 각 경찰 관구 내의 수사과와 정보과를 분리하여 각 도별로 사법경찰청을 설치할 것, 각 경찰서의 정보계와 수사계를 분리하여 사법경찰서를 설치할 것" 등을 제시한 일도 있었고 1947. 6. 20. 서울지역 검찰청 연명으로 군정당국에 제출한 「수립될 신정부의 사법·검찰기구에 관한 건」에서도 사법경찰관을 검사에게 직속하게 하는 것을 주장하였다.[40)]

한편, 1947. 7.경 미국의 사법제도를 시찰하고 나서 법원의 조직 등 한국의 사법제도의 틀을 마련하기 위한 미국사법제도시찰보고서에서는 그 내용 중 검찰관 직속의 사법경찰제도라는 부분에서 검찰관의 검찰권행사에는 보조기관인 경찰이 필요하지만 현재 같은 제도 아래에서는 인사권 등이 없는 관계로 명령계통이 확립되지 않아 검찰권 운용에 지장이 다대하므로 일반경찰 외에 검찰관 직속의 사법경찰제도를 신설할 것이 제안되었다.[41)]

이러한 주장들 중에 사법경찰의 검찰 직속기구화는 이루어지지 않았지만 검찰관 직속의 사법경찰제도 설치안은 받아들여지게 되어 과도정부 검찰청법과 제정 검찰청법을 거치면서 구체적인 조문이 도입되었다.

② 조문 도입 경과

해방 후 미군정하에서 1948. 8. 2. 남조선과도정부법령 제213호로 제정된 과도정부 검찰청법에서는 제25조에 대검찰청에 서기국 이외에 정보과를 설치하도록 하고, 지방검찰청에 수사과를 설치하도록 하였다. 나아가 제26조에서 대검찰청 정보과 및 지방검찰청 수사과 서기관은 범죄수사에 관하여 사법경찰관의 직무를 행한다고 규정하였다. 종전 규정은 '검사국이 수리한 사건에 관하

40) 대검찰청, 『한국 검찰사』, 1976, 241면.
41) 문준영, 앞의 책, 685면.

여' 사법경찰관의 직무를 행한다고 하였는데 '범죄수사에 관하여'라는 문구로 변경되고 정보과와 수사과라는 기구가 설치되고 있다.

그 후 1949년 제정된 제정 검찰청법에서는 사법경찰기구 구상이 더 구체화되었다. 대검찰청에 서기국과 함께 중앙수사국을 두고, 중앙수사국은 범죄수사의 지도연구와 검찰총장이 중요하다고 인정하는 범죄의 수사를 장리한다고 그 직무를 규정한 후 중앙수사국에는 수사과, 사찰과와 특무과를 둔다고 하였으며 지방검찰청에도 수사과를 둔다고 하였다(제정 검찰청법 제29조). 한편 수사관이라는 직을 새로 도입하여 수사관은 3급으로 하고 검사를 보좌하며 그 지휘를 받어 범죄수사를 행한다고 하였다(제정 검찰청법 제30조).

이러한 규정들과 함께 종전의 서기의 사법경찰관직 규정도 유지하여 서기보는 5급으로 하고 서기관 또는 서기를 보좌하며 특명에 의하여 사법경찰관리의 직무를 행한다고 하였다(제정 검찰청법 제30조).

③ **조문의 의의**

얼핏보면 일제강점기에도 검사국에 배치된 재판소서기가 사법경찰관의 직무를 행할 권한이 있었으므로 과도검찰청법에서 서기관에게 사법경찰관의 직무를 행할 수 있도록 한 것이나 제정 검찰청법에서 수사관이 범죄수사를 할 수 있도록 한 것이 큰 변화가 없어 보이나 여기에는 중대한 차이가 있다.

먼저 조문 문구의 차이이다. 종래의 문구는 검사국에 수리된 사건에 대하여 사법경찰관의 직무를 행한다는 것이었다. 그런데 새로 도입된 수사관의 수사권은 검사의 지휘를 받아 범죄수사를 행한다는 것이다. 종전 규정에서 검사국에 수리된 사건에 관하여 라는 문구가 있는데 당시에는 검찰청 내에 사법경찰기구가 없었으므로 그 사건은 검사의 사건이다. 그러므로 검사의 사건에서 검사의 수사절차에 보조기관으로서 사법경찰관의 직무를 행하는 것이다. 그러므로 검사의 수사에 있어 압수수색, 체포 등 영장집행에 있어서의 사실행위를 하기 위해 사법경찰관의 자격이 필요하기 때문이고 그 외 증거수집을 위한 다양한 사실행위을 보조하기 위한 것이다.

그런데 새로 도입된 규정의 검사의 지휘를 받아 범죄수사를 행하는 것은 검사의 지휘계통에 있을 뿐 검사의 수사를 보조하는 보조기관으로서가 아니라 스스로의 절차로서의 수사를 할 수 있음을 의미한다. 즉 수사관이 사법경찰관으로서 사법경찰관의 수사를 할 수 있는 것이다.

두 번째로 중요한 것은 사법경찰관으로서의 수사를 할 수 있는 기구가 설치되었다는 점이다. 대검찰청의 중앙수사국과 지방검찰청의 수사과를 연결하는 사법경찰기구가 설치되어 수사관들은 그 기구에서 사법경찰관으로서 자신의 수사를 하는 것이다.

이에 따라 종전 규정의 사법경찰관 직무는 검사실에 배속되어 검사와 함께 검사의 수사에 대한 보조기관으로서 사법경찰관의 직무를 행하는 것이었으나 새로운 규정의 수사관의 직무는 검사실과 별도의 조직으로서 사법경찰기구가 만들어지고 그 사법경찰기구에서 사법경찰의 절차로서 수사를 행하는 것이므로 같은 사법경찰관이라고 하여도 그 지위가 다른 것이다.

2. 두 종류의 사법경찰관

1) 검찰 내 사법경찰기구의 사법경찰관

앞에서 본 바와 같이 해방 직후에 검찰 내에 사법경찰기구를 두기 위한 논의에 따라 1949년 검찰청법에서 검찰 내의 사법경찰기구로서 검사의 지휘를 받아 수사를 하는 사법경찰관으로 수사관이 도입되었고[42] 이에 따라 1954년 형사소송법이 제정되면서 제196조 제1항에 사법경찰관으로서 검찰청법에 규정된 수사관이 들어가게 되었다.

이후 1973년에 정부 공무원의 직제개편에 따라 공무원 직급을 1급부터 5급으로 규율하던 것을 1급부터 9급으로 규율하게 되었고 이에 따라 검찰청법 제30조 제3항이 '수사서기관 및 수사사무관은 검사를 보좌하며 그 지휘를 받아 범죄수사를 행한다'로 변경되었는데(1973. 1. 25. 개정) 당시 부칙에서 사무관 3급갑은 수사서기관으로, 사무관 3급을은 수사사무관으로 임용된 것으로 하였다(부칙 제2항). 한편, 다른 법령에 검찰청수사관(또는 수사관)으로 규정된 것은 개정된 제30조 제3항의 수사서기관 또는 수사사무관으로 본다(부칙 제3항)고 규정하여 형사소송법 제196조 제1항의 수사관이 본 규정의 수사서기관과 수사사무

42) 1949년 제정 검찰청법 제30조에 3행에 '수사관은 3급으로 하고 검사를 보좌하며 그 지휘를 받어 범죄수사를 행한다'는 규정이 도입되었는데 당시 3급은 3급갑, 3급을이 있어 3급을은 현재의 사무관(5급), 3급갑은 현재의 서기관(4급)에 대항하는 직급이었다.

관임을 명확히하여 혼란이 없게 하였다.

그 후 1986. 12. 31. 검찰청법이 전면개정되면서 제30조 제3항의 규정이 제46조 제2항으로 이전되었고 다시 마약수사관직이 도입되면서 1995. 8. 4. 개정에서 제46조 제2항이 '검찰수사서기관·수사사무관 및 마약수사사무관은 검사를 보좌하며 그 지휘를 받아 범죄수사를 행한다'로 변경되었다.

2) 보조기관으로서의 사법경찰관리

검찰청법 제47조 제1항은 검찰주사, 마약수사주사, 검찰주사보, 마약수사주사보 중에서 검찰총장 또는 검사장의 지명을 받은 자는 사법경찰관의 직무를, 검찰서기, 마약수사서기, 검찰서기보 및 마약수사서기보는 사법경찰리의 직무를 행하도록 하고 있다.

검찰청법 제47조 제1항은 이들이 소속 검찰청 또는 지청에 접수한 사건에 관하여 이러한 직무를 수행한다고 하고 있는데 그 의미는 앞에서 본 바와 같이 보조기관으로서 사법경찰관리의 직무를 행하는 것이다. 이들은 제46조 제2항에 규정한 사람들과 달리 스스로의 절차로서 수사를 진행할 수는 없고 검사의 사건에 대한 수사절차 또는 제46조 제2항에서 규정한 자들이 진행하는 사건의 수사절차[43]에서 이들을 보조하여 사법경찰관의 직무를 수행하는 기능을 하는 것이다. 그렇기 때문에 이들은 범죄사건을 인지하여 스스로 절차를 개시할 수는 없고 이미 검찰청 또는 지청에서 수리된 사건에 대한 수사에서 사법경찰관리의 직무를 행할 수 있다.[44]

이와 같이 검찰청 직원 중 일정한 사람이 보조기관으로서 사법경찰관리의 직무를 행하는 규정은 이미 일제강점기부터 존재하여 왔고 그 규정이 제정 검찰청법에서는 '서기보는 5급으로 하고 서기관 또는 서기를 보좌하며 특명에 의하여 사법경찰관리의 직무를 행한다'로 변경되어 규정되었다(제정 검찰청법 제30

---

43) 검찰 내부의 사법경찰기구가 도입되면서 검찰청에 접수된 사건에는 검사의 사건뿐만 아니라 사법경찰기구에서 수사되는 사건도 포함되므로 제46조 제2항의 사법경찰관을 보조하는 직무도 수행하게 되는 것이다.

44) 그러므로 예컨대 수사과의 수사사무관실에 배속된 검찰주사보가 사법경찰관으로서 직무를 수행하는 경우에도 사법경찰관인 수사사무관의 보조기관으로서 직무를 수행하는 것이므로 인지수사를 하는 경우 인지수사의 주체는 수사사무관이므로 범지인지서는 수사사무관 명의로 작성되어야 한다.

조). 이후 1969년 개정에서 제30조 제6항으로 '검찰서기 또는 검찰서기보로서 소속검찰청의 장의 지명을 받은 자는 소속검찰청 또는 지청에서 수리한 사건에 관하여 검찰서기는 형사소송법 제196조 제1항의 규정에 의한 사법경찰관의 직무를, 검찰서기보는 동법 제196조 제2항의 규정에 의한 사법경찰리의 직무를 행한다'고 규정되었다.

그 후에 1973년의 공무원 직제개편에 따라 '검찰주사·검찰주사보·검찰서기 또는 검찰서기보로서 소속검찰청의 장의 지명을 받은 자는 소속검찰청 또는 지청에서 수리한 사건에 관하여 검찰주사 및 검찰주사보는 형사소송법 제196조 제1항의 규정에 의한 사법경찰관의 직무를, 검찰서기 및 검찰서기보는 동법 제196조 제2항의 규정에 의한 사법경찰리의 직무를 행한다'로 개정되었다.[45] 그리고 나서 1986년 검찰청법 전면 개정으로 보조기관으로서의 사법경찰관리 규정은 제47조로 이전되었다.

현행법상으로는 제47조 제1항에 규정된 직원들뿐만 아니라 별정직공무원 중 지명을 받은 사람(검찰청법 제47조 제2항)이나, 전산직과 방송통신직 공무원 중 지명을 받은 사람(검찰청법 제49조 제2항)도 보조기관으로서 사법경찰관리의 직무를 행한다.

V. 사 무 국

1. 사무국의 검찰청 직원

검찰청법 제46조 제1항은 검사실에 근무하는 검찰청 직원과 사무국에 근무하는 검찰청 직원 모두에게 해당하는 조문이다. 제45조에 나열된 검찰청 직원 중 검찰부이사관 이상은 현재는 사무국에만 배치되어 있고 검찰수사서기관도 사법경찰기구인 조사과나 수사과 등에 배치된 경우 이외에는 사무국에 배치되어 있다. 그 외 검찰청 직원으로는 별정직공무원, 통역 및 기술공무원 등이 있다.

45) 당시 공무원 직제개편에 따라 종전 규정의 검찰서기는 검찰주사 또는 검찰주사보로, 검찰서기보는 검찰서기 또는 검찰서기보로 되었다(1973. 1. 25.자 개정 검찰청법 부칙 제3항).

2. 제46조 제3항의 보좌직

검찰청법 제46조 제3항은 검찰서기, 마약수사서기, 검찰서기보 및 마약수사서기보는 검찰수사서기관, 검찰사무관, 수사사무관, 마약수사사무관, 검찰주사, 마약수사주사, 검찰주사보 또는 마약수사주사보를 보좌한다고 규정하고 있는데 이들은 검사실, 사무국, 수사과 등에 배치되어 앞에 나열된 사람들을 보좌한다. 이는 사법경찰관리의 자격과 상관없이 그 보좌기관의 기능을 한다는 것이고, 이들이 제47조 제1항 제2호에 따라 행하는 사법경찰리로서의 직무수행은 별도의 규정이다.

제 6 장

사법경찰관리에 대한 지휘·감독

Ⅰ. 검사의 사법경찰관에 대한 수사지휘와 민주적 정당성

1. 사법경찰관의 수사권 관련 법률체계

1) 형사소송법

(1) 사법경찰관의 수사권

사법경찰관의 수사권은 형사절차의 기본규범인 형사소송법에서 규정하고 있다. 형사소송법은 먼저 제195조에서 검사를 본원적 수사권자로 규정하고 제196조에서 검사의 지휘계통하에서 수사를 하는 파생적 수사권자로서 사법경찰관을 규정하고 있다. 이 조문은 수사권의 체계에 대한 조문이고 그 외 개별적인 수사행위와 관련한 권한들을 규정한 개별 조문들이 있으나 이는 강제처분이나 특별한 수사행위와 관련된 절차규정들에 불과하다.

형사소송법 제196조 제1항은 수사를 할 수 있는 권한자로서 사법경찰관으로 수사관, 경무관, 총경, 경정, 경감, 경위를 나열하고 있다. 여기서 수사관은 검찰청법 제46조 제2항에 규정된 검찰수사서기관, 수사사무관, 및 마약수사사무관을 말한다.

경찰 중에서는 사법경찰관을 모든 경찰관으로 규정하지 않고 경무관 이하의 직급만으로 한정하고 있다. 이는 수사를 경찰 전체의 임무로 하지 않고 경찰 중에서 일정한 직급 이하의 경찰관만의 임무로 하는 것이다. 경찰의 임무는 치안이고 다만, 치안과 관련된 수사를 담당하는 것이 효율적이므로 이와 관련된 수사의 업무를 담당하되 일선의 실무자들인 경무관 이하의 경찰관만 사법경찰관으로서 수사를 하도록 한 것이다.

이와 같이 제196조 제1항에서 정한 사법경찰관 이외에 법률로 사법경찰관을 규정할 수 있는데(형사소송법 제196조 제6항) 이러한 규정으로는 검찰청법 제47조가 있다. 이에 의하면 검찰주사 이하 직급의 직원 중 검찰총장 또는 검사장의 지명을 받은 사람은 사법경찰관으로서의 직무를 수행한다. 검찰청법 제46조 제2항에 열거된 사람들은 형사소송법 제196조 제1항의 수사관이고, 검찰청법 제47조에 열거된 사람들은 형사소송법 제196조 제6항에 의한 사법경찰관으로 구분된다.

한편, 형사소송법 제197조는 일정한 영역에 있어 그 영역에서 수사를 담당할 특별사법경찰관을 정할 수 있도록 하고 있고 이에 따라 사법경찰관의 직무를 수행할 자와 그 직무범위에 관한 법률이 제정되어 행정의 각 영역에 종사하는 공무원들 중 일정 직급의 사람들에게 그 업무영역과 관련된 수사를 할 수 있도록 하고 있다.

(2) 검사의 지휘계통하의 파생적 수사권

한편, 제196조 제1항은 이러한 사법경찰관들은 모든 수사에 관하여 검사의 지휘를 받는다고 규정하고, 제2항은 사법경찰관은 범죄의 혐의가 있다고 인식하는 때에는 범인, 범죄사실과 증거에 관하여 수사를 개시, 진행하여야 한다고 한다. 또한 제3항은 사법경찰관리는 검사의 지휘가 있는 때에는 이에 따라야 한다고 규정하고 있다. 개정 전에는 사법경찰관이 '검사의 지휘를 받아' 수사하여야 한다 라는 문구를 사용하여 지휘계통을 규정하고 있었는데 이 문구가 제1항과 제2항으로 나뉘었고 지휘에 따라야 하는 관계를 규정하는 지휘의 효력 문구는 검찰청법 제53조에 규정되어 있던 것을 형사소송법으로 이전하였다.

지휘를 받아 수사하여야 한다는 문구는 지휘계통을 말하는 것이지 사법경찰관이 사사건건 미리 검사의 지휘를 받아야만 구체적 사건에 있어 수사를 할 수 있다는 의미는 아니다. 그러나 2011년 법개정 논의시에 경찰측은 이 문구에 대해 구체적 사건에 있어 사사건건 지휘를 받아야만 사법경찰관이 수사를 할 수 있는 의미라고 부적절한 해석론을 주장하였다.[1] 그리고 일상적인 수사에 있어 사사건건 검사의 지휘를 받지 않고 사법경찰관이 자율적으로 수사하고 있는 현실에 맞는 문구로 고쳐달라고 하면서 이 문구의 삭제를 요구하였고 그러면서도 검사의 지휘는 받겠다는 식으로 주장을 하였다.

그러나 이 문구의 삭제는 지휘계통을 없애는 것이므로 지휘권의 근거가 없어지는 것이어서 지휘권의 근거를 없애면서 지휘를 받겠다는 것은 매우 모순적인 주장이었다. 그럼에도 불구하고 '지휘를 받아'라는 문구에 담겨진 의미에 대한 이해가 일반적이지 않은 상황에서 "사사건건 지휘를 받으라는 말이냐"는 주장이 일부 국회의원들에게 받아들여져 "지휘를 받겠다는데 문구하나 못고쳐주냐"는 논리에 따라 그 문구의 삭제나 개정논의가 진행되게 되었다.

그렇지만 외부에 알려진 바와 달리 이 문구를 삭제하게 되면 사실상의 핵심쟁점이 지휘계통의 유지여부로 되었기 때문에 조문 개정 논의에서 검찰과 경찰이 대립하였다. 결국 지휘계통의 유지를 위해서는 지휘계통의 근거조문이 없어서는 안 된다는 검찰측 주장이 받아들여져서 지휘를 받아 수사한다는 하나의 문구를 2개로 나누어 제1항에서는 지휘를 받는다로, 제2항에서는 수사를 개시, 진행한다로 규정하게 되었다. 결국 개정 전과 달라진 것은 없으며 개정 전 문구의 의미로서 지휘계통하에 있고 그 지휘계통하에서 자율적으로 수사한다는 내용을 해석상 혼란없이 이해할 수 있도록 규정하는 것으로 종결되었다.[2]

第196조 제1항과 제2항은 검찰, 경찰의 사법경찰관 뿐만 아니라 특별사법경찰관에도 적용된다.

---

1) '지휘를 받아'라는 문구에 대해 경찰의 이러한 주장대로 언제나 사전지휘를 받아 수사를 해야 하는 것이라고 설명하는 견해도 있었다. 신동운, 『간추린 형사소송법』, 법문사, 2013, 16면.

2) 개정된 형사소송법 제196조의 의미와 그 논의경과에 대해서는 이완규, 『형사소송법 연구 Ⅱ』, 법문사, 2011에 있는 개정 형사소송법의 수사체제(3-39면), 개정 형사소송법의 수사체제 논의 경과(43-115면) 참조.

2) 경찰법과 형사소송법의 관계

(1) 행정자치부 소속의 경찰청

정부조직법은 정부의 업무 중 치안에 관한 사무를 처리하게 하기 위해 행정안전부장관 소속으로 경찰청을 설치하도록 하고 있다(정부조직법 제34조 제4항). 제34조 제1항에 행정자치부 장관의 업무로서 '국무회의의 서무, 법령 및 조약의 공포, 정부조직과 정원, 상훈, 정부혁신, 행정능률, 전자정부, 개인정보보호, 정부청사의 관리, 지방자치제도, 지방자치단체의 사무지원·재정·세제, 낙후지역 등 지원, 지방자치단체간 분쟁조정 및 선거·국민투표의 지원에 관한 사무' 등이 나열되어 있으나 치안을 담당하는 경찰청이 행정안전부 소속으로 설치되므로 행정안전부 장관의 업무에 치안도 포함됨은 당연하다. 다만, 정부조직상 치안을 담당하는 경찰청을 외청으로 두고 행정안전부의 부서조직에는 치안을 담당하는 부서를 두지 않고 있다.

만약 행정안전부장관의 업무에 치안이 포함되지 않으면 민주적 정당성의 원리상 치안업무에 대해 국회에 책임을 질 장관이 없게 되어 치안과 관련한 민주적 정당성의 연결이 단절된다. 경찰청의 치안관련 업무에 대해 잘못이 있으면 정치적 책임을 행안부장관이 지게 되므로 행안부장관이 치안의 업무도 관장할 수밖에 없고, 경찰에 대한 통제권으로서 치안업무에 관한 행안부장관의 지휘감독권도 당연히 인정된다.

(2) 경찰의 임무와 수사

한편, 경찰법은 제2조 제1항에 '치안에 관한 사무를 관장하게 하기 위하여 행정안전부장관 소속으로 경찰청을 둔다'고 규정하면서 경찰의 임무로 제3조에 '1. 국민의 생명·신체 및 재산의 보호, 2. 범죄의 예방·진압 및 수사, 3. 경비·요인경호 및 대간첩·대테러 작전 수행, 4. 치안정보의 수집·작성 및 배포, 5. 교통의 단속과 위해의 방지, 6. 외국 정부기관 및 국제기구와의 국제협력, 7. 그 밖의 공공의 안녕과 질서유지'를 규정하고 있다. 각호가 경찰의 임무인 치안과 관련된 것으로서 제2호의 수사도 치안과 관련된 범죄의 수사를 의미한다고 하겠다. 제2호 중 범죄의 예방·진압은 치안업무의 일부라 하겠고 그와 같은 예방·진압 업무와 그렇게 진압된 범죄의 수사는 현장에서 연결되는 상황이 많으므로 수사의 업무도 함께 하는 것이 효율적일 것이다.

그런데 제3조 제2호가 범죄의 수사를 경찰의 임무로 규정하고 있으나 수사에 관한 기본법인 형사소송법에서 수사를 할 수 있는 수사권자를 경무관 이하의 직급으로 한정하고 있다. 그러므로 여기서 경찰의 임무로 규정된 수사는 형사소송법에 규정된 한도에서 이해하여야 하며 따라서 제3조 제2호에서 규정한 수사의 임무는 경무관 이하의 경찰관들의 임무이다. 만약 이 임무를 경찰 전체의 임무로 하려면 형사소송법에서 수사를 할 수 있는 사법경찰관의 범위를 경찰청장 이하의 모든 경찰로 확대하여야 할 것이다.

(3) 경찰권의 담당자

경찰법은 경찰권의 담당자로서 제11조에 경찰청장을 규정하고 있다. 동조 제3항은 '경찰청장은 국가경찰에 관한 사무를 총괄하고 경찰청 업무를 관장하며 소속 공무원 및 각급 국가경찰기관의 장을 지휘·감독한다'고 규정하고 있다. 경찰법에 경찰업무에 관하여 행정안전부 장관의 지휘감독권에 관한 규정이 별도로 없지만 장관의 지휘감독권이 인정됨은 민주적 정당성의 원리와 정부조직법상[3] 당연하다. 앞에서 본 바와 같이 검찰청법은 법무부장관의 지휘감독권과 관련하여 구체적 사건에 있어서는 검찰총장만을 통하여 행하도록 하는 별도 규정이 있는데 이는 이러한 일반적인 지휘·감독관계에 대한 예외적인 특별규정이다.

한편 경찰청장을 정점으로 하여 그 지휘계통하에서 권한을 위임받아 경찰권을 행사하는 단계적 구조로서의 하부 행정기관으로 지방경찰청장과 경찰서장이 있다. 경찰은 특별시, 광역시와 도 단위로 지방경찰청을 두고 있는데 그 지방경찰청의 지방경찰청장은 경찰청장의 지휘·감독을 받아 관할구역의 국가경찰사무를 관장하고 소속 공무원 및 소속 국가경찰기관의 장을 지휘·감독한다(경찰법 제14조 제2항). 또한 지방경찰청 산하에 일정 지역마다 경찰서를 두고 그 경찰서장은 지방경찰청장의 지휘·감독을 받아 관할구역의 소관 사무를 관장하고 소속 공무원을 지휘·감독한다(경찰법 제17조 제2항).

이와 같은 단계구조에서 경찰청장, 지방경찰청장, 경찰서장은 각각 관청으

3) 정부조직법 제7조 제1항: 각 행정기관의 장은 소관사무를 통할하고 소속 공무원을 지휘·감독한다.

로서 경찰권을 행사하며 지휘·감독의 계통은 경찰청장 → 지방경찰청장 → 경찰서장으로 이어진다. 여기서도 예컨대 지방경찰청장이 사사건건 경찰청장의 지휘를 받아 소관사무를 처리하는 것이 아니라 지휘계통하에서 필요한 때 행해지는 지휘를 받지만 구체적 지휘가 없는 한 지방경찰청장이 자율적으로 그 권한 하에서 사무를 처리하는 것이다. 경찰청에 차장, 국장, 부장을 두나 이는 보조기관일 뿐 관청이 아니며, 지방경찰청에도 차장, 과장 등이 있으나 이들도 보조기관일 뿐 관청이 아니다.

2. 사법경찰관 수사권에 대한 민주적 정당성의 근거로서 검사의 수사지휘: 사법경찰관의 수사권행사에 대한 민주적 정당성의 연결 문제

1) 수사권행사에 대한 책임자로서 법무부장관

수사권은 국가의 형벌권행사에 연결되고 이는 국가권력 중 매우 중요한 권력이다. 사법경찰관도 그러한 수사권을 행사하는 한 그 권력행사가 국민의 의사에 적합하게 행사되도록 하는 통제체제 안에 들어와야 함은 당연하다. 앞에서 검사의 지휘관계와 민주적 정당성 부분에서 본 바와 같이 국가권력이 상시적으로 국민의 의사에 적합하게 행사되는 것을 보장하기 위한 법치주의적 장치가 국민의 대표기관인 국회에 의한 상시적 통제와 국회에 대한 책임인데 헌법과 정부조직법상 수사권행사와 관련하여 국회에 대해 종국적인 책임을 지는 사람이 법무부장관이다. 그러므로 수사권을 행사하는 모든 국가기관은 그 수사권행사와 관련해서는 법무부장관의 지휘계통하에 들어와야 한다.

2) 법무부장관과 검찰총장을 통해 연결되는 민주적 정당성의 연계

현행법은 정부의 수사권행사의 책임자인 법무부장관을 두고, 그 지휘계통하에 검찰청을 두어 검사로 하여금 장관의 지휘·감독하에서 수사권을 행사하도록 하고 있다. 구체적 업무와 관련해서는 검찰총장, 각급 검사장, 지청장을 그 담당자로 규정하고 검사는 그들의 권한을 위임받아 단독제 관청으로서 수사권을 행사한다. 나아가 헌법은 영장청구권자로 검사만을 규정하고 있어 검사가 본원적인 수사권자임이 헌법적 수준에서 규정되어 있고 형사소송법 또한 검사를 본원적 수사권자로 규정하고 있다.

한편, 형사소송법은 사법경찰관들이 검사의 지휘계통하에서 수사권을 행사하도록 하고 있는데(형사소송법 제196조 제1항, 제2항) 사법경찰관들의 수사권 행사가 검사의 지휘를 통해 통제됨으로써 그 지휘계통이 법무부장관으로 연결되어 민주적 정당성의 연결이 이어지는 것이다. 개별 구체적 사건에 있어서는 구체적 사건을 담당하는 주임검사와 사건을 담당한 개별 사법경찰관과의 지휘관계가 성립하나 전체적으로는 각급 검찰청이나 지청에서 검사장이나 지청장이 일반적 지휘권과 구체적 지휘권을 행사하는 담당자이므로 그 지휘하에 있게 되는 것이다.

따라서 예컨대 서울중앙지방검찰청의 관할구역 내에 있는 서울지방경찰청의 사법경찰관이나 관내 각 경찰서의 사법경찰관들은 서울중앙지방검찰청의 검찰권 행사자인 서울중앙지방검찰청 검사장의 지휘계통하에 있는 것이며 구체적 사건에 있어 구체적 지휘는 검사장의 위임을 받은 개별 검사들이 행사하게 된다. 물론 검사장 스스로도 그 권한행사를 할 수 있으므로 검사장이 지휘권을 직접 행사할 수도 있을 것이다.

이러한 관계는 경찰인 사법경찰관뿐만 아니라 특별사법경찰관과의 관계에서도 마찬가지이다. 예컨대 농림부 소속의 특별사법경찰관의 수사와 관련하여 농림부 장관은 수사의 책임자가 아니므로 그 수사도 수사에 관한 책임자인 법무부장관에게 지휘관계가 연결되어야 한다. 특별사법경찰관들도 검사의 지휘계통을 통해 법무부장관에게 지휘의 연결이 어어져[4) 민주적 정당성의 구조를 갖추게 된다.

3) 법무부장관의 사법경찰관리집무규칙과 대통령령인 검사의 사법경찰관에 대한 수사지휘 및 사법경찰관리의 수사준칙에 관한 규정

2011년 형사소송법 중 수사권 관련 조문 개정시에 제193조 제3항이 신설되었는데 그 내용은 사법경찰관리는 검사의 지휘가 있는 때에는 이에 따라야 한다는 지휘이행의무와 검사의 지휘에 관한 구체적 사항은 대통령령으로 정한다는 대통령령 위임규정이다.

이 중 지휘이행의무는 검찰청법 제53조에 규정되어 있던 사법경찰관이 검

4) Schmidt/Schoreit, *StPO−Karlsruher Kommentar*, C.H.Beck, 2004, § 152 GVG Rdnr 6. 검사의 수사지휘를 통하여 사법경찰관들이 사법의 영역으로 연결된다고 한다.

사의 직무상 명령에 복종해야 한다는 명령복종의무가 형사소송법으로 이전되면서 용어를 순화하여 지휘이행의무로 되었다. 이 규정이 검찰청법에 규정되어 있었던 것은 검사와 사법경찰관의 관계가 수사권으로 이어지는 지휘관계로서 법부부장관→검사→사법경찰관으로 이어지는 수사기관들간의 내부 문제로 파악되었기 때문이었다. 즉 경찰 전체가 아니라 수사를 담당하는 사법경찰관은 수사의 직무에 관하여 검사의 하부기관으로 편제되는 것이기 때문에 사법경찰관이 수사의 직무를 행하는 경우의 복무에 관한 사항이 검찰청법에 규정되었던 것이다.

경찰은 검찰과 경찰이 별개의 조직인데 명령복종의무가 검찰청법에 규정된 것은 부적절하다고 주장해왔고 특히 명령복종이라는 용어가 봉건적 용어라는 식으로 개정을 주장하였다. 국회와 정부 내의 논의과정에서 검사와 사법경찰관의 지휘관계는 유지되어야 하나 다만 봉건적 용어라는 주장에 대해서는 받아들여져서 지휘에 따라야 한다는 용어로 바꾸었고 검찰청법에 있던 규정도 지휘관계에 관한 형사소송법 제196조 제1항과 함께 제3항으로 규정하는 것으로 하였다.

그런데 그 논의과정에서 검사와 사법경찰관의 지휘와 그 복무관계에 관한 검찰청법 제53조 규정에 의하여 법무부령으로 규정되어 오던 사법경찰관리집무규칙의 근거에 대해 검찰청법 제53조가 형사소송법으로 이전하면서 다툼의 소지가 있을 수 있다는 우려가 법무부·검찰측에서 제기되었다. 이에 따라 법무부·검찰은 지휘이행의무가 형사소송법으로 이전하므로 사법경찰관리집무규칙에 관한 근거규정도 형사소송법에 함께 명확히 규정하는 것이 좋겠다는 의견을 내었고 2011. 6. 20. 청와대에서의 정부안 합의안 성안시에 그 주장이 받아들여져 검사의 지휘에 관한 구체적 사항은 법무부령으로 정한다라고 문구를 정하였었다.[5] 그런데 그 후 수사권 개정조문 정부 합의안에 대해 경찰 내부에

5) 2011. 4. 19. 국회 법사위 검찰소위 위원장인 박영선 위원에게 제출한 안 제196조 제6항에 검사의 사법경찰관리 지휘·감독사무에 관하여 필요한 사항은 법무부령으로 정한다라고 제안되었고, 2011. 5. 16. 법사위 검찰소위에서 형사소송법 제196조 제7항으로 넣는 것으로 논의되었다가 5. 19. 논의에서는 넣지 않는 것으로 논의가 되었다. 그 후 국무총리실 조정으로 정부안의 합의안을 만들기로 하여 논의를 하였는데 다시 법무부·검찰에서 이 조문을 넣을 것을 주장하였고 이에 대해 경찰에서는 현행과 같이 검찰청법에 의해 사법경찰관리집무규칙을 정할 수 있으므로 불필요하다고 주장하였다. 2011. 6. 20. 청와대에서 대통령 비서실장, 국무총리실장, 법무부장관, 행정안전

서 반발이 심하였고 이에 따라 국회 논의과정에서 수정 논의을 주장하여[6] 국회에서 법무부령을 대통령령으로 수정하였다.

그런데 사법경찰관들이 수사를 함에 있어서의 일반적인 준칙을 정하고 검사의 사법경찰관리 지휘의 업무를 수행함에 있어서의 일반적 준칙을 정하는 것은 검사와 사법경찰관의 업무방식에 관한 내부적인 일반규정을 규정하는 것을 말한다. 먼저 검사가 사법경찰관에게 지휘권을 행사함에 있어서의 내부적인 일반규정을 마련함에 있어서는 검사에게 일반적 지휘권이 있는 법무부장관이 소관장관이므로 법무부령으로 하는 것이 타당하고 이에 대해 타 부처 장관이 관여할 이유가 없는 것이다. 또한 사법경찰관의 수사에 관한 일반적 준칙을 법무부장관이 정하는 것은 사법경찰관은 조직상으로는 경찰청과 행정자치부 소속이지만 수사라는 업무에 있어서는 검사와의 지휘관계를 통하여 법무부장관으로 지휘관계가 이어지므로 그 일반규정도 법무부장관의 소관업무가 되는 것이다. 그리고 검찰과 수사의 정치적 중립성 보장을 위하여 검찰업무에 관하여는 법무부령으로 정하는 것이 원칙으로 하고 있는데(검찰청법 제11조) 대통령령으로 하는 것은 다른 부처장관이 관여할 뿐만 아니라 대통령이 검사에게 지시하는 것이 되어 검찰권의 정치적 중립에도 반한다.

어떻든 형사소송법 제196조 제3항에 따라 대통령령으로 검사의 사법경찰관에 대한 수사지휘 및 사법경찰관리의 수사준칙에 관한 규정이 제정되었는데 이는 검사와 그 지휘관계에 있는 사법경찰관의 업무방식에 관한 내부규정으로서 통상적인 경우의 처리방식에 관한 내부적 예시 규정일뿐이고[7] 규정에 없는

부장관, 검찰총장, 경찰청장이 참석한 가운데 조문 협의가 있었고 그 자리에서 사법경찰관리집무규칙에 관한 근거규정 명확화에 대한 법무부·검찰의 주장이 받아들여져 형사소송법 제196조 제3항에 이를 규정하기로 하였던 것이다. 조문 성안의 경위에 대해 자세한 것은 이완규, 『형사소송법 연구 Ⅱ』, 법문사, 2011, 59-93면 참조.

6) 2011. 6. 28. 국회 법사위 회의에서 박지원 의원이 법무부령에 대해 이견을 제시하자 경찰청장이 대통령령으로 하는 것이 바람직하다고 생각한다고 답변을 하고 행정안전위원회 이인기 위원장이 발언권을 얻어 대통령령으로 해야 한다고 주장을 하였다. 당일 법사위에서 대통령령으로 수정되었고 그 안이 본회의를 통과하였다.

7) 예컨대 수사규정 제35조 제3항은 사법경찰관이 긴급체포를 한 때에는 12시간 이내에 검사의 승인을 받도록 하고 있는데 형사소송법 제200조의3 제2항은 검사의 승인을 받을 것만 요구하고 있고 시간적인 제한이 없다. 수사규정은 검사와 사법경찰관 사이의 통상적인 업무방식에 관한 내부규정일 뿐이므로 사법경찰관이 수사규정 제35조 제3항에 위배하여 12시간이 초과한 후에 검사의 승인을 받았다고 하더라도 그 긴급체포가 위법한 것이 되는 것은 아니며 검사는 사안을 검토하여 구속영장을 청구해야

경우라도 구체적인 상황하에서의 업무는 지휘관계를 규정한 법률의 범위에서 행하면 될 것이다.

3. 지휘체계 일원화와 수사의 정치적 중립성 문제

한편, 경찰 내 사법경찰관의 수사권행사에 대한 지휘·감독을 소속 장관인 행정안전부 장관으로 하여금 하게 하고 그에 대한 책임을 행정안전부 장관이 지게 하면 국회에 대한 책임이라는 민주적 정당성 문제는 해결될 수 있다.

그러나 그렇게 되면 수사업무를 담당하는 장관이 행정안전부 장관과 법무부장관의 2인이 되는데 이에 대해서는 국정의 효율성과 수사의 정치적 중립성이라는 점에서 문제가 있다.

1) 국정 효율성을 위한 지휘체계의 일원화 문제

먼저, 정부의 권한을 배분함에 있어서 권한행사의 효율성과 원활성을 위해서는 1인의 책임자를 두고 그 지휘계통을 일원화하는 것이 중요하다. 이에 따라 행정의 모든 영역이 그 영역을 담당하는 1인의 장관을 두고 지휘체계를 일원화하고 있다. 예컨대 환경행정의 업무영역에 대해 환경부 장관을 1인을 두어야 환경정책이나 업무에 있어 최종적인 결정을 하고 그 책임하에 업무가 추진될 것이다. 환경을 담당하는 장관이 2인인 경우 양자의 의견불일치가 있는 경우 업무추진이 어렵다.

물론 각 장관이 담당하는 영역이 다른 장관의 영역과 일부 유사하여 겹치는 부분이 있고 그 영역에 있어 다툼이 있는 경우 국무총리가 나서서 조정을 할 수 있을 것이다. 그러나 수사는 그런 영역이 아니다. 따라서 수사를 담당하는 장관을 행정안전부 장관과 법무부장관으로 이원화하는 것은 정부 권한 중 중요한 수사영역의 업무에 있어 효율성과 원활성을 담보하기 어렵다. 나아가 행정자치부 장관은 고유업무가 있으며 수사의 전문가가 아니다. 따라서 행정안전부 장관을 수사의 최종책임자 중 하나로 하는 것은 그 업무에 비추어 적절하지도 않다.

할 것으로 판단하면 48시간 이내에 구속영장을 청구하면 되는 것이다.

2) 수사의 정치적 중립성 문제

수사에 관한 정책이나 구체적 사건의 수사에 있어 행정안전부 장관과 법무부장관 사이에 의견이 다르고 둘 사이의 협의에도 불구하고 합일점을 찾지 못할 때에는 그 조정을 위해 행정 각부의 조정업무를 담당하는 국무총리가 나서야 할 것이다. 국무총리도 조정하지 못하는 경우 대통령이 나서야 할 수도 있다. 그러나 이렇게 되면 수사에 대해 정치적 영향력이 적나라하게 미치는 체제가 되며 객관성과 공정성을 이념으로 하는 수사의 정치적 중립성이 훼손된다.

또한 검찰청법은 수사의 정치적 중립성을 위해 법무부장관이 구체적 사건에 있어서는 검찰총장을 통해 권한을 행사하도록 하고, 검사장과 검사들을 모두 관청으로 규정하여 내부적 지휘·감독관계의 통제하에서도 외부적으로 책임을 지게 함으로써 그 정치적 중립성과 객관성을 지키는 이념하에 업무를 할 수 있도록 하고 있다. 그런데 경찰은 원래 치안을 담당하는 기관인데 치안은 현장성이 강하여 효율성이 강조되고 그 지시복종관계가 매우 중요하게 생각되는 영역이다. 예컨대 국가의 위기상황에서는 무기를 들고 군대에 준하여 치안질서를 유지하는 업무를 해야 하고 이러한 상황에서는 지시복종관계가 즉시 관철되는 것이 중요하다.[8] 따라서 이러한 성격을 가지고 있는 경찰 내부의 조직과 관계를 검찰청법상의 검사의 내부관계처럼 만들기는 어렵다.

이와 같은 이유로 현행법은 정부에서 수사에 관해 국민에 대해 책임지는 장관을 법무부장관으로 하고 있고, 이에 따라 지휘체계를 법무부장관으로 일원화하고 있다. 이러한 일원화는 경찰 내의 사법경찰관뿐만 아니라 행정 각부에 소속된 특별사법경찰관들도 모두 검사의 지휘체계를 통해 법무부장관에게 연결되고 있는 것이다.

4. 검사의 수사지휘 배제와 민주적 정당성의 연결 문제

이와 같이 현행법상 사법경찰관 수사에 대한 검사의 수사지휘는 사법경찰관의 수사권행사에 대한 민주적 정당성을 근거지우는 연결고리이므로 만약 검

8) 경찰공무원법 제31조 제1항, 제2항은 이와 같은 위급상황에서 복종의무를 위반한 경우 처벌규정을 두고 있다.

사의 수사지휘를 배제하려면 민주적 정당성을 연결하는 고리를 다른 방법으로 마련하여야 한다.

비교법적으로 살펴본다면, 민주주의 원리를 구현하기 위해 의회민주주의와 장관책임체제를 가지고 있는 프랑스나 독일의 경우 법무부장관 → 검사 → 사법경찰관으로 연결되는 지휘체계를 가지고 있는데 이러한 통제권의 의미를 갖는 지휘체계는 민주적 정당성의 관점에서 보면 쉽게 이해될 수 있다.

사법경찰관의 수사에 대한 통제권의 의미에서 검사의 수사지휘권이 규범적으로 인정되지 않는 나라로서 영국이나 미국이 있는데 이들 국가들은 경찰의 수사권행사에 대한 민주적 정당성의 구조가 다르다.[9] 즉 이들 나라는 철저한 자치경찰제가 행해지고 있고 자치경찰이 지방자치단체장의 지휘·감독하에 있어 경찰의 잘못이 있는 경우 지방자치단체장이 국민에 대해 책임을 진다. 또한 예컨대 미국의 연방수사국(FBI)은 연방의 기관으로서 연방 법무부장관의 소속이므로 검사의 지휘체계를 거치지 않아도 곧바로 법무부장관에게 연결된다. 일본의 경우 송치 전 수사에 있어서는 경찰이 독자적인 수사권을 행사하고 송치 후에는 검사의 수사지휘를 받는 절충적 구조를 가지고 있는데 이러한 일본도 도도부현(都道府縣) 단위의 자치경찰제가 시행되고 있다. 이와 같이 민주적 정당성의 구조라는 관점에서 보면 검사의 수사지휘권의 존재여부와 자치경찰제가 왜 연결되는지도 쉽게 이해할 수 있다.

Ⅱ. 검사의 수사지휘의 기능

이와 같이 검사의 수사지휘는 사법경찰관의 수사권에 대한 민주적 정당성

9) 형사사법체계의 모습에 대해 중앙집권적 권력구조를 가진 대륙법계 국가의 직권주의적 사법체계와 분권적 권력구조를 가진 영미법계의 당사자주의적 사법체계를 권력구조의 차이라는 관점에서 분석한 비교법적 논의가 있는데(Kagan, *Adversarial Legalism－The American Way of Law*, Harvard University Press, 2001, 71면 이하; Goldstein, "Reflections on Two Models; Inguisitorial Themes in American Criminal Procedure", 26 Standard L. Rev.(1974), 1009; Damaska, "Structure of Authority ans Comparative Criminal Procedure", 84 Tale L.J.(1975), 480.) 이러한 논의도 권력기관의 조직과 구성의 차이가 민주적 정당성 구현을 위한 방식의 차이라는 관점에서 접근하면 더 잘 이해할 수 있다.

의 근거로서의 의미를 가지며 이는 헌법적 수준의 원리가 구현되는 것이다. 이러한 민주적 정당성의 연결고리로서 설정된 검사의 지휘는 현실에서 사법경찰관의 수사권행사가 국민의 의사에 합치되도록 상시적으로 통제함에 있어 매우 중요한 역할을 하고 있다. 이와 같이 민주적 정당성이라는 규범적 근거 이외에 기능적인 근거도 살펴볼 필요가 있다.

1. 역사적 관점과 이념의 차이

1) 역사적 관점

역사적으로 대륙법계 형사사법체계에서 검찰제도 도입시의 큰 의의 중 하나가 경찰에 대한 통제와 이에 의한 수사절차의 사법적 형성(Justizförmigkeit)이었다. 19세기 전반기에 초동수사권만 가지던 경찰의 수사행태가 이미 초동수사를 넘어 거의 모든 사건을 독자적으로 수사하고 수사종료 후 형사법원으로 넘기는 식이 되었다. 이에 따라 경찰은 거의 아무런 통제없이 수사를 하게 되어 피의자는 경찰의 재량과 자의에 맡겨지게 되었고 심지어 공판 전에 경찰이 수개월간 경찰구금 상태에 둘 수 있었다. 바로 이러한 폐단을 시정하기 위하여 검찰제도 도입 논의 과정에서 법무부에 속한 검찰이 수사를 맡아 법치국가적으로 수사를 수행하게 하였던 것이다.[10] 그럼에도 불구하고 당시 경찰을 검찰 예하에 두지 않고 조직적으로 분리된 채로 단지 검찰의 지휘를 받게 한 체제를 택한 이유로 현실적으로 수사에 있어 경찰의 영향력이 다시 강화되고 검찰의 통제력이 약화되고 있는 것은 다시 19세기 전반기의 상황처럼 되어 가는 것으로 이는 바람직한 방향이 아니라는 견해가 제시되고 있다.[11]

물론 검찰제도 도입 당시의 프로이센 경찰과 현대의 기본법과 법치주의 원칙하의 독일 경찰, 나아가 현재의 우리나라의 경찰이 같다고 할 수 없는 것은 명백하지만 그럼에도 불구하고 권력은 남용되기 쉽고 통제에 의한 제한을 필요로 한다는 만고불변의 경험을 다시 상기할 필요가 있다. 따라서 검찰에 의한

10) Schünemann, "Polizei und Staatsanwaltschaft", Kriminalistik 1999, 76.

11) Schünemann, Kriminalistik 1999, 77; Schäfer, "Zur Entwicklung des Verhältnisses Staatsanwaltschaft–Polizei" *Festschrift für Hanack*(1999), S. 203-205; Roxin, DRiZ 1997, 120.

통제라는 기본적 사고는 아직도 필요하다고 할 것이다.[12]

2) 경찰의 활동이념과 사법과의 차이

경찰은 위험예방(Gefahrenabwehr) 업무를 본질로 하며 그 활동은 합목적성의 이념이 우선된다. 경찰의 수사활동은 예방 경찰적 활동 영역 이외에서도 합목적적인 범죄대응이라는 목적하에 모든 국가권력에 부여된 정의(Gerechtigkeit)라는 이념에 기속되어야 한다는 점을 무시하기 쉽다.[13]

물론 경찰도 헌법과 법에 기속되어 활동해야 하는 것은 당연하다. 그러나 범죄행위를 수사하고 국가와 사회를 범죄자로부터 보호하는 것과 다른 한편으로 피의자의 권리를 보장하는 것의 대립관계는 지속적인 법적 검토와 고려를 요청하는 것이다. 따라서 경찰이 맡고 있는 임무의 중요성을 감안할 때 경찰의 활동에 대해 지속적인 통제를 할 필요가 있으며 이 법적 통제는 어떠한 경우에도 완화되어서는 안 될 것이다.[14]

2. 검사의 수사지휘의 기능

1) 통제기능

(1) 경찰의 수사권 남용에 대한 통제

① 의의

검사의 수사지휘는 경찰의 수사권이 부당하거나 부적법하거나 남용되는 등의 불법에 이르는 경우에 이를 시정하는 기능을 수행하는데 이를 통제기능이라고 한다.[15] 검사의 수사지휘에 있어 지시권과 이에 따를 의무라는 규범적 형태로 규율하는 것은 특히 이 통제기능에 있어 중요하다.

---

12) Schäfer, *Festschrift für Hanack*(1999). S. 203; Gössel, “Überlegungen über die Stellung der Staatsanwaltschaft im rechtsstaatlichen Strafverfahren und über ihr Verhältnis zur Polizei”, GA, 1980, 339.

13) Gössel, GA 1980, 339; Rüping, “Das Verhältnis von Staatsanwaltschaft und Polizei”, ZStW 95(1983), 901.

14) Kuhlmann, “Gedanken zum Bericht über das Verhältnis Staatsanwaltschaft und Polizei”, DRiZ 1976, 265.

15) Griesbaum, StPO－Karlsruher Kommentar, C.H.Beck, 2004, § 163 Rdnr. 3.

② 기관간 통제장치로서의 수사지휘권

직권주의적 형사사법체계에서는 먼저 중앙집권적인 사법경찰의 수사를 검찰이 지휘권을 가지고 통제하는 체제를 취하고 있다. 이는 수사를 사법적 성격을 가지는 권력으로 파악하고 법무부장관이 국민에 대해 그에 대한 책임을 지도록 구성한 권력구조로부터 나오는데 그것이 국가권력에 대한 민주적 정당성 요구라는 헌법적 수준의 요청이라는 점은 앞에서 보았다.

즉 정부의 수사권행사에 대해 책임을 지는 법무부장관의 지휘감독권하에 수사권을 행사하는 기관들이 있어야 민주적 정당성을 갖추게 되는데 법무부 소속의 검사들을 매개로 하여 검사의 사법경찰관에 대한 수사지휘권을 통해 경찰의 수사권행사가 법무부장관의 지휘감독권하에 속하게 되어 민주적 정당성을 갖춘다.

나아가 검사의 수사지휘권에 의한 통제는 직권주의 국가들의 형사사법체계가 기반으로 하고 있는 중앙집권적 권력구조하에서 국민 또는 시민에 의한 직접통제의 방식보다는 어떤 기관의 권력행사를 통제하는 다른 기관을 둠으로써 통제가 이루어지게 하는 방식의 구조이다.[16)]

대륙법계 형사사법체계에서는 수사의 사법적 성격으로 인하여 그 공정성과 객관성, 그리고 적법절차를 철저히 준수하는 등의 사법형식성 보장을 위하여는 사법적 기관인 검사가 수사절차를 담당하고 책임을 지도록 하였다. 그러나 수사활동에는 피의자신문과 같이 인권침해와 밀접한 관련이 있어 적법절차 준수에 대한 고도의 인식이 필요한 경우와 강제처분의 결단 등 사법적 성격이 짙은 영역이 있는가 하면 영장의 집행이나 범인의 검거 등과 같이 구체적 '행동'에 해당하는 부분도 있고, 사건의 종류에도 경미하고 단순한 사건이 있는가 하면 사실관계나 법률관계가 복잡한 사건도 있고 중요한 사건이 있는 등 천차만별이다.

그러므로 모든 사건의 모든 수사활동을 검사가 직접 행한다는 것은 현실적으로 불가능할 뿐만 아니라 바람직하지도 않다. 따라서 현장에서 구체적인 수사활동을 담당할 사법경찰관이 필요하고 나아가 현장에서 치안활동을 하는 경찰이 치안활동에 연결되는 범죄수사를 담당하는 것이 효율적이므로 경찰이 현

16) Gössel, GA 1980, 337-343.

장성이 있는 수사활동을 담당할 수밖에 없다.

③ **필요한 때에 개입하는 통제장치**

이와 같이 검사가 사법경찰관에 대하여 수사지휘권을 갖는 체제에서도 대부분의 사건을 경찰이 수사하게 될 것이라는 것은 당연히 전제되어 있는 것이다.[17] 그리하여 현실에서도 사법경찰이 원칙적으로 검사의 관여없이 독자적으로 수사를 개시하고 수사의 대상과 범위를 정하며 그 수사결과를 송치하는 것으로 하고, 예외적으로 필요한 경우에만 송치 전에 검사가 관여하고 있다. 이러한 방식은 현실적으로 타당하고 또 그렇게 될 수밖에 없는 것이다.[18] 즉 검사는 그 수와 역할로 볼 때 경미사건에서 중요사건에 이르기까지 모든 사건을 일일이 수사사항과 진행에 관해 경찰에 지시한다는 것은 불가능하고 또 사건의 상당수는 경찰의 초동적 수사단계에서 수사활동이 거의 마무리 되는 경우도 있으며 이러한 때에는 경찰의 수사결과를 송치받은 후 추가수사할 사항이 없는 경우도 많아 모든 사건을 일일이 다 사전에 관여할 필요도 없다. 즉 규범을 어떻게 정하든 간에 이렇게 갈 수밖에 없을 것이다.

이와 같이 대부분의 수사활동은 사법경찰이 검사의 개입없이 자율적으로 행하고 필요한 때에는 검사가 개입하여 통제할 수 있도록 하는 구조는 검사와 사법경찰관의 지휘관계에 관한 형사소송법 제196조 제1항, 제2항의 지휘계통규범이 이미 예상하고 있고 그 문구 자체가 이러한 내용을 담고 있는 구조이다. 그러므로 현실에서 대부분의 수사를 경찰이 자율적으로 하고 있으므로 수사지휘체계가 필요없고 경찰수사권이 독립되어야 한다는 주장은[19] 법리를 오

---

17) Hund, "Das Legaliätsprinzip im Spannungsfeld", *Das Ermittlungsverhalten der Polizei und die Einstellungspraxis der Staatsanwaltschaften*(1999), Geisler Hrsg., Kriminologische Zentaralstelle, S. 241. 만약 검사가 모든 사건을 일일이 수사지휘를 하여야 하였다면 검찰청에 사법경찰을 두는 체제를 취하여야 할 것이며, 경찰에서 형사과장 등이 사법경찰을 지휘하듯이 검사실에 많은 사법경찰관을 두고 수사하는 체제를 취하여야 마땅할 것이다. 경찰조직에 있는 일부 경찰관들을 사법경찰관으로서 구체적 수사활동을 하고 소수의 검사가 이를 지휘하는 체계는 당연히 대부분의 수사활동을 경찰이 하게 되는 것을 전제하고 있는 것이다.

18) 신양균, 형사소송법』, 법문사, 2000, 73면; 허일태, "제한된 범위 내에서 독자적 수사권 주어야", 수사연구, 1992. 7, 28면; 박용남, "경찰 수사권독립 왜 필요한가", 수사연구 1993. 1, 62면; 김상길, "경찰의 수사권독립을 위한 선행과제와 추진방향 고찰", 법학연구 제12집(2003), 376면,

19) 이관희, "경찰의 정치적 중립과 수사권 독립문제", 사법행정, 1989. 7, 24면; 서보학 교수도 구형사소송법 제196조 제1항 문구를 검사의 수사지휘가 없으면 아예 사법경

해하는 것이다.

검사의 수사지휘권은 일반적으로는 강제처분 등 중대한 인권침해사항이나 사건이 중요하거나 복잡한 경우 그 외 사건의 성질상 검사가 개입할 필요가 있는 경우에 현실적으로 발동되어 통제역할을 하는 것이다.

(2) 경찰력의 비대화 문제

현대의 사회구조가 복잡화되고 전문화됨에 따라 사회의 갈등요소도 많아지고 이에 대응하기 위한 치안수요가 많아져서 경찰의 조직과 권한이 계속 강화되는 흐름이 있다. 이에 따라 경찰권력의 비대화와 그 통제문제가 더욱 중요한 문제로 등장하고 있다.

1970~1980년대 독일에서 경찰수사권 독립여부에 대한 논의가 다양하게 전개되었는데 당시 실증적 연구를 통하여 오히려 경찰에 대한 검찰의 통제력이 약화되어 경찰이 사실상 독자적인 수사권을 행사하고 있다는 현실에 대한 인식이 확산되는 계기가 되었다. 따라서 오히려 이러한 경찰력의 비대화에 대한 우려와 함께 검찰의 경찰에 대한 통제력을 회복시키고 실질적 통제가능성을 확보하는 방안에 대한 논의를 유발하여 검찰과 경찰의 관계에 관한 논의가 나중에는 주로 이에 중점을 두고 논해졌다.

이러한 경찰권력 비대화와 이에 따른 검찰의 지휘력 약화의 원인으로는 ① 경찰의 검찰에 대한 인적, 수사학적, 기술적 우위, ② 대부분의 고소, 고발, 신고 등이 경찰에 행해지는 점, ③ 경찰에 의해 행해지는 광범위한 예방적 활동에 포함되는 사전적(事前的) 수사활동(Vorfeldermittlung)에 대한 통제불가능성, ④ 조직의 분리로 인하여 자원의 배분, 즉 어디에 집중적인 수사를 할 것인지 등에 관한 결정에 대해 경찰이 독자적으로 결정하는 점, ⑤ 컴퓨터 처리장치에 의해 지원되는 광범위한 영역의 자료에 관한 경찰의 정보우위성(Datenherrschaft der Polizei), ⑥ 경찰활동의 국제화에 따른 국제적 경찰조직 및 이에 대한 검찰의 통제수단 미확보 등이 들어졌다.[20]

찰관은 수사에 착수할 수도 없는 것처럼 해석하면서 현실적으로 행사할 수도 없는 권한을 무리하게 유지하려고 하고 따라서 심지어는 직무유기상태에 두려한다는 비난이 가능하다고 주장하였다(서보학, "수사권의 독점 또는 배분? – 경찰의 수사권독립 요구에 대한 검토", 형사법연구 제12호(1999), 405면).

20) Roxin, DRiZ 1997, 120; Lilie, "Das Verhältnis von Polizei und Staatsanwaltschaft

그 중 가장 중요한 것이 바로 경찰의 정보 우위성인데 이로 인한 검찰의 통제력 약화는 현대사회에 있어 큰 문제로 지적되고 있다. 경죄사건이든 중죄사건이든 형사소추기관의 정보상태는 수사에 큰 영향을 미치게 되는 것은 말할 필요도 없으며 나아가 현대사회에 있어 전산정보처리체계에 의해 뒷받침되는 수사방법은 날이 갈수록 수사절차의 구조에 영향을 미치고 있는 것이다. 그런데 경찰의 중앙화된 컴퓨터 정보체계는 범죄와 관련된 수많은 정보들이 저장되게 되며 특히 국제적인 경찰활동에 따른 국제화된 정보들도 저장되게 된다. 이 정보체계에는 형사소추 이전의 범죄예방적 활동에 관련된 정보와 형사소추에 관련된 정보들이 혼합되어 축적되는데 양자는 밀접한 관계가 있는 것이다. 그럼에도 불구하고 아직까지는 예방적 범죄투쟁(vorbeugende Verbrechensbekämpfung)은 아직 범죄행위가 행해지지 않은 상태이므로 형사소추의 영역이 아니고 따라서 경찰 고유의 영역이라는 논리에 따라 이러한 경찰의 정보에 대하여 검찰의 접근이 차단되어 있어 실질적으로 검찰이 경찰의 활동을 통제하기 어렵고 이런 상황은 정보화 사회가 진전될수록 심화될 것이라는 것이다.[21] 특히 우리나라는 경찰의 정보부서가 비대하여 거대한 정보조직과 경찰의 수사권이 결합되어 있는 문제로 인해 통제의 필요성이 더욱 크다.

이와 같이 현대사회에 있어 경찰력의 비대화와 경찰이 사실상 수사절차를 지배하고 있는 상황이 가지는 법치국가적 문제점을 해결하기 위해서는 검찰의 통제력을 강화하여 실질적인 통제가능성을 부여하여야 할 것인데 그 방안으로 논의되는 것으로는 크게 ① 검찰의 자체 수사력 고양,[22] ②경찰 정보에 대한 접근권 확보,[23] ③ 경찰의 송치 전 보고의무의 강화[24] 등이 논의된다. 특히 검찰의 경찰 정보에의 접근권은 정보화 사회에 있어 경찰에 대한 실질적 통제를

---

im Ermittlungsverfahren", ZStW 106(1994), 630-639.

21) Lilie, ZStW 106(1994), 631-638.

22) Kuhlmann, DRiZ 1976, 268; Schoreit, "Staatsanwaltschaft und Polizei im Lichte fragwürdiger Beiträge zur Reform des Rechts der Staatsanwaltschaft", ZRP 1982, 290면; Roxin, DRiZ 1997, 121면; Bannenberg 등 20인, *Alternative Entwurf-Reform des Ermittlungsverfahrens*, C.H.Beck, 2001, S. 119.

23) Schäfer, *Festschrift für Hanack*(1999), S, 197; Lilie, ZStW 106(1994), 642. 이와 같이 예방적 활동영역에 대한 정보에까지 접근할 수 있는 가능성을 가짐으로써 형사소추 전의 절차영역에서 이루어지는 경찰의 부적절한 선택적 형사입건 등을 방지할 수 있다고 한다. Bannenberg 등 20인, a.a.O., S. 121; Gössel, GA 1980, 351.

24) Gössel, GA 1980, 351; Lilie, ZStW106(1994), 642면.

위하여 불가결하다고 할 수 있으며 독일에서의 경찰 독자 수사권 논의시에도 검찰의 실질적 통제력 확보를 위하여 반드시 필요한 사항으로 논의되었는데 독일에서도 아직 경찰측의 반대로 이루어지지 않고 있다.[25]

우리나라의 경찰은 조직적인 면에서 중앙집권적 국가경찰체제를 취하고 있는데 아직 자치경찰제를 인정하지 않고 있어 세계의 유례가 없는 중앙집권 체제이다. 이에 따라 10만이 넘는 인적 조직으로 정보, 치안, 범죄예방, 수사 등 각종 영역의 권한을 행사하면서 강력한 중앙집권적 조직체제를 갖추고 있다. 따라서 경찰에서 행해지고 있는 수사활동에 대한 사법적 관점에서의 통제는 민주주의와 법치주의의 보장을 위하여 필요하다고 할 것이다.[26]

(3) 강제처분의 통제와 인권보호

① 영장청구권을 통한 통제

헌법은 체포, 구속, 압수·수색 등 강제처분에 대한 영장청구권을 검사에게 부여하고 있다. 이러한 강제처분권을 검사에게만 부여한 규정이 헌법에까지 규정되게 된 것은 우리나라의 특수성이 감안된 것이다.

일제강점기의 우리나라에서는 조선형사령에 따라 사법경찰관이 자신의 권한으로 체포, 구류, 압수·수색을 할 수 있었다. 이로 인한 경찰의 불법구금과 고문의 폐해가 극심하였는데 그러한 폐해가 해방 후에도 계속 이어져 불법구금의 예방과 인권보호가 지대한 관심사항이 되었다. 미군정하에서 1948. 3. 미군정법령 제176호에 의하여 구인, 체포, 유치, 구금, 행정검속 등 명칭 여하를 불문하고 인신을 구속하는 모든 것을 포함하여 구속이라는 개념을 사용하면서 이에는 법관의 영장을 요하도록 하였다. 이는 인신구속에 있어서는 매우 엄격한 통제를 하고 있는 것인데 일제시대 이래의 불법구금 및 행정검속 등을 이용한 경찰의 불법구금에 대한 깊은 반감이 배경이 되었던 것으로 보인다. 그리고 미군정법령 제180호에 의하여 사법경찰관은 검사를 통하여만 영장을 청구하도

---

25) Hans Christoph Schäfer는 경찰 독자 수사권 논의시에 제시된 내무법무 공동위원회의 규준이 입법화에 이르지 않았고 경찰측에서도 그 입법화에 적극적이지 않았던 원인으로 경찰이 자신의 정보체계에 검찰을 관여시키는 것을 원하지 않았었기 때문이 아닌가 하는 견해를 제시하고 있다. Schäfer, *Festschrift für Hanack*(1999), 192면.

26) 같은 취지로 정웅석, 『검사의 수사지휘권의 정당성에 관한 비교법적 고찰』, 법무부, 2003, 149-151면.

록 되었다.

사법경찰관이 검사를 통하여 영장을 청구하도록 한 체제는 제정형사송법에서도 국회 통과시까지 그대로 논의되었다. 국회의 의결당시 법안에는 사법경찰관이 검사를 통해 영장을 청구하는 문구가 있었으나 이유를 알 수 없이 이후에 공포된 법안에서는 사법경찰관이 검사를 통해 영장을 청구하는 문구가 들어 있지 않아 해석상 논란이 있을 수 있었다. 그러나 국회 논의과정 및 법원이 구속영장을 기각할 때에는 신청서에 그 취지를 기재하여 신청한 검사에게 교부한다는 형사소송법 제201조 제3항에 의해 사법경찰관이 검사를 통해 영장을 청구하는 방식에 대해서는 의문이 없었으며 실무도 그대로 이어졌다.[27] 1961년의 형사소송법 개정에서 이와 같은 법해석과 실무를 법문상으로 다시 명확히 하기 위해 사법경찰관에게는 신청권만 부여하고 검사가 청구하도록 하는 문구가 다시 추가되었다. 나아가 1962년의 헌법개정에서 검사의 영장청구절차 규정이 헌법 규정으로까지 명문화되었는데 이는 법관에 의한 심사와 함께 검사의 심사를 통한 2중의 심사로 강제처분을 엄격히 규제하고자 한 것으로서 일제강점기와 해방직후 상황에서의 인권침해상황에 대한 우리나라 국민들의 경험에 따른 헌법적 수준의 결단이라고 할 것이다.

예컨대 독일의 기본법 제104조 제2항은 법관의 영장없이 인신구속을 당한 경우에 지체없이 판사 앞에 데려갈 것을 규정하면서 법관의 영장이 없는 경찰의 유치는 체포 후 익일 이내까지만 할 수 있다는 규정을 명문화하고 있다.[28] 이렇게 영장없는 인신구속의 기간을 헌법의 수준으로 명문화하는 것도 이례적인 입법례라고 할 것이나 그렇다고 이를 잘못된 것이라고 할 수는 없다. 오히려 경찰의 불법구금을 막기 위한 독일 국민들의 헌법적 수준의 결단이라고 할 것이다.

그런데 헌법적 수준으로 규정하고 있는가 여부는 다르더라도 구속과 같은

---

27) 다만 검찰청이 설치되지 않은 지역에서 특별심판원인 치안관에게 사법경찰관이 영장을 직접 청구하는 실무는 1957년 치안관제도 폐지시까지 행해졌다. 경찰도 직접 구속영장을 청구하던 상황에서의 구속의 남발·폐해와 개선 여론에 대해서는 제1편 제2장 Ⅳ. 2. 4) (4) 및 3. 2) 부분 참조.

28) Die Polizei darf aus eigener Machtvollkommenheit niemanden länger als bis zum Ende des Tages nach dem Greifen in eigenem Gewahrsam halten. 예컨대 체포시가 오전 10시든 밤 11시이든 한도는 항상 그 다음날 24시까지이다.

중대한 강제처분은 사법적 성격을 가진 검사로 하여금 통제기능을 담당하게 하는 것이 일반적인 입법례이다. 체포와 달리 공소제기가 거의 확실시되며 계속구금을 전제로 하는 구속의 결정은 법리적으로 광의의 사법(Justiz)의 권한이며 이는 검사제도를 둔 나라라면 당연히 검사가 청구권자로 되고 법원이 결정한다.

영미법계의 국가에서도 치안판사법원이 결정할 뿐 경찰이 구속여부에 대하여 주도권을 가지고 청구권을 가지는 나라는 없다. 영미법계에서 경찰이 체포한 후 치안판사 앞에 데려가므로 이를 마치 구속영장청구권이 있는 것처럼 말하는 사람이 있을지 모르나 그런 사람은 제도를 잘못 이해하는 것이다. 즉 영미법계의 경찰은 치안판사의 결정을 위하여 치안판사 앞에 데려다 주는 것일 뿐 치안판사에게 구속하겠다고 청구하는 것이 아니라는 것이다. 경찰은 치안판사에게 데려다주는 것으로 끝이고, 예컨대 치안판사가 피의자를 석방한들 이에 대하여 불복하거나 하는 권한이 없는 것이다.

일본의 경우도 경찰은 체포장 청구권만 있을 뿐 체포하면 검사에게 인치하여 검사가 구속영장(구류장) 청구여부를 결정하는 것이고 경찰이 검사에게 구속영장을 청구하여 달라고 신청하는 등의 권한을 갖지 않는다. 나아가 대륙법계인 프랑스나 독일은 현행범 체포나 긴급체포[29]의 권한만 있을 뿐 구인, 구속 등 인신구속에 대하여 청구권이 없을 뿐만 아니라 한국에서 인정하고 있는 신청권 조차도 없다.

이렇게 경찰에 대해 구속에 대하여 아무런 발언권을 주지 않는 것은 구속이 가지는 기본권 침해의 심각성으로 인하여 이를 전적으로 사법관의 판단영역으로 유지하고자 하는 것이 선진국의 법개념이라는 것은 말할 필요도 없을 것이다.

② 유치장 감찰

지방검찰청 검사장 또는 지청장은 불법체포·구속의 유무를 조사하기 위하여 검사로 하여금 매월 1회 이상 관하 수사관서의 피의자의 체포·구속장소를 감찰하게 하여야 한다. 감찰하는 검사는 체포 또는 구속된 자를 심문하고 관련 서류를 조사하여야 한다(형사소송법 제198조의2 제1항). 이를 실무상 유치장 감찰

29) 프랑스의 보호유치도 긴급체포와 실질이 같다고 할 수 있을 것이다.

이라고 한다.

검사는 적법한 절차에 의하지 아니하고 체포 또는 구속된 것이라고 의심할 만한 상당한 이유가 있는 경우에는 즉시 체포 또는 구속된 자를 석방하거나 사건을 검사에 송치할 것을 명하여야 한다(형사소송법 제198조의2 제2항).

2) 지도기능

(1) 공소권과 수사권의 관련성과 수사지휘의 지도기능

수사는 공소제기여부의 결정을 위하여 이루어지며 공소제기여부의 결정권은 검찰에 있다. 수사는 이 결정의 적정성을 위한 준비이며 검사는 이를 위하여 필요한 수사를 직접하거나 경찰을 통해 하는 것이다. 수사절차에서 이미 적정한 판결을 위한 기초가 광범위하게 형성되고 또 경찰수사에서 이루어진 오류를 공판절차에서 시정하는 것은 매우 어렵기 때문에 검찰로부터 자유로운 경찰의 수사영역이 존재하는 것은 부적절한 공백을 발생하게 할 수 있다.[30)]

이와 같은 검사의 소추업무에 있어 공소제기여부 결정과 수사의 연관성으로 인해 소추관인 검사가 증거가 적정하게 수집되고 있는지 보완할 것은 없는지 등을 검토하고 수사활동을 하는 사법경찰관에게 보완요청이나 방향제시를 하여 수사가 적정하게 진행될 수 있도록 이끌어 가는 기능을 하게 된다. 이것을 수사지휘의 지도기능이라고 한다.[31)]

이러한 지도기능은 지시권과 이에 따를 의무를 부과하는 규범적인 지휘관계에서는 물론, 그러한 규범적 지휘관계가 없는 영미법계의 형사사법체제에서도 발휘된다. 왜냐하면 소추권자인 검사가 증거의 보완을 요청하는데 사법경찰관이 이에 응하지 않으면 검사가 그 사건의 수사진행을 더 이상 하지 않겠다는 결정을 하게 될 것이다. 그렇게 되면 경찰은 그 사건 수사진행을 할 수 없게 되고 그에 대한 책임을 질 수밖에 없기 때문이다. 그렇기 때문에 현실적으로 영미법계 국가에서도 검사의 보완수사요청이나 수사진행에 대한 의견제시에 사법경찰관이 따르는 실무가 형성되어 있는 것이다.

현실에서 대부분의 사건에 있어 검사가 지시를 할 필요가 없다고 하더라도 특별한 경우는 검사가 처음부터 올바른 길을 설정하고 수사 진행을 통제할 필

30) Kuhlmann, DRiZ 1976, 267.

31) Griesbaum, *StPO-Karlsruher Kommentar*, C.H.Beck, 2004, § 163 Rdnr. 3.

요가 있는 것인데 어떤 경우가 이런 의미에서 특별한 경우인지는 미리 예견할 수 있는 것도 아니고 일반적으로 미리 정할 수도 없다. 예컨대 일정한 경죄영역을 특정하여 이 영역에서는 검사의 지휘권을 배제하는 식으로 규율하는 것도 부적절하다. 겉으로 보기에 중요하지 않는 사건도 수사를 적정하게 하지 않은 경우 공판에서 어려움을 보일 수도 있는바 결국 공소제기여부를 결정하고 나아가 공판활동에서 그 수사의 적정성까지도 책임을 지게 되는 검찰에 수사절차의 전체를 맡기는 것이 타당하다.[32]

(2) 현실 상황과 송치전 지휘의 문제

검사의 수사지휘는 사법경찰관이 수사를 종료하고 사건을 검사에게 송치한 후에도 이루어질 수 있고 사법경찰관이 수사를 진행하는 중인 송치전에도 이루어질 수 있다. 송치전 지휘의 필요성은 실무상으로 검사가 전혀 관여하지 않은 상태에서 경찰에서 수사가 진행되고 이에 대해 검사가 전혀 알지 못하는 상황에서 그 결과만을 송치받는 경우 그 수사결과가 공소제기여부 판단에 부족한 때가 있다는 현실적인 이유가 있기 때문에 발생하기도 하는 것이다. 이러한 현실적인 이유는 사법경찰의 자질이 원인이 되는 경우도 있지만 꼭 자질 때문만은 아닌 것이다.

즉 현장에서 수사에 임하는 사람의 합목적적인 관점과 공소유지의 관점에는 차이가 있게 마련이고 그런 점에서 사법경찰의 자질이 우수하여도 이 문제는 여전히 상존하는 것이다. 이 점에 대하여 영국에서도 경찰의 입건에 대한 사법적 감독의 필요성의 인식에 따라 2002. 11. 21. 영국 하원에서 채택된 Criminal Justice Bill 2002에서 경찰의 입건(charge)결정에 대해 검찰의 통제를 도입할 것을 정하였다.[33] 이에 따라 제정된 Criminal Justice Act 2003의 Part 4. 제28조 및 이에 대한 Schedule 2에 의해 1984년의 PACE 상의 경찰의 입건결정권이 수정되어 검찰의 통제를 받게 되었던 점이[34] 참고가 될 것이다.

32) Schoreit, "Staatsanwaltschaft und Polizei im Lichte fragwürdiger Beiträge zur Reform des Rechts der Staatsanwaltschaft", ZRP 1982, 289.

33) Criminal Justice Bill 2002, Part IV. 제23조의 charging or release of persons in police detention 및 이에 따른 schedule 2. 참조. Crimnal Justice Bill 2002 원문은 www.parliament.the－stationery－office.co.uk에 게시되어 있다.

34) Crminal Justice Act 2003, Part 4. 제28조 및 Schedule 2. 참조, Criminal Justice

하물며 검사가 공판청구를 위한 직접 조사를 하지 않는 경우와 달리 우리나라에서와 같이 검사가 공판청구의 결정을 위한 조사를 하는 경우에는 경찰로부터 사건을 송치받은 검사가 추가수사를 하여야 할 경우는 생기게 마련이다. 실제 현실에서도 검사들이 업무의 대부분을 이에 소비하고 있다. 그런데 이러한 현실을 타개하기 위하여는 송치전에 검사가 관여하는 것이 송치시까지 관여하지 않다가 송치후에나 알 수 있게 되는 경우보다 더 효율적이라는 것이다.

먼저 송치전에 검사의 관여없이 수사되어 송치된 사건에서 이러한 추가수사를 위하여 검사가 취할 수 있는 방법은 첫째, 자신이 직접 수사를 행하는 방법과 둘째, 추가수사사항을 적어 다시 사법경찰에 사건을 보내서 추가수사를 하게 하는 것을 생각할 수 있다. 그런데 검사가 처리하여야 하는 사건 수가 적고, 수사를 보조할 인력이 충분히 옆에 있어 여유가 있는 경우라면 첫째 방법으로 해결할 것이나 이는 실현되기 어렵다. 왜냐하면 현실적으로 검사의 수가 적고 처리하여야 할 사건이 많으며 인력을 보충하여 준다는 것은 직원 수를 늘려야 하고 예산문제도 따르는 등 쉽게 해결될 수도 없는 문제이기 때문이다.

두 번째 방법으로 사건에 추가수사사항을 적어 다시 사법경찰에 돌려보내 수사하게 하는 경우 이러한 지시에 사법경찰이 응하지 않는다면 검찰제도는 기능할 수 없을 것이다. 그런데 이를 사법경찰의 입장에서 본다면 사건을 송치한 후에 다시 받아 추가수사를 하게 되는 것이 되는데 이런 방식으로 되는 것보다는 차라리 송치전에 미리 검사의 관여를 받는 편이 더 효율적인 것이다. 즉 송치전 수사지휘가 기능면에서 효율적이라는 것이다.

다만, 송치전 수사지휘라고 하여도 모든 사건에서 행해지는 것은 업무부담이나 효율성의 측면에서도 불필요할 것이고 필요한 경우에 실무상황에 따라 탄력적으로 해지게 될 것이다.

3. 경찰의 수사권독립 관련 기타 몇 가지 주장에 관한 검토

앞에서 본 바와 같이 수사권과 관련한 국가권력의 배분과 민주적 정당성의 확보라는 헌법적 차원에서 보면 우리나라는 중앙집권적 정부구조하에서 법무

Act 2003의 원문은 www.hmso.gov.uk에 게시되어 있다.

부장관에게 사법적 성격을 가지는 수사업무를 관장하도록 하였고 그 지휘체계 하에 검찰청을 두고 사법경찰관의 수사를 검사의 지휘체계하에 둠으로써 민주적 정당성에 맞는 지휘체계를 구성하고 있다. 그러므로 경찰의 수사권독립이 논해지려면 이와 같은 민주적 정당성의 체계를 변경하는 것이어서 경찰 수사에 대한 민주적 정당성을 어떻게 갖출 것인지를 검토해야 한다.

그런데 수사권독립과 관련하여 이러한 국가권력구조의 관점이 아니라 실무에서의 불편함이나 효율성 등을 들면서 수사권이 독립되어야 한다는 주장을 제기하는 경우가 있는데 그 논거와 주장에 대하여 살펴본다.

1) 경찰의 검찰 예속론

수사권독립을 주장하는 견해 중 현재와 같이 수사에 있어 검사가 사법경찰을 지휘하도록 하는 규범에 의하여 경찰이 검찰에 예속되어 있어 부당하다는 견해가 있다.[35] 그러나 현행체제상 사법경찰관이 속한 경찰은 검찰과 조직적으로 완전히 분리되어 있다. 검사는 사법경찰관에 대한 인사권이 있는 것도 아니고 징계권도 없다. 행정조직상으로 완전히 독립적인 경찰이 검찰에 예속될 수는 없는 것이다.

다음으로 검사가 사법경찰관에 대해 수사지휘를 하는 것을 지적하는 것이라면 먼저 검사가 수사에 대해 지휘하는 사법경찰관은 경찰의 극히 일부에 불과하다는 점이다. 즉 경찰의 본래의 업무는 위험예방과 위험억지를 중심으로 하는 치안유지활동이며 이 고유의 업무를 위한 대부분의 경찰조직은 검사의 지휘와 전혀 상관없는 부분이다. 검사의 지휘를 받는 것은 형사사건의 수사를 담당하는 사법경찰관에 불과하며 현행법상 사법경찰관은 경무관 이하로 되어 있지만 그 중에서도 실제로 수사의 업무에 종사하는 사람들만 수사에 관하여 지휘를 받는다.

나아가 검사의 '지휘'의 실상을 보면 일반적으로는 구체적으로 발생한 개개 사건에 있어 수사의 방향을 공소제기여부 판단을 위하여 적정하게 이루어지도록 지도하는 것을 내용으로 하며 그 형식은 보통 기록에 '수사지휘'라는 제목으로 사법경찰관이 하고 있는 수사내용을 보고 추가수사할 사항이나 강제처분에

35) 이관희, "경찰 수사권의 독자성 확보방안", 수사연구 1992. 2., 23면.

관한 방향 등을 적어 지시하는 방식에 불과하다. 그나마 이러한 방식의 수사지휘가 행해지는 것도 중요한 사안이나 복잡한 사건 또는 고소사건 등에 그치고 나머지 사건들은 이미 아무런 지휘를 받지 않고 사법경찰이 스스로 독자적으로 수사하여 송치하고 있다.

검사와 사법경찰관이 지휘관계에 있다고 할 때 그 지휘는 사법경찰관이 사사건건 검사의 지휘를 받아야만 수사를 할 수 있는 관계가 아니라 지휘관계라는 관계하에서 사법경찰관도 자율적으로 사법경찰관의 수사를 하는 것이다.

현재와 같은 수사지휘체계는 현장에서 범죄예방업무를 하면서 범죄와 상시로 부딪치는 경찰에서 일상적인 범죄수사를 하도록 하되, 수사의 사법적 성격 때문에 사법적 판단을 할 수 있도록 기구를 갖춘 검사의 지휘관계하에서 수사를 하여 정의에 입각하여 객관적이고 중립적인 수사가 행해지도록 하면서도 사법경찰관에 대한 수사업무 이외의 근무관계에 대한 지휘감독권은 그대로 경찰 내부의 지휘·감독체계에 두고 있어서 경찰이 검사에게 예속되는 것은 막고 있는 것이다. 따라서 검사는 사법경찰관이 그 지휘를 잘 이행하지 않으면 경찰의 상급자에게 그 사실을 알려 지휘를 잘 이행할 수 있도록 경찰 내부의 근무관계에 따른 내부적인 지휘·감독을 해주도록 요청하여야 하고, 이에 따라 그 상급자는 사법경찰관의 지휘불이행이 부적정한 경우는 내부적 지휘감독권을 발동하여 주는 방식으로 서로 협력하여야 하는 것이다.

즉 경찰에서 수사는 경무관 이하의 사법경찰관들만 수사권을 행사하도록 하고 그 사법경찰관들이 검사의 지휘체계하에서 수사를 하게 하되 그 사법경찰관에 대한 근무관계에 관한 지휘·감독은 경찰의 상급자가 행하게 하여 결과적으로 검사의 사법경찰관에 대한 수사지휘는 검사와 경찰의 상급자간의 원활한 의사소통과 협력이 있어야만 적절히 운영될 수 있는 것이다.

2) 자질개선론

수사권독립을 주장하는 사람들의 논거 중에는 경찰의 자질이 개선되었으므로 수사권이 독립되어야 한다는 주장이 있다.[36] 물론 독자적 수사권을 행사하기 위하여는 경찰의 자질이 우수하여야 한다는 점은 당연한 것이나, 자질의

36) 박재식, “경찰수사권독립 과연 시기상조인가?” 수사연구 1992. 12., 6-12면.

문제와 수사권독립의 문제는 별개로 생각을 하여야 하며 경찰수사권을 독립시킬 것인지의 문제는 국가권력으로서의 수사권을 어떻게 배분하며 그 수사권을 행사하는 기관들을 어떻게 통제하고 균형을 이루게 할 것인지 그리고 국민주권주의와 관련하여 민주적 정당성을 보장하기 위한 통제장치는 어떻게 구성할 것인지라는 거시적인 문제라는 점을 인식해야 할 것이다. 따라서 경찰수사권의 독립을 위해서는 경찰의 소속이나 조직 등에 관해서도 대대적인 개편을 전제로 할 수밖에 없다는 점을 이해하여야 할 것이다.[37)]

나아가 이러한 자질개선론을 바탕으로 경찰이 예컨대 일부 경미사건의 종국결정권 등을 행사하는 것까지 주장한다면 그러한 발상을 하는 것 자체가 매우 위험한 것이다. 그렇다면 검사가 판사와 같이 자질이 동등한데 그러면 검사가 재판도 하고 간이한 사건은 검사가 약식명령 발령까지도 해도 된다는 논리도 가능할 것이다. 그러나 이런 추론들이 권력의 균형과 통제를 위한 구조에 적절하지 않다는 것은 쉽게 알 수 있을 것이다.

3) 경찰에 의한 검찰의 통제론

수사권독립론의 주장 중에는 경찰수사권의 독립으로 경찰이 검찰과 대등한 수사권을 가짐으로써 검찰권의 남용을 방지하고 통제할 수 있다는 주장도 있다. 그러나 이런 주장은 검찰제도 도입의 역사와 경찰수사권 남용에 대한 통제를 주요 임무로 하는 검찰의 역할 및 형사소송의 역사에 대한 이해와는 배치되는 것이다.

오히려 독일에서의 수사권독립논쟁에서는 현대사회의 정보화, 복잡화에 따라 경찰의 비대화와 권한강화가 초래되고 이에 따라 검찰의 실질적 통제력이 상실되어 가고 있는 현실을 직시하고 검찰의 경찰에 대한 통제력을 강화하기 위한 방안이 다각도로 모색이 되었던 점을 참고할 필요가 있다.

만약 이러한 주장이 최근 우리나라의 검찰 수사에 있어 일부 정치적 사건 등에서 유발된 불신 등을 두고 하는 주장이라면 이것도 문제의 원인은 전혀 다

---

37) 신동운, 『간추린 신형사소송법』, 법문사, 2013, 14면. 경찰에 대한 독자적 수사권 인정은 기존 경찰권력의 추가적인 확대라고 하지 않을 수 없으며 따라서 경찰 수사권독립 논의는 경찰권력의 거시적인 재편성작업과 함께 진행되지 않으면 안 된다고 하고 있다.

른데 있는데 마치 그것이 경찰수사권이 독립되지 않아 그런 것처럼 갖다 붙여 주장하는 것이라고 할 것이다. 오히려 최근 정치적 사건에서의 문제는 검찰이 의사결정과정의 투명성이나 정치적 중립성에 대한 확고한 모습을 보여주지 못하였기 때문이라 할 수 있는데 그것은 그만큼 수사의 정치적 중립성 확보가 매우 어렵다는 것을 의미한다. 검찰에 법적으로 신분보장장치가 있고 법률전문가로 구성되어 있으며 단독제 관청과 법무부장관의 지휘권 제한 등 정치적 중립성 보장을 위한 여러 가지 장치가 있음에도 불구하고 이런 문제가 아직 있으므로 이러한 장치만으로는 시스템적으로 이 부분을 해결하기 어렵다는 것을 의미한다. 그러므로 검찰의 정치적 중립 보장을 확보할 수 있도록 검찰제도상 어떤 시스템적인 장치를 추가할 것인지를 고민하는 것이 적절한 해결방향이지 이와 상관없는 경찰 수사권독립을 끌어들여 해결될 문제가 아닌 것이다.

4) 이중조사의 불편론

경찰 수사권독립의 논거 중에 경찰수사권이 독립되어 있지 않고 사법경찰관 피의자신문조서의 증거능력이 인정되지 않아 국민이 경찰에서 조사받고 또 검찰에서 동일한 조사를 받는 이중조사의 불편이 있다고 주장하는 경우도 있다. 그러나 이는 형사사법체계의 구성 문제이지 수사권독립의 문제가 아니다.

먼저, 구공판하여 재판을 할 사건에 대해서 보면, 형사법체계에서 당사자주의를 취하는 경우는 검사가 공판정에서 증인이나 피고인신문을 주도하여 입증활동을 한다. 그런데 사법경찰관이 조사한 조서 등 서면기재만으로는 사안의 진상을 모두 파악하기 어렵다. 만약 서면에 기재되지 않은 정황이나 사실 중에서 공소유지에 중요한 사항이 있었던 경우 검사가 이를 모른채 공판정에 들어갔다가 공소유지를 위한 입증활동을 그르칠 우려가 있다. 그러므로 당사자주의를 취하는 경우 검사는 공판에 임하기 전에 경찰에서 조사된 내용을 재확인하고 경찰 조사상 기록에 빠진 중요한 사항이 없는지 다시 확인할 필요가 있는 것이다. 당사자주의를 취하는 미국에서 검사들이 사건의 공판에 앞서 공판준비를 위해 증인이 될 사람들을 불러 알고 있는 상황들을 자세히 확인을 하고 있는 증인면담(witness conference)을 한다.

반면에 직권주의 국가에서는 법원이 공판에서의 조사활동을 주도하고 법원이 사실관계를 조사할 권한과 책무를 지며 검사는 법원의 공판정 조사활동을 위한 자료를 수집하여 제출한다. 따라서 검사가 사법경찰관을 지휘하여 조사한 기록을 법원에 제출하여도 만약 부족한 부분이나 보완조사할 부분이 있다면 공판과정에서 추가조사나 보완이 가능하다.

우리나라는 직권주의와 당사자주의가 혼합되어 있는데 공판 진행과 관련해서는 당사자주의적 요소가 강하여 검사가 입증책임을 지며 검사가 신문을 주도한다. 그러므로 우리나라와 같은 형사사법체계에서 검사가 공판에 임하기 전에 증인이나 피고인에 대해 경찰에서 조사된 내용을 다시 확인하지 않고 공판에 나가는 것은 위험한 것이다.

다음으로 구공판하지 않는 사건 중에서도 사건의 내용이 복잡하거나 중요한 사건의 경우는 사법경찰관이 조사한 내용만으로 부족하거나 사법경찰관이 조사한 내용이 사실 그대로인지 다시 확인할 필요가 있는 경우가 있다. 이러한 경우 검사가 다시 관련인들을 소환하여 조사하는 것은 실체적 진실을 밝히는 것을 이념으로 하는 형사소송의 이념실현을 위해 바람직한 것이다.

나아가 고소사건과 같이 이해관계가 대립되는 경우에 실무에서는 고소인이나 피고소인이 경찰에서 조사한 사건이 송치된 후 검사에게 직접 추가로 조사받고 싶다는 의사표시를 하는 경우가 많다. 또한 경찰에서 조사한 것을 가지고 그대로 검사가 처분을 하라는 것은 경찰의 조사결과물이 완벽할 것을 전제로 하는데 현실에서는 그렇지 않은 경우가 많다. 이 경우 검사는 수사지휘를 통해 경찰에 추가로 보완수사를 하도록 하거나 스스로 관련자들을 다시 소환하여 추가수사를 하고 있다.

한편, 우리나라는 경미한 사건에 대해서는 정식의 공판을 하지 않고 서면으로 재판하는 약식절차가 있어서 많은 사건들이 약식절차로 처리되는데 이러한 약식절차로 회부되는 사건들은 대부분 경찰의 조사결과만을 토대로 처리하고 있고 이는 검사나 판사의 업무부담을 감경하기 위한 방식이다. 따라서 경미한 사건임에도 경찰에서 조사받고 또 검찰에서 조사받는 불편이 있다는 식의 주장은[38] 실무현실과는 다르다.

오히려 사건의 종국처리를 하는 검사가 관련자들을 직접 확인하고 처리하는 것이 이상적이라 할 것이지만 사건은 경미한 사건, 중한 사건, 간단한 사건,

38) 박정섭, "경찰수사의 선진화를 위한 수사권독립에 관한 연구", 수사연구 1992. 2., 26면.

복잡한 사건 등 다양한 형태로 발생하고 한정된 검사의 인력으로 모든 사건을 일일이 다시 확인하는 것은 불필요하므로 실무에서는 검사가 직접 확인하는 것이 필요한 경우만 다시 조사를 하는 식으로 운영하고 있다. 그러므로 이중조사 불편을 없애기 위해 수사권이 독립되어야 한다는 주장은 적절하지 않다.

Ⅲ. 사법경찰관리의 감독

1. 교체임용의 요구

서장인 아닌 경정 이하의 사법경찰관리가 직무 집행과 관련하여 부당한 행위를 하는 경우 지방검찰청 검사장은 해당 사건의 수사중지를 명하고, 임용권자에게 그 사법경찰관리의 교체임용을 요구할 수 있다(검찰청법 제54조 제1항). 이 요구를 받은 임용권자는 정당한 사유가 없으면 교체임용을 하여야 한다(검찰청법 제54조 제2항).

2. 체포, 구속장소 감찰시의 관련 서류 조사

검사는 체포, 구속장소의 감찰시에 체포 또는 구속된 자를 심문하고 관련 서류를 조사하여야 한다. 유치장 감찰시에 관련서류를 조사하고 부적절한 사항을 시정하도록 하고 교양할 사항이 있으면 전달한다.

참고문헌

- 강구진, 『형사소송법원론』, 학연사, 1982.
- 공보부, 『헌법개정과 국민투표』, 1962.
- 구병삭, 『신헌법원론』, 박영사, 1995.
- 권영성, 『헌법학원론』, 법문사, 2002.
- 권오병, 『형사소송법요론』, 미국의 소리사, 1959.
- 김경호 외 7인, 프랑스의 형사소송구조, 바람직한 형사사법시스템의 모색 자료집(Ⅱ), 대법원, 2004.
- 김기두, 『형사소송법』, 법문사, 1959.
- 김남진, 『행정법 Ⅰ』, 법문사, 1999.
- 김상길, "경찰의 수사권독립을 위한 선행과제와 추진방향 고찰", 법학연구 제12집, 2003.
- 김일수, 『수사체계와 검찰문화의 새지평』, 세창출판사, 2010.
- 김종구 외 7인, 『검찰제도론』, 법문사, 2012.
- 김준연, "국제형사법상 '공적지위 무관련성 원칙'의 국내적 적용", 서울대학원 박사학위논문, 2015.
- 김철수, 『헌법학 개론』, 박영사, 1999.
- 김희수·서보학·오창익·하태훈, 『검찰공화국 대한민국』, 삼인, 2011.
- 대검찰청, 『한국 검찰사』, 1976.
- 대검찰청, 『훈시집』, 1977.
- 대검찰청, 『형사소송법 제정·개정자료집』, 1997.
- 문성도, "영장주의의 도입과 형성에 관한 연구", 서울대학교 대학원 박사학위논문, 2000.
- 문준영, "한국검찰제도의 역사적 형성에 관한 연구", 서울대학원 박사학위논문, 2004.
- 문준영, "검찰중립과 화강 최대교 — 임영신 상공부장관 독직사건과 최대교 — ", 법학연구, 전북대학교법학연구소, 2007.
- 문준영, 『법원과 검찰의 탄생』, 역사비평사, 2010.
- 박용남, "경찰 수사권독립 왜 필요한가", 수사연구 1993. 1.
- 박재식, "경찰수사권독립 과연 시기상조인가?" 수사연구 1992. 12.
- 박정섭, "경찰수사의 선진화를 위한 수사권독립에 관한 연구", 수사연구 1992. 2.
- 박지향 등, 『해방 전후사의 재인식(2)』, 책세상, 2006.
- 배종대·이상돈·정승환·이주원, 『신형사소송법』, 홍문사, 2013.

- 玉名友言, 법원도서관역, 『국역 朝鮮刑事令釋義』, 2005.
- 법원행정처, 『사법부의 어제와 오늘 그리고 내일(上)』, 사법발전재단, 2008.
- 서보학, "수사권의 독점 또는 배분? — 경찰의 수사권독립 요구에 대한 검토", 형사법연구 제12호, 1999.
- 서일교, 『신형사소송법학』, 일한도서출판사, 1954.
- 서일교, 『형사소송법강의』, 제일문화사, 1955.
- 손동권·신이철, 『새로운 형사소송법』, 세창출판사, 2013.
- 송병기 외 3인 편, 『한말 근대법령자료집 I－VII』, 대한민국 국회도서관, 1971.
- 신동운, 『간추린 신형사소송법』, 법문사, 2013.
- 신동운 편, 『효당 엄상섭 형사소송법논집』, 서울대학교출판부, 2005.
- 신동운, "수사지휘권의 귀속에 관한 연혁적 고찰(I)", 법학 제42권 제1호, 서울대학교 법학연구소, 2001.
- 신동운, "수사지휘권의 귀속에 관한 연혁적 고찰(II)", 법학 제42권 제2호, 서울대학교 법학연구소, 2001.
- Jacoby, 신배식·소병철 역, 『미국검찰 — 연원과 발전』, 서울지방검찰청, 1995.
- 신양균, 『형사소송법』, 법문사, 2000.
- 신현주, 『형사소송법』, 박영사, 2002.
- 심희기·양동철, 『형사소송법 판례백선』, 홍문사, 2012.
- 이관희, "경찰의 정치적 중립과 수사권 독립문제", 사법행정, 1989. 7.
- 이관희, "경찰 수사권의 독자성 확보방안", 수사연구 1992. 2.
- 이영란, 『한국 형사소송법』, 나남, 2008.
- 이완규, 『형사소송법특강』, 법문사, 2006.
- 이완규, 『형사소송법 연구 Ⅱ』, 법문사. 2011.
- 이완규, "피의자신문의 성질과 수인의무", 『형사판례연구 22』, 박영사, 2014.
- 이윤정, 『한국 경찰사』, 소명출판, 2015.
- 이은모, 『형사소송법』, 박영사, 2012.
- 이재상, 『신형사소송법』, 박영사, 2008.
- 이재상·조균석, 『형사소송법』, 박영사, 2016.
- 임동규, 『형사소송법』, 법문사, 2013.
- 정근식·이병천 역음, 『식민지 유산, 국가형성, 한국민주주의』, 책세상, 2012.
- 정용욱, 『해방전후 미국의 대한정책』, 서울대학교 출판부, 2003.
- 정웅석, 『수사지휘에 관한 연구』, 대명출판사, 2011.
- 정웅석, 『검사의 수사지휘권의 정당성에 관한 비교법적 고찰』, 법무부, 2003.
- 정웅석·백승민, 『형사소송법』, 대명출판사, 2014.
- 정종섭, 『헌법학 원론』, 박영사, 2014.

- 정진섭, 『검사실 참여수사관의 역할 활성화 방안 연구』, 대검찰청 용역과제, 2009.
- 조국, "영국 코몬로 형사절차의 전면적 혁신과 그 함의", 형사정책 제10호, 1998.
- 조성식, 『대한민국 검찰을 말하다』, 나남, 2010.
- 차용석, 『형사소송법』, 세영사, 1998.
- 차용석·최용성, 『형사소송법』, 21세기사, 2013.
- 채동배, 『법으로 보는 미국』, 살림, 2004.
- 최대교, 『신형사소송법강의』, 대한행정신문사인쇄국, 1955.
- 최대권, 『영미법』, 박영사, 1997.
- 한승헌, 『재판으로 본 한국 현대사』, 창비, 2016.
- Marc Bloch, 한정숙 역, 『봉건사회 Ⅱ』, 한길사, 2002.
- 허일태, "제한된 범위내에서 독자적 수사권 주어야", 수사연구 1992. 7.
- 伊藤榮樹, 『檢察廳法 逐條解說』, 良書普及會, 1986.
- 左藤義人, "司法職務定制の制定過程とその擔い手の問題に關する小考察", 2008. 11, (homepage3.nifty.com/nihon_toukikikou/sihoshokumuteisei/sihoshokumuteisei 2016. 4. 25. 방문).
- 日本 法務總合硏究所, 법무부 역, 『日本 檢察廳法』, 법무부, 법무자료 제268집, 2005.
- 池田修/前田雅英, 『刑事訴訟法講義』, 東京大學出版會, 2012.
- Alber, Die Geschichte der Öffentlichkeit im deutschen Strafverfahren, Dissertation Universität Freiburg, 1973.
- Bannenberg 외, Alternative Entwurf－Reform des Ermittlungsverfahrens, C.H.Beck, 2001.
- Böckenförde, "Demokratie als Verfassungsprinzip", Handbuch des Staatsrechts der Bundesrepublik Deutschland(HdBStR) Bd II, C.F.Müller, 2004.
- Collin, "Wächter des Gesetzes" oder "Organ der Regierung?," Vittorio Klostermann, 2000.
- Damaska, "Structure of Authority and Comparative Criminal Procedure", 84 Tale L.J.(1975), 480.
- Geppert, Der Grundsatz der Unmittelbarkeit im deutschen Strafverfahren, Walter de Gruyter, 1979.
- Gerding, TRIAL BY JURY, Jonscher, 2007.
- Grebing, Die Untersuchungshaft in Frankreich, Ludwig Röhrscheid, 1974.
- Günther, Staatsanwaltschaft－Kind der Revolution, Ullstein, 1963.
- Haber, Günter, Strafgerichtliche Öffentlichkeit und öffentlicher Ankläger in der frazözischen Aufklärung, Duncker & Humlot, Berlin, 1979.
- Hannich(herausgegeben), Karlsruher Kommentar Strafprozessordnung(본문에서 StPO－Karlsruher Kommentar로 기재함) 6.Aufl., C.H.Beck, 2008(해당 부분 집필자로 표시).

• Hans/Vdmar, Judging the Jury, Plenum Press, 1986.
• Hund, "Brauchen wir die unabhängige Staatsanwaltschaft?", ZRP, 1994, 470.
• Hund, "Das Legaliätsprinzip im Spannungsfeld", Das Ermittlungsverhalten der Polizei und die Einstellungspraxis der Staatsanwaltschaften, Geisler Hrsg., Kriminologische Zentaralstelle, 1999.
• Goldstein, "Reflections on Two Models; Inguisitorial Themes in American Criminal Procedure", 26 Standard L. Rev.(1974), 1009.
• Gössel, "Überlegungen über die Stellung der Staatsanwaltschaft im rechtsstaatlichen Strafverfahren und über ihr Verhältnis zur Polizei", GA, 1980, 325.
• Jarass/Pieroth, GG, C.H.Beck, 2004.
• Jerouschek, "Die Herausbildung des peinlichen Inquisitionsprozesses im Spätmittelalter und in der frühen Neuzeit", ZStW 104(1992), 328.
• Jhonson/Wolfe, History of Criminal Justice, Anderson Publishing, 2003.
• Kagan, Adversarial Legalism—The American Way of Law, Harvard University Press, 2001.
• Kommission für die Angelegenheit für Staatsanwälte im Deutschen Richterbund, DRiZ 1968, 357.
• Kommission für die Angelegenheiten der Staatsanwälte im Deutschen Richterbund, DRiZ 1970, 187.
• Knemeyer, Polizei— und Ordnungsrecht 8. Aufl., C.H.Beck, 2000.
• Krey/Pföhler, "Zur Weisungsgebundenheit des Staatsanwaltes—Schranken des internen und externen Weisungsrechts", NStZ 1985, 145.
• Kuhlmann, "Gedanken zum Bericht über das Verhältnis Staatsanwaltschaft und Polizei", DRiZ 1976, 11.
• Lilie, "Das Verhältnis von Polizei und Staatsanwaltschaft im Ermittlungsverfahren", ZStW 106(1994), 625.
• Meyer—Goßner, StPO 44Aufl., C.H.Beck, 2004.
• Oehler, "Zur Entstehung des strafrechtlichen Inquisitionsprozesses", Gedächtnisschrift für H.Kaufmann(1986), 847.
• Rautenberg, "Abhängigkeit der Staatsanwaltschaft", GA 2006. 3.
• Roxin, "Rechtsstellung und Zukunftaufgaben der Staatsanwaltschaft", DRiZ 1969, 385.
• Roxin, "Zur Rechtsstellung und der Staatsanwaltschaft damals und heute", DRiZ 1997, 109.
• Rüping, "Das Verhältnis von Staatsanwaltschaft und Polizei", ZStW 95(1983), 894.
• Rüping, "Die Geburt der Staatsanwaltschaft in Deutschland", GA, 1992, 147.

- Rüping, "Polizeianwalt–Amtsanwalt–Staatsanwalt – Zur Geschichte der Amtsanwaltschaft in Deutschland", Der Amtsanwalt, 1998.
- Rüping/Jerouscheck, Grundriß der Strafrechtsgeschichte 4. Aufl, C.H.Beck, 2002.
- Sarstedt, "Gebundene Staatsanwaltschaft?", NJW 1964, 1762.
- Sättler, Die Entwicklung der französischen Staatsanwaltschaft, Dissertation, Universität Mainz, 1956.
- Schäfer, "Zur Entwicklung des Verhältnisses Staatsanwaltschaft –Polizei", Festschrift für Hanack, 1999.
- Schairer, "Gedanken zum externen Weisungsrecht", Festschrift für Leckner, 1998.
- Schmidt, Eb., Einführung in die Geshichte der deutschen Strafrechtspflege 3.Aufl, Vandenhoeck & Rupprecht, 1995.
- Schmidt, Eb., "Die Rechtsstellung der Staatsanwälte im Rahmen der rechtsprechenden Gewalt und ihre Einbeziehung in das Richtergesetz", DRiZ, 1957, 273.
- Schönknecht, Das Opportunitätsprinzip im französischen Strafverfahren, Centaurus, 1999.
- Schoreit, "Staatsanwaltschaft und Polizei im Lichte fragwürdiger Beiträge zur Reform des Rechts der Staatsanwaltschaft", ZRP 1982, 288.
- Schröder, Die verwaltungsrechtlich organisatorische Verhältnis der strafvefolgenden Polizei zur Staatsanwaltschaft, Peter Lang, 1996.
- Schünemann, "Polizei und Staatsanwaltschaft", Kriminalistik 1999, 74, 146.
- Statistisches Bundesamt, Rechtspflege, Staatsanwaltschaften 2015, Fachserie 10 Reihe 2.6., 2016.
- Statistisches Bundesamt, Rechtspflege, Ausgewählte Zahlen für die Rechtspflege 2012, Fachserie 10 Reihe 1, 2013.
- Uglow, Criminal Justice, Sweet & Maxwell, 1995.
- Unterberger, "Weisungsrecht: Warum die Abschaffung falsch wäre", www.andreas–unterberger.at/2014/11/weisungsrecht–warum–die–Abschaffung–falsch–wäre.
- Vordermeyer, Handbuch für den Staatsanwalt, Luchterhand, 2000.
- Waechter, Geminderte demokratische Legitimation staatlicher Institutionen im parlamentarischen Regierungssystem, Duncker & Humbolt, 1994.
- Wohlers, Entstehung und Funktion der Staatsanwaltschaft, Duncker & Humbolt, Berlin, 1994.
- Würtemberger/Heckmann/Riggert, Polizeirecht in Baden–Würtemberg 4. Aufl., C.F. Müller, 1999.

찾아보기

공저자 약력

이준보

서울대학교 법과대학 졸업
한국외국어대학교 대학원(석사)
한국외국어대학교 대학원(박사)
제21회 사법시험 합격
사법연수원(12기) 수료
스페인 마드리드 대학 연수
서울지방검찰청 검사
대검찰청 검찰연구관
청주지방검찰청 충주지청 지청장
대검찰청 기획과장
서울지방검찰청 소년부, 강력부 부장검사
대전지방검찰청 천안지청 지청장
대검찰청 기획조정부장(사법제도개혁추진위원회 실무위원)
청주지방검찰청 검사장
대검찰청 공안부장(대검찰청 개정 형사소송법 시행준비단 단장)
광주고등검찰청 검사장
대구고등검찰청 검사장
현재, 변호사

저서
기업결합법 Ⅰ(2012, 한국학술정보)(공저)
기업결합법 Ⅱ(2012, 한국학술정보)(공저)

이완규

서울대학교 법과대학 졸업
서울대학교 대학원(석사)
서울대학교 대학원(박사)
제32회 사법시험 합격
사법연수원(23기) 수료
독일 Max-Planck 국제형사법연구소(Freiburg) 연수
서울지방검찰청 검사
대검찰청 검찰연구관
청주지방검찰청 제천지청 지청장
대검찰청 형사 1과장
서울남부지방검찰청 형사4부 부장검사
법무연수원 교수
대전지방검찰청 서산지청 지청장
청주지방검찰청 차장검사
서울북부지방검찰청 차장검사
인천지방검찰청 부천지청 지청장
현재, 변호사

저서
형사소송법 특강(2006, 법문사)
형사소송법 연구 Ⅰ(2009, 탐구사)
형사소송법 연구 Ⅱ(2011, 법문사)
형사소송법(2009, 성균관대학교출판부)(공저)
형사법통합연습(제3판, 2016 박영사)(공저)

한국 검찰과 검찰청법

초판발행 2017년 3월 10일
중판발행 2017년 11월 1일

공저자 이준보 · 이완규
펴낸이 안종만

편 집 김효선
기획/마케팅 조성호
표지디자인 김연서
제 작 우인도 · 고철민

펴낸곳 (주) 박영사
서울특별시 종로구 새문안로3길 36, 1601
등록 1959. 3. 11. 제300-1959-1호(倫)
전 화 02)733-6771
f a x 02)736-4818
e-mail pys@pybook.co.kr
homepage www.pybook.co.kr
ISBN 979-11-303-2987-1 93360

정 가 30,000원